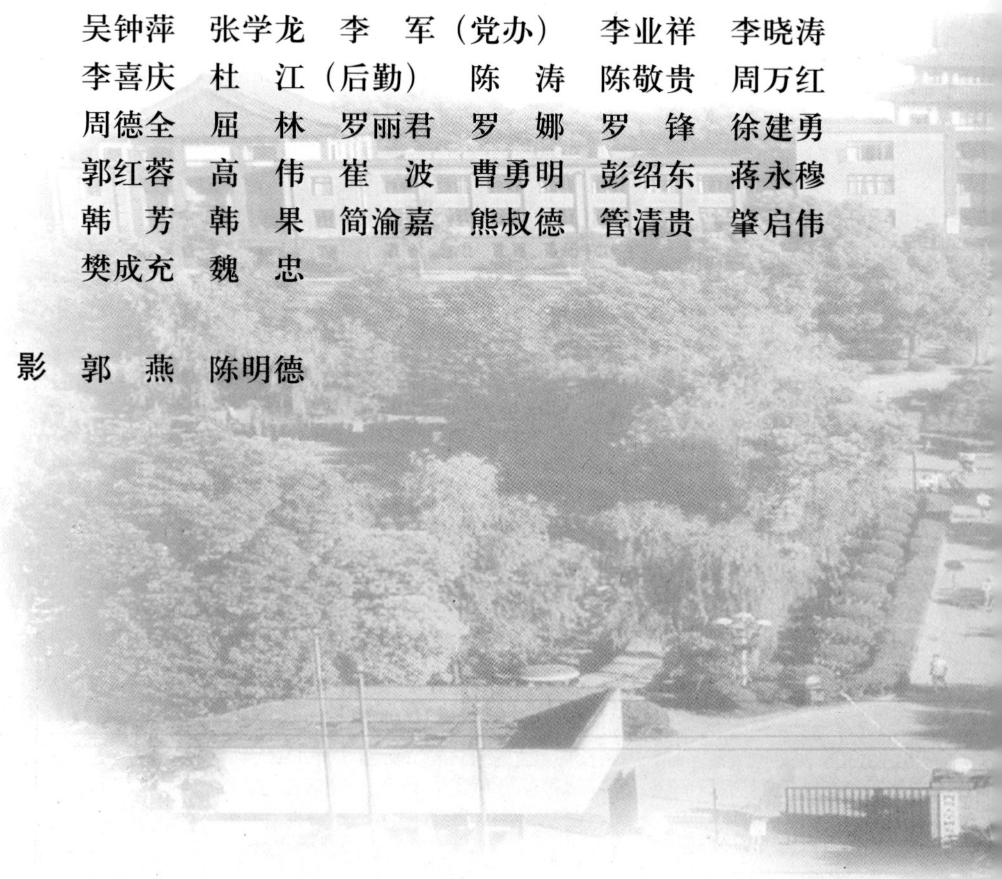

四川大學年鉴

(2005)

四川大学党委办公室
四川大学校长办公室 编

责任编辑:马洁如
责任校对:朱兰双　周　颖
封面设计:罗　光
责任印制:杨丽贤

图书在版编目（CIP）数据

四川大学年鉴．2005／四川大学党办，四川大学校办编．—成都：四川大学出版社，2007.3
ISBN 978－7－5614－3653－0

Ⅰ.四…　Ⅱ.①四…②四…　Ⅲ.四川大学－2005－年鉴
Ⅳ.G649.287.11-54

中国版本图书馆 CIP 数据核字（2007）第 028579 号

书名　**四川大学年鉴(2005)**

作　者	四川大学党办、四川大学校办编
出　版	四川大学出版社
地　址	成都市一环路南一段 24 号 (610065)
发　行	四川大学出版社
书　号	ISBN 978－7－5614－3653－0/G·841
印　刷	四川大学印刷厂
成品尺寸	185 mm×260 mm
插　页	16
印　张	39.25
字　数	891 千字
版　次	2007 年 4 月第 1 版
印　次	2007 年 4 月第 1 次印刷
定　价	60.00 元

◆读者邮购本书,请与本社发行科联系。电 话:85408408/85401670/85408023　邮政编码:610065
◆本社图书如有印装质量问题,请寄回出版社调换。
◆网址:www.scupress.com.cn

3月1日，中共教育部党组书记、教育部部长周济等来我校宣布校级领导班子成员。

校级领导班子成员集体合影（前排左起：副校长魏于全、副校长李虹、校党委常务副书记罗中枢、校党委书记杨泉明、校长谢和平、校党委副书记李志强、副校长孙卫国、校党委副书记周学东，后排左起：副校长赵昌文、副校长石坚、副校长李光宪、副校长陈爱民、副校长步宏、校纪委书记徐兰）

4月25日，教育部党组副书记、副部长张保庆一行视察我校，听取学校工作汇报并作重要讲话。

6月1日—2日，由教育部主办、四川大学承办、美国亚利桑那州立大学协办的2005年中美公立研究型大学校长研讨会在我校隆重举行，教育部副部长吴启迪致辞并视察我校。

8月3日，教育部副部长袁贵仁视察我校，并就先进性教育活动与学校党员干部、教职工党员和学生党员代表分别进行了座谈。

2005年，学校组织开展了保持共产党员先进性教育活动。图为学校先进性教育活动动员大会。

12月30日—31日，中国共产党四川大学第六次代表大会隆重举行。校党委书记杨泉明作工作报告，校长谢和平致开幕词。

5月，学校"十五""211工程"项目建设接受教育部中期检查，检查结果优秀。

7月14日，学校召开"985工程"创新平台/基地建设和新一轮人事分配制度改革实施动员大会。

7月28日—31日，刘应明院士在第11届国际模糊系统协会世界大会（IFSA World Congress 2005）上荣获"Fuzzy Fellow"称号。10月刘应明院士荣获2005年香港何梁何利基金"科学与技术进步奖"。

11月1日，学校聘任中国科学院院士林祥棣教授为我校国防科学技术研究院院长。

生物医学工程专业张兴栋教授指导的冯波同学的博士论文被评为2005年“全国百篇优秀博士论文”。

7月，我校11项教学成果获第五届高等教育国家级教学成果奖（其中我校独立完成9项，华西临床医学院万学红、张肇达、李甘地、周同甫、邓洪等完成的“医学教育最基本要求的研究与实施”获一等奖，另8项获二等奖）。

10月8日，我校独立学院锦城学院举行首届开学典礼。

游志胜教授等主研的“CDZS系列空管自动化系统”获国家科技进步一等奖。

1月，我校“国家生物医学材料工程技术研究中心”通过验收并正式命名。

6月，学校申报的国家重点基础研究项目（“973”）“组织诱导性生物医用材料的基础研究”获批准，项目首席科学家为顾忠伟教授。

4月13日，学校举行社会科学研究第七届重要成果（贡献奖）颁奖大会。

8月5日，我校《儒藏》首发式在京隆重举行。

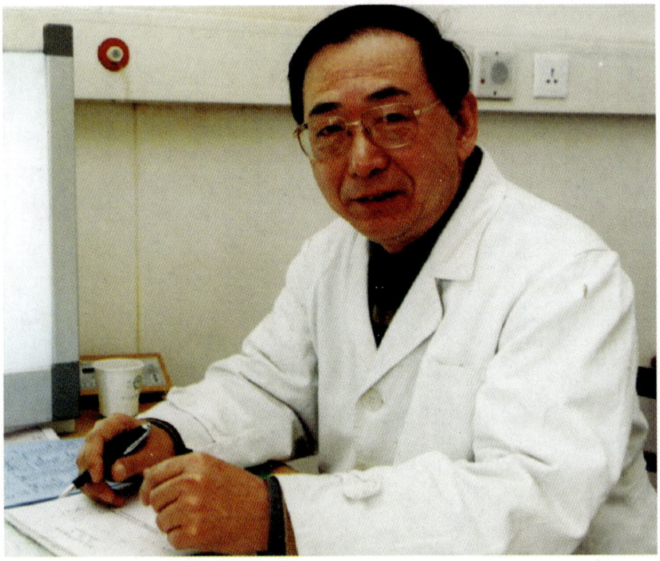

5月13日，世界第二例、中国第一例尸体活体合成肝移植手术在华西医院成功实施。图为实施该手术的严律南教授。

10月11日—14日，美国加州大学总校校长戴恩斯一行访问我校，并在校长谢和平院士等的陪同下考察了九寨沟的情况。我校将与美国加州大学、阿坝州政府、九寨沟管理局共同建立“九寨沟生态与可持续发展国际研究中心”，这是我国10所大学与美国加州大学系统筹建“10+10”合作科研联盟的项目之一。

10月18日，学校党委书记杨泉明教授会见美国中华医学基金会(CMB)主席DR. Schwarz。

11月，以校长谢和平院士为团长的四川大学代表团一行访问了日本早稻田大学、东京大学等，并出席了四川大学日本校友会成立大会。

11月19日，凤凰卫视资讯台总编辑、著名时事评论员和专栏作家阮次山先生应邀来我校作了题为《当代大学生的责任》的演讲。

12月6日，英特尔公司董事会主席贝瑞特博士到我校作了题为《教育和创新》的演讲。

4月4日，学校召开中层干部扩大会，对全校中层干部换届调整进行了动员部署。

4月12日，学校召开2005年党风廉政建设工作会。

11月6日，第九次教育部直属高校及有关高校组织工作研讨会在我校召开。

6月11日，学校举行“凤凰展翅”四川大学第五届文化艺术节开幕式及啦啦操大赛。

11月，我校参加第九届“挑战杯”飞利浦全国大学生课外学术科技作品竞赛取得优秀成绩，获全国一等奖 1 项、二等奖 1 项、三等奖 4 项，学校获“全国高校优秀组织奖”。

11月5日，“四川大学模拟联合国’团队在2005“中国·西安模拟联合国大会”中取得优异成绩，共获得 4 项大奖。

10月17日，一代文学巨匠、我校杰出校友巴金先生在上海逝世，享年101岁。18日，我校召开追忆杰出校友巴金座谈会。

5月，四川大学新博物馆开馆并面向社会开放。

8月29日，四川大学江安图书馆正式开馆。

12月22日，四川大学虚拟大型设备管理中心正式开通。

目　录

特　载

四川大学组织开展保持共产党员先进性教育活动取得显著成效 ……………… (3)
中国共产党四川大学第六次代表大会胜利召开 …………………………………… (6)
李岚清同志与四川大学等高校师生畅谈“音乐·艺术·人生” ……………… (10)

重要文件

重要讲话 ………………………………………………………………………………… (15)
教育部党组书记、部长周济在与四川大学领导班子集体谈话会上的讲话 …… (15)
切实加强领导班子建设　努力开创学校工作新局面
——在四川大学新学年中层干部扩大会上的讲话…………………… 杨泉明 (27)
抓重点　抓落实　努力实现学校新跨越
——在四川大学新学年中层干部扩大会上的讲话…………………… 谢和平 (36)
励精图治　乘势而上　为建设高水平研究型综合大学而努力奋斗
——在中国共产党四川大学第六次代表大会上的工作报告……… 杨泉明 (47)
肩负历史使命　凝聚集体力量　努力推进建设高水平研究型综合大学的伟大进程
——中国共产党四川大学第六次代表大会开幕词…………………… 谢和平 (62)
大力加强党风廉政建设　努力推进我校各项事业健康和谐发展
——中国共产党四川大学第六次代表大会纪委工作报告………… 徐　兰 (64)
在四川大学保持共产党员先进性教育活动工作总结大会上的讲话…… 杨泉明 (73)
一流的川大应有一流的社科
——在四川大学第七届社科重要成果（贡献）奖颁奖大会上的讲话
……………………………………………………………………………… 杨泉明 (83)
发扬优秀传统，繁荣哲学社会科学　为实现学校的奋斗目标作出贡献
——在四川大学第七届社科重要成果（贡献）奖颁奖大会上的讲话
……………………………………………………………………………… 谢和平 (85)

学校工作计划、总结 …………………………………………………………… (91)
四川大学2005年工作要点……………………………………………………… (91)
四川大学2005年下半年工作要点……………………………………………… (97)
四川大学2005年上半年工作总结 ……………………………………………… (104)
四川大学2005年工作总结 ……………………………………………………… (112)
其他重要文件……………………………………………………………………… (123)
中共四川大学委员会关于开展保持共产党员先进性教育活动的实施方案…… (123)
中共四川大学委员会先进性教育活动领导小组关于学校先进性教育活动学习动员阶段的实施意见……………………………………………………………… (133)
中共四川大学委员会先进性教育活动领导小组关于学校先进性教育活动分析评议阶段的实施意见……………………………………………………………… (138)
四川大学保持共产党员先进性的具体要求和不合格党员的具体表现………… (143)
中共四川大学委员会先进性教育领导小组关于学校先进性教育活动整改提高阶段的实施意见……………………………………………………………… (148)
四川大学党政领导班子先进性教育整改方案………………………………… (152)
四川大学关于进一步推进校务公开工作的意见……………………………… (160)
四川大学关于进一步深化分配制度改革的实施办法（试行）………………… (163)
四川大学教师队伍建设实施办法（试行）…………………………………… (185)
四川大学“985工程”科技创新平台新的管理体制和运行机制的实施细则（试行）……………………………………………………………………………… (196)
四川大学“985工程”哲学社会科学创新基地建设与管理实施办法（试行）……………………………………………………………………………… (200)
关于实施研究生教育创新计划的若干补充意见（试行）…………………… (205)

学科与师资队伍篇

学科……………………………………………………………………………… (213)
师资队伍………………………………………………………………………… (229)

人才培养篇

人才培养概况…………………………………………………………………… (255)
研究生教育……………………………………………………………………… (257)
本科生教育……………………………………………………………………… (294)
成人教育………………………………………………………………………… (323)
网络教育………………………………………………………………………… (338)

留学生教育……………………………………………………………………………………(343)
出国培训……………………………………………………………………………………(343)
独立学院……………………………………………………………………………………(344)

科学研究与科技产业篇

科学研究概况………………………………………………………………………………(349)
人文社会科学………………………………………………………………………………(351)
自然科学……………………………………………………………………………………(364)
科技产业……………………………………………………………………………………(380)

医疗卫生篇

医院管理……………………………………………………………………………………(385)
卫生支援……………………………………………………………………………………(387)
住院医师规范化培训………………………………………………………………………(390)
附属医院主要医疗指标……………………………………………………………………(393)

合作与交流篇

合作与交流概况……………………………………………………………………………(399)
重大外事活动………………………………………………………………………………(400)
校际合作……………………………………………………………………………………(401)
国际会议……………………………………………………………………………………(401)
外国专家……………………………………………………………………………………(402)
境外学生……………………………………………………………………………………(403)
港澳台工作…………………………………………………………………………………(403)
出国派出工作………………………………………………………………………………(404)

党的建设篇

党建及组织工作……………………………………………………………………………(429)
党风廉政建设………………………………………………………………………………(431)
宣传教育工作………………………………………………………………………………(433)
统战工作……………………………………………………………………………………(436)
离退休工作…………………………………………………………………………………(437)

工会和教代会工作…………（438）
安全保卫工作…………（440）
保密工作…………（442）

大学生思想政治教育篇

理论教育与成长指导…………（447）
基础管理与服务…………（450）
素质拓展与实践…………（454）

办学条件保障及公共服务体系篇

办学条件保障及公共服务体系概况…………（493）
基本建设…………（495）
新校区建设…………（498）
实验室及设备…………（498）
后勤保障和改革…………（516）
财务…………（518）
审计…………（520）
国有资产…………（521）
图书馆…………（523）
档案馆（校史办公室）…………（524）
博物馆…………（524）
出版社…………（525）
学报…………（526）
信息管理中心…………（527）
对外联络工作…………（528）

附　　录

学校概况…………（531）
2005 年四川大学十大新闻…………（532）
2005 年大事记…………（535）
四川大学 2005 年校、处级干部名单…………（547）
2005 年成立和调整的全校性工作领导小组名单…………（558）

四川大学各级人大代表、政协委员、政府参事、民主党派负责人等人员名单 …………（566）
2005 年度学生工作主要获奖成果 …………（576）
共青团四川大学委员会 2005 年度先进集体和先进个人名单 …………（578）
四川大学 2005 年学生团体情况一览表 …………（585）
2005 年学校、国家及社会奖助学金奖助情况一览表 …………（587）
四川大学 2004—2005 年度本科生学年奖学金部分获得者名单和优秀学生、优秀学生干部名单…………（591）
四川大学 2005 年度全国及省级“先进班集体”、省级“三好学生”、省级“优秀学生干部”名单 …………（610）
四川大学 2005 届省级及学校优秀毕业生、优秀毕业生干部名单 …………（612）
四川大学校历…………（621）

特　　载

四川大学组织开展保持共产党员先进性教育活动取得显著成效

2005年7月～12月，按照党中央、教育部党组和四川省省委的统一部署，在学校党委统一领导下，四川大学以“保持共产党员先进性，奋力推进学校新跨越”为主题，组织开展了保持共产党员先进性教育活动，活动取得显著成效。

整个教育活动历经学习动员、分析评议和整改提高三个阶段。

首先是学习动员阶段（从7月13日召开全校动员大会对先进性教育活动进行全面部署，到9月26日进行转段总结动员）。7月中旬至8月下旬暑假期间，采取自学和集中学习相结合的办法，组织党员紧密联系教育战线和学校实际，主要认真学习《保持共产党员先进性教育读本》、《四川省共产党员先进典型事迹汇编》和胡锦涛等中央领导同志以及省委领导同志的有关重要讲话，重点学习《中国共产党章程》，同时各基层党委结合各单位实际选学一些针对性强的辅导资料。8月底开学后，各级党组织按照“规定动作不走样，自选动作求创新”的总体思路，着重抓了宣传发动、学习培训、保持共产党员先进性大讨论等三个关键环节，综合运用领导干部讲党课、专家讲理论、典型讲事迹、党员自己讲体会、开展大讨论等“四讲一讨论”的方式，切实提高全体党员的认识，同时形成了符合党章要求、反映学校不同岗位党员特点的先进性具体要求和不合格党员具体表现的书面成果。整个学习动员阶段，校、院两级领导举行专题党课报告150余场，听课人数达4.5万余人次；举行专家先进性教育理论讲座74场，听课人数达1.5万余人次。

其次是分析评议阶段（从9月26日进行第一次转段总结动员，到11月15日进行第二次转段总结动员）。学校各级党组织着重抓住“找准抓住突出问题”这个关键，重点抓了征求意见、交心谈心、进行党性分析、召开专题民主生活会和组织生活会、提出评议意见等五个环节，通过“群众提，自己找，组织点，相互帮”和“下级评上级，群众评党员，支部评党员，党员自我评”等多种方式，努力做到征求意见广泛深入，查找问题准确全面，分析原因深刻透彻，民主评议客观真实，开展批评真诚中肯，力争达到“不走过场，不出偏差，取得实效”的目标和要求。在这个阶段，学校开通了两部征求意见专用热线电话及征求意见专用电子邮箱，设置了21个征求意见信箱，分别召开了专家教授代表、教职工代表、学生代表、民主党派代表、离退休干部职工代表等五个征求意见专题座谈会。全校基层党委（总支）共开通了热线电话50余部，开通电子邮箱40余个，设置意见箱110余个，发放征求意见表8000余份，召开各类征求意见座谈会500余次。整个阶段仅学校领导班子成员开展谈心活动超过了520余人次。按照“重点写问题，深入找原因，关键查自身”的要求，学校各级党员领导干部和全体党员认真对自身各方面情况进行党性分析，撰写了党性剖析材料，同时各级党政领导班子撰写了党性总结材料，并在相应范围内进行了学校各级党政领导班子的党性分析总结材料公示和满意度测评，全校党员在各支部范围内作了个人党性剖析报告并接受了满意度测评。学校各级党员领导干部在以普通党员身份参加了所在支部的党性分析组织生活会的同时，还参加了所在党政领导班子的专题民主生活会。10月31日，学校召开校级党政领导班子专题民主生活会，受到了中组部、教育部人事司、省委组织部、省教育厅及教育工委和省先进性教育活动督导组等上级出席领导同志的充分肯定。各基层党政领导班子的专题民主生活会和党支部的专题组织生活会绝大多数都做到了准备充分、认真务实和高标准严要求。

最后是整改提高阶段（从11月15日进行第二次转段总结动员，到12月16日～23日全校及各基层党委或党总支总结大会）。学校各级党组织着重抓了制定整改方案及措施、开展集中整改行动、建章立制、党员先进性承诺申请、工作总结等五个环节，围绕“根本在解决问题”这个关键，努力做到整改方案符合实际，整改措施具体有力，整改目标清楚明了，在务求整改实效上下工夫。在广泛听取学校广大师生员工意见的基础上，学校党委于11月25日正式公示了学校党政领导班子整改方案。学校的整改方案涉及解决群众关注的热点难点问题、加强学校领导班子思想政治建设、抓好学校“十一五”规划制定、加强学校基层党建工作、加强改进学生思想政治教育工作、推进学校民主政治进程、进一步转变机关工作作风、加强对整改工作的领导监督等8个方面共60条。同时，学校各级党组织抓好了对党员先进性承诺申请的批复和不合格党员的组织处理，以及先进性教育活动群众满意度测评和整个先进性教育活动的工作总结等各项工作，并组织党员进行了先进性承诺集体宣誓。12月14日下午，学校举行先进性教育活动群众满意度测评，从统计的结果看，学校各级党代表和各级人大代表、政协委员、各民主党派主委及无党派知名人士代表填写的测评意见，总体认为学校先进性教育活动搞得好和比较好的达到98%。学校一般教职工、学生、离退休党员代表和非党群众代表填写的测评意见，总体认为先进性教育活动搞得好和比较好的达到91%。在12月16日先进性教育活动全校总结大会上，校党委书记杨泉明代表学校党委着重通报了在解决群众关注的系列热点难点问题方面的整改进展情况。

三个阶段结束后，学校各级党组织在总结的基础上，还进一步开展了先进性教育“回头看”活动，继续加大整改力度，集中精力落实各项整改工作，继续探索建立党员“长期受教育，永葆先进性”的长效机制，进一步巩固、扩大和深化先进性教育活动的成果。

历时五个月的学校先进性教育活动呈现出九个主要特点，取得了显著成效：

一是抓住机遇，突出主题，紧扣发展要务。学校党委把开展好先进性教育活动作为全面加强学校党建工作的重要举措；作为学校“举旗帜、抓班子、带队伍、促发展”的重要契机；作为解决学校党员队伍和基层党组织自身存在的问题，增强党员队伍与基层组织生机与活力的重要抓手；作为团结凝聚全校师生职工，促进学校深化改革，实现发展新跨越的重要保证。为此，鲜明地提出了四川大学保持党员先进性教育的主题就是“保持共产党员先进性，奋力推进学校新跨越”。

二是突出针对性，坚持分类指导。学校党委对领导干部、管理人员、教师、学生、医务工作者、后勤保障人员、离退休人员等7个群体的党员，分别确定了在先进性教育活动中需要重点解决的问题和保持先进性、争做各自领域排头兵的具体目标。

三是坚持重心下移，发挥支部作用。学校党委对全校500余个党支部的书记进行了为期两天的专题培训，并将学校的中层干部会以及各阶段的转段总结动员会都扩大到全体党支部书记，学校先进性教育各项工作的部署、安排、文件及要求都印发至各个支部。同时，各个党支部在先进性教育活动中普遍进一步健全完善了组织生活制度、学习交流制度、批评与自我批评制度、督查补课制度等。

四是树立身边典型，榜样示范引导。先进性教育活动一启动，学校党委就在校、院两级树立了一批校内先进典型，并从各基层党委（总支）推荐的46位优秀共产党员中确定了9位党员组成学校优秀共产党员事迹报告团，在全校各单位巡回报告，同时将报告团9位成员的优秀事迹材料汇编成册，印发全校深入学习。整个教育活动共有校内外先进典型67人次，进行了50余场先进事迹报告会，听报告的人数近2万人次。

五是创造鲜活形式，增强教育效果。如各级党组织开展的“我心目中的共产党员”、“学习先烈精神，深化对党的感情”、“师生结对子”互帮互学等主题活动，取得了很好的教育效果。特别是各级党组织在学生中广泛开展的“思想比先进、学习比勤奋、生活比节俭、兴趣比高尚”的“四比”活动，学生系统开展的创十佳党支部活动、“从我做起，向我看齐”主题演讲比赛、党员先进性教育知识竞赛，以及各级学生党组织在学生党员中建立的“党员墙”，设立的党员服务岗，提出“有困难、找党员”等响亮口号，都获得了普遍好评。全校共组织各类主题实践活动360余次，3.3万多人次的师生党员参加了主题实践活动。

六是不断认识新形势下的党建规律，着力探索建立长效机制。学校党委早在学习动员阶段，就正式成立了由校党委主要负责同志任组长的保持党员先进性长效机制研究课题组，着重开展了“学校领导干部思想政治建设”、“党员教育、学习、管理和监督”、“学院和基层党委（总支）工作规则”、“党支部建设”等四个长效机制课题研究，力争在制度创新、建立保持党员先进性长效机制上取得新成效。

七是组织领导有力，督查把关严格。在上级先进性教育活动领导小组的统一领导下，学校党委成立了先进性教育活动工作领导小组及其办公室和若干工作小组；各基层党委（总支）按照校党委的统一部署和要求，成立了各级先进性教育活动领导小组。学校党委强化教育活动中的领导责任，坚持领导带头，绝大多数党员领导干部都发挥了表率示范作用。同时省委教育工委督导组同志经常深入学校指导、督查先进性教育活动的开展情况，学校先进性教育活动领导小组办公室及其督查组，深入到各基层党委（总支），采取学校抽查、基层党委（总支）普查、支部自查的三级联动方式，重点对支部的工作落实情况等进行督查。

八是坚持教育活动和各项工作“两促进，两不误”。学校各级党政领导班子坚持把先进性教育活动与促进学校的改革、发展、稳定以及本单位、本部门的各项工作结合起来，与加强学校领导班子及领导干部队伍建设结合起来，与加强改进大学生思想政治教育结合起来，与筹备召开新四川大学党代会结合起来，与学校及各学院制定中长期发展规划结合起来，与促进“985工程”建设、迎接本科教学优秀评估、深化人事分配制度改革、实施“科技跨越行动计划”、“哲学社会科学繁荣计划”及人才强校战略结合起来，在务求实效上狠下工夫。

九是边学边改，边议边改，边整边改，成效显著。学校各级党政领导班子和各级党组织在先进性教育活动开展的整个过程中，始终坚持边学边改、边议边改、边整边改，着力解决群众最关心的重点问题和涉及教职工切身利益的热点问题，解决影响学校改革发展稳定的主要问题，解决党政领导班子、基层党组织和党员队伍存在的突出问题，努力切实抓出成效。

四川大学保持共产党员先进性教育活动多次受到上级的鼓励和肯定。教育部部长周济同志充分肯定了学校先进性教育活动的主题、六个讲清楚、分类指导、“四讲一讨论”等做法。学校制定的《四川大学党员先进性的具体要求和不合格党员的具体表现》被教育部先进性教育活动领导小组办公室转发全国各高校；教育部先教办先后在五期先进性教育简报中，肯定并向全国各高校介绍了四川大学的经验和做法，其中有三期是四川大学的专题简报。中央先进性教育活动领导小组成员、教育部副部长袁贵仁同志深入学校考察了先进性教育活动后认为：四川大学的先进性教育活动具有“组织机构健全、思想发动充分、安排科学、方式灵活多样、突出发展主题、注重实效”等鲜明特点。省委先进性教育活动第一巡回检查组组长郑朝福和督导组周旺云等同志深入学校检查后认为：学校这项工作“发展健康、成效显著”。在中央召开的全国组织部长工作会议上，四川大学党委专门就干部任用制度改革作了典型发言，经验材料由大会印发。在全国高校党建工作会议上，四川大学党委撰写的总结材料《明确新时期高校党员先进性要求，建立和完善党员考核体系》在大会上印发交流。

中国共产党四川大学第六次代表大会胜利召开

12月29日～31日，中国共产党四川大学第六次代表大会胜利召开。

中国共产党四川大学第六次代表大会是在学校实现深度融合的基础上，在学校改革发展取得丰硕成果、站在新的历史起点上，在学校保持党员先进性教育活动取得明显成效的背景下，经学校认真筹备，并经教育部党组和中共四川省省委教育工委批准召开的。大会的主题是：励精图治，乘势而上，为建设高水平研究型综合大学而努力奋斗。大会的主要任务是：以邓小平理论、“三个代表”重要思想和科学发展观为指导，在党的十六大和十六届五中全会精神指引下，回顾过去、总结经验，认清形势、谋划发展，审议中共四川大学委员会和中共四川大学纪律检查委员会工作报告，选举产生新一届学校党委和纪委领导班子，团结动员全校共产党员和师生员工，为把学校建设成为国内一流、国际知名的高水平研究型综合大学而努力奋斗。大会的召开既是学校近几届领导班子不懈努力的结果，也是全校党员和师生员工共同奋斗的结果；既是学校政治生活正常化和制度化的标志，也是学校发展历史上的重要里程碑。

大会开幕式于 12 月 30 日上午隆重举行。四川省委组织部常务副部长蒋继先、省委组织部组织一处处长黄林、干部三处副处长杨天利、四川省委教育工委副书记王晓都、教育工委组织部副部长杨成林出席了开幕式。中组部、教育部党组来电来信祝贺学校第六次党代会召开。北京大学、清华大学、天津大学、同济大学、哈尔滨工业大学、武汉大学、南京大学、中山大学、西安交通大学、重庆大学、西南大学、电子科技大学、西南交通大学、西南财经大学等兄弟高校也为学校第六次党代会召开发来贺信和贺电。开幕式由大会秘书长罗中枢同志主持。

校长谢和平院士首先致开幕词，总结了近一年来学校发展取得的重要成就，提出四川大学实现跨越发展必须要集中思考并回答的“十大课题”，指出学校第六次党代会的召开具有肩负使命、承前启后、继往开来的重大历史意义。中国农工民主党中央委员、学校华西基础医学与法医学院院长侯一平代表民主党派和无党派人士致贺词。

党代会上，校党委书记杨泉明同志代表学校党委作了《励精图治，乘势而上，为建设高水平研究型综合大学而努力奋斗》的工作报告。《报告》回顾和总结了原三校党代会以来特别是第二次并校改革以来，学校在学科建设、教育教学改革、科学研究、管理体制改革、师资队伍建设、医疗卫生和社会服务、科技成果转化和科技产业、对外交流合作和国际化教育、校园建设、人事分配制度改革、党的建设和思想政治工作等方面取得的主要成绩和基本经验。《报告》提出了学校在新的历史时期分三步走的奋斗目标是：第一步，到 2010 年，学校主要核心指标总体进入全国高校前列，成为中国西部综合实力最强、自主创新水平最高、教育教学质量最优、医疗卫生和社会服务贡献最大、办学环境最好的大学。第二步，到 2020 年，学校核心指标的师均量进入全国高校前列，成为国家自主创新的前沿、拔尖人才培养的基地、学术大师汇聚的高地、高层决策咨询的智囊、国家和地区经济文化发展的支撑，若干学科领域达到世界领先水平，成为国内一流、国际知名的高水平研究型综合大学。第三步，到本世纪中叶，学校力争跻身世界一流大学行列。《报告》提出，做好今后五年的工作，实现学校“三步走”宏伟目标的基本思路和总体要求是：以邓小平理论和“三个代表”重要思想为指导，用科学发展观统领学校工作全局；以学科建设为龙头，以队伍建设为抓手，以改革创新为动力，以培养高素质创新型人才为根本，以党的执政能力和先进性建设为保证，立足科学发展，着力自主创新，完善体制机制，促进学校和谐；紧紧扭住发展第一要务，抢抓发展机遇、破解发展难题、创新发展模式、提高发展质量，全面提升学校办学水平、质量、效益和核心竞争力，切实把学校事业发展引入以人为本、全面协调可持续发展的轨道。《报告》指出，为了实现学校的宏伟目标，今后一个时期特别是在近五年内，学校要切实抓好以下方面的工作：一是要扎实推进“985 工程”和“211 工程”二期建设，学科建设再上新台阶。二是要进一步提高教育教学质量，努力培养高素质创新型人才。三是要大力提高科研自主创新能力。四是要继续推进教育、科技、经济一体化，大力促进科研成果转化和科技产业发展。五是要进一步深化医学教育、科技发展和医疗卫生服务改革。六是要深入实施“人才强校”战略，建设高水平人才队伍。七是要加强对外交流与合作，推进学校的国际化进程。八是要深化校内管理体制改革，进一步推进制度创新。九是要进一步加强基础设施和公共服务体系建设，创建文明优美的一流大学校园。《报告》强调，建设高水平研究型综合大学是一项伟大的事业，要把这个宏伟蓝图变成美好现实，关键在党，关键在人。要充分发挥党的建设和思想政治工作对学校事业发展的引领、保障和促进作用，坚持党要管党、从严治党的方针，按照加强党的先进性建设的要求进一步加强和改进党的建设和思想政治工作，充分发挥学校党委的领导核心和政治核心作用、学院党委（总支）的政治核心和监督保证作用、党支部的战斗堡垒作用和共产党员的先锋模范作用。最后，杨泉明书记号召，全校共产党员一定要进一步增强历史责任感和时代使命感，把党员先进性教育激发出来的巨大政治热情转化为推动学校改革发展的强大动力，把共产党员的先进性切实体现到事业的发展中，努力争做各自工作领域的排头兵，团结、动员和带领全校师生员工，在邓小平理论、“三个代表”重要思想和科学发展观指导下，认真贯彻落实学校第六次党代会精神，进一步统一思想，振奋精神，励精图治，乘势而上，为实现建设高水平研究型综合大学的宏伟目标，为迎来四川大学更加灿烂辉煌的明天而努力奋斗！

校纪委书记徐兰代表学校纪委向大会提交了《大力加强党风廉政建设，努力推进我校各项事业健康和谐发展》的工作报告，书面报告分送各代表团审议。《报告》回顾了 2000 年以来四川大学党委党风廉政建设和反腐败工作的基本情况，介绍了学校党委党风廉政建设与反腐败工作的主要体会，提出了关于今后一段时期党风廉政建设和反腐败工作的建议。

大会期间，七个代表团分别展开讨论，全校共 287 名与会代表对学校党委工作报告、纪委工作报告进行认真审议和讨论。代表们高度评价两委工作报告，一致认为，杨泉明同志代表学校党委所做的工作报告实事求是、客观全面地总结了学校改革发展和党的建设取得的成绩和基本经验，认真分析了学校面临的新机遇和新挑战，明确提出了今后一个时期学校发展的奋斗目标、基本思路、主要任务和重要举措；《报告》视野开阔，总结实事求是，规划宏伟务实，鼓舞人心，催人奋进。一致认为，徐兰同志代表中共四川大学纪律检查委员会提交的工作报告对学校党风廉政建设所面临的形势分析实事求是，今后的工作思路和举措切实可行。讨论中，代表们纷纷为学校如何实现“三步走目标”献计献策，围绕合理配置学科资源、依法治校、创新管理机制、提高教学质量、加强学风建设、发挥离退休教职工的作用等方面提出意见和建议。一致认为，学校要实现建设一流大学的目标，必须要有一流的成果、一流的人才培养质量、一流的师资、一流的管理，要不断改革和完善管理制度和运行机制，深化教育教学改革和提高教学质量，建立促进学校发展的长效机制。

12月31日下午，大会选举产生了新一届学校党委和纪委领导班子。由马继刚、王红（女）、石坚、孙卫国、张林、张诚、李彦、李虹、李光宪、李向成、李旭锋、李志强、李建国、杨泉明、步宏、汪朝清、周学东（女）、罗中枢、郑尚维（女）、胡常伟、赵京东、赵昌文、徐兰（女）、蒋晓丽（女）、蒋润书（女）、谢和平、魏于全共27位同志（以姓氏笔画为序）组成中共四川大学第六届委员会；由古立峰、刘琍（女）、吴肇庆、张林（女）、张树明、李蓉军（女）、邱蜀进、周瑞敏、周激流、罗丽君（女）、唐亚、徐兰（女）、郭小俐（女）共13位同志（以姓氏笔画为序）组成中共四川大学新一届纪律检查委员会。由石坚、孙卫国、李虹、李光宪、李志强、杨泉明、步宏、周学东（女）、罗中枢、赵昌文、徐兰（女）、谢和平、魏于全共13位同志（以姓氏笔画为序）组成中共四川大学委员会常务委员会。

最后，在表决通过学校党委、纪委工作报告决议后，大会在学校望江校区文华活动中心二楼报告厅隆重闭幕。校党委书记杨泉明同志在闭幕词中指出，中国共产党四川大学第六次代表大会是一次承前启后、继往开来的大会，是一次振奋精神、团结奋进的大会，是一次动员和鼓舞全体共产党员和全校师生职工万众一心、再攀新高峰、再创新辉煌的大会。大会审议通过的工作报告和各项决议，将对学校今后一个时期的改革发展产生重要的指导作用。大会选举产生的新一届学校领导集体必将带领全体共产党员和全校师生职工把建设高水平研究型综合大学的事业推向一个新的发展阶段。杨泉明同志进一步指出，学校新的领导集体已经形成，前进方向已经明确，战略目标和工作思路已经清楚，各项重要举措已经提出，新一轮跨越的基础已经具备，下一步工作的关键就是要狠抓落实。学校党委必须增强加快发展的危机感、紧迫感和历史使命感，紧紧抓住“十一五”发展的关键时期，在邓小平理论和“三个代表”重要思想的指引下，以科学发展观统筹全局，以学校第六次党代会为新的起点，深入贯彻党代会精神，进一步团结动员全校共产党员和师生员工，万众一心，振奋精神，同心同德，开拓进取，为实现建设高水平研究型综合大学的光荣与梦想而努力奋斗。

校长谢和平院士在闭幕式讲话中指出，中国共产党四川大学第六次代表大会通过大会主席团和全体代表的共同努力，圆满完成了预定的各项任务，是一个团结的大会，鼓劲的大会，振奋精神的大会，开拓进取的大会。他希望，大会以后各位代表要把本次大会精神贯彻落实到实际工作中，学校各级党组织要认真贯彻落实本次大会精神，带领广大党员和干部职工努力完成大会提出的各项任务。

12月31日晚上，分别召开了中共四川大学六届一次全会和新一届校纪委一次全会，选举杨泉明同志为校党委书记，罗中枢同志为校党委常务副书记，李志强、周学东同志为校党委副书记，徐兰同志为校纪委书记，吴肇庆、邱蜀进同志为校纪委副书记。校党委书记杨泉明同志代表新一届领导班子在六届一次全会上讲话，他表示“大会选举我们组成新一届中共四川大学委员会，这是全校党员对我们的信任和重托”，“我们坚信，有上级党组织正确领导，有全体党员和全校师生员工的大力支持，有全体委员的共同努力，四川大学新一届党委就一定能够不负重托，不辱使命，在创建高水平研究型综合大学的历史进程中，再立新功，再创辉煌！”

李岚清同志与四川大学等高校师生畅谈“音乐·艺术·人生”

5月29日下午，四川大学体育中心内座无虚席，原中共中央政治局常委、国务院副总理李岚清同志为四川大学、电子科大、西南交大等四川省的17所高校的3000余名师生代表作了题为《音乐·艺术·人生》的讲座。精彩的讲座赢得师生阵阵掌声。

四川省省委书记张学忠、省长张中伟和王少雄、郭永祥、徐世群、王怀臣、李进等省领导以及教育部、省委、省政府有关部门负责同志和师生们一起聆听了李岚清同志的精彩讲座。

李岚清同志以渊博的知识、丰富的人生经历、深厚的音乐素养和充满哲理的智慧语言为师生展开了一幅西方经典音乐的魅力画卷，同时带领大家领略了中国传统文化的风采。

讲座中，李岚清同志谈到音乐对人生的重要作用时说，音乐的魅力在于使生活更有情趣，使思想更有创意，工作更有效率，领导更有艺术，人生更加丰厚，希望大家都成为音乐爱好者。之所以要提倡高雅音乐，是因为作为大学生，作为知识分子，只喜欢、只懂通俗音乐是远远不够的，高雅音乐能培养高尚的情操和良好的品格，还能提高学习、工作效率，希望同学们提高音乐艺术修养，成为建设祖国的高素质创新人才。

讲座中，他以中国地质学家李四光、“太空计划之父”钱学森、“中国杂交水稻之父”袁隆平、爱因斯坦、美国“经济总统”格林斯潘等名人名家的音乐造诣来阐述音乐在个人修养、素质教育过程中起的重要作用。

在谈到优秀音乐时，他带领大家欣赏了刘半农作词、赵元任作曲的《教我如何不想他》、李叔同作词的《送别》、俄罗斯作曲家穆索尔斯的《莫斯科河上的黎明》等音乐作品，或沉静、或舒缓、或深情的旋律带给师生美的享受。

讲座中，李岚清同志还用英文和着德沃夏克的《思乡曲》哼唱，纯正而富有魅力的音色让师生沉浸在淡淡的乡愁之中。

讲座结束后，校党委书记杨泉明感谢李岚清同志为师生们上了一堂生动的艺术课，让师生们共同分享了他对音乐、艺术、人生的感悟，认识了音乐的艺术魅力。表示将努力营造校园文化氛围，努力提高学生的艺术修养，促进学生德、智、体、美全面发展，造就具有深厚人文底蕴，创新能力的优秀人才。

作为曾主管教育的国家领导人，李岚清同志曾4次莅临川大，关心四川大学的教育改革进程。为表达川大师生对李岚清同志的敬意，校长谢和平院士代表学校向李岚清同志赠送了由我校教师创作的油画《岚清同志在川大》，岚清同志向我校赠送了由他签名的《李岚清音乐笔谈》，并为学生代表签名留念。

最后，李岚清同志带领大家一起高唱《歌唱祖国》。近 3 小时的讲座结束时，掌声经久不息。

重要文件

重要讲话

教育部党组书记、部长周济在与四川大学领导班子集体谈话会上的讲话

2005年3月1日

（根据记录整理，未经本人审阅）

刚才，李卫红同志宣布了教育部党组关于四川大学行政班子副职任免和对党委副职、纪委书记进行调整的决定，我代表教育部党组对李志强、孙卫国等11位新走上领导岗位的同志表示祝贺。这次干部调整，吕重九、唐登学、刘应明、张肇达、张义正、杨继瑞、鲍朗、刘富德等8位同志因为年龄以及其他原因，从原来的岗位退了下来。多年来，这些同志忠诚于党的教育事业，认真贯彻落实党的教育方针，尽心尽力，尽职尽责，勤奋工作，为四川大学的合并以及合并之后学校的改革发展作出了重要贡献。在这里，我代表教育部党组对老同志表示衷心的感谢！希望老同志以后继续关心学校事业的发展，继续支持新班子的工作。让我们大家共同向我们的老同志表示衷心的感谢！

刚才几位同志作了发言，因为时间的关系没有多讲，但是发言的几位同志都代表了大家的心声，都谈得很好，我也很受启发。我们这次算是一个谈话会，也是一个谈心会，我想借此机会给大家谈几点想法，集中起来就是三点：

第一点，用科学发展观统领四川大学改革和发展的工作全局。

发展是硬道理，发展是我们党执政兴国的第一要务，中国的一切问题，都要在发展的过程中加以解决，这个事实已被我们国家过去25年改革和发展取得的巨大成就所证明。今后，21世纪的头20年是我国加快社会主义现代化进程的重要战略机遇期，也是我国教育事业发展的重要战略机遇期。在这20年中，我们要抓住这个机遇保持全面协调可持续的发展，关键就是要按照中央的要求，坚定不移地树立和坚持科学发展观、用科学发展观统领改革和发展工作全局；就我们教育工作而言，就是要用科学发展观统领教育工作全局；就四川大学而言，就是要用科学发展观来统领四川大学改革和发展的工作全局。

科学发展观是我们党用邓小平理论和“三个代表”重要思想为指导，对长期发展实践的经验总结和理论升华，是全面建设小康社会和推进现代化建设始终要坚持的重要指导思想。在科学发展观这个问题

上，我个人认为，主要有两层意思：一层意思是坚持发展是硬道理，发展是第一要务，要聚精会神搞建设，一心一意谋发展。第二层意思就是为什么要发展，怎样才能更好地发展？中央提出科学发展观的内涵是“以人为本，全面协调，可持续发展”。实际包含了两个方面：一个方面，回答我们为什么要发展？为了人的全面发展；怎样才能发展得更好？要全心全意地依靠我们的队伍，要激发人的内在积极性；所以“以人为本”是科学发展观的本质和核心。另外一个方面，提出在发展的过程中必须统筹兼顾，全面发展。因为我们面临的是一个崭新的事业，在发展的过程当中，会面临各种各样的矛盾，要处理好这些矛盾和问题，我们必须用辩证唯物主义来指导。我理解科学的发展观实际上就是辩证的发展观，就是用辩证法的观点来看待发展过程中的各种矛盾和问题。大家都很清楚，辩证法的基本观点认为一切事物都是辩证统一的，都是对立统一的，都是矛盾的两个方面，在一定程度上相互依存，同时在一定程度上经过转化可以统一起来。我们用这些观点来看待和解决前进道路中所遇到的各种问题，就是要统筹兼顾、协调发展。所以第二方面明确提出了“全面、协调、可持续发展”。就全国而言，中央提出了五个统筹。就教育工作而言，我们怎样来全面理解科学发展观，用科学发展观来统领教育工作的全局呢？我希望我们新一届党政班子就这个问题深入进行学习，真正牢固树立和落实科学发展观，用科学发展观来统领我们的工作全局。

就整个教育工作来讲，落实科学发展观我们提出了四句话：“坚持‘八字方针’，坚持‘两个为本’，坚持‘四个统筹’，办好让人民满意的教育。”

第一句话就是坚持“八字方针”。这是教育部党组在三年前提出来的。在新的形势下，我们应该怎样去争取教育事业进一步发展？在前几年大规模发展之后，我们应该采用什么样的方针呢？部党组提出了“巩固、深化、提高、发展”的八字方针，就是要巩固成果、深化改革、提高质量、持续发展。当前，我们还要继续地坚持。经过三年工作的实践，我们更深切地体会到“八字方针”就是落实科学发展观，是现阶段我们教育事业的指导方针。

第二句话就是坚持“两个为本”。科学发展观的本质和核心是“以人为本”，而教育事业是与人打交道最多的，所以我们明确提出要“两个为本”，就是“教育以育人为本，以学生为主体；办学以人才为本，以教师为主体”。也就是说，通过近一段时间的学习，我们进一步明确了学校的根本任务是培养人才，一切都是为了学生，一切都是为了学生的发展，一切都是为了学生的成人、成才，这是我们的根本目的。同时，我们要清醒地认识到，教育的主体是学生，我们必须通过调动他们的内在积极性来做好教育工作。在这方面，去年我们特别强调了德育工作，进一步明确了“学校教育以育人为本，德、智、体、美以德育为先”，这个思想要牢固地树立起来。大家知道去年我们在德育方面取得了重要突破：去年是两个文件、两次会议、两次讲话。两个文件是指2004年2月26日，中央颁布了8号文件，即《关于进一步加强和改进未成年人思想道德建设的意见》；8月26日，颁布《关于进一步加强和改进大学生思想政治教育工作的意见》。在半年内，以党中央和国务院的名义颁布这样两个文件是从来没有过的。两次会议是指为了进一步落实贯彻8号文件和16号文件，中央召开了两次工作会议，即2004年5月份开了一次，2005年1月开了一次，而且在这两次工作会上，胡锦涛总书记都作了重要讲话（即两次讲话），这更是从来没有过的，特别是1月份的讲话很不容易。大家知道中共四中全会以后，领导改变工作作风，尽量减少文山会海，所以锦涛同志在四中全会以后实际上参加会议并讲话的，一共就三次：一次是经济工作会议，一次是纪检工作会议，这两次都是全国的综合性会议，第三次就是我们大学生思想政治工作会议。作为一个行业、一个领域内的工作会议，他就参加了这一个。当时，中办说决不能开口子，我们还是争取了，中央领导非常坚决，说大学生的事情事关我们事业的成败、民族的命运、中国的前途，一定要把大学生的事情办好。锦涛同志来作了重要讲话，长春同志作了重要讲话，至立同志作了总结讲话，两次会议、两次讲话、两个文件都是前所未有的。我们真是深切地感到，党中央和全国人民对青年学生、对我们教育工作寄托了无限的希望，我们感到党和人民对我们的希望是那样的殷切，那样的深切，那样的亲切，所以激励着我们把大学生的思想政治教育工作搞好，把教育事业搞好。以上是我讲的"育人为本，德育为先"。

我们要进一步提出素质教育全面发展，真正培养好一代又一代有理想、有道德、有文化、有纪律的新人，这对我们每个学校来说，都必须牢牢地记住，都必须坚定不移地放在第一位。第二个为本就是"办学要以人才为本，以教师为主体"。对这个问题我们要非常地坚决，学校水平的高低、教育质量的高低，决定的因素就是教师的水平。所以，我们要全心全意依靠教师这支队伍，要坚定不移地建设好这支队伍。对高水平大学来说，一定要坚定不移地实施人才强校战略，把教师队伍建设好。我经常说，我们与世界一流大学、与高水平大学的差距主要在哪里，就差在队伍上。人才是第一资源，是决定性的资源，所以要把学校办好，决定性的还是要把教师队伍建设好，明确办学是以人才为本，以教师为主体。当然从办好一个学校来讲，需要方方面面的人才，教职员工都需要，但主体是教师。最近在有些学校从进人的比例、从各方面的政策来看，官本位厉害了点。我觉得我们要坚定不移地回复到学术本位上来，只有把教师队伍建设好了，只有把学校建设好了，教职工的待遇、学校的发展才有希望。这是一个根本性的问题，一定要引起高度的重视，这是第二个为本。

第三句话就是"坚持四个统筹"。对整个教育工作来说，我们提出四个统筹：一是教育规模、质量、结构、效益的协调发展。质量和规模一直都是一对矛盾，怎样处理好这对矛盾始终是我们面临的一个问题。前一阶段，我们在规模方面取得了很大成绩，当然质量也是好的。下一阶段，我们在总体方面、在规模上还会有进一步的发展，但是我们必须把注意力、把工作重点转移到提高教育质量上来，注意统筹规模、质量、结构、效益之间的协调发展。在不同的时候，一方面要兼顾，另一方面要找到矛盾的主要方面，也就是说要突出重点。对于四川大学而言，把工作重点转移到提高质量上来，实际上有两个方面，一是提高教学质量，因为我们的根本任务还是培养人才，一定要把我们几万学生培养好。另一方面就是要不断提高学校的学术水平、科研水平和社会服务水平。因为现代化的大学实际有三重功能，既是育人的重要基地，又是科学研究和社会服务的重要资源，而且这三者之间是相辅相成的。从某种意义上来说，还要特别强调进一步提高科研和社会服务的水平，这也是我们强调质量的一个重要方面。第二个统筹，就是统筹各级各类教育之间的协调发展。这一点我们的省长、厅长可能考虑得更多一点，就是各级各类教育之间的协调发展。四川这几年在职业教育，特别是中等职业教育和民办中等职业教育方面创造了很好的经验，我们这次来开一个学习的会，要把四川的经验推广到全国去。教育是一个很大的规模、很长的战线，里面有基础教育、职业教育、高等教育、继续教育、终身教育，这都是很重要的，方方面面都很需要，我们要统筹好他们之间的协调发展关系，这里面我们也强调一条，就是高等教育在里面的重要作用。在高等教育里面，我们还要坚定不移地推进建设世界一流大学和世界知名高水平大学，或者说高水平研究型大学的工作。1998 年 5 月，江泽民总书记代表中央明确提出，为了实现现代化，我们必须建设若干所具有世界一流水平的知名大学。这是中央的重大决策。之后我们进行了改革，四川大学进入了这个改革的行列中，我们着手建设若干所具有世界一流水平的大学和一批高水平研究型大学，这个决策是完全正确的。舆论有时只说，我们要发展基础教育，发展农村教育。我们确实应该抓基础教育，而且我们现在的主要精力也是在做这些工作。但是从国家利益上讲，建设国际一流大学和高水平研究型大学是为了国家利益，并不是为了几所大学的利益，从现代化建设的战略高度上来说，我们必须要抓好这项工作，坚定不移地推进这项工作。同时我们要深刻认识到，建设世界一流大学同建设好 2000 多所大学的关系是很清楚的，也是一种互相依存、互相支持、互相帮助的关系。经过前一段时间的发展，我们看得更清楚了，我们高水平大学的建设和一般大学的发展形成了很好的局面，那就是一马当先、万马奔腾，出现了一个生机勃勃、充满了生机和活力的大好局面。这是第二个统筹。第三个统筹，就是统筹城乡教育和区域教育之间的协调发展。这里面同我们关系比较多的就是区域教育之间的协调发展问题，我们作为中国西部规模最大的一所学校，怎样为西部大开发作出贡献？从教育部、从全国的角度来说，我们怎样统筹区域之间，即东部、中部、西部教育之间的协调发展？从这个意义上，也说明了我们为什么对四川大学给予了这样的重视，这也是我们贯彻落实科学发展观的一个表现。一方面我们四川大学的同志比较积极主动，另一方面四川大学很重要，四川大学的事情我们始终非常关心。这次你们工作也做得很好，感谢你们做好了这些工作。这也说明一个问题，如果从科学发展观的战略高度来考虑的话，我们要统筹好中国区域教育之间的协调发展，四川大学在这个战略中确实是在一个非常重要的位置上，教育部会全力以赴地支持大家做好工作。但是我们也要特别注意，在区域发展当中，我们四川大学有一个独特的特征，就是地处西部，这既是我们的困难之所在，但如果处理得好也会是我们的优势之所在。我认为只要我们把四川大学的发展与四川的发展、与西部的发展、与我们国家的发展最紧密地结合起来，就大有可为，会有很大的发展空间。第四个统筹，就是统筹教育的改革、发展和稳定。我们的教育要想快速发展，还必须做好改革和稳定的工作，要巩固成果，深化改革。这是第一条。我们这一次干部的选拔也是改革，大家尝到了改革的甜头。第二就是要继续开放，第三要加强管理。我们明确提出了要从严治教，要规范管理，在现阶段尤其要重视这个问题。我们高校发展速度很快，刚才和平同志已经列举了许多数据，短短几年，我们的科研经费、我们的财政都增长很快。我去过几个学校，清华大学很典型，十年之前，整个财政预算才两个多亿，现在三十个亿了。你们也有十几个亿了，还不包括医院，发展的确很快。我到了很多地方，到过企业、机关、学校，相对来说学校的经验是不足的，学校的管理是最差的，尽管我们还有教管理的。川大的块头很大，规模很大，一定要下决心从严治教，规范管理，统筹好教育改革、发展和稳定之间的关系。我们既要统筹兼顾，全面发展，又要突出重点，抓住主要矛盾，解决主要问题，带动全局的发展。我在武汉咨询工作会议上也谈过，这四个统筹是针对我们整个教育事业而言的。

就我们高水平大学的建设、改革和发展而言，就四川大学的改革发展而言，也要特别注重四个统筹：第一，要创造三个一流。我们的目标是要创造高水平研究型大学，我们的目标应该定在培养一流的人才，创造一流的成果，提供一流的社会服务上。我们四川大学在做规划的时候也是这样做的，但是怎样把它落到实处，怎样统筹协调我们教学、科研和社会服务三大职能之间的关系，使它们有机地结合起来，这是我们下一步要认真抓的问题。第二，发展要靠实力，实力要靠建设。发展是硬道理，实力是根本，它与加强各方面的建设是紧密结合在一起的。中央之所以提出“聚精会神搞建设，一心一意谋发展”，就是说有实力才能搞发展。但实力是怎么出来的？不是凭空出来的，是靠我们下决心去建设出来的，因此，要统筹抓好三项建设：要建设一流的学科，要汇聚一流的队伍，要构筑一流的基地。就是要搞好学科建设、队伍建设和基地建设，这三者之间也是一个辩证统一的关系，也要统筹他们之间的协调发展。这里面核心的问题还是队伍。我前面已经说过了要以教师队伍建设为主体。第三，我要特别强调改革和发展之间的关系。对于我们高水平大学来说，面临着很多的困难，我想我们一方面要抓好开源节流，另一方面还是要主动去争取各方面的支持，还要多跑步前进。欢迎你们到部里面去，我们教育部的钱太少了，你们可以跑财政部。我们面临两个问题，一个是人从哪里来，一个是钱从哪里来？我们的经费投入虽然说增长得很快，但是与我们建设高水平研究型综合大学的目标、与我们现有的基础、与我们在发展过程中已经贷了款负了债的情况相比，我们还希望有快速的发展，国家又很难拿出很多的投入，该怎么办？这是一个问题。第二个问题，钱少了，队伍怎么办？我们建设一流的大学一定要有一流的队伍。进行队伍建设，没有一流的队伍不可能建设一流的大学。但是有人说要有一流的投入才能建设一流的队伍，这就发生了矛盾。第一没有一流的投入，第二还得要有一流的队伍，还要建设一流的大学，怎么办？这就是我们面临的困难。解决这些困难，靠什么？从根本上来说，要靠精神，靠艰苦奋斗，但是我想也要靠改革，靠创新，以改革求发展，以创新求发展。一方面要积极去要。以前我们批判“等、靠、要”，我提倡不等不靠积极去要，不能等也不能靠，要以改革求发展，以创新求发展。我们提出对于我们这个学校来说，改革的方面很多，开放方面要做的工作很多，当前的核心是一个重点，三个突破。一个重点就是一定要把科技创新作为我们工作的重点。为什么这么说？这是与我们怎样求得下一个阶段的发展，与我们建设一流学校的特色密切联系起来的。我觉得我们下一步最大的发展空间还是在科技创新，大家知道最近正在制定中国中长期科技发展规划，总书记明确提出来，要把自主创新作为整个经济结构调整、走工业化道路的核心。这就为我们提出了一个很大的发展空间。我们国家将来建设的科技创新体系是以企业为主体的。这是我们的劣势，但是我们也可以把它转化成我们的一个优势，因为我们中国的企业现在要单独去搞很多技术创新是很难的。我们怎样和企业更紧密地结合起来，使教育和科技创新、经济建设紧密结合起来，使我们的教育和文化繁荣、社会进步结合起来，这就是我们的空间。这个问题解决得好，我们的钱就来了，人就来了。讲到人的问题，短期内我们不可能用美国的工资水平去吸引人才，可能少量的几个可以这样做，但这样做之后也会带来新的问题——儿子女婿就摆不平了。当然我们很多同志还能够理解，但是只能说一些领军的人物可以这样做，普遍的建设队伍不可能这样做，而且即使这样做了，香港、新加坡现在教授的工资是世界最高的，高过美国，高过欧洲，但他们也并不见得就吸引了一流人才。人才的环境是一个综合环境，我觉得我们要走中国特色的高水平大学的建设之路，希望川大在这方面闯出一条路子来。我们建设高水平研究型大学一定应该是国际标准的，一定要有国际规范，不能说中国自己说哪个是世界一流大学就是了。育人标准、科技创新上的标准、社会服务的标准上大家都是一样的，但是我们的条件是完全不一样的。我们有很多困难，但是我们也有很多空间、很多优势，优势就是我们社会主义建设的伟大事业。中国的经济建设非常快，去年我们的财政增长了20%多，我们的进出口增长了30%多，GDP增长了9.5%，实际上远远不止这个数。外国人为什么看中了中国这个模式呢？就是在这样一个模式下，尽管我们的基础很低，但我们的发展空间很大，我们要把这个变成我们的优势。如果现在要想有很高的待遇，当然我们提供不了，但将来有很大的发展空间，欢迎你来，这就是我们中国的特色。再一个很重要的特色就是形成团队。我们不一定非要学美国的那一套。每一次高等学校基层组织结构的改革实际上预示着一次大的飞跃，包括德国对于英国基层组织结构的改革，美国对德国的一次改革。我们现在是穷则思变，我们在思考着一次改革。我们都去美国看过，美国的普遍模式就是一个教授带几个研究生的模式，这样有很大的好处，但是我想我们可以创造另外一种模式，也就是学术带头人加团队。我一个对一个可能对不过你，但我们能组织起一个团队，这就会形成我们的优势，我们的空间非常大。特别是下一个阶段我们的经济发展会更快，大家又地处四川，这就为我们提供了一个很大的空间。几年之前，和平同志来的时候谈过一次，说科研经费要达到什么样的水平，大家觉得那是做梦。但短短几年时间，我们的梦就不断实现了：每年都是以一个多亿的数量在增长，很不简单。但我说还慢，空间还有的是。我们有这么多的教职员工，我们知识很充实，我们怎样把我们的老师最充分地动员起来、组织起来，参加到国民经济建设的主战场上来，参加到我们社会主义建设的伟大事业当中去，空间还很大。现在就是怎样把我们的科技成果转化为现实生产力，把我们哲学社会科学的成果转化为真正社会经济发展所需要的成果，还有很大的发展空间。所以我觉得，一个重点还是要放到科技创新上。还有一层，从根本上说要提高我们的水平。什么叫水平？所谓学术水平，我认为主要就是你的科学研究水平，不管是自然科学技术还是工程技术，还是医学的、文科的，其实学术水平就是研究水平，把科技创新抓住了就有了高水平的基础。我们川大去年得了三个大奖，这是一个飞跃。以前有时候是一年一个，有时候是一年一个都没有。如果我们持续不断地搞下去，就会有很大的飞跃，经过量变我们就能实现质变。所以我建议我们川大的同志要好好研究一下，下一阶段怎样把全校的同志动员起来，积极参与到社会主义建设的伟大事业当中去，把我们教育同科技创新、同经济建设、同文化繁荣和社会进步最紧密地结合起来，从这里面去寻求我们财政的富裕，去寻求我们的快速发展。要做到这一点，人的问题还是一个关键。我觉得我们这次招聘就招聘到了不少的人才，空间还是很大。事业留人，感情留人，待遇留人。事业留人还是第一位的，我们要创造出一个好的环境。从体制上说，我们讲三个突破。第一还是要改革人事制度，还是要提倡从根本上调动大家的积极性，还是要打破大锅饭，打破铁饭碗。这点在我们高校仍然是非常严重的。我们要思考怎样通过分配政策、人事政策的改革，把教师的积极性最充分地调动起来。第二要组建创新基层组织结构，这个非常重要。一定要强调提倡团队，而不是光学美国的那一套。现在我们高校的发展很快，但是有一个致命的弱点就是我们的科研都太小，单干户、夫妻店、父子兵很多，每个教授自己干得都不错，形不成力量。为什么我们特别强调“985”的这点钱如何用好？先把我们的科技平台、科技创新能力建设起来之后，后面的科研经费多得很。“十一五”马上就开始了，经费是成倍地增长。你们有没有注意到，自然科学基金今后几年是成倍成倍增长。我们自己觉得我们的科研经费挺多的，但大家仔细看看全国科研经费的增长速度就可以发现，我们高校其实还慢于这个速度。所以我们怎样去争取更多的科研经费呢？就得靠团队，靠组织新的模式。以前我们主要是学苏联的教研室模式，教研室有他的好处，对教学有好处，后来我们进一步建设推广到教学还是要有小组，比如教学小组、教研室。然后有些科研院所曾经提出来院系管教学，所室管科研，人在里面是一个矩阵式的发展，这又是一个进步。我们还可以再创造学科综合、学科融合，搞一些大的国家实验室、国家重点实验室、国家工程中心。一个项目就是一个亿或者几个亿的科研经费，而且后面还会源源不断继续来，所以这件事情要作为我们一个工作重点，这也是改革。第三个在研究生培养制度上要进行坚决的改革。现在大家一提到的研究生培养制度改革总以为就是要收费，四川大学大概也收了不少，这个事情一定要改过来。研究生是通过研究来学习的学生，不是收费能够学得好的，一定要把他变成科学研究的学生，通过研究项目去学习。怎么办？就是一定要把收费限制在一个相当小的范围内，比如有的专业，比如说文科。收费当然也不能多了，光靠收费那培养不出人才的。研究生要成才必须要到科研的第一线上去锻炼，因此它和我们科研的重点是紧密联系在一起的。同时我们经过改革、创新，把国家给的研究生的经费变成一种科研经费，然后改变老师和学生之间的关系，调动学生学习、研究的积极性。出钱来读的研究生，导师不敢严格要求，总觉得欠他们一点似的。现在确实不够严格。让学生真正到科学研究的第一线去，学生应该感谢导师，工作得越多，才会学得越多，不是读的书越多才学得越多。研究生一定要在研究当中去发展。从这个意义上来说，要改革我们的研究生培养模式，大大地推进以助研为主的“三助”模式。所以，我们研究生的改革不是全面收费的改革，更不是全面自费的改革。我们这次改革之后，研究生收费的比例肯定是低于以前，而不是高于以前。这就要求我们从科研经费里拿出相当一部分给研究生，要激发他的积极性。同时我们要看到研究生是一支巨大的研究队伍、生力军。你们仔细分析一下诺贝尔奖金，2004 年好几位诺贝尔奖得主得奖的成果都是在读研究生时取得的。年轻人是最朝气蓬勃、创造力最强的。我们要把研究生这支力量用好。你们的研究生已经有一万六了，多大一支力量啊！现在是一年级上课，二年级考托福，三年级找工作，没有用起来，对孩子的成长也不利，习惯养坏了。所以也要把这个作为改革的一个重点。这是第一部分，就是用科学发展观统领我们工作的全局。这里特别希望我们的党政领导班子认真地学习锦涛同志关于科学发展观的讲话的重要精神，认真学习科学发展观的理论、精神实质和基本内涵，结合学校的实际，采取切实有效可行的措施来推动我们学校“以人为本，全面协调可持续发展”。

第二个问题，我想谈一下继续推进学校的实质性融合。

这件事情是教育部党组交给四川大学的一个重要任务。大家知道，在上一轮全国高校的跨越式发展当中，一个很重要的突破就是办学体制的改革，一批学校合并起来了。四川大学是第一个吃螃蟹的，你们作出了很大的贡献。虽然在过程中出现了各种各样的困难，但回过头看，总体上是成功的。全国是成功的，四川大学也是成功的，所以我们非常感谢四川大学的同志们。现在社会上也有这样那样的非议，但不管他们怎么说，我们坚定不移向前进。

还是小平同志说的不争论，发展是硬道理，管它黑猫、白猫，逮到耗子就是好猫。现在证明这样一种改革完全正确，现在很多国家都在学我们。我常说，20 世纪 50 年代初期的那一次改革，我们学苏联把学校分了也是对的；90 年代后期，我们再次改革把它合了更是对的，这是顺应了时代的要求，特别是顺应了先进生产力的发展要求，实践将会证明这一点。我今天不展开说它的道理。好处是很大的，但也会有很多问题。有问题不稀奇，但它的方向是正确的，这是第一位的，它的好处还会进一步显示出来。成绩是巨大的，改革方向是正确的，所以我们要坚持下去。在这方面，四川大学已经给全国做了很大贡献，我们希望你们继续做贡献，继续把这件事情做好，通过我们的实际成就继续来证明这个改革方向是正确的。所以这一次我代表教育部党组感谢你们，特别要感谢我们的老同志们，不容易啊！这真正体现了共产党员的先进性。我跟国外的教育部长在一起谈的时候，他们都很羡慕，说为什么你们做得成，我们就做不成呢？我说我们是社会主义嘛，我们是共产党嘛，当年共产党能够把学校分开，现在共产党就能把它合起来。大家知道，香港的教育局长李国璋一上台就想把香港中文大学和香港科技大学合起来，结果差点没把他哄下台，最后他只好放弃了，事情没做成，还惹了一身骚。而我们的改革却是大步地前进，并且它的好处越来越显示出来，所以我们今年两会后还将采取一系列的措施。不争论也不去宣传，该合的时候就合，这就是我们的政策。对川大来说，我们一方面感谢你们做的成绩，另外我们也给你新的任务，还要继续前进。下一个任务是什么？就是融合，深度融合、学科融合等。合有很多困难，但为什么要合？因为这是时代发展的要求和趋势。我们现在正面临知识经济时代，大家知道，在农业经济时代实际上是综合的，那时候没什么工程师，大家看那个时候的科学家什么都懂，天上懂，地上懂，世上的一切他都懂，都是一些杂家。到了工业经济时代，为了工业的发展，学科越分越细。但到知识经济时代，又出现了综合的趋势，当然这时的综合和农业经济时代的综合不一样，它是螺旋式上升的，所以大家注意到这些年来诺贝尔奖获得者几乎全都是跨学科的，最近几十年来科技发展的重大突破全是在学科交叉点上，这是一个趋势。因此，我们学校要想在教学、科研、人才培养和科学研究及社会服务方面取得更大突破，也必须走综合的道路。学科综合肯定是我们的一个方向，正因为如此我们才要合。现在我们学校已实现了几个统一，而且感情越来越好，取得了很大的成绩。但是下一步怎么办？下一步就是要走向融合，走向和谐。现在不是构建社会主义和谐社会吗？和谐实际上是我们合并之后希望能够达到的一个境界。学科的融合，大家比我更有体会，我就不多说了，我提出这个任务，也算是教育部党组给四川大学同志们的一个任务，希望你们继续走在前头，特别是在学科融合上做大文章，发挥我们的综合优势。我经常说，什么是战斗力？特色就是战斗力。每个学校要办出自己的特色来，不要千校一面。但是对于综合大学，特别是我们这种超大型的综合大学，它的特色主要就在于综合，在于学科融合。我们如果融合得好，还会出大成绩，出大成就。我想，科学技术的跨越式发展就要出在这个点上，出在融合上，出在同经济与社会的结合上，这也是一种融合，不仅仅是学科融合，更多的是与科技、经济、文化、社会的高层次的融合，这也是我们将来发展的方向。这是我谈的第二个问题。

第三个问题，我想谈谈加强学校领导班子的建设。

鉴于时间关系，不能展开谈了。我建议我们新班子的第一次学习会就学习毛主席的《论党委会的工作方法》，老老实实读一遍，不要觉得以前我都背过，不必学了。学而时习之，温故而知新啊！在这个时候，结合自己的工作实际，结合学校的实际再学一遍，体会可能更深。第二可以学习一下第十三次党建会的文件，特别是庆红同志和国强同志作的重要讲话和报告，这是代表党中央对我们高校党政领导班子建设提出的要求，也是贯彻四中全会精神，加强党的执政能力建设的一个重要部分。我建议你们学两方面：一个是科学发展观，一个就是领导班子思想政治建设。毛主席有一句名言：“政治路线确定之后，干部就是决定因素。”所以，四川大学下一步能不能更好地发展，关键在人，关键在党，决定的因素就在我们这个班子，所以我们一定要把班子建设好。要把一个班子建设好，当然首先是挑选好班子很重要。这一次，在省委省政府的领导下，在全体师生员工的共同参与下，在社会的广泛关注下，四川大学很好地完成了这项工作，建起了一个新班子，你们这个班子寄托了四川大学几万师生员工的殷切期望，担子很重。但是光这个是不够的，还得不断加强这个班子的建设。所以我们要学习四中全会的精神，四中全会的核心思想就是提高党的执政能力，具体体现到学校，就是要加强和提高领导班子的思想素质和工作能力。

我想，第一还需要不断地进行思想政治教育。不要觉得我们都是学校领导了，都是教授了，还存在这个问题吗？我觉得这个问题实际上是长期存在的，我们现在为什么走上这个岗位，怎样才能做好这件事，从根本上说，还是要树立一个为人民服务的思想。所以我认为，我们这个班子首先要牢牢树立为人民服务的宗旨，用爱和责任来办好四川大学。没有爱就没有教育，我们从事的教育工作是神圣而崇高的一个职业，家长们把孩子送到我们这儿来，对我们寄托了很大的期望，党和人民以及祖国的现代化建设要求我们培养高水平的人才，需要我们出高水平的科研成果，希望我们提供高水平的社会服务，所以我们从事教育首先要有深厚的感情，这也是我们教师以及教育这种特殊行业的一种特殊感情，我觉得这是一个基本点。大家在学校行政岗位或党的岗位上工作，有时候觉得特别烦，任务很重，这个时候我想基础的还是要有一种感情，进一步还要有责任，要强烈地意识到我们的责任感、使命感。有时候我们会发现特别的难，有人说我们的教育是不能承受之重，因为我们实际上是在一个并不非常成熟的条件下希望实现历史性的跨越式发展，也就是说我们实际上是超前发展。我给领导汇报的时候说，你们老是说把我们教育放在优先发展的战略地位，实际上是要我们超前发展，你看我们“普九”，实际上也是欠了很多债，我们在过去几年中，高等教育发展也欠了很多债。尽管这样，但现在看来这个好的效果已经出来了，我们还要继续地快速发展。因为根据我们的体会，发展确实是解决所有问题的关键。大发展问题就少一些；发展得不是那么好，问题就多一些；不发展，问题就成堆。所以，我们还是下决心承担起这个责任。这个责任是党和人民交给我们的重担，是神圣而崇高的历史重担，我们一定要把它承担下来。这个问题还是要多说，就是用爱心、用责任来做好我们的工作，不要总觉得这种大道理谁不知道，我们这些人都是很有水平的。

第二，就是切实提高驾驭学校改革发展的工作能力和工作水平。我们都是大家挑选出来的，应该说都有能力、有水平，但是我们现在从事的工作确实太难，中央要求我们做社会主义的教育家、政治家，这个要求很高啊！北京大学老校长陆平同志有一句话，我跟泉明同志谈过，他说高水平大学的党委书记要有省委书记的水平、支部书记的作风。你们想一想，他讲得挺贴切，因为你面对的这个工作要求水平很高，但是你做事情可不能像省委书记那个样子，不要说你们跟省委书记比了，就是我，在地方上当过市长，到部里面当部长，感觉都是完全不一样的。教育战线的同志们要求很高，我们从事的工作又是开创性的工作。四川大学从原来的水平提高到现在的水平，下一步还要向世界知名高水平大学进军，向高水平研究型大学进军，向成为国家在西部的最好的一所大学进军，这可不是容易的事情啊。所以对工作水平和能力的要求是很高的。刚才说到管理水平，我们实际上是比较低的，可能说到学术水平大家觉得还不错，你们这个班子有两位院士了，但是行政管理怎么样，驾驭宏观大局的能力怎么样，处理各方面的关系怎么样，即使不错，但距离高水平大学的要求还差得远。所以我想，大家还需要不断地学习和提高，学习的同时，要在实践中不断地提高。

第三，要坚持民主集中制，落实和完

善党委领导下的校长负责制。民主集中制是我们党的根本组织制度和领导制度，这是一个高度民主和高度集中辩证统一的制度，在这方面我们以前经验还是相对少一些。泉明同志是从地方来的，地方是党委领导；和平同志是搞业务出生的，业务是教授自己说了算。党委领导下的校长负责制是一种崭新的制度，人家都说实行不了的，但我们现在实行得还挺好，不过还需要进一步完善，进一步把它做好。这里面要处理好几个关系：一个是党委和行政的关系，一个是书记和校长的关系，一个是班子成员个人之间的关系，一个是个人和组织的关系，还有就是民主和集中的关系。总之，集中到一点，党委领导下的校长负责制就是高校贯彻执行民主集中制的具体体现。具体我就不展开了。

最后，我还想谈一点，就是切实维护和加强领导班子的团结，建设一个强有力的领导核心。我们这个班子是四川大学的核心，毛主席很早就说过两句话，就是在我们党八大开幕式上开始的两句话："领导我们事业的核心力量是中国共产党，指导我们思想的理论基础是马克思主义。"四川大学能不能建设好，关键就在于能不能把我们这个班子建设成为四川大学的领导核心。要建设好这样一个核心，就要特别注意加强团结。过去我们常说，党的团结就是党的生命，团结就是力量，团结出凝聚力、战斗力。确实如此，这点我们大家都深有体会。我对这个问题印象也特别深，走到哪说到哪，有的同志已经听过了，我再说一遍。我原来在湖北工作，湖北有两个革命根据地，一个是原来红二方面军的老根据地，在洪湖；一个是红四方面军的老根据地，在黄冈。我到两个根据地去看的时候，都很受教育，墙上贴的都是我们牺牲的烈士，但仔细看一看，这些烈士有多少是在前线牺牲的？不到一半。多数后面都打了个括号，是被我们自己打死的。贴在墙上的都是去世的高级干部，下级的人还不知道有多少。所以，这真是残酷斗争、无情打击。你说当年都是为了革命，这些都是革命者，结果那么多革命先烈不是死在战场上，而是死在我们自己人的手里。所以，毛主席最大的功绩，就是在延安把大家统一起来、团结起来了，这个历史教训是血的教训。所以，大家学习《论党委会的工作方法》，你们看到的第一句话到最后一句话都是用烈士的鲜血写成的。看起来是很简单的工作方法，但是实际上都凝聚了一句话：全心全意为了党的事业，我们就没有什么值得搞不团结的事情，个人恩怨就显得非常非常的渺小了。所以从这个意义上来说，我们一定要站在党的事业的高度来珍惜团结，像爱护我们的眼睛和生命一样爱惜这个团结。刚才我讲了融合问题，四川大学合并之后，融合搞得比较好，下一步还要继续前进，肯定会有很多矛盾，包括这次班子建设过程中也出现了一些困难，这个不稀奇。但是，如果你缠到这些小事上去了，可能永远理不清，还不如跳出来。还是一句古诗说得好，"会当凌绝顶，一览众山小"。你真正站到高处一看，这些事情有什么值得这样搞的！你不要我当干部，我就去当教授嘛，我不适合搞这个工作，适合搞那个工作嘛！从党的事业来考虑，个人恩怨算什么呢？所以，还是要提倡这种精神。我觉得四川大学走到今天这一步，实际上大家都是站得很高，看得很远，今后同样要"会当凌绝顶，一览众山小"。这个绝顶是什么？就是发展，要靠发展去凝聚全校师生员工的心，把大家凝聚在一起。这里讲团结同样是这个道理，同样要"会当凌绝顶，一览众山小"。有句话我常说，今天还要多说几句，因为我走的学校也比较多了。我发现，工作搞不好，很大程度上不是我前面讲的能力的问题，而是团结搞不好，所以工作很难做。因此，我们下一步要想把工作进一步推向前进，必须在团结这个问题上下更大的功夫。团结可以有四个不同的境界。当然最不好的、我们坚决反对的就是公开地闹不团结，那是绝对不允许的。但也有一种就是面和心不和，同床异梦，表面还挺不错，但实际上心里根本就没有走到一起，这种也是不赞成的，这样工作是绝对搞不好的。我们要求最起码应该达到心往一处想，劲往一处使，求同存异，做好工作。如果做到这一点，我们就可以说是基本达到要求了，这对工作是有利的。但是，仅仅这样还不够，我觉得我们还应向更高的层次上进军，就是应该在团结方面提出更高的要求，就是我们思想要高度统一，行动要非常和谐，就是我们这个班子里面能够形成一种非常和谐、团结的局面，这个要求挺高的。我原来有个好搭档，我跟我的书记配合默契到了什么程度呢？用一句话来形容，就是“心有灵犀一点通”，什么事情三句话基本上能够达到结论。为什么呢？平常思想基础已经很好了，对很多问题的认识基本上一致。平常要多沟通，开会的时间倒不一定要很多，但谈心的时间多一点，交流思想、交流感情。大家对很多问题的认识倾向于一致，对怎么办学，对怎样才是一个高水平的大学，对怎样才能做好工作，大家在思想上逐步达到一致。当然，达到这个境界挺难的。我们刚刚在中央学习完了构建社会主义和谐社会，所谓和谐社会，实际上在某种意义上也是人类社会的一种理想，共产主义也是一种和谐社会嘛，是几千年来人们所追求的一种理想。但是，我们也不能因为理想太远了，就不去追求它，追求也是一种过程。我们在现在的生活中能够和谐，那多美好呀！所以，希望把我们班子建设成为一个团结战斗、非常协调和谐的班子，我觉得这也是我们的奋斗目标吧。

我对学校的工作特别有感情。我在学校搞过一段时间的工作，后来到省里面做了一段时间工作，又在市里面工作了一段时间，后来又到了部里。我深切体会到，我以前老是说“活到老学到老”，现在真还是活到老学到老了。不断地变动岗位，你要做好这个工作就要学习。对于我们在座的大部分同志来说，现在都在新的岗位了，需要不断地学习，这是我的深切体会。另外还有一个体会，就是无论学校、地方、部里面的工作，其实最有意思的还是学校的工作。学校的工作虽然很难，但是它是跟人打交道，所以很有意义。说老实话，看到我们的学生一代一代地成长起来，自己的成就感特别强。看到我们的学校一年一个样、一年一个样，就这样往前进，非常有意义。所以从这个意义上来说，我们大家现在所从事的这样一个工作，一方面非常神圣而崇高，一方面也是一个非常美好的工作。

今天借这个机会给大家谈了谈自己的一些体会，我想，最重要的是表达一个意思，就是教育部党组对我们四川大学的领导班子、对四川大学的工作充满了期待，寄予了厚望。我们相信，大家一定会高举邓小平理论和“三个代表”重要思想的伟大旗帜，用科学发展观来统领四川大学改革发展的工作全局，把四川大学建设成为一个高水平研究型大学，为四川的发展、为中国的发展作出我们的贡献。

谢谢！

切实加强领导班子建设　努力开创学校工作新局面

——在四川大学新学年中层干部扩大会上的讲话

四川大学党委书记　杨泉明

2005年3月3日

（根据记录整理）

同志们：

我们每学期开学都要召开中层干部会，然而，今天这次会议具有特殊的意义。为什么？同志们都很清楚，因为新一届校班子今天集体亮相，这是我们四川大学改革发展过程中的一件大事，也使今天的会议更加引人注目。教育部党组和教育部对学校领导班子有关成员任免决定的宣布，标志着我校公选副校长和同步民主推荐党委副书记及纪委书记的工作圆满结束、圆满成功。

这项工作从去年9月30日动员开始，到今天整整5个月，时间长了一点，好事多磨嘛！这项工作受到了海内外的广泛关注，得到了领导机关和社会各界的大力支持，也得到了校内全体干部、教师、职工，包括广大同学的积极支持、积极参与，我们共同迎来了成功的结果。今天，我们可以说，这项工作完全达到了我们的预期目的。

一是扩大了学校的影响，使四川大学改革开放的形象更好地树立起来。前两天，成都市的春城书记专门会见我们新引进的张曙光教授，也请我和谢校长参加了。春城书记讲，四川大学很多举动对社会的震动很大，我想既包括我们近期拔尖人才的引进工作，也包括我们公选这项工作。因此，一个单位的形象很重要，有没有生机，有没有活力，是不是一个改革开放的形象，这个问题很要紧，我觉得这项工作是达到了这样一个目的。正因为如此，我想同志们可能也都注意到了，我校公选副校长成为四川省去年的十大新闻之一，当然更是我们校内的十大新闻之一了。

二是集聚了人才。其中的代表是我们的陈爱民校长，她代表了校内外和海内外，这点我讲过好几次；但也绝不仅仅如此，通过公选，我们掌握了一大批优秀的专家教授。这次公选，我们除了引进陈爱民副校长外，还引进了两位，一位是从日本回来参加竞聘的李小北教授，他非常有热情，非常不错，所以我们最近决定请他到学校来担任协管科技产业的校长助理；另外引进的一位是来自北京国家计生委的“973计划”项目首席科学家顾忠伟教授。所以，通过这次公选，我们直接引进的人才就有三位。我们最先预想的是引进两位，现在引进了三位，同时还有一大批优秀专家教授同我们建立了联系，表达了合作的意向。因此，吸引人才的效应这次是非常明显的。

三是通过这次公选副校长，为我们今后进一步的改革，特别是干部人事制度改革开了好头，起到了很好的示范作用。这次公选有进有出，有上有下，增加了不少新面孔。前两天教育部宣布班子时，我们说女同志把最漂亮的衣服穿出来，男同志都穿西装。我一看，很高兴，我们新班子真是年富力强啊！我们算了一下年龄，新班子平均年龄不到 50 岁，年龄结构得到了很大的改善。不过我们还要努力，我们这个班子现在还没有 30 多岁的人，都是 50 岁左右，只有昌文同志、魏院士、步宏同志年轻一点。下一步我们还要进一步努力，还要年轻化，争取有 30 多岁的校领导。否则今后再换届，领导班子成员一下子都该下了，也是个问题。这次公选确实为学校干部人事制度改革开了个好头，起了很好的示范作用。虽然历时长了一点，但达到了我们的预期目的。

所以，我们今天要隆重地传达教育部党组和教育部的任免决定，并要搞一个签字仪式，请新班子成员大家都亮一个相，表一个态。我们今天也请了一些新闻媒体，也是给社会一个圆满的交代。总之，今天这次会议意味着我们公选副校长和同步民主推荐党委副书记及纪委书记的工作获得了圆满成功，这也是我们共同期待已久的一个结果。

今天这个时刻，我们首先想到的是感谢我们的老同志。这次新老班子交替，应明校长、重九书记、肇达校长、登学书记、富德书记等同志都因为任职年龄的原因离开了学校领导岗位。我看他们的身体再工作十年甚至二十年都没有问题。但是大家都知道，我们的干部任职年龄制度规定和执行都比较严格。义正校长年龄还差一点，但他主动让贤给更年轻的同志，就没有再参加这次竞聘副校长。鲍朗校长根据工作需要，到教育部挂职，任高教司副司长，通知已经正式下达了，这也是我们预先没有想到的一个收获。在这过程中，教育部有这样一个空缺，我们知道后也全力去争取，最后我们有一个同志到教育部高教司工作，管医学教育，这对四川大学不是一件好事情吗？所以，我们对这个结果非常高兴。另外，我们有的校领导，教育部还将以干部交流的形式作出重要安排。这几年，正是包括这些同志在内的老班子在铁城老书记和谢校长的带领下，团结一心，为学校的改革与发展精心耕耘、努力奉献，很好地处理好了学校改革、发展和稳定的关系，在人才培养、学科及师资队伍建设、科学研究、科技成果转化及产业化等方面都取得了很大的成绩。这些成绩的取得还有一个很重要的基础，就是我们今天到会的曹老书记、饶书记所代表的四川大学历届老领导、老同志们为四川大学做出的辛勤奉献和重要贡献。特别是通过两次合校，学校实现了强强合并、优势互补，成为了中国目前规模最大、学科覆盖面最广的综合性大学之一，并且在教学、科研和医疗卫生及社会服务等方面，都实现了跨越式发展。我们不仅规模扩大了，水平提高了，质量也提高了。我们的校园也拓展了，拥有了一个公认的一流的、非常漂亮的新校区。学校取得的这些发展，有上级领导的关心关怀，社会各界的大力支持和师生员工的共同努力，但同时还有一个非常重要的因素，就是我们学校历届领导班子的同志们辛勤工作，付出了自己大量的心血、智慧和汗水，为四川大学的发展奠定了良好的基础，提供了广阔的空间。尤其在这次副校长公选阶段，我们班子的各位老领导一如既往、兢兢业业、默默无闻地工作，直到前天下午部党组宣布任免决定后，从昨天到今天早上，我们好多老同志还在为学校的工作继续努力。所以我和谢校长、罗书记，我们今天坐在台上的三位都非常感动，非常感谢大家。在这里，我们郑重代表新一届党政领导班子全体成员，也代表全校师生员工，对这次退出领导岗位的老同志以及为四川大学的建设和发展作出重要贡献的历届老领导、老同志们表示衷心的感谢，并致以崇高的敬意！最近，我们老同志也表示，虽然从领导岗位上退下来了，但还要进一步关心学校的发展，支持新班子的工作。在前天下午的集体谈话会上，吕重九书记还代表几位老领导作了一个语重心长、充满激情的发言，表达了老同志们对学校、对事业的热爱，同时表示今后要继续大力支持我们的工作，关心学校的发展。最近，我们也在研究怎样更好地发挥我们老领导、老同志的作用。

今天任免决定的传达，就标志着我们四川大学新老班子的整体交接圆满完成。整体交接是一件大事，是一个新的起点。这个时刻，我们新班子的同志们深深地感受到我们肩负的使命。我们首先想到的是感谢老同志。怎样感谢老同志？我想，一方面就是要把老同志和我们一代代川大人取得的成绩巩固好，很好地坚持、运用和发扬过去的好传统、好的办学经验。另一方面，也要求我们适应新形势、新要求，不断开拓创新，不断提出我们的新思路、新措施，使学校获得新发展。这两个方面结合起来，我们才对得起一代一代的老同志，对得起一代一代为学校建设发展奋斗不息的川大人，也才对得起这所学校。我们今天安排十一位新同志都表一个态，亮一个相，就是为了表达新班子的这个意思。我觉得今天大家的表态都很好，比较简洁，代表了我们这个班子的共同心声。

最近我们马上要开新班子的学习会，这个学习会就是要进一步增强我们的责任感、使命感，进一步统一思想，提高认识，进一步研究我们今后怎样更好地工作。这个学习会我们准备请老同志也参加，刚刚退出领导岗位的老领导给大家传授一些工作经验、方法，对今后的工作提出他们的意见。最近，我们也印发了一些学习材料，包括毛主席的《论党委会的工作方法》和邓小平、江泽民、胡锦涛同志关于加强领导班子建设的一些讲话，还有学校制定的《关于进一步完善学校党委领导下的校长负责制的若干规定》。

新班子宣布以后，一个很重要的任务就是要加强班子的自身建设，一定要把这个班子建设好。我想，我们这个班子今后要在以下方面做出新的成绩。

首先，必须始终把培养造就社会主义事业的合格建设者和可靠接班人作为我们的一项全局性、根本性的首要任务，切实把“培养什么人、如何培养人”这个根本问题解决好。坚持“学校教育，育人为本，德智体美，德育为先”，把人才培养作为我们的根本任务。当前，特别是要贯彻落实好《中共中央国务院关于进一步加强和改进大学生思想政治教育工作的意见》。以理想信念教育为核心，以爱国主义教育为重点，以思想道德建设为基础，以大学生全面发展为目标，切实把学生思想政治教育工作做好。这是一个根本问题。

第二，要把学习贯彻十六届四中全会精神同提高我们这个班子的执政意识和领导素质紧密结合起来，按照政治坚定、求真务实、开拓创新、勤政廉政、团结协调的要求，努力把班子建设成为坚持社会主义办学方向，积极推进学校改革与发展的坚强领导集体。

按照周部长对班子集体谈话的要求，首先抓好思想政治建设，努力提高我们班子的思想政治素质，牢固树立为人民服务的宗旨，为教职员工服务的意识，用爱和责任来做好我们的工作。

我们要按照科学发展观和正确政绩观的要求，努力提高班子驾驭学校改革与发展的能力和水平。中央对高校领导班子的能力和水平提得非常具体，讲了五个方面的能力和水平：第一是不断提高用马克思主义统领学校教育教学工作的能力和水平，第二是不断提高科学判断形势的能力和水平，第三是不断提高推进学校改革和发展的能力和水平，第四是不断提高管理学校的能力和水平，第五是不断提高应对复杂局面、处理突发事件的能力和水平。今后我们班子的能力建设就是要围绕这几方面的要求来努力。

我们要坚持和健全民主集中制，认真贯彻落实党委领导下的校长负责制，按照科学执政、民主执政、依法执政的要求，进一步改进领导方法，增强班子的创造力、凝聚力和战斗力。周部长反复叮咛我们，一定要进一步搞好班子的团结。我想，我们班子的同志都会牢记部党组的这个嘱托，像爱护我们的眼睛一样地爱护我们班子的团结。这个问题确实非常要紧，班子成员个人的本事哪怕再大，要是协调不好，团结不好，什么也干不成。相反，班子成员哪怕个人能力弱一点，大家商量办事、群策群力、和衷共济、团结协调，这个班子就会出战斗力、凝聚力。在这次谈话会上，周部长反复叮咛我们这个问题，谢校长和我都鲜明表态，我们俩首先带头，落实好这个要求，对班子今后的建设，我们要把这条抓得更好。

我们还要切实加强学校领导班子的党风廉政建设，不断增强拒腐防变的能力。在作风建设上要有一个新的局面，始终坚持服务师生员工，始终坚持真抓实干，始终坚持艰苦奋斗，始终保持清正廉洁。

按照中央和部党组的要求，我们每一位成员都要按照坚持原则、把握大局、团结同志、加强修养的要求，在班子建设和学校建设中起表率作用。坚持理论联系实际、学以致用、讲求实效，作学习的表率；坚持统筹学校的改革与发展，作顾全大局的表率；坚持发扬民主、善于集中，作贯彻民主集中制的表率；坚持敢抓敢管，敢于同歪风邪气作斗争，作坚持原则的表率；坚持品德高尚、境界高远，作教书育人的表率；加强党性锻炼、严于律己，作清正廉洁的表率。按照中央的要求，我们每一位同志都要在以上几个方面作出表率，给我们全体干部和全校教师职工作出表率。我们有决心和信心把这个班子建设得更好，也请全体干部、教师、职工关心、监督我们这个班子的建设，我们共同促进，把班子建设好，把这个带有根本性的问题解决好。这是我今天特别要强调的一个重要问题。

下面，我把新一年的工作，特别是党委工作的一些主要考虑讲一讲。谢校长等一下还将对去年的工作做全面总结，对学校教学、科研、管理等行政工作进行全面部署。

去年是很不平凡的一年。去年我们公选副校长，这也是四川大学面向社会公开亮相的一年。同时，去年的事情也比较多，特别是下半年，我们学生中发生的一些事、我们的一些事故，也曾一度沸沸扬扬。但是，去年一年，学校上下团结一心，各项工作都取得了显著的成绩，不管是教学、科研、社会服务，还是办学质量、水平、效益，以及党建和思想政治工作都取得了显著的成绩。最近我看学校的工作总结，很多数字我们都感到非常高兴、非常欣慰。我们的“985 工程”全面启动，9 个科技创新平台、3 个哲学社会科学创新基地通过评审；学校的重点实验室和工程中心由4个增加到6个；4个社科重点基地全部通过教育部的中期验收；第一批新兴交叉学科科研中心建设已取得初步成效，第二批又启动了5个交叉学科科研中心；正式建立了研究生院，这是件大事；“八年制临床医学教育”获准试办；获准申报国家教学成果奖和获得部省教学成果奖共计66项，其中推荐申报国家教学成果奖一等奖1项、二等奖15项；学生在全国各种知识和科技竞赛中，获得全国特等奖6项、一等奖12项、二等奖40项、三等奖90项；学校本科毕业生去年就业率达到了93%以上；科研经费超过5.5亿，获国家自然科学基金项目125项，其总经费居全国高校第9位；博士点基金获准32项，位居全国第2位；国家发明二等奖1项，科技进步二等奖2项；在部省级的37项奖中，一等奖15项，比去年增加了一倍，其中教育部一等奖8项，在教育部直属高校中并列第一。人才引进方面，成效也非常显著，去年我们公选副校长引进了一批人才，同时还引进了一位院士，又引进了张曙光教授，成绩确实非常显著。我这里是举例性的讲，这些数字确实令人鼓舞。党的建设、制度建设也取得了很大的进展。我们顺利实现了班子的整体换届，也制定了《关于进一步完善学校党委领导下的校长负责制的若干规定》；组织了纪念邓小平诞辰100周年的活动；我们的“示范党支部”、“党员示范岗”等党员先锋工程也开展得非常好；去年发展新党员3200人，我们现在学生党员数达到学生总数的18%，研究生党员数达到研究生总数的36.87%，比例很高；我们的学生管理和学生思想政治工作在探索新的模式、新的管理机制上做出了很多努力，中央对此非常肯定，最近中央电视台专门来校采访报道了我们。去年很好地维护了学校的稳定，建立了“校园110”，果断处置校内发生的一些突发事件。特别值得一提的是，去年学校整体获得了一个很重要的奖——全国“五一”劳动奖状，获这个奖很不容易。学校还被评为四川省高等学校党的建设和思想政治工作先进单位。总之，去年是非常不平凡的一年，很多工作我们要好好总结。特别是公选副校长这项工作，我觉得我们要进一步总结，为我们今后的工作提供很好的借鉴。这些成绩的取得是在座的同志们和全校师生职工共同努力的结果，我们非常感谢大家，同时也希望大家在新的一年继续努力。

2005年，我们的工作任务非常繁重。最近，学校起草了《2005年工作要点》，党委常委会专门开会作了认真讨论研究，总的要求是：继续以邓小平理论和“三个代表”重要思想为指导，牢固树立和全面落实科学发展观，继续坚持“巩固、深化、提高、发展”的方针，结合学校实际，紧紧围绕学校确立的战略目标和发展思路，开拓创新、突出重点，扎实做好2005年的各项工作，奋力推进学校的新跨越，以优异的成绩迎接新四川大学首届党代会的成功召开和2006年110周年校庆。下面我讲几项重点工作：

这个学期，学校党建思想政治工作的首要任务就是要继续抓好“三个代表”重要思想特别是科学发展观的学习，要把科学发展观的要求深深印在大家的脑子里。过去我们进行了初步的学习，现在很多工作，包括很多措施，都有一个是否科学的问题，所以我们首先要进一步抓好学习，要进一步建立健全校、院两级党委中心组的学习制度。在务实的同时一定又要务虚，要搞好意识形态工作，不务虚是不行的。去年的工作要说有什么不足，我觉得有一条就是在务虚上做得还不够。例如，我们的学习制度就坚持得不够好，今后我们一定要把学习制度建立健全起来，领导干部一定要有专门的学习讨论和学习交流。尤其是在座的各位天天忙忙碌碌，如果对国家的大事和国家的大政方针不太清楚，对工作是会有很大影响的。我们要进一步深入学习几个会议精神，一是全国高校第十三次党建会，二是全国加强和改进大学生思想政治教育工作会议，三是教育部直属高校第十五次咨询工作会，都需要进一步深入传达学习。所以，我们在学习上要有一个变化，要有一个新起点、新开端。要抓好学习，进一步用科学发展观来统一我们的思想，来统领学校工作的全局，这是第一项工作。

第二项工作，高度重视和全力抓好大学生思想政治教育工作。去年，中央召开了关于进一步加强和改进大学生思想政治教育工作会议，又专门下发了文件。我给同志们讲讲我的体会，就中国的教育来讲，我国最高领导层目前最关注的一个问题就是大学生的思想政治教育。这也充分体现在去年这个会上，这个会是由中共中央召开，不像过去那样由教育部、中宣部、组织部召开，中共中央政治局9位常委中，有6位出席会议，李长春同志作工作报告，胡锦涛同志作重要讲话。所以我的体会是，中央在谋划现代化建设的全局时，把“培养什么人，怎样培养人”这个问题放到了空前突出的位置，这是前所未有的。这就是考虑未来这个国家、这个民族怎样发展，往哪里走，所以把“培养什么人，怎样培养人”看得非常重。说实在的，我参会时都没想到会是这样一个会议安排，政治局常委李长春同志做工作报告，胡锦涛同志作重要讲话。“培养什么人，怎样培养人”也是我们学校办学宗旨和根本任务的集中体现。因此，在我们的党委工作以至于全校工作中，这是一项根本性的工作。我们一定要把中央这个会议和有关文件精神贯彻落实好，我们也在加紧筹备学校加强和改进大学生思想政治教育工作会议。我们过去有很多成功的、好的做法，中央也非常肯定，最近温总理还在我们新校区学生管理的有关简报上专门作出批示，给予充分肯定，中央电视台也打算做一些专题报导。我们一定要在过去所取得的成绩的基础上把这项工作做得更好。

第三项工作，做好新四川大学首届党代会以及2006年110周年校庆的筹备工作。教育部在研究我们班子换届工作的同时，对学校党代会的召开也提出了比较明确的要求，希望尽早召开党代会，因为我们多年没有开了。我们原来设想是不是在七八月份召开，现在因为下半年高校都要进行保持共产党员先进性教育，工作任务非常重，要求非常高，一旦开始，要下很大工夫，用去我们很多精力，同时我们想，共产党员先进性教育本身也是一个统一思想的过程，可以很好地总结我们学校的办学经验、我们过去的历史，更好地规划未来的发展。所以，党委常委会在研究2005年工作要点的时候，提出是不是就在共产党员先进性教育结束后尽快召开党代会。我们把这个思路向教育部人事司领导同志作了汇报，他们也表示赞同。一个方面因为我们有一个先进性教育，另一方面因为我们新班子刚刚宣布，副书记、纪委书记、常委都是新任命的，怎样让工作尽快上手，怎样尽快开拓新局面、取得工作新成绩，确实也有一个过程。特别是还有一个因素，就是我们中层干部的调整，召开党代会的前提是这个工作要告一个段落，中层干部大体到位，党委成员包括哪方面干部才好统筹安排。所以，综合这些因素，我们考虑把党代会安排在党员先进性教育结束以后，力争今年年底，也就是下个学期召开，但是筹备工作我们上半年就要开始考虑。另外，明年是我们学校的110周年校庆，这是四川大学发展史上的一个大事，也是我们进一步发展、赢得社会支持、扩大社会影响的一个极好的机遇。我们一定要把校庆办得非常漂亮，所以很多工作今年也需要开始考虑，等到明年，很多工作就来不及了。总之，党代会和110周年校庆，这是两件大事情，一定要筹备好。

第四项工作，做好中层干部的换届调整。中层班子调整的总体思路我们在上学期的有关会议上已经给大家通报了，我们马上还要研究具体方案。时间安排上，准备三月下旬、四月初就要正式启动，用上半年剩下的这几个月集中进行这项工作，上半年完全完成是有问题的，有些工作可能下半年还要继续做，总体思路就是逐步到位。我们从现在中层班子和学校的实际情况出发，原则上中层班子不面向海内外公开选聘，同时我们也不搞“集体卧倒”。按照“先正后副”，把到龄的调整放在前面一点，把正职放在前面一点。同时，也不搞一步到位，要求我们的中层班子一个方案、一个时间来宣布、来实施，这是不可能的。逐步到位就是按照我们过去干部调整既定的好做法——民主推荐、组织考核、党委常委讨论决定这样一个方式来进行。这项工作涉及我们每一位干部，大家都很关心，关心是好的，是正常的，通过关心，我们共同努力把这项工作做好。同时，我们特别要求同志们在中层班子换届过程中，一定要做到工作不懒不散，这是一个基本要求。要顾全大局，不管年龄到没到，不管是不是要进下一届班子，都要一如既往把岗位坚守好，把工作做好。我想同志们也会有这个自觉性。

第五项工作，做好保持共产党员先进性教育工作。中央下了最大的决心来解决这个问题，它和执政党能力建设的决定是一个整体战略考虑。执政党能力建设主要是解决领导班子的问题，那么我们广大党员怎么办呢？就是先进性教育。所以前年就搞试点，当时四川省省直机关就是试点单位之一。今年开始，全党全面铺开，上半年主要是党政机关、中学都拿到上半年了，下半年的单位就包括我们高等院校，估计下学期一开学就要做，可能这学期期末或者暑假就要作具体部署。这项工作非常重要，涉及每个党员。我当时参加省直机关试点，进行过一轮，我的体会是比“三讲”的要求还高，特别是还要对每一位领导干部进行民主测评，当时我们搞的不仅是测评，而且当场宣布测评结果，对不合格党员还要清退，要求非常高。所以我们上半年一定要做好准备，下半年来开展这项工作。

以上是今年党委的一些重点工作，刚才下发的《四川大学2005年工作要点》中对党建思想政治工作还作了具体安排部署，希望同志们回去后认真传达、学习，研究怎么样贯彻落实。本学年度党建、思想政治工作任务很重，教学、科研、管理工作任务也很重，谢校长将作全面部署。各级党组织和广大共产党员要振奋精神，真抓实干，努力为学校教学、科研、管理工作提供坚强的思想保证和组织保证。利用这个机会，我再提两点工作要求。

第一个要求，我们一定要进一步转变作风，狠抓落实。我在几次会上都讲过，大家都感到，我们学校不是没有目标，也不是没有制度，主要是个落实问题。这个问题确实在很大程度上存在着，一些工作我们讲了很多重复性的话，发了很多文件，开了很多会议，但这些工作还是没有很好落实。所以我想，我们班子建设的首要任务就是要抓好落实，一定要把岗位职责制度化，一定要坚持责任制，解决不落实的问题。当然，我们也有落实得比较好的工作。比如去年春节前整治竹林村，我觉得这项工作就落实得比较好。大家知道，长期有人反映竹林村破墙开店的问题，我到川大后收到的信件反映频率最高的就是竹林村，那里住了一千多户，涉及几千人，影响很不好。所以去年年末，我们研究后决定，一定要解决竹林村的问题，不解决不过年。我认为，涉及竹林村整治的各单位和各位负责同志把这项工作落实得非常好。我们定了一个工作思路，就是充分发挥思想工作作用，不要闹闹嚷嚷，更不要动枪动刀，这个思路落实得非常好。后勤集团、保卫处、工会、老干处，还有很多部门、学院的主要负责同志都亲自做相关人员的思想工作，规定什么时候做就什么时候做，千方百计去把工作做通，有的党委书记还提着水果到职工家里去做工作。我觉得，我们能在规定时间内，按照既定方式比较好地解决了这个问题，有关领导干部和工作人员都非常辛苦。所以从竹林村整治这个事，我看出四川大学只要抓落实，工作是完全可以做好的，一些老大难的问题都可以解决。什么叫思想工作？竹林村的整治就是思想工作，这个思想工作不是空的。什么叫抓落实？竹林村的整治就是抓落实。所以我当时提出，请有关同志把这项工作好好总结一下，今后的小区整治就参照这个方法执行，把我们教职工关心的难点问题、不太满意的问题一个个都解决好，我觉得是有希望的，不是没希望。在这个过程中，我特别要提到后勤集团。我参加了一次会，在会上我引导性地说："熊总，你跟郭书记商量，三十多户破墙开店，这里面有你们的八户，你就带个头，把这八户工作做通，行不行?"我又跟孔处长讲，你就先抓熊总，你把他抓住，你的工作就成功了一半。这样一推一促，最后我觉得后勤集团非常不错，解决得非常好，而且动作很快，大概就一天一夜吧，都做好了。孔处长就做通一个封一个，就那么几天，解决得非常好。我们要特别感谢涉及的部门领导、学院党委书记和院长们，大家那几天确实非常辛苦。请党委书记和院长开会时，我们拜托徐兰同志：你不是要力争，你一定要做好。当时各位党委书记和院长都做得非常好，所以要把这个事好好总结一下。实践证明，一些老大难的问题，只要办法想透了，工作到位了，是完全可以解决的。因此，学校 2005 年的工作要点里有一条：以竹林村的整治为基础，全面推动学校小区整治和文明建设。竹林村的业主委员会一定要尽快进入角色，现在有了这么一个基础，要把担子好好承担起来，把成果巩固下来。抓好落实确实是一个很重要的问题，一定要作为我们共同的要求来解决好，把各项工作落到实处。

第二个要求，要进一步搞好党风廉政建设。这个问题一定要在思想上高度重视，决不要停留在一般的会议上、口头上，说一套做一套是绝对不行的。年前我们为什么急急忙忙在腊月二十九把大家集中起来开会？因为现在大环境变了，不是过去那种说说而已了，党政机关抓得非常紧。我们不仅要把我们自己管住，不在校内送，同时也不要到校外去送。我希望同志们一定要记住这两条：校内不要送，校外也不要送。你一送，不仅把自己害了，也把别人害了，不要去做这种蠢事。所以我们正在进行自查自纠，这个事情还没有完。今天，我们仍然提出这个要求，希望各部门、各单位党政主要负责同志要切实负起责任，通过自查自纠，把本单位的情况弄清楚。我们年前就给大家讲了，自查自纠，要给大家讲两句话：第一，高度重视；第二，不能够草木皆兵。我们今天关起门来，要给大家讲清楚，这事我们一定要高度重视。领导机关这样抓，这是保护我们干部的一个很好的措施。我们为什么要在腊月二十九开中层干部会，就是要把这个信息传递给大家，通过自查自纠把问题解决好。开学前夕，我们又召开了一次常委会，首先把这个议题提出来专题研究。当时我们也进一步明确，如果有问题，这次自查自纠把它讲清楚了，学校尽可能承担责任，尽可能保护我们的干部。这次自查自纠，希望大家把情况弄清楚，才能达到自我教育、自我纠正、自我提高和真正保护干部的作用。我们今天再把这个事情讲一遍，希望同志们出于对四川大学的爱护，也出于对自己的负责，进一步做好自查自纠工作，有问题要讲清楚，不要把它包起来，这样我们心中才有数，才知道怎样采取措施妥善处理或化解这些问题。这个问题不是个小事情，大家绝不要掉以轻心。同时，我们要通过自查自纠，进一步思考我们的党风廉政建设、制度建设，健全完善各项制度，教育、惩治、制度三者结合，进一步做好我们的工作。近期我们还要开党风廉政建设年度工作会，还要做专题部署。总之，希望同志们一定要牢记中央关于党风廉政建设的“五项要求”，不要去闯红灯，把自己管住，把班子管住，把家属和身边工作人员管住，把自己单位管好，不要去做那种既害人又害己的事。

由于时间关系，我今天就着重强调这两条：进一步转变作风、狠抓落实；抓好党风廉政建设。希望同志们共同高度重视这两条，并扎扎实实抓好相关工作。

新的一年，我们的党建思想政治工作任务很重，教学、科研、管理工作任务也非常重。我们的“985 工程”二期建设、“十五”“211 工程”建设、科技创新平台建设、基地建设、财经工作、科技产业工作，任务都非常繁重。学校 2005 年的工作要点上都列了出来，等会谢校长还要做全面部署。

总而言之，我们希望，各级党政领导班子一定要振奋精神，开拓创新，全力推动学校 2005 年的工作，以各项工作的优异成绩迎接新四川大学首届党代会的胜利召开和 2006 年 110 周年校庆。

谢谢大家！

抓重点　抓落实　努力实现学校新跨越

——在四川大学新学年中层干部扩大会上的讲话

校长　谢和平　院士

2005年3月3日

（根据记录整理）

同志们：

今天的大会主要有两个内容：一是宣布四川大学新的校级领导班子，二是部署新一年学校的重点工作。刚才杨书记作了重要的、全面的讲话，下面，我准备讲三部分内容：第一，对校级领导班子的调整工作谈几点想法；第二，总结2004年学校的工作；第三，部署学校2005年的工作要点。

第一部分，对校级领导班子调整工作的几点想法。

第一点，我校公开选聘副校长和民主推荐党委副书记、纪委书记工作在海内外、社会各界影响很大。这次我校的公开选聘副校长工作，是教育系统特别是我校的一次重大改革，实现了高校校级领导班子成员换届能上能下、有进有出。教育部党组、四川省委对我校的公开选聘工作都非常重视，并进行了全过程指导，积极创造条件为这次改革的顺利进行提供保障。教育部周济部长、四川省委学忠书记都明确表示，为了这次改革能真正起到公开选聘的效果，真正能够把优秀的同志选聘上来，教育部提供一个干部交流的岗位，四川省委也提供一个干部交流的岗位来支持我校的这次改革。3月1日，中共教育部党组书记、教育部部长周济，在四川省副省长柯尊平，教育部党组成员、人事司司长李卫红，教育部直属高校办公室副主任陈维嘉，四川省委组织部常务副部长蒋先继，四川省委教育工委书记、省教育厅厅长涂文涛等同志的陪同下专程来到四川大学，宣布我校公开选聘副校长和民主推荐党委副书记、纪委书记的任命通知，周济部长还亲自与新的校级领导班子进行了集体谈话。周济部长的重要讲话对我校下一步的建设提出了明确要求，包括我校应该建设成什么样的大学，怎么建设好四川大学，如何建设高校校级领导班子等方面。可以说，周济部长的重要讲话对四川大学的改革发展具有很强的针对性，充分体现了教育部党组对四川大学发展的高度重视和亲切关怀。学校将把周济部长的讲话下发到各个学院、各个部处，并作为四川大学今后一段时期工作的指导方针和学校改革发展的重要纲领性文件，希望大家认真贯彻落实。

第二点，任何民族和历史都必须经过一代一代来传承，任何事业必须由一届一届来继续。以我校老书记、老校长卢铁城同志为班长的上一届校级领导集体，自2000年9月到2004年9月，已经任满一届，根据教育部党组的要求和干部管理条例的规定，必须进行换届。到今天，我校已经顺利完成了校级领导班子的换届工作，通过公开选聘和民主推荐形成了新一届四川大学党政领导集体。在学校公开选聘副校长和民主推荐党委副书记、纪委书记的过程中，我校上一届领导班子成员充分体现了对学校工作的关心和支持，老书记、老校长卢铁城同志以及不进入新的校级领导集体的所有上一届校级领导都全过程参加了新的校级领导班子公开选聘、民主推荐的四个阶段的工作，充分体现了对我校下一步发展、改革的责任感和使命感。四川大学之所以有昨天的辉煌，之所以有今天的基础，就在于四川大学历届校领导、历届师生员工的共同努力，特别是以老书记、老校长卢铁城同志为班长的上一届领导集体带领我校师生员工开创了我校跨越式发展的新局面，使学校在教学、科研、学科建设等核心指标上都取得了长足的发展，使学校的社会影响力和社会知名度不断提高。更重要的是，上一届校级领导班子在老书记、老校长卢铁城同志的带领下，形成了优良的传统并积累了宝贵精神财富，主要体现在以下两个方面：第一个方面，就是求实敬业的精神，他们求实、敬业、奉献，全身心投入，鞠躬尽瘁，全心全意为了川大的事业奉献了自己的精力、汗水和劳动；第二个方面，上一届校级领导班子在老书记、老校长卢铁城同志带领下，使原三个学校在合并后形成了一种团结、协作的精神，维护了班子的团结、协作，维护了学校的团结和稳定。以上两种精神应该作为我校领导班子的宝贵精神财富和优良传统，希望我校新的校级领导班子在未来能够传承、发扬。同时，在这里，我代表学校并以我个人名义向上一届校级领导班子成员，向所有历届老领导表示衷心的感谢和崇高的敬意！此外，希望各位老领导继续发挥作用，支持学校改革、发展的各项工作。

第三点，我校新的校级领导班子成员，特别是八位副校长是公开选聘、按照岗位竞聘的，所以，领导岗位的具体分工只能按照竞聘时的岗位分工来确定，只是有一些具体的、细节上的调整。我个人的分工中专门增加了侧重分管外事处、校董会和校友会，这是因为考虑到今年我校要力争成为全国具有自主外事审批权的单位之一。如果审批成功，我校就成为了具有自主外事审批权的单位，今后校内所有的出访由校长审批就可以了。此外，外事工作还要由分管副校长来协助管理。同时，因为我校明年要举行110周年校庆，要积极开发校友资源，加强国际合作，所以在我的分工中又增加了侧重分管校董会、校友会的内容。

第四点，作为校长，我对新一届校级领导班子成员谈三点希望、五点要求。三点希望是：第一，希望新一届领导班子成员要有感恩的精神，以一种感恩的态度来对待新的岗位。因为新一届领导班子成员走上这个岗位是经过了个人申请、公开竞聘、民主推荐、组织考察和挑选四个过程，尽管新任的校级领导班子成员都有才华、有智慧、有演讲技能，但更重要的是全校师生员工对你们充分信任并投了你们神圣的一票，同时还经过了组织的考察和挑选，所以，希望新一届领导班子成员应当以一种感恩的心情——不辜负党的培养、组织的信任、师生员工对你的重托——来认识新的岗位。第二，希望新一届校级领导班子成员要用一种负责的态度对待这个新的岗位。因为副校长们都经过了个人申请，经历了竞聘演讲，带着个人的承诺，因为师生员工认可了你们的表态、你们的承诺，投了你们一票，并经过组织认真的考察和挑选，最后才决定把这个岗位交给你们，你们是带着个人的承诺、师生员工的信任、组织的重托，所以，副校长们必须以慎重的态度来对待这个岗位。3月1日，在周济部长与我校新的校级领导班子成员进行集体谈话时，学校把竞聘时的公开演讲的录像发给了每位副校长，希望八位副校长经常看一看这个光盘。第三，希望新一届领导班子成员以一种求实的精神来完成岗位工作。因为四川大学的优秀人才很多，具有当副校长能力的中层干部、优秀学科带头人很多，但是只有八个职位，你们竞聘上了。而我校的规模很大，工作量很大，工作任务很繁重，所以希望你们有求真务实的精神，认真负责地来完成自己的岗位职责。五点要求是：第一，新的校级领导班子成员一定要讲学习、讲政治、讲全局。作为四川大学新的校级领导，应该对自己有新的要求，要有新的素质和新的品德要求，要加强学习，加强自身修养，努力提高自身的素质，在处理问题时必须站在全校的角度来思考。在学科发展问题上，我们要重点突破，同时更要协调发展。四川大学是一个文、理、工、医学科齐全的大学，我校文、理、工、医任何一个学科的发展受到影响，都是四川大学的损失，都是不负责任。所以，我们每一位新任校级领导班子成员更要讲学习、讲政治、讲全局，不能只代表所分管的部门，不能只代表所属的学科，更不能只代表原来所属的学院。第二，要真抓实干，深入基层。要到基层去发现问题、解决问题，而不是只召开会议，发布文件，不要当发号施令的校领导，而要当深入一线、解决实际问题的领导。第三，要全身心投入，在其位谋其政。原则要求副校长应该是专职的副校长，双肩挑的干部一定要把业务、学术会议放在星期六、星期日和假期去完成。第四，敢于做工作，敢于负责任。既然当副校长，就要敢于对分管的某一方面工作负责任，就得把它抓好，涉及大的事情、全局的事情，要提交校务会集体决定。第五，在分管的工作范围内，要明确应该主动抓哪些工作。而不应该在年终总结时把各个部门的工作成绩汇总一下作为自己的总结，而应该在学校整体工作的范围内，有自己的工作思路、有重点、有具体措施，把分管工作的最薄弱环节、还没有走上正轨的方面作为你的工作重点，把它抓好，同时，还要和分管的部门领导齐心协力来完成所分管工作。

第二部分，2004年学校的工作总结。

在这里，我只简要讲一下三个方面的工作：

第一个方面，学校党建、政治思想工作、校级班子建设取得了重大进展。关于这方面的成绩，刚才杨书记已经作了全面总结，我就不再重复了，我只补充一点。2004年，我校的学生政治思想工作取得了很大的进展。去年，我校的本科学生党员比例发展到了18%，研究生党员比例发展到了36.9%，这与各个学院、各个学院党组织加强学生的政治思想工作、学生入党积极分子的教育工作是分不开的，其中，学工部、校团委也做了大量的工作。

第二个方面，2004年我校抓了四项改革，使学校的教学、科研、学科、人事改革和医疗卫生工作取得了全面进展。我就重点工作讲一下：第一，在科研工作方面，去年4月学校召开了科研工作会议，6月举办了哲学社会科学论坛，提出了“科技跨越行动计划”和“哲学社会科学繁荣计划”，确立了一系列的改革和激励政策，使四川大学2004年的科研和学科建设都取得了重大进展。去年，我校的科研经费从2003年的4亿元（其中理工医学科科研经费是3.69亿元，文科科研经费是3500万元）提高到了2004年的5.51亿元，其中理工医科研经费达5.0595亿元，社科科研经费达4500万元，学校科研经费总额比2003年增加了1.5亿元，这是非常不容易的。在科研奖励方面，去年我校获得了3项国家级科研奖励，其中国家科技进步二等奖2项、国家技术发明二等奖1项；获得部、省级一等奖17项，其中教育部一等奖8项，在全国高校中和清华大学并列第一名，获省级一等奖9项，这是历年来取得的最好成绩。在科研论文方面，去年我校SCI论文数增加了21%，在全国高校中排名第14位，反而比2003年下降了2位。在科研项目方面，我校获得了国家自然基金纵向项目125项，经费3581万元，在全国高校中排名第9位。总体上，我校2004年的各项科研指标均取得了跨越发展。同时，我校还新获准了一个国家重点实验室，增加了一个国家“973”项目。要特别提到的是，去年我校的医学学科科研取得了跨越式发展，我校科研经费总量是5.51亿元，其中临床医学院一个学院的科研经费就达到了3587万元，还自筹5000多万元科研经费用于实验室建设和人才引进项目上；同时，去年临床医学院获得国家自然科学基金项目35项，其中重点项目2项，经费达到了1037万元，这在全国高校中也是处于前列的。去年，口腔医学院的科研经费也达到了869万元；获得国家自然科学基金项目10项，经费320多万元；还获得了卫生部的两个重点攻关项目。以上是两个医科学院的科研情况。去年，水利学院（包括国家重点实验室）的科研经费共有2907万元，作为一个工科的学院，科研经费接近3000万元是非常不容易的。去年，我校的文科科研经费达到了4500万元，其中超过100万元以上的文科学院有5个，其中，历史文化学院的科研经费达到了333万元。自去年我校进行科研管理工作改革以来，学校的大多数老师开始主动找科研项目，这是学校科研工作的一个重大突破。另外，我校4个附属医院加强了社会服务、对口支援和医疗下乡活动，医疗技术水平和服务水平得到进一步提高，去年，共医治门诊病人达302万人次、住院病人9.59万人次，手术达6.84万人次。

第二，是研究生教育改革。去年学校召开了研究生工作会，提出加强导师队伍建设的措施——从2006年1月开始，没有科研经费的研究生导师不能带研究生。去年，我校研究生院获准正式成立；“十五”“211工程”进行了中期评估，总体达到了学校的计划要求；学校“985工程”二期申报取得圆满成功，获得了3个Ⅰ类平台、6个Ⅱ类平台、3个文科基地，申报通过率在全国高校中是最好的。

第三，就是本科教育教学改革。去年9月，学校召开了本科教学工作会议，进一步明确了新的人才培养目标和模式。四川大学不是一般的大学，我们应该培养“具有深厚人文底蕴、扎实专业知识、强烈创新意识、宽广国际视野的国家栋梁和社会精英”。去年，我校获得了5项国家级精品课程，比2003年多了4项；教育教学质量有所提高，学风、校风有所改善。

第四，就是人事制度改革。这项改革主要包括人事管理制度改革和人事分配制度改革。我校全体教职工都有一个愿望，就是希望改善待遇，这是非常合理的，并且也是我们校级领导集体的主要奋斗目标之一。但是待遇怎么改善，钱从哪来？

一，我校必须要增加经济增长点；二，关键是通过人事制度改革，要让不在川大干活、干事的同志不能在四川大学拿钱，要让多干事、能干事、能干成事的同志待遇提高，要让奋斗在一线的同志待遇提高，这是我校这次人事改革的基本思路。我校教职工的待遇不可能一下子提高很多，但是首先应该让不干事的同志不拿钱，要通过人事制度改革使四川大学的教职员工把川大的工作作为主业，而不是作为副业。2004年，学校就已经对300名长期不在岗人员进行了自动离职处理，今年还要继续进行清理。而后实行“基本工资+岗位津贴+贡献奖金”的三元结构工资分配模式，规定完成多少工作量能拿基本工资，完成多少工作量能拿岗位工资，超额完成多少工作量或取得什么样的成果给予多少奖励。有些学院的老师，学校的工资、待遇都拿着，因为没有工作量的要求，就到外面去兼课、兼职，甚至把兼职作为主业，把学校工作作为副业，我们要通过人事制度改革纠正这种现象，这是学校这次人事分配制度改革的主要思想。今年上半年，希望有关部门尽快拿出人事制度改革修改方案，并经教代会、工代会通过，尽快实施。

第三个方面，就是我校的民主办学、规范管理、从严治校、依法治校工作取得了新的进展。去年，我们学校不断强化依法治校、民主办学工作，大力推进了校务公开工作。去年，我校作为首批试点单位，接受了国家审计署的审计，发现了学校管理中存在的一些问题，小金库、个别单位和个别人员违规操作等现象都有存在。同时，对于我校来讲，去年是非常特殊的一年，比如说，发生了后勤集团职工钟俊酒后驾车撞伤学生并弃车逃逸事件、博士生抄袭事件、英语三级考试作弊事件，还有个别干部违纪违法事件，去年学校对这四个事件都根据从严治校、规范管理的要求进行了认真严肃的处理，维护了学校稳定和安定。

去年，我校在学生贷款、校园管理、学生宿舍管理等方面都取得了很大进展。3月1日晚，中央电视台新闻联播专题报道了我校的学生贷款工作，全国两代会后还要报道我校的新校区学生宿舍管理工作。

总体上讲，因为得到了离退休老同志的关心、支持，在全校师生员工的共同努力下，我校各方面的工作都取得了显著成绩。但是，我们也要清醒地看到学校在发展过程中存在的问题和差距。3月1日下午，周济部长与我校新一届校级领导班子进行集体谈话时，明确了四川大学下一步的发展目标，就是要建设高水平研究型大学，并且要建成西部最好的大学。从目前来看，与建设西部最好的大学的要求来比，我校存在的差距还是很大的，差距关键在核心竞争力上。大家都知道，从文、理、工、医大的学科门类来讲，我校排在国内高校前几位的很少，医学排在第六七位，工科排在第20位左右，同时，我校在全国高校中排第一的一级学科也是非常少的。另外，我校的大师级人物、顶尖级学科带头人数量还偏少。更重要的差距是我们的竞争意识还不强，各个学院、各个部处参与全国竞争、了解全国学科发展动态的积极性还不够，竞争意识、拼搏意识还有待提高。从去年下半年学校管理中出现的一些问题可以看出，我校的总体管理水平、规范程度都还有待提高，干部的组织纪律性、解决实际问题的能力都还有待提高，干部深入基层的工作作风还有待进一步树立。

同时，我们还要清楚所面临的激烈竞

争。去年，我校的SCI论文数虽然增长21%，但在全国高校中的排位却下降了2位，排到了第14位；我校被评上了5门国家级精品课程，但是，浙江大学评上了10门，西安交大、上海交大、复旦大学都评了6门以上；我校获得了3项国家级科技奖励，这对我校自身来讲应该是很大的跨越，但是中南大学获得了7项国家级科技奖励，其中还有国家发明一等奖1项，浙江大学也获得了7项国家级科技奖励。所以，我们一定要有长远的竞争意识，要有拼搏精神。我认为，四川大学发展的外在表现不是人们知不知道四川大学，而是要让人们敬重四川大学、看重四川大学。人们一说清华、北大、浙大，就会有一种敬重的感觉，为什么？是实力！所以，周济部长在讲话中明确指出高水平研究型大学关键要建设“三个一流”：一流的人才、一流的成果、一流的社会服务，具体到四川大学，就是要重点搞好三个建设、形成三个一流：建设一流的学科，建设一流的队伍，建设一流的基地；出一流的人才，一流的成果，一流的社会服务。与周济部长的要求来比，我校还有非常大的差距，但是我们相信，只要我们努力了就完全可以达到。

在2003年9月29日，我做了题为《对建设高水平研究型大学的思考》的学术报告，当时我在报告中提出了我校的阶段性的奋斗目标，就是要通过三到五年的努力，使我校的院士数达到10个到15个，国家重点实验室及工程中心数达到7个到10个，科研经费8亿元到10亿元，国家重点学科达到25个到30个，SCI收录论文800篇以上，还有其他一些要达到的指标。现在我们已经走过了近两年时间，回头再看一看，我们的院士数已经达到7个，最近还要引进一位，就达到了8个。如果通过今年和今后三到五年的申报，学校能再增加3到5个院士，就完全能实现10个到15个院士的目标。我校原来有4个国家重点实验室及工程中心，去年获准了1个国家重点实验室，今年获得国家工程中心1个，马上就达到6个，7到10个的目标在三到五年内是完全能够实现的。至于科研经费，去年我们有5.51亿元，通过三到五年的努力完全可以达到8亿元到10亿元的目标。所以，只要我们有目标，只要我们脚踏实地地去做好工作，一定能实现我们的目标，实现四川大学新的跨越发展，提升我校的实力和地位。

第三部分，2005年的工作要点。

学校已经下发了关于2005年工作要点的文件，已经很全面，共有十个方面、三十七条，这里我再强调一下八个方面的重点工作。

第一个方面，以科学的发展观来统领学校的全面发展，进一步加强和改进学校的党建和思想政治工作。刚才，杨书记已经就如何以科学发展观统领学校改革和发展全局、加强学校的党建和思想政治工作做了全面、准确的论述，我就不再重复。

第二个方面，要进一步加强“质量就是生命，质量就是岗位”的意识，全面提高学校的教育教学质量，贯彻落实学校提出的“研究生教育发展计划”和本科教学“412”质量工程。我校在2003年提出了新的办学理念和运行机制，2004年召开了四个会议、进行了四项改革，并出台了一系列方针和政策，2005年就是要认真贯彻、落实学校的各项发展方针和政策。

对于本科教育教学工作来讲，2005年的第一项重点工作就是抓好本科教学“412”质量工程的具体落实。我已经跟孙卫国副校长和教务处有关领导讲了，今年本科教育教学工作的关键就是抓落实、抓细节，要把“412”质量工程的实施细节定下来，并要具体落实、贯彻下去。第二项重点工作，就是做好本科教学优秀评估的前期准备。我校2006年将参加全国本科教学优秀评估，今年要把所有的前期工作都做到位、做好。第三项重点工作，就是对本科生招生、培养、就业三个环节进行全面、系统的改革，要把这个工作做好。招生工作至关重要。2004年我校的招生工作取得了重大突破，在招生过程中，严格执行了“三不政策”：不招预科生，不招点招生，不招调档线以下的学生。去年我校的招生质量得到了进一步提升，计划招生9300人，实际到校9271人，其中600分以上的3897人。我校的本科招生分数线上去了，在社会上的声誉也就上去了，大家就会敬重四川大学。所以，我们要努力打造好学校的品牌，要把学校的水平和规格提升上去。在就业方面，去年我们的就业率达到了93.5%。目前，党和国家、社会对大学生的就业问题都非常关注，如果一个学生自己掏钱或者贷款到四川大学来读四年书，结果却连工作都找不到，那么谁还来报考四川大学？所以，对于就业这个环节，我们要进行全面、系统考虑，要从教学质量、教学要求、学生自身素质的提高等方面着手，同时，学校、学院、教师要充分提供学生就业的机会和信息，通过产学研系统、校董会的努力全面提高我校的就业率。

对于研究生工作来讲，我们要贯彻落实2004年制订的关于研究生工作的各项改革措施。第一，要坚决执行研究生导师队伍改革政策，从2006年1月1日起，没有科研经费的研究生导师就不能招生。前不久，教育部部长周济同志就研究生培养问题进行了专门讲话，《中国教育报》1月29日进行了专门刊登。他说，什么叫研究生？研究生就是要进行研究，就是要用科学研究来培养学生，研究生必须进行科研，必须有课题，必须有经费。关于研究生培养的各项改革不在于要让研究生交费，关键在于要把导师的研究经费拿出来支持研究生学习，支持研究生进行科研。今年，我校要认真贯彻教育部的精神，贯彻实行学校去年6月召开的研究生工作会议上的各项改革措施。第二，要抓博士生创新工程。2004年，我校的全国百篇优秀博士生论文数为零，希望今年在此方面有所突破。学校要强调，各职能部门要认真履行自己的工作职责，就是要把核心指标、核心竞争力搞上去，这是对学校最大的责任。我们提出的工作职责要求就是“无功就是过”，学校对部门工作应该有奖、有惩。目前，高校间的竞争非常激烈，各个学校的发展是不速则退，而不是不进则退。所以，今年我校必须要大力加强博士生创新工程，要通过全国百篇优秀博士生论文评选工作和导师队伍建设工作，努力提升我校的研究生教育教学质量。

第三个方面，学科建设和科学研究要有新的突破。今年是我国的学科建设大年，国家将正式启动学科点申报和院士申报工作。今年一级学科的申报工作是我校的重要发展机遇，我们一定要把此项工作做好。目前，我校的学科分属于55个一级学科，但国家级一级学科只有17个，而与川大地位相称的国家级一级学科数至少应该达到30个。当然，我们不可能一年内就达到这个目标，但是仍然要努力。所以，在今年一级学科的申报过程中，希望各学院、研究生院，以及各个部门要高度重视。学校已经专门下发了一份文件，决定对在今年一级学科的申报中取得突出成绩的单位进行奖励。这个问题不仅涉及学科自身、学院自身的发展，还涉及学校的整体发展，包括今后国家“985 工程”、“211 工程”对学校的专项投入。目前，国家发改委和财政部都强调：对高校的投入要讲回报，哪个学校的效益高、回报高，就往哪个学校多投入。去年“985 工程”二期专项建设经费 9000 多万元已经到校，学校“985 工程”二期建设也已经正式启动。按照教育部党组的指示精神，一定要重点突破、实现学校的跨越，希望全校师生员工、各个学院理解和支持学校的重大决策。我校“985 工程”二期的建设经费，不按项目，不按学院，不按学科进行分配，要用于组建教育部批准的 3 个Ⅰ类平台、6 个Ⅱ类平台、3 个文科基地，招聘海内外、校内外的优秀人才。这种形式，就是学校利用“985 工程”的经费，组建一个促进学校跨越发展的“突击队”，这个“突击队”的人员要向校内外招聘，校内希望多出成果的优秀人才都可以加入这个“突击队”。“985 工程”创新平台和创新基地的机构与院系、教学科研组织的机构有区别，独立于学校。就相当于学校组织一支“突击队”来集中进行科研、进行学科建设，三到五年之内要出原创性成果、出重大成果，把学校学科的核心竞争力提升上去。学校的学科带头人都可以进入这个平台，这个平台实行高门槛、高待遇，实行年薪制。但同时，这个平台对组成人员有高要求，成员必须要有高产出，如果成员的产出达不到要求，就会被淘汰出来，回到原来的单位。此外，这个平台的成果与相关学院、相关学科实行成果共享。所以，我们希望各个学院、各个学科理解学校，坚决贯彻教育部的要求和指示精神，真正出成果，努力实现突破和跨越。

目前，我校已经把 MIT 张曙光教授的一个创新团队引进过来了，由学校和华西医院共同出资、重点投入，力争在三到五年内，使学校的生物—医学—纳米材料能够成为国际顶尖学科。学校要建设成为国内一流的高校，全部学科都进入一流是不可能，但是如果我们选择一个点，组建一支“突击队”，使这个点在一定时间内进入国际一流是有可能的。我们希望张曙光教授带领的这个创新团队每年能在 Nature、Science 杂志发表一篇文章，每年邀请一位诺贝尔奖获得者来我校工作一个月，在我校培养一个科学家给他当助手，并能让这位助手慢慢走上国际学术舞台，也要达到能在 Nature 上发表文章的水平，今后力争将这位助手培养成为院士。同时，还要求这个创新团队每年能出一些以四川大学为唯一专利权受益人的专利。对于以上要求，我们已经以合同的形式进行了约定。如果这个点的水平上去了，四川大学每年都能在 Nature、Science 上发表文章，国际上自然会把我校排进世界高校 300 强、200 强。我们要充分利用“985 工程”二期提供的良好发展机遇，通过共同努力，一定要使川大能够真正实现重点突破、跨越发展。

另外，我们要组织好两年一次的院士申报工作。全校师生员工一定要讲全局，以学校利益为最高利益，支持院士的申报工作。我校具有院士申报硬件条件的人很多，但是软环境还需要我们进一步改善。每一个教授的事业、每一个师生员工的追求，都应该是学校的目标和学校行为。我校的某位教授成为了院士，不仅是他个人的光荣，而且是这位教授所属的学科的光荣、学院的光荣，更是整个学校的光荣。所以，我们要从学校全局来看待院士申报工作，并全力推进此项工作，要组织专门的机构、专门的部门来具体实施，因为院士申报工作是学校行为，是为了实现学校的目标。各个学院、各个学科务必全力支持有条件的专家、教授申报院士。

2005年，学校的理工医学科的科研工作应该在原有的基础上取得新的更大的突破，在科研经费总量、国家级三大科研奖励、SCI论文等方面均应该有重大突破。哲学社会科学学科也应该在2004年的基础上有所提高，要进一步加强校园文化建设的研究，要启动哲学社会科学基地建设。哲学社会科学是我校的传统优势学科，原四川大学之所以有名望，就是因为原四川大学的文史很有影响。目前，很多学校都盯着我校的哲学社会科学学科，都在想办法挖走我校的哲学社会科学学科带头人。为了促进我校哲学社会科学学科的进一步繁荣发展，我们一定要制定新的政策，加大投入力度。在这次校级领导分工中，由常务副书记罗中枢同志负责文科，由陈爱民副校长分管哲学社会科学研究工作，就是要从全局和具体细节上加强对哲学社会科学的领导和协调。

第四个方面，要继续加强师资队伍建设和人事工作制度改革。一是要继续推进人才工程，要加大培养和引进大师级人物的力度，继续实施高水平学术带头人和骨干教师队伍培养、青年教师培训、海内外拔尖人才引进、大师级人才队伍建设、创新团队建设等计划。二是要继续深化人事管理制度改革。目前，我校还有一些名字挂在学校、但长期不在岗，却照常享受学校福利、领取学校工资、占着学校住房的人员。因此，在我校人事管理制度改革工作中，首先就要加大清理现有教职工队伍的力度，各个学院、各个单位要对全体教职工进行重新登记。然后，执行与工作量挂钩的新的人事分配制度，在川大领工资的人就必须为川大干活，我们一定要以分配制度为杠杆把教职工的待遇提高上去。但不是一年就把待遇提高上去，而是要通过每两年一次的待遇调整、提高，逐年把待遇提高上去。人事管理的关键是要有好的机制，有好的管理制度，要有公平、公正的竞争环境。在青年教师待遇方面，我校70%的课程是由青年教师承担的，但是青年教师的工资、住房是最差的，学校的未来发展要依靠这些青年教师来实现，所以，我们必须通过人事分配制度改革逐步提高他们的待遇。我们相信，只要大家共同努力，通过五年到八年的努力，一定能达到与四川大学高水平研究型大学相称的教职工包括离退休人员待遇。

第五个方面，国际交流和国际化教育。建设一流大学，一定要把自己摆到国际一流大学里边去，才能看到差距、找出问题、缩小差距。所以，国际交流和国际化教育是我校发展措施的重中之重。学校希望每个学院、每个学科继续加大同世界著名大学合作办学的力度，但不要为了一些小的利益而去找国外一般的学院、一般的大学，这样反而会把学校的牌子砸了。国际化教育，就是要与国际上的高水平大学、各个国家前十位的大学进行合作，要力争通过四川大学这个平台，使我们的学生接受国际水平的教育、世界名牌大学的教育。这样，报考我校的学生数量、我校的声望才能提高，同时，也只有同国外高水平的大学进行合作、交流、碰撞，才能促进我校的办学水平和教育教学质量进一步提升。在国际交流和国际化教育方面，今年我校有四大任务：第一，要办好教育部委托我校承办的中美公立研究型大学校长论坛。这是教育部举办的校长论坛首次在我校召开，这次论坛的主题是“公立研究型大学与区域、地区经济发展的关系”。

我们一定要组织好、办好这次论坛，并借此机会扩大我校的影响。第二，全面启动中青年教师出国培训计划和中层管理干部出国培训计划。2004 年 10 月，我代表学校和国家留学基金管理委员会签订了协议，国家留学基金管理委员会承诺提供 380 万元经费支持我校的青年教师出国计划。后来，学校到外国专家局争取到了每年 40 万元经费用于支持我校的中层管理干部出国学习，连续支持五年，要让我校的中层干部都能到国外一流大学培训一个月，去接受一流大学的理念，感悟怎么办一流大学，怎么来办四川大学。我们还要利用国家留学基金管理委员会提供的条件，利用国家“985 工程”人才工程的条件，逐步让我校的中青年教师到国外名牌大学去学习。一定要到世界名牌大学去，不能去国外一般大学，因为四川大学就是名牌大学，我校教师必须是名牌大学培养出来的。第三，要继续加大国际合作办学力度。我校要和美国加州大学伯克利分校、明尼苏达大学这样的名牌大学进行“2 + 2”、“3 + 1”模式的合作，同时，要加大反“2 + 2”的交流合作项目。我校已经与法国、韩国、泰国的一些高校签订了反“2 + 2”的合作协议，这些国家的学生在本国学习两年，然后到四川大学学习两年，目前，这些留学生主要学习旅游管理、工商管理等专业，今后学校要逐步增加招收真正在四川大学拿学位的留学生的力度。如果我校每年能招收 2000 名留学生并派出 2000 名交流学生，那么不用我们自己登广告，人家就会认为我们是一所国际性的大学，是一所高水平的大学，是一所一流大学。第四，就是国际合作项目。利用“985 工程”二期，我校将与美国 UC 及其他大学申办生态环境国际研究平台，要在九寨沟建立一个国际研究平台。前天，我校和美国 UC 已经联合向美国自然科学基金委进行了申请，有可能得到 350 万美元的经费资助。这个研究平台，将以四川大学的名义建在九寨沟，来研究由于人类的活动、重大工程的建设对原始森林、生态环境的影响，这样可以把国际一流的科学家、美国的优秀学生引进来。

第六个方面，要加大校园建设力度，完善公共服务体系。第一，新校区建设要继续完成图书馆、行政楼等系列工程。第二，老校区要继续推进、完成六大整治工程、数字化校园和校园数字安保体系，老校区的数字安全监督、监视体系要尽快建立。第三，要对老校区的学生宿舍进行全面改造和整顿。为了迎接 110 周年校庆，在 2006 年 9 月 1 日之前，老校区学生宿舍的环境、条件必须得到全面改善。这项工作必须加快进度，要进行倒计时，要做好、做实。第四，老校区交通系统的调整和建设、校园环境的绿化和美化，也要全部落实到位。

第七个方面，要进一步加强社会资源开发，积极筹备 110 周年的校庆；大力推进科技成果转化和科技产业发展，搞好医疗卫生和社会服务工作。学校将加大对校董会、校友会的管理力度，今年要把海内外校友会组建起来、联络起来。一定要利用 110 周年校庆凝聚人心、联络校友、开发资源、改善环境。因为有了校友会，就有助于学校进一步开发社会资源实质性地支持学校，有了这些支持，我们就能改善学校的环境。因此，学校要有专门的组织机构，要全面推进此项工作，要把我们历届校领导的智慧、资源全部开发出来。在这次学校校级领导分工中，由我侧重分管校董会、校友会，同时还要有分管的副校长协助，就是要加大管理力度，积极开发校友会资源，努力改善学校环境。这次几位老领导退下来之后，学校将聘请他们担任学校校友总会专职副会长。

产学研的顺利推进，关键是要加大开发力度。希望学校分管领导和相关职能部门尽快提出学校整体开发的规划和方案，要根据四川大学的优质资源，在学校周边有针对性地形成我校新的开发区、新的品牌区，并形成一个强劲的经济增长点，真正促进学校的发展。同时，要充分发挥学校国家大学科技园、国家技术转移中心和成都川大技术转移中心等科技平台的积极作用，加大科技成果转化的力度；要继续深化医学教育和医疗卫生服务改革，提高医院的管理效率和服务质量，面向基层、面向农村，争取为我国西部卫生事业发展、卫生人才培养、重大疾病监控预防等作出更大的贡献；要充分利用部、省、市共建“985工程”二期的机遇，加大与四川省、成都市的共建力度，要以“服务求支持，以贡献谋发展”的思路来提高我校社会资源开发的力度，来促进学校的发展。

第八个方面，要进一步从严治校、规范管理，加大管理体制改革力度。2004年年底，教育部在武汉召开了教育部直属高校书记、校长会，国务委员陈至立同志专门作了重要讲话，周济部长也作了重要讲话，他们都讲到了高校的管理问题。至立同志专门强调要把高校的管理作为教育部的工作重点，教育部也已经把2005年确定为了教育部的管理年。至立同志还特别强调，高校教师不能把教学当副业，把兼职当主业，现在有很多教师把教学任务当作了副业，而把外面的兼职当作了主业。在这次新学期开学检查中，学校竟然发现有100多名学生上的大课教师没到。管理干部队伍中也存在一定的问题。去年国家审计署对第一批试点单位、十几所高校进行了审计，发现了13所高校的68个小金库，资金达到了十多亿元，要全部上交国库；有2所学校上亿元的资金竟然以个人名义存在银行。目前，在高校管理中还存在很多问题，所以周济部长提出，高校一定要从严治校、规范管理，要全心全意为师生员工服务。3月1日，周济部长在与我校新的校级班子进行集体谈话时语重心长地讲到：“教育以育人为本，以学生为主体；办学以人才为本，以教师为主体。”所有的干部、职工必须积极为这“两个主体”，也就是学生和教师提供服务、创造条件，这才叫办大学。我校2003年就提出了“以人为本，崇尚学术，追求卓越”的办学理念和“以院系为管理重心，以教师为办学主体，以学生为育人中心”的管理运行机制，所以，学校希望全校上下一定要树立以为两个主体服务的意识和理念。

今年，学校要继续努力为广大师生员工多办实事、好事。第一，要围绕学生成长、成才构建多层次的学生服务体系，真正关心、爱护我们的学生；第二，要加强校内教职工社区建设，努力推动全校教职工生活小区的整治和文明建设；第三，加强各级共青团、学生会、研究生会以及群团组织的建设，充分发挥其积极作用；第四，要坚持不懈地抓学校治安综合治理工作，确保学校的持续稳定。我们的管理就是使教师潜心进行教学，进行科研，出成果；我们的管理就是要使学生认真学习，学会做人，成为优秀人才。这是我们的天职，也是我们管理的最根本要求。关于这一点，希望校级领导干部、处级干部一定要做好科长、办事员的思想工作，因为真正面对教师、学生的是科长、办事员。我们要用对父母一样的态度来对待我们的老教师、老职工，我们要用对待姊妹一样的心情来对待我们的教师、职工和同事，我们要用对待子女一样的态度去管理、教育我们的学生，只有这样，四川大学才有前途，才有希望。

3 月 1 日，周济部长在与我校新一届校级领导班子集体谈话时，还说了一句语重心长的话：你们一定要用爱和责任去办好四川大学。周济部长让我们要有爱心，要有责任心，就是要我们关爱教师，关爱学生，关爱职工，关爱我们的离退休老同志，这就是我们的岗位职责，也是我们做人的基本品德。我们必须以这种爱心和责任感来做好本职工作，来建设我们的四川大学。我相信，只要全校师生员工共同努力，四川大学一定都能够取得新的更大的成绩！

谢谢大家！

励精图治　乘势而上
为建设高水平研究型综合大学而努力奋斗
——在中国共产党四川大学第六次代表大会上的工作报告

杨泉明

2005 年 12 月 30 日

（中共四川大学第六次代表大会 2005 年 12 月 31 日通过）

各位代表，同志们：

现在，我代表中国共产党四川大学委员会向大会作工作报告。请予审议。

中国共产党四川大学第六次代表大会，是在我校经过两次合并，各方面工作取得显著成绩的基础上召开的一次盛会，也是学校面临发展新机遇和新任务的形势下召开的一次承前启后、继往开来的重要会议。四川大学即将走过 110 年的光辉历程，我们经历了新民主主义革命的战斗洗礼，经历了新中国建立后的不懈奋斗，经历了两次“强强合并”的改革创新，谱写了中国现代大学继承与创新、改革与发展的辉煌乐章，学校的发展实现了历史性跨越。党的十六届五中全会描绘了今后五年我国经济社会发展的美好蓝图，我们已站在一个新的历史起点，肩负着新的历史使命。因此，这次大会的主题是：励精图治，乘势而上，为建设高水平研究型综合大学而努力奋斗。大会的主要任务是：以邓小平理论、“三个代表”重要思想和科学发展观为指导，在党的十六大和十六届五中全会精神指引下，回顾过去、总结经验，认清形势、谋划发展；审议中共四川大学委员会和中共四川大学纪律检查委员会工作报告；选举产生新一届学校党委和纪委领导班子，团结动员全校共产党员和师生员工，为把学校建设成为国内一流、国际知名的高水平研究型综合大学而努力奋斗。

一、原三校党代会以来特别是第二次并校改革以来的主要工作和基本经验

原四川大学第五次党代会于 1986 年

11月召开。在党代会精神鼓舞下，学校按照“三个面向”的要求，积极推进教育改革和学科结构调整，在学科建设、人才培养和科学研究等方面取得了重要进展，形成了“博学、奋进、求实、创新”的校风学风，学校由原来的文、理科综合大学，发展成为以人文社会科学和自然科学为主、管理科学和技术科学兼容、在国内外有重要影响的全国重点综合大学。

原成都科技大学第七次党代会于1992年11月召开。在党代会精神鼓舞下，学校秉承“团结、勤奋、求实、创新”的校风学风，积极探索与中央部委和省市政府联合办学的新途径，办学条件得到较大改善，整体水平提高，成为以工为主、理工结合、综合实力较强、部分学科优势明显、在国内外有重要影响的全国重点工科大学。

原华西医科大学第八次党代会于1996年4月召开。在党代会精神鼓舞下，学校进一步弘扬“严谨、勤奋、团结、奉献”的校风学风，加强学科建设和科学研究，努力扩大国际合作，不断深化医疗卫生体制改革，努力提高医疗卫生服务质量和水平，多个学科领域取得重要成果，成为在国内外有重要影响的全国重点医科大学。

为了适应高等教育和科学技术的发展趋势，应对新技术革命和经济全球化对中国高等教育提出的挑战，探索高等教育结构调整、资源整合和学科融合的新路子，原四川大学、原成都科技大学和原华西医科大学在党中央的亲切关怀和教育部、卫生部、四川省委、省政府的支持下，抓住历史机遇，于1994年4月和2000年9月实现了两次“强强合并”。“三强合一”，人心所向，趋势使然，在全国大规模高等教育体制改革和结构调整中写下了浓墨重彩的篇章，也为新四川大学再攀新高峰和再创新辉煌奠定了坚实基础。

新四川大学经过艰苦探索和不懈努力，不仅成为我国高等教育体制改革的“排头兵”，而且成为我国人才培养、科技创新、医疗卫生和社会服务的重要基地。特别是2000年第二次并校以来，学校高举邓小平理论和“三个代表”重要思想伟大旗帜，认真落实科学发展观，解放思想，求真务实，开拓创新，不断推进深度融合，并校改革的优越性逐渐显示，综合实力明显增强，核心竞争力显著提升，实现了学校发展的历史性跨越，呈现出风正人和事业兴的大好局面。

一是大力推进学科交叉融合，学科建设迈上新台阶。2000年以来，学校的学科覆盖面扩展涉及除“军事学”以外的全部学科门类，形成了学科交叉渗透、综合发展的新格局。国家重点学科从6个增加到15个，部省级重点学科从29个增加到66个；博士后流动站从15个增加到21个；国家重点实验室和国家工程中心由2个增加到5个；一级学科博硕士学位授权点从12个增加到27个，2005年一次新增10个，使学校在全国高校的此项排名从并列12位上升到第3位，博士点从96个增加到192个，硕士点从162个增加到306个；本科专业从100个增加到118个。“211工程”的实施加强了重点学科建设，“985工程”二期的9个科技创新平台和3个哲学社会科学创新基地建设已经启动，第一批5个新兴交叉学科科研中心建设取得初步成效，第二批5个交叉学科科研中心建设也已全面启动。一批特色鲜明的高水平学科群正在形成。

二是教育教学改革不断深化，办学水平和教育质量有了新提升。学校确立了“以人为本，崇尚学术，追求卓越”的办学理念和培养“具有深厚人文底蕴、扎实专业知识、强烈创新意识、宽广国际视野的国家栋梁和社会精英”的人才培养目标，形成了以“本科生教育为基础，研究生培养和科学研究为重点，其他办学形式为补充”的办学格局，全日制教育、远程教育和继续教育协调发展。学校正式建立了研究生院。2000 年以来，全日制学生从 3 万余人增加到 5.5 万余人，其中，硕士生和专业学位研究生从 4279 人增加到 14583 人，博士生从 1209 人增加到 3710 人，研究生与本科生的比例从 1:3.6 提高到 1:1.94。学校狠抓教学质量的提高，实施了学分制等各项教学改革，教育教学水平明显提升。2 名教师获国家教学名师称号，9 门课程获国家精品课程；17 项成果获国家教学成果奖，其中 2005 年获一等奖 1 项，二等奖 8 项；4 篇博士论文被评为全国优秀博士论文。近 5 年来，本科生有 1242 人次获国家各类竞赛奖，本科生就业率均超过 90%，研究生就业率均超过 98%。

三是努力构建科研创新体系，科学研究不断取得新突破。5 年来，学校科研总经费从 2000 年的 1.7 亿元增加到 2005 年的 7 亿元；每年获国家自然科学基金项目百余项，经费从 2000 年的 1528 万元增加到 2005 年的 5822 万元，基金项目和总经费均居全国高校前 10 位；在国内外发表的论文总数和在核心源期刊发表的论文数均居全国高校前 10 位；近 3 年来，3 位教授相继成为国家“973 计划”项目首席科学家；学校先后承担两项国家军工重大委托项目，总经费分别为 1.95 亿元和 2.0095 亿元；4 位教授先后获国家或教育部人文社会科学重大招标项目或委托项目。5 年来，学校获国家三大奖 11 项（国家科技进步一等奖 2 项、二等奖 7 项，国家发明二等奖 2 项）；获国家及部省等各类科技成果奖 215 项，其中 2004 年获教育部一等奖 8 项，在教育部直属高校中并列第一；获部省级哲学社会科学优秀成果奖 147 项。在医学领域，实现了院士、国家重点实验室和“973 计划”项目首席科学家等三个“零”的突破。

四是不断深化管理体制改革，师资队伍建设取得新成绩。2000 年以来，学校建立了“以学院为管理重心，以教师为办学主体，以学生为育人中心”的管理运行机制，探索建立了校、院两级管理体制，建立了教授委员会、文科杰出教授、首席科学家等制度，强化了竞争激励机制，优化了师资队伍结构，汇聚了一批优秀拔尖人才。学校新增院士 4 人（其中引进 3 人），目前已达 8 人；新增长江学者 6 人（其中讲座教授 2 人），目前已达 12 人；新增杰出青年基金获得者 20 人，目前已达 30 人；新增跨世纪优秀人才和新世纪优秀人才 45 人，目前已达 64 人；引进各类高层次拔尖人才 222 人。通过内培外引，专任教师中具有高级职称的比例从 50.37% 上升到 57.06%，具有博士学位的从 475 人增加到 1327 人。

五是医疗卫生和社会服务、科技成果转化和科技产业取得新进展。2000 年以来，学校附属医院的医疗技术水平和管理质量不断提高，共收治门诊病人 1242.62 万人次，住院病人 36.98 万人次；每年诊治外国患者及港澳台同胞上千人次；与我国 110 多家医疗机构和院校建立了医疗卫生网络合作关系；在抗击“非典”等重大疫情中，发挥了我国西部重要医疗卫生中心的中坚作用。学校先后与国内 50 余个地市和 127 家企业建立了产学研合作关系，受企业委托进行技术开发、技术改造等科技合作项目 3000 余项；一批重大科技成果被有关行业或地方政府采用；497名专家学者担任省市科技和社会经济发展顾问；建立了国家大学科技园，孵化科技企业116家；建立了国家技术转移中心，转化了一批具有较高科技含量和显著经济效益的科技项目；建立了四川大学国家知识产权保护中心，申请发明专利723项，获准授权240项；培育了川大智胜、华西药业等一批绩优企业。

六是开创了对外交流合作和国际化教育的新局面。2000年以来，我校与23个国家和地区的103所大学、科研机构及基金组织建立了交流合作关系，先后与国外10余所著名大学开展了联合培养学生项目。2005年，学校成为教育部与美国加州大学系统10个校区筹建“10+10”合作科研联盟的10所高校之一；相继与加州大学、华盛顿大学联合组建了九寨沟生态环境可持续发展国际研究中心，与美国亚里桑那大学共同建立了大学设计研究所，与德国克劳斯塔尔工业大学联合组建了中德能源联合研究中心。5年来，学校主办和承办各类重大国际学术会议106次，接待包括诺贝尔奖获得者在内的国外各类人员来访6815人次，聘请外国专家和外籍教师2200余人次，招收外国留学生1477人，港澳台学生291人；派出教师出国出境3644人次；引进美国纽约中华医学基金会（CMB）等国际项目29项，引进各类项目资助和资金累计1.26亿元。2005年6月成功承办了教育部“中美公立研究型大学研讨会”，进一步扩大了学校在国内外的影响。

七是基础设施不断改善，校园面貌发生新变化。2000年以来，学校建成占地3000余亩，以校园人文化、环境生态化、景观园林化、信息网络化为特点的江安新校区；校园面积从3750亩增加到7050亩，校舍建筑面积从167.71万平方米增加到272万平方米；新增绿化面积67万平方米，新修和改建道路9万平方米。投入1.5亿元对老校区水、电、气管道和公共基础设施进行改造，投资8000万元实施“523实验室建设”一、二期计划；以虚拟大型精密仪器设备管理中心为平台的公共服务体系及优质资源共享系统初步形成，校园网络、实验设备、图书资料等办学条件进一步改善，学校图书馆获准成为西南地区文献信息服务中心和高等学校中英文图书数字化国际合作计划项目（CADAL）的成员馆。通过深化后勤社会化改革，提高了服务质量和效益，2005年学校获全国高校后勤工作先进集体称号。

八是深化人事分配制度改革，为师生员工办实事的力度不断加大。学校真情关心师生员工疾苦和为师生员工谋利益。2000年以来，入住和新建教职工住宅4557套，改建和新建学生宿舍30余万平方米，师生员工居住条件得到明显改善；实施了两轮人事分配制度改革，千方百计挤出经费改善教职工待遇，教职工岗位津贴、各类酬金和科研人员科研提成均有较大幅度增长；投入医保资金近2000万元，为全校各类人员共17798人办理了省级机关事业单位职工基本医疗保险，按照自愿原则，先后为44184人次教职工办理了住院补充医疗保险，并积极组织学生参加医保，较好地解决学生医疗问题；学校坚持实行为师生员工办实事制度，特别是在党员先进性教育活动中，加大了对广大师生员工普遍关注的住房修建、住房补贴、住房公积金、新校区管理、校园整治、人事分配制度改革、学生助学贷款、后勤服务、机关作风等热点难点问题的整改力度，取得明显成效。

九是党的建设和思想政治工作不断加强和改进，党员先进性教育活动取得显著成效。

——领导班子建设不断加强。2000年以来，通过开展“三讲”和党员先进性教育、健全学习制度和制度创新，深入学习贯彻邓小平理论、“三个代表”重要思想以及党的十六大和十六届三中、四中、五中全会精神，加强了各级领导班子的思想政治建设和能力建设。学校党委相继制定了《关于进一步完善党委领导下的校长负责制的若干规定》、《校级领导干部十条工作准则》、《贯彻落实〈建立健全教育、制度、监督并重的惩治和预防腐败体系实施纲要〉的具体办法》等重要文件，健全了会议制度和议事规则，为学校发展提供了坚强的组织和制度保证。干部任用制度改革进一步深化，学校从2000年开始实施以民主推荐、民主评议和测评、聘任制、任前公示制、新任干部试用制、诫勉制及干部轮岗交流制为主要内容的干部选拔任用制度改革。2004年9月，实行了面向海内外公开选聘副校长并同步民主推荐党委副书记和纪委书记，产生了积极而广泛的社会影响。

——进一步加强了基层组织建设。学校现有基层党委（总支）40个，党支部602个，党员18578人，教职工党员占教职工总数的37.2%。学校党委认真贯彻全国高校党建工作会议精神，积极培养和发展优秀大学生和青年教职工入党。近5年，校院两级党校培训入党积极分子26781人次，发展新党员13397人，其中大学生新党员12851人，大学生党员已占学生总数的18.77%，研究生党员已占研究生总数的33.04%。通过实施“党员先锋工程”、“创先争优工程”、“党员示范岗工程”等，党组织的战斗力明显增强，党员先锋模范作用进一步发挥。

——进一步加强和改进了大学生思想政治教育。学校深入贯彻《中共中央国务院关于进一步加强和改进大学生思想政治教育的意见》，思想政治教育和两课改革不断深化，主渠道作用明显增强；建立大学生心理咨询中心，开通心理咨询热线，建立心理危机干预网络体系，加强了大学生心理健康教育；建立健全了贫困生资助体系，确保了没有一个学生因贫困而辍学；建立了“以学生宿舍为重心，宿舍单元为主体”的学生管理模式，中央电视台《新闻联播》对此进行了专门报道；深入开展大学生综合素质教育和社会实践活动，建立了一批富有特色的校内外素质教育基地，学校相继获全国素质教育先进集体、全国大学生军训工作先进集体称号，并连续5年获全国大学生社会实践先进集体称号，校团委被团中央授予全国五四红旗团委称号。

——进一步加强了党风廉政建设和民主政治建设。完善了党风廉政建设责任制、领导干部届中届满审计制和年度述职述廉制以及重大项目招标制；查处了一批违纪违法案件，党风廉政建设取得明显成效。不断推进民主政治建设，健全完善了校、院两级教代会和工代会制度，充分发挥教职工办学的主人翁积极性和创造性；各级人大代表和政协委员的作用得到充分发挥，各民主党派和无党派代表人士参与民主管理和民主监督取得新成效；健全了离退休工作两级管理体制，老同志传帮带和关心教育下一代的重要作用进一步发挥；校务公开进一步深化，2003年学校被授予全国校务公开先进单位称号；学校制定了维护稳定的实施办法及应急处置预案，加强了校园管理，确保了学校的持续稳定。学校被评为2000—2003年四川省高校党建和思想政治工作先进学校；2004年被授予全国“五一”劳动奖状。

——党员先进性教育活动取得显著成效。在今年下半年开展的保持共产党员先进性教育活动中，学校党委突出主题，坚持分类指导，夯实党建基础，探索建立长效机制，突出强化边整边改，收到了先进性教育与学校改革发展“两不误，两促进”的突出成效。教育部先进性教育活动领导小组办公室先后5次印发专题简报，向全国各高校介绍我校的有关做法和体会。今年，中央召开的全国组织工作等会议，确定我校作典型发言和印发我校经验材料。在学校先进性教育满意度测评中，各级党代表、人大代表、政协委员、民主党派主委和无党派代表人士的满意度达98%；离退休党员代表、学生党员代表、教职员工党员代表和非党群众代表的满意度达91%。在哲学社会科学领域开展的“三项学习教育”活动也取得了明显成效。

特别要提到的是，学校在多年的办学进程中，逐步形成了“海纳百川，有容乃大”的校训和“严谨、勤奋、求是、创新”的校风，并成为鼓舞师生员工奋发向上的精神力量和行为准则。

各位代表，我们取得的以上成绩，是中央正确领导以及教育部和四川省委、省政府亲切关怀的结果，是全体共产党员和全校师生员工共同努力、拼搏进取的结果，也是历届党政领导班子和老同志长期艰苦奋斗、辛勤奉献的结果。在此，我代表中共四川大学委员会，向全校共产党员和广大师生员工，向历届党政领导班子成员和离退休老同志，向所有关心、支持四川大学发展的领导和同志们表示衷心的感谢，并致以崇高的敬意！

回顾学校改革发展的历程和取得的主要成绩，我们深深体会到：

——必须坚持以马列主义、毛泽东思想、邓小平理论、“三个代表”重要思想和科学发展观为指导，坚持党的基本理论、基本路线、基本纲领和基本经验，牢牢把握正确的办学方向，全面贯彻党的教育方针，切实解决好“培养什么人，如何培养人”这个办学的根本问题，坚持学校教育育人为本，德智体美德育为先，把高素质创新型人才培养作为根本任务，同时肩负起科技创新和社会服务的历史责任。

——必须坚持和完善党委领导下的校长负责制和民主集中制，切实加强领导班子思想政治建设，按照“政治坚定、求真务实、开拓创新、勤政廉洁、团结协调”的要求，把学校各级领导班子建设成为坚持社会主义办学方向，积极推进学校改革发展的坚强领导集体。切实加强党的执政能力和党的先进性建设，充分发挥广大共产党员的先锋模范作用。

——必须以科学发展观统领学校工作全局，紧紧扭住发展这个第一要务，坚持规模、结构、质量、效益的统一，努力实现又快又好的发展，不断提升学校的办学水平、质量、效益与核心竞争力。坚持“以贡献求发展，以服务求支持”，主动争取中央、教育部和省市的领导和支持，为国家和地区经济社会发展做出更大贡献。

——必须坚持全心全意依靠教职工办学和全心全意为师生员工服务的方针，坚持以人为本、民主治校、依法治校和以德治校，不断推进学校的民主政治建设，不断改善师生员工的学习、工作、生活条件，坚持办实事求实效，充分调动和发挥教职工办学的主动性、积极性和创造性，不断增强学校凝聚力。

——必须正确处理改革、发展、稳定的关系。高扬创新旗帜，不断深化改革，推进体制机制创新；以改革促发展，以发展保稳定，维护学校改革、发展、稳定的良好局面；进一步巩固并校改革成果，着力推进深度融合，努力构建和谐川大。

以上体会，是并校改革以来特别是2000年以来，学校跨越式发展过程中积累的宝贵经验，也是今后学校在建设高水平研究型综合大学进程中必须坚持的基本经验。我们要倍加珍惜并校改革的心血成果，倍加珍惜团结奋进的和谐氛围，倍加珍惜来之不易的发展势头，倍加珍惜发展积累的宝贵经验。就像爱护我们自己的眼珠一样珍惜学校的团结和谐与发展大局，像关爱我们的生命一样精心谋划学校的改革发展。

二、认清形势，抢抓机遇，再创四川大学的新辉煌

21世纪头二十年，是我国全面建设小康社会的重要战略机遇期，也是四川大学再创新辉煌的重要战略机遇期。我们既面临大好发展机遇，又面临严峻的挑战。随着知识经济的到来，经济全球化和区域经济一体化趋势不断发展，生产要素流动加快，“外资西移、内资西进”的态势明显，为我校努力寻求发展的外部条件提供了良好契机；国家实施“科教兴国”和“人才强国”战略，大力推进自主创新，高等教育的基础性、先导性和全局性地位更加凸显；“十一五”期间，国家建设世界一流大学和高水平研究型大学的步伐将进一步加快，我校作为国家“211工程”和“985工程”重点建设高校，有条件争取国家更大支持；西部大开发战略的纵深推进，四川省和成都市“人才战略”的深入实施，将为我校“以贡献求发展，以服务求支持”开拓更加广阔的空间；经过全校共产党员和师生员工的艰苦奋斗，我校在许多重要领域实现了历史性突破，综合实力和核心竞争力显著提升，也为实现新跨越打下了坚实基础。

我们应当清醒地看到，学校发展虽然取得了令人瞩目的成就，但客观分析发展现状，学校与国内外一流大学相比，还存在不小差距：学科建设还需进一步加强，学科交叉和专业设置有待进一步优化，资源配置、资源集成、共享的机制尚需进一步完善；教育教学质量尚需进一步提高，教风、学风和校风建设还需下更大力气；学术大师、两院院士和领军人物相对较少；教师主持的国家重大科研项目、处于前沿水平和具有重大影响的原创性成果还不多；科技产业的优势尚未充分发挥，科技成果转化的显示度不够明显；对外交流合作和国际化教育还需向广度和深度拓展；办学效益和教职工待遇有待进一步提高；特别是管理体制、运行机制还不能完全适应发展需要，管理水平尚需进一步提高。党建和思想政治工作也需要进一步加强和改进。我们一定要正视问题，下最大的决心，花最大的力气，努力解决发展中的各种问题。我们还要看到，学校发展中还面临不少困难和挑战。我们有地域和区位的局限，有底子薄、摊子大的矛盾，也有国际竞争、人才竞争和高校间激烈竞争的严峻挑战。我们必须具有忧患意识，不断增强危机感、紧迫感和时代使命感，充分认识到不发展是落后，发展慢了也是落后，在发展中必须抢抓先机，先人一步，快人一拍，确保学校发展进入“快车道”。

各位代表，建设高水平研究型综合大学，是党和人民对四川大学的殷切希望，是时代赋予四川大学的神圣使命，也是四川大学历代师生员工的不懈追求与梦想。前进的道路是漫长的，但紧要处往往只有几步。只要我们紧紧抓住机遇，勇敢面对挑战，抓得紧干得好，一年迈出一大步，几年上个大台阶，实现新的跨越是完全能够办到的，我们一定能在“十一五”期间，再创四川大学的新辉煌。

在新的历史时期，四川大学的奋斗目标是：第一步，到2010年，学校主要核心指标总体进入全国高校前列，成为中国西部综合实力最强、自主创新水平最高、教育教学质量最优、医疗卫生和社会服务贡献最大、办学环境最好的大学。第二步，到2020年，学校核心指标的师均量进入全国高校前列，成为国家自主创新的前沿、拔尖人才培养的基地、学术大师汇聚的高地、高层决策咨询的智囊；国家和地区经济文化发展的支撑，若干学科领域达到世界领先水平，成为国内一流、国际知名的高水平研究型综合大学。第三步，到本世纪中叶，学校力争跻身世界一流大学行列。

做好今后五年的工作，实现学校“三步走”宏伟目标的基本思路和总体要求是：以邓小平理论和“三个代表”重要思想为指导，用科学发展观统领学校工作全局，以学科建设为龙头，以队伍建设为抓手，以改革创新为动力，以培养高素质创新型人才为根本，以党的执政能力和先进性建设为保证，立足科学发展，着力自主创新，完善体制机制，促进学校和谐。紧紧扭住发展第一要务，抢抓发展机遇，破解发展难题，创新发展模式，提高发展质量，全面提升学校办学水平、质量、效益和核心竞争力，切实把学校事业发展引入以人为本、全面协调可持续发展的轨道。

为了实现学校的宏伟目标，根据上述基本思路和总体要求，今后一个时期特别是在近5年内，我们要切实抓好以下方面的工作：

（一）扎实推进“985工程”和“211工程”建设，学科建设再上新台阶。学科建设是培养高素质人才的前提，是高水平科学研究、产生原创性科研成果、造就拔尖人才的龙头。我们要在国家重大需求和学科发展前沿引领下，以“985工程”二期建设为契机，通过创新团队建设，优势资源集成，多学科交叉渗透以及一流创新平台建设等措施，集中力量振兴传统学科，建设基础学科，支持优势学科，发展新兴学科和交叉学科。在确保各类学科协调发展的基础上，通过5～10年的努力，建设5个左右具有世界一流水平的学科或学科群，30％以上的一级学科进入全国前10名；新增一级学科博硕士学位授权点10个；新增国家重点学科15个以上；建成10个左右全国一流、能够产生重大原创性成果的科研创新平台和社科基地。

（二）进一步提高教育教学质量，努力培养高素质创新型人才。要牢固树立质量是学校的生命线的思想，牢固确立教学工作的中心地位，不断深化教育教学改革和提高教育教学质量。深入实施“本科教育412质量工程”，特别注重本科教学质量的提高和人才创新能力的培养，以2006年本科教学水平评估为契机，全面加强教学基础建设和教学管理督查，确保评估达优。力争5～10年内，新增国家教学名师15名左右、国家精品课程20门左右、国家教学成果奖30项左右。深入实施“研究生教育创新计划”，从管理体制、教学科研和导师队伍建设等方面，探索建立与研究型大学相适应的研究生教育教学管理新模式和新机制，使我校研究生教育综合指标进入全国高校前6名，百篇优秀博士论文等有显示度的指标有较大幅度提高。要以加强对高等教育规律的研究指导人才培养，以现代教育教学理念引领人才培养，以多学科交叉融合的优势推动人才培养，以科研强势带动人才培养，以现代化教学手段加强人才培养，以提高国际化教育程度促进人才培养。要进一步加强学风、教风和校风建设，注重对学生的全面素质教育和人文精神教育，加强对学生创新精神和实践能力的培养。进一步加强实验室建设。按照“以本科、研究生和留学生教育为主体，独立学院、远程及继续教育为补充”的思路，进一步办好独立学院、远程教育和继续教育，使之成为学校教育的重要补充。

（三）大力提高科研自主创新能力。自主创新是国家竞争力的核心，也是高水平研究型综合大学的重要标志。要深入实施《科技跨越行动计划》和《哲学社会科学繁荣计划》，进一步深化科研体制改革，抢占科学研究制高点，定位于核心技术和共性关键技术，加强战略性、前瞻性、基础性科学研究以及标志国家自主创新水平的高技术研究和推动地区经济社会发展的应用性科学研究。充分利用现有学术平台，创造有利于自由探索、潜心研究、百家争鸣、提携新秀、激励创新的良好环境。要大力加强学术道德建设，形成良好的学术风尚。要进一步繁荣和发展哲学社会科学，加大对哲学社会科学的支持和投入力度，设立社科发展专项基金和出版基金，推动哲学社会科学在人才培养、理论创新、社会服务以及继承和弘扬优秀文化传统等方面取得新的突破，力争出大师，出精品，出学派。哲学社会科学要以引领社会进步为己任，力争在影响和制约经济社会发展的关键问题、瓶颈问题的研究上有所突破和建树。到 2010 年，理工医科研总经费年均增长率力争达到 20%，总量超过 10 亿元，社科经费总量超过 1 亿元；在 5～10 年内，新增 3～5 个国家重点实验室、工程中心和 5～8 个教育部重点实验室、工程中心，国家级科研基地达到 10 个左右；SCI、EI 收录的论文数、社科成果数等均进入全国高校前 8 位；取得 2～3 项具有重要国际影响的原创性科研成果和 3～5 项社科重大标志性成果；申请专利数和获准授权专利数均列全国高校前 10 位；学校科研综合实力指标进入全国高校前 10 位。

（四）继续推进教育、科技、经济一体化，大力促进科研成果转化和科技产业发展。不断增强科技成果转化和社会服务能力，是现代研究型大学的重要使命。要把科技成果转化的工作重心前移，引导教师和科研人员关注经济社会发展的需要。要加大社会资源开发力度，全面加强与政府、企业的产、学、研实质性合作，以项目为纽带，建立与地方政府和企业深层次、全方位的战略伙伴关系，在推动地方经济增长和社会进步的同时，为学校拓展更为广阔的发展空间。要进一步发挥国家大学科技园和技术转移中心的作用，汇聚学校多学科优势和自主创新成果，整合社会资源，创建国家高新技术创业服务中心。要按照现代企业制度的标准，在 1～2 年内完成对学校全资企业的关、停、并、转和公司制改造，妥善解决好历史遗留问题。要建立健全海内外校友会网络，进一步加强与海内外校友的紧密联系与合作。要依托学校深厚的历史文化底蕴，大力发展文化产业，进一步整合和开发学校周边的各种经营性资源。要完善科技企业管理体制，“抓大放小”，努力提高科产企业的效益，到 2010 年力争有 1～2 家学校企业上市，科技产业资产规模翻一番，达到 10 亿元，对学校的直接回报力争翻两番，达到 1 亿元。

（五）进一步深化医学教育、科技发展和医疗卫生服务改革。把医学学科的发展定位与学校的整体发展融为一体，充分发挥综合性大学的多学科优势，遵循医学教育的特殊规律，加大对医学教育的投入，推动医学学科与文理工科的交叉与合作，确保我校医学学科在国内的领先地位。科学规划医学教育的规模、结构及资源利用，以实施八年制医学教育为契机，创新医学教育培养模式，建立“全球医学教育最基本要求（GMER）”和“以问题为中心（PBL）”教学的全国示范基地，打造具有我校特色的医学教育品牌。以国家重点实验室为依托，整合文理工医多学科优势，争取国家级重大医学科研项目，力争实现医学标志性成果的重大突破，创建医学国家实验室。医学各学科要整合优势，共享资源，构建集医疗、预防、健康促进、药物研究与开发为一体的国内一流的医疗卫生服务体系，积极开展与国际同步的高水平新技术研究与临床应用，培训各级医疗卫生机构技术骨干，提高区域医疗卫生服务水平，加强行风建设，体现人文关怀，以技术和服务的双重优势充分发挥我校作为区域性医疗卫生服务中心的社会职能，形成以四川大学华西医学为核心的中国西部区域性健康维持组织（HMO），努力创建立足西部、全国一流的国家级医学中心。

（六）深入实施“人才强校”战略，建设高水平人才队伍。建设高素质的教学、科研、技术和管理人才队伍，是创建高水平研究型综合大学，实现学校可持续发展的基础。要继续加大《人才强校计划》的实施力度，坚决破除制约人才资源向人才资本转化的体制性障碍和政策性壁垒，努力构建新的人才培养、引进、使用、评价和激励机制，用事业凝聚人才，用实践造就人才，用机制激励人才，用制度保障人才，形成鼓励人才干事业、支持人才干成事业、帮助人才干好事业的优良环境，创造有利于人才脱颖而出的良好氛围。要正确处理培养、引进、使用人才的关系和几支队伍建设的关系，积极用好现有人才，着力培养中青年人才，大力引进拔尖人才，重点抓好领军人才。要高度重视对青年教师的培养，切实关心他们的思想进步、业务水平提高以及住房等实际困难的解决。通过深入实施“大师级人才计划”、“杰出教授”和“特聘教授”制度、“创新团队计划”、“拔尖人才引进计划”、“院士和哲学社会科学著名学者特聘计划”等措施，以创新团队和学术梯队建设为重点，培养和造就一支高水平的师资队伍。在5～10年内，形成拥有20名左右院士和杰出教授级学术带头人、150名左右有重要影响的优秀中青年学术带头人、400名左右教学和科研骨干、2500名左右博士学位获得者的优秀教师群体。力争国家杰出青年基金获得者位居全国高校前10位；获得5～10个国家基金委创新群体和8～10个教育部创新团队；有近百人进入教育部新世纪人才计划。

（七）加强对外交流与合作，推进学校的国际化进程。要进一步扩大对外开放，推动与世界高水平大学和著名基金会及跨国公司的高层次合作与交流，搭建一批高水平国际科技合作平台，举办更多的重大国际学术会议，促进教学、科研、技术、管理人员开展更加广泛的国际合作和学术交流。在总结经验的基础上，多层次、多形式地探索联合培养学生的新模式。继续吸引海外杰出留学人员，积极派遣优秀教师及科技人员到国外一流大学进修、培训和留学，进一步提高学校具有国外留学或工作经历人员的比例。力争在今后5年内，每年聘请境外长期专家学者80～100人次，短期900～1200人次；每年举办15～20次重要国际学术会议；新创建3～5个国际合作实验室和研究所；

再争取与20所国外知名大学开展“2+2”或“3+1”的联合培养项目；进一步扩大留学生规模，努力使在校留学生规模达到2000人，从而不断增强学校的国际影响力和竞争力。

（八）深化校内管理体制改革，进一步推进制度创新。管理体制改革和制度创新，是突破制约学校可持续发展的瓶颈、建设高水平研究型综合大学的关键所在。要牢固树立“管理也是生产力”的理念，学习先进管理经验，深化学校管理体制改革。进一步整合部门职能，明确职责；优化学院和研究院、所设置，对学院实行分类管理；加快推进管理重心下移，合理界定校院两级管理权限，使学院在教学、科研、人事、财务、管理方面有更大自主权，充分调动和发挥校院两级的积极性和创造力。要加强校内管理运行机制的改革，实施严格的工作责任制和责任追究制，确保学校决策、执行、监督的有机运行；要进行服务流程再造，实现目标明确化、程序规范化、品质标准化、服务人性化；推进校务、院务公开，实行服务承诺制，提高办事效率，降低行政成本；建设学习型组织、服务型机关，为全校师生员工提供公平、公正、公开的服务。要以深化人事分配制度改革为核心，继续推进学校在教学、科研、管理、服务等方面的制度创新，进一步理顺学校管理体制。坚持依法治校和民主治校，形成民主、科学的决策体系，规范、高效的执行体系，严密、透明的监督体系，客观、合理的绩效评估体系，公平有效的激励约束体系，“尊师重教”的机关文化体系。以制度创新激发全校师生员工自主创新的活力，提高学校的核心竞争力，促进学校可持续发展。要树立经营学校理念，充分利用学校和社会的各种资源，真正构建起符合一流大学建设要求的现代大学管理制度和运行机制。

（九）进一步加强基础设施和公共服务体系建设，创建文明优美的一流大学校园。要把学校上百年的深厚文化底蕴和当今时代的现代化要求相结合，进一步完善三大校区的功能定位和总体规划，调整改造老校区，建设完善新校区，加快教学、科研、工作区与教职工住宅区分离的进程。加快以数字化图书馆、数字化校园和优质资源共享平台为重点的校园公共服务体系建设步伐；继续推进后勤社会化改革，不断提升其服务质量和服务水平，降低服务成本，更好地为广大师生员工服务；要树立节约意识，倡导节约文明，建设节约型校园。在加强硬件建设的同时，切实加强校园软环境建设，使校园建设在整体上达到国内高校一流水平，基本建成特色鲜明、功能齐全、布局合理、环境优美、学术氛围浓厚、教学与科研设施配套的“人文川大”、“数字川大”和“生态川大”。

三、进一步加强和改进党的建设和思想政治工作，为学校发展目标的实现提供坚强有力的思想政治保证和组织保证

建设高水平研究型综合大学是一项伟大的事业，要把这个宏伟蓝图变成美好现实，关键在党，关键在人。要充分发挥党的建设和思想政治工作对学校事业发展的引领、保障和促进作用，坚持党要管党、从严治党的方针，按照加强党的先进性建设的要求进一步加强和改进党的建设和思想政治工作，充分发挥学校党委的领导核心和政治核心作用、学院党委（总支）的政治核心和监督保证作用、党支部的战斗堡垒作用和共产党员的先锋模范作用。

（一）加强思想理论建设，不断增强实践“三个代表”重要思想和科学发展观的坚定性和自觉性。坚持理论武装，用发展着的中国化的马克思主义教育党员和广大师生员工，是学校党建工作的首要任务。要继续坚持和完善各级党委中心组理论学习和考核制度，健全领导班子理论务虚会制度和领导干部党课讲授制度；积极探索党员和师生员工政治理论教育的新途径；充分发挥学生思想政治理论课教育主渠道作用和党校、团校、马列主义学习小组的主阵地作用，组织广大党员和师生员工认真学习邓小平理论和“三个代表”重要思想，引导大家在真学、真懂、真信、真用上下工夫，努力用科学理论武装头脑、指导实践、推动工作和学习。要加强马克思主义理论研究和建设，按照充分体现当代马克思主义最新成果的要求，把传授知识与理论宣传结合起来，把系统教学与专题教育结合起来，把理论武装与实践育人结合起来，全面加强思想政治理论课的学科建设、课程建设、教材建设和师资建设，进一步推动中国化的马克思主义进教材、进课堂、进头脑。要坚持弘扬主旋律，用马克思主义和健康向上的思想文化占领学校思想文化阵地，确保哲学社会科学教学与研究的正确方向，切实加强学术论坛、讲座、研讨会、报告会、社团活动以及各种宣传媒体、出版物和网络的管理，提高广大师生辨别和抵制错误思潮的能力，不给错误观点和言论提供传播渠道。

（二）坚持和完善党委领导下的校长负责制，切实加强领导班子建设。要以“举旗帜、抓班子、带队伍、促发展”的思路，以提高执政能力为重点，切实加强领导班子建设特别是领导班子思想政治建设。坚持和完善党委领导下的校长负责制，认真贯彻执行民主集中制，按照“集体领导、民主集中、个别酝酿、会议决定”的原则研究决定重大事项，坚持学校重大问题由党委集体讨论决定。进一步规范党委议事决策制度，实行民主决策、科学决策和依法决策，充分发挥党委全委会的作用。进一步规范党委统一领导、党政分工合作、协调配合的工作运行机制，不断增强领导班子的团结与活力。各级领导班子要牢牢把握人才培养、科学研究和社会服务的内在联系与规律，始终把加快发展作为学校的第一要务，不断提高用“三个代表”重要思想和科学发展观统领学校教育教学工作的能力和水平、科学判断形势的能力和水平、推进学校改革发展的能力和水平、管理学校的能力和水平以及应对复杂局面、处理突发事件的能力和水平，努力把校院两级领导班子建设成为政治坚定、开拓创新、求真务实、勤政廉洁、团结协调的坚强领导集体。

（三）加强基层党组织建设，进一步探索基层党组织充分发挥作用的有效途径。党的基层组织是党的全部工作和战斗力的基础。要本着有利于党组织开展工作，有利于加强党员的教育、管理和监督，有利于不断扩大党的工作覆盖面的要求，进一步改进基层党组织的设置形式，尽可能与行政、教学、科研组织对应设置党组织，形成健全严密的组织网络。按照把“支部建在班上”的要求，努力实现本科学生班级“低年级有党员，高年级有党支部”的目标。积极探索在学生公寓和学生社团组织中建立学生党组织，不断创新党组织的设置形式。要积极探索院级党政班子的决策和工作运行机制以及党支部工作的内容、途径和方法，更好地发挥党组织的作用。院级党政领导班子要坚持“三重一大”事项集体研究决定。要增强党组织的服务功能，坚持为教学科研服务、为广大党员服务、为师生员工服务，特别是要在完成学校中心工作和重点任务、增强学校凝聚力、资助生活困难大学生、帮助毕业生就业、维护校园安全与社会稳定等方面发挥作用，使党组织的工作更加富有成效，更贴近党员的思想、学习和工作实际。要继续做好发展党员工作，加大在优秀学生和青年教师中发展党员的工作力度，不断壮大党的队伍。通过制定实施《四川大学基层党组织设置意见》、《党支部工作实施办法》、《党员组织生活细则》、《党员管理办法》和党支部负责人培训制度以及新党员培养制度，进一步加强基层党组织的制度建设。

（四）不断提高党员整体素质，切实发挥党员的先锋模范作用。广大共产党员要按照永葆先进性的要求，进一步提高自身素质。党员领导干部要按照成为“社会主义政治家、教育家”的要求，进一步加强党性修养，不断提高思想政治素质，增强政治敏锐性和政治鉴别力，在大是大非面前保持清醒头脑；要提高统揽学校改革发展稳定大局的能力，深刻认识高等教育面临的新形势以及发展的新趋势，进一步理清发展思路，破解发展难题；要切实改进作风，大力弘扬求真务实精神，牢记“两个务必”，严格执行廉洁从政各项规定，切实做到为民、务实、清廉。教职工党员要切实增强党员意识，认真贯彻党的教育方针，自觉遵守党的纪律，立足岗位作贡献；要坚定理想信念，忠诚党的教育事业，树立良好的师风师德，不断提高思想道德修养，严谨治学，以德施教，教书育人，管理育人，服务育人，真正做到学为人师，行为世范。党员学术骨干既要有“教授博导意识”和“专家学者意识”，更要有党员意识，努力发挥自己在广大师生中特殊的影响力和号召力，在教书育人、学术道德建设方面作好表率。学生党员要树立理想，坚定信念，自觉把自己的人生追求同祖国的前途命运联系起来，树立为祖国繁荣富强贡献青春力量的远大志向；要珍惜年华，刻苦学习，掌握现代科学文化知识，努力成为社会需要的有用之才；要深入社会实践，虚心向人民群众学习，更快更好地成长；要磨炼意志，砥砺品格，自觉养成良好的道德品质和文明习惯，做到讲诚信、讲道德，坚决反对各种有悖于社会公德和学生准则的不良现象。

（五）进一步加强和改进思想政治教育，努力使大学生成为德智体美全面发展的社会主义事业合格建设者和可靠接班人。“培养什么人，如何培养人”，是学校事业发展中必须解决好的根本问题。加强和改进大学生思想政治教育，要不断丰富内容，创新方法。坚持以理想信念教育为核心，深入进行正确的世界观、人生观、价值观教育；以爱国主义教育为重点，深入进行民族精神教育；以基本道德规范为基础，深入进行公民道德教育；以大学生全面发展为目标，深入进行素质教育。要研究大学生的思想、行为特点，并依托四川大学深厚的人文底蕴，把思想政治教育渗透到教学、科研和管理的各个方面，覆盖到育人全过程特别是学生入学教育、毕业教育和就业指导等各个环节，努力增强思想政治教育的吸引力和感染力。要坚持解决思想问题与解决实际问题相结合，教育人与关心人相结合，增强思想政治教育的效果。要不断完善资助生活困难大学生的政策和措施，帮助他们完成学业；进一步建立健全大学生就业指导机构和就业信息服务系统，努力为他们提供高效优质的就业创业服务；尽量满足大学生在学习、生活和文体活动等方面的合理需求，不断提高管理和服务水平；抓好心理健康教育和咨询工作，促使大学生形成和保持健康的心理素质。要进一步开展各种争先创优活动，充分发挥先进榜样在大学生中的示范作用。要加强队伍建设，增加投入，着力建设一支高素质的辅导员和班主任队伍，并充分发挥学生党支部、共青团组织和学生会、研究生会等学生组织及关心下一代工作委员会的作用，努力形成专兼结合和高素质、多层次、立体化的大学生思想政治教育工作队伍。

（六）建立健全保持共产党员先进性长效机制。要进一步深化保持党员先进性长效机制的专题研究，完善长效机制建设的工作方案，抓好各项工作的落实。要紧紧围绕学校党建工作中的重大问题，依据党章及有关规定，着力建立和完善党员学习培训和经常性教育、党员联系群众和服务群众、党员管理与监督、领导班子思想政治建设、党建工作责任和保障等方面的制度，努力形成我校保持共产党员先进性长效机制的制度体系。要加强党内民主的制度化、规范化建设，探索实行党代表常任制。党务工作者是做好学校党建工作的骨干力量，要加强党务工作者队伍建设，提高党务工作者的工作能力和水平。要像重视教学科研骨干的选拔培养那样重视党务工作者的选拔培养，像关心教学科研骨干的成长那样关心党务工作者的成长，落实各项政策待遇。要建立健全党务工作者的激励机制，大力表彰和奖励那些业绩突出的党务工作者，积极帮助解决他们思想、工作、生活中的实际问题。要加大对党务工作者的培训力度，不断提高他们的思想政治素质和业务水平。广大党务工作者要热爱本职工作，增强奉献意识、责任意识和自律意识，努力提高自身素质和工作能力。要加大对学校党建和思想政治工作的投入，确保必要的工作经费和条件。进一步加强党建和思想政治工作的理论研究。

（七）深入推进党风廉政建设，切实转变工作作风。以落实党风廉政建设责任制为龙头，以制度建设为核心，以中央确定的反腐倡廉领导体制和工作机制为保证，全面落实学校贯彻《建立健全教育、制度、监督并重的惩治和预防腐败体系实施纲要》的具体办法中的各项任务。通过制度建设规范决策行为、办学行为、管理行为、领导干部廉洁从政行为，真正形成靠制度办事、靠制度管人的有效机制。各级党员领导干部要以身作则，坚持权为师生员工所用、情为师生员工所系、利为师生员工所谋，严格遵守中纪委提出的“四大纪律、八项要求”和教育部党组提出的“六不准”，继续加大惩处腐败力度，坚决遏制腐败案件的发生。尽快构建起适应学校发展需要的惩治和预防腐败体系。要进一步转变干部和机关作风，坚持和完善干部述廉述职制、深入基层调研和为师生员工办实事的制度，努力建设学习型、服务型、创新型机关。邓小平同志讲：“世界上的事情都是干出来的，不干，半点马克思主义都没有。”各级领导干部、各机关部门要树立“管理就是细节，管理就是具体”、“实干就是能力，落实就是水平”的观念，坚持深入基层，深入实际，大兴求真务实之风，大兴狠抓落实之风，不断增强执行力。各级领导干部要锐意进取、奋发有为，以良好的精神状态抓落实；脚踏实地、埋头苦干，以扎实的工作作风抓落实；努力学习、刻苦钻研，以过硬的业务素质抓落实；突出重点、统筹兼顾，以科学的方法抓落实。要全心全意为师生员工服务，始终保持与师生员工的密切联系，主动服务于学校工作第一线，在师生员工“所盼”上办实事，在师生员工“所急”上见真情，在师生员工“所怨”上改作风。

（八）坚持以人为本，努力构建和谐川大。创建和谐校园是全面落实科学发展观的客观要求，也是学校改革、发展和稳定的重要保障。要正确处理改革、发展与稳定的关系，确保校园持续稳定。要统筹全局，兼顾各方，正确处理教学与科研、教学科研与管理，在职人员与离退休同志以及教学研究人员、技术人员和管理人员几支队伍建设等关系，正确处理各种利益关系，尽力改善师生员工的学习、工作、生活条件，努力提高广大教职工包括离退休同志的待遇，认真解决广大师生员工最关心、最直接、最现实的利益问题，最大限度地调动广大教职工的积极性和创造性。要进一步推进民主政治建设，全心全意依靠师生员工办学，不断完善教代会和工代会制度，进一步拓宽校务公开渠道，充分尊重教职工在学校管理中的知情权、参与权、监督权和主人翁地位。要倾听群众呼声，健全群众舆情汇集分析机制和利益调节机制，畅通社情民意反映渠道，及时合理解决利益诉求。要认真贯彻国家法律法规，进一步做好学校建章立制，确保依法治校和照章办事。要进一步加强党对工会、共青团、学生会、研究生会等群众组织的领导，充分发挥群团组织在学校改革发展稳定中的重要作用；进一步加强统一战线工作，保证各级人大代表、政协委员充分履行职责，充分发挥民主党派和无党派人士民主监督、参政议政的重要作用。要高度重视离退休工作，充分发挥离退休老同志在学校改革发展中特别是在传、帮、带和关心教育下一代方面的重要作用，热情关心离退休老同志，帮助他们解决实际困难，让他们共享改革发展的成果，使离退休同志老有所养、老有所医、老有所乐、老有所学、老有所为。要进一步营造民主法治、公平正义、诚信友爱、充满活力、安定有序的环境氛围。要尊重劳动、尊重知识、尊重人才、尊重创新，形成人心思进、团结和谐、共促发展的良好氛围。要大力加强校园文化建设，弘扬川大精神，追求崇高的价值取向，培育浓厚的学术氛围，开展丰富的文化体育活动，提倡文明的生活方式，努力形成高尚、健康、文明、向上的富有四川大学特色的校园文化。要进一步促进学校深度融合，抓住 2006 年四川大学 110 周年校庆契机，展示成果，凝聚人心，扩大影响，进一步增强新四川大学在广大师生员工和海内外校友中的凝聚力、向心力、认同感和自豪感，激发广大师生员工爱校敬业、团结拼搏、奋发向上的精神，动员各方面的力量，为实现四川大学创建高水平研究型综合大学的宏伟目标贡献力量。

各位代表，回顾历史，我们倍感自豪，展望未来，我们充满信心。新机遇，大发展，千载难逢；人心齐，风气正，实干兴校。坐失良机，没有大的作为，就愧对时代，愧对全校师生员工；抓住机遇，奋力拼搏，乘势而上，我们的目标就定能实现。举全校之力，集全校之智，奋力推进发展新跨越，这是时代的召唤，是党和人民的重托，也是我们每个党员领导干部、共产党员和师生员工的神圣职责与光荣使命。全校共产党员一定要进一步增强历史责任感和时代使命感，把党员先进性教育激发出来的巨大政治热情转化为推动学校改革发展的强大动力，把共产党员的先进性切实体现到事业的发展中，努力争做各自工作领域的排头兵，团结、动员和带领全校师生员工，在邓小平理论、“三个代表”重要思想和科学发展观指导下，认真贯彻落实学校第六次党代会精神，进一步统一思想，振奋精神，励精图治，乘势而上，为实现建设高水平研究型综合大学的宏伟目标，为迎来四川大学更加灿烂辉煌的明天而努力奋斗！

肩负历史使命　凝聚集体力量
努力推进建设高水平研究型综合大学的伟大进程

——中国共产党四川大学第六次代表大会开幕词

谢和平

2005年12月30日

各位领导、各位来宾、各位代表、同志们：

在教育部党组、四川省委、省委教育工委的亲切关怀下，经过一段时间的认真筹备，中国共产党四川大学第六次代表大会隆重开幕了。首先，我代表大会主席团，向莅临大会的上级领导和各位来宾表示热烈的欢迎！向各位代表表示诚挚的问候！并通过你们向全校的共产党员和广大师生员工表示亲切的慰问！向出席大会的学校历届老领导和离退休老同志致以崇高的敬意！向长期以来与我们肝胆相照、荣辱与共、并肩奋斗的我校各民主党派和无党派的同志们表示衷心的感谢！

同志们，我们这次党代会是在全党认真贯彻落实十六届五中全会精神和学校加快建设高水平研究型综合大学的关键时期召开的一次重要会议。自原三校党代会以来特别是第二次并校改革以来，在党中央、国务院、教育部和四川省委、省政府的正确领导和大力支持下，学校党委团结和带领全校各级党组织、广大党员和师生员工，以邓小平理论和“三个代表”重要思想为指导，认真落实科学发展观，使学校人才培养、学科建设、科学研究、师资队伍、国际交流、社会服务、医疗卫生和党建及思想政治工作等各个方面，都取得了长足进步，为我们实现新一轮跨越打下了坚实的基础。在此，我代表大会主席团，向辛勤工作在各个岗位上，为学校的改革发展付出心血和汗水的广大党员、干部和师生员工表示衷心的感谢！同时，向多年来关心、支持学校事业发展的上级领导、兄弟单位和各界人士，表示衷心的感谢！

同志们，我们面临的时代，机遇与挑战并存，希望与困难同在。党的十六届五中全会指出，要把增强自主创新能力作为国家战略，致力于建设创新型国家。建设创新型国家，要求我们高水平研究型大学，一方面要培养一大批拔尖创新人才，为创新型国家建设提供人才保障；另一方面要创造高水平的科技成果，为创新型国家建设提供知识贡献。作为“211工程”和“985工程”重点建设的高校，成为创新型国家建设的重要支撑和国家创新体系建设的重要力量，是四川大学的历史使命和时代责任，也是四川大学实现跨越发展的重大战略机遇。我们要以此次党代会为契机，号召和带领全校师生员工把思想统一到建设一流大学上来，统一到全面提高自主创新能力上来，统一到培养一流人才、创造一流成果、提供一流社会服务上来，所以，我们必须集中思考并回答十大课题：一是如何落实科学发展观，以更具战略性的眼光和更宽广的视野制定学校新的中长期发展规划；二是如何真正把四川大学学科齐全的数量优势转变为跨越发展的资本，进一步促进学科交叉融合，达到1+1+1>3的办学绩效；三是如何依托综合性大学的优势，全面提高教育教学水平，培养出符合国家发展需要并具有川大独特风格和鲜明特色的高层次创新人才；四是如何进一步深化各项改革，全面推进学校事业的发展，真正把教职员工的待遇搞上去；五是如何以“211工程”和“985工程”二期建设为契机，进一步创新体制机制，整合资源，实现重点突破，使1～2个学科真正达到世界一流水平，以此带动学校整体新跨越，真正建成一流大学；六是如何进一步鼓励学术自由、思想自由和科学探索，加大科技自主创新力度，提高医疗卫生服务、科技成果转化和科技产业发展水平，为创新型国家建设和地方经济社会发展作出更大贡献；七是如何进一步凝炼富有四川大学特色的大学文化和大学精神，创建和谐川大；八是如何进一步加强和改进学校党的建设和思想政治工作，加强各级领导班子建设，充分发挥好学校党委的领导核心和政治核心作用，发挥好基层党组织的政治核心、监督保证和战斗堡垒作用以及共产党员的先锋模范作用，为实现发展目标提供强有力的思想政治保证和组织保障；九是如何办好110周年校庆，达到“展示成就、联络校友、凝聚人心、促进发展”的目的；十是如何进一步以改革的精神和创新的思路推进学校体制和机制创新，真正建立和完善与现代高水平研究型大学相适应的管理体制和机制。

同志们，学校2002年确定了四川大学的新奋斗目标，就是要建成国内一流、国际知名的高水平研究型综合大学，2003年确立了“以人为本、崇尚学术、追求卓越”的现代大学办学理念，探索建立了“以学院为管理中心、以教师为办学主体、以学生为育人中心”的管理运行新机制，制定了“三步走”的发展战略，提出了造就“具有深厚人文底蕴、扎实专业知识、强烈创新意识、宽广国际视野的国家栋梁和社会精英”的人才培养新目标，构建了“人本化管理、个性化教育、国际化培养”的人才培养新模式，相继启动了“科技跨越行动计划”、“哲学社会科学繁荣计划”、“人才强校计划”、“研究生教育创新计划”、“本科教学412质量工程”，实施了新一轮人事管理和分配制度改革，探索实行了面向海内外公开选聘副校长并同步推荐党委副书记和纪委书记，进而全面推进了全校中层干部和科级干部的竞聘上岗。总体来讲，近年来，标志学校发展水平的最主要核心竞争力指标得到大幅度提高，特别是2005年，学校实现了五个“1”的突破：今年一次增加10个一级学科博士学位授权点，使学校一级学科数从并列12位上升至第4位；今年增加1个“973”首席项目；今年获1个科技进步一等奖；今年获1个重大军工项目，2.0095亿；今年科研总经费净增长1个亿；同时，今年还获11项国家级教学成果奖，在向海内外公开选聘副校长的基础上，今年我校举办了中美大学校长论坛，以及美国加州大学总校校长戴恩斯、英特尔董事会主席贝瑞特、香港凤凰卫视首席评论员阮次山的大型演讲。正是这些核心指标的跃升和大型高层国际交流活动，使学校在国内外的知名度和影响力大幅度提高，在广大师生员工和海内外校友中的凝聚力和向心力进一步增强，在国家经济社会生活和全国高校体系中的地位和作用越来越突出，可以说，初步实现了从教学研究型大学向高水平研究型大学的转变，开始进入当今中国高校的第一方阵。这几年的实践证明，只要思路对头，措施得当，大家齐心协力，我们完全有可能实现跨越发展，完全有希望建成一流大学。同志们，过去的辉煌为我们奠定了发展的坚实基础，新的历史重担已落在我们这代川大人的肩上，我们已站在四川大学的新起点上，国家的重托，时代的召唤，历届师生员工的期盼，激励着我们满怀豪情和激情的去开拓创新、奋勇前进！这次大会将系统总结原三校党代会以来，特别是我校第二次强强合并五年来学校取得的巨大成绩和宝贵经验，同时，我们还要集中全校的智慧，共同谋划全面建设高水平研究型综合大学的改革大计和发展蓝图，同时选举产生新一届党委和纪委领导班子。我们这次代表大会具有肩负使命、承前启后、继往开来的重大意义，将对我校的改革、发展与稳定产生重要而深远的历史影响。我们一定会把这次党代会开成一个民主、团结、鼓劲、奋进的大会，开成一次集中智慧、凝聚力量、推动学校事业再创辉煌的大会！

同志们，让我们在党的十六届五中全会精神指引下，进一步增强党员意识和责任意识，以高度的政治责任感、历史使命感和时代紧迫感，抢抓机遇，拼搏奋进，立足岗位做贡献，当好先锋促发展，为早日把我校建设成为高水平研究型综合大学，谱写四川大学更加辉煌灿烂的新篇章而努力奋斗！

预祝大会圆满成功！

大力加强党风廉政建设
努力推进我校各项事业健康和谐发展

——中国共产党四川大学第六次代表大会纪委工作报告

徐　兰

2005年12月30日

（中共四川大学第六次代表大会2005年12月31日通过）

各位代表，同志们：

现在，我代表中共四川大学纪律检查委员会向学校党的第六次代表大会报告工作，请予审议。

一、2000年以来党风廉政建设和反腐败工作的基本情况

原四川大学、成都科技大学、华西医科大学纪委以马克思列宁主义、毛泽东思想、邓小平理论为指导，紧紧围绕学校的中心工作，依靠各级党组织和广大教职工的积极参与和支持，解放思想，实事求是，与时俱进，开拓创新，积极履行“教育、监督、惩处、保护”四项职能，努力推进党风廉政建设和反腐败工作，为原三校的改革、发展和稳定提供了有力的保证，也为经过两次“强强合并”的新四川大学的反腐倡廉工作打下了坚实的基础。

2000年以来，学校纪委在校党委和上级纪检部门的领导下，实践“三个代表”重要思想和科学发展观，贯彻党的十六大、十六届三中全会、四中全会、五中全会精神，突出重点，狠抓落实，标本兼治，整体推进，积极探索从源头上预防和治理腐败的途径和方法，党风廉政建设和反腐败工作始终保持了平稳健康发展态势，为促进学校的事业发展发挥了积极作用。现就2000年以来学校党风廉政建设和反腐败工作总结如下：

（一）突出重点，狠抓落实，反腐败斗争三项任务取得阶段性成效

1. 领导干部廉洁自律工作不断深化。一是通过专题报告、印发资料等形式组织党员、干部尤其是中层以上领导干部学习“两个务必”、“四项纪律、八项要求”、“八个坚持，八个反对”、“五项规定”和教育部提出的“六不准”等廉洁从政有关规定，帮助党员干部树立“自重、自省、自警、自励”意识，要求他们做到“慎始”、“慎微”、“慎独”、“慎欲”、“慎终”。二是制定《四川大学贯彻执行〈中国共产党党员领导干部廉洁从政若干准则〉（试行）的实施意见》、《四川大学副处级以上领导干部廉洁自律规定》和《四川大学关于领导干部报告个人重大事项规定的实施办法》等一系列规章制度，从制度上约束和规范领导干部的行为。三是开展对领导干部用公款配备个人电脑和支付领导干部上网费，违反规定收送现金、礼品、有价证券，领导干部配偶、子女个人经商办企业等方面的廉洁自律专项治理工作。四是抓好校、院（处）两级领导班子和领导干部每年一次的廉洁自律专题民主生活会，做好会前意见的收集和反馈工作。五是对新提拔及试用期满的处级干部进行廉政谈话129人次，对届中和离任经济责任审计中发现存在问题的处级干部进行诫勉谈话39人次。六是建立处级领导干部廉政档案。

2. 信访受理与查办违纪违法案件工作得到加强。坚持在校党委的统一领导下，以高度负责的精神，认真受理群众来信来访来电，不断加大信访案件的查办、查处力度，规范信访案件的办理程序，提高信访案件查办、督办水平，基本做到了群众反映的问题事事有结果，件件有落实。5年来，共受理群众来信、来访3300多人（次），接到举报、投诉、反映问题电话3400多人（次），其中，信访案件606件。全校共立案13件，现已结案12件，参与和协助地方检察机关查办案件10件，给予党纪政纪处分31人（次）。其中，受党纪处分13人（次），受政纪处分18人（次），移送司法机关4人；在受处分人员中，处级干部4人，科级干部8人，一般干部9人，其他人员2人。为国家和学校挽回经济损失420多万元。同时还对30多名属于犯一般性错误的党员干部进行了全校通报批评。通过查处违纪违法案件，维护了党纪政纪国法的严肃性，教育了党员干部、职工，体现了学校党委坚决惩治腐败的决心，增强了师生员工对学校反腐败斗争的信心。通过受理信访和案件查办工作，为一批受到错告的干部澄清了是非，保护了干部。在查办案件的同时，学校纪委还非常重视预防职务犯罪工作，一是通过案件分析查找案件发生的根源，堵塞漏洞，规范管理；二是利用学校和其他兄弟院校发生的案件进行警示教育；三是与四川省人民检察院达成开展预防学校职务犯罪的合作协议，从机制上构

建了预防职务犯罪的新平台。

3. 纠正部门和行业不正之风工作成效明显。紧紧围绕学校中心工作，抓住群众反映强烈的行风方面的突出问题，坚持“标本兼治、纠建并举”的方针和“谁主管、谁负责”的原则，通过一系列的行风建设工作推动我校机关工作作风、师德校风和医德医风进一步好转，为学校改革发展营造良好的环境。一是清理整治了乱招生、乱办学、乱办班、乱收费问题。二是查处了学历、学位弄虚作假、学术论文抄袭、成果剽窃等不正之风。三是协助学校开展民主评议行风工作及其“回头看”活动，建立和完善监督机制，设立举报电话、意见箱，聘请行风评议员等。四是在全国卫生行业纠风专项治理、创建“十佳医院”、“百佳医院”、“医院质量管理年”、“医德医风示范医院”活动中，校院两级纪委发挥督促与协调作用，严格执行医务人员医德规范、八条行业纪律规定与医疗行为规范，落实药品统一招标采购和药品招标管理办法。严格执行医疗、药品“收支两条线”管理规定，严肃查处了在医疗活动中暗示、索要和收受“红包”、临床促销费、开单费等乱收费行为，遏制了医药购销中的不正之风。五是开展治理教育乱收费的专项工作，组织全校教职工观看治理教育乱收费警示教育片，进一步规范教育收费行为。六是实行高校招生工作“阳光工程”，2005 年实现了学校本科招生工作的“零投诉”。七是在先进性教育活动中狠抓了“转变机关工作作风，提高机关工作人员服务意识和服务水平”的主题教育活动。

（二）加大治本力度，从源头上预防和治理腐败，把学校党风廉政建设和反腐败工作不断引向深入

1. 坚持教育为本，加强党风廉政教育。利用“三讲”教育、保持共产党员先进性教育等活动，结合典型案例，加强反腐倡廉教育，帮助广大党员干部树立正确的世界观、人生观、价值观和权力观、地位观、利益观，提高拒腐防变的能力和自觉参与学校反腐败斗争的意识和水平。一是协助学校党委开好每年的党风廉政建设工作会，传达学习中纪委全会精神和上级纪检部门的工作要求，部署年度党风廉政建设和反腐败工作。二是组织了 30 多场面向学校师生员工的“纪委书记反腐倡廉专题报告会”，听报告人数达 15000 余人次。三是组织观看《蜕变的轨迹》、《厦门特大走私案》和宁交福贪污案专题片等 10 余部反腐倡廉教育片；组织参观“四川省党风廉政建设和反腐败成果展览”，共计达 12000 余人次。四是组织全校党员干部开展学习《党纪政纪条规手册》、《中国共产党党内监督条例（试行）》、《中国共产党纪律处分条例》、党风廉政建设责任制规定和惩防腐败体系实施纲要等内容的活动。五是利用典型案例进行警示教育。以简报的形式通报了我校发生的几起职务犯罪的情况，并协助学校分管校领导先后到相关职能部处和业务管理单位召开了九个预防职务犯罪的专题工作会，要求相关单位自查自纠，完善制度，规范管理，堵塞漏洞。六是开展经常性的党性党风党纪教育，如：参加上级纪检监察部门组织的《行政监察法》和《党风廉政建设责任制》知识竞赛；编印《党风廉政学习资料》13 期、《纪检监察工作信息简报》10 期；购买和发放学习资料 4000 多册；对各单位经济责任人和管理人、财、物部门的负责人进行财经制度、财经纪律和管理知识培训，接受培训达 1260 人（次）；通过校报、校园网和校电视台向全校教职工宣传党风廉政建设和反腐败工作。

2. 加强制度建设，努力提高学校反腐倡廉的法制化水平。结合学校实际和上级纪检监察部门的要求，在原川大、华西医大制定的党风廉政制度的基础上，协助学校起草了《中共四川大学委员会关于贯彻落实〈建立健全教育、制度、监督并重的惩治和预防腐败体系实施纲要〉的具体办法》、《四川大学关于贯彻〈关于实行党风廉政建设责任制的规定〉的实施办法》和《四川大学关于学习贯彻〈中国共产党党内监督条例（试行）〉和〈中国共产党纪律处分条例〉的意见》等16个党风廉政建设方面的制度和规定。

3. 大力开展监督检查工作，努力做到“关口前移”。一是对全校各单位的财经纪律、办学秩序、“收支两条线”规定贯彻执行情况及收费情况进行清理检查，加强了干部经济责任审计，规范了经济秩序，教育保护了一批干部。二是对学校公房及出租情况、公车购置情况进行了清理。三是加强了大宗物资采购招投标的监督，重点开展了对基建工程项目、建筑工程材料（含新校区建设）、仪器设备、“211工程”项目、学生公寓用品、办公用品、消防器材、图书、教材等招投标的全过程监督。仅以2001年为例，在当年的工程、设备、办公用品约1000多个招标项目中，直接为学校节约经费1000多万元。四是加强了对招生、职称评定、住房改革、人事分配、干部考察、校务公开、毕业生选留等工作的监督检查。五是加强对干部选拔任用工作的监督。参加了公选副校长以及民主推荐党委副书记、纪委书记督查小组工作，对正式候选人进行了廉政鉴定；完成了中层班子换届的过程监督和新提拔中层干部的廉政考察。六是抓好先进性教育活动督查工作，对全校40个党委（总支）和28个机关部处（含部分业务管理部门）保持共产党员先进性教育活动进行了全过程的督促和检查。

4. 探索和启动构建符合学校实际的惩防腐败体系工程。2005年11月，根据中共中央和教育部党组要求，在广泛调查研究和反复征求意见基础上，协助校党委起草了《中共四川大学委员会关于贯彻落实〈建立健全教育、制度、监督并重的惩治和预防腐败体系实施纲要〉的具体办法》（以下简称《具体办法》）。《具体办法》共6章36条，把任务分解为200项具体工作，提出近三年新建制度69项，修改完善制度58项，并把任务分解到校内各机关部处、业务管理和业务实体单位以及各学院，把责任落实到每位校领导。《具体办法》是我校当前和今后一个时期深入开展党风廉政建设和反腐败工作的指导性文件。认真贯彻执行《具体办法》必将有力推动学校反腐倡廉工作进一步走上系统化、规范化、制度化轨道。

5. 党风廉政建设责任制正在逐步得到落实。一是在全校党员领导干部中组织开展对党风廉政建设责任制有关规定的学习和讨论，增强各级党政班子和领导干部的廉政责任意识。二是在2002年，协助党委制定下发《四川大学关于贯彻〈关于实行党风廉政建设责任制的规定〉的实施办法》，2005年结合学校贯彻执行的实际情况进行了修订。三是成立由党委书记担任组长的党风廉政建设责任制领导小组。通过党风廉政建设责任制的逐步落实，强化了各级领导干部“业务工作谁主管、廉政建设谁负责”的“一岗双责”意识，使党委统一领导、党政齐抓共管、纪委组织协调、部门各负其责、依靠群众的支持和参与的反腐倡廉工作的领导体制和工作机制正在逐步得到落实。

（三）以调研工作为基础，提高工作水平，加强队伍建设，努力推动学校纪检监察工作取得新突破

5年来，学校专职纪检监察干部共撰写论文和调研报告61篇，其中公开发表32篇，获奖10篇；组织校内调研活动30余次，校外调研活动14次；牵头主办或协助上级纪检部门举办各种理论研讨会22次；选派纪检监察干部参加各种业务培训班48人次。

1. 坚持校内与校外调研相结合，加强联系，沟通信息。一是利用已经建立的专兼职纪检监察干部队伍网络，积极开展多种形式的调研活动，掌握学校党风廉政建设和反腐败工作的第一手资料和信息。先后3次把纪检干部分成若干小组，分别深入到校内各单位调研，听取对学校党风廉政建设和反腐败以及其他方面工作的意见和建议。二是注重加强与兄弟院校之间的联系，学习和借鉴兄弟院校好的经验与做法。5年来，通过多种形式与国内100多所高校开展工作交流和研讨。三是积极参加、承办和组织各种纪检监察工作经验交流会与反腐倡廉理论研讨会。作为成都地区高校纪委书记联席会和成都地区高校纪检监察学会的牵头单位，坚持每年组织召开一两次纪委书记联席会和反腐倡廉理论研讨会，组织会员单位结合自身特点，撰写调研文章。

2. 坚持调查研究与队伍建设相结合，提高纪检监察干部的理论水平、政策水平和调研能力。一是注重纪检监察干部的学习和提高，对纪检监察干部明确提出“三学”（学习邓小平理论、“三个代表”重要思想、科学发展观等党的基本理论；学习纪检监察业务知识；学习教育、经济、法律、管理、审计等专业知识）、“一讲”（讲理论联系实际的学风）。二是形成调查研究工作制度，注意在调研中提高纪检监察干部的素质。在每年的工作计划中明确3～4个重点调研课题，责任落实到人头，将纪检监察干部的调研成果与年度考核挂钩。领导干部也身体力行，深入实际，带头调查研究。

5年来，学校纪委认真协助学校党委开展党风廉政建设和反腐败工作，全面履行职责，取得了一定成效：2000年，荣获四川省纪委、四川省委组织部和四川省监察厅授予的“纪检监察工作先进集体”称号（全省教育系统唯一）；2003年，荣获“全国教育系统1999年—2003年度纪检监察工作先进集体”称号，纪委主要负责人也获得中纪委、监察部的嘉奖和成都市委、成都市政府的表彰。但是，我们也要清醒地看到，学校纪委的工作离上级的要求和群众的期待还有差距，还存在明显的不足，主要表现在：一是对二级纪委的组织建设、业务培训、工作指导以及专兼职纪检队伍的建设有待加强；二是在各种监督检查工作中，如何充分发挥监督功效，需要进一步探索和加强；三是在制度的贯彻落实和提高执行力上还需要加大力度；四是对落实党风廉政建设责任制的责任考核还未落到实处，责任追究还不够到位等等。对上述问题，我们必须高度重视，并采取切实可行的措施，认真加以解决。

二、党风廉政建设与反腐败工作的主要体会

（一）必须坚持围绕学校中心工作，服务学校改革、发展和稳定的大局

反腐倡廉的根本目的是为了保证和促进学校改革和建设的顺利发展，维护学校大局的稳定。因此，为学校的改革、发展和稳定提供政治保障，是学校反腐倡廉工作的根本任务；围绕加强队伍建设，提高人才培养质量和学科建设水平，改善办学条件，提高管理水平、发挥职能作用，建立和完善自我约束机制，保证学校从严治校、依法行政，是党风廉政建设和反腐败工作的重心；保护和调动广大教师、科研人员和干部的积极性、主动性和创造性，是党风廉政建设和反腐败工作服务于学校中心工作的重要体现；弘扬正气，化解矛盾，理顺关系，堵塞漏洞，健全制度，降低管理成本，提高工作绩效，是学校中心工作对党风廉政建设和反腐败工作的本质要求，也是检验党风廉政建设和反腐败工作成效的根本标准；摆正反腐败工作的位置，正确处理反腐败工作与学校教学、科研、医疗、管理以及改革发展的关系，是保证党风廉政建设和反腐败工作正确方向和取得成效的前提。

（二）必须坚持党风廉政建设和反腐败工作的领导体制和工作机制

党中央确定的“党委统一领导，党政齐抓共管，纪委组织协调，部门各负其责，依靠群众的支持和参与”的反腐败领导体制和工作机制是加强党的领导，发挥党组织政治优势，形成反腐败整体合力，取得反腐败工作胜利的组织保证。学校党委5年来坚持不懈地把党风廉政建设和反腐败工作纳入学校整体工作中进行安排部署和检查考核，从根本上推动了学校党风廉政建设和反腐败工作。实践证明，明确领导责任是实现党政齐抓共管的关键；协调各方力量，抓工作规划、任务分解、监督检查、责任追究是纪委工作的重心；增强领导干部的廉政责任意识，是落实部门各负其责的基本保证；广大师生员工的积极参与是搞好党风廉政建设和反腐败工作的力量源泉。我校党风廉政建设与反腐败斗争就是在围绕学校中心工作，服务学校改革、发展和稳定大局的过程中得到深化和健康发展的。

（三）必须坚持标本兼治，综合治理，从源头上预防和治理腐败

党风廉政建设重在建设，反腐败工作重在标本兼治。治本的重点，主要是加强教育，健全制度，强化监督，深化改革和加强民主政治建设。学校在制定教学、科研、医疗、社会服务和管理等发展政策与规章制度，出台重大的改革措施时，都要把反腐倡廉作为有机组成部分考虑进去，都要有与之相适应的反腐倡廉制度和措施，做到完善决策，未雨绸缪，预防在先，惩防结合。

（四）必须坚持群众路线，始终依靠广大群众的积极参与，推动党风廉政建设和反腐败工作

党风廉政建设和反腐败工作离不开群众的广泛参与和大力支持。近年来，纪委紧紧依靠广大教职工开展反腐倡廉工作，从群众的支持和监督中，不断得到鞭策鼓励，促使我们改进工作，更好地开展党风廉政建设。我校很多案件的线索就是从群众的举报中获得的。近几年来，根据群众举报经纪委、监察处初核而立案的占学校总立案数的60%以上。很多案件的查处也是在群众的广泛参与和支持下才取得突破的。

（五）必须坚持解放思想、实事求是，以创新精神狠抓落实

中央和上级党委、纪委对党风廉政建设和反腐败工作的部署明确具体。就学校来说，关键是抓好落实。要在学好文件、吃透精神、全面了解学校具体情况的基础上，解放思想，实事求是，创造性地开展工作。要善于把上级的方针政策与学校的实际结合起来，既提出具体要求，又加强指导，有针对性地对落实情况进行督促检查。对关键环节、要害部位，要加强事

前、事中监督。同时，要建立抓落实的工作机制，建立健全领导抓落实责任制，通过督查、总结、奖惩等形式，努力营造真抓实干的良好氛围。

三、关于今后一段时期党风廉政建设和反腐败工作的建议

今后几年，是我校建设国内一流、国际知名的高水平研究型综合大学的重要时期。四川大学纪委未来几年的工作总体思路是：认清形势、服务大局，以贯彻落实中共中央印发的《建立健全教育、制度、监督并重的惩治和预防腐败体系实施纲要》（以下简称《实施纲要》）为抓手，以制度建设为核心，以落实党风廉政建设责任制为龙头，全面履行党章赋予的职责与任务，实现重在治标向着力治本、事后惩处向事前监督、被动应付向主动服务三个转变，力争在2010年以前构建起符合学校建设发展目标的惩防腐败体系的基本框架，深入推进党风廉政建设，为实现学校第六次党代会确定的工作目标提供坚强政治保障。

（一）认清形势，进一步增强反腐倡廉的责任感和紧迫感

目前，我校党风廉政建设面临着三个方面的问题和挑战：一是高等教育事业的快速发展给高校党风廉政建设带来前所未有的挑战和考验。随着教育事业的快速发展，特别是学校办学规模不断扩大，教育资金投入越来越多，基建规模和物资采购量越来越大，学校参与经济活动越来越频繁，与社会的交往也越来越密切和复杂，这些都对从严治党、依法治校、强化管理提出了迫切要求和新的任务。二是人才强国战略的实施对高等学校党风廉政建设和反腐败工作提出了更高的要求。高等学校是培养人才的阵地，是精神文明的窗口，在反腐倡廉方面对整个社会具有强大的引导和辐射作用。高校反腐倡廉工作做得好不好，不仅影响当代而且影响未来，不仅影响一个单位、部门而且影响整个社会。因此，时代赋予高等学校党风廉政建设工作的重大任务，也是人才强国战略对高等学校反腐倡廉提出的新要求。三是从我校党风廉政建设的实践来看，存在的问题不可忽视。虽然我校的党风廉政建设和反腐败斗争的形势是好的，党员干部的主流是好的，但我们也必须看到，在我校党风廉政建设中仍然存在着一些令人忧虑的现象和问题。比如，一些单位财务管理还不够规范，“小金库”现象还未彻底根除；“三重一大”集体决策的制度在一些单位还没有得到认真落实；少数干部还存在缺乏接受监督的意识和有章不循的问题；违纪违法案件，尤其是经济案件时有发生等。对这些问题，广大教职工的反映强烈。

严峻的形势和挑战、崇高的使命和任务要求我们必须保持清醒的头脑，进一步增强忧患意识和责任意识，以只争朝夕的精神状态和求真务实的工作态度，扎实而有效地把学校的反腐倡廉工作不断推向前进。

（二）以贯彻落实《实施纲要》为抓手，努力推动党风廉政建设和反腐败斗争向纵深发展

《实施纲要》是当前和今后一个时期深入开展党风廉政建设和反腐败工作的指导性文件。贯彻落实《实施纲要》，既是中央的部署和安排，也是一项重大的政治任务。我校各级党组织必须把贯彻落实《实施纲要》作为当前和今后一个时期的一项重要工作，紧紧围绕学校工作全局，紧密结合本单位实际，突出重点，务求实效，在五个核心问题上下工夫。

1. 加强教育，建立针对性强、形式新、效果好的反腐倡廉教育机制。一是整

合各种资源，努力形成学校党委统一领导，纪委组织协调，党办、组织、宣传、工会、学生、团委等相关部门和各学院、各单位密切配合、各展其长，广大党员干部和师生员工通过多种形式积极参与的反腐倡廉“大宣教”格局。二是用制度来保证教育的落实，督促各级党员干部加强党性修养，常修为政之德、常思贪欲之害、常怀律己之心，自觉经受各种考验。坚持和完善校院两级党委理论中心组廉政学习制度、党政主要负责人定期讲廉政党课制度、干部培训中的廉政培训制度、廉政谈话和诫勉谈话制度以及每年集中开展一次反腐倡廉宣传教育活动等等。三是加强校园廉洁文化建设。探索开展大学生廉洁教育的有效途径，建立健全与课堂教育相衔接，与校园文化建设相配合，与人才培养目标相一致的大学生廉洁教育长效机制；制定《四川大学学术道德规范》、《四川大学学术道德规范实施细则》，探索建立学术道德教育长效机制。四是充分发挥人才优势，建立党风廉政建设理论研究基地，争取在廉政教育、廉洁文化进校园等专项理论研究中有所作为。

2. 健全制度，构建与学校发展配套的系统完善的反腐倡廉制度体系。一是抓好建立反腐倡廉制度体系的总体规划，充分发挥制度保证作用，近三年的重点是确保完成学校贯彻落实《实施纲要》具体办法中提出的新建69项制度和修改完善58项制度的任务。二是把制度的落实纳入责任考核的范围，加强党风廉政建设责任制的考核，督促各单位认真执行学校反腐倡廉各项制度。三是严肃执纪，加大对违反学校反腐倡廉各项制度的责任追究与处理的力度。四是结合学校实际，通过制度建设着重实现“五个规范”，即规范决策行为、办学行为、管理行为、领导干部廉洁从政行为和守土有责的问责制。真正形成用制度规范从政行为、靠制度办事、靠制度管人的有效机制，保证各级领导干部廉洁从政，不滥用党和人民赋予的各种权力。

3. 强化监督，完善权力运行监控机制。一是重视党内监督，抓紧制定贯彻落实党内监督有关制度的实施细则和程序性规定，坚持将集体领导和个人分工负责相结合，注意对校内各单位“一把手”的监督，把民主生活会、个人重大事项报告、述职述廉、“三重一大”集体决策、民主评议等制度逐项细化，使监督工作依法有序、科学规范地进行。二是重视行政监督，发挥监察与审计作用。健全纪检监察与组织、统战、人事、财务、审计、国资、工会等相关部门的联席会议和情况通报制度，及时沟通监督信息，协调整合监督资源，形成有机协调的监督体系，对人、财、物实质处置权比较大的单位和部位实行定期检查制度，把事前、事中、事后监督结合起来。三是重视群众监督和民主监督，推行学校各级领导班子和领导干部向对应的教代会报告履行职责和廉洁自律情况制度以及民主测评干部制度，坚持定期或不定期向人大代表、政协委员、民主党派及无党派人士通报有关工作情况，坚持公开承诺制度，积极督促校务公开、院务公开，充分利用学校资源，建立健全特约监察员制度，加强督查、督导工作。四是探索建立监督的预警机制。通过对学校案件发生数量、发生领域和信访举报线索的分析，研究临界状态和临界点，对可能发生问题的部门启动应急机制，及时调整监督重点和方法，进行更有针对性的监督甚至提前进行干预。及时通报有关信息和处理结果。

4. 以改革统揽预防腐败的各项工作。

一方面，把反腐败的要求寓于教学科研体制改革、人事分配制度改革、财务管理制度改革、招生考试制度改革、校办企业管理体制和产权制度改革等各项重要改革措施之中，用改革的办法解决导致腐败发生的深层次问题。另一方面，在新的改革措施出台之前，要加强调查研究，有针对性地做好预防腐败工作，尽量从源头上减少和避免产生新的腐败行为和腐败现象的土壤。

5. 加大惩处力度，坚决遏制学校重大案件的发生。在强调加大预防腐败工作力度的同时，绝不能放松惩治腐败工作。一是以查办领导班子和领导干部滥用权力、谋取私利的违法违纪案件为重点，严肃查处损害群众利益、学校利益，破坏学校及社会和谐安宁以及失职渎职给学校发展造成重大损失等方面的违纪违法案件。二是认真贯彻执行中纪委《关于纪检监察机关严格依法依纪办案的意见》，健全办案程序，严格案件审理，严明办案纪律，确保办案质量。三是贯彻惩防并举、注重预防的方针，建立完善“一案两报”制度，分析案发原因，加强警示教育，堵塞管理和制度上的漏洞。四是加强与检察机关的沟通协作，积极预防和坚决惩治职务犯罪，在实践中不断提高依法依纪办案能力。

在加大对违纪违法案件惩处力度的同时，注意发挥纪检监察部门的“保护”职能。一是实事求是地查核举报失实的信件，为受到错告、诬告的党员干部澄清是非，主持公道。二是把党员干部工作中的缺点、失误同以权谋私、搞腐败的行为严格区别开来，支持和保护广大党员干部大胆工作。三是要正确处理两类不同性质的矛盾，对违反纪律的党员，要坚持惩前毖后、治病救人，给予批评教育，同时综合运用纪律处分和组织处理两种手段；对涉嫌犯罪的，要及时移送司法机关处理。

（三）以严格执行党风廉政建设责任制为龙头，确保反腐倡廉各项任务的落实

通过党风廉政建设责任制的落实，促进学校各级党组织、行政和领导干部进一步强化“一岗双责”意识，变“要我抓”为“我要抓”，切实负起党风廉政建设的领导责任。一是搞好任务分解，明确各级领导干部必须履行在党风廉政建设方面的“三重责任”：以身作则，管好自己；带好班子，管好下属；管好分管部门，抓好风气。二是抓好责任考核，每年对各单位落实责任制情况进行一次专项检查和考核，把考核结果作为干部考核及单位业绩评定与奖惩的重要依据，并以适当方式及时通报考核结果。三是加大行政监察力度，强化责任追究，对那些领导不力，甚至不抓不管，导致不正之风长期得不到解决，发生重大腐败问题的单位，要运用组织处理和纪律处分的手段追究主要领导的责任。

（四）全面履行党章赋予的职责与任务，认真做好党章规定的“五项经常性工作”

学校纪委全面履行党章赋予的职责和任务，就是要维护党的纪律，加强党内监督，保证党的政治纲领和政治目标的实现。一是协助学校党委加强党风廉政建设和组织协调反腐败工作，全面履行“教育、监督、惩处、保护”四项职能，抓好反腐败工作“三项主要任务”：继续深入开展领导干部廉洁自律工作；加大受理信访和查办案件的力度，严肃查处各类违纪违法案件；坚决纠正损害群众利益的不正之风，切实解决群众反映的热点、难点问题，有针对性地开展民主评议机关工作作风、师德校风和医德医风活动，逐步建立起纠风工作长效机制。二是认真做好党章

规定的“五项经常性工作”：对党员进行遵守纪律的教育，作出关于维护党纪的决定；对党员领导干部行使权力进行监督；检查和处理党的组织和党员违反党的章程和其他党内法规的比较重要和复杂的案件，决定和取消对这些案件中的党员的处分；受理党员的控告和申诉；保障党员的权利。

（五）以提高能力和改进作风为重点，加强理论调研，努力建设创新型、廉洁型、服务型纪委

党风廉政建设和反腐败工作的新形势、新情况，对纪检监察工作提出了更高的要求。我们一定要按照中央提出的“政治坚强、公正清廉、纪律严明、业务精通、作风优良”的要求，切实搞好自身建设。一是依托和挖掘人文社科的资源优势，加强理论研究与调查研究，打造反腐倡廉理论研究的新高地，提高纪检监察干部学习研究的能力。二是加强专兼职纪检监察干部的培训和对二级纪委的业务指导，不断提高其知识水平和业务工作能力，提高运用现代科学技术预防和揭露腐败的能力。三是要重视和加强纪检监察队伍的自身廉政建设，严格内部管理，严格工作纪律，特别是办案工作纪律。四是把全心全意为人民服务作为价值判断与取向，把服务学校中心工作、服务校内各单位业务工作、服务师生员工具体需要统一起来，树立纪检监察部门和纪检监察干部可亲、可信、可敬的良好形象。

同志们，四川大学第六次党代会提出了学校未来的发展目标和工作任务，也给学校党风廉政建设提出了更高的要求。展望未来，任重道远。让我们在党中央的领导下，沿着十六大指引的方向，同心同德，奋发向上，开拓创新，扎实工作，为努力完成我校党风廉政建设和反腐败工作的各项任务，维护学校改革、发展、稳定的大局，推进学校各项事业的健康和谐发展作出新的贡献！

在四川大学保持共产党员先进性教育活动工作总结大会上的讲话

（川大委［2005］69号）

四川大学党委书记　杨泉明

2005年12月16日

同志们：

根据中央、教育部党组和四川省委的统一部署以及学校的安排，今天，我们召开学校先进性教育活动工作总结大会。我代表学校先进性教育活动领导小组对活动的基本情况、主要特点和成效作总结。

一、学校先进性教育活动的基本情况

按照中央、教育部党组和四川省委的统一部署，我校党员先进性教育活动从7月上旬开始启动，到现在已经5个多月

了。学校党委严格按照上级统一部署，分学习动员、分析评议和整改提高三个阶段组织开展先进性教育活动。

我校的学习动员阶段是从7月13日动员起到9月26日转段。7月中旬至8月下旬，正值学校假期，主要采取自学和集中学习相结合的办法进行学习。校班子在假期中集中两天进行了学习，全校共产党员提前一周返校，分支部进行了集中学习。8月底开学后，学校各级党组织按照“规定动作不走样，自选动作求创新”的总体思路，着重抓了宣传发动、学习培训、保持共产党员先进性大讨论三个关键环节，综合运用领导干部讲党课、专家讲理论、典型讲事迹、党员自己讲体会、开展大讨论等“四讲一讨论”的方式，切实提高全体党员的认识，同时形成了符合党章要求、反映学校不同岗位党员特点的先进性具体要求和不合格党员具体表现的书面成果。整个学习动员阶段，校、院两级领导举行专题党课报告150余场，听课人数达4.5万余人次；举行专家先进性教育理论讲座74场，听课人数达1.5万余人次。

我校的分析评议阶段是从9月26日进行转段总结动员开始到11月15日。在这一阶段，学校各级党组织着重抓住“找准抓住突出问题”这个关键，重点抓了征求意见，交心谈心，进行党性分析，召开班子专题民主生活会和支部组织生活会，提出评议意见等主要环节，通过“群众提，自己找，组织点，相互帮”和“下级评上级，群众评党员，支部评党员，党员自我评”等多种方式，努力做到征求意见广泛深入，查找问题准确全面，分析原因深刻透彻，民主评议客观真实，开展批评真诚中肯，力争达到“不走过场，不出偏差，取得实效”的目标和要求。在这个阶段，学校开通了两部征求意见专用热线电话及征求意见专用电子邮箱，设置了21个征求意见信箱，分别召开了专家教授代表、教职工代表、学生代表、民主党派代表、离退休干部职工代表等5个征求意见专题座谈会。全校基层党委（总支）共开通了热线电话50余部，开通电子邮箱40余个，设置意见箱110余个，发放征求意见表8000余份，召开各类征求意见座谈会500余次。同时开展了讲真话、动真情、亮真心的“五必谈”活动。据统计，在分析评议阶段，仅学校领导班子成员开展谈心活动就超过了520余人次。按照“重点写问题，深入找原因，关键查自身”的要求，学校各级党员领导干部和全体党员认真对自身在思想、工作、学习、校风、学风以及廉洁自律等方面的情况进行了党性分析。各级党政领导班子撰写了党性总结材料，党员个人撰写了党性剖析材料。在此基础上，在相应的范围内进行了学校各级党政领导班子的党性分析总结材料公示和满意度测评，全校党员在各支部范围内作了个人党性剖析报告并接受了满意度测评。学校各级党员领导干部在以普通党员身份参加了所在支部的党性分析组织生活会的同时，还参加了所在党政领导班子的专题民主生活会。10月31日，学校召开了校级党政领导班子专题民主生活会，中组部、教育部人事司、省委组织部、省教育厅及教育工委和省先进性教育活动督导组的领导同志出席了校班子民主生活会。校班子的民主生活会从早上8：30一直开到晚上10：30，气氛严肃而热烈，班子成员既严格剖析自我，又积极开展批评与自我批评。校班子的民主生活会受到了与会上级领导同志的充分肯定。学校先教办督查组成员分别参加了所联系及分工督查的校内各单位党政领导班子专题民主生活会。从督查反馈的情况看，各基层党政领导班子的民主生活会和党支部的组织生活会绝大多数都做到了准备充分、认真务实和高标准严要求。

我校的整改提高阶段是从 11 月 15 日转段总结动员开始一直到现在。在这一阶段，学校各级党组织着重抓了制定整改措施和方案、开展集中整改行动等环节，围绕“根本在解决问题”这个关键，努力做到整改方案符合实际，整改措施具体有力，整改目标清楚明了，在务求实效上下工夫。目前，我校先进性教育活动整改提高阶段经过制定、审核、公示整改方案和整改措施，正开展上下联动、集中整改和认真建章立制工作。同时，各基层党委和各党支部正在进行对党员先进性承诺申请的批复和不合格党员的组织处理，以及基层党委（总支）先进性教育活动群众满意度测评和整个先进性教育活动的工作总结等各项工作。学校今天召开全校先进性教育活动总结大会后，各基层党委或党总支在 12 月 19 日～23 日这个时段内，召开所属范围先进性教育活动工作总结大会，并组织党员进行先进性承诺集体宣誓。在这个阶段结束后，我们还将开展先进性教育“回头看”活动，继续加大整改力度，继续探索建立党员保持先进性的长效机制，进一步巩固和扩大先进性教育活动的成果，确保学校党员先进性教育活动达到预期目标。

二、学校先进性教育活动的主要特点和显著成效

回顾学校开展党员先进性教育活动三个阶段的工作，主要有以下九个特点：

（一）抓住机遇，突出主题，紧扣发展要务。四川大学是中央先进性教育领导小组直接联系的高校。学校党委把开展好先进性教育活动作为全面加强学校党建工作的重要举措；作为学校“举旗帜、抓班子、带队伍、促发展”的重要契机；作为解决学校党员队伍和基层党组织自身存在的问题，增强党员队伍与基层组织生机与活力的重要抓手；作为团结凝聚全校师生职工，促进学校深化改革，实现发展新跨越的重要保证。为此，学校党委鲜明地提出了四川大学保持党员先进性教育的主题就是“保持共产党员先进性，奋力推进学校新跨越”。根据学校党委提出的这一总主题，各基层党委（总支）普遍结合本单位实际，确定了本单位先进性教育的主题。如华西临床医学院（华西医院）党委提出了“提高党员素质，促进医院发展”的主题，水利学院确定了“党员争先进，学院创一流”的主题；公共管理学院确定了“在学习中求发展，在发展中求创新”的主题；机关党委提出了“保持党员先进性，建设服务型机关”的主题；保卫处党支部结合自身工作性质，确定了“永葆党员先进，建设平安川大”的主题等等。

（二）突出针对性，坚持分类指导。学校先进性教育活动既按党章规定对党员提出统一要求，又根据不同类别党员的特点，提出了各有侧重的具体要求。在调查研究的基础上，学校党委对领导干部、管理人员、教师、学生、医务工作者、后勤保障人员、离退休人员等 7 个群体的党员，分别确定了在先进性教育活动中需要重点解决的问题和保持先进性、争做各自领域排头兵的具体目标。各基层党委也普遍按照学校党委提出的分类指导意见，针对自身特点，采取措施，使学校的先进性教育活动具有较强的针对性。

（三）坚持重心下移，发挥支部作用。学校党委坚持把党员先进性教育的着力点落实到支部。在先进性教育活动中，学校党委对全校 500 余个党支部的书记进行了为期两天的专题培训，并将学校的中层干部会以及各阶段的转段总结动员会都扩大到全体党支部书记，学校先进性教育各项工作的部署、安排、文件及要求都印发至各个支部，充分发挥党支部在党员先进性教育和各项工作中的战斗堡垒作用。同时，各个党支部在先进性教育活动中普遍进一步健全完善了组织生活制度、学习交流制度、批评与自我批评制度、督查补课制度等，强化了支部职能，增强了支部战斗力。

（四）树立身边典型，榜样示范引导。学校党委坚持把典型教育贯穿于先进性教育活动的全过程，用生动的先进典型形象而深刻地展现怎样做才能体现共产党员的先进性。先进性教育活动一启动，学校党委就在校、院两级树立了一批校内先进典型，并从各基层党委（总支）推荐的46名优秀共产党员中确定了9位党员组成学校优秀共产党员事迹报告团，在全校各单位巡回报告。学校先教办将报告团9位成员的优秀事迹材料汇编成册，印发全校深入学习。先进性教育活动中，共有校内外先进典型67人次，进行了50余场先进事迹报告会，听报告的人数近2万人次。

（五）创造鲜活形式，增强教育效果。在先进性教育活动中，学校各基层党组织普遍开展了多种形式的主题实践活动，如：各级党组织开展的“我心目中的共产党员”、“学习先烈精神，深化对党的感情”、“师生结对子”互帮互学等主题活动，化学学院党委、出国人员培训部党总支组织党员到广安开展的“感受伟人魅力，重温入党誓词”专题学习活动，政治学院党委开展的“庆祝长征七十周年”教师个人收藏展，口腔医学院、临床医学院、规建处等单位党组织组织党员到金堂监狱召开的“防止职务犯罪现场警示会”等，都取得了很好的教育效果；特别是各级党组织在学生中广泛开展的“思想比先进、学习比勤奋、生活比节俭、兴趣比高尚”的“四比”活动，数学学院学生党支部开展的“点亮青春——手拉手”对口支教活动、文新学院党委开展的“悼念巴金，坚持真理，追求卓越”主题活动、学生系统开展的创十佳党支部活动、“从我做起，向我看齐”主题演讲比赛、党员先进性教育知识竞赛，成教与网络学院党委开展的“关爱群众健康，实践党员先进性”等主题活动，以及各级学生党组织在学生党员中建立的“党员墙”，设立的党员服务岗，提出“有困难、找党员”等响亮口号，都在学生中激起了热烈反响，获得了普遍好评。全校共组织各类主题活动360余次，3.3万多人次的师生党员参加了主题实践活动。

（六）不断认识新形势下的党建规律，着力探索建立长效机制。学校党委本着早准备、早思考、早着手的思路，在学习动员阶段，就正式成立了由校党委主要负责同志任组长的长效机制研究课题组，着重开展了“学校领导干部思想政治建设”、“党员教育、学习、管理和监督”、“学院和基层党委（总支）工作规则”、“党支部建设”等四个长效机制课题研究，并取得了初步成效。在长效机制理论研究的基础上，学校党委正在制定四川大学《学院党政联席会议议事规则》、《附属医院党政联席会议议事规则》、《学院党委工作规则》、《学院行政工作规则》等规章。同时，学校党委已着手进行六项制度建设：一是制定《四川大学基层党组织设置意见》，二是完善《四川大学党支部工作实施办法》，三是健全党支部负责人培训制度，四是制定《四川大学党员组织生活细则》，五是完善《四川大学党员管理办法》，六是健全新党员培养教育制度，力争在制度创新上取得新成效。

（七）组织领导有力，督查把关严格。一是强化领导责任，坚持领导带头。学校各级党组织认真制订方案，明确责任要求，精心组织实施，切实盯紧每一个环节，落实每一项工作。同时，学校绝大多数党员领导干部按照学校党委的要求，带头学习，带头讲党课，带头征求意见，带头交心谈心，带头参加支部组织生活，带头进行党性剖析，带头批评与自我批评，带头整改，发挥了表率示范作用。二是加强督导、督查，严格把关。省委教育工委督导组的同志们在组长周旺云同志的带领下，经常深入学校指导、督查先进性教育活动的开展情况，对学校先进性教育活动的各个重要环节都严格把关，精心指导。学校先进性教育活动领导小组办公室及其督查组，深入到各基层党委（总支），采取学校抽查，基层党委（总支）普查，支部自查的三级联动方式，重点对支部的工作落实情况等进行督查，推动了工作落实到基层。

（八）坚持教育活动和各项工作“两促进两不误”。学校各级党政领导班子坚持把先进性教育活动与促进学校的改革、发展、稳定以及本单位、本部门的各项工作结合起来，与加强学校领导班子及领导干部队伍建设结合起来，与加强改进大学生思想政治教育结合起来，与筹备召开新四川大学党代会结合起来，与学校及各学院制定中长期发展规划结合起来，与促进“985 工程”建设、迎接本科教学优秀评估、深化人事分配制度改革、实施“科技跨越行动计划”、“哲学社会科学繁荣计划”及人才强校战略结合起来，在务求实效上狠下工夫，努力做到“两不误、两促进”。

（九）边学边改，边议边改，边整边改，成效显著。学校各级党政领导班子和各级党组织根据上级的统一部署和学校党委的明确要求，在先进性教育活动开展的整个过程中，始终坚持边学边改，边议边改，边整边改，着力解决群众最关心的重点问题和涉及教职工切身利益的热点问题，解决影响学校改革发展稳定的主要问题，解决党政领导班子、基层党组织和党员队伍存在的突出问题，努力切实抓出成效。在广泛听取学校广大师生员工意见的基础上，学校党委于 11 月 25 日正式公示了学校党政领导班子整改方案。学校党政要求，对具备整改条件的问题，马上解决，立竿见影；对群众反映强烈、通过努力能够解决的问题，限期整改；对应该解决但由于受客观条件限制一时解决不了的问题，逐步创造条件解决；对政策有明确规定解决不了的问题，向教职工说明情况，做好解释工作。

学校的整改方案涉及 8 个方面共 60 条。目前，各位校领导、分管部门、各学院都非常努力，明确了责任制，明确了整改时限。由于时间关系，我着重通报解决群众关注的若干热点难点问题的整改进展。

1. 关于住房修建。农林村 176 套教职工经济适用房多层住宅 1 号、2 号、3 号楼已开工，其中 1 号楼基础土方开挖已全部完成，2 号楼已完成定位放线工作，3 号楼正在进行钢筋预制桩生产。农林村 360 套高层住宅 4 号、5 号楼已完成校内有关部门对拟入围投标施工企业的实地调研和现场考察，已确定 7 家施工企业为农林村 4 号、5 号楼正式投标单位，投标后中标单位即开工修建。经过与政府有关部门的积极沟通协调，与文里教职工住宅小区的建设方案已进入规划调整阶段。同时，新校区教职工住宅用地的征地工作仍在抓紧进行。在严格清理旧房的基础上，已召开专题会议并报校务会研究了教职工住宅腾空房安排方案，并正在组织力量对学校已作自动离职处理人员的住房进行清理。

2. 关于住房补贴、住房公积金和川大花园房产证。学校有关部门正在认真落实《四川大学教职工住房补贴实施办法》，按照分步实施的原则，已经优先启动了离休干部和2002年后新进校教职工的住房补贴核算与发放工作。目前，符合规定条件的首批离休干部人员已认定，其住房补贴今天下午和明天发放兑现。同时，学校已多次召开青年教职工住房困难问题专题座谈会，即将印发《新进校教职工租房补贴实施办法》，2006年初启动。已按照国家政策和学校实际，制定了教职工住房公积金缴纳新方案，争取提高教职工住房公积金的提取比例，新方案将于近期提交校务会讨论决定。在充分考虑历史与现状的基础上，正抓紧与成都市有关部门积极沟通协调，抓紧办理川大花园房产证等相关工作。

3. 关于落实新一轮人事分配制度改革方案。学校有关部门正在督促尚未完成人事分配改革方案的学院尽快完成本单位的方案。目前已有21个学院的人事分配制度改革方案经人事处审核后，正式启动实施。近日内还有9个单位的人事分配制度改革方案将在审核后启动。学校在调查研究的基础上，正在抓紧研究制定学校管理人员职级晋升的初步方案，2006年上半年实施。

4. 关于校园整治。学校正抓紧制定出台《2006年校园维修整治项目立项计划安排》，加快推进校园“六大整治工程”，主要包括校园环境绿化整治（含重点区域景观改造）、道路及校门改造、部分教学科研办公大楼外立面粉饰及内部维修改造（含部分场馆及会议室维修）、校园公共设施维修整治（含公厕、围墙、蜘蛛网线路等）、水电设施改造、学生宿舍改造、职工住宅小区建设、新校区维修工程、校庆维修项目等九项。这些项目的实施，将使望江、华西老校区的校园环境进一步明显改善。学校有关部门已经对校园摊点再次进行了全面的检查和整治，教学科研区、办公区、学生生活区及非售房区内违规经营的摊点原来共有34家，其中自营27家，出租7家（有证的5家），整治后已有24家已经关闭，10家未停业的，学校有关部门、学院及单位负责人正在进一步做工作。学校准备在望江校区火烧堰启动修建生活服务区的规划，对原在“三区”内开店的教职工家属生活确实有困难的予以统一安排解决。同时，后勤集团也准备拿出一定岗位并公布各岗位工作招聘条件，帮助解决他们生活的实际困难。在调查研究的基础上，正抓紧拟订教职工住宅小区建设和管理方案，学校将加强对部分小区基础设施及公共设施的改造，为实行小区物管创造条件。同时，已经与望江街道办事处协商，明年初筹建四川大学社区居民委员会。学校加强水电节约管理工作已进入试点阶段。目前有4个学院进入试点，在进一步排查旧有水电管理及使用问题的基础之上，进一步完善并实施推进水电节约管理方案。进一步加强校园交通和机动车管理办法工作正加紧进行。对机动车禁行区域的划分正在调研规划，学生生活区及望江校区南大门隔离准备工作基本就绪，同时，与交警部门的协调沟通工作也正顺利进行，2006年上半年全面实施新办法。通过广泛发通告、组织巡逻队加强巡逻等措施，“犬只满地跑”

的现象已经得到遏制，校园犬只管理取得明显成效，学校有关部门正继续加强对校园犬只管理的执行及其检查工作，进一步加强校门管理和校园巡逻，继续巩固校园犬只管理的成果。学校正组织力量对全校公房违规出租情况进行全面摸底调查，并提出处理方案。同时，江安校区校史长廊的设计和建设工作正在抓紧进行，目前全部文字设计初稿已经出来，正在组织人员进一步修改，下一步还将扩大征求意见范围，广泛听取学校有关专家的意见。力争2006年6月前完成校史长廊的全部建设工作和江安校区有关景点的雕塑建设。

5. 关于后勤服务及学生食堂建设和关心特困学生及特困教职工问题。学校后勤集团进一步加强了学生食堂建设和学生宿舍管理及服务工作。一是加强对食堂安全、卫生的定期或不定期检查监督，保证食堂原材料集中统一采购，确保食品安全卫生；二是在全体食堂员工中开展技术大练兵，通过职工烹饪技术比赛等活动，促进了员工提高食堂服务水平；三是最近组织了三个校区近100名学生代表到食品供应基地考察，加强与学生的交流沟通；四是对学生宿舍启动ISO9001质量管理体系认证工作，实施标准化管理，提高学生宿舍管理服务水平。根据学生们反馈的意见和建议，与银行及地方有关部门作了进一步的沟通协调，推进困难学生助学贷款及勤工助学工作。同时，学生工作部于近期积极拓展校外勤工助学基地，与望江街道办事处达成合作协议，初步建立了以街道办事处服务中心为依托，学生处勤工助学中心培训、组织学生在学校周边社区开展家教和托管服务的工作机制。同时，学生工作部将组织各类经济受助学生成立青年志愿者服务队，对望江街道办事处辖区内老弱病残、低保家庭等进行勤工助学志愿服务。校外勤工助学基地的拓展，不仅使贫困生资助工作由“输血型”向“造血型”转变，还有利于用社区平台对经济受助学生进行感恩教育和责任意识教育。学校有关部门进一步落实了特困教职工“送温暖工程”基金，近期将开展对特困教职工送温暖工作，并将长期坚持，形成制度。

6. 关于江安新校区管理服务工作的改进。前一段时间，我收到不少来信，也听不少教师给我反映，江安校区管理服务工作上存在一些问题。我和相关校领导一起，专程到新校区进行了调研和现场办公，对江安校区师生在吃、住、行和学习、工作等方面存在的具体问题逐一提出了解决办法，在副校长李虹、步宏与后勤集团、国资处及后勤管理处、教务处、江安校区管委会办公室等有关部门的共同努力下，有关具体问题的解决迅速落实：一是已开辟了教师用餐区，并由后勤集团开设了订送餐服务，保证了教师及时方便用餐。二是进一步完善了在新校区光明村设置的教师午休房，并专门为教师提供了代步的电瓶车服务。电瓶车在教学楼、食堂和光明村之间专线运行，免费搭载老师们就餐、午休和上课，同时设置了投诉电话，解决好了教师的午休问题。三是通过与运输公司沟通，解决到江安校区上下班乘车难问题。省长运公司领导表示，将进一步采取有力措施，确保准时发车，杜绝超载现象，为师生职工提供安全的交通；同时，通过协商，共同制定出更为合理的公交车运行时刻表；对于司乘人员的服务素质，公司将加大职业道德教育，规范文明用语，司乘人员挂牌服务，设立投诉电话，并开展“安全标兵”、“公交服务明星”等活动，以促进司乘人员服务意识和服务态度的改善；对于目前师生职工所反映的车况和调度问题，公司将逐步淘汰车况不好的车辆，灵活调度，为师生提供安全、舒适的乘车环境。四是学生跨校区选课方案的制订由教务处负责抓紧完成。五是由校长办公室和江安校区管委会办公室制作《江安校区教职工服务指南》，详细列出了与老师们在江安校区教学和生活密切相关的信息，包括交通车运行时刻表，公交车路线图，后勤、交通、保卫、教务、实验设备、图书和信息管理中心等各部门的具体服务信息。此项工作已完成，《服务指南》已印发全校各单位，并要求分发给每一位在江安校区工作的教职工。

7. 关于机关作风转变。我和中枢、志强、学东、徐兰几位书记以及石坚副校长在先进性教育的后两个阶段，对机关各部处和部分业务单位逐一就部门职能和作风转变进行了调研和现场办公，以推动服务型机关的建设。机关党委提出了六条措施整改机关作风：一是落实责任制，部处一把手要对本部门的工作绩效、服务质量和业务水平全面负责；二是规范工作流程，提高为师生办事的效率；三是挂牌上岗，实行首问责任制、首接责任制和责任追究制，努力杜绝“脸难看、门难进、话难听、事难办”和“事情相互推诿，久拖不办”的现象；四是建立与基层师生沟通平台，实行政务公开；五是形成调研制度，更好地面向基层、服务师生；六是将各部处管理水平、服务质量纳入部门考核体系，与部门年终奖励挂钩，进一步促进机关作风的转变。

8. 关于党代会筹备和学校“十一五”计划。由于学校多年没有开党代会了，这次党代会广大师生和社会各方面都非常关注，上级也非常重视。这次党代会，是三强合并后新四川大学召开的第一次党代会，也是我们在总结学校“十五”工作、进一步规划“十一五”改革发展的关键时期召开的十分重要的会议。通过这次会议，不仅要选举产生新一届“两委”班子，更重要的是，要认真总结过去，谋划发展，勾画未来，进一步统一全校共产党员和师生职工的思想，抓住机遇，乘势而上，实现学校在新时期的新跨越。现在，我们的党代表已经选举产生，“两委”候选人的预备人选目前正在等待上级党组织的审批。借此机会，我再次强调，希望全校各级党组织党员领导干部和全体共产党员一定要充分认识开好党代会是学校政治生活中的一件大事，是事关学校改革发展全局的大事，是全校师生员工热切关注并寄托着殷切期望的一件大事，一定要通过我们的共同努力，使党代会圆满成功。关于师生关注的学校“十一五”发展计划正在调研的基础上起草制定，其核心内容将进入这次党代会报告中。党代会报告初稿已经拟出，党委常委会进行了初步的讨论，进一步修改后将印发全校，广泛征求意见。集中广大师生职工的智慧，再进一步修改，然后再印发给全体党代表讨论修改后，再上党代会。

此外，关于学校领导班子的思想政治建设、关于加强学校基层党建工作、关于进一步加强改进学生思想政治教育工作、关于进一步推进学校民主政治进程、努力建设和谐川大等方面的整改举措，都确定了校领导和相关部门抓紧落实。这里由于时间关系，就不再一一通报了，但要在学校的网上以及校报上及时通报整改的进展。

发展是第一要务，我校先进性教育活动的主题是“保持共产党员先进性，奋力推进学校新跨越”。党员先进性教育活动极大地推动了学校的改革和发展，今年体现我校核心竞争力的各项指标又有很大提升。理工医科研总经费比去年增长1亿元以上，总额将超过6亿元；其中获准国家自然科学基金各类项目182项，总经费5821.76万元，比去年增长60%，排名全国第9位；新增1项973计划项目，首席科学家为顾忠伟教授，项目总经费3000万元；川大智胜公司中标国防重大项目，合同经费2亿元。新增国家杰出青年基金3项（全校现有国家杰出青年基金达到30项，列全国第9位）；教育部创新团队据悉获准1个（全校总数达3个，全国排位前8位内），新世纪优秀人才计划获准14人。生物治疗国家重点实验室已正式批准立项建设；新获准教育部重点实验室1个——靶向药物教育部重点实验室；“皮革清洁生产技术国家工程研究中心”已通过专家评审，小组第一，正待发改委研究批准阶段。计算机学院游志胜教授等研究的“CDZS系列空管自动化系统”获国家科技进步一等奖，是17年来我校第一次以第一单位获得的国家级科技一等奖。发表SCIE论文772篇，全国排名第9位，比去年增长46.21%，上升5位（去年14位）；ISTP论文254篇，全国排名从去年29位上升至第14位，比去年增长93.89%，上升15位；国内论文3977篇，全国排名第6位，较去年上升2位；国际国内论文发表总数5458篇，全国排名第7位，较去年上升1位；全国首次排名的MEDLINE收录论文总数我校共594篇，全国排名第4位。申报发明专利203项，比去年的175项增长16%；获准发明专利84项，比去年的76项增长10.5%。新增10个一级学科博士、硕士学位授权点，一级学科从17个增加到27个，全国排名第3位，仅次于浙大和北大。

同时，学校各基层党政领导班子和各级基层党组织的整改也在抓紧进行，也取得了明显成效。华西临床医学院通过整改，进一步规范了党委会和院办公会的议事规则，完善了议事决策的民主集中制原则，还完善了院领导接待职工日制度和分片联系制度，不少基层党支部也建立了党员联系卡和教职工“温馨档案”，进一步密切了党群关系；历史文化学院把先进性教育与一级学科点的检查验收结合起来，对本院一级学科下涵盖的8个二级学科、3个研究方向逐一梳理，不断修改完善学科建设方案，同时加强研究生和本科生教学，今年，该院又有一篇博士论文入围全国百篇优秀博士论文；轻纺与食品学院重点突破科研薄弱这个环节，今年该院科研经费在去年基础上增长7倍多；材料学院在全校中标的5个军工项目中占了3个，3个项目的学术带头人都是共产党员；电气信息学院和数学学院等党政领导班子针对群众对人才问题特别是吸引和稳定中青年优秀人才方面的意见和建议，千方百计挤出和筹集资金，为吸引人才、发挥人才作用创造条件，水电学院、电气信息学院设立了中青年骨干教师科研启动基金，高层次人才基金，学科建设专项基金；数学学院设立了博士后、博士生及在职博士专项科研基金；电子信息学院启动了创新人才培养工程，今年，该院学生在全国大学生电子竞赛中，获得两项一等奖、一项二等奖；工商管理学院针对群众提出进一步增强学院凝聚力的意见，把学院文化建设纳入党员先进性教育长效机制建设的总体框架，通过建设富有特色的学院文化，探索党员先进性学习教育长效机制新途径，进一步增强学院党组织的凝聚力、战斗力；出国人员培训部进一步转变工作作风，针对省委组织部干部班同学工作较忙的情况，主动到省地税局等单位上门办理报名手续和开展咨询活动，受到省级机关有关部门的高度评价。学校“两办”提出了进一步改进工作作风，努力实现“三个转变”的工作目标，后勤集团针对征集到的群众意见和管理中的薄弱环节，提出了全面实施服务质量管理体系的整改目标。研究生院党支部针对本单位工作作风、办事效率等方面存在的问题，加强了为人民服务的宗旨教育，开设了办事咨询台，开通了咨询热线，解决电话难打、事难办的问题，为全校师生员工及外来人员提供便捷有效的服务。财务处为了提高工作效率，方便师生职工，进一步完善了会计电算系统，开通了财务网络等等。

学校党委要求，当前一个时期，学校各级党政领导班子和领导干部要切实负起责任，集中精力抓好各项整改工作的落实。校党委要加强对整改工作的领导，党政主要负责同志是落实整改方案的第一责任人。各位分管领导和部门要按照学校整改方案和各单位的整改方案明确整改工作任务，切实负起相应的牵头和参与责任。督查部门要加强对各项整改工作的督查，定期收集和公布整改结果，确保整改工作到位和目标实现。

12月14日下午，即前天下午，我们在这里进行了学校先进性教育活动群众满意度测评，从统计的结果看，学校各级党代表和各级人大代表、政协委员、各民主党派主委及无党派知名人士代表填写的测评意见，总体认为学校先进性教育活动搞得好和比较好的达到98%。学校一般教职工、学生、离退休党员代表和非党群众代表填写的测评意见，总体认为先进性教育活动搞得好和比较好的达到91%。

四川大学的党员先进性教育活动多次受到了上级的鼓励。教育部部长周济同志充分肯定了我校先进性教育活动的主题、六个讲清楚、分类指导、“四讲一讨论”等做法。学校制定的《四川大学党员先进性的具体要求和不合格党员的具体表现》被教育部先进性教育活动领导小组办公室转发全国各高校，教育部先教办还在5期先进性教育简报中，肯定了四川大学的做法和体会，其中有3期是四川大学的专题简报。中央先进性教育活动领导小组成员、教育部副部长袁贵仁同志深入学校考察了四川大学的先进性教育活动后认为，四川大学的先进性教育活动具有“组织机构健全、思想发动充分、安排科学、方式灵活多样、突出发展主题、注重实效”等鲜明特点。省委先进性教育活动第一巡回检查组组长郑朝福和督导组周旺云等同志深入学校检查后认为，学校这项工作“发展健康、成效显著”。最近，中央确定我校在两个重要会议上发言，介绍我们的做法和体会，一个是全国组工会，这是全国最高层次的组织工作会，会上共有7个发言单位，2个基层党委代表发言，1个是我校党委，另1个是航天科技集团党委。我校是“唯一发言的高校代表”和“唯一交流推进干部人事制度改革经验的代表”；再一个是全国高校党建会，确定我们学校党委作“明确新时期高校党员先进性要求，建立和完善党员考核体系”的大会交流，这些都是大家共同努力的结果。上级领导对四川大学的重视、关心和肯定，对我们既是鼓励，也是鞭策。

尽管从总体上看，我校先进性教育活动工作进展良好，成效明显。但对照中央、教育部党组和四川省委的要求，从高标准、严要求的角度来总结，仍然存在一些不足。个别学院和单位对存在的主要问题找得不够准，整改的重点不够突出；绝大多数基层党支部各项任务都完成得比较好，但仍有个别支部工作进度相对迟缓；个别基层班子整改方案的针对性还不强，还有一些单位的整改方案的落实还需要下更大的功夫。对这些问题我们将高度重视，在进一步开展先进性教育活动“回头看”工作中认真加以解决。

在今天会议之后，学校各基层党委（总支）要按照上级的统一部署和学校的安排，对先进性教育活动进行认真全面的总结，并在总结的基础上，进一步开展先进性教育“回头看”活动。要继续加大整改力度，继续探索构建共产党员保持先进性的长效机制，继续巩固、扩大和深化先进性教育活动的成果，充分发挥共产党员的先锋模范作用，团结凝聚全校师生职工，以优异的工作业绩迎接学校党代会的胜利召开和110周年校庆，从而真正实现学校先进性教育活动的根本目的，奋力推进学校发展的新跨越。

一流的川大应有一流的社科

——在四川大学第七届社科重要成果（贡献）奖颁奖大会上的讲话

校党委书记　杨泉明

2005年4月13日

（根据记录整理）

老师们：

春回大地，万象更新。今天，我们在这里举行第七届“四川大学人文社会科学研究重要成果（贡献）奖”颁奖大会，表彰2004年度在人文社会科学研究中做出重要成果和取得突出成绩的教师，我感到非常高兴。在此，我代表学校领导向本届获奖的老师们表示热烈祝贺！

在来四川大学工作之前，我就知道四川大学的文科很强，文、史等学科在全国很有影响，来川大以后，进一步了解到我们学校的文、史、宗教等学科不仅是重点学科，而且有的还在全国高校排名第一。刚到校时，我就专门拜望了项（楚）先生和卿（希泰）先生，后来我又到文新学院、经济学院和工商管理等学院进行了调研，对我校的文科又有了新的认识。我们不仅有文、史等传统优势学科，出过徐中舒、缪钺、杨明照等全国知名的学术大师，而且经济学等应用性学科也在不断发展，原来的经济系发展成今天的经济学院和工商管理学院，彭迪先、刘诗白、蒋学模、陶大镛等著名经济学家也都曾在我校任教。我感觉到，我校文科有深厚的基础和底蕴。刚才听了潘处长2004年社科科研简要总结，我觉得很受鼓舞，去年我校的社科科研取得的成绩确实很不错，科研经费达到4500万元，进入全国高校前10位；在争取重大、重点项目方面也取得了突破；教育部四个社科重点研究基地顺利通过中期检查；3个哲学社会科学创新研究基地进入“985工程”二期建设项目等等。所有这些成绩的取得，都是文科学院和广大文科教师共同努力的结果，也是学校和各方面大力支持的结果，这说明我们的文科充满生机和活力。今天，看到这么多的文科学院和教师获奖，我感到由衷的高兴，也使我对学校文科发展的前景充满了信心！在此我们向为学校发展作出贡献的文科学院和广大文科教师表示衷心感谢！

随着我国改革开放的深入和社会的进步，我们越来越认识到哲学社会科学在树立科学发展观，促进经济发展、社会稳定、文化繁荣、民族团结、国家统一等方面不可替代的作用。中央为什么专门发文要全党高度重视哲学社会科学？就是因为它在这些方面具有不可替代的作用，当然也是因为我们有些同志对其重要性认识不够，包括我们学校也需要不断提高这方面的认识。今天，我与和平校长、还有中枢书记、石校长、陈校长都来参加这个颁奖会，一是来向获奖教师表示祝贺，向你们学习，更重要的是表明学校重视、支持文科发展的态度。我们新一届校领导班子对文科重要性的认识是统一的，一定会想方设法为文科发展创造条件，使我校的文科与理、工、医各学科齐头并进，协调发展，坚持文理工医并重、文理工医协调、文理工医融合、文理工医共荣。

今天是社科成果颁奖大会，所以今天要特别强调一下文科发展。高校是知识创新和理论创新的基地，汇聚着大量的哲学社会科学人才，对哲学社会科学发展繁荣负有重要责任。我们四川大学是一所综合大学，哲学社会科学一直具有很强的优势，过去，哲学社会科学的相关院系和师生在学校的发展中发挥了十分重要的作用，作出了许多成绩。在实现我校创建一流大学的目标中，文科应该、也能够发挥更大的作用。

一是要充分发挥哲学社会科学在帮助师生解决世界观、人生观、价值观，解决理论认识和科学思维，解决对社会发展和社会管理规律的认识和运用方面的重要作用，使广大师生员工尤其是党员干部理论素养和明辨是非的能力得到进一步提高。

二是要进一步加强学校哲学社会科学的基础课程、重点学科的建设和教学工作，使“三个代表”的重要思想“进教材、进课堂、进学生的头脑”，使学生人文素质有明显的提高，发挥哲学社会科学在学生提高综合素质中的灵魂作用。

三是要进一步加强哲学社会科学重点研究基地和“985哲学社会科学创新研究基地”的建设，加强多学科专家、学者的力量整合，增强研究经济建设与社会发展中重大理论和现实问题的力度；利用创新基地对我校哲学社会科学整体创新能力进行进一步整合、凝练、深化和提升，优化配置我校社科研究资源，汇集优秀拔尖人才，形成创新团队，实现学科交叉融合，产生“精品”和重大标志性成果，为我国和四川哲学社会科学的发展繁荣作出应有的贡献。

四是要进一步加强哲学社会科学队伍建设，要努力造就一批高素质的哲学社会科学理论工作队伍，制定有效措施，激励优秀哲学社会科学人才脱颖而出，使哲学社会科学的学术创新氛围和人才培养条件不断改善。

总之，我认为，突出社科的优势是突出川大优势的重要任务之一，一流的川大必须有一流的社科，社科的发展是川大发展的重要组成部分。我相信，只要我们广大的文科教师心往一处想，劲往一处使，我们在《四川大学哲学社会科学繁荣计划》中提出的奋斗目标就一定能够实现，我校人文社会科学一定会创造出更大的辉煌！

谢谢大家！

发扬优秀传统，繁荣哲学社会科学为实现学校的奋斗目标作出贡献

——在四川大学第七届社科重要成果（贡献）奖颁奖大会上的讲话

校长 谢和平 院士

2005年4月13日

（根据记录整理）

老师们，同志们：

今天下午，我们在这里隆重举行四川大学第七届人文社科科研重要成果奖颁奖大会，同时对我校2004年度人文社科科研的整体情况进行全面总结。刚才杨书记作了重要讲话，充分表达了学校党委、行政对我校人文社科的关注、重视和支持。

近两年来，我校的人文社科取得了重大进展：争取到了3个国家级人文社科科研重大项目，其中杜肯堂教授获得了一项国家级重大攻关招标项目，杨继瑞教授和李天德教授分别获得了一项国家级人文社科研究项目。仅杜肯堂教授的项目就有80万元科研经费，这对于文科来讲是非常不容易的。此外，我校文科有4位教授入选"新世纪优秀人才支持计划"，有1位同志获得了"全国十大杰出青年法学家"的称号。科研经费上，我校文科科研经费从2003年的3600万元上升到了2004年的4500万元；4个教育部社科重点研究基地通过了教育部专家的评估；"985工程"二期建设申报的5个哲学社会科学创新基地中有3个通过了评审，这些都是非常不容易的。"985工程"二期建设对于我们文科的发展来说是一个很好的机遇，创新基地体现了我校的学科建设水平在全国高校中的地位。所以"985工程"二期的哲学社会科学创新基地建设非常重要。另外，我们引进了陈爱民副校长，她是我们川大自己培养出来的学生，后来在美国印第安纳州立大学工作了二十多年，去年还被评上了该校一年只评选一位的杰出教授。这也体现了我们注重引进人才，注重扩大国际影响。据广东管理科学院2005年《中国大学评价》课题组评估，我校的文科科研排名从原来的全国高校13位排到了11位，前进了两位，这个统计数字起码表明了我们在纵向上比是有较大进展的。由此可见，我校人文社科的科研经费、科研成果在增长，参与国家重大基础项目研究的力度在加大，科研力量、科研队伍在壮大，大师级人物、中青年学者都在逐步成长，同时，我校的人文社科给学校的教学、科研作出了重大贡献。这些成绩的取得，是与我校全体人文社科工作者的辛勤工作、奋斗努力分不开的，在此我代表学校向全体人文社科教师表示衷心的感谢！

但同时，我们应该看到自己的差距和问题。从指标上来看，我们和全国其他高

校相比，还有比较明显的距离，在这里我就不多讲了。就我校自身而言，我谈两点：第一，我们经常说人文社科很重要，学校要重视，国家要重视，但是首先我们自己要重视。只有我们自己先重视了，才可能有大的发展。但是，在此方面我们还必须进一步努力，比如说，今天召开的这个大会是我校文科一年一度的总结大会，然而还是有一些学院的书记、院长没有到会。第二，我们常说人文社科缺少科研经费，但是有些学院很有财力，但是他们的研究、学科水平在全国排名却相当靠后，在学校也不是很靠前。我认为，人文社科研究要上去，我们不能仅说国家重不重视，学校重不重视，首先我们自己要重视。学科要发展，必须首先要自己重视自己，只有有为，才能有位。

今天的四川大学，是一个很有希望、很有发展基础的大学。经过两次强强合并，我校的文、理、工、医都具备了较强的实力，现有 17 个一级学科点，154 个博士点，240 个硕士点，21 个博士后流动站，4 个国家人文社科重点研究基地，4 个国家级临床研究基地，这样一个学术体系在全国高校中可以排在前 5 位，甚至可能排到前 3 位，这样的学术框架也是真正意义上的综合性大学的具体体现。20 世纪 50 年代的中国高教改革之后，我国没有真正意义上的综合性大学，我国前几轮的重大教育改革的目的就是要改变这一状况。2000 年新四川大学的成立，很好地体现了国家组建综合性大学的目的。就现在而言，我校的文、理、工、医都很强，学科体系非常齐全，学科领域非常广，有着很好的学科支撑体系，这就为川大的跨越发展，也为川大建设国内一流、国际知名的高水平研究型综合性大学打下了很好的基础。学校提倡文、理、工、医协调发展，但也不是强调一定要齐步走，而是谁走在前列，我们就支持谁；谁发展得快，我们支持谁。人文社科是川大的传统优势学科，是川大的金字招牌，既然具备了很好的基础条件，就应该加快发展，把我们的学科建设水平搞上去。

四川大学历史悠久、文化底蕴深厚，培养了一批杰出的校友，像巴金、郭沫若、朱德等等。社会上的人一提川大，就会觉得川大的文史很强，人文底蕴很深厚。作为川大人，作为川大的干部、教师，都会为川大的人文社科的历史成就、历史影响、办学传统感到自豪和骄傲。到了我们这一代，在学校要建设国内一流，国际知名的高水平研究型综合性大学的历史进程中，如果我们不努力，如果我们不奋斗，没有使人文社科振兴起来，我想是我们这一代人没有负起自己应有的责任。所以，学校一直强调，在实现学校总体目标的同时，对人文社科要高度重视、全力支持，我也特别希望我们人文社科的领导干部、教职工、学生能够共同为人文社科的振兴和传承努力奋斗、努力拼搏。下面我讲四个方面的意见：

第一，我校人文社科要抓住“985 工程”二期建设的机遇，整体创建一流。大家都知道学校制定了总体目标三步走的战略，总体目标就是四川大学要建成国内一流，国际知名的高水平研究型综合性大学，三步走的战略是第一个五年，使我校的综合实力和核心竞争力进入全国前 10 位；第二步，要使我们的人均核心竞争力进入全国前 10 位；第三步，就是要进入国际高校 300 强。这样一个总目标和三步走战略的实现，要求文、理、工、医各学科要重点突破、跨越发展。理、工、医已经制定了科技跨越行动计划，以及相应的具体政策、目标、指标和激励措施。人文社科也正在制定繁荣计划，设定目标、指标和措施。

人文社科也一定要抓住“985”的机遇，组建突击队，实行高门槛、高待遇、高产出，把相关方向的杰出人才吸引到基地来，减少他们的行政事务和教学任务，使他们能够集中精力搞研究，提高研究水平，出更多更好的成果。所谓高门槛，就是你要进来，必须达到较高的条件，要有较高的成就；高待遇，就是只要进入创新基地，待遇就采取年薪制，肯定高于原来所在学院和研究所的待遇；高产出，就是你拿了这个钱，你就应该出多少东西，出不了东西，你只能再回到原来的学院去。在这个基地里面，不限制你研究什么，只管你能不能出多少东西，能不能使川大的人文社科有所突破；基地里的教授的研究成果可以与学院和研究所共享。“985 工程”建设的指导思想就是：一要有创新，二要有超常规举措，实行新的机制和新的模式，稳定并充分发挥现有大师级人物、杰出中青年学者的作用，同时积极引进国内外优秀学者。“985”的基地是一个开放的领域，进入创新基地的人文社科教授，必须是该学科领域的资深教授和高水平教授；同时，还要设立特聘教授岗位，理、工、医有国家级特聘教授，文科没有，但学校可以在校内评选，并给予相应的待遇。另外，我们也可以实施杰出学者、学科带头人、中青年学者等等不同名称的奖励计划和人才培养计划，只要是在人文社会科学岗位有突出成绩的，都可以作为杰出学者进入基地。我们一定要利用好“985”的机遇，使我校的人文社科有重大突破，不断跨越，尽快出人物，出名著，出流派，使川大的某个方面或某几个方面能够尽快达到国内一流水平和国际领先水平。我校的理、工、医科可以通过重点投入，在某个点上很快的达到国际一流水平，人文社科则可以利用“985 工程”二期的机遇，通过努力整体上达到一个较高的水平。

第二，传承四川大学深厚的人文底蕴，形成四川大学人才培养风格和特色。学校教务处通过一年调查研究，出台了本科教学“412”质量工程，其重大创新点，就是提出了四川大学新的人才培养目标，就是川大应该培养什么样的人。我国有上千所大学，每个大学都有自己的人才培养定位，那么我们川大的定位，川大的人才培养目标是什么？那就是要培养具有深厚人文底蕴、扎实专业知识、强烈的创新意识、宽广国际视野的国家栋梁和社会精英，而不是培养一般的人才，这是我们四川大学新的人才培养理念和目标。1926 年至 1931 年担任我校校长的张澜先生就曾经提出，四川大学应该是学术自由、思想自由，要严格要求学生，使他们成为国家栋梁、社会骨干。今天的四川大学培养的人才，也应该是国家栋梁、社会精英。

什么样的人才是国家栋梁、社会精英？首先必须具备深厚的人文底蕴，然后要具有扎实的专业知识，再次是具有强烈的创新意识，最后是具有宽广的国际视野。之所以把具有深厚的人文底蕴放在人才培养目标的首位，是因为四川大学是一所综合性大学，我们的文、理、工、医学科都强，我校的文史学科闻名全国，所以，进入川大的任何学生都应该打上川大的烙印，这个烙印就是深厚的人文底蕴。川大的毕业生应该多一份人文关怀，多一份人文素质，多一份社会责任感，多一份民族精神。如果川大的毕业生都有了深厚的人文底蕴，同时再具有和其他高校毕业生同样扎实的专业知识、同样强烈的创新意识和同样宽广的国际视野，那么，今后川大的毕业生在很多领域取得的成就就能超出其他学校的毕业生，进而成为社会上的领军人物。所以，我们的人文社会科学学科，除了培养本学科的学生和大师级人物，进行本学科领域的理论探索和创新以外，一定要为培养具有四川大学风格和特点的人才承担历史责任和历史使命。

为了实现我们新的人才培养目标，学校教务处专门进行了研究，并与学校社科处、人文社会科学学科的相关学院共同努力开设了“中华文化”公共平台课，通过这样一个精品课程，使学理、工、医的所有学生都能了解一点文史经典，都能说出一点文史常识，增加一些人文底蕴。要通过“中华文化”公共平台课，激发学生学习文史知识的兴趣，营造一种校园文化，并使我们培养的学生既有知识又有文化，这是我校人文社会科学学科所应承担的责任。我们常说有知识不等于有文化，单学科性高校培养的学生专业知识很扎实，但往往缺乏文化底蕴。而我校有学科综合的优势和深厚的人文底蕴，所以，我们的人文社会科学学科一定要把培养具有深厚人文底蕴、扎实专业知识、强烈创新意识和宽广国际视野的国家栋梁和社会精英的重要任务，作为自己的历史责任和使命。我校人文社会科学学科在人才培养中的重要作用，不仅要体现在文科毕业生上，而且要体现在理、工、医学科培养的毕业生上。

“中华文化”公共平台课一定要精心设计、系统讲授。在给理、工、医学科的学生讲授“中华文化”时，一定要把他们当作“小学生”，因为目前我国的高中还文理分设，理科生的人文知识基础还不深厚；同时也要把他们当作“大人物”，因为这些学生毕业后可能成为国家领导人、科学家。所以“中华文化”公共平台课的老师一定要给学生讲精华，讲经典，讲他们能领悟到的。历史上很多著名的科学家，包括爱因斯坦、诺贝尔、莱布尼兹、伯特兰·罗素、巴斯德、门捷列夫等，凡是有大成就的人，都既有知识又有文化。这方面希望我们人文社科要高度重视。

第三，发扬四川大学的办学传统和大学精神，精心营造人文氛围和环境。要重视文科，就必须要从内心深处来感悟我校的文科，来感悟川大的人文和历史。上次，原学校党委书记卢铁城同志和我共同申报了一个校园文化建设项目，经过认真研究，我们认为不能就研究项目而研究项目，一定要通过项目的实施来发扬川大的传统，营造良好的校园文化环境。

很多领导、学者来到我校时，看到文科图书馆前有吴玉章先生的雕像，看到校园里有以张澜等著名人物命名的道路，他们不需要和我们的老师、学生交谈，就会感悟到我校人文社会科学学科曾经所取得的成就，就会说：川大真的很有历史，人文底蕴真的很深厚。大家都知道我校的研究生院大楼很漂亮，去年我们在研究生大楼中建设了学术走廊，很好地展示了学校的历史、人物、成果，在全国影响很大。研究生院一楼大厅的一个展板，把1896年光绪皇帝组建四川大学堂的御批展示在那里，不用解释，别人一看就知道川大的悠久历史。所以，我们的校园文化建设项目，不仅要在理论上进行探索和创新，更重要的是要在新老校区建设中形成一种良好的人文环境和氛围。我们要在新校区的东门到图书馆的景观水道建设一个四川大学的历史文化走廊，要把学校的历史、文化和人物展示在新老校区，现在正在整体设计中。学校的新校区以环境生态化、景观园林化、校园信息化为特色，集学术性、艺术性、生态性于一身，如果再把学校的历史、文化和人物展示出来，就能让人一进校园就深深地感悟川大，热爱川大，尊重川大。

学校已经要求教务处、社科处编写一本介绍川大历史的简明教材，要在我校的新生入学后的入学教育课上进行讲授，要让我校的新生从入学时起就能了解川大的历史，让他感受到川大是一个历史悠久、名师荟萃、曾培养出大批文学巨匠的学校，从而产生自豪感和认同感，这种入学教育是至关重要的。此外，学校已经要求学工部、博物馆，今后要组织我校的所有学生到博物馆去参观，并且作为一门素质教育课程，让我校的学生在毕业时，对母校留有美好的回忆。

要发扬我们的校园文化、校园精神，要形成一种具有四川大学特色的文化氛围，使每一个在川大工作过、学习过、生活过的人，使每一个到川大来过的人都留下深刻印象，感悟川大，热爱川大，尊重川大。

第四，实施“两个战略”，引领世界人文科学。四川大学人文社科的建设和发展应定位为世界水平、国内领先，“两个战略”就是重点突破战略和国际化战略。

川大的人文社科有很高的历史地位、很深厚的发展基础，有一批大师级老专家、老学者，也有一大批中青年学者，在发展中，我们一定要有高目标、高定位。同时，我们的研究方向应瞄准国家发展中需求最迫切的重大领域和方向，要和国家政治、经济、文化的重大战略结合起来，要和地区经济的重大发展策略结合起来，选准某个方向，重点突破，使我们的学科在服务社会的过程中达到国内领先水平。

另外，我们一定要有国际化的眼光，社科研究方向一定要国际化。中国的人文社科在国际上有非常好的发展机遇，我们把马克思主义哲学、辩证唯物主义和中国改革发展的实践相结合，可以探索建立和形成我国新的政治学体系、哲学科学体系和社会科学体系。中国正在进行中国特色的社会主义建设，我们的各种社会改革和发展都是在马克思主义理论指导下进行的，都是马克思理论的新发展，在实践层面，我们成绩不小，积累了很多经验教训，具有很好的基础和条件。但在理论层面上还存在一些差距，国外的政治学和哲学有很多流派，相比下我们中国马克思主义的理论层面没有进行充分的探索，我们完全可以开拓新的领域，从学术、科学的角度，为马克思主义政治学、哲学、经济学的发展和创新多作贡献，我们的学者应该努力去发现、探索，在理论研究方面要力争达到世界水平。我们四川大学有很好的宗教学、历史学研究基础，天津大学有个老教授给我写了封信，信中说四川大学有很多学院、研究所，完全可以把学术成果译成英文，拿到国际上去发表。比如说我们中国的道学、儒学有很好的人生哲理，如果我们在马克思主义的指导下，将我们研究道学、儒学的成果翻译成科普的英文、德文，在国际上发表，就能引领世界人文科学发展。德国汉诺威大学有个教授，已经60多岁了，他在德国看了英文版和德文版的老子，他为其中的哲理深深吸引，甚至影响了他的整个人生观。为什么说人文社科比理、工、医更重要？因为人文社科能影响一个人的意识形态、思维方式、处世哲学。我们有宗教学研究所、南亚研究所、藏学研究所，如果我们一方面进行理论探索和创新，一方面译成外文图书在国际上发行，科普性地介绍中国的学术和哲理，就能引领世界人文社科研究。为了很好地贯彻重点突破战略和国际化战略，我们还要进一步深入研究研讨，增添和落实新的措施，使四川大学的人文社会科学学科真正在国际上有影响，在国内处于领先地位。

作为理工科学者，我一直重视学校人文社科的发展与建设，因为我在内心深处深切感受到：我校的人文社科实在太重要了，不但对科学研究、学生培养，而且对川大的品牌和形象，对川大的整体发展都很重要。我曾经讲过，我校现在面临的问题，不是社会上的人知不知道川大的问题，而是大家能不能敬重川大的问题，这涉及我校自身的跨越发展、核心竞争力的提高，而校园文化和校园环境建设是最直接、最现实的一个工程。只要我校的人文社会科学学科有很好的发展规划和举措，我们就有希望在短时间内实现人文社会科学学科整体达到一流水平，并且能在某些领域达到国际水平，在全国处于领先地位。我想，在我校人文社科老一辈学者、大师级人物的带领下，经过我们中青年学者的努力拼搏和全校人文社科广大师生员工的共同努力与奋斗，我校的人文社科一定能够建设成为一流的、高水平的学科体系，为实现学校建设高水平研究型综合大学的奋斗目标作出自己的贡献！

谢谢大家！

学校工作计划、总结

四川大学2005年工作要点

（川大委［2005］2号）

根据党中央、国务院和教育部以及省、市有关部署，在邓小平理论和“三个代表”重要思想的指导下，牢固树立和全面落实科学发展观，继续坚持“巩固、深化、提高、发展”的新八字方针，结合学校实际，紧紧围绕学校确立的战略目标及发展基本思路，突出重点，扎实做好2005年的各项工作，奋力推进学校的新跨越。

一、以“三个代表”重要思想为指导，以科学发展观统领全局，进一步加强和改进学校党建与思想政治工作

1. 进一步坚持和完善党委中心组定期学习制度，认真学习贯彻党的十六届四中全会关于提高党的执政能力和第十三次全国高校党建工作会议关于加强领导班子建设的各项要求，以思想政治作风建设为重点，切实加强学校新班子建设，积极筹备开好新四川大学首届党代会，以“三个代表”重要思想为指导，以科学发展观统领学校工作全局。

2. 深入学习贯彻《中共中央国务院关于进一步加强和改进大学生思想政治教育的意见》，围绕“培养什么人、如何培养人”这一重大问题，开学后在调研的基础上及时召开全校加强和改进大学生思想政治教育工作会议，对学校贯彻中央这一文件精神作出全面部署，深入推动邓小平理论、“三个代表”重要思想和科学发展观的“三进”工作；逐步建立全校学生工作信息库；进一步加强大学生党组织建设，积极发展大学生党员；有针对性地加强大学生心理健康教育，继续推动思想政治教育进网络、进公寓、进社团，不断拓展思想政治教育的新途径；进一步弘扬川大精神，继续加强学风、教风及校风和校园文化建设；着重理顺和完善研究生思想政治教育体系；切实加强专兼结合的学生政工队伍建设，不断探索完善和形成学生思想政治教育的领导体制和长效机制。

3. 在认真调研中层机构设置实际状况的基础上，进一步科学合理规范学校党政机构设置，优化结构，明确职能，增强整体功能；按照“先正后副、逐步到位”的办法，争取在2005年上半年基本完成中层党政领导班子和干部的换届调整工作。

4. 按照上级党组织的统一部署，结合学校实际，上半年准备，下半年有计划、有步骤地开展好保持共产党员先进性教育活动，并以此全面加强学校基层党组织的思想、组织及作风建设和党员领导干部与党员队伍建设；积极筹备并承办好2005年10月中旬在我校召开的教育部直属高校及部分高校组织工作研讨会第九次会议。

5. 由党委宣传部和新闻中心牵头，进一步完成整合校园宣传思想理论网站、电视台、校报校刊、广播站、出版社等思想文化舆论阵地的工作，进一步加强对外宣传，特别是加大对学校重点工作重大进展和突破的宣传力度。

6. 认真学习贯彻中共中央最近颁发的《建立健全教育、制度、监督并重的惩治和预防腐败体系实施纲要》，及时召开一年一度的全校党风廉政建设工作会，增添措施，加大从源头上预防和治理不正之风与腐败现象的工作力度；扎扎实实搞好收送礼金红包、有价证券等问题的自查自纠专项治理工作，并以此为契机，警钟长鸣，对全校党员干部进行一次普遍深刻的党风廉政教育；加强对群众关注的学校热、难点问题的纪检监察；进一步健全完善反腐倡廉的各项规章制度；继续规范办学行为和收费行为；认真贯彻落实国家新的《内审工作规定》和《内审基本准则》，加强新老校区建设、干部换届离任以及学校各项重点工作的审计工作。

7. 进一步加强校、院机关作风建设，牢固树立“以人为本”和为师生职工以及教学科研第一线服务的思想；校、院两办和校内各单位都要根据自己的工作职责，切实负起责任，转变工作作风，狠抓工作的落实；校、院两办通过印发《情况反映》、《督办周报》、工作通报、现场办公、巡视督查、校务公开栏等途径和措施，切实加强对学校和学院重点工作与热点工作的督办落实。

二、奋力实施“985 工程”二期建设，迎接“211 工程”二期验收，扎实推进学科建设

8. 2005 年是实施“985 工程”二期建设的关键阶段，在确定平台的基础上深入进行平台建设，制定和实施《“985 工程”科技创新平台管理体制和运行机制的实施细则》；全面开展平台首席科学家及科研、管理人员的选聘工作；对条件成熟的科技平台着重进行深度建设，力争早出成果。

9. 在做好“十五”“211 工程”中期检查与评估的基础上，及时启动第二阶段建设的各项工作；同时扎实做好“十一五”“211 工程”建设项目申报的准备工作，争取在获得的项目和经费上都有较大幅度增长。

10. 根据国务院学位办（教育部学位管理与研究生教育司）即将启动的新一轮博士、硕士授权点申报审批工作要求，高度重视，精心组织，认真做好相关工作，力争取得最好结果。

三、以提高教育教学质量为核心，深入实施“研究生教育创新计划”和本科教育“412 质量工程”

11. 深入实施“研究生教育创新计划”，积极争取获得 2005 年度研究生教育创新工程的项目资助，积极进行文、理、工、医交叉融合跨学科培养研究生创新能力的实践探索；进一步探索建立适应高水平研究型大学要求的学位与研究生教育管理模式和机制，进一步提高研究生培养质量；在做好校优秀博士学位论文的推荐、评选与奖励工作的基础上，认真组织全国百篇优秀博士学位论文的申报评选工作，力争有新的突破；认真做好 2005 年博士、硕士研究生的招生宣传、考试及录取工作，确保研究生招生任务的完成；结合新制定实施的《四川大学关于研究生导师队伍建设的若干意见》，进一步深化导师队伍的建设与管理改革。

12. 围绕学校确定的培养国家栋梁和

社会精英的新人才目标，全面落实本科教学“412质量工程”建设的各项改革措施，总结学分制实施4年来的进展，完善学分制改革的各项配套方案，教学投入、管理、激励、监督等机制与举措切实落实到位，坚持通过发挥多学科综合优势、加大国际合作力度、发挥科学研究强势、采取系列特殊举措等途径，深化本科教育教学改革，进一步提高本科教育教学质量。

13. 坚持“以评促改，以评促建”的原则，在校内认真自评的基础上，一方面继续加大宣传力度，使迎评创建工作深入人心，另一方面在加大软硬件投入的同时，进一步明确差距，分解任务，落实各单位责任及整改措施，确保2006年在教育部组织的本科教学评估中获得优秀。

14. 进一步做好招生就业工作，着重继续提高生源质量和毕业生就业率。改进就业指导方式，不断充实和完善“用人单位库”的信息量，加强对毕业生有针对性的就业指导服务；围绕本科教学评优指标体系，加强毕业生就业质量和社会反映的追踪调研，探索建立毕业生就业质量评估体系，并使之对学校的招生和教学工作起到调节和促进作用，实现“招就互动”；采取多种形式加大招生宣传力度，进一步建好“川大招生在线”网站，特别是利用网上即时咨询功能为广大考生及家长服务；继续搞好四川省暨成都市重点中学校长及高三年级组长来校联谊活动；实施招生录取“阳光工程”，接受社会各方监督。

15. 进一步加强成人教育、网络教育和二级独立学院建设。成人教育学院要严格按照“集中办学，独立运行，确保质量，做大做强”的指导思想，努力做好发展与教学工作；积极发展HND等国际合作教育工作；网络教育学院要认真总结发展工作经验，搞好恢复招生后的各项工作，加大校内外的管理力度，确保教育质量，在做好在职非脱产学历网络教育的同时，努力开拓非学历继续教育工作；经教育部批准筹建的两个独立二级学院要加快建设，搞好首届招生和教学的准备工作。

四、深入实施“科技跨越行动计划”和“哲学社会科学繁荣计划”，推动学校科研工作再上新台阶

16. 深入实施“科技跨越行动计划”，各项科研指标力争在全国高校中的排名继续有所提升。坚持抓紧抓好自然科学基金和“973”、“863”、科技攻关等一批重大项目和科研基地、人才、成果的申报和评审工作；争取获得国家工程研究中心1个，积极准备烟气脱硫国家工程研究中心的验收工作；进一步加强学校与国家及地方行业主管部门和大中型企业的合作，努力扩大横向科技项目和经费，力争科研经费继续大幅度增长，超过6亿元，力争达到6.5亿～7亿元；继续推进学校新兴交叉学科研究中心的建设，对继续滚动支持的3个第一批新兴交叉学科研究中心加强服务和宏观监督，5个第二批已获准建立的交叉学科研究中心要使其购置的设备及时到位，确保尽快开展研究工作；加强国防科学研究院的建设，争取武器装备科研生产单位保密资格与《武器科研生产许可证》的获准许可，争取一些重大项目，特别是抓好大型军工项目的申报以及在研项目完成的服务及促进工作；进一步探索校内科研管理的新体制和机制，制定并完善相应的科研激励和约束管理办法，形成一批科研创新群体，使学校成为国家特别是西部地区创新体系的核心组成部分。

17. 深入实施“哲学社会科学繁荣计划”，紧密结合“马克思主义理论研究和建设工程”，为建设充分反映当代中国马克思主义最新理论成果的哲学社会科学学科体系和教材体系作贡献；抓好国家和部省级的社科“重大招标项目”、“重大委托项目”等重大项目的推荐、组织、申报、立项和实施，争取获得更多的国家项目和各级各类项目，在立项人均数方面达到全国高校前列；积极争取社科经费持续增长，入校经费力争超过5000万元；抓住实施“985”、“211”工程建设的契机，大力建设人文社科基地，带动社科学科建设和科研水平上新台阶，出标志性成果，力争获得更多的省部级社科成果奖，力争有成果进入国家级别咨询对策渠道，人均成果数和论文专著的影响因子居于全国高校前10位。同时，紧密联系省市地方的经济发展和社会进步，开展深入的人文社科研究，为省市地方政府献计献策，成为省市地方的思想库和智囊团。

五、大力促进科技成果转化和发展科技产业，切实搞好医疗卫生和社会服务

18. 充分发挥学校国家大学科技园、国家技术转移中心和成都川大技术转移中心等科技平台的积极作用，加大科技成果转化的力度，孵化新的科技企业10家～15家，转化科技成果20项～30项，其中重大产业化项目2项～3项，为国家和地方社会经济建设多作贡献；国家大学科技园要加快园区建设和进一步完善园区服务体系，力争获准建立国家级创业服务中心；同时，积极搭建大学生科技创新创业教育平台。

19. 进一步健全完善学校科技产业的管理体制和运行机制，突出抓好川大华西制药、川大智胜、川大力腾等重点科技企业的管理，全面启动周边开发的规划和建设，继续做好全资企业的清理整顿和“关、停、并、转”工作，整合资源，培育新的盈利点，实现科技产业对学校直接的经济贡献有较大幅度的增长。

20. 继续深化医学教育和医疗卫生服务改革，积极搞好“八年制医学教育”试点，继续大力促进医学和多学科交叉渗透的进展，继续积极支持临床应用高新技术；适时召开医院数字化建设研讨会，推动医院数字化建设，提高医院管理效率和质量；加强药物临床前试验机构的建设和管理，迎接国家对我校药物临床前试验机构资格认定检查；监督、检查、规范附属医院的药物临床试验机构，迎接国家对我校附属医院药品临床研究基地新申报专业的资格认定检查；扩大住院医师规范化培训试点学科，协助试点学科真正达到规范培养住院医师的要求，力争成为卫生部的试点学科和全国示范点；继续完成教育部下达的四川大学教育支援西藏大学医学院的政治任务，结合西藏大学医学院2005年至2007年发展规划，落实相关支援项目；继续承担卫生部《支援西部地区农村卫生项目》，面向基层、面向社区、面向农村，成为省市地方骨干医疗示范基地和国家西部医疗卫生中心，为西部卫生事业发展、卫生人才培养、重大疾病监测预防等多作贡献。

21. 学校组建专门机构，抓紧筹办学校110周年校庆；加强对校董会和校友会的领导，充分发挥这“两会”的积极作用，继续加强与社会各方面的交流与合作，动员各方面力量支持学校的改革与发展，争取在合作办学、人才交流、资源共享等方面有更大的突破。

六、深化人事分配制度改革，进一步实施“人才强校战略”

22. 实施《四川大学教师队伍建设实施办法》和《四川大学关于进一步深化分配制度改革的实施办法》，深化教师聘任制改革，建立健全教师职位管理制，规范用人制度，从制度上确保人才公平竞争，实现人才合理流动；实行以绩效为主的“基本工资、岗位津贴、贡献奖金”三元结构分配制，对高层次拔尖人才，试行协议年薪制；根据学科领域、人才使用的目标职责建立一套系统科学的评价办法。

23. 继续深入实施和完善“人才强校战略”，探索建立多层次、多形式的人才培养、引进和使用模式，加大高层次拔尖人才内培外引的力度和创新团队的建设；组成专门班子，抓紧抓好新一轮院士申报工作；继续实施高水平学术带头人和骨干师资队伍培养、青年教师培养、海内外拔尖人才引进、大师级人才队伍建设、党政管理干部队伍建设和短期出国访问进修以及实验、医技、教辅及高级技工等高技能专业技术人员队伍培养提高、创新团队建设等七大计划，通过上述计划的实施，使最具实力和希望的中青年拔尖人才尽快成长为一流学者；同时，修订《四川大学博士后服务工作指南》，积极稳妥地扩大博士后研究人员的招收规模，继续做好博士后招收计划的拟定及实施，发挥好博士后联谊会的群体作用。

七、继续加快教育国际化的步伐，大力加强对外交流与合作

24. 认真筹备中美公立高校校长论坛，力争把论坛举办成教育国际化的一大盛事，促进我校与国外高水平大学的交流与合作，提升学校的国际知名度。

25. 进一步加快教育国际化的步伐，继续做好与美国华盛顿大学“创新人才培养班”、法国泰雷兹大学联合培养硕士班、德国亚琛工业大学环境工程双硕士课程的招生及培养工作；大力推进中外合作办学进程，扩大合作范围，提高合作层次；积极探索实施与美国、法国、英国、德国、荷兰、韩国、日本及周边国家高校的留学生交换工作；争取境外学生人数在本年度内超过800人；在学校新建学生活动中心为外国留学生建立中国文化教室，大力弘扬中华民族文化；加强科技领域的国际合作，探讨建立国际科技合作试验点，加大引进世界一流学者来校讲学和任教的力度；严格按照国家对港澳台的政策，加强与港澳台地区的交流，积极探索境外合作办学的渠道，逐步形成全方位的对外合作与交流局面。

八、坚持“以人为本”，切实加强管理，加大管理体制改革的力度

26. 继续探索校院两级管理体制下重心下移的具体模式，进一步扩大学院办学自主权，充分调动学院的主动性、积极性和创造性；落实对学院的分类管理，重点建设一批研究型学院和研究、教学型学院。

27. 进一步加大管理体制改革的力度，着重探索建立健全对各职能部门和各学院、各单位进行工作考核的科学指标体系和便于操作的考核办法，形成校、院依法办学、各部处和各单位按章办事、教职工按岗履职的良好局面。

28. 积极筹备召开好一届五次教代会和一届二次工代会；以教代会为主要载体，稳步推进校务公开工作；继续坚持完善学院（单位）二级教代会制度，进一步推进院务公开；同时，进一步充分发挥校、院两级工会组织和两级教代会制度及各专门工作委员会的作用，推进学校的民主政治建设。

29. 进一步加强学校的财经工作。加大合法筹措资金力度，从经费上保证学校教学、科研、改革发展的顺利进行；认真贯彻执行“财务收支两条线”的规定，并监督和检查全校各单位执行情况；严格按照校内收费管理委员会章程要求规范校内各单位的收费事项；开展经费项目清理、核实、归类工作，特别加大债权债务清理工作；严格年度预算工作，年终按预算审计并在教代会上报告。

九、继续加强校园建设，完善公共服务体系

30. 继续高效、优质、按时完成新校区一期工程建设。按法定程序完成新校区土地的全部征用手续，办理好国土使用证；做好已竣工工程的验收和完善工作；按期完成图书馆、艺术学院、行政及教学楼、基础医学实验楼、风雨操场、水工实验场、学生宿舍、游泳池及网球场、化学品库房、礼堂等工程，完成光明小区和东区的小区规划以及绿化调整和道路工程；确保今年秋季新生入学。

31. 继续推进望江、华西老校区改造和建设的六大战役。完成出国培训中心大楼、华西校区留学生公寓的续建工作，按期开工修建华西临床医学科教大楼、华西学生食堂及教工活动中心、高压实验室、望江和华西校区学生宿舍、农林村和与文里经济适用房的修建工作；继续拆除危旧房和违章搭建的房屋，启动全校学生宿舍的全面维修改造，加快校园主干道路和基础设施的改造，进一步美化绿化校园。

32. 继续加强校园网络建设和分步实施“数字川大”建设，优化网络设施的配置，完善公共信息资源和数据库平台，确保网络安全；大力加强图书馆、出版社、博物馆、档案馆和各类文献资料中心以及学报的建设，加强与全国文献保障体系的紧密联系，提高信息化水平，并积极筹建校史陈列馆。

33. 坚持为教学科研及师生职工服务的方向，加强后勤社会化服务体系建设，把后勤集团服务总承诺工作继续向纵深推进；进一步着重改进学生食堂的服务态度，努力提高食堂饭菜的质量；继续完善“拨改收”制度；在搞好校内服务的同时，不断开拓校外市场，实现以外养内，为学校多作贡献。

十、努力为师生职工多办实事、好事，调动各方面的积极性，确保学校的持续稳定

34. 围绕学生成长、成才，构建多层次为学生服务的体系，全面关心、关爱学生，做好学生奖贷、医疗保险、卫生防疫等工作；构建新的学生激励机制和经济困难学生资助机制及“奖、贷、助、补、减、免”等多方面的助学体系，进一步加大特困生资助保障工作力度；特别要注意多渠道开展勤工助学活动，积极拓宽勤工俭学渠道，为学生提供更多的勤工助学机会，减轻广大困难学生的经济负担，同时加大资金投入和积极争取更多的社会奖助学经费，帮助经济困难学生奋发成才。

35. 加强校内教职工“社区”建设；在竹林村小区整治建设的基础上，进一步推动全校教职工各生活小区的整治及文明建设，为教职工工作和生活创造更加优良的环境；通过校工会广泛开展建设“职工之家”活动，本着“成熟一个验收一个”的原则，进行“职工之家”的验收评比；继续按计划为教职工进行身体轮检，特别注意关心特困教职工的生活；结合“双代会”提案的落实，努力为教职工办实事；同时注意充分调动和发挥女教职工在学校办学过程中的积极性和“半边天”作用。

36. 加强各级共青团、学生会、研究生会以及科协等群团组织的建设，注意发挥其积极作用；通过“两会”提案、建言献策等途径，充分发挥各级人大代表、政协委员和各民主党派及无党派知名人士参政议政的重要作用，同时注意培养上述这些方面代表人员的后备力量，特别注重培养和举荐一批具有较高的政治把握能力、参政议政能力、组织协调能力、合作共事能力的高素质党外干部，并向上级统战部门积极举荐作为实职安排。根据我校归国留学人员增多的情况，认真筹备四川大学海外同学会，积极发挥海归人员在学校发展建设中的作用；进一步完善离退休两级管理体制，继续发挥"关工委"和老年大学的重要作用，加强"二次人才"开发的力度；在学校财力允许的基础上，进一步改善离退休人员的待遇，特别关注长期生病以及生活有特殊困难的离退休人员、劳动模范和孤寡老人。

37. 坚持不懈地抓好学校治安综合治理工作，确保学校持续稳定。学校的安全稳定工作必须坚持一把手责任制，进一步完善校内外联动机制；进一步严格门卫制度，尽快实施老校区门禁及校园数字视频监控系统；充分发挥校园110的优势，不断加强治安、交通和防火等工作，压低交通事故、一般刑事案件和治安案件发案率，力争杜绝重特大刑事案件和重特大灾害事故的发生；不断完善处理突发事件的应急预案，确保校园的持续安全稳定。

四川大学2005年下半年工作要点

（川大委［2005］34号）

2005年下半年工作的总体要求是：根据党中央、国务院和教育部以及四川省有关部署，在邓小平理论和"三个代表"重要思想的指导下，牢固树立和全面落实科学发展观，继续坚持"巩固、深化、提高、发展"的新八字方针，结合学校实际，紧紧围绕学校确立的战略目标及发展思路，突出重点，扎实做好2005年下半年的各项工作，奋力推进学校的新跨越，以优异成绩迎接党代会的召开。

一、认真抓好保持共产党员先进性教育活动，进一步加强和改进学校党建与思想政治工作

1. 严格按照中央、教育部和四川省委的统一部署和要求，扎实开展以学习和实践"三个代表"重要思想为主要内容的保持共产党员先进性教育活动，紧紧把握"保持共产党员先进性，奋力推进学校新跨越"这个主题，在坚持分类指导、突出针对性、务求实效性上下工夫；在切实加强基层党组织特别是党支部建设、探索建立党员"长期受教育、永葆先进性"的长效机制上下工夫；在充分运用正反典型特别是身边的典型开展教育上下工夫。要以科学发展观统领学校工作全局，找准并解决制约学校发展的关键性问题，进一步发挥学校党委的领导核心和各级党组织的政治核心、监督保证以及战斗堡垒作用，充分发挥共产党员在各个岗位上的排头兵作用，使教育活动和学校各项工作"两促进、两不误"，为学校持续发展提供坚强有力的政治保证和组织保证。

2. 继续深入贯彻第十三次全国高校党建会议精神，切实加强学校各级领导班子和领导干部的思想政治建设，进一步提高把握政治方向、推动学校改革发展、科学判断形势、善于管理学校、应对复杂局面与处理突发事件等五个方面的能力和水平。坚持理论联系实际、学以致用、讲求实效，作学习的表率；坚持统筹学校的改革发展，作顾全大局的表率；坚持发扬民主，善于集中，作贯彻民主集中制的表率；坚持敢抓敢管，敢于和歪风邪气作斗争，作坚持原则的表率；坚持品德高尚，境界高远，作教书育人的表率；加强党性锻炼，严于律己，作清正廉洁的表率。把学校各级领导班子建设成为政治坚定、求真务实、开拓创新、勤政廉洁、团结协调的坚强领导集体。

3. 继续深入贯彻《中共中央国务院关于进一步加强和改进大学生思想政治教育的意见》。加大“两课”建设改革的力度，深入推进邓小平理论、“三个代表”重要思想和科学发展观的“三进”工作；根据教育部新颁发的《普通高等学校学生管理规定》，修订完善学校的相关条例；逐步建立全校学生工作信息库；进一步加强大学生党组织建设，积极发展大学生党员；有针对性地加强大学生心理健康教育，继续推动思想政治教育进网络、进公寓、进社团，不断拓展思想政治教育的新途径；进一步弘扬川大精神，继续加强学风、教风及校风和校园文化建设；着重理顺和完善研究生思想政治教育体系；切实加强专兼结合的学生政工队伍建设，不断探索完善和形成“育人以学生为中心”的学生思想政治教育领导及工作体制和长效机制。

4. 积极筹备并承办好2005年10月中旬在我校召开的教育部直属高校及部分高校组织工作研讨会第九次会议。

5. 由党委宣传部和新闻中心牵头，进一步完成整合校园宣传思想理论网站、电视台、校报校刊、广播站、出版社等思想文化舆论阵地的工作，进一步加强对外宣传，特别是加大对学校重点工作重大进展的宣传力度。

6. 进一步深入贯彻中共中央最近颁发的《建立健全教育、制度、监督并重的惩治和预防腐败体系实施纲要》，增添措施，加大从源头上预防和治理不正之风与腐败现象的工作力度，加强对干部的廉政培训和对群众关注的学校热、难点问题的纪检监察；进一步健全完善反腐倡廉的各项规章制度，对部处、学院等各单位的党风廉政建设的责任制的落实情况进行抽查、考核；继续规范办学行为和收费行为；认真贯彻落实国家新的《内审工作规定》和《内审基本准则》，加强新老校区建设、干部换届离任以及学校各项重点工作的审计工作。

7. 根据《中国共产党章程》、《中国共产党普通高等学校基层组织工作条例》等有关规定，按照中组部、教育部党组和四川省委的要求，积极筹备，于今年12月底以前召开新一届四川大学党代会，以邓小平理论、“三个代表”重要思想和科学发展观为指导，回顾总结学校原三校召开党代会以来、特别是新四川大学组建以来学校党委的工作，提出推进学校党的建设和事业发展的工作思路和奋斗目标，选举产生新一届中共四川大学委员会和纪律检查委员会，动员和团结全校党员及师生员工为把四川大学建设成国内一流、国际知名的高水平研究型综合大学而奋斗。

二、全面推进学科建设，继续实施“985工程”和“211工程”

8. 在认真检查各院系学科建设规划落实情况的基础上，认清形势，总结经验，明确差距，进一步讨论制定各院系的战略定位、学科建设规划和师资队伍建设规划，增添措施，突出亮点和特色，并在此基础上，讨论制定学校的“十一五”中长期发展规划。

9. 2005年下半年是实施“985工程”二期建设的关键阶段，要下大工夫深入进行平台建设，力争在管理体制和运行机制创新、拔尖学术带头人队伍和创新团队建设、优势资源集成、多学科交叉渗透以及建设一流科研创新平台、产生重大原创性成果和加快科技成果转化等方面取得重大突破，至少使1～2个学科真正达到世界一流水平。

10. 继续做好“211工程”建设的有关工作；启动“523”实验室二期建设，开通虚拟大型精密仪器设备公共管理平台；根据国务院学位办（教育部学位管理与研究生教育司）新一轮博士、硕士授权点申报审批工作要求，继续做好下一阶段的相关工作，特别是一级学科授权点的申报要力争取得最好结果。

三、进一步创新教育理念，继续深化教育教学改革，不断提高教育教学质量

11. 深入实施“研究生教育创新计划”，以文、理、工、医交叉融合、跨学科培养研究生创新能力为重点，从体制、管理、教学、科研和导师队伍建设等各个方面，建立适应研究型大学要求的研究生教育教学管理新模式和机制，进一步提高研究生培养质量；在继续做好校优秀博士学位论文的推荐、评选与奖励工作的基础上，进一步认真组织新一轮全国百篇优秀博士学位论文的申报参选工作，力争又有新的突破。

12. 围绕学校确定的培养国家栋梁和社会精英的新人才目标，继续落实“本科教育412质量工程”中提出的各项举措，以多学科交叉、融合的优势来推动人才培养，以科研强势来带动人才培养，以提高国际化教育的程度来提升人才培养，以一系列特殊举措来促进人才培养，全面推动学校人才培养模式的创新和教育教学各项改革的继续深化。要继续重视加强本科教学精品课程和精品教材的建设。

13. 要切实加大迎接教育部本科教学评估的工作力度，在继续加大软硬件投入的同时，本科评优领导小组和各工作组要加强领导，进一步明确职责，分解任务，落实各学院、各单位责任及整改建设措施，做好本科评优的各项准备工作，真正做到“以评促建，以评促改”。

14. 进一步做好招生就业工作，在认真总结今年招生工作的基础上，提早思考、增添措施，进一步提高生源的数量和质量；继续改进就业指导方式，加快拓展就业网功能，不断充实和完善“用人单位库”的信息量，培育新的就业基地，多渠道开拓毕业生就业市场，探索建立四川大学立体化就业与创业指导新模式。

15. 进一步加强成人教育、网络教育和独立学院建设。成人教育学院要严格按照“集中办学，独立运行，确保质量，做大做强”的指导思想，努力扩大生源，扎实做好发展与教学工作；网络教育学院要进一步加大校内外的管理力度，确保教育质量，在做好在职非脱产学历网络教育的同时，努力开拓非学历继续教育工作，积极开展职业教育工作；经教育部批准筹建的两个独立学院要加快建设步伐，特别是已经实现首届招生的锦城学院，要切实搞好教育教学和二期工程的建设工作；要继续抓紧与科华学院的几个候选投资方的谈判工作，在尽快确定投资方后，按倒计时工作规划抓紧建设，确保科华学院明年9月新生入学。

四、继续深入实施“科技跨越行动计划”和“哲学社会科学繁荣计划”，推动学校科研工作再上新台阶

16. 继续深入实施“科技跨越行动计

划”，各项科研指标力争在全国高校中的排名进一步有所提升，力争完成年初提出的科研经费增长任务，即超过6亿元，力争达到6.5亿元～7亿元。坚持抓紧抓好自然科学基金和“973”、“863”、科技攻关等一批重大项目和科研基地、人才、成果的申报和评审工作，特别是争取已成功的重大项目冲击国家科技进步一等奖，实现科研成果获奖的又一重大突破；争取获得国家工程研究中心1个，积极准备烟气脱硫国家工程研究中心的验收和教育部两个重点实验室的评估；继续推进学校新兴交叉学科研究中心的建设；加强国防科学研究院的建设，特别是抓好大型军工项目的申报以及在研项目完成的督查工作。

17. 扎实实施“哲学社会科学繁荣计划”，紧密结合高校哲学社会科学领域“三项学习教育”活动的开展，全面加强学校哲学社会科学队伍的建设；继续抓好国家和部省级的社科“重大招标项目”、“重大委托项目”等重大项目的推荐、组织、申报和立项和实施，争取获得更多的国家项目和各级各类项目，积极争取社科经费持续增长，入校经费力争超过年初提出的5000万元；抓住实施“985”、“211”工程建设的契机，大力建设人文社科基地，带动社科学科建设和科研水平上新台阶，出标志性成果，力争获得更多的省部级社科成果奖，力争有成果进入国家级别咨询对策渠道，人均成果数和论文专著的影响因子居于全国高校前10位。大力抓好以人文教育为本的校园文化建设，努力形成良好的人文校园环境。同时，继续紧密联系省市地方的经济发展和社会进步，开展深入的人文社科研究，为省市地方政府献计献策，争取做出的应用性成果比2004年同期增加15%以上。

五、进一步促进科技成果转化和发展科技产业，切实搞好医疗卫生和社会服务

18. 充分发挥学校国家大学科技园、国家技术转移中心等科技平台的积极作用，加大科技成果转化的力度，特别是将成果转化工作的触角延伸到实验室，力争转化一批有技术含量和市场前景的项目。国家大学科技园要加快园区建设，尽快启动武侯科技园的建设，争取尽早获得高新南区院士科技园用地；进一步完善科技园区服务体系，努力提高孵化企业、孵化面积、创新能力、经济效益、人才培养等各项指标，力争国家创业服务中心申报成功。

19. 筹备召开四川大学科技产业工作会议，进一步统一思想，提高认识；着力健全完善学校科技产业的管理体制和运行机制，分批对全资企业的主要负责人进行公开选聘；重点抓好川大华西药业、川大智胜等重点科技企业的管理，尽快提高经营绩效，同时做好上市前的准备工作。尽早获得成都市政府对我校周边改造总体方案的批复，启动望江文化区以及原城环学院大楼的改造、搬迁和项目定制招商等周边改造首期项目；做好科华北路科技产业孵化楼项目的前期准备工作；按照教育部全国高校科技产业工作会议精神，下大力气继续做好全资企业的清理整顿和“关、停、并、转”工作，整合资源，培育新的盈利点；大力发展文化产业；通过努力，逐步实现科技产业对学校直接的经济贡献有较大幅度的增长。

20. 进一步深化医学教育和医疗卫生服务改革，继续搞好“八年制医学教育”试点，继续大力促进医学和多学科交叉渗透的进展，继续积极支持临床应用高新技术；加强药物临床前试验机构的建设和管理，迎接国家对我校药物临床前试验机构资格认定检查；监督、检查、规范附属医院的药物临床试验机构，迎接国家对我校四个附属医院药品临床研究基地新申报专业的资格认定检查；继续完成教育部下达的四川大学教育支援西藏大学医学院的政治任务，结合西藏大学医学院2005年至2007年发展规划，落实相关支援项目；继续承担卫生部《支援西部地区农村卫生项目》，面向基层、面向社区、面向农村，成为省市地方骨干医疗示范基地和国家西部医疗卫生中心，为西部卫生事业发展、卫生人才培养、重大疾病监测预防等多作贡献。

六、全面实施新一轮人事分配制度改革，进一步加快“人才强校战略”步伐

21. 全面实施《四川大学教师队伍建设实施办法》和《四川大学关于进一步深化分配制度改革的实施办法》，着重深化教师聘任制改革，实行以绩效为主的“基本工资、岗位津贴、贡献奖金”三元结构分配制，对高层次拔尖人才试行协议年薪制，并根据学科领域、人才使用的目标职责，建立一整套系统科学的考核评价办法。

22. 继续深入实施和完善“人才强校战略”，探索建立多层次、多形式的人才培养、引进和使用模式，加大高层次拔尖人才内培外引的力度和创新团队的建设；继续抓紧抓好院士申报工作；继续实施高水平学术带头人和骨干师资队伍培养、青年教师培养、海内外拔尖人才引进、大师级人才队伍与各级教学名师队伍建设、党政管理干部队伍建设和短期出国访问进修以及实验、医技、教辅及高级技工等高技能专业技术人员队伍培养提高、创新团队建设等七大计划，通过上述计划的实施，使最具实力和希望的中青年拔尖人才尽快成长为一流学者。

七、抓住校庆契机，促进学校深层融合，加大国际化教育力度，形成全方位的对外合作与交流新格局

23. 2006年是学校建校110周年，也是学校三强合并后的第一次校庆，按照“凝聚人心、联络校友、开发资源、扩大影响”的总体思路，全面做好校庆的各项筹备工作。抓住校庆契机，在已经实现校内管理体制和学科建设深度融合的基础上，尽快筹建新四川大学的美国、日本、英国、加拿大和港澳台校友会以及国内各主要省区的校友会，实现原三校校友的融合；认真做好“反贫困与国际区域合作”国际研讨会的前期准备工作；做好校史的整理、编辑与出版工作，筹建校史陈列馆；启动和实施文化校园的建设工作，完成新校区景观水道校史廊和三条支渠的有关雕塑建设等工程；进一步整合与开发社会资源，大力营造有利于学校建设高水平研究型综合大学的优良环境；同时，继续着力打造新四川大学作为研究型综合大学的风格和特色，进一步把“三强合一”的优势真正体现到培养一流的人才、创造一流的成果和提供一流的社会服务上来。

24. 进一步加快教育国际化的步伐，继续做好与美国华盛顿大学和美国马里兰大学“创新人才培养班”、法国泰雷兹大学联合培养硕士班、德国克劳斯塔尔大学、德国亚琛工业大学环境工程双硕士课程、巴黎第十大学等的招生及培养工作；加强与瑞典叶夫勒大学、美国西密西根大学和俄罗斯国立师范大学的联系，继续拓展“3+1”和“2+2”项目；努力探索实施与美国、法国、英国、德国、荷兰、韩国、日本及周边国家高校的留学生交换工作，争取境外学生人数在2005年下半年内超过1000人；加强科技领域的国际合作，探讨建立国际科技合作试验点；结合

“985 工程”平台建设，积极开展与美国加州大学联合建立九寨沟生态环境可持续发展国际研究中心的工作以及与德国克劳斯塔尔大学建设中德能源联合研究中心工作；加大引进世界一流学者来校讲学和任教的力度；严格按照国家对港澳台的政策，加强与港澳台地区的交流，积极探索境外合作办学的渠道，逐步形成全方位的对外合作与交流局面。

八、严格要求，规范管理，促进内部管理水平的进一步提高

25. 继续完善校院两级管理体制下重心下移的具体模式，进一步扩大学院办学自主权，充分调动学院的主动性、积极性和创造性；进一步探索建立现代大学制度的途径和方法，落实对学院的分类管理，重点建设一批研究型学院和研究教学型学院。

26. 进一步探索建立健全对各职能部门和各学院、各单位进行工作考核的科学指标体系和便于操作的考核办法；校、院两办和校内各单位都要根据自己的工作职责，通过现场办公、巡视督查、校务公开栏等途径和措施，切实加强对学校和学院重点工作与热点工作的督办落实，逐步形成校、院依法办学、各部处和各单位按章办事、教职工按岗履职的良好局面。

27. 继续加强学校的财经工作，进一步完善经济目标责任制，千方百计促进各单位经济目标的实现，保证学校各项收入的到位；进一步完善二级财务管理实施细则，推进“财力集中、财权下放”的财务管理体制改革；进一步督促健全完善校内各单位财经管理等各项制度，严格执行“财务收支两条线”的规定，并监督和检查全校各单位执行情况，坚决治理“小金库”；严格按照校内收费管理委员会章程要求规范校内各单位的收费事项；搞好资金运作，降低运用成本；开展经费项目清理、核实、归类工作，特别加大债权债务清理工作；严格年度预算工作，年终按预算审计并在教代会上报告；进一步推进学校公房管理和水电气管理的改革，以土地、公房和大宗物资设备为重点，继续调查摸清学校国有资产的家底，补充现有信息数据库，进一步建立和完善国有资产管理制度，逐步实现国有资产制度化、规范化管理。

九、继续加强校园建设，完善后勤条件保障和公共服务体系

28. 继续高效、优质、按时完成新校区一期工程建设。力争按照法定程序完成新校区土地的全部征用手续；做好已竣工工程的决算和建档工作；按期完成教学及行政综合楼、风雨操场、18～21 组团学生宿舍、网球场等工程，进一步完善新校区东区的小区规划以及绿化调整和道路工程。

29. 继续推进望江、华西老校区整治和建设的六大战役。按时完成留学生公寓和学生宿舍的续建工作，按期开工修建华西临床医学科教大楼、华西学生食堂及学生活动中心、农林村教工宿舍等的修建工作；启动和实施校史陈列馆的改建工程、学校大门设计方案的征求意见和修建准备工作、华西校区西区地下停车场的修建及地面绿化等一系列建设工作；加快校园主干道路和基础设施的改造，进一步美化绿化校园。

30. 继续加强校园网络建设，优化网络设施的配置，完善公共信息资源和数据库平台，确保网络安全；大力加强图书馆、出版社、博物馆、档案馆和各类文献资料中心以及学报的建设，提高信息化水平。

31. 随着后勤条件保障甲乙方机制的

逐步建立，进一步完善后勤工作的拨改收制度，继续坚持为教学科研及师生员工服务的后勤社会化改革方向，以节约水电费支出等工作为重点，努力降低学校在后勤条件保障工作的经费支出，建设节约型校园。

十、坚持以人为本，构建和谐川大，确保学校的持续稳定

32. 继续围绕学生成长、成才，构建多层次为学生服务的体系，全面关心、关爱学生，做好学生奖贷、医疗保险、卫生防疫等工作；构建新的学生激励机制和经济困难学生资助机制及“奖、贷、助、补、减、免”等多方面的助学体系，进一步加大特困生资助保障工作力度；特别要注意积极拓宽勤工俭学渠道，为学生提供更多的勤工助学机会，减轻广大困难学生的经济负担，同时加大资金投入和积极争取更多的社会奖助学经费，帮助经济困难学生奋发成才。

33. 进一步加强工会、教代会的建设，做好教代会换届准备工作，充分发挥工会、教代会在学校民主政治建设中的积极作用；进一步推进校务、政务公开工作。结合“双代会”提案的落实，努力为教职工办实事：分步实施住房货币化改革；积极扩大经济适用房建设，努力改善中青年教师住房条件；继续加强校内教职工“社区”建设，在竹林村小区整治建设的基础上，进一步推动全校教职工各生活小区的整治及文明建设，为教职工工作和生活创造更加优良的环境；要注意特别关爱长期生病以及生活有特殊困难的离退休老同志、劳动模范和孤寡老人。

34. 继续加强各级共青团、学生会、研究生会以及科协等群团组织的建设，发挥其积极作用；通过“两会”提案、建言献策等途径，充分发挥各级人大代表、政协委员和各民主党派及无党派知名人士参政议政的重要作用，同时注意培养上述这些方面代表人员的后备力量，特别注重培养和举荐一批具有较高的政治把握能力、参政议政能力、组织协调能力、合作共事能力的高素质党外干部，并向上级统战部门积极举荐作为实职安排；根据我校归国留学人员增多的情况，认真筹备四川大学海外同学会，积极发挥海归人员在学校发展建设中的作用；继续完善离退休两级管理体制，进一步发挥“关工委”和老年大学的重要作用。

35. 坚持不懈地抓好学校治安综合治理工作，确保学校持续稳定。进一步完善校内外联动机制；尽快实施老校区门禁及校园数字视频监控系统；不断完善处理突发事件的应急预案，确保校园的持续安全稳定；通过努力，构建一个民主法制、公平正义、以人为本、诚信友爱、充满活力、安定有序、安居乐业、协调发展的和谐川大。

四川大学2005年上半年工作总结

（川大校［2005］37号）

根据学校党委和行政制定的《四川大学2005年工作要点》，我校2005年要重点抓好十个方面的工作。对照年初制定的工作计划和目标，结合学校各方面的工作，现将我校2005年上半年主要工作完成情况总结如下：

一、在“三个代表”重要思想的指导和科学发展观的统领下，学校党建与思想政治工作得到进一步加强和改进

（一）正式启动了我校保持共产党员先进性教育活动，召开了四川大学保持共产党员先进性教育活动的动员大会，校党委书记杨泉明同志对我校开展先进性教育活动作了具体部署；制定了《中共四川大学委员会关于开展保持共产党员先进性教育活动的实施方案》，印发了《关于印发四川省委教育工委督导组组长周旺云同志〈在四川大学保持共产党员先进性教育活动动员大会上的讲话〉的通知》和《中共四川大学委员会先进性教育活动领导小组关于学校先进性教育活动学习动员阶段的实施意见》；组织开展了中国人民抗日战争暨世界反法西斯战争胜利60周年纪念活动；启动了社科系统三项学习教育活动，启动了党代会召开前的筹备工作；成功举办了李岚清同志题为《音乐·艺术·人生》的讲座。

（二）顺利完成了面向海内外公开选聘副校长和同步民主推荐党委副书记及校纪委书记工作。这次海内外公开选聘共有171人申报，其中海外申报有37人，来自美国、德国、加拿大、日本、澳大利亚、瑞典、新加坡、泰国等9个国家；国内申报有134人，其中校外88人，来自北京、上海、黑龙江、广东、甘肃、云南等23个省、市；校内有46人申报。经过个人申报、资格审查、组织公开答辩、党组织考察、上报教育部党组审批，最后公开选聘了副校长8人，校党委副书记2人，校纪委书记1人。

（三）基本完成了校内处级领导班子和处级领导干部的换届调整工作。从今年3月下旬以来到6月底，对全校22个机关部处和校工会、校团委，13个处级建制的业务管理等单位，29个学科型学院的处级领导班子和处级领导干部进行换届调整。这次采取“两推一述”的方式，全校申报副处及其以上干部有1500多人次，经过组织审查，有624人次参加述聘答辩，全校有2万多人次参加校内各单位述聘测评推荐和民主推荐。通过换届调整原有副处级及其以上干部365人，现已任命和聘任副处及其以上干部344人，其中，有女同志64人，占现已任命（聘任）干部总数的18.6%，民主党派和无党派干部有40人，占现已任命（聘任）干部总数的11.6%，平均年龄由换届调整前的45.9岁下降到42.8岁。40岁以下的有120人，占现已任命（聘任）的34.9%，具有博士、硕士学位的占现已任命（聘任）干部总数的62.8%，具有副高级及其以上专业技术职务的占现已任命（聘任）干部总数的82.6%。对67名中层干部进行轮岗交流，占现已任命（聘任）干部总数的19.5%。因任职年龄等因素不再安排领导职务的有89人；新提拔担任领导干部的有128人，占现已任命（聘任）干部总数的37.2%。完成了援疆干部、教育部驻外后备干部的推荐工作和有关人才的选拔工作。

（四）学生思想政治教育工作得到进一步加强。进一步贯彻落实了中央16号文件精神和全国加强和改进大学生思想政治教育工作会议精神，共发展新党员3083人，其中本科学生党员2393人，硕士、博士生党员589人，在职教职工党员101人。截至毕业生离校前统计，我校大学生的党员比例达到19.36%，其中博士、硕士生中党员比例为38.13%；举办了11个入党积极分子培训班，培训大学生入党积极分子2290人。为学生举办了各类讲座近200场；成功举办了第二届研究生校园风采大赛、第五届学生文化艺术节等多项校园文化活动；组织开展了“百名优秀学生干部小平故里行”、“红色旅游”等爱国主义教育活动；在四川省“挑战杯”大赛中，取得了全省第一的优异成绩；组织学生参加了近10项国际学术交流活动；对20余位学生进行了危机干预，心理咨询中心共接待来访学生600余人次，正式开通了“阳光”心理热线。

（五）开展了党风廉政教育，加强了制度建设和行政监察。学校召开了2005年全校党风廉政建设工作会，签署了《四川大学校级党政领导班子廉政承诺书》；印发了《四川大学关于贯彻中共中央、国务院〈关于实行党风廉政建设责任制的规定〉的实施办法》的征求意见稿、《四川大学关于在全校进一步深入开展学习贯彻〈中国共产党党内监督条例（试行）〉和〈中国共产党纪律处分条例〉的通知》，转发了《教育部等七部门关于2005年治理教育乱收费工作的实施意见》及中央五部委、教育部有关经济责任审计工作有关文件；共收到群众各类举报反映125件（次）（含上级纪检监察部门和检察院转来信件），初查核实了结121件（次）。

（六）召开了四川大学党外干部学习会；向省、市委统战部推荐了20余位党外后备干部；在政协第九届四川省委员会第一、二次会议评选的100件优秀提案中，我校政协委员有9件提案受到表彰。

（七）人民日报、光明日报、中央电视台等多家重要媒体宣传、报道我校信息共42条（篇），其中中央电视台新闻联播节目对我校学生工作取得的成绩报道了2次；向中宣部送舆情报告44篇，被采用10篇；荣获了2004年普通高等教育事业统计奖二等奖。

二、“985工程”二期建设正式启动，“211工程”二期中期抽检顺利通过，学科建设扎实推进

（一）“985工程”二期建设进入了具体实施建设阶段。学校相继召开了“985工程”二期文科建设座谈会、二期建设项目会议以及“985工程”科技创新平台和社科创新基地建设实施动员大会，制定并实施了《四川大学“985工程”科技创新平台新的管理体制和运行机制的实施细则（试行）》等6份相关管理文件；“985工程”二期科技创新平台及哲学社会科学创新基地开始面向海内外招聘科研人才和团队成员，应聘的科学家和研究人员已达457人，其中国内353人，海外104人（非华裔10余人），已引进来自美国MIT、霍普金斯大学、康奈尔大学等国际名校的科研团队3个；首批启动了重大疾病生物治疗、宗教与社会研究社科创新基地等6个创新平台/基地，首席科学家或负责人与学校签订了责任书，相关工作已按计划展开。

（二）新增“高压科学与技术”等14个自主设置的博士点学科、专业；组织申报了18个博士学位授权一级学科、23个博士学位授权点。

（三）顺利通过了“211”部际协调小组办公室安排的“十五”“211工程”中期检查抽查，并得到了较高的评价。

（四）成功举办了第2届全国工程硕士专业学位教育指导委员会2005年工作会议。

三、以提高教育教学质量为核心，实施了“研究生教育创新计划”和本科教育“412质量工程”

（一）制定并已实施了《关于实施研究生教育创新计划的若干补充意见（试行）》，增列了77位博士生指导教师，其中破格选拔了12位优秀青年副教授。

（二）获国家教学成果奖9项，其中一等奖1项，二等奖8项；1篇博士学位论文获全国百篇优秀博士论文奖，3篇获提名奖；评选出校级精品课程建设项目23门，推荐省级精品课程24门。

（三）高质量完成了招生工作。录取博士生1035人，硕士生4564人，本科生10000名。高质量完成了在全国31个省、市、自治区的本科招生任务，其中文科提档线高出重点线20分以上的有12个省、市、自治区，平均分高出重点线30分以上的有21个省、市、自治区；理科提档线高出重点线20分以上的有9个省、市、自治区，平均分高出重点线30分以上的有27个省、市、自治区；在四川、重庆等生源大省平均分高出重点线都在40分以上，其中四川省录取占总计划近30%，文科录取平均分600分，理科录取平均分640分；录取600分以上5426人，610分以上4373人，620分以上3458人，630分以上2681人，640分以上1662人；录取学生中党员及预备党员168人。授予492人博士学位，2804人硕士学位，完成了3110名毕业研究生的就业和派遣工作，研究生就业率达91%。首届台湾籍口腔医学研究生顺利获得硕士学位，首届MPA研究生正式入学并开始学习。毕业本专科学生6925人（含七年制毕业生）。截至7月6日，总就业率（含免研）为88.27%，其中本科生就业率为88.18%。我校被评为四川省普通高等学校毕业生就业工作先进集体。

（四）共开设文化素质公选课186门，首次在全校开设了素质教育必修课程《中华文化》，共4190人选修，还开设了国际教育本土化的素质教育选修课程，有253人选修；2001级创新班和中美联合班共有119人顺利毕业，其中58人攻读硕士研究生，国外留学6人；启动2005年大学生科研训练计划，提供了230个科研训练题目，可供近800名本科生参与训练；在全国大学生英语竞赛中，9人获特等奖，9人获一等奖；获“外研社杯”辩论赛第五名，1人获最佳辩手称号；组织了全国大学生数学建模竞赛、电子设计竞赛的选拔培训工作；完成了“2004年学校本科教学工作水平评估校内自评”相关的总结工作，为本科教学评估奠定了良好的基础。

（五）“国家工科基础课程化学教学基地”、“国家理科基础科学人才培养基地”顺利通过了专家评估验收。

（六）成人教育学院龙泉阳光校区开始运行，今年成人教育毕业生总数达

6492人，考取研究生65人；获准2005年国家级、四川省级继续医学教育项目10余个，培训医药卫生专业技术人员和管理干部近千人次。

（七）春季网络教育招生报名人数1814人，录取1749人，并首次实现了网上报名；2005年春网络教育学生毕业10174名，这是网络学院建院招生以来毕业人数规模最大的一次；望江校区2001级网络学院学生考研取得历史性突破，上线13人，录取11人。

四、深入实施了“科技跨越行动计划”和“哲学社会科学繁荣计划”，学校科学研究、科技产业及产学研工作再上新的台阶

（一）积极组织了2005年度中国科学院和中国工程院增选院士候选人的申报工作，有3人进入中国工程院第2轮评审。申报国家杰出青年基金23项，有3人通过会评；教育部创新团队推荐国家自然基金委创新群体1项。

（二）在科技纵向项目方面，新获准“973”计划1项，首席科学家为顾忠伟教授，经费3000万元。国家自然科学基金申报项目773项，比2004年的694项增长了11.4%，其中面上项目704项，重点项目20项，已有6项通过会评，重大研究计划4项。“863”计划申报8项，获准课题3项，子课题2项。申报教育部博士点基金97项。国防项目获准8项。我校智胜公司已中标国务院、中央军委“85”机场空管改造项目，合同金额2.0095亿元。在横向项目方面，截至6月底，新签合同360个，合同经费10650.63万元；签订技术转让、服务、咨询合同10项，合同经费549万元，与2004年同期的231万元相比增长了138%；签订合同并与社会共建科技开发平台7个。

（三）获准国家社科基金项目立项11项，占全省立项数33%，获准国家社科基金重大项目1项；2项社科成果入选全国哲学社会科学规划办公室编辑出版的《国家社科基金项目成果选介汇编》（第一辑）；推荐申报2005年教育部社科项目53项。

（四）完成了“523实验室工程”二期建设的18个新专业实验室的评审工作；组织完成了实验技术立项评审工作，资助项目38项，资助经费54.2万元；启动了四川大学第二批新兴交叉学科科学研究中心建设工作；申报的“皮革工业清洁技术国家工程研究中心”已通过国家发改委组织的专家答辩，在该领域排名第一，现正进入最后的论证批准阶段；烟气脱硫国家工程技术研究中心接受科技部验收以及口腔生物医学工程教育部重点实验室、生物资源与生态环境教育部重点实验室评估的各项准备工作井然有序。

（五）申报各级各类科技奖励39项，其中，计算机学院游志胜教授的“CDZS系列空中交通管制系统”项目已通过专业组会评，被推荐为国家科技进步一等奖，这是我校17年来的重大突破；申报四川省奖励31项，其中有5项已通过专业组会评，被推荐为四川省科技进步一等奖；申报中华医学奖4项。共申请专利90项，与2004年同期的87项相比增加3.4%，其中发明专利86项；获得专利授权47项，与2004年同期34项相比增加38.2%，其中发明专利40项。

（六）加强对应用型科研机构的申报和管理工作，批准成立了第13批社科科研机构，共8个研究所。

（七）由我校独立编撰的集中反映儒学成就及其历史的大型儒学丛书——《儒

藏》被列为“孔子基金会”的重大项目，预计收书5000种，分装500册，首批成果50册，总字数约2600万字；初步完成了《四川大学哲学社会科学繁荣计划》（征求意见稿），并举办了系列高水平、高规格、影响大的社科学术交流活动。

（八）承办国际应用科技开发协作网年会；与成都市科技顾问团和四川两院院士咨询服务中心共同成功举办了首届成都科技节，并承办了“科技节·西部科学论坛”的部分学术活动。

（九）召开了全校科技成果转化工作会议，完成了碲化镉太阳能电池、汽车尾气排放净化处理等5项成果的谈判和组建项目公司的工作；华西药业、川大智胜等重点企业上半年经营业绩有较快增长；按照学校确定的“关、停、并、转”计划，注销了3家校办全资企业，完成了4家公司校有股权的划转工作；启动了学校周边改造项目，已完成了拟建地块的基地调查、土地开发条件评估、首期开发项目策划招标等基础工作，与成都市规划局、国土局和武侯区政府共同完成了周边改造的规划指标和报批的前期工作；与全球科技发展基金会、法国贸促会、四川省科技交流中心等单位签订了战略合作协议，全面推动科技园的国际化进程；与地方政府合作，进一步加强了武侯科技园、绵阳科技园及德阳新材料基地等分园区的开发建设。

（十）起草了《关于学校全资企业关停并转的整体方案》、《关于进一步加强对校属企业管理的通知》、《四川大学关于科技成果入股办公司有关规定》（讨论稿）等文件和实施细则。

（十一）上半年“产学研”到位资金250万元；成立了四川大学校友会广州分会；与中国银行联合推出的“四川大学校友联名卡”已进入整体宣传推广启动阶段；全面开始了110周年校庆的启动准备工作。

五、医疗卫生和社会服务取得显著成绩

（一）结合卫生部医疗质量管理年活动，各附属医院立足于自身特点，在医院流程改善、医疗质量管理和病员服务等方面全面完成了各项工作，继续强化“以人为本”的管理理念，进一步调整医院内部服务结构，提高行政办事效率，切实减轻病人负担。在努力探索新的服务途径和方式的同时，进一步挖掘自身潜力，扩大服务范围和种类，医疗服务质量再上新台阶，上半年几所附属医院门急诊达1449095人次，住院49314人次，手术23882人次，均比去年同期有所增加。

（二）华西医院肝移植技术再次获得突破性进展，世界第二例、中国第一例尸体活体合成肝移植取得成功；华西口腔医学院被选为德国驻成都总领事馆定点医院。

（三）加强了八年制医学教育改革研究及协调工作；加强了药物临床试验机构的管理和平台建设，获得从事药物临床试验的准入资格。

（四）华西公共卫生学院已被国家发改委批准为四川省化学品中毒救治基地，项目经费达2600万元；华西医院与四川都江堰市联手进行的“长寿与衰老”研究计划正式启动。

（五）华西第四医院承担了欧盟中国农村项目：为三个贫困县（屏山县、珙县和宝兴县）培训了63名乡村医务工作者，为683名老人进行健康普查，并建立健康档案，并在这3个县的9个村，为2700名老人进行了健康教育。开展了近年来华西医院最大规模的一次社会公益义诊活动，共接待病人3000多位；举办了以“让视界充满爱”为主题的第十届“全国爱眼日”大型义诊暨捐赠活动。组织了若干支医疗服务队，承担2005年卫生部支农工作任务。继续完成教育支援西藏大学医学院的任务，为西藏大学选派优秀教师和管理干部。

（六）在纪念“五·一二”国际护士节暨全国卫生系统护理专业“巾帼文明岗”和“巾帼建功”标兵表彰大会上，华西医院急诊科护理组和华西医院护理部成翼娟分别被授予全国“巾帼文明岗”和全国“巾帼建功”标兵荣誉称号。我校被授予“四川省职业、放射卫生先进集体”称号，两位同志被评为2004年度职业、放射卫生工作优秀个人。

六、启动了新一轮人事分配制度改革，进一步实施了“人才强校战略”

（一）印发并实施了《四川大学教师队伍建设实施办法（试行）》和《四川大学关于进一步深化分配制度改革的实施办法（试行）》，召开了全校人事分配制度改革实施动员大会，组织全校职工进行了岗位核实、登记。

（二）共引进21位优秀人才；接受选留毕业生122人，其中博士研究生39人，硕士研究生68人；招收博士后18人，14名博士后出站。

（三）组织推荐并上报2004年度享受政府特殊津贴专家10人；组织推荐评审2005年度“长江学者”特聘（讲座）教授；组织完成2005年度“宝钢奖”的评选工作；组织推荐、协助院士提名和本人自荐推荐4名四川省“杰出创新人才”奖候选人。

（四）选送300余名教师报名参加在职攻读硕、博士学位考试；有21人被录取参加2005年CMB资助在职攻读硕士学位项目；选送39人参加英语双语教学培训；选拔23名教师赴澳大利亚维多利亚大学进行为期1个月的英语强化培训；组织约130名青年教师参加岗前培训；组织教师参加国内短期培训14人次，参加国家留学基金委英语培训12人次，组织70名教师参加四川大学教师暑期外语培训。

七、教育国际化的步伐进一步加快，对外交流与合作进一步加强

（一）成功召开了由教育部主办、我校承办、美国亚利桑那州立大学协办的“中美公立研究型大学校长研讨会”。来自美国12所公立大学的校长等28人和来自全国31所大学的校长等59人共87名代表齐聚我校，共同研讨公立研究型大学与地方经济发展的时代命题，会议受到了国内外的高度关注；受教育部委托，成功承办了由中国教育国际交流协会主办的“俄罗斯高等教育展暨第三届中俄大学生艺术节”，俄方15所院校的21名校长和副校长以及大学生演出团体26人共47人出席了活动；召开了第四届国际姑息医学学术研讨会和2005年国际精神分析临床研讨会等2次高水平国际会议，此外，还承办了其他国际学术会议6次。

（二）共接待来访团组46批320余人次，参加国际会议的国外代表48人，来访、讲学的短期外国专家200余人次，长期专家和外籍教师38人，共620余人次；共接待港澳台地区访团组15批313人。

（三）校际交流工作进一步发展。与日本早稻田大学、法国蒙彼利埃高等商学院、瑞典叶夫勒大学、韩国东国大学、美国密西根大学、新加坡国立大学等签署了校际交流协议；与台湾南荣技术学院签订了学术合作协议；与美国CIEE、法国东方语言文化学院合作取得初步进展。

（四）引进了公共卫生教育、八年制医学教育两个 CMB 医学教育和科研项目以及 CIDA 妇女项目，经费资助共计 300 万元人民币。

（五）共接受和招收了来自 39 个国家的长短期外国留学生 621 名，其中长期学生 558 名，短期生 63 名；毕业本科生 8 名、硕士研究生 10 名，其他结业生 146 名。上半年在校港澳台侨学生 181 人，有 11 名港澳台侨学生学成毕业，其中本科生 3 名，博士、硕士研究生各 4 名。

（六）自 2005 年 7 月 1 日起被教育部正式授予具备一定派遣人员因公临时出国和邀请外国相应人员来华事项审批权的高校。

（七）派出长短期各类因公出国人员 242 名；国家留学基金录取 33 人国家公费出国留学。

（八）圆满完成了"外专局 214 人才班"、国家留学基金委"公派出国英语高级班"、中国地质大学高级师资班的英语培训；成功组织了国家留学基金委英语统一考试，以及由教育部考试中心、剑桥大学考试委员会、英国文化委员会主办的 PETS－5、BEC 等考试；首次开办了中英硕士直通车。

八、坚持"以人为本"，切实加强管理，加大了管理体制改革的力度

（一）召开了以"以人为本，深化改革，加快发展，努力建设和谐川大"为主题的四川大学第一届五次教代会暨一届二次工代会，共有 600 余名代表参政议政，收到提案 104 份，原则通过了校长谢和平院士作的题为《抓住机遇，深化改革，团结激励全校教职工努力推进学校新跨越》的工作报告、《四川大学教师队伍建设实施办法》（草案）、《四川大学关于进一步深化分配制度改革的实施办法》（草案）、《四川大学教职工住房补贴实施办法》（草案）和《四川大学工会、教代会工作报告》；校长接待日共接待 10 次，200 余人次。

（二）完成了学校相关财务的预、决算上报工作，编制并通过了学校 2005 年校内预算分配草案及学院分配方案，认真执行了学校批准后的年度预算方案；进一步加强了资金管理，加大了学校资金筹措的力度，采取各种措施，力争教育部、社会各界加大对学校的支持，并逐步采取措施，增强学校的创收能力，从经费上保证学校教学、科研、改革发展的顺利进行；进一步加强了财务监督和管理，加强了"收支两条线"监管，规范了校内各项收费行为，规范了学校基本账户，并将基建、后勤财务纳入学校财务进行监督；进一步完善了学生网上缴费系统。

（三）共开展财务审计项目 33 项，已完成审计项目 19 项，提交审计报告书 19 份，审计涉及金额 225249.34 万元，查处有问题资金 399.84 万元，提出审计意见和建议 41 条；工程审计完成审计项目 666 项，送审造价 74929.22 万元，审定造价 64157.78 万元，审核、审计共审减金额 10771.45 万元，为学校节约投资资金超过 1.07 亿元。

九、进一步加强了校园建设，完善了后勤条件保障和公共服务体系

（一）新校区 3000 亩土地规划已通过省国土厅预审；完成了新校区图书馆、艺术学院大楼、水工实验场、游泳池及两栋学生宿舍的工程建设；完成了风雨操场、学生宿舍规划调整等设计工作；对新校区已完工并投入使用的工程项目依据合同项目进行了验收，合计验收项目达 150 多项，各项工程质量均达到优良；除学生宿舍区和青春广场外，新校区的绿化工程已全部经学校验收，并进行了移交。望江和华西校区共完成了 14 个基建项目，其中包括 6600 平方米的出国人员培训楼和 27000 余平方米的学生宿舍楼等工程的建设工作、农林村片区向阳五、六幢及绿杨村九幢的搬迁拆除工作和学校家属区污雨水改造工程等多项校园整治项目。

（二）后勤条件保障工作服务质量和水平进一步提高，师生对后勤集团服务工作的投诉率降低到万分之三。尤其是实施了《四川大学江安校区水电气管理办法》，并已启动望江校区、华西校区水、电、气管理改革。为保证江安校区 03 级学生返回老校区，完成了对学生寝室的家具进行大量维修和寝室的调整、安排等工作。

（三）开始对学校公房管理有关文件进行修改，为解决公房分配和管理中出现的问题奠定了基础，使学校资源能更有效分配和使用；加强了土地管理，与干道指挥部完成了再次土地确界手续，与中海房地产公司进行了土地确界，为华西校区大学路及胜利新村片区进行了土地指界；加强了公房、资产、股权和日常维修等工作的管理。

（四）进一步加大了校园网络管理，确保了各校区网络的日常运行、服务、管理、维护及网络设备的版本升级、优化设置；定期对系统进行安全监测与管理，有效防止了非法用户进入系统，保障了网络安全、系统安全和信息安全；加强用户管理，上门为用户处理故障 2000 余次；加强了学校办公自动化、教育部远程视频会议等系统的建设、维护和技术支持工作，做好了相关网页的建设和数据统计的上报工作。

（五）博物馆新馆建设及博物馆整体搬迁工作已进入收尾阶段，博物馆新馆展厅已正式对外开放。

（六）图书馆新引进了 Web of Science（SCI）、中国科学文献数据库服务系统（Science China）等电子资源。

（七）已完成《四川大学史稿》第一卷的初步修改工作和第四卷的征求意见及部分修改工作。

十、努力为师生职工多办实事、好事，调动了各方面的积极性，确保了学校的持续稳定

（一）做好了社会奖、助学金的申办和后续管理工作。新争取到 2 项社会助学金；完成了 3912 名学生共计 6196.285 万元的国家助学贷款申请工作，为 879 名学生发放助学贷款约 380 万元；为 2406 名贫困学生发放生活贷款 108.96 万元，已回收 2005 届毕业生的贷学金 114 万元；发放勤工助学费约 40 万元，为 1120 名学生提供了勤工助学岗位；继续做好学生医疗保险工作，本学期有 220 余名学生获得了 36 万余元的医疗保险赔付。

（二）进一步实施了校园整治和社区建设工程。开展了以清理违章占地、搭建、破墙开店等为主要内容的校园整治。先后对竹林村和若干长期违章经营的“钉子户”进行了大规模的集中整治。成功召开了竹林村和川大花园业主大会，对全校有条件的社区实行了自治管理；筹建了“四川大学望江校区社区服务站”，并已正式营业。

（三）老年大学开设了 16 个专业，40 多个教学班，已有 1600 多名学员；举办了各种慰问活动；离退休干部管理和关心下一代工作受到了教育工委、教育厅的表彰。

（四）收缴“法轮功”反动光盘 130 张，反动宣传资料 40 余份，受到了有关部门的表扬。

（五）“校园 110”接警、出警 1000

余次，为师生提供救助30多起，调解纠纷62起，配合消防部队参加灭火战斗2次，发现扑救火险3起；完善校内交通设施建设，在望江校区及华西校区增设交通标牌36块，增设减速带3处；调解处理一般交通事故28起，校内交通事故发生率比去年同期下降51.89%；举办消防安全知识培训和灭火演练41次，参加培训人员达3500多人次。

上半年，经过全校师生员工的共同努力，学校的各项工作都取得了较好的成绩，并为下半年的工作打下了良好的基础。在下半年，我校要进一步坚持以“三个代表”重要思想为指导，继续贯彻和落实科学发展观，讲大局，讲团结，讲稳定，把握新机遇，谋求新发展，全面推进各项改革，为早日实现学校建设高水平研究型综合大学的目标作出新的贡献！

四川大学2005年工作总结

（川大校［2006］10号）

2005年，我校以邓小平理论和“三个代表”重要思想为指导，深入学习贯彻党的十六大和十六届三中、四中、五中全会精神，牢固树立并全面落实科学发展观，坚持“巩固、深化、提高、发展”的方针，以积极开展保持共产党员先进性教育活动为动力，解放思想，求真务实，积极进取，开拓创新，在各级领导及社会各界的关心和支持下，通过全校师生员工的共同努力，核心竞争力和综合实力显著增强，各项改革进一步深化，发展进一步加快，为学校攀登新的高峰和创造新的辉煌奠定了扎实的基础。

一、党员先进性教育活动取得显著成效，成功召开了学校第六次党代会

在2005年下半年开展的保持共产党员先进性教育活动中，学校抓住机遇，突出主题，坚持分类指导，夯实党建基础，探索建立长效机制，突出强化边整边改，收到了先进性教育与学校改革、发展“两不误、两促进”的显著成效。教育部先进性教育活动领导小组办公室先后5次在专题简报中介绍我校的有关做法和体会。2005年中央召开的全国组织工作会议和全国高校党建工作会议，分别确定我校在大会作典型发言和提供经验交流材料。在学校的先进性教育满意度测评中，各级党代表、人大代表、政协委员、民主党派主委和无党派知名人士代表的满意度达98%，离退休党员代表、学生党员代表、教职工党员代表和非党群众代表的满意度达91%。学校还组织了“三项学习教育”活动，所采取的深化学教活动的措施，被中宣部和四川省“三项学习教育”活动领导小组办公室全文转发。

在先进性教育取得显著成效的基础上，学校成功召开了第六次党代会，这是三校合并之后的首次党代会。大会谋划了全面建设高水平研究型综合大学的改革大计和发展蓝图，选举产生了新一届党委和纪委领导班子。

二、学科交叉融合进一步推进，学科建设迈上新台阶

（一）学科建设取得重大进展

在2005年全国第十次博士、硕士学位授权点评选中，我校有10个博士学位授权一级学科和4个二级学科博士点通过了国务院学位办组织的专家评审，从而使我校的一级学科博士学位授权点增加到27个，一级学科博士学位授权点总数位列全国高校第3位，二级学科博士点数从原来的168个增加到现在的193个，硕士点增加到307个。

（二）"十五""211工程"进展顺利，中期检查获得优秀成绩

2005年是"十五""211工程"建设最后的一年，我校全面加速了整个建设的进程，督促各项目建设并出标志性成果。按国家的要求，我校已完成了各项经费的安排和使用。年中，我校"211工程"建设工作接受了教育部组织的中期检查的复查，被评为优秀。

（三）"985工程"二期建设全面启动

2005年，我校"985工程"二期建设进入了具体实施建设阶段。学校在中层干部换届调整中，专门设立了"985工程"和学科建设办公室，负责"985工程"二期建设有关事项，为"985工程"二期建设提供了组织领导和政策制度保障。学校紧紧围绕国家科技创新平台和哲学社会科学创新基地的核心要素，凝炼学科方向，汇聚学科队伍，以组建"创新突击队"为突破口，整合学校资源，力争重点跨越。目前已启动了8个科技创新平台和3个哲学社会科学创新基地，并完成了阶段性任务。第一批5个新兴交叉学科科研中心建设取得初步成效，第二批5个交叉学科科研中心建设也已全面启动。一批特色鲜明的高水平学科群正在形成。2005年8月29日至30日，在教育部召开的"985工程"二期建设经验交流会上，我校"985工程"二期建设的思路和做法得到了教育部及兄弟院校的肯定。

三、教育教学改革不断深化，学校办学水平和教育质量有了明显提升

（一）生源质量稳步提高，较好完成学生就业工作

我校在2005年招生工作中坚持公平、公正原则，建立并完善了以招生政策公开、招生资格及有关考生资格公开、招生计划公开、录取信息公开、考生咨询及申诉渠道公开、重大违规事件及处理结果公开等为主要内容的信息公开制度，圆满完成了招生任务。2005年，我校本科生招生计划10000名，实际录取10164人，少数民族预科生90人，总装备部预科生65人。其中，文科录取平均分高于600分以上的专业有12个，理科最低录取平均分高于650分以上的专业有28个；文科平均分高出重点线30分以上的有21个省（市、区），理科有27个省（市、区）。高分段学生人数较往年有较大幅度的增加，确保了我校的生源质量。

2005年，我校共招收全日制博士、硕士研究生5599人，其中，硕士研究生4564人，超额完成计划64人，较2004年的4269人增长了7%；博士研究生1035人，较2004年的1002人增长3%。完成了2004级专业学位研究生630人的招生计划。

学校各部门协调一致、齐抓共管，较好地完成了就业工作。2005年，我校毕业生共10035人，其中，研究生3110人，七年制硕士毕业生47人，本科毕业生6795人，专科毕业生83人。截至2005年9月1日，我校毕业生已就业人数6178人，占毕业生总数的89.21%，七年

制硕士毕业生就业率达到95.74%，到2005年12月31日止，2005届本科毕业生就业率达到91.91%。已就业的学生中，主要流向国有企业、民营企业及改制企业、医疗卫生单位、科研设计单位、三资企业等，集中分布在成渝地区、华东地区和珠江三角洲地区。截至2005年12月15日，全校2006届毕业研究生已签约21%，本科生签约31%，为2006年毕业生的就业开局打下了良好的基础。

（二）本科教学改革和教学管理进一步深化

为迎接2006年本科教学评估，达到“以评促改，以评促建，以评促管”的目的，学校积极抓了本科教学制度建设、教学改革、专业建设和课程建设；草拟和修订了《四川大学关于本科专业结构调整与专业建设的意见》、《四川大学本科专业设置、建设和管理办法》、《四川大学本科教学规范》、《四川大学教师教学基本要求》等教学管理文件；对全校118个本科专业进行了评估与梳理，正式启动了学校的品牌与优势专业建设工作；组织开展了“精品课程”项目申报、评选、推荐工作，共评出校级精品课程23门，获准省级精品课程21门，向教育部推荐“国家级精品课程”9门；进一步推动了本科教学“412”质量工程建设和学校本科教学评建工作，完成了对全校30个学院和17个机关部处、业务实体单位的年度自评自建工作，并严格按照评估指标A级标准规范了学校各教学环节的管理；继续贯彻领导干部亲临教学一线听课制，加大了学校教学质量的监管力度。

在今年的四川省教学成果奖和国家级教学成果奖评定工作中，我校获四川省教学成果奖50项，其中一等奖18项，二等奖16项，三等奖16项；国家级教学成果奖11项，其中一等奖2项，二等奖9项，独立完成9项，合作完成2项。

2005年，学校加大了对创新人才培养工作的重视，在2002级、2003级、2004级各类创新人才班进行了政治理论“两课”的教学改革试点，在“四川大学创新人才综合培养计划”中设立了“星火”小科研项目，取得了良好的成效。学校还启动了2005—2006年大学生科研训练计划，已有20个学院和单位面向2002级、2003级本科生提供了以理、工科为主的291个科研训练项目。2005年我校本科毕业论文（设计）题目来源于“863”、“973”、国家自然科学基金、总装备部、国际合作项目、横向合作等项目有了明显的增加；较好地完成了我校国防预科班的相关管理工作。

校园文化建设再上新台阶，为提高学生的文化素质打下了扎实的基础。2005年，我校成功举办了李岚清同志《音乐·艺术·人生》演讲等各类学术讲座300余场，组织开展了“凤凰展翅”第五届学生文化艺术节、毕业生文化艺术节、研究生校园风采大赛等各种校园文化活动400多场，极大地丰富了学生的校园文化生活。学校还策划在江安校区建设历史文化长廊，营造良好的校园文化氛围。除继续开设文化素质公选课外，学校开设了《中华文化》素质教育课和国际教育本土化的素质教育选修课程。2005年，我校学生在全国“挑战杯”大学生课外学术科技作品竞赛、全国大学生英语竞赛、全国大学生数学建模竞赛、全国大学生电子设计竞赛等比赛中均取得了优异的成绩，共获得全国特等奖9项，一等奖15项，二等奖55项，三等奖99项。

（三）研究生教育取得长足发展

学校全面推进研究生培养体制改革，

组织修订了博士、硕士研究生的培养方案，制定了《关于实施研究生教育创新计划的若干补充意见（试行）》，大力提升了研究生培养质量的核心位置。为加大导师队伍建设，认真落实《关于研究生导师队伍建设的若干意见》，学校首次组织了对具有高学历、高水平科研能力的副教授申请博士生指导教师资格的审查，增列博士生指导教师资格人选78人，及时充实了研究生导师队伍。围绕如何充分发挥综合大学优势，提高研究生文化底蕴，特别是提高研究生的研究性和学术性，提出并制定了系列改革措施，向教育部申请了5项研究生创新项目，已获批准2项，并承担了教育部研究生教育的创新任务。2005年，我校推荐了13篇优秀博士学位论文，其中9篇被四川省选送参加国家通讯评议，1篇获全国优秀博士学位论文奖，3篇获全国优秀博士学位论文提名奖。

（四）成人教育和网络教育稳步发展，独立学院建设进展顺利

依照“以本科教育为基础，以科研和研究生培养为重点，以成人和网络教育为补充”的办学格局，学校坚持“集中办学、独立运行、确保质量、做大做强”的指导方针，继续稳步推进成人教育和网络教育，及时组织召开招生专业申报会，正确制订了招生计划，较好地完成了2005年省内第一次招收各类成教新生7944人的任务，招收自考学生4708人，分别较上年增加22%和15%。积极做好各种培训工作，全年完成1500人次医学临床进修培训和3000人次国家级继续医学教育项目培训任务，积极做好了卫生扶贫、援藏和CMB项目的工作，HND项目开创了我校成人教育国际合作办学的新方式，四川大学国金留学预科学院已正式挂牌，今年共招生128人，目前有在校生325人。因我校2005年工作突出，荣获了四川省教育厅“高等教育学历证书电子注册管理工作先进集体奖”。

2005年我校远程教育报名总人数约5700人，录取5200余人。学校加强了对网络教学管理工作各个环节以及教学过程的监控措施，进一步提高网络教育教学质量，取得了良好成效。2005年，2001级网络全日制学生777人顺利毕业，14人考取研究生，其中，考取国内研究生10人，国外研究生4人；完成了10万余册的网络教育数字图书馆的建设工作，已投入使用；完成中组部“农村远程教育项目”4部电视专题片的拍摄和后期编辑工作；大力推广中国职业教育卫星网项目，先后有16家单位与我校签署了联合办学协议。

学校圆满完成了四川大学锦城学院的试办申报工作，现已开始招生。四川大学科华学院的建设工作正稳步进行，学校正协助新的投资方顺利接手四川大学科华学院项目，与我校合作办学。

四、科学研究不断取得新突破，科技创新体系已初步形成

学校科研总体实力和水平在2004年快速发展的基础上得到进一步的提高。2005年，全年科研总经费较去年增长1.5亿元以上，总额达到7.0153亿元，其中理工医科技经费达到6.5135亿元，社科科研经费达到了5018万元。获准国家自然科学基金各类项目182项，比去年增长29%，名列全国第9位；经费5821.76万元，比去年增长60%，名列全国第10位。新增1项“973计划”项目，首席科学家为顾忠伟教授，项目总经费3000万元，川大智胜公司中标国防重大项目1项，合同经费2亿元；新增国家杰出青年基金（A类）3项，经费270万元，比

2004年增长了28.6%，获准教育部“新世纪优秀人才计划”16人，教育部创新团队1个；生物治疗国家重点实验室已正式批准立项建设，新获准靶向药物教育部重点实验室，获准1项科技部国家科技基础条件平台项目子项目，国家皮革清洁生产技术工程研究中心已通过专家评审，小组第一，正待发改委研究批准；2005年共获得各级各类科技奖励57项，其中获国家科技进步一等奖1项，是17年来我校第一次以第一单位获得的国家级科技一等奖，教育部一等奖2项；SCI论文772篇，全国排名第9位，比2004年增长46.21%，上升5位，ISTP论文254篇，全国排名第14位，比2004年增长93.89%，上升15位，国内论文3977篇，全国排名第6位，比2004年上升2位，国际国内论文发表总数5458篇，全国排名第7位，全国首次排名的MEDLINE收录论文总数我校共594篇，全国排名第4位；申报发明专利232项，比2004年增长24.1%，获准发明专利93项，比2004年增长2%；2005年，我校荣获了“第二届中国技术市场协会金桥奖先进集体称号”，同时，学校国家技术转移中心获得了科技部颁发的“全国技术市场工作先进集体”称号。

学校已完成《四川大学哲学社会科学繁荣计划》的制订。在国内目前从事《儒藏》编纂的各高校中，学校率先推出了首批成果，“《儒藏》首发式暨学术研究会”已在北京隆重举行，产生了广泛的社会影响。2005年，我校有1项项目在国家社会科学基金重大招标项目中首次中标，1项项目获准国家社科基金重大委托项目立项，1项项目获国家工程《清史》批准立项，“中国－欧盟欧洲研究中心项目(ESCP)”最终获得欧盟批准，共获得300124.30欧元的项目资助。我校有6项教育部2005年度重点研究基地重大项目通过了专家评审并立项，有2项项目通过了2005年全国艺术科学年度课题评审。

五、人事管理和分配制度改革不断深化，师资队伍建设取得新成绩

顺应学校改革发展的总趋势，在反复征求教职工意见的基础上，实施了新一轮人事分配制度改革。学校相关部门对全校职工进行了岗位状况核实和登记，完成了学院和机关部处的核岗、聘任、与职工签订合同、与学校签订年度工作目标等工作，并发放了岗位津贴。继续实施人才强校战略。2005年，学校引进高水平人才39人，其中院士1人，选留毕业生131人，招收博士后研究人员84人，在站博士后研究人员达到219人，2005年出站博士后研究人员58人。有19人获得中国博士后基金资助金26万元，1人荣获“全国优秀博士后”先进个人，华西临床医学博士后科研流动站荣获“全国优秀博士后科研流动站”先进集体，1人荣获“全国优秀博士后管理工作者”先进个人。同时，学校加大了教师培训力度，组织176人参加了新进教职工的岗前培训，选送近200名教师参加澳大利亚维多利亚大学英语培训、国家留学基金委英语培训及教育部组织的英国学习计划等多项培训。学校还积极落实了老干部的政治待遇、增加了离退休职工的共享补贴，兑现了离休干部的住房补贴。老年大学共设22个专业、80个班级，现有1900名学员，为老教授、老专家提供了发挥其专长并为社会再做贡献的平台。

六、医疗卫生服务、社会服务、科技成果转化和科技产业取得新进展

2005年，我校各项医疗指标及业务总收入较2004年有较大幅度增长，附属医院共收治门、急诊病人283.8万余人次，住院病人9.692万人次，手术4.4185万台次。学校承担并圆满完成卫生部2005年度“部属（管）医院支援西部地区农村卫生项目”，成功举办了西部地区医务人员“急诊急救培训班”、“内科培训班”，接受了来自四川、重庆、西藏地区的11名基层医院的医务人员到我校进行心内、呼吸、普外、麻醉等8个专业为期1年的进修学习，组织医疗队支援巴中革命老区，到广汉、凉山州等地区进行了义诊服务；继续完成教育部下达的教育支援西藏大学医学院的政治任务，选派讲师以上医学类专业教师5人赴西藏大学医学院工作，协调组织向西藏大学医学院捐赠总金额为23420.3码洋的教材和学术著作共924本；按教育部的要求派出2位高级职称的医务人员赴新疆，支持边疆医学事业；在资阳发生人感染猪链球菌疫情后，我校先后派出多名专家到现场指导诊断、治疗和疫情控制，为疫情的有效控制作出了突出的贡献，被省政府评为“人感染猪链球菌疫情防控先进集体”。学校积极开展临床新技术的应用工作，世界第二例、中国第一例实体活体合成肝移植取得成功，华西医院首例心脏移植手术获得成功。启动了以临床医学模拟教学系统为特色的华西临床技能中心建设项目，涉及从护理、妇幼、诊断学、外科、麻醉以及危重病医学的模拟教学系统，该中心将成为我国最大的临床医学模拟教学中心，为高质量医学人才的培养发挥重要作用。加强了药物临床试验机构的管理和平台建设及药品不良反应监测工作，接受国家食品药品监督管理局对我校国家药品临床研究机构的资格认定，获得从事药物临床试验的准入资格。

2005年，学校进一步建立健全科技产业的相关制度建设，拟订了《关于四川大学所属全民所有制企业关停并转的整体改制方案》、《关于进一步加强对校属企业管理的通知》等文件，草拟《四川大学关于科技成果入股办公司有关规定》（讨论稿），并广泛征集了修改意见。本年度，对部分经营不善的企业和不宜继续使用“校名”、“字号”的企业进行了清理整顿，共注销了2家企业，正在办理3家企业的注销手续，完成了将5家公司股权划转至“四川川大科技产业集团有限公司”的相关工作，完成了科产集团所持“四川国纳科技有限公司”股权转让给自然人的相关工作。集团核心企业——川大华西药业股份公司本年度1月～11月份实现主营业务收入8284万元，比上年同期增加772万元，实现利润1119万元，比上年同期增加314万元。校园周边改造进展顺利，已完成前期规划设计，原城环学院大楼功能改造项目已经开始实施。成功申报国家高新技术创业服务中心，大学科技园的建设取得新进展，与全球科技发展基金会签订了《战略合作协议》，组织了学校专家与荷兰的企业、大学进行食品安全平台建设的跨国申报。

2005年，学校新增产学研合作单位5家，到校产学研合作基金380万元；基本完成了“四川大学校友基础数据库”的建立工作，已收集校友基本数据12万条，成立了四川大学广州校友会、天津校友会和日本校友会，进一步凝聚了校友，扩大了学校的影响；积极筹备建校110周年校庆活动，已顺利完成了校庆一号公告的发布，完成了中国银行—四川大学校友联名卡的全部筹备和首发工作。

七、对外交流合作与国际化教育取得重要突破

（一）国际化教育稳步推进，对外交流进一步深化和扩展

2005年，在巩固和发展原有交流院校的基础上，我校与美国加州大学、英国诺丁汉大学等10所国外大学签署了交流合作协议，启动了与德国克劳斯塔尔工业大学、法国巴黎第十大学等6所国际一流大学“2+2”、“3+1”联合培养本科生交流项目，共派出142名本科学生参加“2+2”或“3+1”到国外学习；有101人次赴港澳台地区进行了学术交流活动；本年度境外学生达835人，其中长期来华留学生633人。较好地完成了出国培训工作，共招收各类脱产班学生1337人，其中接受教育部公派出国留学人员186人，圆满完成了“外专局214人才班”、国家留学基金委“公派出国英语高级班”等考试工作，首次开通了中英硕士直通车。

继续保持了与国外驻华使领馆及欧盟等国际组织机构的频繁交往；共接待大学校长来访团组19批，来访总人数1800多人次，举办了10次国际会议和研讨会，参会人数1120人；自2005年7月1日起，我校被教育部正式授予具备一定派遣人员因公临时出国、赴港澳地区和邀请外国相应人员来华事项审批权。

（二）成功举办了大型国际活动，学校在国内外的知名度和影响力显著提升

成功承办“中美公立研究型大学校长研讨会”，100多位中外大学校长出席；圆满完成了美国加州大学总校校长戴恩斯、Intel董事会主席贝瑞特博士来我校演讲和访问等大型活动的组织和协调工作，进一步增强了我校学生科技创新的责任感和使命感；成功举办了凤凰卫视资讯台总编辑、著名时事评论员阮次山先生的演讲，全校共有3000余名师生聆听了演讲。

（三）国际合作取得重大突破

2005年，我校成为与美国加州大学系统10个校区签署“10+10”合作协议科研联盟的10所重点高校之一；与美国加州大学、华盛顿大学联合打造九寨沟生态与可持续发展国际研究中心，并获得美国自然科学基金资助；与德国克劳斯塔尔工业大学联合组建了中德能源联合研究中心，力争建设成为达到国际先进水平的能源研究中心。

（四）外国专家工作成绩突出，国际项目引进和实施取得较好成绩

本年度，我校聘请了来自美国、日本等十几个国家的长、短期专家共计700多人次，其中聘请长期外国专家和外籍教师共计51人次，包括1名诺贝尔奖得主、10多名知名院士等；国际项目的引进和实施管理再次取得优异成绩，引进了公共卫生教育、八年制医学教育两个CMB医学教育和科研项目以及CIDA妇女项目，经费资助共计300万元人民币，“医学教育中心项目”获得教育部教学成果一等奖。

八、校园基础设施不断改善，条件保障工作水平不断提高

2005年，学校新老校区完成基建投资32552万元。已竣工验收并投入使用的新建工程面积105773平方米，其中，教学科研用房58460平方米，学生宿舍47313平方米。江安校区已由全面基本建设为主转为以教学和科研用房及学生宿舍建设为主的格局，已完成新校区图书馆工程、艺术学院工程等4项工程，行政及教学综合楼和风雨操场2项重要工程已主体封顶。截至2005年底，新校区已完成和交付使用的教学科研和学生生活用房共约

45万平方米。完成了校园维修整治41个单项目的立项工作，项目金额达2963.25万元，完成了学校第一理科楼大型维修工程、6幢学生宿舍全面维修工程等近20个工程项目，已竣工的维修工程面积达60951平方米；完成了华西校区西区地下停车库等4个项目的规划设计工作；全年完成各类校园整治项目8项，道路及污雨水分流改造总长1737米，新增绿化面积约8300平方米，通过道路维修、绿化工程的实施，使学校的基础设施和校园环境得到了较大的改观。同时，学校加大了对社区建设的指导工作，成功召开了部分住宅区的业主大会，完成了竹林村的一期整治工作，对全校有条件的社区实行了自治管理，筹划并建成了“四川大学望江校区社区服务站”，并积极做好了校内预防“禽流感”等传染性疾病的宣传工作。

学校的后勤服务在2005年也迈上了一个新的台阶。学校饮食中心已通过了ISO9001质量认证；进一步理顺了学管中心的管理体制，并于12月正式启动了ISO001的认证工作；为建设节约型学校，实行了以“定额使用、超额收费”为主要原则的水电管理改革，在4个学院进行了水电气管理的试点；校园绿化和日常维护工作质量进一步提高，还利用建渣修建艺术垃圾房，既节约了资源，又进一步美化了校园环境；后勤服务的成本也较2004年进一步降低。

为实现校内公房资源的合理配置，学校成立了校公房管理委员会，根据学校规划实施公房的有效资源配置工作，对不合理使用公房情况进行调整，全年调配房屋使用面积超过了1.25万平方米。加强对学校国有经营性资产的产权关系进行管理监督，向教育部申请办理换发、变动产权登记、新办占有产权24户，通过国资委、教育部审核材料办理登记19户。较好地处置了与成都市干道指挥部、中海房地产公司等相邻单位的土地确界工作，维护了学校的权益。

学校进一步加强了对实验设备建设的支持。“523实验室工程”二期立项建设17个新建专业、13个老专业以及整合的文科项目，投入建设经费2692万元。完成了“十五”“211”项目中正式立项的虚拟大型设备资源共享平台建设，目前已有180台仪器设备进入中心并开通运行。此外，我校捐赠给西昌学院价值100多万元的大型分析设备，先后派出14人次的设备专家到西昌学院对共建的“西昌学院材料分析实验室”进行设备安装、调试和培训工作，2005年10月，该实验室的挂牌仪式在西昌学院隆重举行，标志着我校世行贷款“高教发展”项目协作计划的完成。

本年度，我校的网络建设有了较大的进步和发展。学校加大了技术管理，进行了多次室外光缆改道等改造工程，对学校办公楼、部分学生宿舍和教师住宅区的网络进行了改造；积极监测网络运行安全及系统安全，保障校园网络、DNS、WWW等应用服务器正常运行。目前我校的网络速度、网络安全和系统安全都有了较大的改善；圆满完成了《2005/2006学年初高等教育基层统计报表》的报送工作，获得了四川省2004/2005年全省统计工作二等奖，协助四川省政府相关部门顺利完成了全国第一次经济普查。

图书服务进一步改善。完成了江安校区图书馆的建设，按时开放。数字资源建设成效显著，基本建成了四川大学数字图书馆门户网站，并新引进国内外大型网络数据库11种。继续完成在教育部“中英文图书数字化国际合作项目”中所承担的任务，已将第一批入选民国图书和部分民国期刊等资源全部加工成电子图书，共计381万多页，数据量达2500G，居全国高校前列。图书馆主页平均日访问量超过3万人次，Elesvier数据库的访问量2005年上半年上升到全国高校第7位。《四川大学学报（工程科学版）》2005年被EI收录论文182篇，收录率为99%。

财务管理工作有较大进展。学校进一步加强了财务管理的制度建设，新拟定了《四川大学经费使用审批权限管理办法》和《四川大学固定资产管理办法》；举办了“四川大学财务管理与财经纪律培训会”，强化了校内各单位责任人财经纪律意识；制定了新校区实行财务预算制度的方案以及基本建设超计划情况的处理措施；向全校师生公示了报账流程、报账须知和服务指南等，开通了网上缴费系统，实施了“项目经费办理一条龙服务”，方便了师生报账、交费及办理项目经费等。

九、党建和思想政治工作不断加强和改进

（一）学校积极推动了校内中层机构和干部队伍的换届调整工作

通过“两推一述”、党组织考察、党委常委会讨论决定、任前公示、任前谈话，该项工作得到了顺利完成。全校共有1500人次申报，624人次参加述聘答辩，最后确定了中层干部362人全部竞聘上岗。其中，女同志73人，占中层干部总数的20.2%；党外中层干部40人，占中层干部总数的11.0%；平均年龄为41.9岁，40岁以下的中层干部占34.8%；具有博士、硕士学位的占61.3%。具有副高级及其以上专业技术职务的占81.8%。同时，学校积极完成了第五批援疆干部的选派工作，向教育部人事司推荐上报9名驻外后备干部推荐人选，向省委组织部选拔推荐了5位同志。成功举办了第九次教育部直属高校及有关高校组织工作研讨会，得到了各高校参会代表的高度评价。

（二）学校进一步加大了党员的发展力度

共举办了33个入党积极分子培训班，培养入党积极分子6607人，其中教职工110人。发展新党员4121人，其中本科学生党员3146人，博士、硕士生党员854人，在职教职工党员121人。目前，教职工党员占教职工总数的37.2%，大学生党员占学生总数的18.8%，研究生党员占研究生总数的33.04%。

（三）统一战线工作进一步加强

高度重视民主党派和无党派人士的选拔使用，2005年有41位同志走上了校级领导和中层干部岗位。2005年学校发展了民主党派成员21人，分别增补了我校民建、农工、侨联等民主党派和团体的主要负责人；在四川省政协第九届委员会第一、二次会议中，我校政协委员的9件提案被评为优秀提案。

（四）民主管理工作和工会工作取得新进展

组织召开了学校第一届教职工代表大会第五次会议暨第一届工会会员代表大会第二次会议，对106份提案进行了认真的整理、归纳和处理，顺利完成了各项议程。坚持开展校务公开工作，及时更换校务公开栏内容，校领导坚持参加校长接待日，全年共接待24次，接待200余人次，校务公开满意度测评达95%。在印度洋沿岸国家发生海啸之后，全校为受灾国家共募集到238450.30元捐款和价值10万元的药品。江西发生地震灾情后，学校积极开展了募捐活动，收到捐款3700元，衣物等3000余件。同时组织慰问了学校省部级劳模、先进，并为全校134名有困难的教职工送去了慰问金和关怀。校工会被评为“全国教科文卫体系统先进工会”。

（五）宣传工作力度不断加强

向中宣部报送舆情报告63篇，被采用20余条/篇；学校新闻网的总点击率达到了2645980次；策划、制作了四川大学形象识别系统；7部优秀校园DV作品在中国教育电视台“国视DV”栏目展播；学校教育电视台在全国高校电视台中第一家实现全天候播出，以满足教职工和学生的收视需求；《人民日报》、《光明日报》、凤凰卫视《新闻今日谈》等10余家重要媒体对我校进行了报道。

（六）2005年学校党风廉政建设与反腐败工作不断推向纵深

全面启动构建学校惩防腐败体系工作，制定了《中共四川大学委员会关于贯彻落实〈建立健全教育、制度、监督并重的惩治和预防腐败体系实施纲要〉的具体办法》；加强了领导干部廉洁自律工作，校级党政领导班子副职领导分别向校党委书记、校长签订了党风廉政建设承诺书，对新一届机关部处和业务实体主要负责人进行干部任前廉政谈话33次；加大受理信访和查办案件的力度，共受理群众来信、来访860多人（次），初查核实了结信访案件106件（次）；高度重视预防职务犯罪工作，开展对各种招投标、签订经济目标等监察工作160余次；积极开展审计工作，2005年共开展审计项目1126项，截至12月9日，已完成1115项，自审审减节省支出资金3255.16万元，并完成了我校银行账户的审计复核等工作。

（七）机关作风建设取得突出成绩

制定并印发了《关于进一步完善校务会议题申报程序及学校每周工作课表安排的有关事项通知》，进一步规范了校务会议题申报程序，细化了校务会议事规则，提高了校务会效率。为提高行政执行力和保证决策实施，学校在中层班子换届中，在校长办公室设置了督查办公室，制定出台了《四川大学行政督查工作条例》，追踪落实学校决策和领导指示，在此基础上编写印发了《2005年校务会决议执行情况》，对校务会决议事项的完成落实情况进行总结，在各部门引起较大反响。多数行政部门都公布了办事流程，实行了“首问责任制”。

（八）大学生思想政治教育进一步加强和改进

学校党委深入贯彻中央16号文件精神，积极利用形势教育课、党课、团课、党团组织活动、报告会等形式，加强学生的理论学习和教育。以抗日战争胜利60周年为契机，通过举行报告会、座谈会、爱国主义电影展播、“百名优秀学生干部小平故里行”、参观爱国主义教育基地和开展“红色旅游”等活动，深入进行民族精神教育；积极组织学生参加社会实践，2005年暑期，我校共有10余支大学生队伍分别到延安、井冈山等革命老区参观，重走长征路，接受爱国主义和革命传统教育，有50余支队伍分赴全国各地基层开展“三下乡”活动；不断加强学生心理健康教育，进一步落实和巩固了大学生心理危机干预实施方案，成功地对30余位学生进行了危机干预，心理健康教育中心全年共接待来访学生1500余人次。开通了阳光心理热线，拓宽了心理咨询的平台。为全校660名贫困生发放了国家奖学金，共计264万元，新设校级社会奖助学金10项，新增年度社会奖助学金60余万元，使我校2005年校级社会奖助学金项目达到31项，年度社会奖助学资金260余万元，资助学生1692人。全面推进国家助学贷款工作，目前，已完成5900余人共计7390多万元的贷款申请工作，发放金额2027.41万元。为4854名贫困生发放生活贷款219.45万元，为2615名同学提供了勤工助学岗位，发放勤工助学费约100万余元，同时还积极做好了学生医疗保险工作。因为学生思想政治教育工作突出，2005年中央电视台《新闻联播》节目对我校的学生工作作了两次报道。

（九）进一步做好稳定工作，实现了学校在全国“两会”、“反日入常”等重要时期的信息畅通和稳定

全年校园“110”出警1454次，对各片区进行安全检查106次，整改安全隐患35处。坚持进行消防安全检查和消防培训，在竹林村违规搭建、破墙开店专项整治工作中，关停27家违规经营店铺。开展了校园“狗患”专项治理活动，校园环境得到了很好的净化。

过去的一年里，通过广大师生员工的共同努力，学校的各项建设都取得了令人瞩目的成绩，但与国内外一流大学相比，还存在一定的差距：特别是学校大师级人物的数量与学校的规模、地位和目标还不相称，师资结构有待进一步合理化；教育教学质量还需进一步提高，人文教育氛围有待不断增强；学校教师主持的国家重大科研项目还不是很多，属于前沿水平和具有重大影响的原创性成果还不是很多；科技产业、科技成果转化和医疗卫生服务的水平和能力有待进一步提高；学科建设有待进一步优化；对外交流和国际化还需在广度和深度方面进一步拓展；教职工待遇有待进一步提高；管理体制、运行机制和管理水平尚需进一步完善。

2006年是我校“十一五”规划的第一年，是我校进行本科教学评估之年，也是我校110周年的校庆之年。我校将进一步坚持以“三个代表”重要思想和科学发展观为指导，深入贯彻党的十六届五中全会精神，全面落实学校党代会提出的各项任务，根据中央建设创新型国家的总体部署和全国教育事业“十一五”规划，认真制定学校“十一五”规划和中长期发展规划，立足自主创新，不断提高学校核心竞争力；抓住110周年校庆契机，大幅度提升学校的凝聚力和影响力；扎实做好2006年的各项工作，继续推进学校各项事业的可持续发展，为学校“十一五”发展开好局、起好步，为创建高水平研究型综合大学作出新的贡献！

其他重要文件

中共四川大学委员会关于开展保持共产党员先进性教育活动的实施方案

（川大委［2005］25号）

根据《中共中央关于在全党开展以实践“三个代表”重要思想为主要内容的保持共产党员先进性教育活动的意见》（中发［2004］20号）和中央先进性教育领导小组下发的第二批保持共产党员先进性教育活动指导意见，以及省委教育工委先进性教育活动领导小组《关于高校开展保持共产党员先进性教育活动的实施方案》，结合学校实际，现提出四川大学开展先进性教育活动的实施方案。

一、重要意义、指导思想和目标要求

（一）重要意义

开展先进性教育活动，对于进一步把“三个代表”重要思想和科学发展观贯彻落实到基层，用发展着的马克思主义指导新的实践；对于提高党员素质，加强党的基层组织建设，密切党群、干群关系，夯实党执政的组织基础和群众基础，推进党的先进性建设，提高党的执政能力；对于更好地贯彻落实党的路线方针政策、促进各项工作，全面建设小康社会，构建社会主义和谐社会；对于学校坚持社会主义办学方向、促进改革发展和稳定，推动学校实现建设国内一流、国际知名的高水平研究型综合大学的奋斗目标，都具有十分重要的意义。

（二）指导思想

我校开展先进性教育活动要始终坚持以邓小平理论、“三个代表”重要思想和科学发展观为指导，紧紧围绕实施科教兴国、人才强国和西部大开发战略、促进学校改革发展和稳定、培养社会主义事业合格建设者和可靠接班人，密切联系学校党组织和党员队伍建设现状，以学习实践“三个代表”重要思想和科学发展观为主线，以“与党同心、与群众贴近、让学生成才”为主题，以保持共产党员先进性为着眼点，以加强党风、教风、学风及校风建设和加强大学生思想政治工作为重点，坚持党要管党、从严治党的方针，引导广大党员学习贯彻党章，坚定理想信念，坚持党的宗旨，增强党的观念，发扬优良传统，认真解决党员和党组织在思想、组织、作风以及工作、学习方面存在的突出问题，促进影响本校、本部门、本单位改革发展稳定、涉及群众切身利益的实际问题的解决，在“关键是取得实效”和“真正成为群众满意的工程”上下工夫，不断增强党员队伍和党组织的创造力、凝聚力、战斗力，推进学校各级党组织建设，密切党群和干群关系，为奋力推进学校新跨越提供坚强的政治保证和组织保证。

（三）目标要求

按照中央关于开展先进性教育活动要“提高党员素质、加强基层组织、服务人民群众、促进各项工作”的四项工作目标和省委的重点要求，紧密结合学校实际，落到实处。

一是提高党员素质。通过教育活动，使全体党员理想信念进一步坚定，党员意识进一步提高；学习实践“三个代表”重要思想的自觉性、坚定性进一步增强；对新时期高校党员保持共产党员先进性的基本要求、具体要求和实践途径进一步明确，事业心和责任感进一步增强，党员先锋模范作用进一步发挥；党员干部的科学发展观和正确政绩观进一步树立，紧密联系和服务师生员工的意识进一步增强；教师党员教书育人、为人师表和多出科研成果的积极性、主动性进一步提高；职工党员服务育人，全心全意为教学、科研、医疗卫生第一线和师生职工服务的思想进一步牢固树立；医务工作党员不断提高医疗质量，为人民服务的自觉性进一步增强；学生党员的学习自觉性、历史责任感和使命感进一步增强，为学生勤奋学习、全面发展、奋发成才作出示范。

二是加强基层组织。通过教育活动，使学校党的基层组织在成为贯彻“三个代表”重要思想的组织者、推动者和实践者上取得新进展，战斗堡垒作用得到进一步发挥，党执政的组织基础进一步巩固；教职工党组织紧密结合学校的教学、科研、管理、医疗卫生及社会服务等中心任务开展工作的能力得到提高；学生党组织在学生中具有号召力、凝聚力和影响力，在各项学生工作中发挥积极带头作用，学生党员队伍进一步壮大；各级党组织进一步丰富工作内容、创新工作机制、改进工作方式、完善组织设置，更加适应学校改革发展的新形势和新任务，尤其是要探索建立新形势下党员长期受教育、永葆先进性的长效机制。

三是服务人民群众。党员全心全意为师生员工服务的意识进一步增强，党风、教风、学风和校风进一步改进；学生勤奋学习、为国为民奋发成才的优良风气进一步树立，教职工教书育人、管理育人、服务育人的本领进一步提高，全员育人的风气进一步形成；医务工作者救死扶伤、服务人民的观念和水平进一步增强；学校服务社会和经济建设的功能进一步完善，学校教学、科研、管理和医疗卫生水平不断提高，育人环境不断优化，努力做到学生、家长和社会三满意。

四是促进各项工作。围绕学校创建国内一流、国际知名的高水平研究型综合大学的奋斗目标与培养、造就中国特色社会主义事业的合格建设者和可靠接班人的根本任务，坚持贯彻落实党的教育方针和各项政策，进一步增强各级党组织服务中心、服务大局的意识，进一步提高党员的敬业精神和工作水平，并紧密联系学校实际，认真解决党员干部的服务意识、党员教师的学术道德、党员学生的党性观念、党组织创新工作方式和提升凝聚力及影响力等方面存在的突出问题，认真解决群众反映强烈的难点和热点问题，认真解决学校工作的薄弱环节和影响学校长远发展的瓶颈性突出问题，团结凝聚广大师生员工，努力推动学校改革发展稳定和各项工作不断取得新的进展。

二、范围和对象

根据中央、省委有关精神，按照党组

织隶属关系，在校党委的统一领导下，开展我校的保持共产党员先进性教育活动，各单位和各学院党委（党总支）负责抓好所属范围的先进性教育活动。

参加先进性教育活动的学校党员包括干部、教师、医务人员、职工、学生、离退休党员（含预备党员）等。其中：

（一）离退休职工党员，根据实际情况，由支部采取适当方式组织学习教育活动；离岗待退的干部职工党员，按在职干部职工党员要求参加教育活动。

（二）上派、下挂的党员，一般应在党组织关系所在单位党组织参加教育活动；聘用、借用、试用人员中的党员，一般应在聘用、借用、试用单位党组织参加教育活动。

（三）与单位解除劳动关系的党员，但尚未转移组织关系且没有固定工作单位的党员，一般应将组织关系转至其居住地党组织参加教育活动。

（四）对流动党员，由原单位党组织按照省委教育工委转发省委先进性教育活动领导小组办公室《关于认真做好城市基层流动党员参加先进性教育活动有关准备工作的通知》（省先教办通［2005］51号）精神，区别情况，妥善处理，采取有效措施和办法，使他们参加教育活动：

一是对未转组织关系的毕业生党员和外出流动党员，具备转移组织关系条件的，要及时转移组织关系。对不具备转移组织关系的，如果本人又愿意回本支部参加教育活动的，与其他党员一样对待；如果本人不能回到本支部参加教育活动，党支部要提出学习任务和要求，通过邮寄学习资料、汇报学习体会、参加适宜的主题实践活动等多种形式组织其参加教育活动。

二是对外来流动党员，本人持有组织关系介绍信的，不管介绍信出具时间长短，一律接收并编入工作单位或居住地党组织参加教育活动。对本人没有组织关系介绍信，但持有证明其党员身份有效证件或持《流动党员活动证》或通过组织联系确认其党员身份的，要做工作劝其转移组织关系；对本人不愿意转移组织关系的，要及时编入工作单位或居住地党组织参加教育活动。

三是对长期与组织失去联系、这次又取得联系的党员，本人表示愿意继续留在党内的，如本人同意并具备转移组织关系的，要及时转移组织关系；如本人不同意转移组织关系的，其关系所在党组织要将其纳入教育活动范围；对本人表示不愿意继续留在党内的，其关系所在党组织要负责认真做好教育转化工作，并组织其参加教育活动，促其转化。在教育活动后期，对思想仍无转变的，届时按有关政策规定处理。对经确认，在失去联系期间具有违法行为，受到法律制裁的，按有关规定处理。

四是对出国出境党员，党组织要提出学习任务和要求，在确保机密安全和其人身安全的前提下，可通过邮寄学习资料、网络等方式组织其学习。

五是对集体组织党员较长时间在固定地点外出工作、学习或本地本单位外出流动党员相对集中的地方，原单位党组织要负责组建临时党组织抓好这些党员的教育活动。

六是对长期与党组织失去联系的流动党员，没有交纳或交足党费的，党组织要做思想工作，要求其补交。对长期与党组织失去联系且这次又通过多方寻找，仍未取得联系的党员，暂不处理，可不纳入这次教育活动，但要上报上一级党组织备案。

（五）今年应届毕业生党员中未转组织关系的，由所在学院党委（总支）负责组织其参加先进性教育活动。

（六）今年入学的新生党员在原单位参加先进性教育的有关情况，由新生原所在单位党支部提供书面说明，确保新生党员先进性教育不脱节。

学校各级党组织对所属党员的人数要切实做到准确掌握，并采取有效措施，确保每名党员都要参加先进性教育活动。

三、方法和步骤

按照中央和省委统一部署，并结合学校工作规律和工作实际情况，四川大学的保先活动从2005年7月开始启动至12月基本结束，分学习动员、分析评议、整改提高三个阶段进行。集中学习教育时间按3个月左右安排，集中学习教育基本结束后，安排一定时间巩固扩大教育活动成果。

（一）学习动员阶段（7月至9月中旬）

本阶段要重点抓好思想发动、学习培训、保持共产党员先进性大讨论三个环节，让全体党员迅速进入状态，对开展先进性教育活动的重要性、必要性有更深刻的认识，进一步调动党员积极投身先进性教育的主动性和自觉性，进一步明确新时期高校共产党员保持先进性的具体要求和不合格党员的具体表现，使每位党员明确今后努力的方向。

1. 学习内容。组织党员紧密联系教育战线和学校实际，认真学习《保持共产党员先进性教育读本》、《四川省共产党员先进典型事迹汇编》和胡锦涛等中央领导同志以及省委领导同志的有关重要讲话，重点学习《中国共产党章程》。各基层党委可结合本单位实际，选学一些针对性强的辅导资料。党员领导干部和有书写能力的党员都要撰写学习心得。

2. 时间要求。根据上级规定，每个党员学习培训时间不得少于40个学时，其中集中学习时间不少20学时。7月上旬至8月下旬以自学为主，8月下旬至9月中旬以集中学习为主，全校党员于暑期结束新学期开学前提前一周返校集中学习。

3. 基本方法。学校党委首先按照上级统一部署和要求，召开全校中层以上党员干部大会进行动员和部署，然后各基层党委（总支）召开全体党员大会进行再动员，做到“六个讲清楚”，即：讲清楚开展先进性教育活动的重要性和必要性，讲清楚中央、省委的部署和要求，讲清楚学校和本单位的具体安排，讲清楚本单位要着力解决的问题，讲清楚对党员和基层党组织的具体要求，讲清楚如何做到“两个不误、两个促进”，切实把党员的思想认识统一到中央和省委的部署以及学校的安排要求上来。党内的思想发动要广泛深入，要综合运用领导干部讲党课、专家讲理论、典型讲事迹、党员自己讲体会和开展保持共产党员先进性大讨论等“四讲一讨论”的方法推动教育学习。要采取多种形式开展宣传，提高广大师生群众参与的热情。党员的学习要根据学校党员的实际，采取集中学习、个人自学、专题辅导、主题活动等多种形式进行；同时，坚持边学边查、边学边改、边学边做。对离退休干部和教职工党员，可根据其住地、身体等实际情况，采取灵活多样的方式组织他们参加学习。

4. 小结转段。学习动员阶段结束时，要结合本校、本单位实际，采取多种方式检验学习成果。学校党委在认真总结本阶段工作的基础上向教育工委先教办和督导组提出转段申请，各基层党委（总支）在总结的基础上向学校先教办提出转段申请，经同意后召开会议进行小结与转段动员。

（二）分析评议阶段（9月下旬至11月上旬）

本阶段重点抓好征求意见、谈心交心、进行党性分析、召开专题组织生活会、提出评议意见等工作，关键是“找准抓住突出问题”。

1. 广泛征求意见。通过召开座谈会、个别访谈、问卷调查、设置意见箱、热线电话、电子邮箱和网络等形式，广泛征求师生职工、党内外群众对党员和校院及直属党委（总支）、党支部的意见。处级及其以上党员领导干部在分管范围内逐级征求意见，对收集的意见要进行分类梳理。给各级领导班子提出的意见，要向班子成员反馈，对个人的意见要及时向党员本人反馈。

2. 开展谈心交心活动。要广泛开展谈心交心活动，党员领导干部要带头谈心交心。党组织主要负责人要与班子每个成员谈心，班子成员之间要相互谈心；校级党员领导干部要与分管的部处、联系的学院领导班子成员开展一次集体谈心，各单位党员处级领导干部要主动与本单位的党员谈心；支部书记与党员之间要开展互动谈心；党员之间开展广泛谈心。通过谈心交心，促进沟通，加深了解，相互帮助，增进感情，为找准问题、搞好民主评议奠定基础。

3. 撰写党性分析材料。坚持“重点找问题、深入找原因、关键查自身”，对照党章规定的党员义务和党员领导干部的基本条件，按照“两个务必”、“八个坚持、八个反对”的要求，联系本单位先进性大讨论形成的成果，党员个人认真总结近几年思想、作风、工作情况，重点检查存在的问题，从世界观、人生观、价值观上剖析思想根源。党员处级领导干部还要从权利观、地位观、利益观等方面进行剖析。在此基础上，从实践“三个代表”重要思想和科学发展观、保持先进性的高度明确努力的方向和措施。有书写能力的党员都要撰写党性分析材料。学校各级党组织的总结分析材料在相应范围内进行公示；校级党员领导干部的个人党性分析材料，在中层及其以上党员干部和教职工代表中公示；学院、部处党员领导干部的个人党性分析材料，经分管党员校领导审核同意后，在本党委（总支）、支部或本单位全体干部、职工范围内进行公示；其他党员个人的党性分析材料，经支部书记审核同意后，在支部全体党员或所在部门全体干部职工范围内进行公示。

4. 开好专题组织生活会。以支部为单位召开专题组织生活会，每个党员按照准备好的党性分析材料，逐个进行对照检查、自我批评，党员之间进行相互评议、开展批评。党员要根据评议意见，认真修改好个人的党性分析材料。各级领导班子还要召开一次党员领导干部专题民主生活会。

5. 反馈和通报评议意见。党支部要按照党章规章召开支委会，根据民主评议和征求到的意见，结合党员的一贯表现，提出对每个党员的评议意见，并及时负责地向党员进行反馈，指出存在的问题，提出整改的要求。对不履行党员义务、不具备党员条件的党员，要进行批评教育，帮助其认识问题，要求其认真改正。要采取适当方式，在一定的范围内向群众通报民主评议党员的情况。对党员剖析情况要进行群众满意度测评。

6. 小结转段。本阶段结束时，学校党委在认真总结本阶段工作的基础上向教育工委先教办和督导组提出转段申请，各基层党委（总支）在总结的基础上向学校先教办提出转段申请，经同意后召开会议进行小结与转段动员。

（三）整改提高阶段（11月上旬至11月下旬）

本阶段重点抓好制定整改措施，认真进行整改，向群众公布整改情况三个环节，“根本在解决问题”。

1. 制定整改措施和方案。针对征求到的意见和民主评议中反映出来的问题，校院党委与直属党委（总支）、党支部和党员个人要分别提出整改措施，制定整改方案。校党委的整改方案，以适当方式在全校范围内公示；基层党委（总支）的整改方案，经校党委审核同意后，在所辖范围内公示；党支部的整改方案，经基层党委（总支）审核同意后，在本单位范围内公示；党员处级领导干部的整改措施，经分管党员校领导审核同意后，在本支部或该基层党委范围内公示，并经支部党员大会通过；党员个人整改措施经党支部书记审核同意后，在本支部范围内公示。

2. 开展集中整改行动。按照整改措施和整改方案，党员个人、党组织都要采取实实在在的行动认真进行整改，下工夫解决党员个人和党组织在思想、作风及工作方面存在的突出问题，影响学校改革发展稳定方面存在的突出问题，师生员工和社会反映强烈、特别是涉及师生员工切身利益的问题。对具备整改条件的问题，要马上解决；对于师生员工普遍关心、反映强烈、通过努力又能够解决的，要实行限时整改；对那些应该解决但由于受客观条件限制一时解决不了的问题，要明确整改时限，逐步解决；对情况复杂、涉及面大、学校自身难以解决的问题，要及时向上级主管部门报告，并加强与相关部门、单位协调，采取综合治理的措施加以解决；对政策有明确规定解决不了的问题，要向师生员工说明情况。

3. 开展主题实践活动。教育活动一开始就要结合学校工作实际和党员队伍特点，组织党员围绕“与党同心、与群众贴心、让学生成才”主题，开展适应学校不同岗位、不同职业党员要求的主题实践活动。要组建以师生党员为骨干的社会实践小分队、青年志愿者服务团，面向学校师生员工、面向社会，宣传和弘扬先进文化，为地方经济社会发展提供咨询服务、为群众做好事，进一步密切党群干群关系。

4. 建立保持先进性的长效机制。要针对存在的问题，把整改措施和办法规范化、制度化，进一步建立健全党组织发挥政治核心作用的有效机制和党组织自身工作良性运行的长效机制。

5. 按规定搞好组织处理。本次教育活动不单独搞一个组织处理阶段，对不履行党员义务、不具备党员条件、在民主评议中被评为不合格的党员，经过教育引导无明显转化，仍然不符合党员条件的，要根据党章和党内的有关规定，分别采取限期改正、劝其退党、党内除名的方式，按照正常程序进行组织处理。对不愿意参加保持共产党员先进性承诺宣誓，或本人要求退党、自行脱党的党员，按有关程序办理退党、脱党手续。对违纪党员，要按照《中国共产党纪律处分条例》的规定，给予相应的纪律处分；违犯法律的，要报送有关方面按照法定程序处理。

6. 巩固扩大教育活动成果。集中学习教育基本结束前，各基层党委（总支）要对先进性教育活动进行一次“回头看”，进一步巩固和扩大整改成果，进一步做好发展党员工作，进一步探索建立党员“长期受教育，永葆先进性”的长效机制。校党委先教办在适当时候组织一次检查，凡是整改效果不好，群众满意度不高的，要重新进行整改。各级党组织要认真做好总结工作，各基层党委（总支）要形成整个先进性教育活动的工作总结报告报送校党委先教办。校党委先教办形成学校先进性教育活动的工作总结报告报送上级先教办和督导组。学习教育活动结束时，要评选表彰一批优秀共产党员和先进基层党组织。

四、组织领导和指导原则

1. 认真落实领导责任制，切实履行职责。这次先进性教育活动，在上级先教活动领导小组的统一领导下，校党委成立先进性教育活动工作领导小组。校党委书记杨泉明任组长，校党委常委、校长谢和平与校党委常务副书记罗中枢任副组长，校党委副书记李志强、周学东与校纪委书记徐兰为成员。领导小组下设办公室，罗中枢兼任办公室主任，张诚、张林、汪朝清、蒋晓丽、李旭锋、吴肇庆、李向成、杜江为副主任。办公室下设若干工作小组(成员名单见附件)。

各基层党委（总支）要按照校党委的统一部署和要求，成立先进性教育活动领导小组，首先开展深入的调查研究，充分掌握所辖范围党组织和党员队伍的状况，掌握党员和师生职工群众对先进性教育活动的要求和期望，了解应当解决的突出问题，并在此基础上，根据本方案，紧密结合实际，制定所辖范围先进性教育活动的具体工作计划和措施，并报校党委先教办备案。各基层党委（总支）书记是所辖范围先进性教育活动的具体责任人，要切实履行职责；各单位的党员行政负责人要积极支持、配合党组织搞好先进性教育。校、院及各单位要划拨必要经费，保证先进性教育活动顺利开展。

2. 坚持区别情况，分类指导。要根据学校教学、科研、管理、医疗卫生及社会服务等不同工作的特点和干部、教师、学生、医务工作人员及职工等不同群体党员的情况，有针对性地提出党员保持先进性的具体要求，确定各自不同的重点学习内容和重点解决的问题。教师党员要重点妥善处理教学科研的关系，增强教书育人的意识和本领；学生党员重点端正入党动机，坚定理想信念，坚持全面发展、奋发成才；医疗卫生工作岗位上的党员重点提高服务意识和服务质量；管理岗位上的党员重点强化全局观念，增强服务意识和管理水平；后勤工作岗位上的党员重点增强责任意识、服务意识，搞好服务工作。对流动党员和离退休党员等，要在坚持基本要求的前提下，采取切合实际的方式方法，开展有效的教育活动。

3. 重在“解决问题”和“取得实效”。要高质量地按中央规定步骤、程序开展教育活动，学习动员阶段要做到深入广泛，切实提高全体党员对保持共产党员先进性的重要性和必要性的认识；在分析评议阶段要做到征求意见广泛深入，查找问题准确全面，分析原因深刻透彻，民主评议客观真实，开展批评真诚中肯；在整改阶段做到整改方案符合实际，整改措施具体有力，整改目标清楚明了，整改效果突出明显。要坚持理论联系实际的原则，把先进性教育活动与以改革精神加强和改进党的建设结合起来，与促进学校改革发展稳定结合起来，与推动本单位、本部门的工作结合起来，始终坚持边学边改、边议边改、边整边改，着力解决党员和各级党组织中存在的突出问题，群众反映强烈的突出问题以及学校改革发展稳定中的突出问题，在务求实效上下工夫。

4. 坚持党员领导干部带头，发挥表率作用。党员领导干部在认真负责抓好本单位、本部门先进性教育活动的同时，都要以普通党员的身份参加先进性教育活动，带头参加学习，带头查找问题，带头参加民主评议，带头开展批评与自我批评，带头制定和落实整改措施，带头帮助基层解决实际困难和问题。要建立党员领导干部联系点指导制度，校、院党员领导干部都要结合各自分工定点联系2～3个学院党委或基层支部，深入基层党委和党支部调查研究、督促检查、具体指导，帮助联系点找差距、理思路，解决问题。

5. 注意几个结合，坚持开门教育。要把坚持正面教育为主与党员认真开展批评与自我批评结合起来，充分调动和发挥党员的主观能动性，引导党员自觉学习理论，提高思想理论水平，主动查找和解决自身存在的问题，并通过树立和宣传先进典型，组织开展主题教育和实践活动，适当开展警示教育，帮助党员解决实际困难等方式，激发党员积极向上的内在动力，正确运用批评与自我批评的武器，促使党员自我完善、自我提高、互相帮助、共同进步；要把充分发扬党内民主、认真听取党员意见与认真落实群众监督评议制度结合起来，各单位先进性教育活动的有关情况要及时向群众公布，开辟多种渠道征求和听取党员、群众的意见，充分吸收群众参与，重点整改项目要实行挂牌督办，主动接受群众监督；要把边整边改、解决突出问题和建章立制紧密结合起来，从而探索建立健全新形势下党员长期受教育，永葆先进性的长效机制。

6. 切实搞好舆论宣传。要充分运用校报、闭路电视、广播、校园网络和宣传栏等舆论阵地，采取多种形式大力宣传开展先进性教育活动的重大意义，宣传党员和党员领导干部中的先进典型，宣传先进性教育活动的做法、经验和成效，营造开展先进性教育活动的良好环境，引导和促进先进性教育活动有效开展。

7. 坚持教育活动与各项工作“两不误、两促进”。各单位要把先进性教育活动同推进学校工作紧密结合起来，正确处理好学习教育与工作的关系，切实做到在保证集中学习教育时间的前提下，统筹兼顾，合理安排，切实防止和克服脱离中心工作搞教育活动或以工作忙为由忽视教育活动等偏向，做到教育活动和工作“两不误、两促进”。

附件：1. 四川大学保持共产党员先进性教育活动领导小组及其办公室和各工作小组成员名单

2. 四川大学保持共产党员先进性教育活动领导小组办公室和各工作小组职责

附件1：

四川大学保持共产党员先进性教育活动
领导小组及其办公室和各工作小组成员名单

一、领导小组：

组　长：杨泉明

副组长：谢和平、罗中枢

成　员：李志强、周学东、徐　兰

二、领导小组办公室

主　任：罗中枢

副主任：张　诚、张　林、汪朝清、蒋晓丽、李旭锋、吴肇庆、李向成、杜　江

(一) 秘书组

组　长：张　诚

副组长：张　林、马粤川

成　员：方　云、王　军、毕　玉、李中锋、张宏辉、李　军、任　玲、胡　浚

(二) 组织组

组　长：汪朝清

副组长：李旭锋、刘　琍

成　员：唐俊文、张维建、邱　梅、胡小明、朱春玲、邹　毅、管清贵、罗　婷、李锦清

(三) 宣传组

组　长：蒋晓丽

副组长：舒　宁、李朝鲜

成　员：格桑泽仁、黎　生、陈华明、刘　玥、蒲于文、侯宏虹、何红兵

(四) 督查组

组　长：吴肇庆

副组长：李向成、杜　江

成　员：李建国、罗丽君、邱蜀进、石　静、潘霜柏、王安文、魏　忠、张学龙、姜福汉、李宙松、吕振生

附件2：

四川大学保持共产党员先进性教育活动
领导小组办公室和各工作小组职责

一、领导小组办公室工作职责

1. 按照中央先教办、省委及教育工委先教办的意见和要求，在校党委和学校先教领导小组的统一领导下，具体安排布置、指导督促学校先进性教育活动的各项工作。

2. 了解掌握学校各基层党委（总支）先进性教育活动进展情况、主要经验和存在的问题，并对相关情况进行分析、研究，并提出进一步搞好工作的意见。

3. 在学校党委和学校先进性教育领导小组的领导下，做好与上级先进性教育活动领导小组及其办公室、省委督导组的联系、汇报、请示等工作。

4. 负责学校先进性教育活动各类工作会议、重大活动的筹备、组织、协调、服务等工作。

5. 负责学校先进性教育活动各类综合性文件、领导讲话及有关综合性文字材料的起草工作。

6. 做好学校先进性教育活动宣传报道的组织协调工作。

7. 完成校党委和领导小组交办的其他工作。

二、办公室各工作小组职责

（一）秘书组

1. 承办学校先进性教育活动工作计划、总结和领导讲话等起草工作。

2. 承办学校先进性教育活动阶段性指导意见、专题报告、总结报告和有关文件的起草工作。

3. 承办领导小组及办公室召开的重要会议、重大活动的会议记录及纪要的整理工作。

4. 起草学校先进性教育活动中校党委的分析报告、整改方案和措施等综合性文件。

5. 承办领导小组及领导小组办公室印章管理、保密工作的计划安排和各类来文来电的收发、登记、运转及资料归档等工作。

6. 承办领导小组及办公室交办的其他工作。

（二）组织组

1. 承办与上级先教办、督导组的联络、协调、服务工作。

2. 承办对先进性教育活动情况的调查和检查工作，掌握了解工作进展情况，并定期对在调查和检查中发现的问题进行综合、分析和研究，为领导小组及其办公室决策提出建议。

3. 承办学校先进性教育活动各类请示及相关工作的政策答复、解释工作。

4. 承办学校先进性教育活动对象和范围的把关工作。

5. 牵头承办学校先进性教育活动重要会议、活动的会务及筹备工作。

6. 承办学校先进性教育活动的重要学习资料的印发工作。

7. 在学校先进性教育活动中对不合格党员提出正常的组织处理建议意见，牵头做好先进党组织及优秀党员的表彰筹备工作。

8. 承办领导小组及办公室交办的其他工作。

（三）宣传组

1. 负责制定先进性教育活动的宣传报道意见。

2. 承办学校先教活动工作相关的宣传资料的组织编发工作。

3. 承办编发学校先进性教育活动的专报和简报工作。

4. 做好先进性教育活动宣传报道的组织协调和与有关新闻媒体的联系、沟通、供稿工作，负责组织重要言论、评论及重要理论文章的撰写。

5. 组织有关宣讲团进行巡回辅导、报告。

6. 承办领导小组及办公室交办的其他工作。

（四）督查组

1. 了解掌握学校各基层党委（总支）

先教活动的进展情况，注意发现和总结典型经验，及时向学校先进性教育活动领导小组及办公室反馈信息。

2. 根据上级先教办有关文件精神和学校先教办的具体安排，认真督查学校各级党组织每个阶段的工作，切实做好转段审查把关，防止形式主义，防止走过场，确保活动质量。

3. 经常主动深入基层调查研究，按照学校先教办的指导意见，加强对不同工作特点的党组织和不同群体党员先教活动的分类指导。

4. 对涉及全局性、倾向性的问题要及时向学校先进性教育活动领导小组及办公室反映、汇报，并提出建设性意见。

5. 承办领导小组及办公室交办的其他工作。

中共四川大学委员会先进性教育活动领导小组关于学校先进性教育活动学习动员阶段的实施意见

（川大委［2005］26号）

各基层党委（总支）先进性教育活动领导小组：

根据中央和省委关于先进性教育活动的部署和安排，以及学校开展保持共产党员先进性教育活动实施方案的要求，对学校先进性教育活动学习动员阶段工作提出如下实施意见：

一、总体要求

坚持从学校实际出发，重点抓好思想发动、学习培训、保持共产党员先进性大讨论三个环节的工作，明确和落实学习时间、内容，切实搞好“五个方面”的教育，认真组织“四讲一讨论”，不断增强党员意识，使党员提高认识，端正态度，激发内在动力，迅速进入状态，进一步明确保持共产党员先进性教育的具体要求，增强学习实践“三个代表”重要思想，始终保持先进性的自觉性和坚定性。

二、明确学习时间安排和内容

学习动员阶段从7月初至9月中旬，每个党员学习培训时间原则上不少于40个学时，其中各基层党委（总支）或支部组织党员集中学习培训不得少于20个学时。

7月13日召开学校先进性教育动员大会，7月14日、15日之内，各基层党委（总支）对所辖范围的全体党员进行再动员。

7月中旬至8月下旬以自学为主，8月下旬至9月中旬以集中学习为主，全校党员于新学期开学前提前一周（8月22日）返校，以基层党委（总支）为单位，组织集中学习。

各基层党委（总支）在搞好思想发动的基础上，组织党员重点学习党章、《保持共产党员先进性教育读本》和《四川省共产党员先进典型事迹汇编》以及中央、省委领导同志的有关重要讲话等。各基层党委（总支）可结合实际，选学一些针对性强的辅导资料。副处级以上党员干部在学习必读文件的基础上，可以选学一些马克思主义的经典著作和重要文献。有书写能力的党员都要联系实际撰写学习心得。

三、坚持从五个方面进行教育

1. 正面教育。紧密联系学校和本单位实际，坚持正面灌输、正面引导、正面激励，变被动接受教育为主动接受教育。在学校召开中层及其以上党员干部参加的先进性教育活动动员大会之后，7月14日、15日两日之内，各基层党委（总支）召开所辖范围全体党员参加的先进性教育活动再动员大会，党委（总支）书记要亲自动员，做到“六个讲清楚”，即：讲清楚开展先进性教育活动的重要性和必要性，讲清楚中央、省委的部署和要求，讲清楚学校先进性教育活动实施方案和学习动员阶段的实施意见，讲清楚学校和所辖单位要着力解决的突出问题，讲清楚对党员和党支部的具体要求，讲清楚开展教育活动与做好各项工作的关系。在此基础上，按规定的学习内容组织党员搞好学习和讨论，切实把党员的思想统一到中央和省委的部署要求上来，加深对“三个代表”重要思想的理解，提高对加强党的先进性建设重大意义的认识。

2. 形势教育。各基层党委（总支）要紧密联系党员的思想实际和师生员工关心关注的国际、国内热点问题，举办一次形势报告会，请党员领导干部或有关专家学者作形势报告。同时，各基层党委（总支）还应针对党员、群众反映和关心的热点问题，开展互动式形势教育，进一步增强党员和师生的大局意识、忧患意识和责任意识，进一步统一思想，振奋精神，奋发向上，开拓进取，奋力推进我校的改革和发展。

3. 典型教育。认真学习先进典型事迹，充分发挥先进典型的引导示范作用，弘扬正气，树立榜样。各基层党委（总支）要采取多种方式，通过组织党员观看《张思德》、《高唱正气歌》等电影、电教片，召开座谈会、事迹报告会等形式，大力宣传革命英烈、优秀党员和其他典型的先进事迹和崇高精神，特别要注意充分运用学校和本单位的先进典型、正面影响教育，启迪激励广大党员和师生，进一步激发其爱党爱国、刻苦学习、努力工作、报效国家和人民的热情。

4. 廉洁教育。各基层党委（总支）要结合实际，组织党员认真学习中央颁发的《建立健全教育、制度、监督并重的惩治和预防腐败体系实施纲要》，开展廉洁文化进校园活动，使广大党员树立正确的世界观、人生观、价值观，培养积极向上的生活情趣，做到自重、自省、自警、自勉。同时要运用反面典型案例，在党员处级领导干部中开展警示教育，以案明纪，引以为戒，自觉坚持防微杜渐，警钟长鸣，进一步增强党纪党性观念，提高拒腐防变能力。

5. 开放教育。各基层党委（总支）制定先进性教育活动的实施方案和各阶段的具体安排，要广泛听取党员和群众的意见，加强针对性，教育活动各阶段的情况要及时向党员和群众公开，主动接受监督评判。学习动员阶段要召开一次“我心目中的共产党员”为主题的恳谈会，请本单位教职工代表、民主党派基层组织负责人或代表对本单位党员和党组织提意见、提建议、提希望，坚持开门搞教育，努力拓宽党内外群众互动教育的途径。

四、开展“四讲一讨论”

1. 领导讲。各级党员领导干部要带头，认真落实讲党课制度，起好示范带头作用。校党委先进性教育活动领导小组要集中安排党课教育。校党委书记要带头在全校集中讲一次党课，其他党员校级领导干部也要在分管部门或所联系的学院党员中讲一次党课。党员校级领导干部讲党课，要联系学校教职工党员的思想实际和学校改革发展的实际，着重讲自己学习实践“三个代表”重要思想树立正确的世界观、人生观、价值观，自觉保持共产党员先进性的认识和体会。

2. 专家讲。各基层党委（总支）要结合党员思想实际和工作需要，采取举办理论辅导报告会、专题讲座和互动式座谈会等方式，请学校领导干部或其他从事党建理论研究的专家、学者进行理论宣讲。通过理论宣讲，进一步帮助党员释疑解惑，从理论和实践的结合上深刻认识和把握“三个代表”重要思想，深刻认识和把握什么是党的先进性和共产党员先进性，自觉把“三个代表”重要思想作为自己必须遵循的政治原则、政治纪律和行动指南。

3. 典型讲。各基层党委（总支）要组织所辖单位的优秀党员代表，召开专题报告会或座谈会，介绍他们实践“三个代表”重要思想、保持共产党员先进性的先进事迹，通过身边人讲身边事，身边事教育身边人，进一步激励党员学先进、赶先进，争当“时代先锋”。

4. 自己讲。各基层党委（总支）要在党员认真读书的基础上，采取多种形式，组织党员进行生动活泼、富有实效的学习交流。以支部为单位，每一名党员联系自己思想和工作实际，主动对照“三个代表”重要思想和党章的要求，讲认识、讲体会、讲收获，把学习活动引向深入。

5. 开展“保持共产党员先进性大讨论”。各基层党委（总支）要组织引导党员立足本职岗位，按照“三个代表”重要思想和党章要求，开展保持党员先进性大讨论，提出体现时代精神，反映学校不同岗位、不同职业党员保持先进性的具体要求和不合格党员的具体表现，形成“两个具体”的书面成果。

“四讲一讨论”要实现“五个覆盖”：(1) 中央和省委的有关部署及要求覆盖到每一个党员；(2) 领导干部的党课报告覆盖到每一个党员；(3) 专家学者的理论宣讲覆盖到每一个党员；(4) 本单位先进典型的事迹宣讲覆盖到每一个党员；(5) 保持共产党员先进性大讨论覆盖到每一个党员。

五、保证措施

1. 强化领导责任。各基层党委（总支）要始终坚持“关键在领导、基础在支部、落实靠党员”的责任机制，结合学校和所辖单位实际，认真制定具有针对性和可操作性的工作方案，健全学习制度，强化学习措施，构建学习载体，优化学习环境，营造学习氛围，明确责任要求。各级党员领导干部特别是各基层党委（总支）“一把手”既要积极主动抓好所辖单位的学习教育活动，又要自觉以普通党员身份参加所在党支部组织的专题学习，以自身的模范作用推动所辖单位教育学习的深入，为党员做出表率。要坚持把责任压到支部，方法交给支部，工作落实到支部，党支部书记要切实担负起组织实施、带头示范、分工协调、督促检查、上下沟通、质量保证等具体责任。

2. 加强督查和指导。校党委先进性教育活动领导小组办公室督查组要认真履行职责，按照学习动员阶段提出的工作要求，加强督查，着重抓好对领导干部、重点工作和关键环节、典型示范的督促检查。及时了解反映各基层党委（总支）学习动员阶段开展工作的情况，及时发现问题和解决问题，及时总结典型经验，及时提出意见建议，确保时间、内容、人员三落实。学习动员阶段凡敷衍应付、走过场的单位，不得转入下一阶段，要责令其进行“补课”。

学习动员阶段结束时，各基层党委（总支）要采取交流学习体会、办学习体会专栏、党的先进性基础知识测验等办法，对党员学习情况进行检查。同时，在认真总结的基础上，学校党委向省委教育工委先教办和督导组提出转段申请，经同意后召开中层以上党员干部会，进行小结和转段动员。各基层党委（总支）在认真总结的基础上，向学校先教办和督查组提出转段申请，经同意后召开所辖范围的全体党员大会，进行小结和转段再动员。

3. 坚持边学边改。各基层党委（总支）对党员和党支部在学习动员阶段摆出来的问题，以及师生员工反映的突出问题，要高度重视，认真加以解决，用实际行动检验和深化理论学习的成果。对立说立行、立说立改的问题，必须马上解决。对需要一段时间才能解决的问题，要明确整改时限；对政策有明显规定解决不了的问题，要向基层和师生员工说明情况。

4. 认真解决好工学矛盾。各基层党委（总支）要把开展学习教育同推进学校和所辖单位当前工作结合起来，采取有效措施，统筹兼顾，合理安排，正确处理开展学习教育与做好各项工作的关系。通过开展先进性教育活动，推动各项工作深入开展；通过做好各项工作，促进学习教育的顺利进行，确保起好步、开好头，真正做到两不误、两促进。

5. 加强工作联系。各基层党委（总支）要加强信息报送工作。要确定一名联络员，及时向校党委先教办报送工作进展情况。学习动员阶段的工作方案、具体安排和工作总结，要解决的问题、采取的措施、取得的成效、总结的经验，以及各基层党委（总支）书记讲党课、学习形成“两个具体”书面成果等，要及时形成文字材料报校党委先教办，报送的情况内容要真实、准确、简明扼要。

6. 加强舆论宣传。校报、学校教育电视台、校园网要开辟专栏，及时报道各基层党委（总支）开展先进性教育活动的好经验、好做法。各基层党委（总支）通过简报、板报、橱窗、内部刊物等有效形式，开辟先进性教育活动专栏，加强对党的先进性理论、先进典型、先进性教育活动经验和成效的宣传，大力宣传学习教育活动中的一些好观点、好思路、好做法，唱响主旋律，打造新亮点，营造好氛围。

附件：学习动员阶段必须完成的基本任务

附件：

学习动员阶段必须完成的基本任务

1. 7月13日，召开学校先进性教育动员大会，校党委书记杨泉明动员并讲党课。

2. 7月14日、15日两日之内，各基层党委（总支）召开所辖范围全体党员参加的先进性教育活动再动员大会，党委（总支）书记动员并讲党课。

3. 7月20日前，各基层党委（总支）根据学校的方案和第一阶段的安排，提出所辖范围教育活动的实施计划，报学校先教办。

4. 7月中旬~8月下旬，开展党员自学教育活动，重点自学党章、《保持共产党员先进性教育读本》和《四川省共产党员先进典型事迹汇编》以及中央、省委领导同志的有关重要讲话等，并撰写心得体会。

5. 8月22日，全校党员于新学期开学前提前一周返校，以基层党委（总支）为单位，组织集中学习，内容同上。

6. 各基层党委（总支）要紧密联系党员的思想实际和师生员工关心关注的国际国内热点问题，举办一次形势报告会。

7. 各基层党委（总支）至少搞一次典型教育，组织所辖单位的优秀党员代表，召开专题报告会或座谈会。

8. 各基层党委（总支）进行一次廉洁教育。

9. 各基层党委（总支）召集本单位教职工代表、民主党派基层组织负责人或代表，召开一次“我心目中的共产党员”为主题的恳谈会。

10. 党员校级领导干部在分管部门或所联系的学院党员中讲一次党课。

11. 各基层党委（总支）约请专家，举办一次理论辅导报告会、专题讲座或互动式座谈会。

12. 以支部为单位，每一名党员联系自己思想和工作实际，主动对照“三个代表”重要思想和党章的要求，讲认识、讲体会、讲收获，并边学边改。

13. 各基层党委（总支）组织引导党员立足本职岗位，开展保先大讨论，形成教师、职工、学生、医疗工作者、管理干部等不同岗位的党员保持先进性的具体要求和不合格党员具体表现的“两个具体”的书面成果。

14. 9月中旬，各基层党委（总支）对学习动员阶段的工作进行检查、小结，并提出转段申请。

中共四川大学委员会先进性教育活动领导小组关于学校先进性教育活动分析评议阶段的实施意见

（川大委［2005］41号）

各基层党委（总支）先进性教育活动领导小组：

根据中央、教育部党组和省委关于先进性教育活动的部署以及省委教育工委先进性教育活动办公室《关于高校先进性教育活动分析评议阶段的实施意见》，结合学校实际，现对学校先进性教育活动分析评议阶段工作提出如下实施意见：

一、总体要求

深入扎实做好分析评议阶段的工作，是巩固和扩大学习动员阶段成果，打牢整改提高阶段工作基础，确保先进性教育活动取得实效的关键。在这一阶段，要紧紧围绕“找准抓住突出问题”，紧密联系各基层党委（总支）和党员个人实际，通过“群众提、自己找、组织点、相互帮”和“下级评上级、群众评党员、支部评党员、党员自我评”等多种方式，组织每个党员认真听取意见，自我剖析，接受评议，开展批评与自我批评，组织每个基层党组织广泛征求群众意见，提出对每个党员的评议意见，努力做到征求意见广泛深入，查摆问题准确全面，分析原因深刻透彻，民主评议客观真实，互相帮助扎实有效，整改方向措施明确，边查边议边改，在思想认识上有新提高，在解决问题上有新进展。

二、认真抓好五项工作

分析评议阶段安排在9月下旬至11月上旬，时间1个月左右。重点抓好广泛征求意见、开展交心谈心活动、撰写党性分析材料、开好专题组织生活会和民主生活会、反馈和通报评议情况等五项工作。

（一）广泛征求意见

学校各级党组织要采取召开座谈会、个别访谈、问卷调查、设置意见箱、热线电话和网络等多种形式，广泛深入地征求师生员工和党内外群众对党员、党组织和领导班子的意见。正校级党员领导要在学校中层正职、院士、文科杰出教授、博士生导师代表、教代会与工代会代表、各民主党派负责人、市以上人大代表和政协委员、离退休党组织负责人以及所在党支部全体党员中征求意见；学校副校级党员领导要征求学校党政主要负责人、分管和联系以及工作相关院系、部处室领导班子成员和党员、市以上人大代表和政协委员、党员和教职工群众代表、离退休教职工代表、民主党派代表以及所在党支部全体党员的意见；党员处级领导干部要在本单位全体党员（含离退休职工党员）、本单位学校教代会与工代会代表、民主党派代表中征求意见；一般党员干部、教职工党员征求意见的范围，由各党支部根据本单位情况确定。

要分层次如实转达反馈意见。学校先进性教育活动领导小组办公室和各级党组织对收集到的意见、建议及时汇总梳理，分别整理出对党员个人、党组织和领导班子的意见，并如实转达反馈。省委督导组收集的意见，由督导组负责反馈；对党员的意见，由党支部书记负责反馈；对基层党组织及其负责人的意见，由上一级党组织负责同志反馈；对学校领导班子集体的意见，由校党委先进性教育活动领导小组办公室负责反馈给班子全体成员；对学校主要负责同志的意见，由上级督导组负责反馈；对领导班子其他成员的意见，由学校党政主要负责同志个别反馈，也可在个别交换意见的基础上进行集体反馈。

对征求意见阶段反映出来的违纪违法问题，由有关方面按照规定进行处理。

（二）开展交心谈心活动

学校各级党组织要结合反馈意见，认真组织党员开展相互交心谈心。交心谈心要做到“五必谈”，即：学校各级领导班子主要负责人要与班子每个成员谈心，班子成员之间要相互谈心；校班子成员要与所分管和联系的学院、部处、业务单位领导班子成员开展一次集体谈心；学院、部处、业务单位党员领导干部要与本单位党员相互谈心；党支部人数较少的，党员之间要相互谈心；党员和群众之间要普遍谈心。同时，也可采取适当方式进行集体谈心。通过开展谈心交心活动，促进沟通，加深了解，相互帮助，增进感情，并尽可能多地在交心谈心活动中解决问题，为召开专题组织生活会和民主生活会打好基础。

（三）撰写党性分析材料

1. 深入查找分析存在的问题。在开展党员互谈、党群恳谈、上下交谈的基础上，由各党支部组织党员和党员领导干部，对照《党章》、党员领导干部的基本条件、新时期保持共产党员先进性的基本要求和学习动员阶段讨论提出的保持共产党员先进性具体要求，结合征求的意见，全面总结十六大以来自己在思想、工作、学习、教风、学风以及廉洁自律等方面的情况，认真进行党性分析，重点检查存在的问题。要以保持共产党员先进性的具体要求为尺子，量一量自己在学习上、思想上、工作上、作风上的差距在哪里，问一问自己是否树立了正确的世界观、人生观、价值观，找一找自己在保持先进性方面存在哪些差距和突出问题，真正抓住问题的实质，找准问题的根源。

2. 认真撰写个人党性分析材料。每一名党员、党员领导干部都要按照“重点写问题、深入找原因、关键查自身”的要求，撰写不少于1500字的党性分析材料。主要包括三个方面内容：（1）检查自己在保持先进性方面有哪些差距，存在哪些突出问题。重点检查在理想信念、宗旨、作风、遵守纪律和立足本职工作发挥作用等方面存在的问题。（2）从世界观、人生观、价值观上剖析思想根源，党员处级以上领导干部还要从坚持科学发展观和正确政绩观、权力观、地位观、利益观等方面进行剖析。（3）今后努力的方向和措施，即如何把党员先进性要求落实在岗位上，体现在行动中，做一名合格党员。撰写个人党性分析材料时，对转达反馈意见中提出的问题，要认真负责地作出回答。本人认为不适宜写入分析材料的问题，可另写专题材料。一般党员干部、教职工党员的专题材料报本单位党支部，由党支部报所在基层党委（总支），党员处级领导干部的专题材料报校党委先进性教育活动领导小组办公室。年老体弱或撰写材料确有困难的党员，经党支部和所在基层党委（总支）同意，可以不撰写党性分析材料。

3. 党性分析材料的初审和公示。在召开专题组织生活会和民主生活会之前，对党员和党员领导干部个人形成的党性分析材料要分层次进行初审。学校党政领导班子主要负责同志的党性分析材料由上级督导组组长审阅；学校领导班子其他党员领导的党性分析材料由本校的党政主要负责同志负责审阅；各学院、部处和业务单位主要负责同志的党性分析材料由学校分管或联系的校级党员领导负责审阅；党支部书记的党性分析材料由所在基层党委（总支）书记负责审阅；党员个人的党性分析材料由所在单位的党员领导干部或党支部书记负责审阅。党性分析材料结合个人实际不够、问题找得不准、剖析不深不透的，要在规定时限内认真进行修改或重新撰写。

党员校领导的个人党性分析材料在适当范围内公示；中层党员领导干部和党员的个人党性分析材料原则上在征求意见的人员范围内公示。

（四）开好专题组织生活会和民主生活会

1. 以支部为单位，在进一步搞好学习、广泛开展交心谈心活动和撰写党性分析材料的基础上，认真组织开好专题组织生活会。专题组织生活会上，每个党员都要按照准备好的党性分析材料，逐个进行对照检查、相互评议、开展批评和自我批评。

2. 党员领导干部在以普通党员身份参加所在党支部专题组织生活会的同时，还要参加领导班子专题民主生活会。领导班子专题民主生活会，要按照省纪委、省委组织部、省委先进性教育活动办公室《关于开好2005年度县以上党和国家机关党员领导干部民主生活会的通知》（川组通［2005］28号）要求召开。上级督导组参加学校领导班子专题民主生活会；学校督查组参加所督查单位领导班子专题民主生活会。

党支部专题组织生活会和领导班子专题民主生活会召开后，党员和党员领导干部要根据专题组织生活会和专题民主生活会的情况，认真修改党性分析材料，进一步明确努力方向。党员校领导的党性分析材料，要按干部管理权限上报。

3. 在开好专题组织生活会和领导班子专题民主生活会的基础上，要对党员和党员领导干部的党性分析材料进行满意度测评。党员校领导在适当范围人员内接受满意度测评；党员干部、教职工党员在所在支部全体党员范围内作党性分析报告并接受满意度测评；学生党员和离退休职工党员不进行满意度测评，但要认真组织他们开好专题组织生活会。

党性分析报告满意度测评，分为满意、基本满意、不满意三个档次。对测评满意度低于60%的党员，党组织要重点帮助，引导其深入查找问题，深刻剖析原因，认真修改党性分析材料。

（五）反馈和通报评议意见

党支部在专题组织生活会后，要召开支委会，根据党员个人讲评、党员互评和满意度测评的情况，以及征求到的群众意见和党员的一贯表现，进行综合分析，实事求是、客观公正地对每个党员提出评议意见，并及时地以书面形式如实向党员本人反馈，肯定成绩，指出问题，提出整改方向。对在保持共产党员先进性、履行党员义务、发挥党员作用等方面做得不够或不完全具备党员条件的党员，党支部要进行批评教育，帮助其认识问题，并区别情况，提出具体的教育转化措施。

党支部要采取适当方式，在一定范围内向群众通报民主评议党员情况。通报的主要内容包括：专题组织生活会的基本情况，党员对存在问题的认识和努力方向，党支部的评议结果。

学校和基层党委（总支）领导班子专题民主生活会结束后，要采取适当方式，在一定范围内向党员、群众通报。通报的主要内容包括：专题民主生活会的基本情况，对领导班子的总体评价，存在的突出问题，整改措施，其他需要说明的问题。校级领导班子专题民主生活会情况要报中组部、教育部党组和省纪委、省委组织部、省委先进性教育活动领导小组办公室以及省委教育工委；各基层党委（总支）领导班子专题民主生活会情况要报校党委先进性教育活动领导小组办公室和校纪委、校党委组织部。

三、搞好党组织和领导班子的分析评议

在组织党员和党员领导干部开展分析评议的同时，学校各级党组织和各级领导班子要在充分征求各方面意见的基础上，认真搞好自身的分析评议工作。

1. 查摆突出问题。各级党组织和各级领导班子要对收集的各方面意见建议进行梳理汇总，并结合召开专题组织生活会和民主生活会，认真进行剖析和总结，确定自身存在的主要问题，形成总结分析材料。学校党委和领导班子的总结分析材料要送省委教育工委督导组审阅把关。校党委先进性教育活动领导小组对各基层党委（总支）和领导班子的总结分析材料要进行审阅把关。

2. 进行公示。对各级党组织和各级领导班子查找分析问题的情况，要采取适当方式，在一定范围内向党内外群众公开，再次听取各方面的意见。

3. 明确整改方向。根据查摆出来的突出问题和收集的各方面意见，各级党组织和各级领导班子要认真研究，明确重点整改的问题和整改的事项，有针对性地提出整改措施。

4. 党内通报。对各级党组织和各级领导班子将列入重点整改的问题和整改事项及其整改措施，向本单位党员通报。

四、广泛开展主题实践活动

学校和各基层党委（总支）要结合分析评议工作，结合学校和本单位实际及党员队伍特点，围绕“保持共产党员先进性，推进学校新跨越”这个主题，开展适合学校和本单位不同岗位党员要求的主题实践活动。在学生中要广泛开展以“思想比先进、学习比勤奋、生活比节俭、兴趣比高尚”为主题的教育实践活动。要积极为师生做好事、办实事、解难事，以实际行动改进工作作风，提高服务质量，切实解决师生员工在学习、工作、生活中的具体问题和实际困难，进一步密切党群、干群关系，树立党员新形象。

五、需要把握好的几个问题

1. 认真做好党员的思想政治工作。校党委先进性教育活动领导小组召开分析评议阶段动员大会，校党委书记作动员报告，各基层党委（总支）也要结合实际进一步搞好分析评议阶段的思想发动，主要负责同志要亲自作动员，做到“三个讲清楚”、“三个正确对待”，即：讲清楚分析评议阶段工作的重要性，讲清楚分析评议阶段调查了解和征求意见的要求，讲清楚分析评议阶段的具体工作要求。要引导党员正确对待群众的意见，正确对待党组织指出的问题，正确对待民主评议的结果。要把解决党员的思想认识问题同解决党员的实际问题结合起来，使党员在接受教育的过程中充分感受到党组织的温暖，要尊重党员的民主权利，进一步激发党员自觉搞好分析评议的内在动力。

2. 巩固和运用好学习动员阶段的成果。各基层党委（总支）要在前一阶段学习培训的基础上，紧密结合党员的思想实际和分析评议阶段的任务，以党支部为单位组织党员深入开展讨论，再次进行思想发动，组织党员有针对性地深入学习党章，学习胡锦涛总书记《在新时期保持共产党员先进性专题报告会上的讲话》和在贵州考察时就保持共产党员先进性教育活动所作的重要讲话，学习教育部党组、省委有关领导关于保持共产党员先进性党课、形势报告会上的讲话，以及其他有关必读篇目，引导党员进一步提高认识、端正态度，摆正位置、自觉投入，增强学习实践“三个代表”重要思想的坚定性。同时，要运用好在学习讨论基础上提出的保持共产党员先进性的具体要求，组织党员进行对照检查，开展分析评议。

3. 找准存在的突出问题。要在前一阶段联系实际查找问题的基础上，继续采取各种有效措施找准党员和党组织存在的突出问题，群众反映强烈的党内、校内、教风、学风等方面的突出问题，影响学校和本单位改革发展稳定的突出问题，涉及师生员工切身利益方面存在的突出问题，以及本单位存在的其他突出问题。党员在查找问题时，要摒弃私心杂念，诚心诚意听取群众意见，从维护党和人民的利益出发，勇于正视和深刻剖析存在的问题，实事求是地认识自己、估价自己。对查找出的问题要从思想认识上分析原因。党组织和领导班子要从党员存在的突出问题中查找自身存在的问题。学校先进性教育活动领导小组办公室要认真了解和掌握学校各单位领导班子和成员存在的突出问题。

4. 认真开展批评与自我批评。要认真落实省委关于“民主生活会关键在于开展批评与自我批评，批评与自我批评关键在于抓批评，开展批评关键在于抓主要领导干部带头开展批评”的要求，认真开展批评与自我批评。开展批评与自我批评要坚持原则，讲究方式方法，不回避矛盾，不纠缠细枝末节，不搞无原则纠纷。党员在进行自我批评时，要认真查摆自己在保持先进性方面存在的突出问题；对党组织指出的问题和党员、群众提出的意见，要有正确的态度，作出实事求是的回答；对存在问题的原因要深刻剖析，真正做到思想上有所触动，认识上有所提高；要针对存在的突出问题，认真总结经验教训，提出具体的整改措施。党员之间开展批评时，要坚持实事求是的原则和“惩前毖后，治病救人”的方针，从团结的愿望出发，本着对同志对事业高度负责的态度，做到既帮助同志改正缺点错误，又使自己从中受到教育。党组织要为党员开展批评营造良好的氛围，帮助其分析原因，明确努力方向。特别要注意帮助引导不能认真进行自我分析的同志和有错误的同志，解开思想疙瘩，放下包袱，轻装前进。

5. 充分发挥党员领导干部的表率作用。学校各级党员领导干部特别是“一把手”要带头征求党员、教职工的意见，带头开展谈心活动，带头进行自我剖析，带头开展批评与自我批评，带头边议边改，以实际行动为广大党员做出表率，以自身的模范作用，引导和推动广大党员自觉地搞好分析评议。

6. 坚持边议边改。要引导党员把保持先进性的要求同履行岗位职责结合起来，做好本职工作，发挥先锋模范作用。对查找出来的突出问题，具备整改条件的要立说立行、马上就改。对那些不履行党员义务，不具备党员条件的，党组织要区别情况，多做教育工作，促使他们尽快转化为合格党员。通过解决问题，让群众感受到党组织和党员发生的新变化。

六、加强组织领导和督查把关

1. 坚持强化领导责任。学校各级党组织要进一步健全和落实先进性教育活动的责任制，特别是主要负责同志要带头亲自抓。校、院先进性教育活动领导小组及其办公室要切实加强领导和分类指导，把中央、教育部党组、省委的统一部署要求与学校和各基层党组织的实际紧密结合起来，认真制订方案，提出明确要求，精心组织实施，确保分析评议阶段工作不走过场，不出偏差，取得实效。要正确处理先进性教育活动与其他各项工作的关系，合理安排好时间，真正做到“两不误、两促进”。

2. 进一步发挥好党支部的作用。要坚持把责任压到支部、方法交给支部、工作落实到支部，充分发挥好党支部的作用，鼓励在坚持中央、教育部党组、省委精神和学校要求的前提下积极探索，努力创新，夯实和活跃基础层面的工作。党支部书记作为具体责任人，要切实负起责任，在抓落实上狠下工夫。

3. 继续加强督查工作。学校先进性教育活动领导小组办公室及其督查组要认真履行职责，进一步落实好校党委提出的督领导、督重点、督典型的要求，加强督查把关，勤检查、勤分析、勤指导，切实把握各个环节的工作要求，掌握工作进展情况，总结典型经验，及时发现和解决问题，有针对性地提出意见建议，确保分析评议阶段的工作健康顺利开展。分析评议阶段结束时，各基层党委（总支）在认真总结的基础上，应在 11 月上旬前向校党委先进性教育活动领导小组办公室提出转段申请；在此基础上，学校先进性教育活动领导小组及其办公室同时向省委教育工委先进性教育活动领导小组及办公室提出转段申请，经同意后，召开全校会议进行小结和转段动员，各基层党委（总支）进行转段小结和再动员。

4. 加强舆论宣传和信息报送工作。学校各级党组织要继续充分运用报刊、电视、墙报、专栏、网络等多种形式做好宣传工作，加强正面引导，营造良好的舆论氛围。要及时报送分析评议阶段的总体部署、工作方案、规定要求、工作进展及工作总结等。对分析评议阶段要解决的问题、采取的措施、取得的成效、总结的典型经验，要及时形成简报报送，报送情况内容要真实、准确、简明扼要。

四川大学保持共产党员先进性的具体要求和不合格党员的具体表现

（川大委［2005］42 号）

根据《中国共产党章程》对党员和党员领导干部的要求，结合学校实际，集中校内各基层党委在“四讲一讨论”中形成的“两个具体”的书面成果，现提出《四川大学保持共产党员先进性的具体要求和不合格党员的具体表现》。

一、四川大学保持共产党员先进性的具体要求

四川大学保持共产党员先进性的具体要求分为两个部分：一是对四川大学所有共产党员保持先进性总的具体要求；二是对不同岗位保持共产党员先进性的具体要求。

（一）四川大学保持共产党员先进性总的具体要求

1. 认真学习马克思主义、毛泽东思想、邓小平理论、“三个代表”重要思想和科学发展观，学习党的路线方针政策，在思想上和行动上与党中央保持高度一致。

2. 牢记和实践全心全意为人民服务的宗旨，努力掌握为人民服务的本领，坚持党和人民的利益高于一切，个人利益服从党和人民群众的利益。

3. 加强党性锻炼，增强党的观念和党员意识，自觉遵守党的纪律、国家法律和学校的规章制度，服从组织决定，维护民主集中制。

4. 带头实践“三个代表”重要思想，忠诚党的事业，爱岗敬业，奋发进取，积极工作，乐于奉献，在推动学校的改革发展中，切实发挥先锋模范作用。

5. 坚持原则，明辨是非，敢于开展批评和自我批评，敢于同各种歪风邪气和坏人坏事作坚决的斗争。

6. 顾全大局，团结协作，谦虚谨慎，公道正派，始终保持艰苦奋斗的优良传统和作风。

7. 勇于创新，锐意进取，刻苦钻研，精益求精，不断提高业务素质和工作能力，在学习中和本职工作岗位上发挥骨干作用。

8. 自觉维护党的形象、国家的尊严和学校的声誉，坚决反对和抵制一切非法组织的活动。

（二）四川大学不同岗位保持共产党员先进性的具体要求

1. 党员领导干部保持先进性的具体要求。

（1）全面贯彻执行党的教育方针，坚持社会主义办学方向；具有敏锐的政治鉴别能力，在大是大非问题上立场坚定，态度鲜明；具有强烈的政治意识、大局意识和责任意识，带头维护学校稳定。

（2）坚持立党为公，执政为民，认真实践全心全意为人民服务的宗旨；密切联系群众，维护人民群众的根本利益，关心群众疾苦，解决群众困难；推进民主政治建设，维护师生职工主人翁地位；淡泊名利，甘于奉献，在人民利益受到威胁时，不怕牺牲挺身而出。

（3）坚持科学发展观，具有推进学校新跨越的事业心和责任感；具有强烈的创新精神和较强的创新能力；具有紧密联系实际和扎实工作的优良作风；具有民主决策和科学决策的能力和水平；具有正确的政绩观、发展观和事业观。

（4）坚持民主集中制，自觉维护领导班子的团结，坚决执行党的决议；坚持原则，敢于展开批评与自我批评。

（5）坚持理论武装，不断提高党性修养、理论修养和业务素质，做勤于学习、善于思考的模范。

（6）严格执行党的干部政策，在推荐、选拔、任用干部中，坚持任人唯贤，公道正派，严守程序。

（7）遵纪守法，廉洁勤政，自觉接受组织和群众监督；艰苦奋斗，抵制腐朽思想侵蚀；防微杜渐，树立高尚道德情操。

2. 党员管理人员和党员职工保持先

进性的具体要求。

(1) 坚定不移地执行党的路线、方针、政策，在思想和行动上与党中央保持高度一致；带头贯彻执行学校党委和各级党组织的决议。

(2) 心系群众，关心群众，主动热情，高效服务，全心全意为基层、为师生职工服务，积极推动服务型机关和单位的建设。

(3) 恪尽职守，踏实工作，讲实话，办实事，求实效，自觉增强执行力。

(4) 依法办事，规范管理，坚持原则，按章办事，自觉执行和维护学校各项规章制度。

(5) 勤奋努力，敢于负责，知难而上，勇挑工作重担。

(6) 公道正派，廉洁自律，自觉遵守党风廉政建设的各项规定，坚决抵制各种不正之风，做到廉洁奉公，推动廉政型机关和单位的建设。

3. 党员教师保持先进性的具体要求。

(1) 忠诚党的教育事业，始终坚持将马克思主义的立场、观点和方法贯穿教学科研全过程。

(2) 加强师德修养，以人为本，关爱学生，坚持教书育人，处处为人师表。

(3) 坚持教育创新，更新教育理念，推进教育改革，提高教学质量。

(4) 探索科学前沿，勇挑工作重担，团结协作，追求卓越，勇攀科学技术高峰，做发展先进生产力和先进文化的模范。

(5) 坚持科学精神，纯洁学术道德，坚持严谨学风，以身作则，带头培育优良的校风、教风和学风。

4. 学生党员保持先进性的具体要求。

(1) 提高政治素质，坚定理想信念，自觉与党中央保持高度一致，树立为党的事业和中华民族伟大复兴而奋斗的远大抱负。

(2) 树立正确的世界观、人生观、价值观，坚决抵制各种腐朽思想和文化的侵蚀。

(3) 刻苦学习，奋发成才，学风端正，成绩优良，努力做到德、智、体、美全面发展。

(4) 爱国守法，明礼诚信，勤俭自强，团结友爱，模范遵守公民道德。

(5) 知行统一，带头参加社会实践，在实践中受教育、长知识、作贡献。

5. 党员医务工作者保持先进性的具体要求。

(1) 坚持卫生工作为人民健康服务，为社会主义现代化建设服务的方向。

(2) 以人为本，仁爱关怀，对患者满腔热情，努力构建和谐的医患关系，积极促进“和谐医院”建设。

(3) 对工作极端负责，对技术精益求精，想病人所想，急病人所急，做救死扶伤的模范。

(4) 在人民群众生命和健康受到威胁时，毫不犹豫，不怕危险，勇于承担责任，做保卫人民生命安全的坚强卫士。

(5) 刻苦钻研，开拓进取，带头探索科学前沿，不断提高医学水平，努力攀登医学科学的高峰。

(6) 诚信服务，医风端正，乐于奉献，不求索取，严守医务人员职业道德规范。

6. 党员后勤保障系统工作者保持先进性的具体要求。

(1) 坚持后勤工作为学校改革发展服务，为师生职工服务，为教学科研管理第一线服务的方向，为学校新跨越提供优质高效的后勤保障。

(2) 增强服务意识，端正服务态度，

规范服务行为，提高服务效率，改进服务质量。

（3）热爱本职工作，强化岗位意识，练就过硬本领，争做业务骨干和岗位能手。

（4）工作负责，认真踏实，勤俭节约，艰苦奋斗，吃苦在前，享受在后，努力在工作中发挥表率作用。

7. 离退休党员保持先进性的具体要求。

（1）理想永存，信念坚定，始终保持共产党员的崇高信念和高尚品质。

（2）活到老，学到老，积极发挥余热，始终保持旺盛的革命意志，努力做到老有所学，老有所为。

（3）关心国家大事，宣传党的路线、方针和政策，支持学校改革，积极为学校的跨越式发展献计献策。

（4）言传身教，树立榜样，积极发挥对青少年的传、帮、带作用。

（5）严于律己，自觉维护和遵守党纪国法和学校的规章制度，保持革命晚节。

二、四川大学不合格党员的具体表现

四川大学不合格党员的具体表现分为两个部分：一是针对全校所有党员提出不合格党员总的具体表现；二是针对不同岗位的党员提出不合格党员的具体表现。

（一）四川大学不合格党员总的具体表现

1. 共产主义理想和信念动摇，思想蜕变，意志衰退，对马列主义、毛泽东思想、邓小平理论和“三个代表”重要思想及科学发展观抵触，对党的路线方针政策不满，散布消极政治观点，参加非法组织或非法活动。

2. 组织纪律涣散，组织观念淡薄，无正当理由连续六个月不参加党的组织生活，或不按期缴纳党费，或不做党组织分配的工作。

3. 党的宗旨意识淡薄。服务意识差，群众观念弱，在人民群众生命财产安全受到威胁时临阵退却。

4. 党性失落。有令不行，有禁不止，把个人利益置于党和人民群众利益之上；违背民主集中制原则，破坏团结，影响稳定，损害大局，不履行党员义务，不发挥党员作用。

5. 作风漂浮，不负责任，玩忽职守，给国家、学校、本单位和师生职工生命财产造成重大损失，影响极坏。

6. 放弃原则。在大是大非面前立场动摇，对坏人坏事和歪风邪气不敢批评斗争；拒绝开展批评与自我批评，坚持错误，我行我素。

7. 人生观、价值观失落，见利忘义，生活腐化，作风败坏，挥霍浪费，玷污党员形象，在群众中影响恶劣；触犯党纪国法和学校规章制度，以权谋私、行贿受贿、挪用公款、知法犯法、腐化堕落。

8. 无正当理由不参加民主评议，民主测评不合格票数达 2/3 以上的。

（二）四川大学不同岗位不合格党员的具体表现

1. 党员领导干部不合格的具体表现。

（1）对社会主义的办学方向持怀疑态度；在大是大非问题上，丧失党性，立场动摇，拒不执行党的路线、方针、政策。

（2）因循守旧，思想僵化，没有开拓创新精神，渎职失职。

（3）缺乏正确的政绩观，工作上弄虚作假，虚报浮夸，只做表面文章，不求实效。

（4）严重脱离群众，对师生职工的合法利益与正当要求漠不关心，麻木不仁，在群众中造成恶劣影响。

（5）违背民主集中制原则，团结协作

差，大局意识弱，严重影响领导班子的团结和思想的统一。

(6) 以权谋私，滥用职权。

2. 党员管理人员和党员职工不合格的具体表现。

(1) 在思想、行动和言论上违背党的路线、方针和政策，违背组织的决议，损害学校形象。

(2) 宗旨观念淡漠，丧失服务意识，严重失职，引起群众强烈不满。

(3) 工作拈轻怕重，临危畏惧退缩，一事当前，先替自己打算。

(4) 自由主义严重，当面不说，背后乱说，拉帮结派，破坏团结。

(5) 纪律松懈，作风涣散，得过且过，屡教不改。

(6) 滥用职权，徇私舞弊，以权谋私，道德沦丧。

3. 党员教师不合格的具体表现。

(1) 信念动摇，在教学、科研中宣传散布反马克思主义观点和思想。

(2) 师德沦落，学术道德败坏，教风、学风和生活作风严重违背职业道德规范。

(3) 自私自利，争名夺利，斤斤计较个人得失，破坏团队团结。

(4) 缺乏事业心，不思进取，自甘落后，教学科研敷衍了事，出现严重的教学、科研事故。

(5) 工作极不负责，拈轻怕重，消极懈怠，造成严重后果。

4. 学生党员不合格的具体表现。

(1) 丧失理想信念，人生观颓废、价值观消极，政治鉴别能力差，对各种反马克思主义的思想不拒绝、不抵制。

(2) 拒绝理论学习，放弃党性修养，经常不参加党的组织活动，不接受党的工作。

(3) 学风不正，投机取巧，成绩落后，在学习上不能发挥模范带头作用。

(4) 个人主义严重，利己思想突出，把个人利益凌驾于组织和集体利益之上。

(5) 缺乏政治意识、大局意识和稳定意识，对危及社会和学校稳定大局的事情无动于衷，甚至默认或参与。

5. 党员医务工作者不合格的具体表现。

(1) 服务意识淡化，服务态度粗暴，对病人的疾苦漠不关心，麻木不仁，影响恶劣。

(2) 在人民生命健康和公共卫生安全受到威胁的危急时刻，畏惧困难、害怕风险，退缩不前。

(3) 医德不高、医风不正，向病人索取好处、收受红包。

(4) 对工作和患者极不负责，造成严重的医疗卫生事故。

6. 党员后勤保障系统工作者不合格的具体表现。

(1) 服务态度恶劣，服务水平低下，服务质量很差，造成严重后果。

(2) 对师生职工的疾苦和正当、合理要求，视而不见，推诿扯皮，极不负责。

(3) 在服务中风气不正，严重存在吃、拿、卡、压等问题。

(4) 在困难面前怕苦怕累怕危险，不服从组织安排，不接受组织任务。

7. 离退休党员不合格的具体表现。

(1) 理想信念动摇，革命意志衰退。抵触党的路线、方针和政策，不支持中国特色社会主义事业和学校的改革发展。

(2) 党性意识退化，组织观念淡漠，不履行党员义务。

(3) 思想落后，行为消极，自由主义严重，在群众中散布影响团结、影响稳定、影响大局的言论。

中共四川大学委员会
先进性教育领导小组关于学校先进性
教育活动整改提高阶段的实施意见

（川大委［2005］54号）

各基层党委（总支）先进性教育活动领导小组：

根据中央、教育党组和省委以及省委教育工委先进性教育活动领导小组的部署和要求，现对学校先进性教育活动整改提高阶段工作提出如下实施意见。

一、总体要求

整改提高阶段既是针对问题集中整改、抓落实见实效的重要阶段，又是实现中央、省委提出的目标要求，确保教育活动取得实效，真正成为群众满意工程的关键阶段。学校各级党组织要进一步增强责任感和使命感，按照中央、教育部党组和省委的部署和要求，紧密联系实际，把学习贯彻党的十六届五中全会精神与落实中央、教育部党组和省委关于先进性教育活动的一系列指示精神结合起来，贯穿到先进性教育活动的各项工作中，认真对照党的十六届五中全会精神，进一步查找并切实解决学校各级党政领导班子、基层党组织和党员队伍存在的突出问题，解决影响学校改革发展稳定的主要问题，解决群众最关心的重点问题和涉及教职工切身利益的实际问题，集中时间和精力，采取有力措施，切实把整改提高工作抓紧抓好，抓出成效。要通过思想整改、行动整改、制度整改，使学校广大党员的思想认识有明显提高，作风有明显改进，服务质量有明显提高，保持先进性长效机制建设有明显进展，各项工作有明显推进，让广大群众切实感受到教育活动的实际效果，真正做到“群众满意”。

二、认真抓好五个环节的工作

整改提高阶段安排在11月上旬至12月上旬，时间1个月左右。着重抓好制定整改方案和整改措施、开展集中整改、建章立制、先进性承诺申请和工作总结等五项工作。

（一）制定整改方案和整改措施

1. 整改方案和整改措施的制定。在分析评议阶段工作的基础上，学校各级党政领导班子和每个基层党组织、每名党员都要结合各自的工作实际，针对存在的突出问题，分别制定实实在在、切实可行的整改方案和措施。对存在的主要问题，要有明确的整改意见，既要有中长期整改安排，更要有近期整改要求。整改方案内容包括：整改事项、整改措施、整改责任、整改时限等。

2. 整改方案和整改措施的审核。整改方案和整改措施形成后，要分层次进行审核。学校党政领导班子主要负责同志的整改措施由省委教育工委督导组组长审阅；学校校级领导班子其他党员领导干部的整改措施由校党委主要负责同志负责审阅；学院、部处主要负责同志的整改措施由学校分管和联系的校级党员领导干部负责审阅；中层党政领导班子党员副职成员的整改措施由所在单位党政主要负责人负责审阅；党支部书记的整改措施由所在基层党委（党总支）书记负责审阅；其他党员个人的整改措施由所在单位的党员领导干部或党支部书记负责审阅。各级党政领导班子的整改方案，要注意吸收班子成员个人的整改措施，经领导班子集体研究决定后，校班子的整改方案送省委教育工委督导组听取意见，报省委教育工委先进性教育活动办公室备案；学院、部处及业务单位中层党政领导班子的整改方案，送学校先进性教育活动办公室督查组听取意见，报学校先进性教育活动办公室备案；基层党支部的整改方案经所在基层党委（总支）审核同意并备案。

3. 整改方案和整改措施的公示。学校党政领导班子的整改方案，在全校范围内公示；中层党政领导班子和党支部的整改方案，在本单位范围内公示。党员个人的整改措施原则上以适当方式在征求意见的人员范围内公示，对本单位多数师生职工不满意的要进行修订。

（二）开展集中整改

要围绕解决突出问题，把思想整改、行动整改和制度整改结合起来，把党员个人整改与党政领导班子、基层党组织的整改结合起来，把共性问题的集中整改与本单位个性问题的专项整改结合起来，突出重点，上下联动，整体推进，务求实效。

1. 落实整改方案和整改措施。学校各级党政领导班子、基层党支部和党员个人都要围绕各自的整改方案和整改措施，一项一项落实，一件一件抓好，真正把整改方案和整改措施落到实处。对具备整改条件的问题，要马上解决，立竿见影；对群众反映强烈、通过努力能够解决的问题，要实行限期整改；对那些应该解决但由于受客观条件限制一时解决不了的问题，要明确整改时限，逐步创造条件解决；对情况复杂、涉及面大和涉及有关政策的问题，要积极向上级主管部门和有关单位反映；对政策有明确规定解决不了的问题，要向教职工说明情况，作好解释工作。

2. 突出整改重点。学校各级党政领导班子和各级党组织要对查摆出来的突出问题再次进行认真梳理，根据问题的性质和轻重缓急，确定集中整改的重点。要以坚定理想信念，增强党员意识、宗旨意识为着力点，抓好思想整改，引导党员干部牢固树立全心全意为人民服务思想，进一步解决好世界观人生观价值观方面的深层次问题和师德校风、教书育人等问题；要以进一步密切党群干群关系为着力点，切实解决好资助贫困家庭学生、引导毕业生就业、规范学校各项收费、加强学校安全稳定等社会关注的重点问题和师生员工反映强烈、急需解决的实际问题；要以加强作风建设，推动学校各项工作为着力点，引导党员干部牢固树立和落实科学发展观，认真解决影响学校改革发展稳定方面的主要问题，抓住机遇，转变观念，理清思路，加快发展。学校各级党政领导班子和各级党组织要通过抓重点问题的整改，推动其他问题的有效解决，让师生员工切实感受到整改的实际效果，感受到党组织和党员的新变化。

3. 上下联动开展“整改行动”。开展集中整改，必须坚持“原因两头查、问题两头找、上下联动改”，要把学校的先进性教育活动整改提高阶段的工作与各学院、各部处、各单位的先进性教育活动结合起来，做到上下联动，同步整改，整体推进。要认真梳理师生员工对学校和本部门、本单位的意见，抓住存在的共性和倾向性问题，开展上下联动的集中整改和专项整改，形成良性互动，促进自身存在问题的解决。对教职工反映强烈、特别是涉及教职工切身利益问题的整改，要自觉接受教职工监督。

（三）认真抓好建章立制

学校各级党政领导班子和各级党组织要把建章立制与落实整改措施、整改方案结合起来，作为整改提高阶段的一项重要工作，特别是要针对存在的突出问题和发生在基层带普遍性和规律性的问题，从政策层面、机制层面分析原因，举一反三，把整改措施和办法规范化、制度化，堵塞漏洞，防止出现“教育一阵子、改进提高一阵子、不久又回老样子”的情况。同时，要按照中央、教育党组和省委的要求，认真总结先进性教育活动中一些成功的做法和基本经验，继续探索建立健全党员保持先进性的长效机制，进一步巩固和扩大先进性教育活动成果。要进一步充分发挥学校的学科优势和人才优势，增添措施，积极组织学校的有关专家和党建理论工作者，围绕先进性教育活动与加强党的先进性建设，开展理论研究和工作研究，力争取得一批理论成果和制度成果。

（四）先进性承诺申请

在整改提高阶段后期，党员要根据个人意愿，填写《保持共产党员先进性承诺申请表》，以书面形式慎重向党组织提出申请，表明自己愿意继续保持共产党员先进性，发挥先锋模范作用的政治态度。因身体健康和其他特殊原因不能书面提出先进性承诺申请的党员，可以口头提出申请并委托其他党员代为填写先进性承诺申请表。

（五）认真做好工作总结

学校先进性教育活动集中教育基本结束前，要组织好群众对学校各级党政领导班子、基层党组织的整改情况和先进性教育活动的满意度测评，自觉接受群众的监督评判。凡是群众满意度不高，认为走了过场的，要重新进行整改。具体实施办法根据上级文件要求另行文。

学校各级党组织要进行认真总结，并向干部群众通报先进性教育活动的情况，提出巩固扩大教育活动成果工作方案。总结报告的主要内容包括：开展先进性教育活动的基本做法、基本成效、基本经验、意见和建议等。学校总结报告经教育工委督导组审核后，报省委教育工委先进性教育活动办公室；基层党委（总支）的总结报告经学校先进性教育办公室督查组审核后报学校先进性教育活动办公室；党支部的总结报告报所属各基层党委（总支）。同时，学校各级党组织应召开总结大会，以适当形式组织党员进行集体宣誓，向党组织和群众作出保持共产党员先进性的庄严承诺。

在先进性教育承诺申请的基础上，党支部要召开支委会，根据党章和有关政策规定，结合学习动员阶段开展“两个具体”大讨论形成的成果、分析评议阶段开展民主评议的结果和党员个人整改情况，认真研究提出本支部有没有需要按正常程序进行不合格党员处置的初步意见；对本支部存在不合格党员需要进行组织处理的，党支部要在听取每个党员的意见、充分酝酿的基础上，对不合格党员提出限期改正、劝其退党、党内除名的具体意见，并召开支部全体党员大会进行表决，形成本支部处置不合格党员的决议。支部决议和党员的相关材料经基层党委（总支）审查批准后，报学校党委审批。

对明确为不合格的党员，以及本人要求退党的党员、自行脱党的党员、不愿作保持先进性承诺申请的党员，党支部要区别情况，做好思想政治工作，促使他们进一步转化。对经过教育帮助仍无明显转化的不合格党员，要根据党章和有关政策规定，按照正常程序进行处置；对本人要求退党和自行脱党的党员，按有关程序办理退党、脱党手续；对不愿作保持先进性承诺申请的党员，按有关程序报批后，宣布除名，作自行脱党处理。对违纪党员，要按照《中国共产党纪律处分条例》的规定，给予相应的纪律处分；触犯法律的，要由有关方面按照法定程序处理。对党员领导干部的处置，要按干部管理权限报批。

三、需要把握好的几个问题

1. 认真落实“群众满意”的要求

要根据“提高党员素质，加强基层组织，服务人民群众，促进各项工作”的总体目标，按照创建“群众满意工程”的要求，针对本单位党政领导班子、基层党组织和党员自身存在的突出问题，影响学校改革发展稳定的主要问题，群众反映强烈、涉及群众切身利益的重点问题，认真加以整改，并自觉接受群众监督和评判，以群众满意作为检验教育活动成效的根本标准。

2. 注意发挥领导干部的带头作用

党员领导干部要带头落实整改措施，自觉接受群众监督，要求党员做到的，领导干部要首先做好，以实际行动起好带头示范作用。各级党组织要通过党员领导干部带头整改，发挥表率作用，推动整改提高阶段工作的扎实开展。

3. 始终坚持紧密联系实际

学校各级党政领导班子和各级党组织要紧密联系本单位自身改革发展稳定、党员队伍和群众工作生活的实际，在取得实效上下工夫。既要考虑解决问题的必要性，又要考虑解决问题的可行性，不提过高的目标和不切实际的口号，坚决防止搞形式主义。要把整改提高与推动各项工作紧密结合起来，以各项工作的实绩检验先进性教育活动的成效。

4. 严格掌握相关政策

在进行组织教育处理工作中，要准确把握政策界限，严格履行工作程序，既要防止失之于宽，也要防止搞过头。各级党组织进行组织教育处理的工作情况，要及时向学校先进性教育活动办公室报告。

四、加强组织领导和督促指导工作

1. 切实落实领导责任

学校各级党政领导班子和党组织要高度重视整改提高阶段的工作，严格落实领导责任和工作责任，切实加强组织领导和指导。对每项整改任务，都要明确目标，落实责任，规定期限，并认真进行督查、自查。要认真落实领导责任制，认真履行职责，集中精力抓好整改。学校各级党政主要负责同志要认真履行职责，带头搞好整改；班子其他成员在自觉整改自身问题的同时，要指导、帮助分管、联系的院、部门单位或党支部的党员认真进行整改。

2. 充分发挥党支部作用

党支部要按照“基础在支部、落实靠党员”的要求，在自觉整改自身存在问题的同时，认真组织指导党员进行整改，落实整改措施，把工作做深做细。党支部书记要切实履行直接责任人的职责，对党员个人的整改要严格把关，对不能认真进行自我整改的，要采取措施帮助整改。在组织处理上，要把握好政策规定，认真做好教育转化工作，确保整改提高阶段各个环节的工作落到实处。

3. 继续做好督查工作

学校先进性教育活动办公室督查组要继续履行职责，按照“督领导、督重点、督典型”的要求，切实把握各个环节的工作要求，主动加强对基层党政领导班子和各级党组织整改提高阶段的工作进行督促检查和指导，及时发现和研究解决问题，有针对性地提出意见建议，严把整改提高阶段工作质量关。

4. 加强舆论宣传工作

各级党组织要充分运用报刊、广播、电视、网络等媒体，搞好舆论宣传和监督，促进深入整改。要及时报道整改工作取得的成效和集中教育活动取得的成果，大力宣传集中教育活动中涌现出的先进典型，充分展示学校各级党组织和广大党员的良好精神风貌，增强整改效果，促进整改工作。（附件1～5略）

四川大学党政领导班子先进性教育整改方案

（川大委［2005］64号）

根据中央、教育部党组、四川省委和省委教育工委对先进性教育活动的部署与要求，在分析评议阶段，学校领导班子广泛听取了广大师生员工的意见和建议，并根据师生员工提出的意见，深入查找存在的突出问题，分析了产生问题的主要根源，提出了整改提高的努力方向。学校党委、行政决定，对具备整改条件的问题，马上解决，立竿见影；对群众反映强烈、通过努力能够解决的问题，限期整改；对应该解决但由于受客观条件限制一时解决不了的问题，逐步创造条件解决；对政策有明确规定解决不了的问题，向教职工说明情况，做好解释工作。本着边学边改、立整立改的精神，按照上级关于整改方案应包括整改事项、整改措施、整改责任、整改时限的要求，特制定如下整改方案。

一、认真解决群众关注的热点难点问题，进一步加大为群众办实事的力度

1. 由副校长步宏牵头，规建处等有关部门参加，在农林村教职工经济适用房多层住宅（176套）开工修建的基础上，抓紧做好农林村高层住宅（360套）的设计等工作，力争2006年3月正式开工修建。

2. 由副校长步宏牵头，规建处等有关部门参加，积极与政府有关部门沟通协调，做好与文里教职工住宅小区的规划调整工作，力争明年暑假动工修建与文里一期教职工经济适用房（400套左右），并积极规划启动与文里二期教职工经济适用房。同时，抓紧新校区教职工住宅用地的征地工作。

3. 由校党委常务副书记罗中枢与国资及后勤管理处牵头，副校长步宏、陈爱民、后勤集团、工会等有关部门参加，抓紧研究并制定教职工住宅腾空房的处理方案，腾空房主要用于拆迁房的搬迁和青年教职工的过渡房。

4. 由副校长步宏、陈爱民牵头，国资及后勤管理处、财务处、规建处、后勤集团等有关部门参加，2006年初制定出《2006年校园维修整治项目立项计划安排》，加快推进校园“六大整治工程”，主要包括校园环境绿化整治（含重点区域景观改造）、道路及校门改造、部分教学科研办公大楼外立面粉饰及内部维修改造（含部分场馆及会议室维修）、校园公共设施维修整治（含公厕、围墙、蜘蛛网线路等）、水电设施改造、学生宿舍改造、职工住宅小区建设、新校区维修工程、校庆维修项目等九项，使望江、华西老校区的校园环境明显改善。

5. 由副校长陈爱民与财务处牵头，石坚副校长、国资及后勤管理处、人事处、校工会、后勤集团等有关部门参加，按照国家政策和学校实际，抓紧制定教职工住房公积金缴纳新方案，争取提高教职工住房公积金的提取比例，力争在12月底完成新方案制订工作。

6. 由副校长步宏与国资及后勤管理处牵头，党委常务副书记罗中枢、副校长陈爱民、财务处、组织部、人事处、工会、离退休处、后勤集团等有关部门参加，认真贯彻落实《四川大学教职工住房补贴实施办法》，按照分步实施的原则，优先启动离休干部和2002年后新进校教职工住房补贴的核算与发放工作。同时，制定《新进校教职工租房补贴实施办法》，力争2006年初实施。

7. 由副校长步宏牵头，党委副书记李志强、副校长陈爱民、国资及后勤管理处、后勤集团、校工会等有关部门参加，在充分考虑历史与现状的基础上，力争尽快完成办理川大花园房产证等相关工作。

8. 由副校长石坚与人事处牵头，督促尚未完成方案的学院尽快完成本单位人事分配制度改革方案，报人事处审核，力争在2005年12月底以前，各学院进入人事分配制度改革实施操作阶段。

9. 由党委常务副书记罗中枢、副校长石坚和组织部、人事处牵头，有关部门参加，力争在2006年4月前完成学校管理人员职级晋升的初步方案。

10. 由党委常务副书记罗中枢与工会、社区办牵头，副校长步宏、副书记李志强、保卫处、国资及后勤管理处、财务处、保卫处、规建处、后勤集团等有关部门参加，进一步促进教职工住宅小区建设，对未成立业主委员会的小区，按照有关规定的基本流程依法建立小区业主委员会。同时，12月底以前提出规划方案，着手对部分小区的基础设施及公共设施进行改造，为实行小区物管创造条件，并积极与望江街道办事处协商建立四川大学社区居民委员会的可行性方案。

11. 由党委副书记李志强与保卫处牵头，副校长步宏、后勤集团、国资及后勤管理处等相关部门参加，在2005年12月前对校园摊点再次进行全面检查和整治，对学校的教学科研区、办公区、学生生活区违规经营的饮食摊点坚决关闭。同时，在调查研究的基础上，提出规范管理的方案，对摊点从严审批，统一登记，规范管理。

12. 由党委副书记李志强与保卫处牵头，在2005年12月底前对校园犬只管理执行情况进行全面检查，进一步巩固校园犬只管理的成果，严格执行相关法规；同时加强校门管理，严禁犬只入校。

13. 由副校长陈爱民与国资及后勤管

理处牵头，保卫处等有关部门参加，在2006年1月前对全校公房违规出租情况进行严格清理，并做出相应处理。同时，抓紧进行公房调整。

14．由副校长陈爱民与国资及后勤管理处牵头，离退休工作处、学工部、规建处、后勤集团等单位参加，在2006年1月前进一步改善望江校区离退休同志的活动用房，解决老年大学三分校的用房问题。

15．由党委副书记李志强和保卫处牵头，规建处等有关部门参加，在2006年1月前对进一步加强校园交通和机动车管理等提出具体办法，通过增加减速路障、设置机动车禁行区，拓宽必要的路段等措施，加强校园交通安全管理；同时，进一步增添措施，作好南大门和川大附小门前机动车行车规划，缓解校园交通拥挤。

16．由党委常务副书记罗中枢、党委副书记周学东、副校长步宏牵头，规建处、宣传部、江安校区建设指挥部、档案馆等有关单位参加，抓紧抓好江安校区校史走廊的设计和建设工作，力争在2005年12月前完成全部文字设计定稿工作，2006年6月前完成历史文化长廊的全部建设工作，并完成江安校区有关景点的雕塑建设。

17．由副校长陈爱民和国资及后勤管理处牵头，步宏副校长、后勤集团、教务处、设备处、科技处等有关部门参加，加大水电管理力度。进一步改造校园能源损耗大的陈旧设施，尽量减少水电浪费。

18．由副校长步宏牵头，后勤集团等有关部门参加，在2005年12月底以前，提出进一步加强学生食堂建设和加强学生宿舍管理及服务的具体办法。进一步提高学生食堂的服务水平，努力做到质优价廉；进一步摸清学生宿舍详尽的硬件条件，作为收费委员会讨论住宿费标准的重要依据；同时要改进学生宿舍管理员的服务质量，为学生提供更好的生活环境。

19．由副校长陈爱民与学工部、财务处牵头，人事处、教务处、研究生院等部门参加，进一步研究学生助学贷款及勤工助学问题，争取在2006年初制定出初步方案。

20．由党委常务副书记罗中枢和副校长石坚牵头，人事处、工会等有关部门参加，设立为特困教职工“送温暖工程”基金，为特困教职工排难解忧。

21．由副校长李虹、步宏与后勤集团牵头，国资及后勤管理处、教务处、江安校区管委会办公室等有关部门参加，在2005年12月内，切实解决江安校区师生在吃、住、行和学习、工作等方面存在的五个具体问题。一是解决好教师用餐问题，由后勤集团开展订送餐业务，同时开辟教师用餐区；二是解决好教师午休问题，由后勤集团负责提供足量、清洁的教师午休房，并确保有两辆电瓶车免费接送教职工到食堂就餐和午休房休息；三是解决到江安校区上下班乘车难问题，进一步与运输公司沟通提出明确要求，为师生职工往返江安校区提供方便快捷的服务；四是由教务处负责，就学生跨校区选课问题制定出切实可行的方案；五是由江安校区管委会办公室负责，编辑《江安校区教师服务指南》，发放到教师手中。此项整改工作目前已初见成效。

二、进一步加强学校领导班子思想政治建设

22．由学校党代会筹备工作领导小组牵头，扎实抓好四川大学第六次党代会的筹备工作，确保2006年1月如期召开四川大学第六次党代会。通过这次党代会，回顾和总结原三校党代会以来特别是两次并校改革以来，学校取得的成绩和主要经验，制定学校在今后5年的发展战略，选举产生新一届学校党委委员和纪委委员，进一步实现学校政治生活正常化，推进学校跨越式发展。

23. 由党委副书记周学东和党委宣传部牵头，校党委办公室、党委组织部参加，进一步建立健全学校各级领导班子理论学习制度，力争在2006年1月前，完成加强领导班子理论学习的四项制度建设：一是健全领导干部理论学习和考核制度。形成科学规范的领导干部理论学习制度和质量考核评估体系。二是建立领导班子理论务虚会议制度。每学期至少召开两次党政领导班子务虚会，着重对关系学校改革发展稳定的全局性、前瞻性问题进行战略性探讨。三是健全学校领导班子民主生活会制度。不断提高领导班子成员坚持民主集中制的自觉性。四是进一步健全领导干部讲党课制度，每位领导干部定期为分管单位和联系学院的党员群众上党课，并对党课时间、党课记录、听党课范围、党课考核等作出明确规定。

24. 由党委常务副书记罗中枢牵头，党办、校办、组织部等有关部门参加，努力构建和完善学校各级领导班子科学决策和民主决策机制。力争在2006年6月前制定完成《学校“三重一大”事项决策程序》、《学院党政联席会议议事规则》、《附属医院党政联席会议议事规则》、《学院党委工作条例》、《学院行政工作条例》等规章，使学校各级领导班子更好地做到职责分明、民主集中、团结协调、决策科学。

25. 由党委常务副书记罗中枢牵头，组织部、党办、校办、人事处、纪委等有关部门参加，2006年5月前修订完善《四川大学干部选拔任用制度实施细则》，进一步加强各级领导班子的组织建设。

26. 由校纪委书记徐兰牵头，纪委、党办、校办、组织部、工会参加，进一步加强党风廉政建设，在2006年初以前制定落实《建立健全教育、制度、监督并重的惩治和预防腐败体系实施纲要》的具体办法，进一步健全和规范党员与各级领导干部在行政管理、经济活动、社会交往等方面的配套廉政制度，将党风廉政建设的责任制落实到具体的单位、部门和责任人，努力形成党内监督与党外监督相结合，个人自律与组织监督相结合，上级监督与下级监督相结合，纪检部门监督与舆论监督、民主监督相结合的新机制，构建防范腐败产生的综合制度体系。

27. 由党委常务副书记罗中枢牵头，副校长李光宪、党办、校办、组织部、人事处、校工会参加，2006年初完善为群众办实事的责任机制和督查机制，力求把为群众办实事的任务分解到相关职能部门和相关学院与单位，纳入单位目标管理体系进行考核。

28. 由党委常务副书记罗中枢牵头，党办、校办、纪委、校工会参加，2005年12月底以前，完善和巩固群众意见反馈机制。通过深化校务公开、坚持校长和处长接待日制度、建立各学院院领导接待日制度、继续开通征求意见热线电话和电子信箱、定期召开与各界党外群众的恳谈会等形式，使师生员工反映意见的渠道进一步畅通。

29. 由校党委主要负责同志牵头，相关校领导、党群部门负责人、有关专家与部分基层党委（总支）及支部书记参加，进一步加强保持党的先进性长效机制的理论研究。在2006年上半年前完成“学校领导班子思想政治建设长效机制研究”、“党员的学习、教育、管理和监督长效机制研究”、“学院和基层党委（总支）工作规则研究”、“党支部建设长效机制研究”等四个课题的研究工作。同时，把长效机制理论研究与学校实施《哲学社会科学繁荣计划》结合起来加以思考，并着手制定具体规划，使之纳入哲学社会科学的相关学科建设和科研计划，力争在保持党的先进性长效机制上取得更多创新性成果。

三、抓好学校“十一五”发展计划的制订，促进学校新跨越

30. 由学校党政主要负责同志牵头，学校相关部门参加，以十六届五中全会精神为指导，坚持科学发展观，力争在2006年1月前，研究制定《四川大学“十一五”发展计划》。

31. 由副校长赵昌文、党委副书记周学东牵头，校庆办公室、党办、校办、宣传部、对外联络办、外事处、西部开发研究院等有关单位参加，扎实做好110周年校庆的各项筹备工作，确保2006年8月的校庆活动顺利进行，使校庆活动真正发挥“展示成就、凝聚人心、联络校友、促进发展”的重要作用。

32. 由副校长李光宪、魏于全牵头，校办、科技处、社科处、研究生院、医管处等有关部门及学院参加，进一步加强学科建设。抓住实施“211工程”二期和“985工程”二期建设的关键阶段，以十六届五中全会精神为指导，深化科研管理体制改革和交叉学科建设，力争在2006年1月前全面完成学院“三个规划”的制定完善工作。争取在2010年前，建成10个左右全国一流、能够产生重大原创性成果和重大影响的科研创新平台和社科基地，至少使1至2个学科真正达到世界一流水平。

33. 由副校长李光宪牵头，科技处及有关院、所参加，继续深入实施“科技跨越行动计划”，进一步提升各项科研指标在全国高校的排名，力争在2010年，科研经费超过10亿元；SCI和EI收录的论文数达到全国高校前8名；再建成1～2个国家工程中心和2～3个教育部重点实验室；获得一批具有重要影响的国家“三大奖”。

34. 由党委常务副书记罗中枢、副校长陈爱民牵头，社科处及有关院、所参加，扎实推进“哲学社会科学繁荣计划”，力争在2010年前，入校社科经费达到1亿元，成果数和论文专著的影响因子进入全国高校前8位，应用性成果比2004年增加50%以上。同时，争取获得一批国家和部省级“重大招标项目”和“重大委托项目”，取得一批具有重要影响的标志性成果。

35. 由副校长赵昌文牵头，科产集团、科技处等有关部门参加，进一步加大大学科技园建设力度，发挥国家技术转移中心等科技平台作用，提升科研成果转化的数量和质量。力争在2006年完成高新南区院士科技园和武侯科技园的征地工作，2007年开工建设；同时，在2006年至2010年期间，努力形成体系完整，机制健全，设施完善，结构合理，功能齐备，充满活力的一流科技园区，并转化一批具有较高科技含量和广阔市场前景的项目。

36. 由副校长赵昌文牵头，科产集团、国资及后勤管理处等有关部门参加，不断健全和完善学校科技产业的管理体制和运行机制，重点抓好川大华西药业、川大智胜等重点科技企业的管理，力争在2008年，学校有1～2家科技企业上市。同时，加快学校周边的改造和开发工作进程，力争在2006年上半年，完成原城环学院大楼的改造、搬迁和项目招商等工作，2006年下半年启动望江文化区建设工作和科华北路科技产业孵化楼等项目。在2006年至2010年期间，努力实现科技产业对学校直接经济贡献的大幅度增长。

37. 由副校长李虹牵头，医管处、科技处和四个附属医院参加，进一步深化医学教育和医疗卫生服务改革。2006年前，力争通过国家对我校药物临床前试验机构资格认定检查和国家对学校四个附属医院药品临床研究基地新申报专业的资格认定检查。同时，不断深化医疗体制改革，提高医疗服务质量，在2006年至2010年期间，努力把学校建成国家级大型骨干医疗示范基地和重要的医学中心。

38. 由副校长石坚牵头，外事处、海外学院等有关部门参加，大力推进学校教育的国际化进程。力争在2006年，在校长期留学生和港澳台学生达到1000人，2010年，达到2000人。2006年至2010年，每年聘请境外专家学者长期60人次～80人次，短期300人～500人。每年举行5次～10次高水平国际学术会议。到2010年，争取与20个国外知名大学实现“2+2”或“3+1”的合作办学。

39. 由副校长石坚牵头，人事处等有关部门参加，进一步加强师资队伍建设，深入实施“人才强校”战略。通过建立新型人才管理、分配制度和采取外引内培的方式，在2006年至2010年期间，力争使院士数和文科杰出教授数有较大增长，培养和造就150名左右能够在学术前沿进行学术攻坚的优秀中青年学科带头人，400名左右在本学科领域有一定影响的教学科研骨干，以及3000名左右获博士和硕士学位的教师。

40. 由副校长孙卫国牵头，教务处等有关部门参加，加大教育创新力度。按照“412”质量工程和本科教学迎评创建的要求，在2006年1月前对学校教学工作进行一次全面检查，找准差距，查明原因，提出措施，切实整改。同时，要在2006年上半年完成《四川大学教育创新实施方案》的制定工作，进一步在教学管理信息化，教学手段多样化，教学评估科学化上提出创新性举措。

41. 由副校长魏于全牵头，研究生院、科技处、社科处等有关部门参加，深入实施“研究生教育创新计划”，在2006年上半年进一步对“研究生教育创新计划”的实施情况进行一次系统调研，重点针对研究生参与科学研究、研究生管理、研究生培养机制以及研究生科研成果评价等问题提出相应的措施，形成与“研究生教育创新计划”相互补充，相互配套的《四川大学研究生创新计划实施细则》。

四、进一步加强学校基层党建工作

42. 由党委常务副书记罗中枢和组织部牵头，党委办公室、宣传部和有关学院党委（总支）及支部书记参加，2006年上半年制定完成《四川大学基层党组织设置条例》，进一步明确基层党支部设置的指导思想和工作原则。在具备条件的教学、科研和管理单位，单独建立党支部，尽可能减少跨单位、跨部门的党支部；在本科生中按班设置党支部；研究生中按班或课题组设置党支部，努力形成健全完整的党组织网络，不断扩大党的工作覆盖面。

43. 由党委常务副书记罗中枢和组织部牵头，党委办公室、宣传部和有关学院党委（总支）及支部书记参加，2006年上半年完善《四川大学党支部工作条例》，进一步对不同类别基层党支部工作进行细化和量化，努力健全党支部工作的考核体系，使基层党支部进一步明确自己的职责定位以及发挥作用的方式和途径，进一步提高解决自身问题的能力。

44. 由党委常务副书记罗中枢牵头，组织部和宣传部参加，健全党支部负责人培训制度，改变对基层党组织负责人重使用、轻培养的现象。

45. 由党委常务副书记罗中枢牵头，组织部参加，2006年上半年制定完成《四川大学党员组织生活细则》，在突出强化领导干部双重组织生活制度、创新组织生活形式和提高组织生活质量等方面提出具体的要求；同时于2006年上半年制定完善《四川大学党员管理办法》，突出加强对流动党员的管理，真正实现党员教育和管理的全覆盖。

46. 由党委常务副书记罗中枢牵头，党委副书记李志强、组织部、宣传部、学生工作部和校团委参加，2006年上半年进一步健全新党员培养教育制度，建立新党员成长档案，对新党员的成长过程进行跟踪，使新党员的培养工作具有更强的针对性。

五、深入贯彻中共16号文件精神，进一步加强和改进学生思想政治教育工作

47. 由党委副书记李志强牵头，政治学院、学工部、教务处等有关部门参加，进一步探索“两课”建设新途径。力争在2006年9月前，制定出台《四川大学“两课”教学改革方案》，创新“两课”教学方法，增强“两课”教学的吸引力、感染力、针对性和实效性。

48. 由党委副书记李志强、副校长孙卫国牵头，政治学院、学工部、教务处、心理咨询中心等有关部门参加，进一步加强大学生心理健康教育工作。力争在2006年1月底前，制定出台《四川大学学生心理健康教育实施细则》，在已经取得成功经验的基础上，进一步对大学生心理健康教育的课程设置，课时规定、学分计算以及心理教育的工作机制作出具体的规定，真正使大学生心理健康教育工作有序，效果明显。

49. 由党委副书记李志强牵头，学工部、宣传部、团委等有关部门参加，在2006年上半年，在总结前一段时间工作经验的基础上，针对新的形势和特点，进一步提出《新形势下大学生思想政治教育实施办法》，努力形成责任落实，相互配合协调的大学生思想政治教育工作网络，努力从制度上和机制上为加强大学生思想政治教育创造条件。

50. 由党委常务副书记罗中枢、副书记李志强牵头，学工部、组织部、宣传部、人事处等有关部门参加，进一步加强学校思想政治工作队伍建设，力争在2006年4月前，进一步修订《四川大学思想政治工作队伍建设实施意见》，完善思想政治工作队伍建设的发展规划，考核体系，激励机制等，努力形成一支稳定的、高素质的思想政治工作队伍。

51. 由党委副书记李志强、副校长陈爱民牵头，学工部、财务处、国资及后勤管理处、后勤集团等部门参加，进一步加大对贫困学生的资助力度，在2006年内，构建一套健全完善的多渠道、多层次、全方位的贫困生资助体系，确保实现四川大学所有学生没有一个因贫困而辍学的目标。

六、进一步推进学校民主政治进程，努力建设和谐川大

52. 由党委常务副书记罗中枢牵头，工会等有关部门参加，认真做好四川大学二届一次教代会和一届三次工代会的各项筹备工作。确保在2006年上半年，召开二届一次教代会和一届三次工代会。同时，要进一步完善各项制度，加强对教职工提案的处理和回复工作，强化责任制，提高工作效率，在落实和督查上下工夫。

53. 由党委常务副书记罗中枢牵头，校工会、人事处、组织部、党办、校办等有关部门和学院参加，进一步探索完善学院二级教代会和工会的制度建设，力争在2006年上半年，制定出台《四川大学学院教代会和工会工作实施细则》、《院务、处务公开实施细则》，进一步规范校务、院务、处务公开工作，明确学院教代会、工会在学院民主决策中的地位和作用，充分发挥广大教职工在参与学校、学院、部处民主管理中的重要作用。让广大教职工充分行使知情权、参与权和监督权。

54. 由党委常务副书记罗中枢和党委副书记周学东牵头，党办、校办、统战部、工会、离退休处等有关部门参加，进一步完善学校领导班子成员与教职工、民主党派和各级人大代表、政协委员、离退休同志的通气和听取意见制度。力争在2006年3月前，制定出台相应的制度规范，每学期至少分别召开一次教职工代表座谈会、专家教授代表座谈会、民主党派代表及各级人大代表和政协委员座谈会，离退休老同志代表座谈会，通报学校工作，广泛听取意见和建议。

55. 由党委常务副书记罗中枢牵头，离退休处、校党办、校办、工会等参加，进一步健全完善离退休工作的两级管理制度；同时，进一步发挥关工委和老年大学的重要作用。

56. 由党委常务副书记罗中枢牵头，党委副书记李志强、周学东和宣传部、学生工作部、保卫处、校工会、校团委等有关部门参加，进一步探索构建和谐川大的新途径，力争在2006年6月以前，制定并启动《和谐川大建设工程实施纲要》，努力把民主政治建设、校园文化建设、平安川大建设、学生社团建设等有机结合起来，构建团结和谐，充满活力的新川大。

七、进一步转变机关工作作风

57. 由党委常务副书记罗中枢和校纪委书记徐兰牵头，党办、校办、校纪委、组织部、机关党委等有关部门参加，进一步加强各级领导干部深入基层和调查研究的制度建设。力争在2006年1月前，制定出台《四川大学关于领导干部调查研究的若干规定》，使学校领导班子成员和中层干部深入基层调查研究并帮助基层解决实际问题进一步走上制度化和规范化的轨道。

58. 由校纪委书记徐兰牵头，两办、纪委和机关党委参加，在2005年12月内，实行校机关工作人员挂牌服务制，开通机关工作作风征求意见热线电话和电子邮箱，在行政楼设置机关工作作风征求意见箱。由机关党委办公室负责收集群众意见并进行梳理后向有关部门发出整改建议书，并随时督查整改情况。

59. 由校纪委书记徐兰与机关党委牵头，党办、校办、组织部、人事处参加，在2006年上半年内，制定出台《机关管理人员业绩考核办法》，并在机关普遍实施“首问责任制”、“首接责任制”、“限时办结制”等制度，进一步增强机关的服务意识和责任意识，提高工作效率。

八、切实加强对整改工作的领导和监督

60. 当前一个时期，学校各级党政领导班子和领导干部要切实负起责任，集中精力抓好各项整改工作的落实。校党委要加强对整改工作的领导，党政主要负责同志是落实整改方案的第一责任人。各位分管领导和部门要按照本方案明确的整改工作任务，切实负起相应的牵头和参与责任。督查部门要加强对各项整改工作的督查，定期收集和公布整改结果，确保整改工作到位和目标实现。

四川大学关于进一步推进校务公开工作的意见

（川大委［2005］61号）

几年来，在学校党委、行政的重视下，在广大教职工的积极参与下，我校校务公开工作取得了明显的成效。通过校务公开，进一步密切了党群、干群关系，增强了广大教职工的民主参与意识和主人翁责任感；完善了权力运行的监督机制，推进了依法治校和民主政治建设；促进了党风廉政建设；推动了学校各项事业的发展。但是，我校校务公开工作仍有不足，需要进一步加强和推进。根据中纪委、中组部、国资委、监察部、全国总工会《关于做好2005年厂务公开民主管理工作的意见》和中共四川省委教育工委、四川省教育厅、四川省教科文卫工会《关于深入推进校务公开工作的意见》要求，结合我校实际情况，现就进一步深化和规范校务公开工作提出以下意见：

一、充分认识进一步深入推进校务公开工作的重要意义

推行校务公开，是落实“三个代表”重要思想，推进依法治国、依法行政和促进社会主义民主政治建设的必然要求，是在新的历史时期依靠教职工办好学校，实现决策民主化、科学化的重要手段，是调动教职工积极性，维护教职工合法权益和推动教育改革和发展的迫切需要，是加强领导干部作风建设、党风建设和保持共产党员先进性的重要举措，是主动适应新形势下社会主义民主政治建设的新要求，是当前和今后一个时期的一项重要政治任务。校务公开反映了教育改革和发展的客观要求和广大教职工的强烈愿望。实行校务公开有利于扩大教职工的民主参与，加强校务管理，有利于坚持和完善教职工代表大会制度；加强教职工的民主监督，推进学校党风廉政建设，有利于协调学校内部的各种关系，调动各方面的积极性；有利于学校热点、难点、重点问题的解决，维护学校的和谐与安定。因此，我们必须从深化教育改革，加快教育发展，维护教育形象的大局出发，从加强学校民主管理、民主监督、加强基层民主政治建设的高度出发，从充分调动广大教职工积极性，全面落实全心全意依靠教职工办学方针，提高办学水平和效益的根本目的出发，充分认识进一步深入推进校务公开的现实意义和深远影响，增强推进和参与校务公开的自觉性。

二、进一步加强制度建设，完善校务公开的长效机制

推行校务公开制度，必须形成党委统一领导，行政支持，纪检、监察、工会协调监督，职能部门各负其责，教职工积极参与的工作格局。建立以党委和行政正职为主要负责人的校务公开领导机构，形成管理、监督体系，完善校务公开实施方案，确保校务公开工作的深入推进。

1. 调整充实校务公开领导小组。鉴于我校校、处级干部换届调整工作已经结束，根据人员变动情况，经学校研究，对校务公开领导小组成员和监督小组成员进行调整（名单见附件）。

2. 不断完善校务公开和民主监督的形式，继续坚持每年度召开教职工代表大会制度。学校的发展规划、重要改革方案、教职工奖惩办法、经费预决算、教职工购（建）房方案、住房公积金等涉及教职工切身利益的重大问题都要提交教代会讨论、审议或通过。

3. 进一步健全和落实教代会专门工作委员会的工作制度和工作职权。根据教代会授权，教代会专门工作委员会在闭会期间要履行代表大会职能和开展日常工作，并就学校的重大事项和教职工反映的热点、难点问题及时收集议案，进行议事，献计献策，参与学校民主管理和民主监督。学校在组建涉及学校发展规划、人事分配制度改革、财经管理、房屋分配、福利待遇等方面的工作机构时，均应有教代会专门工作委员会的代表参加。

4. 完善校务公开程序，规范公开事项，确保校务公开工作顺利进行。学校校务公开领导小组办公室每月 5 日前将当月的校务公开栏内容申报表发送各有关职能部处填报，各职能部处负责人要高度重视此项工作，按照《四川大学校务公开实施细则》的要求，专人负责本部门的校务公开事务收集申报工作，并于当月 6 日至 15 日将要公开的事项填写在申报表内，15 日前送校务公开领导小组办公室（注：有无公开内容均应将申报表回复），经校务公开领导小组办公室审查后，于当月 25 日前在规定的校务公开栏和网页上公布。

5. 坚持每年对校务公开工作进行满意度测评，各单位每年对校务公开工作进行自查、总结，学校每两年进行一次评比表彰。

6. 为了认真做好校务公开工作，根据上级文件规定，学校划出专款确保校务公开工作的日常经费。

三、不断加大校务公开力度，扩大公开渠道与范围，丰富公开内容和形式，加强和推进院务公开工作

1. 除继续坚持在望江、华西 2 个校区 6 个校务公开栏公开校务外，学校还将在江安校区增设 2 个校务公开栏和在校报、教育电视台、校园网、电子信箱开辟校务公开栏目。同时，要拓展和丰富校务公开栏内容，扩大公开事项与内容范围。

2. 定期举行校情发布会。学校党政领导至少每学期一次向教代会团长、部门工会主席、工会委员、专门工作委员会委员、教职工代表、工会代表等通报校务工作，执行教代会决议及落实校务公开情况，主动接受教职工的监督，让广大教职工充分享有知情权，更好履行监督权。

3. 坚持校领导定点联系学院和每周接待教职工工作日制度，及时听取教职工意见和回复处理结果，确保信息畅通。

4. 积极推动校务公开向基层延伸，切实加强和做好院务公开工作。各学院要进一步建立健全院务公开工作制度和教代会制度，学校将制定和下发《四川大学关于深入推行院务公开的实施意见》和《四川大学关于深入推行处务公开的实施意见》。并将在每年末对二级单位院（处）务公开工作进行自查、总结的基础上进行抽查，学校每两年对院（处）务公开工作进行考核评比表彰。把二级单位院务公开工作纳入对二级单位的领导工作目标考核内容之一。各学院党政领导要高度重视院务公开工作，把推进院务公开工作当作一项政治任务来抓好、抓落实、抓出成效。

各学院近期内应做好以下几方面工作：

①建立健全学院二级教代会制度。已建立的要坚持每年召开教代会，未建立的要求在2006年3月前全部建立。

②进一步建立和完善院务公开工作的相关工作制度，有条件的学院要设置院务公开栏和在学院网页上开辟院务公开栏目。

③实行学院教代会工作情况报告制度。从明年1月起，各学院召开教代会后，于15日内报送《四川大学学院教代会工作情况报告表》，由学校校务公开领导小组办公室备存建档。

④建立院务公开情况报告制度，各学院每学期要向学校校务公开领导小组填报学院院务公开的情况，包括公开的形式、程序、内容、教职工反映等。

四、加强监督检查，努力提高校务公开工作成效

推行和实施校务公开工作，要切实做到五个结合：一是把校务公开与学校中心工作相结合；二是把校务公开与规范学校管理相结合；三是把校务公开与发挥工会、教代会的作用相结合；四是把校务公开与依法行政和加强党风作风建设，包括领导班子建设相结合；五是把校务公开与行风建设和接受教职工监督、民主办学相结合。

1. 进一步把教职工群众的满意度作为评价校务公开工作实际成效的重要检验标准，把教职工对校务公开工作的日常监督和评价权落到实处。学校和各学院要建立校（院）务公开工作在教代会专题报告制度和教代会代表对校（院）务公开满意度测评制度。学校和各学院在召开教代会时，要对教代会闭会期间校（院）务公开的有关执行情况（如公开前预审、公开中监督、公开后评议、失真后追究的情况等）向全体教代会代表进行通报。在此基础上教代会代表要对校（院）务公开工作情况进行满意度测评，测评结果汇总后上报上一级校务公开领导小组。

2. 要继续抓好对校务公开工作的监督检查，严肃校务公开责任追究制。学校校务公开工作接受四川省校务公开领导小组的检查，各学院院务公开工作接受学校校务公开领导小组的检查。每年底校院两级均要对校（院）务公开工作进行自查、总结，检查的要求是：领导是否重视、制度是否健全、责任是否明确、工作是否规范、效果是否明显、群众是否满意等。学校在检查的基础上每两年对校（院、处）公开工作做得好的单位给予表彰和奖励。

附件：**校务公开工作领导小组及校务公开监督小组成员名单**

附件：

校务公开工作领导小组
及校务公开监督小组成员名单

校务公开领导小组：

组　长：杨泉明　谢和平

副组长：罗中枢　徐　兰　石　坚　步　宏　陈爱民
　　　　李　虹　蒋润书

成　员：张　诚　张　林　汪朝清　吴肇庆　邱蜀进
　　　　蒋晓丽　李建国　李旭锋　樊成充　罗丽君
　　　　罗德明　张树民　唐宏光　蒙慧玲　李　晖
　　　　郭小俐

校务公开监督小组：

组　长：徐　兰

副组长：吴肇庆　蒋润书　王安文

成　员：邱蜀进　杨守忠　张洁辉　王克莉　尹淑媛
　　　　罗丽君　张宗才　唐宏光　蒙慧玲

校务公开领导小组办公室主任：张诚；副主任：张林、蒋润书；办公室设在校工会，由党办、校办、工会负责日常校务公开工作。

四川大学关于进一步深化分配制度改革的实施办法（试行）

（川大人［2005］44号）

根据教育部《关于当前深化高等学校人事分配制度改革的若干意见》（教人［1999］16号）和人事部《关于在事业单位试行人员聘任制度的通知》（国办发［2002］35号）等有关文件和政策，为适应我校教学、科研、管理等项改革的需要和学校跨越式发展的需要，学校在近年来实施的人事分配制度改革的基础上，进一步深化人事分配制度改革，从内部管理运行机制和分配制度方面，为学校的事业发展提供政策和物质保障。

一、指导思想和基本原则

1. 本次分配制度改革的重点是调整分配方式、强化岗位职责、严格业绩考核，努力建立和完善适应新的人事制度改革和教学科研改革需要、有利于充分调动各单位和广大教职工积极性的激励机制和约束机制。

2. 遵循按劳分配、多劳多酬、优劳优酬的原则，将津贴分配与岗位、职责、贡献直接挂钩，逐步形成重实绩、重贡献，向教学、科研、管理岗位上的优秀拔尖人才、学术带头人、学术骨干和管理骨干倾斜的分配机制。

3. 继续加强校、院两级管理，对不同性质的单位和人员，进行分类、分层管理，强化基层单位对人员聘任、管理、考核的责任，实行治事与用人相结合，责、权、利相统一。

二、新的分配方式的主要特点

1."三元结构"，即实行"基本工资＋岗位津贴＋贡献奖金"的三元结构分配模式。

2."两个挂钩"，即单位的工作任务和业绩状况与学校的资源分配挂钩，学校根据各单位承担的工作任务和业绩状况，确定各单位的岗位总量、级别及各类经费；个人的工作任务和业绩状况与薪酬挂钩，单位根据个人所完成的基本工作业绩、岗位工作业绩、贡献业绩，计发个人的基本工资、岗位津贴和贡献奖金。

3."三重考核"，即单位分别考核个人的基本工作业绩、岗位工作业绩和贡献业绩，分别确定个人的基本工作是否合格、岗位工作是否合格以及贡献业绩的大小。

4."教学定量、学术定岗"，即教师按教授、副教授、讲师、助教分别确定不同的教学工作量，教学每年一考，只有保质按量完成规定的教学工作任务，考核才能为合格或基本合格，也才能获得相应的报酬；按不同层次岗位分别规定不同的学术水平和科研工作任务，岗位三年一聘，只有达到相应的学术水平和科研工作业绩，才能受聘到相应层次的岗位并获得相应的岗位津贴。其他各类人员的聘任、管理、考核按相关办法执行。

三、岗位设置

1. 学校根据全校学科建设、事业发展和教学、科研、管理等工作的需要，结合各单位的工作任务和业绩状况，适当考虑人员结构的实际情况，核定各单位的岗位总数、类别和级别。学校对各类岗位应完成的基本工作量和岗位工作量提出指导性要求（见附件1、2、3、4、5）。

2. 各单位在学校核定的岗位范围内，科学合理地设置岗位，制订岗位说明书，规定各类各级岗位的具体要求，报学校审核、批准后，按规定程序进行岗位聘任，并与受聘人员签订聘用协议。

（1）教授A岗位原则上按学校"214重点人才工程计划"一层次岗位设置，由学院推荐、学校组织评定；教授B和C岗位原则上分别按学校"214重点人才工程计划"二、三层次岗位设置，教授B级岗位由学院提出建议意见，报学校人事工作委员会审定；教授C级岗位由学院评聘并报学校备案。

（2）副教授A及其以下岗位在学校核定的岗位级别数额内设置，原则上副高及以下的A、B岗位数各设置50%，具体设岗由学院根据实际情况实施。

四、岗位津贴标准

（一）教学、科研（不含高教研究）岗位津贴标准

岗　位	级别	津贴标准（万元/年）	备注
教授、研究员	特级	12.0	两院院士、四川大学杰出教授
		10.0	教育部“长江学者”特聘教授、四川大学特聘教授
	A	8.0	
	B	5.0	
	C	3.0	
副教授、副研究员	A	2.2	
	B	2.0	
讲师、助理研究员	A	1.5	
	B	1.3	
助教及以下		0.9	

注：思政教师岗位的津贴标准按教学、科研岗位津贴标准执行，担任现职管理干部的思政教师，可按照学校制定的管理岗位津贴标准执行。

（二）管理岗位津贴标准

岗　位	级别	津贴（万元/年）	备　注
党委书记、校长		6.0	
副书记、副校长、校纪委书记	A	5.0	任职一届及以上
	B	4.8	未满一届
校党委常委、校长助理、校工会主席	A	3.6	任职一届及以上
	B	3.4	未满一届
正处	A	3.1	任职一届及以上
	B	2.9	未满一届
副处	A	2.3	任职一届及以上
	B	2.1	未满一届
正科	A	1.7	任职一届及以上
	B	1.5	未满一届
副科	A	1.4	任职一届及以上
	B	1.2	未满一届
科员级	A	1.0	工作三年及以上
	B	0.9	工作三年以下
科员以下		0.5	

注：符合下列情况，学校按就高不就低原则核发岗位津贴，各单位根据实际情况进行分配。

1. 因年龄原因不再担任副科长及以上党政领导职务的，其岗位津贴可按原职务对应的岗位津贴标准下调一档核发，最长时间不超过一届。

2. 正处级调研员4年以上，岗位津贴可按副处B档核发；正处级调研员未满4年或副处级调研员4年以上，可按正科A档核发；副处级调研员未满4年，可按正科B档核发；主任科员4年以上，可按副科A档核发；主任科员未满4年或副主任科员4年以上，可按副科B档核发；副主任科员未满4年可按科员A档核发。

3. 具有正高级专业技术职务4年以上，岗位津贴可按副处B档核发；具有正高级专业技术职务未满4年或具有副高级专业技术职务4年以上，可按正科A档核发；具有副高级专业技术职务未满4年，可按正科B档核发；具有中级专业技术职务4年以上，可按副科A档核发；具有中级专业技术职务未满4年，可按副科B档核发；具有初级专业技术职务可按科员A档核发。

（三）实验、工程、图档、编辑专业技术岗位津贴标准

岗位	级别	津贴（万元/年）	备　注
正高	A	3.0	
	B	2.5	
副高	A	2.0	
	B	1.8	
中级	A	1.5	
	B	1.3	
初级		0.9	
初级以下		0.5	

注：学院和业务单位中专业技术岗位按该标准执行。

（四）技术工人岗位津贴标准

岗位	级别	津贴（万元/年）	备　注
高级技师		2.0	
技师	A	1.2	
	B	1.0	
高级工	A	0.9	
	B	0.8	
中级工	0.7		
初级工	0.6		
初级工以下	0.4		

五、岗位津贴管理办法

1. 学校每年按 10 个月划拨各单位岗位津贴总额（2 月、8 月不计发）。具体拨付办法为：70%按岗位总数、类别和级别划拨，30%到年末根据各单位完成的工作业绩情况进行结算。

2. 学校核发学院超额完成教学工作的贡献奖金标准为：20 元/人·学分；实验（工程）技术人员的教学科研辅助工作的贡献奖金核发标准：8 元/人·学分；科研工作的奖励按学校制定的科研成果奖励办法执行（参见：川大校［2004］66 号文《四川大学科学技术奖励办法》、《四川大学哲学社会科学繁荣计划》）。

3. 学院超额完成工作任务的贡献奖金，视各学院类型和收入状况等因素，由学校和学院按一定比例支付（各类具体比例由学校研究决定）；校机关、业务单位管理人员的贡献奖金，按全校人均贡献奖金的 70% 核算总量，根据单位的考核情况，经学校研究后计发。

4. 各学院、各单位应按照学校的指导性要求，结合本学院、本单位的实际情况，制定具体的分配方案，经学院人事分配改革领导小组和教授委员会讨论通过并报学校人事工作委员会审定后执行。成熟一个，启动一个。

5. 各学院、各单位根据受聘人员岗位说明书的要求，考核个人的基本工作业绩和岗位工作业绩完成情况，并负责结算计发受聘人员的岗位津贴。

6. 个人贡献奖金由单位负责发放。各单位可根据本单位的收入状况，在学校制定的贡献奖金标准的基础上，上浮标准加大奖励力度。

7. 鼓励教师在学院之间兼职聘任。教师最多可在校内应聘两个岗位，并以其中一个单位为主聘单位，另一个单位为从聘单位。兼职聘任人员的岗位津贴由学校核发到主聘单位，从聘岗位的津贴由聘用单位和个人约定。

8. “双肩挑”干部必须以管理岗位为主，其岗位津贴按就高不就低原则确定。管理工作按管理岗位的要求进行考核，业务工作考核由学院负责。机关和业务实体单位中“双肩挑”干部教学工作量的要求：完成相应教学岗位所规定的岗位工作量部分；学院中“双肩挑”干部教学工作量的要求：完成相应教学岗位所规定的基本工作量部分。机关和业务实体单位中“双肩挑”干部的教学超工作业绩最多计算到 150 人·学分。

9. 各单位对在各级人大、政协、政府机关和民主党派校级委员会以上兼任相关职务的党外干部，其业务工作量给予适当减免，并在考勤和业绩考评中予以体现。

10. 党支部书记可按正科确定岗位津贴，其中教师担任党支部书记的，其业务工作量给予适当减免，并在考勤和业绩考评中予以体现。

11. 进入到“985 工程”科技创新平台、社科创新基地的教职工，其岗位津贴按“985 工程”科技创新平台、社科创新基地签订的合同进行管理。

六、组织领导

在学校党政领导下，成立由校领导、部分职能部门领导组成的四川大学人事分配制度改革领导小组；成立以校纪委书记任组长的四川大学人事分配制度改革监督领导小组；各学院成立相应的领导机构。

七、本办法解释

本办法由四川大学人事分配制度改革领导小组负责解释。

附件：1．教学、科研岗位工作量要求及工作量计算办法

2．实验（工程）技术岗位教学科研辅助工作量要求

3．思政教师岗位职责要求

4．图情系岗位要求及考核办法

5．管理岗位要求及考核办法

附件1：

教学、科研岗位工作量要求及工作量计算办法

一、教学工作量要求

（一）受聘教师每学年应完成的基本教学工作量和岗位工作量

表1　在保证教学质量前提下的教学基本工作量和岗位工作量标准

单位：人·学分/年

分　类	教　授	副教授	讲　师	助　教
文　科	750	650	500	320
基本工作量	450	390	300	190
岗位工作量	300	260	200	130
理、工、医科（非临床）	700	600	450	270
基本工作量	420	360	270	160
岗位工作量	280	240	180	110
医科（临床）、艺术类	500	400	250	140
基本工作量	300	240	150	80
岗位工作量	200	160	100	60
两课专任教师	2110	1750	1310	980
基本工作量	1270	1050	790	590
岗位工作量	840	700	520	390
公共外语	1050	910	680	540
基本工作量	630	550	410	320
岗位工作量	420	360	270	220
体育专任教师	650	600	480	450
基本工作量	390	360	290	270
岗位工作量	260	240	190	180
公共数学	1150	850	600	300
基本工作量	690	510	360	180
岗位工作量	460	340	240	120

注：（1）对教授特级岗位的教学工作量不在本表作具体要求。

（2）受聘为副教授以上岗位的教师每学年必须有从事本科教学的工作量（含毕业设计、课程设计、实习等教学环节）；专职科研机构的研究人员可不要求本科课堂教学，教学工作量减30%。

(二) 教学工作量计算办法

1. 本科教学工作量计算

(1) 理论课教学

人·学分＝［M＋（每班上课实际学生人数－M）×K］×课程学分×（实际授课学时数/该课程总学时数）×D

注：式中M为基本教学班人数、K、D为系数因子，取值如下：

两课M为120人，公共外语M为40人，体育M为30人，专业基础M为80人，专业课M按40人。每班上课实际学生人数若小于M，以M计算。

K＝0.1～0.8按课程性质不同由学院自定。

专业新开课、省级、校级精品课D为1.2；国家级精品课，双语教学、七～八年制、创新班D为1.5；留学生教学、非英语专业全英语教学D为2；其他课程D为1。

(2) 实践教学环节

a. 文、理、工按教学计划规定 人·学分＝学分数×实习学生总数。

b. 医科毕业实习按人·学分＝每1周带1个本科生×学生人数；医科实验课、临床见习课按 人·学分＝学分数×实习学生总数。

(3) 大学生提前进入科研，按学生获得学分数作为指导教师工作量的依据。

(4) 公开出版教材 30人·学分/万字。

(5) 学分制指导教师70人·学分（学校不再另付酬金）。

(6) 教改项目、教学成果、教学论文等同于科研项目、科研成果、科研论文。

2. 研究生教学工作量计算

研究生教学工作量包括研究生课程教学工作量和研究生导师指导工作量，按人·学分计。

(1) 研究生课程工作量计算公式：

人·学分＝［M＋（每班实际上课人数－M）×K］×课程学分数

注：式中M为基本教学班人数，K为系数因子，取值如下：

当上课人数大于M时，K＝0.2～0.6根据课程的性质不同，各学院自行确定。

a. 政治课M＝70人（低于120人不分班上课），课程学分按 上课学时总数/16计。

b. 外语（英语，小语种，二外）M＝30人（对英语低于80人不分班上课，对小语种不足30人按30人计算），课程学分按：上课学时总数/16计。

c. 其他课程（专业课，公选课）M＝30人（对专业课上课人数不足30人按30人计，低于60人不分班上课），课程学分按培养方案规定计。

(2) 研究生导师指导工作量（每一个研究生的指导工作量最多计算三年）。

指导博士研究生少于等于9人的按计算办法：指导博士生数×50学分；指导博士研究生超过9人的计算办法：450人·学分＋（指导博士生数－9）×30学分。

(3) 指导硕士生少于等于12人的计算办法：指导硕士生数×30学分；指导硕士生超过12人的计算办法：360人·学分＋（指导硕士生数－12）×15学分。

(三) 教学工作量计算举例

例：我校某学院甲教授（文科类）1学年所完成的教学工作情况如下：

项目	课程类别	课程名称	计划学分	总学时	实讲学时	学生人数	人·学分计算值	计算办法	说明
本科教学	本科课程	BK1	3	60	60	53	128	人·学分＝［40＋（53－40）×0.2］×3×1	M＝40，K＝0.2，D＝1
研究生教学	博士研究生课程	BS1	3			5	90	人·学分＝30×3	M＝30，K＝0
	指导博士研究生数					8	400	人·学分＝8×50	
	指导硕士研究生数					6	180	人·学分＝6×30	
合计	798 人·学分								

说明：甲教授在该学年完成教学工作 798 人·学分，达到学校文科类教授要求的教学工作总量 750 人·学分（基本工作量 450 人·学分＋岗位工作量 300 人·学分），完成本科教学 128 人·学分。经学院对其科研等各项工作完成情况的考核后，甲教授可享受相应职务的工资和岗位津贴，其教学超额完成部分（798－750＝48 人·学分）按学校贡献奖金核发标准计算：48 人·学分×20 元＝960 元（学院可根据实际情况制定贡献奖金具体标准）。

二、科研（理、工、医科）工作量要求

（一）教师科研工作量年度考核标准

表 2 科研工作量年度考核标准表 单位：分/年·人

类别		考核标准		
		合计	基本工作量	岗位工作量
教授	A	60	36	24
	B	24	14.4	9.6
	C	12	7.2	4.8
副教授	A	6	4.2	1.8
	B	4	2.4	1.6
讲师	2	1.2	0.8	

注：（1）公共课专职任课教师的科研工作量按表中所列相应岗位标准的 30% 考核。

（2）专职科研机构的研究人员的科研工作量按表中所列相应岗位标准乘以 1.5 的系数。

（二）分值计算方法

1. 科研经费计分

统计标准：科研经费统计以实际到学校财务处的科研经费并经科技处办理了提成分配的科研经费为准。

（1）纵向项目：经我校科技处统一申报并获准的、来自各级政府的科技项目（以政府部门批准文件为准），到校 1 万元计 1.5 分。

（2）横向项目：科技开发、科技服务、科技咨询、科技转让等项目，到校 1 万元计 1 分。

2. 重大项目立项计分

统计标准：凡满足上述科研经费统计标准规定范围且由我校牵头负责的重大项目，纵向项目单项经费≥100 万元，横向

项目单项经费≥500 万元者给予立项计分。

（1）纵向项目：立项批准当年计 6 分。

（2）横向项目：到校经费达 500 万元的当年计 6 分。

3. 科技论文计分

统计标准：科技论文必须是以四川大学为第一作者单位。SCI、EI 论文以中国科技情报研究所的通告为准。核心期刊论文以中国科技情报研究所检索源期刊为准。

（1）被 SCI 收录的论文，每篇计 4 分；影响因子≥1 的 SCI 收录论文，每篇计分＝4×影响因子。

（2）被 EI 收录论文，每篇计 2 分。

（3）核心期刊论文，每篇计 0.5 分。

（4）公开出版专著、教材，1 分/万字。

4. 专利、标准计分

统计标准：授权专利必须是以四川大学为唯一专利权人的被授权发明专利、实用新型专利，且领取了授权专利证书并已到学校科技处备案为准。

（1）授权发明专利、已通过的国家标准，每项计 6 分。

（2）授权实用新型专利、已通过的行业标准，每项计 2 分。

5. 获奖成果计分

统计标准：以四川大学为第一完成单位的获奖成果按“获奖成果计分标准表”（表 3）标准计分；凡以四川大学为第二完成单位的国家级一等奖、二等奖和部省级一等奖，均按表 3 所列标准的 50％计分。以四川大学为第三及以后完成单位的国家级一等奖、二等奖，按表 3 所列标准的 20％计分，其余概不计分。

表 3　获奖成果计分标准表　　单位：分

获奖类别	一等	二等	三等
国家自然科学奖计分	120	60	
国家技术发明奖计分	120	60	
国家科技进步奖计分	120	60	
部省级科技进步奖计分	20	12	8

6. 项目计分的分配原则

（1）由课题组长将项目所得分数经课题组成员协商、按贡献大小分配到课题组每个成员头上。

（2）课题组长的确认以科技处记录为准。

（3）课题组成员在计分分配上发生争议时，由争议人向所在学院提出申诉，由学院调解，如学院调解无效，争议人可向学校提出申诉，由学校有关部门会同所在学院，共同给出仲裁意见。

三、科研（人文社科）工作量要求

（一）考核标准

单位：分/年·人

类别		考核标准		
人员	层次	合计	基本工作量（分）	岗位工作量（分）
教授	A	60	36	24
	B	24	14.4	9.6
	C	12	7.2	4.8
副教授	A	6	3.6	1.8
	B	4	2.4	1.6
讲师		2	1.2	0.8

注：①公共课专职任课教师的科研工作量按表中所列相应岗位标准的30%考核。

②专职科研机构研究人员，其科研工作量按表中所列相应岗位标准增加50%。

（二）计分方法

1．项目计分

单位：分/年

	类别	排名 / 级别	项目负责人
纵向	国家级	重大	100
		重点	60
		一般	40
		青年	30
	教育部级	重大	80
		重点	45
		一般	25
		青年	20
	省及其他部级	重大	35
		重点	15
		一般	8
		青年	6
	市级	重点	8
		一般	6
		青年	4
	校级	重大	8
		青年	2

续上表

横向	级别 \ 排名	10万元以上	1万元以上
	国外基金	3分/万元	2.5分/万元
	其他横向	2.5分/万元	2分/万元

注：①国家级重大项目指国家和教育部重大攻关招标项目；教育部重大项目指基地重大项目、跨世纪人才基金项目、新世纪人才基金项目、国家社科基金和教育部重大委托项目。

②特殊项目计分

a. 国务院单列重大项目的子课题按教育部重大项目计。

b. 国家重大项目的子课题计为教育部重点项目。

c. 除此以外，其他纵向项目的主研人员另共计项目负责人40%的分，但必须以项目申请立项时的课题组成员为准，若因故变更课题组成员，必须有立项单位的批准意见作为依据。

d. 省重大项目指省重大委托项目；省重大招标项目计为教育部级重点项目。

e. 除省社科联立项的项目，省科技厅的软科学项目按省级项目计，其余省厅、成都市及其他计划单列市的项目按省部级项目下一档次计。

f. 各类基金会项目按“横向项目”计；欧盟项目、北美基金项目、住友基金项目等计为国外基金项目；中流基金项目计为校级青年项目。

③有负责人项目，不再计其他项目的参与分；若无负责人项目，一个人最多计2个项目的参与分。

④纵向省级一般项目以下，只计负责人分；横向项目可只计负责人分，如将经费分配给课题组参与人，则项目负责人计分相应减少，其“社科贡献奖”也将相应变动。

⑤横向项目以当年入校经费为准，只计一年。

⑥项目超过立项机关批准的完成时间（含批准延期一次）不再计分。

2. 成果计分

(1) 论文类

a. 论文数量

论文	一般刊物	核心期刊	CSSCI来源刊物 国外其他外文学术刊物	权威刊物 SSCI、A&HCI
分值	1	2	4	10

注：国外非SSCI刊物（有国际刊号者）全外文的，按CSSCI计。

b. 论文被引频次

被引频次	1～2	3～5	5次以上
分　值	4	10	15

c. 论文被转载情况

论文被转载情况	新华文摘、中国社会科学文摘全文转载	人大报刊复印资料全文转载	论点摘要（200字以上）
分值（分/次）	10	4	2

说明：①一般刊物指有国内统一刊号、公开发行的学术刊物，或由出版社正式出版的学术论文集，或省级以上公开发行的报纸（限理论版、学术版）。

②CSSCI来源刊物指南京大学《中文社会科学引文索引》上所列刊物（当年评价按前2年目录）。

③权威刊物目录

管理世界	求　是	哲学研究
世界宗教研究	中国语文	文学评论
外国文学评论	文艺研究	历史研究
考古学报	经济研究	政治学研究
法学研究	社会学研究	民族研究
新闻传播与研究	情报学报	教育研究
体育科学	统计研究	心理学报
中国社会科学	国际问题研究	

④人民日报、光明日报理论版、学术版的学术论文计为CSSCI来源期刊论文级别。

⑤论文被转载或摘要计分的刊物仅指人大报刊复印资料、新华文摘、高等学校文科学术文摘、中国社会科学文摘。

⑥论文被引频次不含自引。

⑦论文字数要求在3000字以上（不含语言学）。

⑧CSSCI期刊的主编每年计20分，副主编计10分；一般学术期刊的主编每年计10分，副主编计5分。

（2）报告类

应用研究（报告）使用分类计分（纵、横向立项项目成果）

	类　别	≥5万字	<5万字	<2万字
使用、鉴定单位等级	党中央、国务院	30分	20分	15
	省、部级、超大型企业	20分	15分	10
	地、市级、大型企业	15分	8分	5
	县级、企业	5分	4分	2

注：论文与研究报告类成果，第一作者计60%的分，其他人平分40%的分。

(3) 著作类

纵向项目成果（专著） 全国规划教材	公开出版教材、专著
1.5 分/万字	1 分/万字

注：担任主编或副主编分别在个人撰写部分的分值基础上增加 8 分和 5 分。

(4) 折算标准

类　别	权　数
专著、古籍整理的注释、语言类工具书	1
编著、理论译著、其他类工具书	0.8
通俗读物、其他译著	0.3
古籍整理编校、点校	0.2
资料汇编、编纂（影印部分不计字数）	0.1

另：修订本，根据出版社修改内容不超过 10%的规定，权数为 0.1。

3. 获奖成果计分

排　名 级　别		1
国家级	一等	150 分
	二等	120 分
	三等	80 分
教育部级	一等	120 分
	二等	100 分
	三等	80 分
省及其他部级	一等	80 分
	二等	50 分
	三等	20 分

注：①全国性的基金奖，如孙冶芳基金奖、王力语言学家奖、吴玉章基金奖、安子介奖、胡绳学术基金奖等等，计为省及其他部级成果奖，无等级的计为一等奖。

②如系多人合作成果，负责人计 60%的分，其余 2～4 人平分 40%的分。

4. 创作成果类计分

文艺类写作、创作教师的创作成果在其教、研量之外另计。

（1）艺术创作成果

作品展演级别	市级展演	省级展演	全国性展演	全国大型艺术展演
作品发表级别	一般刊物发表1幅作品或他人学术专著刊用1幅作品	专业核心刊物发表1幅作品	权威核心刊物专发表1幅作品	权威核心刊物发表2幅作品
分值	1	2	4	10

注：①各级展览、演出活动，指文化主管部门主办的展演活动。
②全国性展演活动指全国性的单项或主题性的展演活动。
③全国艺术大型展演指由文化部或全国一级学会定期主办的艺术展演活动，如五年一次的全国美展、两年一次的舞蹈大赛。
④上表内分值对应为独立创作作者、第一角色或主创人员（编导）三类。
⑤第一作者、主创、主演按表内分值的60%计分，其他作者、演员平分表内分值的40%分。
⑥作品发表刊物包括国内、国外及港台各级专业刊物。

（2）应用类创作研究成果（设计、电影、电视制作纵横向立项项目成果）

使用单位等级类别	综合型成果	单项成果
国家级	15分	10分
省部级、超大型企业	10分	5分
地市级、大型企业	4分	2分

注：①应用类创作研究成果的认定必须要有相关部门的鉴定书或采用证明。
②第一作者、主创、主演按表内分值的60%计分，其他作者、演员平分表内分值的40%分。
③未在学校社科部门立项的纯商业性质的艺术应用类成果不在统计之内。

四、从事科技开发与社会服务工作

1. 参加科技开发与社会服务的教师和科技人员，科技经费进入学校财务按相应项目的标准提成后，参照学校科研经费计分办法计算分值。

2. 除学校发给的一切待遇外（包括工资及津贴），纯上交学校1万元计算一个科研分值。

五、其他工作要求

1. 从事与教学工作密切联系的服务性工作的工作量计算办法，由各相关学院提出方案，经学校批准同意后实行。

2. 每位教师均有义务承担学校和院系分配的一定量的社会服务性工作。

附件2：

实验（工程）技术岗位教学科研辅助工作量要求

1. 实验（工程）技术人员实行8小时坐班制，并完成所要求的教学科研辅助工作量。

2. 从事基础实验教学辅助工作的实验（工程）技术岗位工作量要求如下：

分类＼工作量		合计（人·学分）	基本工作量（人·学分）	岗位工作量（人·学分）
语音语言类	高级实验（工程）师及以上	5560	3330	2230
	实验（工程）师及以下	5060	3030	2030
计算机、工程设计类	高级实验（工程）师及以上	2200	1320	880
	实验（工程）师及以下	2020	1210	810
物理、电工电子类	高级实验（工程）师及以上	1480	880	600
	实验（工程）师及以下	1350	810	540
化学、生物、基础医学类	高级实验（工程）师及以上	1180	710	470
	实验（工程）师及以下	1080	650	430
工程训练类	高级实验（工程）师及以上	590	350	240
	实验（工程）师及以下	540	320	220

3. 从事专业基础实验、专业实验和研究生实验岗位的辅助工作量要求为：

分类＼工作量		合计（人·学分）	基本工作量（人·学分）	岗位工作量（人·学分）
语音语言类	高级实验（工程）师及以上	1980	1180	800
	实验（工程）师及以下	1800	1080	720
计算机、工程设计及实习、电子实习、文科类实验等	高级实验（工程）师及以上	990	590	400
	实验（工程）师及以下	900	540	360
理、工、医各专业基础、专业实验、研究生实验	高级实验（工程）师及以上	660	400	260
	实验（工程）师及以下	600	360	240

4. 科研所需技术岗位平均按300万元科研经费设1实验（工程）技术岗位，其工作量由学院和课题组进行考核。

5. 仪器设备维护、维修及管理按600万元固定资产设1岗位的原则进行。

6. 国家、教育部重点实验室秘书、

省重点实验室（实体）秘书、学院实验室工作秘书，校级实验中心常务副主任可以免1/3～1/2工作量。

7. 校级实验中心副主任、院级实验中心正、副主任、专业实验室主任、院设备秘书可免1/5～1/3工作量。

8. 公共服务体系实验（工程）技术岗位的工作量可参照以上原则由各单位自行制定。

注：实验辅助教学工作人·学分计算公式：

人·学分＝（参加实验学生人数×学时数）÷16

附件3：

思政教师岗位职责要求

一、思政教师岗位职责要求

等级 职级	A级	B级	C级
教授	①全面负责全校学生教育管理工作或分管全校学生工作的某一方面（至少负责一个学院的学生工作），取得突出工作成效或创新成果，在全国或全省高校同专业领域产生较大影响，取得显著的社会效益和经济效益；②担任三门以上课程（含三门，包括形教课、专修课、党课、团课、学生干部培训、就业指导等），每学年为学生开设专题讲座8次以上；③负责学生大中型活动策划、组织、实施、协调，活动取得明显教育成效和积极的社会影响；④每年发表思政教育类论文4篇以上并承担有关教材、学习资料的撰写和科研任务；⑤任教授5年以上并专职从事思政教师20年以上，并获得国家或省级教育教学成果奖励、学术荣誉或工作表彰。	①全面负责全校学生教育管理工作或分管全校学生工作的某一方面（至少负责一个学院的学生工作），取得突出工作成绩或重要成果，在全省高校同专业领域产生较大影响，产生明显的社会效益和经济效益；②担任两门以上课程（含两门，包括形教课、专修课、党课、团课、学生干部培训、就业指导等），每学年为学生开设专题讲座6次以上；③负责学生大中型活动策划、组织、实施、协调；④每年发表思政教育类论文3篇以上并承担有关教材、学习资料的撰写和科研任务；⑤任教授3年以上并专职从事思政教师18年以上，并获得省级教育教学成果奖励、学术荣誉或工作表彰。	①负责全校学生教育管理工作的某一方面或全面负责一个学院的学生教育管理工作，取得明显的工作成效或成果，在学校有较大影响；②担任两门以上课程（含两门，包括形教课、专修课、党课、团课、学生干部培训、就业指导等），每学年为学生开设专题讲座4次以上；③负责学生大中型活动策划、组织、实施、协调；④每年发表思政教育类论文2篇以上并承担有关教材、学习资料的撰写和科研任务；⑤任教授3年以下并专职从事思政教师15年以上。

续上表

等级 职级	A级	B级	C级
副教授	①全面负责一个学院的学生教育管理工作或分管学院学生工作的某一方面，工作成绩显著；②担任形教课教学任务；③负责学院学生活动的组织实施；④每学年发表思政教育类论文2篇以上并参加有关教材、学习资料的撰写和科研任务；⑤任副教授3年以上或专职从事思政教师12年以上。	①负责一个学院的学生教育管理工作的某一方面，工作成绩明显；②担任形教课教学任务，每学年为学生开专题讲座3次以上；③负责年级学生活动的组织实施；④每学年发表思政教育类论文2篇以上并参加有关教材、学习资料的撰写和科研任务；⑤任副教授3年以下或专职从事思政教师8年以上。	
讲师	①全面负责一个年级的学生教育管理工作；②担任形教课教学任务，每年为学生开专题讲座2次，发表论文一篇以上；③担任学院分团委工作或学生党支部工作，负责学生活动的指导实施；④任思政教师4年以上。	①全面负责一个年级的学生教育管理工作；②担任形教课教学任务，每年为学生开专题讲座2次，发表论文一篇以上；③担任学院分团委工作或学生党支部工作，负责学生活动的指导实施；④任思政教师2年以上。	
助教	①负责年级学生工作；②担任形教课教学，每学年发表文章一篇；③指导学生党团组织、学生会组织、学生班级工作；④担任正式思政教师。		

二、考核方法

学生思政教师的工作考核由学工部统一部署，学院党委具体实施。鉴于学生思想政治工作的特点，学生思政教师的工作考核要坚持定性考核与定量考核相结合，坚持过程考核与成效（学生平均成绩、获奖率、英语通过率、毕业率或授位率、考研率、各类文艺科技竞赛参与率和获奖率、学生党员和入党积极分子数量及比例、寝室文明建设达标率、学生违纪率、重大事故等）考核相结合，在充分听取学院其他教职工和学生意见的基础上做出考核结论。

考核结果等级分为优秀、良好、合格、不合格（考核标准见下表）。

等级	考核标准	备注
优秀	经常深入学生寝室、教室，与专业课教师、学生家长沟通及时，工作受到学生普遍好评；工作效果特别显著，各项正面指标大幅提高或长期保持在高水平，较多学生在重大项目获奖。	
良好	能够深入学生寝室、教室，90%以上的学生认为工作称职；工作效果明显，多项正面指标有较大改善；学生中无重大违纪。	

续上表

等级	考核标准	备注
合格	能够深入学生寝室、教室，80%以上的学生认为工作称职；工作效果较好，多项正面指标有一定改善；学生中无重大违纪。	
不合格	达到下列指标之一者为不合格： ①工作不深入，30%以上学生认为不合格或不称职；②工作效果差，多项正面指标大幅下降；③学生中出现重大违纪或事故，其中辅导员负有重大责任；④工作中有故意性、明显不公或营私舞弊行为。	

根据以上标准，学工部将进一步制定定量考核指标。考核结果将作为岗位聘任、职务晋升、转岗交流、推荐报考研究生等的重要依据。工作考核不合格者下一年度不予聘任，考核基本合格者学校计发基本工资，考核合格者按工作相应年限计发岗位津贴，考核优良者可在应享受津贴级别上调一级或给予其他奖励。

学院辅导员的工作量以200学生为标准工作量。超过标准人数的享受业绩津贴，在考核合格的前提下，每超过50人按所在级别相应岗位津贴的四分之一累计折算业绩津贴（不足50人的不再计算）。

附件4：

图情系列岗位要求及考核办法

一、岗位设置

根据所承担的本专业工作任务的需要，在学校核定的岗位范围内，科学合理地设置具体岗位，共设研究馆员、副研究馆员、馆员、助理馆员等四级。

二、工作量要求

1．业务工作量

根据从事信息资源建设、资源整序、文献研究、资源推送、参考咨询、情报服务、信息素质教育、自动化和数字化建设等工作性质不同分别制定出对应的量化指标，工作量按“各级各类工作的工作量”计算办法进行计算。

	研究馆员	副研究馆员	馆员	助理馆员
工作量	1000分	900分	800分	700分
基本工作量	600分	540分	480分	420分
岗位工作量	400分	360分	320分	280分

2．科研工作量

参照学校人文社科类科研工作量计算办法。

3．教学、管理和工程技术相关工作量

参照学校有关要求进行计算或折算。

三、考核办法

1．实行年度考核（一年一考）和聘期考核（三年一考）。考核结果与聘任、待遇挂钩，作为岗位续聘、晋升和奖惩的重要依据。

2. 考核的主要内容

(1) 思想政治品德和基本工作业绩情况。未完成基本工作任务的为不合格。

(2) 岗位工作业绩情况。完成了基本工作和岗位工作任务的为合格；完成了基本工作任务但未完成岗位工作任务的为基本合格。

(3) 在教学、研究和业务工作等方面的贡献情况。

考核内容			评分			
			研究馆员	副研究馆员	馆员	助理馆员
基本工作要求	德	政治思想品德、遵纪守法、职业道德、工作责任心和敬业精神等	60分	60分	60分	60分
	勤	出勤率、工作作风等	60分	60分	60分	60分
	能	完成本职工作所需要的基本能力，业务水平和终身学习能力、组织协调能力，创新能力，工作效率等	100分	80分	60分	40分
	绩	完成基本工作量	380分	340分	300分	260分
岗位工作要求		完成岗位工作量和本岗位所规定的工作质量	400分	360分	320分	280分

3. 考核的基本方式：自我评价，部门评价，服务对象参评。通过量化指标进行考核，超额完成工作量的，按有关标准进行奖励，未完成工作量的按有关规定扣减津贴。

4. 获得各级奖励，按相关标准加分。

5. 受学校和单位书面通报的责任人，违犯学校和本单位的规章制度的，未达到工作质量要求的，视情况作相应的扣分，扣分达到规定数量，考核结果直接确定为不合格。

附件5：

管理岗位要求及考核办法

一、基本工作和岗位工作要求

要求内容			处级	科级	一般干部
基本工作要求	德	政治思想品德、遵纪守法、廉洁奉公等要求	遵纪守法、遵守社会公德、遵守职业道德、遵守学校及本单位各项规章制度。		
			能正确贯彻执行党的路线方针政策，积极组织和参加政治活动及政治学习，廉洁自律，维护国家和学校的利益	自觉贯彻执行党的路线方针政策，积极参加集体活动，政治业务学习不缺席。廉洁自律，维护国家和学校的利益。	

续上表

<table>
<tr><th colspan="4">要求内容</th><th>处级</th><th>科级</th><th>一般干部</th></tr>
<tr><td rowspan="5"></td><td>能</td><td colspan="2">完成本职工作所需基本能力要求</td><td>政策观念强，能驾驭全局、处理复杂问题</td><td>掌握一定业务理论知识，能及时发现和解决工作中出现的问题。</td><td>熟悉本岗位业务知识。</td></tr>
<tr><td rowspan="2">勤</td><td colspan="2" rowspan="2">出勤率、工作作风、工作态度等</td><td colspan="3">全年事假累计≤15天</td></tr>
<tr><td>全身心投入、民主的工作作风、具有创新精神</td><td>工作积极进取，办事公正，具有较强的服务意识和责任心。</td><td>工作积极主动、具有服务意识和责任感，办事不推诿。</td></tr>
<tr><td>绩</td><td colspan="2">完成本职工作的基本要求</td><td>保障学校决定在本单位贯彻执行</td><td colspan="2">工作规范，能按时完成本职工作，无重大责任事故。</td></tr>
<tr style="display:none"></tr>
<tr><td rowspan="7">岗位工作要求</td><td rowspan="4">能</td><td>业务能力</td><td>本职工作业务知识和现代管理知识的学习运用</td><td></td><td></td><td></td></tr>
<tr><td>组织协调能力</td><td>工作的计划性，知人善任的能力，协调工作关系的能力等</td><td></td><td></td><td></td></tr>
<tr><td>决策创新能力</td><td>改革、创新意识，正确决策的能力等</td><td></td><td></td><td></td></tr>
<tr><td>调查研究能力</td><td>考虑分析问题的周全性和准确性、调查、研究工作的能力等</td><td></td><td></td><td></td></tr>
<tr><td rowspan="3">绩</td><td rowspan="3">完成岗位工作的数量、质量，工作效率等要求</td><td>完成本岗位所规定的工作量</td><td></td><td></td><td></td></tr>
<tr><td>完成本岗位所规定的工作质量</td><td></td><td></td><td></td></tr>
<tr><td>在规定时间内完成工作任务的效率</td><td></td><td></td><td></td></tr>
</table>

说明：岗位工作要求由各单位根据实际情况制定，并报学校备案。制定时把握以下几点：

（1）针对性：针对不同类别、不同层次的岗位，制定相应的岗位工作要求。

（2）民主公开：坚持走群众路线，提高群众的参与程度。

（3）可操作性：能量化的工作，制订量化标准；不能量化的，要有明确的定性要求。并对完成工作的“质量”和“效率”等方面提出具体要求。

二、管理工作的考核评价

（一）对单位管理工作考核

机关部门和业务实体单位实行一年一考，年末统一进行，学校成立考核工作领导小组负责组织实施。采取自评、部门间互评和服务对象参评相结合的办法，确定机关部门和业务单位的考核等级（优、良、一般、差四个等级）。

机关部门和业务实体单位年度测评表

测评单位		分值	自评	部门互评	服务对象评分	综合评分
测评要素			a	b	c	=0.4a+0.3b+0.3c
贯彻党和国家方针政策情况		10				
完成学校目标任务及工作情况		10				
改革创新、现代化管理水平情况		10				
各部门间协作情况		10				
处理热点、难点问题情况		10				
为师生办实事及服务态度情况		10				
廉洁自律情况		10				
工作效率、有无推诿、拖拉现象		10				
工作纪律、职工精神面貌、办公环境		10				
出现责任事故情况		10				
合　　计						

（二）对管理人员的考核

1. 学校中层干部的考核由党委组织部负责组织实施，中层干部同时也参加本单位的人员考核；其他各类管理人员由所在单位负责考核。

2. 经考核，未能达到管理岗位的基本要求为“不合格”；德、能、勤、绩表现较差，介于基本要求与岗位要求之间可确定为“基本合格”；达到管理岗位整体工作要求为“合格”，取得突出成绩的可确定为“优秀”。

3. 考核结果作为管理人员续聘、晋升、奖惩、解聘的重要依据。

管理干部工作测评表

姓　名		岗位名称及岗位说明				
测评要素及分值（每项按10分制评分）		自评分（a）	上级或下级评分（b）	考核小组评分（c）	系数	实际得分＝（0.2a＋0.3b＋0.5c）×系数
基本要求	德				1.5	
	能				1.5	
	勤				1.5	
	绩				1.5	
岗位要求	能				1.5	
	绩				2.5	
合　计						

说明：各单位根据实际，对考核内容和要素等做必要的完善和调整，力求客观真实反映工作实绩。

4. 凡当年工作中出现下列情况之一者，经必要程序审定，其当年考核结果直接确定为不合格：

（1）因违犯党纪国法或校纪校规受到行政拘留或党纪政纪处分者；

（2）违反国家财经纪律和学校财务制度，有虚假报账、做账、私设小金库及自收自支等行为者；

（3）有以权谋私行为，存在不廉洁问题，在干部届中审计、离任审计和专项审计中发现有重大问题，并负有直接责任或主要领导责任者；

（4）主管或分管的工作出现重大责任事故，因渎职或决策失误，给学校事业发展造成严重损失或不良影响者；

（5）违反学校规章制度，拒不执行学校党委和行政的指令，有令不行，有禁不止者；

（6）制造矛盾，闹不团结，对本部门工作或领导班子造成严重影响者，或工作作风存在严重问题者。

三、管理工作的贡献业绩

1. 管理人员的贡献业绩与本单位整体工作的业绩状况挂钩。

2. 学校对各机关部门和部分业务实体单位的工作情况进行考核，确定单位考核等级，按不同等级发放（或不发放）单位贡献奖金；各单位再根据人员实际贡献大小，负责分配个人的贡献奖金，其中单位主要负责人的管理贡献奖金，依据本单位工作业绩考核等级的高低，由学校按相应比例确定。

3. 学院中管理人员的贡献奖金，在本学院的贡献业绩奖金中体现。

四川大学教师队伍建设实施办法（试行）

（川大校［2005］21号）

第一章　总则

第一条　制定本办法的基本依据是：《中华人民共和国高等教育法》、《中华人民共和国教师法》以及国务院、中组部、人事部、教育部的有关文件精神。

第二条　四川大学教师队伍建设的指导思想是：贯彻邓小平理论、“三个代表”重要思想和科教兴国、人才强国战略，树立和落实科学发展观，追求“以人为本、崇尚学术、追求卓越”的办学理念，围绕把四川大学建成国内一流、国际知名的高水平研究型综合大学的战略目标，建立适应社会主义市场经济、符合人才资源开发规律、有利于稳定和吸引教学科研骨干队伍并促进优秀拔尖人才脱颖而出的人事管理体制、运行机制和政策环境。

第三条　四川大学教师队伍建设的总体目标是：通过稳定、培养、引进和用好人才，建设一支结构合理、素质优良、竞争力强的高水平教师队伍，力争在10年内，形成拥有20名左右学术大师、150名左右著名学者和优秀中青年学术带头人、400名左右研究和教学骨干、2500名左右博士学位获得者的优秀教师群体。

第四条　实施本办法的根本目的是：以人才培养和科学研究的需要为导向，深化人事分配制度改革，加大制度创新和人才队伍建设力度，建立健全以竞争、公平和激励为核心的人事管理机制、人才评价机制和分配机制，稳定、吸引和汇聚一批优秀人才在校从事教学、研究、科技开发和社会服务工作，激励广大教师为建设国内一流、国际知名的高水平研究型综合大学充分发挥聪明才智。

第二章　管理组织

第五条　学校推行教授治学、教师依法自主管理制度。坚持党委领导下的校长负责制，实行校、院两级管理，充分发挥教授在学术方面的重要作用，由教师民主参与、管理和监督教师人事工作。

第六条　学院建立教授委员会。

1. 教授委员会是学院的学术决策机构，并在行政上发挥咨询、参谋、监督作用。

2. 学院的教授委员会的主要职责是：按照国家和学校有关政策规定，讨论确定本院的学科发展方向、学科建设规划、专业设置和师资队伍建设规划；讨论确定本院的学术活动计划和学术规范；讨论确定本院的教师岗位设置、考核标准，以及提出对本院教师的评价和晋升意见；审议其他学术事宜。

3. 教授委员会委员包括本院在职聘任的所有教授及校内相关学科教授，委员人数至少7人。

4. 教授委员会按程序推选本委员会的主席和秘书。

第七条　学校建立人事工作委员会。

1. 人事工作委员会在学校党委和行政的领导下，负责协调、落实和执行学校关于人事工作的决定和安排。

2. 学校人事工作委员会的主要职责是：起草、审议和修改教师队伍建设的规划和教职工管理的规章，核定各学院教师岗位数，审定各学院教职工的岗位设置，审定学校各级各类人员聘任方案，研究和提出有关教师权益、工作条件、师资培养、人才工程等方面的建议方案。

3. 学校人事工作委员会主任由校长担任，副主任由分管人事、组织的校领导担任，其委员由当然委员和提名委员组成。当然委员和提名委员都应为受聘教授(研究员)。当然委员包括学校部分党政负责人、各学院院长或党委书记、组织部长、人事处处长、研究生院常务副院长、教务处处长、科技处处长、社科处处长、财务处处长、学校法律顾问。提名委员由委员会主任在文、理、工、医各学科领域中分别提名3位教授，经当然委员半数以上同意产生。提名委员任期为2年，不连任。

4. 人事工作委员会可根据工作需要设立若干专项工作委员会，如人才引进委员会、分学科的专业技术评聘委员会等。专项工作委员会的成员由人事工作委员会主任提名，经人事工作委员会通过确定。专项工作委员会成员可以聘请非人事工作委员会成员担任。

5. 学校人事处是人事工作委员会的办事与执行机构。

第八条 学校人事工作委员会和学院教授委员会实行票决制。到会委员为全体委员三分之二及其以上，开会方为有效；到会委员三分之二及其以上通过，决议方为有效。

第九条 进一步强化教师是办学主体的意识。学校和学院不仅要充分发挥教师、教授在学术方面的重要作用，而且要充分发挥教师、教授在管理方面的积极作用，尊重教师的创造性劳动，尽一切可能为教师的工作、学习和生活创造良好的环境。要通过学校的学术委员会、学院教授委员会以及以教师为主体的教职工代表大会、人事争议调解委员会等组织形式，调动教师参与民主管理和监督的积极性，维护教师的合法权益。

第三章 教师的权利与职责

第十条 教师是学校办学的主体。“以人为本”在教师队伍建设方面的意义主要表现是：在各项工作中充分重视人的因素，正确认识人的价值，尊重和发挥教师的主观能动作用；在所有资源中以人才为最重要的资源，把培养、吸收和聚集高水平的教师作为办学的最重要的任务；不仅在学术上发挥教师、教授的积极作用，而且在管理上充分发挥教师、教授的积极作用，确定教师在办学中的主体地位。学校努力为教师的工作、学习和生活创造良好的环境，尊重教师的创造性劳动和维护教师的合法权益。

第十一条 教师享有下列权利：

1. 进行教育教学活动，开展教育教学改革和试验；

2. 从事科学研究、学术交流，参加专业的学术团体，在学术活动中充分发表意见；

3. 指导学生的学习和发展，评定学生的品行和学业成绩；

4. 按劳获取薪酬，享受国家、学校规定的福利待遇以及寒暑假期的带薪休假；

5. 对学校教育教学、管理工作和教育行政部门的工作提出意见和建议，通过教职工代表大会或者其他形式，参与学校的民主管理；

6．参加进修或者其他方式的培训。

第十二条 教师在遵守法律法规和学校规章制度前提下进行的教学、研究活动具有学术上的自主权。教师对学院及学校有关其个人的措施，认为违法或不当以致损害其权益者，有提出申诉的权利。

第十三条 教师必须履行以下基本职责：

1．遵守宪法、法律和学校的规章制度，贯彻国家的教育方针，遵守职业道德和履行聘任合同；

2．执行学校的教学计划，完成教学工作任务，从事教学改革，改进教学方法，努力提高教学质量，参与课程设置以及对学生的选课和学习进行指导；

3．受聘为讲师及以上岗位的教师必须从事本科教学工作；

4．积极争取研究基金，从事科学研究，发表和出版成果，并为学生提供研究的机会；

5．为人师表，教书育人，关心、爱护和服务于全体学生，制止有害于学生的行为或者其他侵犯学生合法权益的行为；

6．为学院、学校和社会服务。

第十四条 学院根据学校教学、研究的总体任务和要求，核算本单位各级各类教师的基本工作业绩和岗位工作业绩。基本工作业绩和岗位工作业绩分别由教学、研究、科技开发和社会服务等工作业绩组成。超出基本工作和岗位工作的教学、研究等工作业绩，作为贡献业绩。

第四章　教师岗位设置

第十五条 学校对教师岗位的总数、类别和级别进行统筹调控。学校每3年依据全校教学和研究工作的需要、学科建设和发展的情况以及学校的财力状况，核定全校教师的岗位总数、类别和级别。教师岗位总数的85%为常任教师岗位，由学校核定后划给各学院调配；5%为流动岗位，主要用于科技创新平台、哲学社会科学创新基地和创新团队建设；10%为机动岗位，主要用于学校发展和学科建设所必需的高层次人才引进。

第十六条 学校实行教师岗位分类、分级管理。

1．教师岗位按工作侧重点分为学科型（从事教学、研究工作）、教学型（主要从事教学工作）和研究型（主要从事研究工作）三类。教学型岗位控制在常任教师岗位总数的15%以内，研究型岗位控制在常任教师岗位的10%以内。学校和学院对三类教师岗位进行分类管理。

2．教师岗位按专业技术职务分为教授、副教授、讲师、助教四档；根据教师的工作业绩和任职资历分为若干岗位级别，学校和学院对各类教师岗位进行分级管理。近3年内，教授岗位的比例控制在常任教师岗位数的25%以内，副教授岗位的比例控制在常任教师岗位数的35%左右。

3．常任教师岗位的分类分级情况如下：

第十七条 常任教师岗位设置的基本程序如下：

1．学校本着“支持重点学科、保证基础学科、扶持新兴交叉学科、控制调整个别学科”的原则，下达各学院常任教师岗位控制数，提出岗位设置的指导性意见。

2．学院党政班子根据本院的师资队伍建设规划，在学校核定的教师岗位控制数范围内，根据教学、研究和学科建设的需要，提出教师岗位设置计划（数量、类别、级别等）。

岗位		包括人员	分类
教授	特级	两院院士、四川大学杰出教授、教育部“长江学者”特聘教授、四川大学特聘教授。	学科型
	A	学术成就突出的著名学者。	
	B	学术带头人和教学名师奖获得者。	学科型、教学型、研究型
	C	除教授特级、A、B级之外的其余教授。	
副教授	A	教学和研究骨干。	
	B	除副教授A级以外的其余副教授。	
讲师	A	从事教学、研究的年轻教师。	
	B	除讲师A级之外的其余讲师。	
助教		部分年轻教师。	

3. 学院教授委员会根据学校和学院的发展目标、学术标准和本学院的经费预算，审定教师岗位设置计划，提出各类各级岗位的入选条件。

4. 学院按学校统一制作的岗位说明书规范格式，制定每个岗位的说明书，明确、详细地描述每个岗位的职责和权利。

5. 学校人事工作委员会审查各学院的教师岗位设置计划，内容包括学院的计划是否符合学校的发展目标、学术标准以及学院和学校的经费预算。

6. 教师岗位设置方案经校务会研究决定后，由校长审批。

第五章　教师的遴选和聘任

第十八条　学校推行教师岗位聘任制。教师聘任的基本原则如下：

1. 面向国内外公开招聘。

2. 全面考察应聘者的综合素质，重点考察其科学研究和教学能力。

3. 应聘者原则上应具有博士学位。

4. 重视从国内外著名大学选聘教师。

5. 充分发挥教授群体在教师选聘中的作用。

6. 严格按聘任程序进行聘任。

第十九条　常任教师聘任的基本程序如下：

1. 公开招聘。各学院根据已获批准设置的教师岗位，提前2个月在报刊、互联网、公告栏等发布招聘信息，内容包括岗位名称、要求、个人应准备的材料、可提供的待遇、截止时间、联系方式等。

2. 申请人报送材料。内容包括个人简介、学术经历简介（附上最高学位证书、教师资格证书、原岗位聘书等复印件）、教学评估材料、已有研究项目情况、研究成果代表作2～5件（在现职期间发表的论文或出版的著作）和有关学术成果目录、2位同行专家的推荐信、聘任后在该岗位拟从事的教学、研究工作的设想等。

3. 初审。学院党政班子和同行专家对申请者的综合素质和教学、研究能力进行审议。若申请人较多，须依据一定的标准对申请人进行排序，并提出候选者名单。

4．校内同行专家评审。由学院内外同行专家对申请人学术水平进行评审，并核实材料的真实性。

5．校内试讲和交流。应聘者向学院的教师和学生作学术报告并接受提问，介绍自己的经历、教学和研究的主要成绩、受聘后在该岗位的工作构想。同时，学院领导和有关教授分别同试讲者进行交流，陪同其在校、院实地参观考察。

6．学院教授委员会评审。同行专家对应聘者所从事的研究领域、业务水平等作详细介绍，委员审议后以无记名方式投票表决。

7．学校人事工作委员会评审并投票表决。

8．校长审批。

第二十条　教师的聘期按以下规定执行：

1．教师的聘期分为限期聘任和终身聘任两类。限期聘任有固定的聘任期限，一个聘期为 3 年，到期后可续聘亦可解聘；终身聘任根据不同情况确定聘期终止时间，受聘教师可工作至国家或学校规定的退休年龄。

2．讲师及其以下岗位为限期聘任，期满后可解聘，亦可签订续聘合同，最多可续聘 2 次。

3．副教授岗位为限期聘任，期满后可解聘，亦可签订续聘合同，一般可续聘 2 次。具有特殊专长的副教授亦可多次续聘，经学院研究决定后报学校人事工作委员会批准。

4．教授 B 级岗位和 C 级岗位为限期聘任，可多次续聘。

5．受聘为教授 A 级及其以上岗位的教师或两次受聘为教授 B 级岗位的教师，可终身聘任。

6．已到规定退休年龄的教师，若教学水平高、教书育人成绩显著且所任课程教师紧缺，经本人申请，学院同意和教务部门审核推荐，报校人事委员会批准后，可延长聘期 1～2 年。

在我校或国有单位工作满 25 年，或在我校连续工作已满 10 年且年龄距国家规定的退休年龄不足 10 年的在聘教师，可签订聘用至退休的合同。

第二十一条　教师的岗位聘任按“老人老办法，新人新办法”的原则办理。在现有教师中，教授 A 级岗位由学院推荐，学校组织校内外专家评审后进行聘任；教授 B 级岗位由学院根据教师的品德、业绩等情况提出建议意见，报学校人事工作委员会审定；教授 C 级及其以下岗位，由学院评审聘任并报学校备案。教师的岗位发生变化后，除国家规定的基本工资外，岗位津贴和相应待遇随之变化。新进教师按本办法的相关规定进行遴选和聘任。

学校按照统一的聘书格式，与所有教师签订“四川大学教师岗位聘任合同”，合同中载明岗位名称、职责、任务、权利、待遇、聘期等内容。

第二十二条　特聘院士、名誉教授和特聘教授、兼职教师的聘任。聘请特聘院士、名誉教授和特聘教授、兼职（客座）教授和副教授、兼职教师，由学院教授委员会讨论后报主管校领导或校长审批。

第六章　教师的专业技术职务评聘

第二十三条　教师专业技术职务评聘的基本条件如下：

1．教师申请评聘专业技术职务，必须符合《四川大学教师专业技术职务聘任申报条件》的有关规定。在教学方面，必须完成规定的教学基本工作量和岗位工作量，必须有两届以上本科生评教为优良，必须有两次同行专家听课并评教为优良。各学院可根据不同学科的情况，制定不低于学校基本条件的教师专业技术职务评聘的具体条件。

2. 申请助教者，应获得硕士及其以上学位。学校原则上从本校在学研究生中聘请优秀研究生承担助教工作。

3. 申请讲师者，原则上为已受聘为助教者或获得博士学位者。

4. 申请副教授者，博士学位获得者须受聘讲师2年以上，硕士学位获得者须受聘讲师5年以上（1965年1月1日以后出生者原则上应为获得本学科现有最高学位者）。

5. 申请教授者，原则上应受聘副教授5年以上（1965年1月1日以后出生者原则上应具有本学科现有最高学位）。

第二十四条 教师专业技术职务评聘的基本程序如下：

1. 公开招聘（见第十九条第1款）。

2. 本人申请或3位以上教授推荐。晋升专业技术职务者须提交个人简历、学历、学位证明文件、代表作及相关成果、校外兼职及兼课等情况。

3. 材料展示。学院将所有候选人材料于同一场所公开展示。

4. 同行专家匿名评审。学院将所有候选人任现职以来学术简历、研究成果（2～5部代表作原件或复印件、学术成果一览表）、教学业绩（包括所教授或指导过的课程数量和类型；课程的选修人数；参与每一课程评估的学生百分比；学生对课程的评估；其他教师对教学效果的评估；有关教学奖励或事故，等等）、服务成果材料送3位以上同行专家匿名评审并进行排序。

5. 学院评审。学院党政班子审查综合素质后，提交学院教授委员会评议并投票表决。

6. 学校人事工作委员会或专项工作委员会评审并表决。

7. 公示。

8. 由校长批准聘任。

第二十五条 申请教授、副教授的材料送同行专家匿名评审的具体办法如下：

1. 申请副教授者，其相关材料由学院送校外2位、校内2位同行专家匿名评审；申请教授者，其相关材料由学院或学校人事处送校外3位、校内2位同行专家匿名评审。送审专家情况不得告知本人，但申请者可提出2名以内不宜对本人进行评审的专家名单。

2. 校外评审人必须是国内外本学科的知名学者，并已担任教授4年以上。

3. 学校和学院分别建立校外评审专家库。学院评审专家库的专家应来自5个以上的单位，由学院教授委员会甄选并表决通过，每个二级学科的校外评审专家不得少于15人。学校在学院评审专家库的基础上建立校级评审专家库，专家人选由校人事工作委员会通过认定。

4. 为保证公平公正，申请人指导教师、申请人代表作合著者或共同研究者、与申请人有亲属关系者应回避作评审人；应避免同一岗位评审人均为同一学校教授者。

第二十六条 实施有限次数晋升，逐步推行"非升即走"制。助教、讲师和副教授任现职合同期内分别有3次申请晋升更高岗位的机会。再次申请晋升，必须有新的代表作。助教和讲师若3次申请晋升岗位不成功，合同期满不再续约；讲师若3次申请副教授岗位不成功，合同期满不再续聘；副教授若3次申请教授岗位不成功，可解聘，亦可续聘，但不得再次申报教授岗位。

第二十七条 特别优秀的教师，可以不受学历、学位、任职年限的限制，按学校有关规定破格聘任（见《四川大学破格晋升高级专业技术职务申报条件》）。

第二十八条 学校人事工作委员会主任可在学校掌握的机动岗位内特聘教师。对于特别优秀的人才，学校人事工作委员会主任有权特聘为相应的教师岗位。经学院教授委员会和学校人事工作委员会确认，转为学院常任教师岗位。

第七章　教师的待遇

第二十九条 校内分配实行“两个挂钩”。学院的工作任务和业绩状况与学校的资源分配挂钩，学校根据各学院承担的工作任务和业绩状况，确定各学院的岗位总量、级别以及各类经费；个人的工作任务和业绩状况与薪酬挂钩，学院根据个人所完成的基本工作业绩、岗位工作业绩、贡献业绩，计发个人的报酬。教师接受聘任并完成工作任务后，依合同享有法律和学校规章保护的各项待遇，包括薪酬、福利等体现教师劳动价值的货币化收入和非货币化收入。

第三十条 教师的基本薪酬为基本工资、岗位津贴、贡献奖金。对创新团队和引进的少数拔尖人才，也可实行协议工资、年薪制等分配形式。

1. 基本工资（含各种政策性补贴）与教师完成基本工作业绩的情况挂钩。教师在聘期内应完成相应的基本工作业绩（包括教学、研究、社会服务等工作），否则不参加教师专业技术职务和岗位评聘。

2. 岗位津贴与教师受聘的岗位和完成岗位工作业绩的情况挂钩。教师在聘期内应完成相应的岗位工作业绩（包括教学、研究、社会服务等工作），否则将被减扣岗位津贴并降低岗位聘任的等级。

3. 贡献奖金与教师超基本工作业绩和岗位工作业绩的教学、研究、社会服务等工作的贡献挂钩。（见《四川大学关于进一步深化分配制度改革的实施办法》）

第三十一条 教师享有与其岗位相应的福利。

1. 教师享有基本医疗保险和学校组织的定期免费体检。

2. 教师享有两个带薪假期（暑假、寒假）。

3. 学校为教师提供从事更高一级岗位所需的培训。

4. 教师退休后依法享有退休金或养老保险，学校积极为离退休教师创造老有所养、老有所乐、老有所学、老有所为的条件。

5. 教师享有失业保险和抚恤金等。

6. 教师享受国家规定的其他福利待遇。

第三十二条 新聘年轻教师享有如下特殊资助：

1. 可向学校申请预支住房补贴（博士8万元、硕士4万元、学士2万元），用于在校外购买住房的首付款（见《四川大学关于对部分新进教职工预支住房补贴的暂行办法》）。

2. 可按规定申请四川大学青年科学研究资助基金。

第三十三条 学校鼓励教师通过科学研究、专利许可、技术转让、技术入股等方式取得合法回报。

第八章　高层次创造性人才队伍和创新团队建设

第三十四条 改善两院院士校内工作和生活待遇。为进一步贯彻落实“尊重知识、尊重人才”的方针，充分发挥两院院士在推进“科教兴国”战略和“人才兴校”战略实施，促进高水平学科建设，构建高素质师资队伍工作中的重要作用。学校将进一步改善和落实校内院士的住房、岗位津贴、医疗保健、实验室条件、团队和助手配备等工作和生活条件（见川大委［2003］49号《关于进一步落实两院院士校内工作和生活待遇有关事宜的通知》）。

第三十五条 实施“大师级人才计划”。创造优越的研究条件和配套保障条件，加大造就和引进学术大师和高层次创造性人才的力度，力争5年内新增两院院士和人文社会科学杰出教授5名左右，汇聚高层次创造性人才15名左右。把造就一批在国际学术界有一定影响、具有创新性构想和战略性思维、能带领本学科跟踪国际科学前沿并赶超国际先进水平的学科带头人，作为实施人才强校战略的重点。（见《四川大学“大师级人才计划”实施办法》）。

第三十六条 建立“四川大学杰出教授”制度。哲学社会科学的国家重点学科创始人及带头人、在国内外本学科领域享有崇高的学术地位和学术声誉、承担过国家级重大人文社会科学研究项目的人文社会科学杰出教授；以四川大学为第一完成人单位获得国家科技三大奖的一等奖2次、或国家二等以上奖3次的教授，或在Nature、Science等高水平杂志上以四川大学为第一完成单位、本人为论文负责人身份累计发表4篇论文者，或在本校工作期间作为负责人争取到校研究经费累计超过5000万元以上者，可申请受聘为四川大学杰出教授。

第三十七条 建立“四川大学特聘教授”制度。哲学社会科学的国家重点学科创始人及带头人、承担过国家级重大或重点人文社会科学研究项目、在国内外本学科领域具有很高知名度的人文社会科学优秀教授；以四川大学为第一完成人单位、本人为主持人获得国家科技三大奖的一等奖1次、或国家二等奖2次的教授，或在Nature、Science等高水平杂志上以四川大学为第一完成单位、本人为论文负责人身份发表1篇论文者，或在本校工作期间作为负责人争取到校研究经费累计超过3000万元以上，或“长江学者奖励计划”特聘教授聘任期满且考核合格者，可申请受聘为四川大学特聘教授。

第三十八条 实施“优秀人才支持计划”。高度重视、重点扶持学校的“长江学者奖励计划”特聘教授、国务院学位评定委员会及学科评议组成员、国家杰出青年基金获得者、百千万人才工程、新世纪百千万人才工程国家级人选、教育部跨世纪优秀人才、教育部高校青年教师奖获得者、国家自然科学基金评委、国家社会科学基金评委、“863”专家、“973”专家等各类国家级人才，从各方面创造条件充分发挥其作用。

第三十九条 实施“拔尖人才引进计划”。争取每年投入约1500万元，配合学科建设和“985工程”创新平台和基地建设，引进在海外或国内有较高知名度的优秀人才，重点引进50位左右高新技术和基础研究等方面紧缺的高层次人才。积极探索团队引进、核心人才带动引进、创业引进、智力引进等灵活多样的引进形式。（见《四川大学引进拔尖人才暂行办法》）

第四十条 实施“创新团队计划”。组建以两院院士、四川大学杰出教授和拔尖创新人才领衔的创新团队，并将创新团队建设与“985工程”创新平台和基地建设紧密结合起来，形成有利于原始创新和凝聚、培养拔尖人才和创新团队的人事分配管理体制、运行机制和良好环境（见《四川大学“创新团队计划”实施办法》）。

第四十一条 实施“院士和哲学社会科学著名学者特聘计划”。聘请若干高层次人才到校短期访问、合作研究和培养人才（见《四川大学特聘职务、名誉职务(学衔)、兼职（客座）职务（学衔)、专业顾问管理办法》）。

第九章 教师的专业发展

第四十二条 实行青年教师规范化培训（见《四川大学关于开展青年教师规范化培训工作的实施办法》）。

第四十三条 实施“青年教师在职学位提升计划”（见《四川大学青年教师在职学位提升计划实施办法》）。

第四十四条 实施“青年骨干教师奖励计划”。学校每年选拔300名左右40岁以下的青年骨干教师，除给予荣誉外，当年一次性奖励每人3000元，并在职务晋升、项目申报、出国进修等方面给予政策倾斜（见《四川大学“青年骨干教师奖励计划”实施办法》）。

第四十五条 实施“青年教师外语培训计划”（见《四川大学教师“双语教学”英语培训实施办法》、《四川大学“教师暑期英语培训计划”实施办法》）。

第四十六条 实施“青年学术带头人和学术骨干赴国外培训计划”（见《四川大学“青年学术带头人和学术骨干出国进修计划”实施办法》）。

第四十七条 加强博士后流动站建设。把博士后流动站建设成培养人才、吸引人才、发挥高水平人才作用的重要平台。每年投入500万元设立博士后流动站建设基金，重点用于对拟选留为教师的在站博士后的支持（见《四川大学关于进一步加强博士后工作的若干意见》）。

第四十八条 实行教师离岗进修和学术休假制。讲师以上教师在本校连续服务满3年以上，有合理的进修计划，可申请离校进修半年。具有高级专业技术职务的教师在本校连续服务6年，有合理的个人调研项目，经学院同意，可享有6个月的学术休假。进修及休假期间可享受全额工资和待遇，教学业绩免予考评。重大研究项目主持人在课题进行期间，经所属学院、科技处、社科处及人事处认定，可申请不超过1年的学术休假。原则上各学院每年离岗进修及学术休假的教师人数控制在中高级专业技术职务教师人数的5%以内。

第十章 教师兼职

第四十九条 教师受聘岗位时间内，原则上不得在校外兼职。教师不得参加影响正常教学任务和研究任务的校外活动。教师如果在校外大学、政府机关、企事业单位接受临时岗位，必须经学院同意并报学校人事委员会审批。未经批准在外兼职的，不得参加教师专业技术职务和岗位评聘。但教师兼任国家和部、省、市各级咨询、评审机构成员、学术刊物、学术社团职务等与其专业相关社会职务，受到学校鼓励。

第五十条 为促进教师资源的优化配置，学校鼓励教师在校内单位间双聘岗位。教师在校内最多可应聘两个岗位，其中一个为主聘岗位；另一个为从聘岗位。从聘岗位的职责、任务和待遇由教师与聘用单位约定，时间不得超过3年。

第五十一条 教师经学校批准可借调至政府或事业单位工作。借调期原则上不超过两年。借调期间，学校停发工资和各项津贴，借调单位须给学校和学院相当于该教师岗位津贴的费用补偿。由学校推荐借调者可不受此限。

第十一章　教师的考核评估

第五十二条　教师应按聘任合同规定认真做好教学、研究和社会服务工作，恪守师道，履行职责。为提高教师的教学、研究与社会服务质量，维护学校整体水准和声誉，学校和学院根据不同教师岗位的聘任合同，对教师实行年度考核（一年一考）和聘期考核（三年一考）。考核评估结果与专业技术职务评聘、岗位聘任、待遇挂钩，作为教师岗位续聘、晋升和奖惩的重要依据。

第五十三条　建立科学的学术评价机制。坚持以人为本和综合评价原则，努力建立和健全能够充分体现人才价值的激励机制以及以业绩为核心，由品德、知识、能力等要素构成的教师考核评价体系。教师考核评估的主要内容包括：

1. 教师的思想政治品德和基本工作任务完成情况（教师的工作任务包括教学和科研等，下同）。未完成规定的基本工作任务的教师为不合格。

2. 完成了基本工作和岗位工作任务的教师为合格；完成了基本工作任务但未完成岗位工作任务的教师为基本合格。

3. 教师在教学、研究、科技开发、社会服务等方面的贡献情况。

第五十四条　教师考核评估的基本方式如下：

1. 自我评价。每位教师年终或聘期满填写一份自我评价表，反映自己的工作业绩，内容包括教学、获得的研究项目、发表论文和出版专著、从事社会服务工作等情况，也应如实反映在校外的有偿兼职活动情况。同时，教师每年应以一定方式（具体方式由学院确定）进行述职。

2. 学生评价。学院在期末向每门课的学生发放教学评价表，由学生填写后交回学院。

3. 同行评价。主要根据各种学科排名情况、课程评估情况，或校内外同行专家匿名评审进行考核评价。

4. 学院教授委员会考核评价。主要考核教师履行基本工作职责和岗位职责的情况，包括教师的品德、知识、能力、水平、责任心和工作业绩等方面。教授委员会应制定具体考核评价项目、标准及程序，经学校人事工作委员会通过后实行。

为确保考核评价的客观、公正和准确，在考核评价过程中应听取教师本人意见。考核结果经教授委员会汇总后应反馈教师本人。

第五十五条　全校建立统一的教师个人业绩电子档案。受聘教授岗位的教师业绩档案由学院和学校分别建立；受聘副教授及其以下岗位的教师业绩档案由学院建立。

第十二章　教师的聘任终止

第五十六条　教师（含终身教授）到达国家或学校规定的退休年龄，聘任合同自动终止。

第五十七条　教师在聘任合同期内，经必要程序确诊有疾病不适宜胜任教师岗位者，不能聘任为教师。

第五十八条　教师有下列情形之一者，经学院教授委员会审查和学校人事工作委员会认定，由学校解聘。

1. 经司法机关认定严重违反法律法规并受刑事处分者；

2. 未经学校同意擅自离校，或出国人员未经学校同意逾期不归，超过3个月者；

3. 严重违反教师职业道德，或严重违反学术道德，或滥用职务发明，严重影响学校声誉者；

4. 发生重大教学事故和工作责任事故，对学校和他人造成重大损失者。

5. 聘任合同期满考核不合格，或聘任合同期满不再续约者。

第五十九条 解聘教师的基本程序

1. 信息反馈：教师如果未达到工作表现的期望和要求，上级领导要通过与其谈话等方式，进行在岗指导，指出存在的问题并限期改进。

2. 口头警告：经过指导后，如果没有任何改进或改进不大，上级领导要对本人提出工作表现不佳的口头警告。

3. 书面警告：口头警告后还没有改进或改进不大的，由所在单位进行书面警告。在书面警告通知中应清楚地表明对其工作表现的期望，同时指出需要改进的方面，限期改进。

4. 解除聘任：经以上步骤还未达到应有工作表现的，经单位集体研究决定，可解除其教师岗位聘任，给予1年的缓聘期。缓聘期间发给国家工资的固定部分，停发岗位津贴。缓聘期满后未能聘任者，学校将与其解除聘用关系，其劳动人事关系转入人才市场。

第六十条 教师被解聘后，学校按国家政策给予经济补偿。

第十三章 教师的申诉与仲裁

第六十一条 复议申请。教师对学院的教授委员会、学校人事工作委员会评议结果不服者，可以书面方式提出复议申请。复议由原委员会实施并经三分之二（含）以上通过为有效。复议以一次为限。学校人事工作委员会可否决学院教授委员会的复议结果。

第六十二条 校内调解。为确保人事工作的公正性，学校设立人事争议调解委员会（见《四川大学人事争议调解办法（试行）》），处理有关申诉事宜。

1. 调解委员会设委员19人。委员会主任由校工会主席担任，副主任由校监察处处长担任。委员成员由文、理、工、医教师代表各2名，法学院教授、病情鉴定专家各1名，教代会和工代会代表各2名，工会、监察处、人事处各1名担任，调解委员会委员不得兼任人事工作委员会委员。校工会负责该委员会的日常工作。

2. 教师申诉应以书面方式提出。

3. 人事争议调解委员会根据申请调解的具体情况成立调解小组。调解小组一般不少于3名调解工作人员。必要时可邀请申诉人、利害关系人或有关单位指派人员到场说明。

4. 调解小组需综合考虑申诉个案经过、申诉双方的理由、对学校及社会影响及其他相关状况，对双方进行调解。达成协议的，由委员会出具调解书。

第六十三条 人事仲裁。经校内调解无效，或在调解书送达前当事人反悔的，当事人可向四川省劳动人事争议仲裁机构提请人事仲裁。

第六十四条 法院裁决。当事人对仲裁裁决不服的，在规定期限内可向人民法院起诉。人民法院的判决是人事争议的最终处理结果。

附 则

第六十五条 本办法在听取广大教师意见和征求学校教代会、工代会意见的基础上，经校务会审议，报学校党委常委会讨论批准后由校长签发施行。修改时亦同。

第六十六条 自本办法施行之日起，原来学校各项相关人事制度、政策与本办法相抵触者，以本办法为准。

第六十七条 本办法的解释权在学校人事工作委员会。在该委员会闭会期间，有关本办法的解释由学校人事处负责。

四川大学“985工程”科技创新平台新的管理体制和运行机制的实施细则（试行）

（川大校［2005］3号）

根据教育部“985工程”二期建设计划要求，为确保我校的“985工程”二期科技创新平台（以下简称“平台”）建设达到预期目标，实现学校科技工作的跨越式发展，必须对平台的管理体制和运行机制进行创新，建立有利于凝聚优秀的学术带头人和创新团队、有利于出重大原创性研究成果、形成新兴交叉学科的新体制和机制，进而带动学校管理体制的全面改革，实现“建设国内一流、国际知名的高水平研究型综合大学”的奋斗目标。据此特制定本实施细则。

一、平台在学校的定位和管理方式

1.“985工程”二期科技创新平台作为学校的科研实体机构进行建设和管理。学校给予一定数量的人员编制，业务上实行相对独立于学院的管理。平台的业务由学校直接领导，对学校负责。平台的业务以科研工作为主，同时承担人才培养任务，包括研究生的业务培养工作和部分高年级本科生毕业实践指导以及开设面向全校本科生、研究生的学科前沿选修课。

2．学校给予平台的人员编制分为固定人员和流动人员两种编制。学术研究的固定人员指在聘期内其全部工作在平台开展的研究人员。学校根据平台类型和各个平台发展阶段需要，给予各个平台一定数量的固定人员编制（不超过该平台规定总人数的60％）。平台招聘的校外人员原则上为平台固定人员编制，其人事关系属于平台。流动编制人员可实行“双聘制”（与学院和平台分别签订聘任合同），即教学在所属学院，科研在平台，取得的成绩可以在计入平台工作考核的同时计入相关学院，即“双算制”。一些科研和教学骨干根据需要可实行这一办法。

3．学校成立平台的专门管理机构，负责科技创新平台的日常归口管理工作，包括对平台的建设、运行和考核实施具体的管理职责。由该管理机构聘请国内外知名科学家组成科学评价委员会，负责定期对平台的业务工作进行考核。学校的相关部门为科技平台的建设和发展提供配套服务。

“985工程”二期建设是学校行为，平台建设过程中在积极规划用好新增投入资金的同时，必须进一步加强全校现有的科研资源（设备、用房空间等）的集中调控和整合，打破现有院系的框架，全力支持平台的建设。平台所需的实验用房在充分调研基础上，由学校统筹安排，新增与充分利用现有实验用房相结合，相对集中，院系支持、配合。

二、平台的建设经费拨付方式

平台的经费由学校集中调配，根据年度考核情况，滚动拨付，择优投入与资助。

三、平台内部的管理体系

1. 平台内部实行以首席科学家负责的全员聘任制。

(1) 首席科学家负责平台的人、财、物和研究业务工作的统筹管理，以合同协议方式聘用或解聘下属二级研究机构所需的负责人和平台的科研和管理人员（根据需要Ⅰ类平台可以在校内招收2～3名行政兼财务人员，Ⅱ类平台可以在校内招收1～2名行政兼财务人员）；应就平台的科研任务、工作目标、科研成果等方面签订协议（合同），业务上实行合同管理。在开始阶段，Ⅰ类平台研究人员总量控制在50～60人范围内；Ⅱ类平台研究人员总量控制在20～30人范围内；根据发展运行情况逐步增加人员（Ⅰ类平台为150人左右；Ⅱ类平台为60人左右）。

(2) 每个平台按研究方向下设若干研究机构（Ⅰ类平台的下设研究机构一般不超过5个；Ⅱ类平台的下设研究机构一般不超过3个）。平台的每个下设二级研究机构及研究人员数量由首席科学家根据具体情况确定。每个二级研究机构设1名负责人，实行首席科学家领导下的负责制，并与首席科学家在科研任务、工作目标、科研成果等方面签订合同，业务上实行合同管理，对首席科学家负责。

2. 设立平台的学术委员会。

平台设立学术委员会，平台的学术委员会作为平台的学术指导机构，起到学术参谋、评议、咨询和监督作用，其主要职责是把握平台的研究方向、建设计划，审查平台的年度工作总结，讨论确定平台的学术规范，参与组织平台的国内外学术活动，审定平台的课题指南和评审课题申请，监督检查平台科研工作的实施，参与对二级研究机构负责人进行年终考核等。学术委员会委员人数至少7人，校外的同行专家不少于50%。学术委员会每年至少召开1次学术委员会年会。

3. 设立平台的条件保障和协调委员会。

每个平台下设立条件保障和协调委员会，根据需要，不定期开会负责协调解决平台除学术业务问题以外的涉及相关学院的其他事宜，确保平台的人力资源、学科资源、实验条件资源、管理服务资源实质性到位。该委员会由分管校领导任主任，平台首席科学家和相关学院院长任委员。

四、平台人员的招聘条件和待遇

1. 首席科学家的招聘条件和待遇。

学校面向校内外公开招聘首席科学家（每个平台设1名首席科学家），聘期3～5年。首席科学家需要有良好的组织领导和协调能力，并必须具备下列条件之一：

(1) 两院院士；

(2) 具有正高职称的教育部“长江学者”、杰出青年基金获得者、中科院“百人计划”入选者；

(3) 在国外知名大学取得教授或相当职位者；

(4) 负责主持过国家重大科研项目（“973”首席科学家、自然科学基金重大项目负责人、“863”重大项目负责人等）或在相关领域已取得显著学术成就者。

首席科学家实行年薪制（基本工资+风险工资），聘金约为15万元～50万元人民币/人/年（含工资、津贴、福利待遇等）；应聘的首席科学家聘期内配偶可随调并解决工作，可解决子女入幼儿园、小学、中学；学校提供约150平方米～180

平方米住房供其租用，按校内教师福利房的标准支付租金；已办理人事关系调入手续且不需要学校解决住房者，在签订合同后可一次性给予安家补贴30万元人民币（10年内调离学校要退款）。首席科学家每年免费全面体检1次。

2．二级研究机构负责人的招聘条件和待遇。

二级研究机构负责人由学校配合首席科学家负责在校内外公开招聘，入选者名单由首席科学家提出，学校批准后聘任者与首席科学家签订合同，聘期原则上与首席科学家一致，对首席科学家负责。二级研究机构负责人须具备下列条件之一：

（1）在国外知名大学取得副教授及其以上职位者或高级研究员；

（2）国内正教授（研究员）以上、主持过国家重大科研项目、科研成果突出者。

二级研究机构负责人实行年薪制，聘金约为8万元～25万元人民币/人/年（含工资、津贴、福利待遇等）。特别优秀者经学校批准可以突破此限额。

3．其他人员的招聘原则及待遇。

平台招聘的其他科研人员一般要求具有博士学位或副教授（副研究员）以上职称，主持过科研项目，已取得较好的科研业绩，选聘标准原则上要高于学校三层次人选的标准。以中青年学术骨干为主（年龄在45岁以下所占比例原则上不低于70%）。

平台的管理人员由首席科学家根据需要在校内招聘；平台的科研人员由首席科学家、或经首席科学家同意授权二级研究机构负责人在校内外招聘，签订聘用合同，原则上聘期与二级研究机构负责人一致。

有中国国籍的一般科研和管理人员实行基本工资+岗位工资+绩效工资的三元结构工资的分配政策，原则上平台工作人员平均工资高于学校教师的平均工资。基本工资由学校按学校的分配制度发放，岗位工资由平台发放，约为2.5万元～8万元人民币/人/年。特别优秀者经学校批准可以突破此限额。试行“双聘制度”的兼职人员，在原学院领取基本工资（保证相应教学工作量），在平台领取岗位工资，基本工资+岗位工资高于在原学院的待遇。绩效工资根据年终考核情况，与具体合同确定的绩效挂钩，由学校确定总量标准，首席科学家考核、报平台的专门管理机构核准后发放；具体细则另定。招聘的外籍研究人员实行年薪制，标准在其聘用合同中约定。

4．平台的人员聘用原则和聘用经费。

所有人员聘用经费从“985工程”专项资金中的人员经费中支付，总额原则上不超过用于总共8个平台专项经费的20%。招聘的首席科学家和二级研究机构负责人原则上应有30%及以上从校外招聘，学校和学院的党政领导原则上不能担任专职首席科学家，特殊情况须经学校有关部门批准，但不享受相应物质待遇。每个平台中招聘的校外符合条件的一般科研骨干需占到总量的30%及以上。

五、平台的总体建设目标和考核办法

1．平台的总体建设目标。

Ⅰ类平台的总体建设目标是成为该领域最高水平之一的国家级科技创新平台（进入国家创新体系），建成1～2个国际知名、国内一流学科；获准国家在相关领域组织的重大科研计划项目；在该领域最高学术杂志上发表一定数量的科研论文；获得国家级成果奖；有以四川大学为唯一专利权受益人的一定数量的授权发明专利；获准国家或教育部优秀创新团队；造就由国家杰出青年基金获得者为标志的富有特色的创新研究群体。Ⅱ类平台的总体建设目标是成为国内领先，国际先进的科技创新平台（最终能达到国家重点实验室或国家工程研究中心水平）；建成国际知名、国内一流学科；承担国家重大研究课题和重大技术攻关项目；在该领域最高学术杂志上发表一定数量的科研论文；获得国家级成果奖；有获准以四川大学为唯一专利权受益人的一定数量的授权发明专利；造就出由国家杰出青年基金获得者为标志的一批优秀中青年骨干组成的科研队伍。上述目标将以合同形式反映在学校与每个平台首席科学家签订的聘用合同中。

2．考核办法。

平台的学术考评实行年度考评、中期评估和聘期考核相结合的方式。

（1）年度考评。

每个平台首席科学家与学校签订合同，按照此合同内容、指标，根据平台建设的进展程度，由首席科学家负责每年向学校提交一份年度工作报告，作为年度考核依据。报告中应该有平台的科研工作（包括工作量、文章、奖励、科研费、专利等）、人才培养工作（包括研究生培养）、学科建设（包括形成新兴交叉学科）工作和平台建设工作进度等内容。

平台内部人员的年度考核管理办法由首席科学家提出，报学校专门管理机构批准后实行。原则上进入平台的科研人员业绩考核标准必须高于同等职称的未进入平台的教师。

“双聘”人员在聘期内的工作由平台和院系分别考核他们的科研和教学工作。建立“双算制”的科研工作评价机制，“双聘”人员在聘期内的科研成果（奖励、专利及其转化等绩效）和获得的科研项目、计算的工作量等在计入平台的同时计入相关学院；发表的论文可以同时署名。

制定严格的人员退出和流动机制，一般科研人员考核采用“末位淘汰制”，即在平台规定的期限中，年度考核成绩最末者原则上将被解聘。平台管理人员的考核由平台所有科研人员进行集体民主测评。若没有完成规定工作任务，将被解聘。

（2）中期评估。

平台下设的二级研究机构由平台的学术委员会或根据需要由学校专门管理机构聘请国内外专家组成的科学评价委员会每两年对其工作情况和研究工作前景进行中期评估，并对它们的研究方向和研究项目进展提出建议和意见。达不到要求的二级研究机构要限期整改（1 年）；整改后仍达不到要求的二级研究机构将被取消。

（3）聘期考核。

在聘期结束时学校对首席科学家在聘期内的工作依据聘任合同协议规定的任务进行考核，学校将主要依据考核结果决定续聘和解聘等事项。在聘期临近结束前由上述科学评价委员会选定一定数量的校外知名专家（7 位）撰写评价信，并结合实地考评，科学评价委员会将确定被考评者（研究工作和平台的建设管理工作）的突出部分和薄弱部分，提出改善被考评者工作的必要措施，同时对被考评者是否具有进一步发展的潜力作出评价。在进行考评之后，科学评价委员会将就被考评者继续聘任、奖励或终止聘任的意见向专门管理机构提交一份书面报告。专门管理机构以此报告为基础，就人员聘任事宜以及平台的实验室空间和资源配置作出初步方案，上报学校后做出决定。

六、平台资源的管理使用原则

1．“985 工程”建设经费投入购置的所有科研资源（包括仪器设备和实验用房等）是学校资产，要建立集中管理、开放共享、交叉集成、可持续发展的管理模式。所有平台首席科学家都要在与学校签订的合同中承诺平台资源对全校开放共享的条款，并制定相应的实施细则。“985工程”专项资金购置的基础性大型仪器设备和配套设备由平台集中统一管理，设立专人负责大型仪器的日常运作和维护，按规定面向校内外所有师生开放，满足教师的科研需求。

2. 凡平台的退出或解聘人员所用平台科研资源原则上一并退出，由学校负责平台的专门管理机构或学校授权平台负责人进行调拨，重新分配使用。

“本实施细则”从发布之日起试行，在试行中逐步修改、完善。“本实施细则”的解释权归科技处和人事处。

四川大学“985工程”哲学社会科学创新基地建设与管理实施办法（试行）

（川大校［2005］27号）

根据教育部“985工程”二期建设计划要求，为确保我校“985工程”二期哲学社会科学创新基地（以下简称“创新基地”）建设达到预期目标，实现学校社科工作的跨越式发展，建立有利于凝聚优秀的学术带头人和创新团队、有利于出重大原创性研究成果、有利于学科交叉渗透的管理体制和运行机制，特制定本实施办法。

一、创新基地的建设目标

我校哲学社会科学创新基地的建设目标是：瞄准世界先进水平，适应国家现代化建设的重大需求，通过体制改革、机制创新、加大投入和组建创新团队等措施，形成川大品牌。

通过创新基地建设提高我校哲学社会科学的综合创新能力和国际学术竞争力，3～5年内建设成国家级的社科创新基地，涌现出一批能够体现我校哲学社会科学水平的成果、学科、人才和流派。

二、创新基地总体建设标准

（一）以世界学科前沿问题和国家经济社会发展中的重大理论与实践问题为中心，超越传统的学科界限和个体分散研究的有限视野，集中优势科研资源，形成多学科交叉的综合创新能力。

（二）把握世界文明和中国先进文化发展方向，全面推进人文社会科学的知识创新、理论创新和方法创新，培育引领国内学术研究潮流的创新人才和创新团队，增强国际学术对话能力。

（三）适应国家经济社会发展的需要，促进科研成果的转化，为物质文明、政治文明和精神文明建设服务，在中国特色社会主义现代化建设中发挥“思想库”、“人才库”的作用，提高解决重大理论与现实问题的社会服务能力。

（四）适应人文社会科学发展和高等教育发展的需要，促进最新科研成果应用于教学实践和人才培养，为创建世界一流大学和培养造就一批具有世界前沿水平的学科带头人服务，为提高全民族的思想道德素质和科学文化素质服务。

（五）适应建设世界一流大学的需要，深化高校内部管理体制和运行机制改革，探索建立现代大学制度，建立有利于知识创新、资源共享的运行机制。

三、创新基地的管理

（一）学校建立“985工程”社科创新基地建设领导小组。社科创新基地建设领导小组，是学校“985工程”建设领导小组的下属领导机构。

1. 创新基地建设领导小组协助学校“985工程”建设领导小组组织专家审核基地规划、工作绩效和研究成果；审核并推荐各创新基地首席专家拟聘人选；协调解决创新基地人力资源、学科资源、实验条件资源、管理服务等资源的配置。

2. 创新基地建设领导小组组长由学校分管文科的常务副书记任组长，分管“985工程”建设的副校长、分管社科的副校长、分管人事的副校长任副组长。成员由“985工程”和学科建设办公室、社科处等职能部门主要负责人、创新基地负责人与文科相关学院主要负责人组成。

3. 创新基地建设领导小组办公室设在社科处，由社科处处长兼任办公室主任，负责建设领导小组办公室日常工作。创新基地建设领导小组办公室为学校“985工程”与学科建设办公室的下属办事机构。

（二）创新基地在学校的定位和管理方式

1. 创新基地作为学校新型的科研实体机构，以教育部人文社科重点研究基地及相关学科为基础，整合全校相关学科，汇聚学术骨干，集中进行人文社会科学研究。必须进一步加强全校现有的科研资源（人员、设备、用房、资料等）的集中调控、整合和配置。创新基地所需的研究用房由学校统筹安排。

2. 创新基地业务上由学校直接领导，对学校负责。创新基地的业务以科研工作为主，同时承担人才培养任务，包括研究生的业务培养工作和部分高年级本科生毕业实践指导以及开设面向全校本科生、研究生的学科前沿选修课。

3. 学校给予每个创新基地25个～35个人员编制。基地的人员编制分为固定和流动两种。学术研究的固定人员指在聘期内全时在创新基地工作的研究人员。学校根据创新基地类型和各个创新基地发展阶段需要，给予各创新基地一定数量的固定人员编制。流动人员指其部分工作在基地开展的人员。流动编制人员可实行“双聘制”（与学院和创新基地分别签订聘任合同)，即教学在所属学院，科研在创新基地，取得的成绩可以在计入创新基地工作考核的同时计入相关学院，即“双算制”。一些科研和教学骨干根据需要可实行这一办法。

4. 学校和学院的党政领导原则上不能担任首席专家。每个创新基地招聘的校外符合条件的学术带头人和学术骨干不低于30%。

（三）创新基地实行首席专家负责制

1. 首席专家面向海内外公开招聘，由校长聘任，与学校在科研任务、工作目标、科研成果以及学校提供的条件支持等方面签订责任书，业务上实行合同管理。

2. 首席专家负责创新基地的人、财、物和研究业务工作的统筹管理，组织和聘任科研队伍，争取和承担国家重大项目，开展联合攻关，产出标志性成果。

3. 每个创新基地应根据申报时教育部和财政部组织的专家评审组评审通过的

建设计划的研究方向和内容，设若干研究方向，并围绕这些研究方向和建设内容组建一只高水平研究队伍。创新基地是开放的体系，应整合学科资源，凝聚和吸纳相关学科优秀人才进入基地。每个研究方向学术带头人及研究人员的数量和聘任由首席专家和学术委员会在学校规定的基地编制范围内根据具体情况确定。

4. 创新基地建设经费由学校统一分配，集中使用，优增劣减，动态资助。

（四）建立创新基地学术委员会

1. 创新基地的学术委员会为学术咨询、参谋与评议机构。

2. 创新基地学术委员会的主要职责是对创新基地学术创新活动（包括创新基地的研究方向、建设计划，年度工作总结，学术规范和管理细则，国内外学术活动规划、课题指南和课题申请等），进行评议、咨询和监督，监督检查创新基地科研工作绩效，评价创新基地的研究成果，参与对创新基地学术人员进行年终考核等。

3. 学术委员会委员人数至少 7 人，校外的同行专家不少于 30%。学术委员会每年至少召开一次学术委员会。学术委员会的会议费用及委员补贴从创新基地业务费中开支，具体标准在创新基地学术委员会章程中规定。

（五）根据教育部有关文件精神，结合哲学社会科学研究的特点和需要，在条件成熟时，创新基地可组建为研究院

四、创新基地人员岗位设置和岗位职责

（一）创新基地人员岗位职责和应聘条件

1. 创新基地内部实行以首席专家负责的全员聘任制。

（1）首席专家负责创新基地的人、财、物和研究业务工作的统筹管理，领导创新基地进行基地的规划、协调、管理等工作，负责组织和聘任科研队伍，争取和承担国家重大项目，开展联合攻关，产出标志性“精品”成果。首席专家可以合同协议方式聘用专职科研秘书 1～3 人。

（2）创新基地首席专家的应聘基本条件：

首席专家聘期 4 年。首席专家必须具备下列条件中的 A 项，并符合 B－F 中的任一项：

A. 国内外应聘者应具有教授职称，在本学科科学研究方面取得国内外同行公认的重要成就，对本学科建设和学术研究工作有创新性构想，所从事的科学研究在本学科领域内具有前沿性和前瞻性，具备带领本学科在其前沿领域保持国内一流水平或达到国际先进水平的能力；

B. 国外知名大学教授或国内高校社科杰出（资深）教授；

C. 教育部长江学者；

D. 国家或教育部社科优秀成果特等奖、一等奖或国际相应级别学术成果最高奖第一获奖人；

E. 以学术身份获“五一”劳动奖章及相应国家级奖励者；

F. 国家、教育部社科重大攻关项目负责人。

2. 创新基地学术带头人。

（1）国内知名大学教授（高级研究员），或国外知名大学副教授，应聘时年龄原则上应在 60 岁以下，主持全国性重大科研项目或国外同类项目（带项目入基地）；科研成果突出，获国家或教育部社科成果奖，或在相关领域有突出成绩被国内外公认。

（2）学术带头人由首席专家主持在校内外公开招聘，候选名单由首席专家和创

新基地学术委员会审核，提出预选名单报学校批准并备案，受聘者与首席专家签订合同，聘期原则上与首席专家一致。每个创新基地可根据研究方向聘任一定数量的学术带头人。

(3) 学术带头人岗位职责，由首席专家和创新基地学术委员会根据创新目标和建设目标制定，并在聘任合同书中明确。

3. 创新基地学术骨干。

(1) 国外学者一般应具有博士学位和副教授以上职称，国内学者一般应具有博士学位和教授（研究员）职称，年龄55岁以下，主持国家级科研项目、省部级重点社科项目或国外同级别重要项目，科研业绩突出并获省部级以上社科成果奖或国外同类学术成果奖。选聘标准原则上要高于学校原三层次岗位人员标准。

(2) 原则上学术骨干中应有20%～30%的青年学术骨干。青年学术骨干应在40岁以下，具有博士学位，有副教授（副研究员）以上职称，主持国家或省部级一般项目或青年科研项目，科研业绩突出。选聘标准原则上应高于学校原三层次岗位人员标准。

(3) 学术骨干由个人申报应聘，由首席专家和创新基地学术委员会审定，报学校批准后，由首席专家聘任。

(4) 学术骨干岗位职责，由首席专家和创新基地学术委员会根据创新目标和建设目标制定，并在聘任合同书中明确。其岗位职责原则上应与学术带头人学术方向一致。

4. 创新基地讲座教授。

讲座教授岗位，聘任海内外学术造诣高深，取得重大学术成就并在国内外享有很高学术声誉的杰出学者，到创新基地进行每年不少于1个月的中短期学术研究和交流。

讲座教授岗位职责，由首席专家和创新基地学术委员会根据创新目标和建设目标制定，并在聘任合同书中明确。

（二）首席专家和学术带头人待遇

创新基地人员聘期4年。聘任人员在聘期内享受如下待遇：

1. 校外应聘的首席专家和学术带头人实行年薪制，首席专家年薪约为15万元～50万元人民币/人/年，学术带头人年薪约为8万元～25万元人民币/人/年，根据入选人水平、资历等具体情况由双方在聘任合同中约定，年薪包括：工资、岗位津贴、住房津贴和其他福利待遇；校内应聘的首席专家和学术带头人，实行“985工程”岗位津贴制，即：学校在其原有工资、生活补贴之外，另发放“985工程”岗位津贴。其标准和发放细则另文规定。

2. 校外应聘的首席专家聘期内配偶可随调并解决工作，可解决子女入幼儿园、小学、中学。

3. 学校提供约120平方米～180平方米住房供应聘的首席专家租用，按校内教师福利房的标准支付租金。

（三）其他人员的工作条件和待遇

1. 学校积极协助受聘人员申请各类科学研究基金，并提供科研所需的办公室及图书资料设备。

2. 学校对受聘人员在待遇上给予特殊政策，有中国国籍的一般科研和管理人员实行基本工资+岗位工资+绩效工资的三元结构工资的分配政策，原则上创新基地研究人员上述平均工资高于学校教师的平均工资。基本工资由学校按学校的分配制度发放，岗位工资由创新基地发放，约为2.5万元～8万元人民币/人/年。特别优秀者经学校批准可以突破此限额。试行“双聘制度”的兼职人员，在原学院领取基本工资（保证相应教学工作量），在创新基地领取岗位工资，基本工资+岗位工资高于在原学院的待遇。绩效工资根据年终考核情况，与具体合同确定的绩效挂钩，由学校确定总量标准，首席专家考核、报创新基地的专门管理机构核准后发放；具体细则另定。招聘的外籍研究人员实行年薪制，标准在其聘用合同中约定。

3. 进行短期访问的讲座教授实行月薪制，每月约0.5万元～1.5万元人民币，按实际工作月数计算，由创新基地发放。

4. 创新基地人员聘用经费从“985工程”专项资金中的人员经费中支付，总额原则上不超过用于总共3个创新基地专项经费的20%。人员经费支出必须符合国家有关政策规定，建立以竞争、流动为核心的人才激励机制、人才评价机制和与之相适应的分配机制。

5. 创新基地从校外招聘的上述人员办理了正式人事关系到学校的，其住房按学校引进人才的管理办法解决。

五、创新基地人员岗位考核办法

（一）创新基地人员岗位考核方式

考核基地原则是：进入创新基地的科研人员考核指标高于未进入基地同等级教师考核指标，体现“优劳优酬”的分配原则。创新基地人员岗位的学术考评实行年度考评、中期评估和聘期考核相结合的方式。各岗位考核指标由首席专家和学术委员会制定。

1. 年度考评。

（1）创新基地首席专家与学校签订合同，由学校创新基地建设领导小组按照合同内容和工作指标进行年度考评。首席专家每年向学校提交一份年度工作报告，作为学校对基地年度考评依据。报告中应该有创新基地的科研工作（包括创新基地的科研工作量、论文、专著、获奖、科研经费等）、梯队建设、学科建设和创新基地其他建设工作等内容。

（2）创新基地内部人员的年度考核由首席专家和创新基地学术委员会按其与创新基地签订的聘任合同要求为准进行。基地聘任的科研人员每年度须向基地首席专家提交一份个人年度工作进展报告以及今后的工作思路，作为首席专家和基地学术委员会对其考评的依据。考评结果报学校“985工程”与学科建设办公室备案。

（3）“双聘”人员在聘期内的工作由创新基地和院系分别考核他们的科研和教学工作。建立“双算制”的科研工作评价机制，“双聘”人员在聘期内的科研成果（奖励、专利及其转化等绩效）和获得的科研项目、计算的工作量等在计入创新基地的同时计入相关学院；发表的论文可以同时署名。

（4）创新基地行政资料人员的考评由创新基地所有科研人员进行集体民主测评。

2. 中期评估。

（1）创新基地的研究人员及工作人员中期评估按年度考评的方式和程序进行，可以采取末位淘汰制。

（2）基地下设的二级研究机构或研究方向由基地的学术委员会或根据需要由学校“985工程”与学科建设办公室聘请国内外专家组成的学术评价委员会每两年对其工作情况和研究工作前景进行中期考核评估，并对它们的研究方向和研究项目进展提出建议和意见。评优的可考虑增加拨款额度；考评达不到要求的，限期整改（1年），减少或暂停拨款；整改后仍达不到要求的二级研究机构（或研究方向）将被取消。

3. 聘期考评。

(1) 在聘期结束时对首席专家及所有研究人员和创新基地的全面工作按合同聘期目标要求进行考评。学校创新基地建设领导小组协助国家"985工程"专家组对创新基地的建设绩效进行总体评估。

(2) 在聘期临近结束前由创新基地建设领导小组组织校外同行专家（不少于7位）实地考评，对创新基地建设工作是否具有进一步发展的潜力做出评价，就创新基地人员继续聘任、奖励或终止聘任的意见向教育部专家组提交一份书面自评报告。

(3) 创新基地研究人员聘期考评，按4个等级（优、良、合格、不合格）评价，并给予相应的奖惩，标准另定。

(4) 聘期考评结果，作为创新基地及其研究人员是否进入"985工程"第三期建设计划的依据。

（二）创新基地人员岗位考核内容

1. 根据社科研究的特点，从投入产出的顺序来评价创新基地社科研究的全过程，即项目、成果、成果获奖等三大类指标来进行评价。对创新基地的科研工作的考核，注重质量标准，以出"精品"，出人才，出效益为根本目标。

2. 岗位考核具体内容，由创新基地首席专家和学术委员会另行确定。

3. 具体评价指标体系及相应量化指标参照《四川大学哲学社会科学研究评价指标体系》执行。

六、固定资产

"985工程"建设经费投入购置的所有科研资源（包括仪器设备和科研用房等）是学校资产，凡退出或解聘人员所用以上资源应退还学校，由学校重新分配使用。

七、其他

1. 本实施办法从发布之日起试行，在试行中逐步修改、完善。

2. 本实施办法的解释权归"985工程"与学科建设办公室。

关于实施研究生教育创新计划的若干补充意见（试行）

（川大研［2005］27号）

为贯彻落实《四川大学关于加强研究生导师队伍建设的若干意见》，加强研究生创新能力培养，提高研究生培养质量，实施研究生教育创新计划，使我校研究生在校期间能受到高水平的研究生教育及培养，并使研究生教育为我校的科学研究及学科建设服务，特在我校既往实施的相关文件基础之上，制定如下补充意见：

一、改革研究生招生、培养体制

（一）鼓励导师跨学科招生。

鼓励导师跨学科招收研究生，尽量保证每一个导师能招收到专业发展和科研工作开展所需要的学生，让导师满意。跨学科招生可以采用以下三种方式之一：①导师除了招收本专业学生以外，如需跨学科或跨学院招生，可在其研究方向下，采用相关学科或者学院的考试科目；②导师可被相关学院聘用，并在相关学院招生（被相关学院聘用导师招生名额由研究生院调拨，不占用学院自身招生指标，但需提前向研究生院申请，研究生院将扩大用于跨学科招生的调控名额）；③相关学院导师之间联合培养研究生。需要跨学科招生的导师可以直接向所在院系或学校研究生院提出申请。

教育部或卫生部及其以上级别的重点实验室或者国家工程中心、社科国家基地、“985”平台或者基地，保持目前从院系中获得的招生名额及增幅不变，同时，还可以作为一相对独立的“特区”，额外从研究生院获得名额，用于跨学科招生。

（二）吸纳优秀生源。

硕士、博士生的招生过程中，在编制专业目录时公布导师名单，以利于学生更好了解所选择的导师，同时增强导师的责任感，主动吸引优秀的学生。招生时，导师及院系可以向社会公布给学生提供的经济资助及相应的优惠条件，鼓励导师或者院系发布招生广告。

医科科学学位的研究生入校后，所在的院系应鼓励学生报考医师执照，可适当安排一定时间进行临床工作及培训，以利于吸引优秀学生攻读医学科学学位，扩大优秀生源，增加学生就业机会及有利于学生今后自身学术发展。

（三）硕士研究生提前攻博及硕博连读。

办好研究生教育，关键在于提高研究生培养质量，使其具有创新意识，拥有高水平研究结果，使我校研究生在校期间能得到高水平的教育和培养，并提高我校研究生的竞争力，为今后研究生的就业及发展打下坚实的基础。研究生，顾名思义，是作研究的学生。因此，研究生的培养主要应该在科学研究中进行。研究生发表在国际SCI收录杂志上的论文是展现研究结果的重要平台之一。因为研究生发表在国际SCI杂志上的文章，一般要经过至少2位国际同行专家的评审才能够发表，证明其课题设计、研究内容、论文质量以及英文能力都具有一定水平。

对于提前攻博士、硕博连读和“临床转博”的二年级硕士生的考查标准，从单纯注重学生的考试成绩向注重其研究业绩转变。文、理、工、医类硕士研究生达到以下标准者，可以提前攻博：

1．理、工、医科硕士生在读期间以四川大学为第一单位发表SCI论文（第一作者）1篇者（指导教师为第一作者，学生为第二作者，文章要求2篇）；个别工科学生参与50万元以上重点或重大工程项目、在权威EI杂志第一作者发表论文2篇者（指导教师为第一作者，学生为第二作者，文章要求4篇），或获得省部级以上奖励或者发明专利者。

2．文科类硕士生在读期间以四川大学为第一单位在国内权威期刊（详见附件）发表学术论文或发表论文被国际SSCI收录1篇者（第一作者；若指导教师为第一作者，学生为第二作者，文章需2篇）。

符合上述转博条件者，硕士生在读期间学习成绩最低可以放宽到单科60分以上，并免试博士生的外语入学考试，直接录取到全国博士统一招生名额，可优先享受公费待遇或奖学金。如果该生系自费硕士生，转博后可以转为公费生。学生本人可以直接向学校研究生院或者所在院系提出申请。如果硕士阶段指导教师不是博士生导师而该生被录取为博士生，如果硕士生导师同意，则该生博士阶段的培养也可由硕士阶段导师与其他博导合作完成，并继续从事硕士生导师的研究工作。如学生愿意，也可转入其他导师或者其他院系攻读博士。专业学位研究生（包括临床医学），符合上述条件者，可以转博，继续从事专业学位的学习。有较好的国际SCI论文发表的硕士生或博士生还可向学校研究生院申请科研经费的资助，进一步进行深入的研究。

如果硕士生在阶段考查时，仅有EI、国内核心期刊或CSSCI论文发表（不含国内综述、译文等），则要求单科成绩在70分以上，并通过由研究生院牵头组织的、由相关学科专家组成的教授委员会就其研究工作进展进行公开答辩，无记名投票，择优录取，其能否享受公费视名额而定。

硕士生在阶段考查时，若无论文发表，一般不能进入硕博连读、提前攻博及“临床转博”。

三年级硕士生报考本校博士生，如果硕士在读期间，理、工、医科考生以四川大学为第一单位、本人为第一作者发表过SCI论文1篇者，文科类考生以四川大学为第一单位、本人为第一作者在国内权威期刊（详见附件）发表过学术论文或发表学术论文被SSCI收录1篇者（导师为第一作者，学生为第二作者，文章需2篇），可以免试入学，进入硕博连读并优先享受公费统招或奖学金待遇。如果达到上述要求的毕业生离校后2年内（从2005年开始）再报考川大博士，可以获得50分的加分，并被优先录取。对我校在职教师承担国家自然基金及以上课题或者重点项目的参与者（前五位）或有以四川大学为第一单位发表SCI论文第一作者或通讯作者，如报考本校在职博士，可享受同样的待遇，获得50分加分。

（四）改革研究生知识结构与课程体系。

开设专门的必修课程，进一步强化研究生的英文科技论文的写作能力，增强理、工、医类学生人文底蕴，提高文科类学生科学素养。

改革研究生的课程设置，在总学分要求不降低的情况下，根据各院系的需要，削减研究生的课堂总时数一半以上。要培养学生对学术研究的兴趣，鼓励参加各种学术活动，在校期间，要求硕士生必须参加至少15次以上院系及学校组织的学术活动（记3学分），博士生必须参加至少20次院系及学校组织的学术活动（记4学分）。导师每周至少应为所指导的研究生组织一次与专业相关的一流国际杂志的读书报告会或各种研讨会。

鼓励老师为跨学科的学生因材施教，并为这些学生制订个性化的培养方案。学生第一年可以根据导师的要求，也可先行进入实验室学习及进行科学研究。课程学习和专业培训可以根据导师要求放置2或3年度进行，答辩前完成。

（五）鼓励研究生培养国际化，倡导研究生导师与国外知名大学联合培养本校研究生，以利于学生开阔视野，提高学生培养质量，为学生出高水平研究成果创造条件。导师、院系及研究生院应积极为研究生创造出国学习的条件。同时，也要鼓励导师招收国外留学生。

（六）加强政治思想教育及学术道德教育。我校研究生教育不但要培养学界精英，还要重视培养治国之才。其中包括对学生的团队协作精神、社会责任感、领导能力、国际视野、事业心、艰苦奋斗和诚信等素质的培养。院系和导师要注意加强研究生诚信和学术道德的培养，如有违反学术道德的行为，应严格按照研究生学籍管理条例处理。研究生院将为学生开设国际学术规范及学术道德专门课程。

二、采取措施，确保学位授予质量

（七）将研究生的毕业与授位逐渐分离，提高研究生授位的要求。若就读博士3年，达到学校规定的毕业基本要求，可准许毕业。如果达到以下条件者，方可申请授位：

1. 理、医科学生博士在读期间发表SCI论文（第一作者）至少1篇者（导师为第一作者，学生为第二作者，文章需2篇）。

2. 工科博士生原则上要求在读期间以第一作者发表SCI论文至少1篇，个别工科学生参与30万元以上重点或重大工程项目并在权威EI杂志以第一作者身份发表2篇论文者、或获得省部级以上奖励或者发明专利者可以授位（导师为第一作者，学生为第二作者之SCI文章需2篇，若为EI文章需4篇）。

3. 文科类博士生在读期间在国内权威期刊（详见附件）发表学术论文或发表论文被国际SSCI收录至少1篇（第一作者）者，或在CSSCI期刊上以第一作者发表至少3篇文章者。

理、工、医科硕博连读或者提前攻博者至少需2篇SCI论文准许授位（第一作者，其中1篇为硕士阶段完成，另1篇为在读博士阶段完成；导师为第一作者，学生为第二作者，文章需4篇）。对于参与50万元以上重点或重大工程项目的硕博连读或者提前攻博的工科学生，如果没有SCI论文发表，则需在权威EI杂志第一作者发表论文4篇（其中2篇为硕士阶段完成，另2篇为在读博士阶段完成），但如有省部级以上奖励获得者或者专利发明人可以适当降低文章数量要求。文科类硕博连读、提前攻博者授位，除硕士阶段完成的论文外，博士阶段需在国内权威期刊（详见附件）发表论文或者被国际SSCI收录论文至少1篇（第一作者），或在CSSCI期刊上以第一作者发表文章至少3篇。以上要求为学校对博士生授位的基本要求。

（八）对现已入校的博士研究生，授位仍按目前各学院及学校研究生院的要求执行。但对2005年起入学的临床医学及医学类（包括专业学位、药学、卫生、基础医学、口腔）博士研究生，授位时要求至少有1篇SCI论文发表（第一作者）；工科学生授位原则上要求至少以第一作者发表SCI论文至少1篇，但个别工科学生如参与30万元以上重点或重大工程项目并在权威EI杂志以第一作者发表2篇论文者，或获得省部级以上奖励或者发明专利者可以授位；文科类博士生授位时须在国内权威期刊（详见附件）发表论文或者被国际SSCI收录论文至少1篇，或可在CSSCI期刊上以第一作者发表文章至少3篇；导师为第一作者，学生为第二作者，文章需加倍。

（九）鼓励学生合作进行高水平的科学研究，发表高质量的学术论文。对于在影响因子在5.0左右杂志发表的论文，可准许2位研究生获得授位资格（共为第一作者）；对于在影响因子在7.0左右杂志发表的论文，可准许3位研究生获得授位资格（3位共为第一作者）；如发表在Nature或Science上可准许10位左右研究生毕业。对于以上允许共同毕业的学生，应是为课题的研究作出过实质性贡献者。

（十）对于已经毕业、但是未获得学位者，可为其保留申请学位资格至毕业后第4年。

三、进一步落实《四川大学关于加强研究生导师队伍建设的若干意见》

（十一）实现研究生导师的岗位化。

从2005年安排次年招生计划起，除中国科学院院士、中国工程院院士和文科杰出教授外，若无一定的科研项目和到校科研经费，已取得研究生导师资格的1950年6月30日后（不含6月30日）出生的教师暂停招收研究生。对于长期从事基础研究，近期仍有SCI收录论文或SSCI收录论文或社科的国内权威期刊（详见附件）论文发表的无科研经费和科研项目的导师，可以在向科技处或者社科处申请到学校特别支持的研究经费后招收少量研究生。

（十二）鼓励科研、教学工作一线人才上岗招收研究生。

副教授可以申请博士生导师资格，其条件是：副教授本人博士学位获得者；是国家自然科学（社科）基金项目负责人或国家“973”、“863”等重点项目或重大项目的主要参与人（前五位）或相当于3倍自然基金面上项目平均金额的横向课题负责人；理、工、医类专业导师至少发表过2篇SCI论文（第一作者或通讯作者），文科类专业导师在国内权威期刊（详见附件）发表论文或者被国际SSCI收录至少2篇（第一作者或通讯作者）。1年内回国人员在基金要求上可放宽。个别特别优秀的讲师也可申报博士生导师资格。

正教授如达到以下条件：博士学位获得者；是国家自然科学（社科）基金项目负责人或国家“973”、“863”等重点项目或重大项目的主要参与人（前五位）及相当于3倍自然基金面上项目平均金额的横向课题负责人；理、工、医类专业导师至少发表过1篇SCI论文（第一作者），文科类专业导师在国内权威期刊（详见附件）发表论文或者被国际SSCI收录至少1篇（第一作者），可以破格申请博士生导师资格。1年内回国人员在基金要求上可放宽。

讲师可以申请招收硕士生，其条件是：讲师本人博士学位获得者；是国家自然科学（社科）基金项目或以上级别项目的负责人，或是国家重点或重大项目的参与者（前八位），或者是国家自然科学（社科）基金面上项目平均金额2倍以上的横向课题的负责人；理、工、医类专业导师至少发表1篇SCI论文（第一作者），文科类专业导师在国内权威期刊（详见附件）发表论文或者被国际SSCI收录至少1篇（第一作者）。但对近1年内回国人员在基金要求上可予以放宽。

达到以上条件者，可以直接向学校学位评定委员会申请相应导师资格。

如有其他特殊情况、特殊人员的相关问题可以向研究生院提出，由学校有关职能部门专题研究解决。

四、改善研究生待遇

（十三）“三助”（助研、助教、助管）特别是助研应该成为研究生学习生活费用的主要来源。学校及学院要积极创造条件，为研究生、特别是家境贫寒的特困生提供勤工俭学的机会，学校应逐渐减少讲师及助教的正式岗位，让更多的研究生作为研究所、实验室的助研、助教和助管，这样，不仅有利于改善研究生的生活水平，有助于培养他们的管理能力、科研水平以及热爱祖国、热爱学校、关心集体的优良品德，也能一定程度上减少学校办学成本。

（十四）导师要关心学生生活，尤其是要关心贫困学生的生活。学校将制定政策规定将一定比例科研经费可作为研究生科研专项经费，用于支付研究生作为助研开展工作所应获得的酬劳，以利于更好改善研究生待遇。

本《补充意见》自文件下发之日起执

行。学校各有关单位不能擅自制定与学校研究生教育相关政策和规定相违背的各类办法、政策及规定，但鼓励各学院和导师制定比本规定要求更高的办法、政策和规定。

附件

国内权威刊物目录

1. 管理世界	2. 求是	3. 哲学研究
4. 世界宗教研究	5. 中国语文	6. 文学评论
7. 外国文学评论	8. 文艺研究	9. 历史研究
10. 考古学报	11. 经济研究	12. 政治学研究
13. 法学研究	14. 社会学研究	15. 民族研究
16. 新闻传播与研究	17. 情报学报	18. 教育研究
19. 体育科学	20. 统计研究	21. 心理学报
22. 中国社会科学	23. 国际问题研究	

学科与师资队伍篇

学　科

一、学科建设概况

四川大学是国家布局在中国西部的高水平研究型综合大学。截至2005年12月底，拥有27个一级学科博士、硕士学位授权点，213个二级学科博士学位授权点，330个二级学科硕士学位授权点，8个专业学位点，118个本科专业，21个博士后科研流动站，学科覆盖了文、理、工、医、经、管、法、史、哲、农、教等11个门类。拥有15个国家重点学科，14个“十五”“211工程”重点建设学科，8个“985工程”科技创新平台和3个“985工程”哲学社会科学创新基地，66个部省级重点学科，5个国家重点实验室和国家工程技术研究中心，1个国家技术转移中心，13个教育部、卫生部重点实验室、工程研究中心及网上合作中心，45个省级重点实验室，4个教育部哲学社会科学重点研究基地，6个国家人才培养和科学研究及课程教学基地，4个国家级临床研究基地，学校还是教育部确定的大学生文化素质教育基地。学校组建了30个学科型学院，建有研究生院、海外教育学院、成人教育学院和网络教育学院。

在学科建设方面，四川大学实施了“学科跨越发展工程”，充分发挥多学科的综合优势，老牌学科实施重振雄威的“学科振兴计划”，优势学科实施瞄准世界前沿的“学科攀登计划”，新型交叉学科实施开拓创新的“学科发展计划”，坚持“优化结构、鼓励交叉、促进融合、重点建设、提高水平、形成特色”的建设方针，在巩固已有的15个国家重点学科和66个部省级重点学科的同时，紧紧抓住影响21世纪科技发展趋势的信息技术、生物技术、纳米技术与新材料技术、新能源和环保技术等，大力发展新兴、边缘、交叉学科，建设好“985工程”二期科技创新平台，鼓励和促进生物医学—纳米技术—材料科学—信息技术领域，资源—环境—工程领域，数学—物理—信息、数学—经济—管理领域，化学—化工—药学领域等的交叉融合，加大资源整合力度，尽快在1～2个学科领域实现重点突破，进入世界一流水平行列；加强“985工程”二期哲学社会科学创新基地建设，鼓励和促进文学—历史—哲学，宗教—社会，国际关系—民族学—社会学—区域经济等领域的交叉融合，实现重点跨越，以带动整体发展；同时大力加强法学、管理学、教育学等有条件的社会科学学科快速发展，加快文科整体前进步伐。在理工医科，在加强已有优势学科建设同时，努力提高对一些需求大、基础好的“中游学科”的投入支持力度，争取新增一批博士、硕士点和专业学位点；通过实施“十五”“211工程”14个重点学科建设项目，切实按照精选建设重点、凝炼学科方向、汇聚创新队伍、构筑学科基地、完善公共平台、造就拔尖人才、争取重大任务、创造标志成果、加强国际合作、提高管理水平等十个方面的要求，进一步促进多学科相互交叉、渗透、融合，发展一批国家急需的、有前景的新兴、边缘和交叉学科，加速建成一批名、特、优学科和学科群，使整体实力达到国内一流水平，部分学科的重点研究方向达到或接近世界先进水平，从而构建起基础学科力量雄厚、应用学科前景广阔、交叉学科活跃强劲、新兴学科不断生长、基础与应用相互促进，文理工医多学科相互支撑、交叉渗透、协调发展，能够较好适应经济建设、社会发展和科技进步趋势的、充满活力的、充分体现一流研究型综合大学内涵和特征的学科体系。

二、2005年学科建设重点工作

1．学科建设取得重大进展

在2005年全国第十次博士、硕士学位授权点评选中，我校有10个博士学位授权一级学科和3个二级学科博士点通过了国务院学位办组织的专家评审，从而使我校的一级学科博士学位授权点增加到27个，一级学科博士学位授权点总数位列全国高校第3位，二级学科博士点数从原来的168个增加到213个，硕士点增加到330个。

2．“十五”“211工程”中期检查获得优秀成绩

2005年是“十五”“211工程”建设最后一年，我校全面加速了整个建设的进程，督促各项目建设并出标志性成果。按国家的要求，我校已完成了各项经费的安排和使用。年中，我校“211工程”建设工作接受了教育部组织的中期检查，被评为优秀。

3．“985工程”二期建设全面启动

2005年，我校“985工程”二期建设进入了具体实施建设阶段。学校在中层干部换届调整中，专门设立了“985工程”和学科建设办公室，负责“985工程”二期建设有关事项，为“985工程”二期建设提供了组织领导和政策制度保障。学校紧紧围绕国家科技创新平台和哲学社会科学创新基地的核心要素，凝炼学科方向，汇聚学科队伍，以组建“创新突击队”为突破口，整合学校资源，力争重点跨越。2005年启动了8个科技创新平台和3个哲学社会科学创新基地，并完成了阶段性任务。第一批5个新兴交叉学科科研中心建设取得初步成效，第二批5个交叉学科科研中心建设也已全面启动。一批特色鲜明的高水平学科群正在形成。2005年8月29日至30日，在教育部召开的“985工程”二期建设经验交流会上，我校“985工程”二期建设的思路和做法得到了教育部及兄弟院校的肯定。

表1　2005年新增博士学位授权一级学科（10个）

1．理论经济学	6．轻工技术与工程
2．力学	7．核科学与技术
3．机械工程	8．环境科学与工程
4．信息与通信工程	9．中西医结合
5．计算机科学与技术	10．工商管理

表 2　2005 年新增硕士学位授权一级学科（31 个）

1. 哲学	17. 冶金工程
2. 理论经济学	18. 电气工程
3. 应用经济学	19. 电子科学与技术
4. 法学	20. 信息与通信工程
5. 政治学	21. 控制科学与工程
6. 社会学	22. 计算机科学与技术
7. 民族学	23. 土木工程
8. 马克思主义理论	24. 核科学与技术
9. 心理学	25. 环境科学与工程
10. 体育学	26. 食品科学与工程
11. 外国语言文学	27. 植物保护
12. 新闻传播学	28. 中西医结合
13. 艺术学	29. 工商管理
14. 力学	30. 公共管理
15. 机械工程	31. 图书馆情报与档案管理
16. 仪器科学与技术	

表 3　2005 年新增博士学位授权的学科专业（25 个）

1. 经济思想史	14. 结构工程
2. 经济史	15. 制浆造纸工程
3. 西方经济学	16. 制糖工程
4. 人口资源与环境经济学	17. 发酵工程
5. 马克思主义中国化研究	18. 核能科学与技术
6. 新闻学	19. 核燃料循环与材料
7. 一般力学与力学基础	20. 辐射防护及环境保护
8. 流体力学	21. 环境工程
9. 工程力学	22. 中西医结合基础
10. 机械电子工程	23. 会计学
11. 车辆工程	24. 旅游管理
12. 信号与信息处理	25. 技术经济及管理
13. 计算机系统结构	

表 4　博士学位授权一级学科（27 个）

1. 理论经济学	15. 化学工程与技术
2. 中国语言文学	16. 轻工技术与工程
3. 历史学	17. 核科学与技术
4. 数学	18. 环境科学与工程
5. 物理学	19. 生物医学工程
6. 化学	20. 基础医学
7. 生物学	21. 临床医学
8. 力学	22. 口腔医学
9. 机械工程	23. 公共卫生与预防医学
10. 光学工程	24. 中西医结合
11. 材料科学与工程	25. 药学
12. 信息与通信工程	26. 管理科学与工程
13. 计算机科学与技术	27. 工商管理
14. 水利工程	

表 5　硕士学位授权一级学科（49 个）

1. 哲学	17. 物理学
2. 理论经济学	18. 化学
3. 应用经济学	19. 生物学
4. 法学	20. 力学
5. 政治学	21. 机械工程
6. 社会学	22. 光学工程
7. 民族学	23. 材料科学与工程
8. 马克思主义理论	24. 仪器科学与技术
9. 心理学	25. 冶金工程
10. 体育学	26. 电气工程
11. 中国语言文学	27. 电子科学与技术
12. 外国语言文学	28. 信息与通信工程
13. 新闻传播学	29. 控制科学与工程
14. 艺术学	30. 计算机科学与技术
15. 历史学	31. 土木工程
16. 数学	32. 水利工程

续表 5

33. 化学工程与技术	42. 口腔医学
34. 轻工技术与工程	43. 公共卫生与预防医学
35. 核科学与技术	44. 中西医结合
36. 环境科学与工程	45. 药学
37. 食品科学与工程	46. 管理科学与工程
38. 生物医学工程	47. 工商管理
39. 植物保护	48. 公共管理
40. 基础医学	49. 图书馆情报与档案管理
41. 临床医学	

表 6 博士、硕士学位授权一级学科范围内自主设置的学科专业（65 个）

1. 文艺与传媒	22. 生物安全
2. 文化批评	23. 结构生物学
3. 文学人类学	24. 高分子科学与工程
4. 佛教语言文学	25. 纳米材料与纳米技术
5. 广播影视文艺学	26. 复合材料
6. 美学与文化设计	27. 水电建设工程管理
7. 藏族历史、经济与社会发展	28. 城市水利与水安全
8. 文化遗产与旅游开发	29. 制药工程
9. 文物学与艺术史	30. 化工安全工程与技术
10. 中国儒学	31. 化学冶金和材料技术
11. 不确定性处理的数学	32. 医学信息工程
12. 信息安全	33. 医学生物化学及细胞生物学
13. 金融数学与计量经济学	34. 医学神经生物学
14. 运筹与物流管理	35. 医学生理学与时间生物学
15. 数学高等教育	36. 循证医学
16. 生物医学物理	37. 移植科学与工程学
17. 应用电子物理	38. 临床药物与器械评价科学
18. 高压科学与技术	39. 眼视光学
19. 绿色化学	40. 临床遗传学
20. 化学生物学	41. 人类重大疾病生物治疗
21. 生物信息学	42. 母婴医学

续表 6

43. 牙体牙髓病学	55. 健康与社会行为学
44. 牙周病学	56. 公共卫生检验学
45. 口腔粘膜病学	57. 临床药学
46. 儿童口腔医学	58. 药事管理学
47. 口腔预防医学	59. 天然药物化学
48. 口腔修复学	60. 靶向药物设计学
49. 口腔影像学	61. 管理科学
50. 口腔颌面外科学	62. 工程科学
51. 口腔材料学	63. 系统工程
52. 口腔正畸学	64. 工业工程
53. 口腔组织病理学	65. 医院管理与卫生政策
54. 口腔生物学	

表 7　有博士学位授权的学科专业（不含自主设置的学科专业）（148 个）

1. 宗教学	19. 新闻学
2. 政治经济学	20. 史学理论及史学史 *
3. 经济思想史 *	21. 考古学及博物馆学
4. 经济史 *	22. 历史地理学 *
5. 西方经济学 *	23. 历史文献学 *
6. 世界经济	24. 专门史
7. 人口、资源与环境经济学 *	25. 中国古代史
8. 诉讼法学	26. 中国近现代史 *
9. 马克思主义中国化研究	27. 世界史 *
10. 文艺学	28. 基础数学
11. 语言学及应用语言学 *	29. 计算数学 *
12. 汉语言文字学	30. 概率论与数理统计 *
13. 中国古典文献学	31. 应用数学
14. 中国古代文学 *	32. 运筹学与控制论 *
15. 中国现当代文学 *	33. 理论物理 *
16. 中国少数民族语言文学（分语族） *	34. 粒子物理与原子核物理 *
17. 比较文学与世界文学	35. 原子与分子物理
18. 英语语言文学	36. 等粒子体物理 *

续表 7

37. 凝聚态物理	69. 材料学
38. 声学 *	70. 材料加工工程
39. 光学	71. 化工过程机械
40. 无线电物理 *	72. 电力系统及其自动化
41. 无机化学 *	73. 通信与信息系统
42. 分析化学 *	74. 信号与信息处理 *
43. 有机化学	75. 计算机系统结构 *
44. 物理化学（含化学物理）	76. 计算机软件与理论
45. 高分子化学与物理 *	77. 计算机应用技术
46. 植物学	78. 岩土工程
47. 动物学 *	79. 结构工程
48. 生理学	80. 水文学及水资源
49. 水生生物学 *	81. 水力学及河流动力学
50. 微生物学 *	82. 水工结构工程 *
51. 神经生物学 *	83. 水利水电工程 *
52. 遗传学	84. 港口、海岸及近海工程 *
53. 发育生物学 *	85. 化学工程
54. 细胞生物学 *	86. 化学工艺
55. 生物化学与分子生物学	87. 生物化工 *
56. 生物物理学 *	88. 应用化学 *
57. 生态学 *	89. 工业催化 *
58. 一般力学与力学基础 *	90. 制浆造纸工程 *
59. 固体力学	91. 制糖工程 *
60. 流体力学 *	92. 发酵工程 *
61. 工程力学 *	93. 皮革化学与工程
62. 机械制造及其自动化	94. 核能科学与技术 *
63. 机械电子工程 *	95. 核燃料循环与材料 *
64. 机械设计及理论	96. 核技术及应用
65. 车辆工程 *	97. 辐射防护及环境保护 *
66. 光学工程	98. 环境科学
67. 测试计量技术及仪器	99. 环境工程 *
68. 材料物理与化学 *	100. 生物医学工程

续表 7

101. 农药学	125. 麻醉学
102. 人体解剖与组织胚胎学	126. 急诊医学 *
103. 免疫学 *	127. 口腔基础医学 *
104. 病原生物学	128. 口腔临床医学
105. 病理学与病理生理学	129. 流行病与卫生统计学
106. 法医学	130. 劳动卫生与环境卫生学
107. 放射医学 *	131. 营养与食品卫生学
108. 航空、航天与航海医学 *	132. 儿少卫生与妇幼保健学 *
109. 内科学（含：心血管病、血液病、呼吸系病、消化系病［4］、内分泌与代谢病［5］、肾病、风湿病、传染病［6］）	133. 卫生毒理学 *
110. 儿科学	134. 军事预防医学 *
111. 老年医学 *	135. 中西医结合基础 *
112. 神经病学 *	136. 中西医结合临床
113. 精神病与精神卫生学	137. 药物化学
114. 皮肤病与性病学 *	138. 药剂学
115. 影像医学与核医学	139. 生药学 *
116. 临床检验诊断学 *	140. 药物分析学
117. 护理学 *	141. 微生物与生化药学 *
118. 外科学（普外［3］、骨外［5］、泌尿外［3］、胸心外［5］、神外［3］、整形、烧伤、野战外）	142. 药理学 *
119. 妇产科学	143. 管理科学与工程
120. 眼科学	144. 会计学 *
121. 耳鼻咽喉科学	145. 企业管理（含：财务管理、市场营销、人力资源管理）
122. 肿瘤学	146. 旅游管理 *
123. 康复医学与理疗学 *	147. 技术经济及管理 *
124. 运动医学 *	148. 社会医学与卫生事业管理

注：* 为博士学位授权一级学科点所涵盖的授权点

表8 有硕士学位授权的学科专业（不含自主设置的学科专业）（265个）

1. 马克思主义哲学	33. 国际法学 *
2. 中国哲学	34. 军事法学 *
3. 外国哲学	35. 政治学理论
4. 逻辑学 *	36. 中外政治制度
5. 伦理学	37. 科学社会主义与国际共产主义运动 *
6. 美学 *	38. 中共党史 *
7. 宗教学	39. 国际政治 *
8. 科学技术哲学 *	40. 国际关系
9. 政治经济学	41. 外交学 *
10. 经济思想史 *	42. 社会学
11. 经济史 *	43. 人口学
12. 西方经济学	44. 人类学 *
13. 世界经济	45. 民族学
14. 人口、资源与环境经济学 *	46. 马克思主义民族理论与政策 *
15. 国民经济学	47. 中国少数民族经济 *
16. 区域经济学	48. 中国少数民族史 *
17. 财政学（含税收学）	49. 中外少数民族艺术
18. 金融学（含保险学）	50. 马克思主义基本原理 *
19. 产业经济学	51. 马克思主义发展史 *
20. 国际贸易学	52. 马克思主义中国化研究 *
21. 劳动经济学 *	53. 国外马克思主义研究 *
22. 统计学 *	54. 思想政治教育 *
23. 数量经济学	55. 高等教育学
24. 国防经济 *	56. 基础心理学 *
25. 法学理论	57. 发展与教育心理学 *
26. 法律史 *	58. 应用心理学
27. 宪法学与行政法学	59. 体育人文社会学
28. 刑法学	60. 运动人体科学
29. 民商法学（含劳动法学、社会保障法学）	61. 体育教育训练学
30. 诉讼法学	62. 民族传统体育学 *
31. 经济法学	63. 文艺学
32. 环境与资源保护法学 *	64. 语言学及应用语言学 *

续表 8

65．汉语言文字学	97．中国古代史
66．中国古典文献学	98．中国近现代史
67．中国古代文学	99．世界史
68．中国现当代文学	100．基础数学
69．中国少数民族语言文学（分语族）*	101．计算数学
70．比较文学与世界文学	102．概率论与数理统计
71．英语语言文学	103．应用数学
72．俄语语言文学 *	104．运筹学与控制论
73．法语语言文学 *	105．理论物理
74．德语语言文学 *	106．粒子物理与原子核物理
75．日语语言文学	107．原子与分子物理
76．印度语语言文学 *	108．等离子体物理 *
77．西班牙语语言文学 *	109．凝聚态物理
78．阿拉伯语语言文学 *	110．声学 *
79．欧洲语言文学 *	111．光学
80．亚非语言文学 *	112．无线电物理
81．外国语言学及应用语言学	113．无机化学
82．新闻学	114．分析化学
83．传播学	115．有机化学
84．艺术学	116．物理化学（含化学物理）
85．音乐学 *	117．高分子化学与物理
86．美术学	118．植物学
87．设计艺术学	119．动物学
88．戏剧戏曲学 *	120．生理学
89．电影学 *	121．水生生物学 *
90．广播电视艺术学 *	122．微生物学
91．舞蹈学 *	123．神经生物学 *
92．史学理论及史学史 *	124．遗传学
93．考古学及博物馆学	125．发育生物学 *
94．历史地理学 *	126．细胞生物学
95．历史文献学（含敦煌学、古文字学）	127．生物化学与分子生物学
96．专门史	128．生物物理学 *

续表 8

129. 生态学	161. 系统工程 *
130. 一般力学与力学基础 *	162. 模式识别与智能系统
131. 固体力学	163. 导航、制导与控制 *
132. 流体力学	164. 计算机系统结构
133. 工程力学	165. 计算机软件与理论
134. 机械制造及其自动化	166. 计算机应用技术
135. 机械电子工程	167. 软件工程
136. 机械设计及理论	168. 建筑设计及其理论
137. 车辆工程	169. 城市规划与设计
138. 光学工程	170. 建筑技术科学
139. 精密仪器及机械	171. 岩土工程
140. 测试计量技术及仪器	172. 结构工程
141. 材料物理与化学	173. 市政工程
142. 材料学	174. 供热、供燃气、通风及空调工程 *
143. 材料加工工程	175. 防灾减灾工程及防护工程 *
144. 冶金物理与化学 *	176. 桥梁与隧道工程 *
145. 钢铁冶金	177. 水文学及水资源
146. 有色金属冶金	178. 水力学及河流动力学
147. 化工过程机械	179. 水工结构工程
148. 电机与电器	180. 水利水电工程
149. 电力系统及其自动化	181. 港口、海岸及近海工程 *
150. 高压电与绝缘技术	182. 化学工程
151. 电力电子与电力传动	183. 化学工艺
152. 电工理论与新技术	184. 生物化工
153. 物理电子学	185. 应用化学
154. 电路与系统	186. 工业催化
155. 微电子学与固体电子学	187. 纺织材料与纺织品设计
156. 电磁场与微波技术	188. 纺织化学与染整工程
157. 通信与信息系统	189. 服装
158. 信号与信息处理	190. 制浆造纸工程 *
159. 控制理论与控制工程	191. 制糖工程 *
160. 检测技术与自动化装置	192. 发酵工程

续表 8

193. 皮革化学与工程	223. 精神病与精神卫生学
194. 人机与环境工程	224. 皮肤病与性病学
195. 核能科学与技术 *	225. 影像医学与核医学
196. 核燃料循环与材料 *	226. 临床检验诊断学
197. 核技术及应用	227. 护理学
198. 辐射防护与环境保护	228. 外科学（普外［3］、骨外［5］、泌尿外［3］、胸心外［5］、神外［3］、整形、烧伤、野战外）
199. 农业水土工程	229. 妇产科学
200. 环境科学	230. 眼科学
201. 环境工程	231. 耳鼻咽喉科学
202. 生物医学工程	232. 肿瘤学
203. 食品科学	233. 康复医学与理疗学
204. 粮食、油脂及植物蛋白工程	234. 运动医学
205. 农产品加工及贮藏工程	235. 麻醉学
206. 水产品加工及贮藏工程	236. 急诊医学
207. 植物病理学 *	237. 口腔基础医学
208. 农业昆虫与害虫防治 *	238. 口腔临床医学
209. 农药学	239. 流行病与卫生统计学
210. 园林植物与观赏园艺	240. 劳动卫生与环境卫生学
211. 水土保持与荒漠化防治	241. 营养与食品卫生学
212. 人体解剖与组织胚胎学	242. 儿少卫生与妇幼保健学
213. 免疫学	243. 卫生毒理学
214. 病原生物学	244. 军事预防医学 *
215. 病理学与病理生理学	245. 中西医结合基础 *
216. 法医学	246. 中西医结合临床
217. 放射医学 *	247. 药物化学
218. 航空、航天与航海医学 *	248. 药剂学
219. 内科学（含：心血管病、血液病、呼吸系病、消化系病［4］、内分泌与代谢病［5］、肾病、风湿病、传染病［6］）	249. 生药学
220. 儿科学	250. 药物分析学
221. 老年医学	251. 微生物与生化药学 *
222. 神经病学	252. 药理学

续表 8

253．管理科学与工程	260．教育经济与管理
254．会计学	261．社会保障
255．企业管理（含财务管理、市场营销、人力资源管理）	262．土地资源管理
256．旅游管理	263．图书馆学
257．技术经济及管理	264．情报学
258．行政管理	265．档案学
259．社会医学与卫生事业管理	

注：* 为博士学位授权一级学科点所涵盖的授权点

表 9　专业学位（8 个）

1．法律硕士（JM）
2．工商管理硕士（MBA）
3．工程硕士（ME）（共 21 个工程领域）
（1）机械工程
（2）仪器仪表工程
（3）材料工程
（4）动力工程
（5）电气工程
（6）电子与通信工程
（7）控制工程
（8）计算机技术
（9）软件工程
（10）建筑与土木工程
（11）水利工程
（12）化学工程
（13）轻工技术与工程
（14）核能与核技术工程
（15）环境工程
（16）工业工程
（17）工业设计工程
（18）生物工程
（19）生物医学工程
（20）制药工程
（21）项目管理
4．临床医学硕士、博士
5．口腔医学硕士、博士
6．公共卫生硕士（MPH）
7．公共管理硕士（MPA）
8．风景园林硕士

表10　高校教师在职攻读硕士学位专业（54个）

1．宗教学	28．有机化学
2．政治经济学	29．物理化学（含：化学物理）
3．世界经济	30．微生物学
4．诉讼法学	31．生物化学与分子生物学
5．文艺学	32．机械制造及其自动化
6．语言学及应用语言学	33．机械设计及理论
7．汉语言文字学	34．材料物理与化学
8．中国古代文学	35．通信与信息系统
9．中国现当代文学	36．计算机软件与理论
10．比较文学与世界文学	37．计算机应用技术
11．英语语言文学	38．岩土工程
12．考古学及博物馆学	39．化学工程
13．历史地理学	40．环境科学
14．历史文献学（含：敦煌学、古文字学）	41．生物医学工程
15．专门史	42．人体解剖与组织胚胎学
16．中国近现代史	43．病理学与病理生理学
17．世界史	44．法医学
18．基础数学	45．内科学
19．计算数学	46．精神病与精神卫生学
20．概率论与数理统计	47．临床检验诊断学
21．应用数学	48．护理学
22．运筹学与控制论	49．外科学
23．理论物理	50．眼科学
24．凝聚态物理	51．营养与食品卫生学
25．光学	52．药物化学
26．无机化学	53．管理科学与工程
27．分析化学	54．企业管理（含：财务管理、市场营销、人力资源管理）

表 11　国家级重点学科（15 个）

1. 宗教学	9. 材料学
2. 中国古典文献学	10. 水力学及河流动力学
3. 比较文学与世界文学	11. 皮革化学与工程
4. 专门史	12. 生物医学工程
5. 基础数学	13. 内科学（呼吸系病）
6. 应用数学	14. 外科学（普外）
7. 原子与分子物理	15. 口腔临床医学
8. 植物学	

表 12　四川省重点学科（66 个）

1. 宗教学	23. 病理生理学
2. 中国古典文献学	24. 口腔正畸学
3. 古代史与考古学	25. 药物化学
4. 专门史	26. 骨科学
5. 基础数学与应用数学	27. 生物化学与分子生物学
6. 光学	28. 肿瘤病学
7. 有机化学与物理化学	29. 儿科学
8. 植物学	30. 政治经济学
9. 遗传学与微生物学	31. 世界经济
10. 材料加工工程	32. 诉讼法学
11. 固体力学	33. 文艺学
12. 机械制造及其自动化	34. 英语语言文学
13. 金属材料及热处理	35. 历史文献学
14. 化学纤维	36. 世界史
15. 化学工艺	37. 运筹学与控制论
16. 岩土工程	38. 理论物理
17. 核科学与技术	39. 高分子化学与物理
18. 生物医学工程	40. 绿色化学
19. 口腔内科学	41. 动物学
20. 法医学	42. 生理学
21. 眼科学	43. 光学工程
22. 精神病学与精神卫生学	44. 材料物理与化学

续表 12

45. 通信与信息系统	56. 临床检验诊断学
46. 计算机应用技术	57. 外科学（胸心外）
47. 水文学及水资源	58. 外科学（神外）
48. 化学工程	59. 妇产科学
49. 环境科学	60. 麻醉学
50. 人体解剖与组织胚胎学	61. 循证医学
51. 内科学（消化系病）	62. 营养与食品卫生学
52. 内科学（传染病）	63. 中西医结合临床
53. 内科学（内分泌与代谢病）	64. 药剂学
54. 神经病学	65. 企业管理
55. 影像医学与核医学	66. 社会医学与卫生事业管理

表 13 “985 工程”二期建设项目（11 个）

1. 西南资源环境与灾害防治科技创新平台	7. 口腔疾病生物学机制与防治科技创新平台
2. 重大疾病生物治疗科技创新平台	8. 物理与信息科学前沿中的数学理论及应用科技创新平台
3. 高分子与特种功能材料科技创新平台	9. 宗教与社会研究哲学社会科学创新基地
4. 生物医学工程与技术科技创新平台	10. 文化遗产与文化互动哲学社会科学创新基地
5. 绿色化学与清洁技术科技创新平台	11. 南亚与中国藏区研究哲学社会科学创新基地
6. 复杂多维信息数字处理技术科技创新平台	

表 14 “十五”“211 工程”重点学科建设项目（14 个）

1. 信息技术与相关数学理论	8. 器官移植与修复重建
2. 人类重大疾病的生物治疗	9. 材料科学与工程
3. 以新材料为特色的材料科学与工程	10. 现代水利水电科学与工程
4. 生物医学材料与人工器官	11. 生物质化学、皮革与环境保护
5. 数学	12. 原子分子科学、核技术及其医学应用
6. 生物技术与生物资源的保护及利用	13. 中国区域历史与宗教文化
7. 创新药物、中药现代化与工程	14. 中外文学与俗文化

表 15 博士后流动站（21 个）

1. 哲学	12. 土木工程
2. 理论经济学	13. 水利工程
3. 中国语言文学	14. 化学工程与技术
4. 历史学	15. 轻工技术与工程
5. 数学	16. 生物医学工程
6. 物理学	17. 基础医学
7. 化学	18. 临床医学
8. 生物学	19. 口腔医学
9. 机械工程	20. 预防医学
10. 材料科学与工程	21. 药学
11. 计算机科学与技术	

师资队伍

一、师资队伍建设概况

四川大学经过两次“强强合并”之后，师资队伍力量更加雄厚。截至 2005 年 9 月底，共有在职教职工 11107 人，其中专任教师 3812 人，其中专任教师中具有博士学位的人数为 1336 人。2000 年以来，学校实施了两轮人事分配制度改革，全校教职工的待遇进一步改善，建立了“以学院为管理重心，以教师为办学主体，以学生为育人中心”的管理运行机制，探索建立了校、院两级管理体制，建立了教授委员会、杰出教授、首席科学家等制度，强化了竞争激励机制，优化了师资队伍结构，汇聚了一批优秀拔尖人才。截至 2005 年 12 月底，学校有两院院士 8 人，特聘院士 19 人，文科杰出教授 2 人，理工医科杰出教授 1 人，国务院学位委员会委员及学科评议组成员 17 人，国家“973”项目首席科学家 3 人，长江学者 16 人（其中特聘教授 12 人，讲座教授 4 人），国家杰出青年基金获得者 30 人（其中 A 类 23 人，B 类 7 人），教育部跨世纪优秀人才和新世纪优秀人才共 69 人；教育部创新团队 3 个。2000 以来，学校大力实施人才强校工程，引进各类高层次拔尖人才 300 余人，特别是通过重点学科建设，2005 年又从耶鲁大学、霍普金斯大学等一大批国际知名大学引进了 39 名杰出的科学家，其中耶鲁大学的一名美国科学院院士也已经正式进入学校的创新基地开展工作。

二、2005 年重点工作

1. 人事分配制度改革

2005 年 7 月，学校印发了《四川大学关于进一步深化人事分配制度改革的实施办法（试行）》（川大人［2005］44号)、《四川大学人事分配制度改革实施细则（试行)》(川大人［2005］46号)。有部分单位完成了核岗、聘任、与职工签订合同、与学校签订年度工作目标等工作。全校教职工的待遇进一步改善。

2．实施人才强校战略

2005年，学校引进人才30人，新选留毕业生131人，其中博士41人、硕士75人、本科15人。调入144人，其中引进人才30人。调出61人，其中辞职18人。校内调动90人。2005年全校共计260人退休，30人办理了离岗待退手续。

2005年，学校加大了教师培训力度。实施2005年CMB项目，录取合格学员21人；在职攻读学位课程和在职攻读博士、硕士学位的教师共约300余人；共有141位教职工获得了本科文凭，93位职工获得了大专文凭；176人参加新进职工的岗前培训；39人参加英语双语培训项目；25人参加外专局英语培训项目；26名教师赴澳大利亚维多利亚大学进行为期1月的英语培训；71人参加2005年“暑期英语培训项目”；14人次参加国内短期进修；12人次参加国家留学基金委英语培训。

2005年，学校招收博士后研究人员84人，在站博士后研究人员219人，2005年出站博士后研究人员58人。2005年，学校先后与绵阳高新区、贵州宏福等企业联合招收博士后研究人员18人 。有19人获得中国博士后基金资助金26万元，其中一等奖1人，二等奖5人，三等奖13人。2005年，我校数学学院张旭博士荣获“全国优秀博士后”先进个人，华西临床医学博士后科研流动站荣获“全国优秀博士后科研流动站”先进集体，人事处博士后工作管理办公室易岗颖同志荣获“全国优秀博士后管理工作者”先进个人 。2005年11月12日至14日，第八届全国高校博士后管理工作研讨会在我校召开，来自全国50个高校的66名代表和四川省42名企业代表，以及四川大学博士后科研流动站的24名管理工作人员出席会议。

2005年，学校组织推荐并上报2004年度享受政府特殊津贴专家10人；推荐参加四川省委组织部组织的第八期理论培训班人选2人；组织推荐报送四川省卫生厅第五批学术技术带头人候选人23人及后备人选候选人15人；组织推荐报送四川省第七批学术和技术带头人候选人80人及后备人选候选人78人。

三、两院院士

徐僖 中国科学院院士，我国著名高分子材料科学家。现任四川大学教授、高分子研究所所长，《高分子材料科学与工程》、《油田化学》期刊主编。兼任上海交通大学高分子材料研究所所长及上海交通大学、浙江大学、西安交通大学、北京化工大学、南京化工大学、华南理工大学、华中理工大学等10余所高校教授，《高分子学报》、《化工学报》、Internation l Material Reviews 和 Progression Polymer Processing Series 等期刊和丛书编委。曾担任《中国大百科全书·化工卷》高分子化工分支主编，《中国大百科全书·化学卷》高分子化学分支副主编，《中国材料科学技术百科全书》高分子材料分支主编。曾担任成都科技大学副校长、高分子材料系主任，曾任第三届、第五届、第六届、第七届、第八届全国人大代表。

刘应明 中国科学院（数理学部）院士。博士生导师，四川大学长江数学研究中心首席科学家，国务院学位委员会委员兼连续多届（1985 年起）学位评议组成员，教育部“高等学校数学研究与高等人才培养中心”主任，国家自然科学基金数理学部咨询委员与“天元”数学基金领导小组副组长，国家博士后管委会“数学与系统科学”专家组召集人，中国工业与应用数学学会副理事长，国际模糊系统协会理事兼中国分会主席，美、法、德等多种国外学术刊物编委或评论员，教育部“数学与统计学”教学指导委员会副主任，全国高校教学研究会数学学科委员会主任委员，四川省学位委员会副主任，四川省科协副主席，四川省数学会、四川省工业与应用数学学会及四川省系统工程学会理事长，四川省学位与研究生学会会长。1963 年 7 月毕业于北京大学数学力学系。刘应明院士曾担任四川大学副校长（1989—2005）兼研究生院院长，中国数学学会副理事长（1995—2003），中国学位与研究生教育学会副会长，国家自然科学基金数学评审组组长等职。刘应明院士曾三十余次出访美、德、法、日、俄等十余个国家，十余次担任国际学术会议主席或副主席。自 1982 年我国科研试行基金制以来，一直主持国家基金项目，包括重点项目与重大项目、“973”及“863”的子项目等。单独或以其为主获省部级以上奖项十余项，其中包括自然科学奖。已在国内外重要学术刊物等处发表论著过百，其中包括世界上首部格上拓扑学的专著：Fuzzy Topology（新加坡世界科技出版社 1997）。刘应明院士是首批国家级专家，是我国拓扑学与模糊性处理化研究方面的学术带头人并具有广泛的国际影响。2005 年被国际模糊系统协会（IFSA）授予“Fuzzy Fellow 奖”。该奖是在模糊系统及相关学科领域的最高奖项，用于奖励在该领域作出杰出贡献并为国际公认的学者。此外，他还入选为“科学中国人”（2004 年）年度人物，并获 2005 年香港何梁何利基金“科学与技术进步奖”。刘应明院士是首批全国优秀教师，曾多次荣获国家教育成果奖与宝钢教育基金会优秀教育特等奖。他已培养了 20 多名博士与众多硕士，其中有的已成为教育部长江特聘教授与讲座教授，国家杰出青年基金获得者，国家重点基金项目主持人等学术方面杰出人才。刘应明院士曾担任第四届四川省政协委员，第六届、第七届全国人大代表（1983—1992），第八届全国政协常委，第九届全国人大常委。现任第十届全国人大常委兼教科文卫委员会副主任，第九届四川省政协副主席，九三学社中央副主席，九三学社四川省委主任委员。

涂铭旌　中国工程院院士。1951 年毕业于同济大学机械系。历任同济大学助教，上海交通大学助教、讲师，西安交通大学讲师、副教授、教授、博士生导师、材料系主任、研究所所长。1983 年赴德国卡尔思鲁厄大学访问研究一年，1984 年被评为国家级有突出贡献的中青年专家，1991 年享受政府津贴，1995 年被增选为中国工程院院士。现兼任国务院学位委员会学科评议组成员，四川省机械工程学会名誉理事长等职。长期从事金属材料强度与断裂的研究，作为主研人员，在金属材料强度潜力的理论与应用，综合强化，耐寒高强钢的低温脆断规律、机理、判据及安全评价，以及重大机械装备失效分析等方面的研究中，获国家自然科学三等奖，国家科技进步三等奖各一项，省、部级成果奖 10 项，社会经济效益显著。近 10 余年来，主要从事功能合金及功能复合材料的研究与应用，包括稀土永磁材料、贮氨合金、电磁波屏蔽复合材料等，鉴定成果 4 项，申报国家发明专利 9 项。

出版《钢的热处理》、《机械零件失效分析与预测》、《材料创造发明学》等4本专著。与合作者联合发表论文近200篇，已培养研究生50余名，其中19名博士生被授予博士学位。曾获“全国高校先进科技工作者”称号。

林祥棣　中国工程院院士。1934年出生，江苏南通人，中共党员，1956年毕业于浙江大学光学仪器专业，1997年当选为中国工程院院士。林祥棣院士是我国光学和光电跟踪测量系统工程研究的主要开拓者之一，是我国知名的光学技术与仪器工程专家和学科带头人，获国家科技进步特等奖、光华科技二等奖、中科院科技进步一、二、三等奖共7次，他任国家“863”—“409”直属主题专家已十几年，现任国家“863”计划“808”重大专项专家组组长。曾先后担任中国科学院光电技术研究所副所长、中科院成都分院院长、西南科技大学校长，以及中国光学学会常务理事、副秘书长、四川省光学学会理事长、中国宇航学会测控专委会副主任等职，并任四川省政协常委、四川省政协科技委副主任、四川省科技顾问团副主任。

高洁　中国工程院院士。中共党员，研究员。1962年9月毕业于北京大学物理系，现任四川大学凝聚态物理学科首席教授。1978年获全国科学大会奖。1985年12月负责完成国家重点项目“利用超导约瑟夫森效应监督并保持国家伏特基准”并通过国家鉴定，获国家科学技术进步二等奖。1987年晋升为研究员。1987年10月—1990年10月在美国国家标准与技术研究院进行合作研究，任客座研究员，获美国商务部NIST奖状。1988年获国家级有突出贡献中青年专家称号。1993年12月负责完成了“国家电压基准”并在北京通过国家鉴定，日后获国家质量技术监督局科技进步一等奖，国家科学技术进步二等奖。1993年6月在巴黎米制公约大会上当选为国际计量委员会委员（该委员会为米制公约组织最高学术机构，由48个会员国政府代表无记名投票选举出的18名委员）。1994年以来先后任中国科学院计量测试高技术联合实验室（北京）学术委员会副主任、北京大学量子电子学研究所客座教授、电子科技大学高能电子研究所客座教授、中国测试技术研究院副院长、中国测试技术研究院科学技术委员会主任。1999年12月当选为中国工程院院士。2000年4月获国务院“全国先进工作者”称号。

赵尔宓　中国科学院院士，现为四川省学术带头人。1951年毕业于华西大学，曾为美国康乃尔大学高级访问教授、美国伯克利加州大学客座教授。命名38个新种和亚种，发现15个我国新纪录，建立两个新属，报道我国1个科的新纪录。发表论文120余篇，指导研究生论文21篇，出版著作39种，其中在美国出版的英文版《中国两栖爬行动物学》一书，是第一部全面系统介绍我国661种两栖和爬行动物的专著。1976年提出对新疆西部草原毒蛇危害的生态防治措施；1979—1980年命名新种“蛇岛蝮”，并提出它在蛇岛上的起源和演化见解；1992年首次提出“我国毒蛇咬伤的医学地理学”概念，指导毒蛇咬伤防治实践；筹组全国两栖爬行动物学会；创办《四川动物》、《两栖爬行动物学报》、Asiatic Herpetological Research3种期刊和《蛇蛙研究丛书》（已出11辑）。

谢和平　中国工程院院士。博士、教授、博士生导师，首批国家杰出青年科学基金获得者。科技部“973”国家重大基础研究项目“灾害环境下重大工程安全性的基础研究”首席科学家，国家自然科学基金委创新研究群体首席科学家。1978—1987年，在中国矿业大学力学专业读本科、研究生，获硕士、博士学位。1998年，任中国矿业大学校长、党委副书记，北京校区校长、党委副书记。2003年，任四川大学校长。他是国务院学科评议组成员、中国力学学会理事、中国岩石力学与工程学会常务理事、中国科协委员、中国煤炭学会副理事长、中国煤炭工业协会副会长。兼任《力学学报》、《岩土工程学报》等10余种科学刊物的主编或编委。谢和平长期致力于矿山岩体力学与工程研究和实践，其成果集中体现在他的《岩石混凝土损伤力学》、Fractal in Rock Mechanics等6本中英文专著、190篇论文及有关工程实践中，成果被SCI收录34篇、引用299次，EI收录47篇，CSCD和CSTPC引用346次。其科研成果1995年获国家自然科学三等奖1项，1999年获国家科技进步三等奖1项，2000年获国家科技进步二等奖1项。获煤炭部、教育部等省部级二等以上奖励6项（均为第一获奖人）。1991年被美国犹他大学聘为客座教授。1992年10月—1993年8月被聘为英国皇家学会客座研究员和英国南安普敦大学客座教授。1994年和1996年作为客座教授应邀赴德国汉诺威大学讲学。1993年、1997年和1999年三次应邀为客座教授赴波兰西里西亚工业大学讲学与合作研究。

魏于全 中国科学院院士。博士生导师，教授，博导，肿瘤免疫学家，教育部“长江学者奖励计划”第二批特聘教授，1997年国家杰出青年科学基金获得者，“十五”“863”生物与农业技术领域生物工程技术主题专家组组长，国家自然科学基金创新研究群体负责人，现任人类疾病生物治疗教育部重点实验室主任。同时，他也是国家自然科学基金第七届、第八届学科评审组成员，国家新药评审委员会评审专家，第五届教育部科学技术委员会委员，中国临床肿瘤学会常委委员，《癌症》杂志副主编，Stem Cell and Cellular Therapy副主编、《中华医学遗传学杂志》编委、《科学通报》、《中国科学》等特邀审稿人。1996年获日本京都大学医学院博士学位。回国后任四川大学华西医院教授，负责建立了肿瘤生物治疗研究室及有80个床位的肿瘤内科治疗病房。该研究室现已成为人类疾病生物治疗教育部重点实验室及国家新药临床试验基地。魏于全教授主要从事肿瘤生物治疗的基础研究、应用开发与临床医疗实践，尤其是致力于肿瘤免疫基因治疗的新途径，将主动免疫治疗与抗肿瘤血管治疗研究领域相结合，为肿瘤疫苗及抗肿瘤血管治疗研究提供了新思路。将生物进化中的异种同源基因与异种免疫排斥反应及自身免疫反应相结合，用于探讨肿瘤治疗，可以克服自身抗原的耐受性。此外，对淋巴细胞在肿瘤微环境内能杀伤自身癌细胞现象进行了观察。发现阻断HSP70表达，诱导癌细胞凋亡而对正常细胞相对无作用。有关研究结果已发表在Nature Med.，PNAS，Cancer Res.，Blood，Journal of Immunol.等国际著名杂志上，为癌症治疗基础研究提供了新思路。现担任了国家“863”计划生物工程技术主题专家组组长。此外，还作为负责人承担了国家“973”前期专项、“973”分题及国家自然科学基金重点课题等。已培养硕士和博士生多名。

四、特聘院士

何德全 中国工程院院士。1933年出生，在国家安全部从事信息技术与信息安全领域研究，1994年当选为中国工程院院士。曾获国家发明二等奖1项，国家科技进步三等奖1项，作为第一完成人获部省级科技进步奖10项。

沈昌祥 中国工程院院士。长期进行计算机信息系统安全性研究和开发，先后完成重大科研和工程项目20多项，在信息保密和网络安全等多项领域取得突破性进展，达到国际先进水平。曾获国家科技进步一等奖2项、二等奖2项、三等奖3项，获军队科技进步奖十几项。著有《实时系统软件设计初步》专著。在国内外发表有影响论文20余篇。1995年5月当选为中国工程院院士。

周仲义 中国工程院院士。长期从事信号与信息处理研究工作，曾创造性地解决本专业领域关键性技术课题和重大技术难题，曾获国家科技进步一等奖1项、国家科技进步三等奖2项。现为总参谋部第三部研究员。

刘宝珺 中国工程院院士，沉积地质学家。1931年出生，1956年毕业于北京地质学院岩石学专业研究生班。从事教学及科研40余年，在沉积学、地理学、全球变化等方面是我国先驱者及学术带头人，公开发表中英文论文百余篇、专著15部，其学术观点被广泛引用，在国外有一定影响。主编过我国第一部沉积学及岩相古地理学专业教材（统编教材），其成果多次获国家、部省级奖励。1986年被选为国家级有突出贡献中青年专家，享受政府特殊津贴。1989年获第一届“李四光地质科学奖”，1996年在第30届国际地质大会上获“斯潘迪亚洛夫奖”（100年来第二十位、我国第一位获奖者），1997年获“全国优秀科技工作者”称号。研究方向：岩石学、沉积学、矿床学。

马志明 中国科学院院士。1978年，毕业于重庆师范学院数学系。1981年获中国科学技术大学研究生院数学硕士学位。1984年获中国科学院应用数学研究所数学博士学位。1999年当选为第三世界科学院院士。中国科学院数学与系统科学研究院应用数学研究所研究员，中国数学会副理事长。主要从事概率论与随机分析方面的研究，在狄氏型与马氏过程、维纳空间容度理论、Feynman－Kac半群、薛定锷方程、随机线性泛函、无处Radon光滑测度环空间的对数Sobolev不等式等研究中获多项国际领先的或国际先进的成果。突破“局部紧”及“正则”两大限制所提出的拟正则狄氏型新数学框架，解决了该领域存在20年之久的难题，是研究奇异问题与无穷维问题的有力数学工具，已在许多领域得到应用。1995年当选为中国科学院院士。

段镇基 中国工程院院士。1956年大学毕业后一直在轻工业部皮革工业科学研究所（现名中国皮革和制鞋工业研究院）从事皮革及其化工材料的研制工作，其中“提高山羊皮革质量的研究”获1987年科技进步一等奖，“PAT助鞣剂”获1986年全国发明展金牌奖，“猪苯胺革生产工艺的研究”获省级科技进步二等奖，“猪高档底革的研究”获部级二等奖，“黄牛软面革的研究”获省级三等奖，“顶层涂饰材料的研究”、“结合鞣面革喷染及其材料的研究”获部级三等奖，并发表相关论文40余篇。由于研制工作颇有成效，曾获1978年全国科学大会先进个人奖，“六五”攻关先进个人奖，1986年授予“有突出贡献中青年专家”称号，1994年当选为中国工程院院士。

樊代明 中国科学院院士。现任第四军医大学全军消化病研究所所长，1978年毕业于第三军医大学军医系。承担国家“973”、“863”等攻关项目的课题，承担国家自然科学基金重点课题及国家杰出青年基金课题，发表论文181篇，其中英文40篇，获国家科技进步二等奖、三等奖各1项，国家发明三等奖1项，省部级科技进步一等奖3项。担任中华医学会理事等全国性学术职务12个，其中包括国务院学位委员会学科评议组成员、国家自然科学基金委学科评议组组长、国家新药审评委员会委员、中华内科学会常委等，担任21本专业杂志编委，11种杂志的副主编。

朱清时 中国科学院院士。1968年毕业于中国科学技术大学近代物理系，现任中国科学技术大学教授、校长。在分子局域模振动研究方面，成功地观测和完整地分析了一系列高泛频振动态的高分辨率光谱，建立了局域模振动－转动光谱学的一系列理论，并对上述高分辨光谱进行了完整的分析，还论证了多原子分子中单振动本征态存在的可能性和条件。近年来，他与合作者一起开创了对单分子化学的研究，并首次拍摄出了化学徒照片，对于掌握单分子和原子的行为规律和构造单分子的电子器件有重要意义。1991年当选为中国科学院院士（学部委员）。

经福谦 中国科学院院士，物理学家。1952年毕业于南京大学物理系。中国工程物理研究院研究员、科技委顾问。现任武汉理工大学理学院名誉院长、西南交通大学理学院院长和西南科技大学材料科学与工程学院院长。在爆炸力学领域，在内爆动力学模型实验设计技术研究中提出了“严重稀疏范围”和信号保护通道设计的“绝对保护”概念。在高压物理领域，为地下核爆条件下超高 压物态方程测量解决了关键性技术，提供了大量有关材料的高压物性和高压物态方程数据，负责建成了国内一流水平的冲击波物理与爆轰物理实验室。1991年当选为中国科学院院士（学部委员）。

金鉴明 中国工程院院士，环境生态学专家。1932年出生。1955年毕业于上海复旦大学，1960年毕业于苏联列宁格勒大学，获副博士学位。国家环境保护总局研究员。在环境工程学科领域中作出了重大贡献和富有创造性的成就。是我国生物多样性保护研究、物种移地、就地保护工程和自然保护区设计、建设工程等领域的开拓者和奠基者之一。在生态定量化的研究和应用、广西花坪银杉自然保护区定位站研究和辽宁蛇岛保护区的建设、麋鹿回归大自然的遗传生态工程的设计等都取得突破性的进展，其成果具有开创性、创导性和应用性。1997年当选为中国工程院院士。

黄志镗 中国科学院院士，中国科学院化学研究所研究员。1951年毕业于同济大学化学系。20世纪50年代从事有机硅化合物和有机硅高分子的研究。60年代起从事酚醛树脂、环氧树脂等增强塑料及耐高温高分子的研究，为防热材料的发展作出了贡献。在交联型聚酰亚胺和合成三嗪交联的新型耐高温高分子上都有创新。80年代起进行杂环化学的研究，系统研究杂环烯酮缩胺的合成及反应，合成了1000个以上的新杂环化合物，与国内外有关研究单位协作进行生物活性试验，以筛选药物及农药。其后又开展杯芳烃化学的研究，在合成和包合性能等方面皆取得有意义的结果。1991年当选为中国科学院院士（学部委员）。

白以龙 中国科学院院士，力学家。1940年12月出生，1963年毕业于中国科学技术大学。1991年当选为中国科学院学部委员，中国科学院力学研究所研究员。他突破国际惯用的最大应力经验描述，建立了关于热塑剪切模型方程及变形局部演化等一系列新结论，被称之为“白模型”、“白判据”。创立了亚微秒尖力脉冲技术；建立了微损伤的非平衡统计演化的理论和实验基础，取得了突出成果。现任中国科学院力学研究所学术委员会主任、非线性力学国家重点实验室主任，中国力学学会理事长，国家自然科学基金委员会数理学部主任等职。主要研究方向为：统计细观损伤力学和变形损伤局部化；材料的细－微观结构和宏观力学性能；固体的冲击动力学；复杂现象的不确定性和预测。

刘盛纲 中国科学院院士。1955 年毕业于南京工学院无线电系。电子科技大学教授，四川大学特聘教授，中国电子学会副理事长，中国真空电子学会会长；曾任电子科技大学校长。刘院士在电子回旋脉塞、自由电子激光与高功率微波、微波电子学及微波等离子体电子学、生物电子学等领域作出了开创性、奠基性的工作，是我国该领域的先驱者。他曾获国家自然科学三等奖、四等奖，国家技术发明三等奖。1980 年当选为中国科学院学部委员。获得 1999 年度“陈嘉庚信息科学奖”等。2001 年荣获国家高科技“863”突出个人贡献奖。2003 年，国际 K. J. BUTTON 奖获得者。

魏复盛 中国工程院院士，环境化学、环境监测专家。1938 年 11 月出生，1964 年毕业于中国科技大学化学系，1985 年到中国环境监测总站工作，曾任副站长、总工程师、研究员。中国环境科学学会副理事长，全国环境监测专业委员会主任，第十届全国人大常务委员会委员。1985 年领导和组织了全国监测分析方法的研究、验证和统一及标准化工作。负责组织并承担国家科技部一系列重大攻关课题，取得了具有国际先进水平的重大科研成果。近十余年来，负责承担了多项中美科技合作课题。曾获国家科技进步二等奖两次，获部级科技二等奖两次、三等奖一次。编著或组织编写的专著十余部。在国内外学术刊物上发表论文 170 余篇。主要研究方向：环境化学、环境监测技术、环境污染与健康等。

蔡吉人 中国工程院院士。长期从事信息处理研究工作，在信息压缩、转换、传输等方面做出卓著成绩，主持过 10 多个重大科研项目的研究工作，主持审查过 30 多个设计方案，是我国信息安全领域的主要学术带头人，担任国家重点基础研究发展规划项目“信息与网络安全体系研究”首席科学家。曾获国家科技进步二等奖 4 项，多次获国家、省部级其他奖励，发表学术论文和研究报告 30 余篇。

闵恩泽 中国工程院院士。1946 年中央大学化工系毕业。1951 年获美国俄亥俄州立大学博士学位。1993 年当选第三世界科学院院士。1994 年当选中国工程院院士。中国石油化工股份有限公司石油化工科学研究院学术委员会主任、高级工程师。20 世纪 60 年代开发了混捏—浸渍新流程；通过中型试验提出了铂重整催化剂的设计基础；研制成功小球硅铝催化剂；又为重油加工，开发了微球硅铝裂化催化剂；以上催化剂都已投入生产。20 世纪 70 年代至 80 年代领导了钼镍磷加氢催化剂、一氧化碳助燃剂、半合成沸石裂化催化剂等的研制和开发，也均投入生产和应用。1980 年以后，指导开展新催化材料和新化学反应工程的导向性基础研究和新化学反应工程。已开发成功己内酰胺磁稳定床加氢、烯烃与苯烷基化的悬浮催化蒸馏等新工艺。近年来，进入绿色化学的研究领域，曾任国家自然科学基金委员会“九五”重大基础研究项目“环境友好石油化工催化化学和反应工程”的主持人。1980年当选为中国科学院院士（学部委员）。

张亚平 中国科学院院士，分子进化生物学和保护遗传学家。1965年出生。1986年毕业于复旦大学生物系，1991年获中国科学院昆明动物研究所博士学位。现任中国科学院昆明动物研究所研究员、副所长，云南大学教授。从事灵长类、食肉类等一系列动物类群的研究，澄清了这些类群系统与演化中的一些重要问题。以线粒体基因组作为主要遗传标记研究东亚人群的遗传多样性，揭示了东亚人群进化的一些规律，并阐述了我国一些民族的演化历程。系统研究了野生动物和家养动物的遗传多样性，发现遗传多样性贫乏与物种濒危之间没有必然的对应关系，证明东亚是家养动物驯化的重要区域。在脊椎动物中首次发现微进化时间范围内DNA异速进化的现象。对基因起源进化的研究，揭示了一些新基因的形成和基因的变异在生物适应进化中的意义。2003年当选为中国科学院院士。

刘昌孝 中国工程院院士。1965年北京医学院药学专业毕业，1986—1987年在瑞典Lund Draw研究所作访问学者，从事手性药物的动力学研究，2003年12月当选为中国工程院院士。现任天津药物研究院新药评价研究中心主任，中国药理学代谢委员会主任。出版了国内第一本《药物代谢动力学》专著，创建了国内第一个药物动力学实验室，第一个将药物代谢动力学用于我国的新药鉴定和评价，发表了国内第一篇应用HPLC研究药物动力学的论文。获得过27项/次的省级以上科技成果奖励和国际学术成果奖励。2000年获得首届香港“紫荆花医学成就奖”。

许祖彦 中国工程院院士。2001年12月当选为中国工程院院士。1963中国科学技术大学技术物理系毕业。中科院物理所研究员，四川大学特聘教授。许院士主要从事可调谐激光，全固态激光和超快激光的理论和应用研究。在有机染料可调谐激光技术研究上获国家科技进步二等奖1项，中科院科技进步二等奖2项，电子部科技进步二等奖1项；在非线性光学和光参量宽调谐激光研究上获国家发明二等奖1项，中科院科技进步一等奖1项；大功率全固态激光研究也取得多项国内外领先成果和发明；超快激光研究方面在国内首创全固态飞秒光源和国际领先宽调谐飞秒激光器等。

五、四川大学杰出教授

项楚 四川大学杰出教授。1940年7月出生，我国著名的敦煌学家、文献学家、语言学家和文学史家，国家级重点学科“中国古典文献学”学科带头人。现为国务院学位委员会学科评议组成员，国家古籍整理出版规划领导小组成员，中国敦煌吐鲁番学会副会长，四川大学中文系教授，中国古代文学、中国古典文献学、汉语言文字学博士生导师。教育部人文社会科学重点研究基地四川大学中国俗文化研究所所长。他的研究领域以敦煌学为核心，涵盖了语言学、文学、文献学和佛学等诸多方面，其中对于敦煌俗文学的研究居于世界领先地位。出版《敦煌文学丛考》、《敦煌变文选注》、《王梵志诗校注》、《敦煌诗歌导论》、《敦煌歌辞总编匡补》、《著名中年语言学家选集·项楚卷》、《柱马屋存稿》等专著多种，发表学术论文70余篇，其中《敦煌变文字义析疑》等系列论文获中国社科院青年语言学家奖金一等奖，《敦煌文学丛考》获全国高等学校首届人文社会科学研究优秀成果一等奖，

《王梵志诗校注》获全国高等学校第二届人文社会科学研究优秀成果一等奖，《寒山诗注》获四川省哲学社会科学优秀成果一等奖。他具有深厚的国学根底，熟读佛藏和四部典籍，精于校勘考据，擅长融会贯通，在研究中熔语言、文学、宗教于一炉，形成了独具的治学特色，他对敦煌学的研究折服了自诩“敦煌学在外国”的外国学者，为祖国赢得了荣誉。

卿希泰 四川大学杰出教授。1928年出生。1951年四川大学法律系本科毕业，1954年中国人民大学哲学研究生毕业。1959年负责创建四川大学哲学系，曾任该系副系主任，副教授。1980年负责创办四川大学宗教学研究所，曾任该所所长、教授；现任该所名誉所长、教授、博士生导师、《宗教学研究》季刊主编，兼任中国宗教学会副会长、全国宗教学学科规划组（学科评审组）副组长、全国首届高等学校哲学学科教学指导委员会委员、四川省首届哲学学科学术带头人、四川省社会科学界联合会顾问、四川省国际文化交流中心顾问。为《宗教词典》与《中国大百科全书·宗教》卷编委兼道教分支学科主编。

游志胜 四川大学杰出教授。1945年9月出生。1968年四川大学物理系本科毕业，从事电子技术工作；1978年至1981年为四川大学无线电系硕士生，1981年至1983年在美国密执安州立大学计算机系作访问学者。1983年起在四川大学计算机系从事教学科研工作。现为四川大学计算机学院教授、博士生导师，四川大学国防科技研究院副院长、教育部现代交通管理工程研究中心主任。主要研究方向是模式识别、图像处理、信息融合及其在空中管制和地面智能交通系统的应用。主持国家和军队有关重大项目20余项。作为第一完成人获得国家科技进步一等奖1项，二等奖2项，省部级一等奖4项，对我国民航、军航空管系统现代化作出了重要贡献，被中国民航总局聘为特聘专家，国务院中央军委国家空管委办公室评为“全国空管先进个人”。游志胜是国家有突出贡献的中青年专家、四川省学术和技术带头人、全国优秀留学归国人员、五一劳动奖章获得者、全国先进工作者，并担任教育部科技委员会学部委员、中国图像图形学会副理事长。

六、教育部“长江学者奖励计划”特聘教授、讲座教授

王琪（特聘教授） 主要从事高分子间复合物、聚合物共混物和复合材料以及高分子力化学等方面的研究。承担并完成国家科技部、国家自然科学基金、国家教委、中国石化总公司、中国石油天然气总公司、四川省科委等资助的多项科研课题，以及与美国Rohm&Haas公司、DoW化学公司、荷兰DSM公司的国际合作科研项目。在用催化接枝技术制备新型聚合物/纤维复合材料，用高分子间分子复合方法制备新型高分子固体电解质、新型复合纤维、新型聚合物驱油剂，研制新型力化学反应器及用力化学方法制备新型高分子材料以及聚合物加工中的流变学和化学流变学等研究方面取得成果。发表学术论文100余篇。其中不少论文被SCI和EI等收录。申请中国专利10项，已授权3项，公开3项。科研成果曾获国家教委（教育部）科技进步一等奖（1998年）、二等奖（1992年）、三等奖（1998年）和中国石化总公司科技进步三等奖（1991年）。1999年被国家教育部“长江学者奖励计划”专家评审委员会批准为四川大学高分子材料学科特聘教授。

李安民（特聘教授） 主要从事整体

微分几何、辛几何研究。研究工作得到国际同行的重视和好评，被广泛引用。辛几何与辛拓扑是目前国际上非常热门的研究领域，它涉及几何、分析、拓扑、代数几何、物理等多种领域。其中 Gromov - Witten不变量、量子上同调理论的研究特别活跃。和阮勇斌发展了一套辛手术理论，研究 Calabi - Yau 流形，证明了量子同调环在 Flop 手术下不变，发现了第一个量子双有理不变量。从 arXiv 网上查阅的文献看，目前已有 9 篇文章引用该文。在仿射微分几何领域作了系统的工作，解决了一些基本重要的问题，得到国际同行的公认和好评。结果被国际上几本专著所引用。

魏于全（特聘教授） 个人介绍见“中国科学院和中国工程院院士”相关内容。

石碧（特聘教授） 毕业于成都科技大学高分子材料系。1992 年获英国谢菲尔德大学化学博士学位。现任四川大学皮革化学与工程国家专业实验室主任，皮革化学与工程教育部重点实验室主任、四川省科技进步奖评审委员、联合国工业发展组织皮革科技顾问。曾获得国家级有突出贡献中青年专家称号、全国优秀留学回国人员称号、四川省十佳优秀教师、教育部跨世纪优秀人才、四川省跨世纪优秀青年科技带头人等荣誉称号。

罗懋康（特聘教授） 1956 年 2 月生于重庆市。博士，四川大学数学学院教授、博士生导师，教育部“长江学者奖励计划”特聘教授，国家“杰出青年科学基金”获得者，先后主持或承担国家教委“优秀年轻教师基金”、教育部“跨世纪人才培养计划”、“高等学校骨干教师资助计划”项目、国家自然科学基金重点项目、教育部博士点基金项目、国家科委专项基金项目、教育部“高等学校数学研究与高等人才培养中心”项目、教育部重点项目、国家“杰出青年科学基金”项目等。在《中国科学》、《科学通报》、《数学学报》、《数学年刊》等国内杂志及 J. Math. Anal. Appl., Top. Appl., Theoretical Computer Science 等国际杂志上发表论文 40 余篇，被美国《数学评论》、前苏联《数学进展》等多次摘评介绍，称为“非常重要”、“深入的分析研究”、“一系列具有吸引力的、重要的结果”、“强烈影响”、“原创性工作”、“非常吸引人”、“充分新颖”等等。

许唯临（特聘教授） 主要从事工程水力学科和教学工作。近年来，共负责或主研各类科研项目 20 余项，包括主持了国家自然科学基金项目、国家重点科技攻关项目、部省级基金项目及国家重点工程科研项目等；曾获四川省科技进步一等奖、电力部科技进步二等奖；发表学术论文 50 余篇，其中被国际三大检索系统 SCI 收录 2 篇，EI 收录 15 篇。所完成的“高坝大流量泄洪消能及水垫消能机理研究”被鉴定为“总体达到国际先进水平，水垫消能机理研究具有国际领先水平”，并于 1998 年获四川省科技进步一等奖。所完成的“高水头大流量泄洪消能研究 - 水垫塘水力特性及体型优化研究”于 1997 年获电力部科技进步二等奖，该项目还曾于 1996 年获水电水利规划总院科技进步一等奖。所完成的“水工水力学中开发与应用紊数学模型几个关键问题研究”因在自由面问题、复杂边界问题、三元效应问题以及固壁边界问题等方面取得的创新性成果，于 1997 年获国家教委科技进步三等奖。

周总光（特聘教授） 从事外科学工作多年，学风严谨，学术造诣高，在胰腺外科和微创外科领域成绩突出，在国内的实验基地取得了多项国际水平的重要成果。国内外同行评审专家一致认为：这些成果对于阐明胰腺的生理及病理生理、对急性坏死性胰腺炎的防治乃至整个胰腺学科的发展都有深远的影响，达国际同类研究的领先水平。周总光教授是四川省腹腔镜外科的开拓者之一，他用微创外科手段已为5000多例患者解除了痛苦而无并发症，良好的手术效果为广大患者所赞誉并得到同行的肯定。先后获1997年度四川省科技进步一等奖、1998年度卫生部科技进步一等奖、1999年国家科技进步三等奖。1999年获国家有突出贡献的中青年专家，百千万人才工程第一、二层次人选；同年获国家杰出青年基金资助，2001年9月聘为"长江学者奖励计划"特聘教授。

傅强（特聘教授） 1993年12月获四川大学高分子材料成型加工专业博士学位；1995年1月至1997年11月，美国阿克隆大学博士后；分别于1999年8月至2000年9月，2001年10月至2001年12月在德国弗赖堡大学做洪堡学者。1997年12月至今，任四川大学高分子科学与工程系教授、博士生导师，2001年7月起任高分子科学与工程学院副院长。傅强教授先后承担完成国家自然科学基金重大项目、重点项目和面上项目多项。目前作为负责人主持的项目有：国家杰出青年基金，国家教委跨世纪优秀人才基金，国家自然科学基金，国家教育部博士点基金、国家教育部优秀年轻教师基金、归国留学基金、四川省杰出青年基金和省重点科技基金。先后在国内外发表学术论文80余篇，论文被SCI收录50余篇，论文被SCI等引用达120次，1997年3月获北美热分析学会优秀论文奖，1998年12月获国家教育部科技进步二等奖（第一完成人），1999年12月获宝钢优秀教师奖。

刘进（特聘教授） 医学博士，主任医师，博士生导师。1989年至1993年在美国从事麻醉学的科研和临床工作。1994—1999年任中国医学科学院阜外医院麻醉科主任，2000年至今任四川大学华西医院麻醉科主任，ICU主任和麻醉与危重医学教研室主任，并在华西医院成功建立麻醉学博士点。刘进医师为我国培养的第一批临床型医学博士。致力于血液保护、心血管麻醉、术中心功能调控、临床麻醉质量控制的临床实践和研究。已培养博士后2名，博士9名和硕士7名。现带有博士后3名，博士7名和硕士8名。已获卫生部科技进步二等奖1项、中国医学科学院科技进步一等奖1项。1995年获国家杰出青年基金和国家教委优秀青年教师基金。1996年获求是科技基金会杰出青年学者奖。已完成8项国家、部、委和国际合作科研项目，现正主持6项科研课题。1997年享受政府特殊津贴并入选国家"百千万工程"第一、二层次。1998年获吴阶平医学奖二等奖。2002年获卫生部有突出贡献中青年专家奖。

冯小明（特聘教授） 1981—1988年在兰州大学化学系有机化学专业学习，分获理学学士学位和理学硕士学位；1993—1996年在中国科学院化学研究所学习，获理学博士学位。1988—1993年在西南师范大学化学系从事有机化学教学和科研工作，历任助教和副教授；1996—2000年在中国科学院成都有机化学研究所从事研究工作，历任副研究员和研究员，并被评聘为博士生导师；其中1998—1999年在美国Colorado State University化学系做博士后研究；2000年至今任四川大学化学学院教授，博士生导师，四川大学学术委员会委员，四川大学学位委员会委员，绿色化学与技术教育部重点实验室副主任，中国化学会有机化学学科委员会委员。冯小明教授在不对称合成方法学及手性医药、农药和具有生理活性化合物的合成研究领域里进行了系统的研究，所获得的一些研究结果促进了不对称合成方法学的发展。现已分别在 J. Am. Chem. Soc., Chem. Eur. J, J. Org. Chem., Org. Lett., Tetrahedron, Synlett 等刊物上发表论文 100 多篇，近年所发表的论文被 SCI 刊物他引近 400 次，单篇他引大于 30 次，多篇论文被评述性论文正面评述，多次被邀请在国际、国内会议上作邀请报告。作为主研人员获得 2002 年四川省科技进步一等奖（排名第七），2001 年入选教育部跨世纪优秀人才培养计划，2002 年获国家杰出青年科学基金资助，2002 年获国务院政府特殊津贴，2002 年获四川省有突出贡献优秀专家称号，2004 年入选四川省学术与技术带头人，入选教育部 2005 年度长江学者特聘教授。

曹顺庆（特聘教授） 1954 年 2 月生于贵阳。1980 年毕业于复旦大学，同年考上四川大学研究生，1983 年获硕士学位，1987 年获博士学位。现任四川大学文学与新闻学院院长、教授、博士生导师，教育部“长江学者奖励计划”特聘教授，国家级重点学科比较文学与世界文学学科带头人，教育部跨世纪优秀人才，霍英东教师基金获得者，作出突出贡献的中国博士学位获得者，享受政府特殊津贴专家，四川省学术带头人，中国比较文学学会副会长，中国古代文学理论学会副会长，中国中外文论学会副会长，四川省比较文学学会会长；美国康奈尔大学、美国哈佛大学、香港中文大学访问学者；台湾南华大学、佛光大学、淡江大学客座教授；国家社科基金评委，教育部本科教学评估工作专家委员会委员，教育部教学指导委员会中文学科副主任委员。主持国家社科基金重点项目“中外文学发展比较研究”等多个项目，担任“十五”“211 工程”重点项目“中外文学与俗文化”负责人；多次获国家级优秀教学成果奖、教育部人文社科奖及四川省政府社科一、二、三等奖。《文学评论》编委、《中国比较文学》编委、英文刊物 Comparative Literature: East & West 主编。出版了《中西比较诗学》、《中外比较文论史》、《比较文学史》、《中国文化与文论》、《两汉文论译注》、《东方文论选》、《比较文学新开拓》、《中国古代文论话语》、《中外文学跨文化比较》、《比较文学论》、《比较文学学科理论研究》、《世界文学发展比较史》、《比较文学学》等著作 20 多部，发表学术论文百余篇。

辛洪波（特聘教授） 1991 年 7 月获北京大学医学部（原北京医科大学）药理学博士学位。1993 年 10 月至 2005 年 11 月在美国 Vanderbilt 大学、宾夕法尼亚大学和康奈尔大学从事博士后研究或任讲师、研究助教授和助教授（博士生导师）。2005 年 11 月至今为四川大学生物治疗国家重点实验室教授，华西医院心血管疾病实验室主任，博士生导师，2005 年度教育部“长江学者奖励计划”特聘教授。现为美国生物物理学会和美国糖尿病学会会员。赴美后主要从事心肌，骨骼肌和平滑肌肌质网钙释放通道（calcium release channels /ryanodine receptors）的生理学，生物化学和分子生物学研究，其论文曾在国际知名学术期刊如自然（Nature），生物化学杂志（Journal of Biological Chemistry）及核酸研究（Nucleic

Acids Research）等发表。现已申报国际专利两项，其中“组织或细胞特异性基因敲除载体构建（Vectors for conditional gene inactivation）”专利技术能迅速、有效、低成本地用于研究小鼠的基因功能，由于小鼠具有与人类基因组的高度同源性，该项技术将为研究小鼠及人体的发生、发育及发展，为人类疾病的诊断及治疗和新药开发提供重要的工具。

阮勇斌（讲座教授） 1963年出生。1982年在四川大学获学士学位，1985年在四川大学获硕士学位，1991年在美国加州大学伯克利分校获博士学位，1991—1993年任密执安州立大学Research Instructor，1993—1995年任犹他大学助理教授，1995年起任威斯康星大学副教授，1999年起任该校教授。阮勇斌在辛拓扑与量子上同调等方面的开创性研究在国际数学界有重要影响。基于阮勇斌的出色工作，他获得了美国Sloan研究基金，并且被邀请在1998年的国际数学家大会上作45分钟报告。他的工作被这个大会的2个一小时报告和4个45分钟报告所引用。

张曙光（讲座教授） 美国麻省理工学院（MIT）高级研究员，生物医学工程中心副主任，美国纽约科学院院士，清华大学及四川大学生物医学工程客座教授。1990年发现了第一个左旋Z-DNA结合蛋白质并克隆了它的基因；1993年发现“短肽自行聚集和自我互补”，被誉为“麻省理工学院1970年以来最重要的15项科研成果之一”；1997年开创了生物表面修饰工程技术的崭新研究领域，被选为美国纽约科学院院士。

蒲林（讲座教授） 1984年获四川大学学士学位；1990年获加州大学圣地亚哥分校博士学位。1991至1994年先后在斯坦福大学、加州理工大学做博士后工作。2003至今任维吉尼亚大学化学系教授。蒲林教授先后承担了20多项科研项目，包括美国国家自然科学基金、NIH基金、石油研究基金，共获得研究经费500多万美元。在手性光电材料、手性荧光传感器、不对称催化等方面做出了突出成绩。发表论文104篇，SCI收录论文93篇，其中Chem. Rev. 3篇、PNAS 1篇、Angew. Chem. 3篇、J. Am. Chem. Soc. 17篇，影响因子介于3～6之间的论文56篇，这些论文被引用近3000多次，单篇引用最高超过300次。研究结果以“What’s Up With BINOL and BINAP?”为题在Chemical & Engineering News杂志上得到详细评论。

孙晓峰（讲座教授） 孙晓峰教授现在瑞典林克平大学肿瘤科工作并担任该科肿瘤研究实验室主任，主要从事肿瘤分子生物学方面的研究。在潜心致力于直肠癌研究的10余年时间里，共发表研究论著74篇，其中包括国际颇具影响的医学杂志，如Lancert，影响因子为19，J Nat1 Cancer影响因子为19，J Clin Oncol影响因子为11，Clin Cancer Res影响因子为7，及Oncogens影响因子为7等。15篇代表性论文共被引用127次，其中他引116次，自引11次。13篇被作为有代表性论著要求再版或载入书中。孙教授同时承担了瑞典国家多项大肠癌研究项目，瑞典国家及省报曾多次报道孙教授及其团队的科研成果及对社会的贡献，因此孙教授曾被瑞典国家誉为“有突出贡献的青年科学家”。其所在实验室已成为国际上本专业第一流可信得过的实验室，享有很高的威望。世界肿瘤研究顶级杂志的总编辑（Editor in chief，Journal of Clinical Oncology）称赞其团队为“well respected research investigators”。

表 16　第五届国务院学位委员会学科评议组成员

哲学	李　刚
中国语言文学	项　楚
数学	刘应明
物理学、天文学	高　洁
生物学（Ⅰ）（召集人）	张义正
力学	谢和平
材料科学与工程（Ⅰ）	朱世富
材料科学与工程（Ⅱ）	傅　强
水利、测绘	许唯临
纺织、轻工	吴大诚
纺织、轻工	石　碧
生物医学工程	李玉宝
基础医学（召集人）	鲍　朗
临床医学（Ⅱ）	张肇达
口腔医学	陈扬熙
口腔医学	周学东
药学	张志荣

表 17　2005 年国家杰出青年基金获得者名单

姓　名	性别	类　　型	专　业	职　称
张　旭	男	国家杰出青年基金获得者 A 类	数学	教授
王玉忠	男	国家杰出青年基金获得者 A 类	化学	教授
林鹏智	男	国家杰出青年基金获得者 A 类	水力学	教授

表 18　首批“新世纪百千万人才工程”国家级人选名单

姓名	性别	单位	专业	专业技术职务
黄卡玛	男	电子信息学院	电磁场与微波技术	教授
左卫民	男	法学院	刑事诉讼法学	教授
石　冰	男	华西口腔医学院	口腔颌面外科学	教授
李国英	女	轻纺与食品学院	皮革化学与工程	教授
廖华胜	男	水利水电学院	工程水利学	研究员

表 19　2005 年教育部“新世纪优秀人才支持计划”入选者名单

姓名	学院	姓名	学院
穆春来	数学学院	曹　毅	生命科学学院
张德学	数学学院	林宏辉	生命科学学院
安　竹	物理科学与技术学院	莫显明	华西临床医学院
陈应春	华西药学院	马志贵	华西医院
范浩军	轻纺与食品学院	陈俐娟	华西临床医学院
储　伟	化学与工程学院	胡　涛	华西口腔医学院
张　彬	电子信息学院	赵长生	高分子科学与工程学院
张　勇	文学与新闻学院	蒋永穆	经济学院

表 20　2005 年全校在职攻读博士、硕士学位情况一览表

姓名	所在单位	学位	学校	专业
李天富	人事处	硕士	四川大学	公共管理
李燕红	政治学院	硕士	四川大学	马克思主义理论与思想政治教育
陈　伟	政治学院	硕士	四川大学	应用心理学
吴文静	外国语学院	硕士	四川大学	语言及应用语言学
杨新梅	建筑与环境学院	硕士	四川大学	世界史
张　宸	图书馆	硕士	四川大学	管理科学与工程
刘岁林	分析测试中心	硕士	四川大学	高分子材料加工工程
朱梦蓉	华西公共卫生学院	硕士	四川大学	经济学
张一驰	后勤集团	硕士	四川大学	工商管理
陈　锜	后勤集团	硕士	四川大学	工商管理
邓建萍	制造科学与工程学院	硕士	四川大学	马克思主义理论与思想政治教育
赵怡涓	艺术学院	硕士	四川大学	设计艺术学
周　田	艺术学院	硕士	四川大学	艺术学
刘齐巍	科产集团	硕士	四川大学	管理科学与工程
方　云	党委办公室	硕士	四川大学	中外政治制度
杨　梅	艺术学院	硕士	四川大学	艺术学
唐　俊	信息管理中心	硕士	四川大学	民商法学
郑炳伦	信息管理中心	硕士	四川大学	计算机应用技术
何　敏	体育学院	硕士	四川大学	油画专业
魏　欢	信息管理中心	硕士	四川大学	计算机应用技术

续表 20

姓名	所在单位	学位	学校	专业
沈　茜	第一幼儿园	硕士	四川大学	健康与社会行为学
展　翔	计算机学院（软件学院）	硕士	四川大学	企业管理
白洪成	外国语学院	硕士	四川大学	教育经济与管理
黄雯雯	校团委	硕士	四川大学	档案学
贾秀娥	招生就业处	硕士	四川大学	情报学
焦　阳	艺术学院	硕士	四川大学	艺术学
陈　森	华西医院	硕士	四川大学	马克思主义思想与政治
李　悦	经济学院	硕士	四川大学	土地资源管理
曹建国	制造科学与工程学院	博士	四川大学	高分子材料加工
何　鹏	水利水电学院	博士	四川大学	水电建设工程管理
张　艳	文学与新闻学院	博士	四川大学	文艺学
赵成萍	电子信息学院	博士	四川大学	水文学及水资源管理
程　奎	高分子科学与工程学院	博士	四川大学	材料加工工程
陈　蓉	计算机学院（软件学院）	博士	四川大学	计算机应用专业
罗以宁	计算机学院（软件学院）	博士	四川大学	计算机应用专业
赵　辉	计算机学院（软件学院）	博士	四川大学	计算机应用专业
李洁华	高分子科学与工程学院	博士	四川大学	生物医学工程
王俊鸿	历史文化学院	博士	四川大学	文化遗产开发与管理研究
尹湘云	制造科学与工程学院	博士	四川大学	机械设计及理论
李碧雄	建筑与环境学院	博士	四川大学	岩土工程
尹俊霞	博物馆	博士	四川大学	考古学及博物馆学
黄　媛	电气信息学院	博士	四川大学	电力系统及其自动化
严斌宇	电子信息学院	博士	四川大学	通信与信息系统
吴　炜	电子信息学院	博士	四川大学	通信与信息系统
王　安	外国语学院	博士	四川大学	英语语言文学
何志蓉	数学学院	博士	四川大学	应用数学
何菁萍	化学工程学院	博士	四川大学	化学工艺
曾娅妮	文学与新闻学院	博士	四川大学	广播影视文艺学
张玉川	文学与新闻学院	博士	四川大学	文艺与传媒
王炎龙	文学与新闻学院	博士	四川大学	文艺与传媒

续表 20

姓名	所在单位	学位	学校	专业
范　萍	高分子研究所	博士	四川大学	高分子材料加工
刘红艳	历史文化学院	博士	四川大学	环境科学
阎慧群	建筑与环境学院	博士	四川大学	固体力学
董建华	水利水电学院	博士	四川大学	岩土工程
马　桦	出国留学人员培训部	博士	四川大学	世界史
苗　虹	电气信息学院	博士	四川大学	电力系统及其自动化
陈建钧	化学工程学院	博士	四川大学	材料学
曹　霞	建筑与环境学院	博士	四川大学	环境科学
赵　凌	纳米生物研究所	博士	四川大学	材料学
樊庆文	制造科学与工程学院	博士	四川大学	测试计量与仪器
王洪涛	材料科学与工程学院	博士	四川大学	材料科学与工程
陈　实	法学院	博士	清华大学	民商法学
付春梅	药学院	博士	四川大学	药物分析学
任晓晖	华西公共卫生学院	博士	四川大学	健康与社会行为学
刘丹萍	华西公共卫生学院	博士	四川大学	社会医学与卫生事业管理
杨　斌	公共管理学院	博士	四川大学	企业管理
唐玉红	华西基础医学与法医学院	博士	四川大学	生理学
胡　敏	华西第二医院	博士	四川大学	肿瘤学
杨泽宏	华西基础医学与法医学院	博士	四川大学	免疫学
聂锐华	水力学与山区河流开发保护国家重点实验室	博士	四川大学	水力学及河流动力学
李　涛	华西药学院	博士	四川大学	生药学
余　谅	计算机学院（软件学院）	博士	四川大学	通信与信息系统
杨俊毅	华西药学院	博士	四川大学	临床药学
周克林	博物馆	博士	四川大学	考古学及博物馆学
林　涛	化学学院	博士	四川大学	物理化学
梁　梅	高分子研究所	博士	四川大学	材料学
雷　巍	华西第二医院	博士	四川大学	妇产科学
董　娜	建筑与环境学院	博士	四川大学	水电建设工程管理
孟庆党	电子信息学院	博士	四川大学	通信与信息系统
梁　剑	经济学院	博士	四川大学	政治经济学

续表 20

姓名	所在单位	学位	学校	专业
卢天玲	历史文化学院	博士	四川大学	文化遗产与旅游开发
周　维	720 所	博士	四川大学	计算机应用技术
颜　婷	外国语学院	博士	四川大学	英语语言文学
王晓琴	华西第二医院	博士	四川大学	儿科学
吴　瑾	华西第二医院	博士	四川大学	儿科学
陈敬敏	数学学院	博士	四川大学	应用数学
董丽群	华西第二医院	博士	四川大学	儿科学
王晓辉	华西医院	博士	四川大学	内科学
杨　远	华西基础医学与法医学院	博士	四川大学	病原生物学
左凤琼	华西基础医学与法医学院	博士	四川大学	病原生物学
曾　蔚	华西基础医学与法医学院	博士	四川大学	病原生物学
林　辉	华西医院	博士	四川大学	内科学
樊莉莉	华西医院	博士	四川大学	内科学
陆燕蓉	华西医院	博士	四川大学	移植科学与工程
吴　琳	华西第二医院	博士	四川大学	妇产科学
张　磊	华西医院	博士	四川大学	移植科学与工程
王　椿	华西医院	博士	四川大学	内科学内分泌学
帅丹丹	华西医院	博士	四川大学	影像医学与核医学
廖咏川	华西医院	博士	四川大学	眼科学
张凌琳	华西医院	博士	四川大学	口腔临床医学
赵　寰	华西口腔医学院	博士	四川大学	口腔临床医学
熊　艳	制造科学与工程学院	博士	四川大学	机械制造及自动化
李艳梅	高分子科学与工程学院	博士	四川大学	材料加工工程
唐文富	华西医院	博士	四川大学	中西医结合临床
刘丽华	外国语学院	博士	四川大学	英语语言文学
张　宏	电子信息学院	博士	四川大学	通信与信息系统
任　军	外国语学院	博士	四川大学	英语语言文学
孙　薇	外国语学院	博士	四川大学	英语语言文学
张　骏	华西医院	博士	四川大学	精神病与精神卫生学
陈玉成	华西医院	博士	四川大学	心血管内科学

续表 20

姓名	所在单位	学位	学校	专业
胡宏德	华西医院	博士	四川大学	内科学
曹植菁	建筑与环境学院	博士	四川大学	环境科学
刘小菁	华西医院	博士	四川大学	生物医学工程
林　苹	华西医院	博士	四川大学	肿瘤学
张　磊	计算机学院（软件学院）	博士	四川大学	计算机应用技术
杨智恒	公共管理学院	博士	四川大学	企业管理
谭　震	华西口腔医学院	博士	四川大学	口腔临床医学
王　军	工商管理学院	博士	四川大学	企业管理
颜锦江	工商管理学院	博士	四川大学	管理科学与工程
程红玲	工商管理学院	博士	四川大学	企业管理
马晓亮	建筑与环境学院	博士	四川大学	考古学及博物馆学
孙亚飞	计算机学院（软件学院）	博士	四川大学	计算机应用技术
黄　星	外国语学院	博士	四川大学	英语语言文学
乔莉娜	华西第二医院	博士	四川大学	儿科学
张　菁	电子信息学院	博士	四川大学	光学
杜　磊	华西医院	博士	四川大学	麻醉学
李　静	华西医院	博士	四川大学	循证医学
马尔丽	华西医院	博士	四川大学	麻醉学
刘　勇	华西医院	博士	四川大学	烧伤整形
谭世桥	华西第二医院	博士	四川大学	妇产科
漆　锐	华西医院	博士	四川大学	影像医学与核医学
胡章学	华西医院	博士	四川大学	内科学
李蓉晖	华西基础医学与法医学院	博士	四川大学	生物化学与分子生物学
杨　林	经济学院	博士	四川大学	政治经济学
崔凯军	华西医院	博士	四川大学	内科学
卢　涛	化学工程学院	博士	四川大学	应用化学
刘　芳	华西临床医学院	博士	四川大学	肾内科
陈　尧	建筑与环境学院	博士	四川大学	环境科学
陈　梅	电子信息学院	博士	四川大学	光学
毕中胜	教务处	博士	四川大学	信息安全

续表 20

姓名	所在单位	学位	学校	专业
张　燕	华西医院	博士	四川大学	内科学
崔　平	高分子研究所	博士	四川大学	材料学
郭　勇	化学工程学院	博士	四川大学	环境科学
段伟强	华西医院	博士	四川大学	外科学
赵　旻	数学学院	博士	四川大学	通信与信息系统

表 21　2005 年调入、博士后进站人员名单

姓名	性别	来源单位	进入单位	学历/学位	职称
陈金凤	男	武汉大学	哲　学	博士	副教授
刘飞滨	男	陕西师范大学	哲　学	博士	讲师
李桂生	男	南京艺术学院	哲　学	博士	副教授
黄盛华	女	四川大学	哲　学	博士	助理研究员
黄永锋	男	厦门大学	哲　学	博士	中级
聂士全	男	复旦大学	哲　学	博士	讲师
于忠军	男	山东科技大学	理论经济学	博士	中级
程宏伟	男	西南财经大学	理论经济学	博士	副教授
陈小凡	女	西南财经大学	理论经济学	博士	讲师
李光勇	男	西南财经大学	理论经济学	博士	中级
刘邵权	男	中国科学院	理论经济学	博士	副研究员
杨启智	男	西南财经大学	理论经济学	博士	中级
张国安	男	扬州大学	中国语言文学	博士	副教授
韩书堂	男	山东大学	中国语言文学	博士	副教授
肖伟胜	男	南京大学	中国语言文学	博士	副教授
尹邦志	男	四川大学	中国语言文学	博士	编辑
马泓波	女	陕西师范大学	历史学	博士	中级
尹　富	男	四川大学	历史学	博士	副编审
石超峰	男	西安电子科大	数　学	博士	中级
黄文韬	男	中南大学	数　学	博士	副教授
罗　燕	女	重庆大学	数　学	博士	讲师
王　林	男	四川大学	数　学	博士	中级

续表 21

姓名	性别	来源单位	进入单位	学历/学位	职称
公　岷	男	电子科技大学	物理学	博士	中级
温珍英	女	兰州大学	物理学	博士	中级
S.karthi keyan	男	Alagappa 大学	化　学	博士	高级讲师
郭　刚	男	四川大学	化　学	博士	助理工程师
谢　倩	女	四川大学	化　学	博士	中级
翟红林	男	兰州大学	化　学	博士	副教授
李建薇	女	四川大学	生物学	博士	助理研究员
张　恒	男	四川大学	生物学	博士	助理研究员
杨　烈	男	四川农业大学	生物学	博士	助理研究员
陈　茂	男	四川大学	生物学	博士	医师
顾　玲	女	四川大学	生物学	博士	讲师
徐建国	男	四川大学	生物学	博士	医师
张　晖	男	四川大学	生物学	博士	医师
刘其斌	男	四川大学	生物医学工程	博士	教授
童东革	男	四川大学	化学工程与技术	博士	助理研究员
姚永毅	男	四川大学	化学工程与技术	博士	助理研究员
鲁厚芳	女	四川大学	化学工程与技术	博士	副教授
张　勇	男	中山大学	材料科学与工程	博士	中级
刘鹏波	男	四川大学	材料科学与工程	博士	副教授
杨　其	男	四川大学	材料科学与工程	博士	副教授
吴世见	男	四川大学	材料科学与工程	博士	副教授
宋　波	男	四川大学	材料科学与工程	博士	讲师
李　曹	男	中国科学院	材料科学与工程	博士	中级
许家友	男	四川大学	材料科学与工程	博士	工程师
黄晓荣	男	四川大学	土木工程	博士	讲师
王勇威	男	重庆大学	土木工程	博士	中级
刘长武	男	中国矿业大学	土木工程	博士	教授
刘加海	男	四川大学	土木工程	博士	高级工程师
R.A.M.Ahmed	男	Ain－Shams 大学	轻工技术与工程	博士	研究员
高雪芹	女	四川大学	轻工技术与工程	博士	中级

续表 21

姓名	性别	来源单位	进入单位	学历/学位	职称
靳丽强	男	山东大学	轻工技术与工程	博士	副教授
张其翼	男	四川大学	轻工技术与工程	博士	副教授
楚英豪	男	四川大学	轻工技术与工程	博士	中级
郭玉良	男	清华大学	轻工技术与工程	博士	讲师
杨　孔	男	四川大学	生物医学工程	博士	中级
曾　泉	男	四川大学	生物医学工程	博士	医师
孙　岩	男	四川大学	生物医学工程	博士	中级
冯　戈	男	四川大学	生物医学工程	博士	医师
黄　磊	男	四川大学	生物医学工程	博士	医师
李尚伟	男	四川大学	生物医学工程	博士	中级
魏永刚	男	四川大学	基础医学	博士	中级
陈县城	男	四川大学	基础医学	博士	副主任医师
冯　莉	女	四川大学	基础医学	博士	中级
郭梅梅	女	四川大学	基础医学	博士	医师
王　存	男	四川大学	基础医学	博士	中级
黄　蕤	女	四川大学	基础医学	博士	中级
汪宇春	女	四川大学	基础医学	博士	中级
唐　勇	男	四川大学	基础医学	博士	医师
陈俊杰	男	四川大学	基础医学	博士	中级
黄晓琦	女	四川大学	基础医学	博士	中级
吴　杨	女	四川大学	基础医学	博士	医师
吴　波	男	四川大学	基础医学	博士	医师
付　莉	女	吉林大学	临床医学	博士	医师
应斌武	男	四川大学	临床医学	博士	中级
赵　莎	女	四川大学	临床医学	博士	中级
张红敏	女	成都中医药大学	临床医学	博士	医师
于波涛	男	四川大学	药　学	博士	副主任医师
孙毅毅	女	四川大学	药　学	博士	讲师
侯建梅	女	四川大学	药　学	博士	中级
蔡　勤	女	四川大学	药　学	博士	中级
陈　蜀	男	四川大学	药　学	博士	中级

表 22　2005 年晋升正高职称人员名单

姓　名	单　　位	性别	最后学历	专业技术职务	聘任时间
周　军	外国语学院	男	博研毕业	教授（特批）	2005-5-1
李华强	电气信息学院	男	博研毕业	教授（特聘）	2005-1-1
樊渝江	高分子科学与工程学院	男	博研毕业	教授（特批）	2005-11-1
敖天其	人事处	男	博研（后）	教授（特聘）	2005-1-1
高福华	物理科学与技术学院	男	博研（后）	教授（特批）	2005-7-1
陈界融	法学院	男	博研（后）	教授（特批）	2005-4-1
艾　华	生物材料工程研究中心	男	博研（后）	教授（特聘）	2005-6-1
马志贵	华西医院	男	硕研毕业	教授（特批）	2005-3-28
母得志	华西第二医院	男	博研（后）	教授（特批）	2005-1-1
莫显明	华西临床医学院	男	博研（后）	教授（特批）	2005-6-1
岑理相	物理科学与技术学院	男	博研（后）	教授（特批）	2005-7-1
蒋扬富	华西临床医学院	男	博研（后）	教授（特批）	2005-5-1
罗志娟	华西基础医学与法医学院	女	博研（后）	教授（特批）	2005-1-1
吕　弋	化学学院	男	博研（后）	教授（特批）	2005-6-1
卢　铀	华西临床医学院	男	硕研（后）	教授（特批）	2005-10-19
朱哲明	建筑与环境学院	男	博研（后）	教授（特批）	2005-11-10
曾祥国	建筑与环境学院	男	博研（后）	教授（特批）	2005-7-1

表 23　2005 年博士后情况　　（单位：人）

进站	83	国家资助	13
		自筹	52
		企业	18
在站	219	2002 年	8
		2003 年	40
		2004 年	88
		2005 年	83
出站	58	四川省内工作	18
		四川省外工作	40

人才培养篇

人才培养概况

四川大学在长期的办学实践中，全面贯彻党和国家的教育方针和政策，坚持社会主义方向，培养德、智、体等全面发展的社会主义事业的建设者和接班人。在教育教学中牢固确立“质量就是生命、质量就是岗位”的观念，切实提高质量。大力加强对高等教育规律的探索与实践，确立现代教育教学理念，树立现代教育观、人才观，不断深化教育教学改革，创新人才培养体制机制，努力培养高素质创新型人才，建立和完善研究型本科教育体系和创新型研究生教育体系，已形成以“本科生教育为基础，研究生培养和科学研究为重点，其他办学形式为补充”的办学格局。截至2005年12月底，在校本科以上全日制普通学生达5.5万余人，其中全日制本科生35523人，硕士生、博士生18293人，外国留学生和港澳台侨学生814人。此外，学校还有成人高等教育学生2万余人，网络教育学生2万余人。

本科教育方面，四川大学始终坚持和确保本科教育教学的基础和中心地位。按照这一要求，进一步实施和深化学分制改革，推进本科“412”质量工程，从人才培养的理念、目标、方式、内容和手段诸方面深入研究探索、改革创新，逐步建立和完善研究型本科教育体系。四川大学确立了培养“具有深厚人文底蕴、扎实专业知识、强烈创新意识、宽广国际视野的国家栋梁和社会精英”的人才培养新目标，充分发挥多学科交叉融合的优势推动人才培养，通过学科专业调整、本科专业归并，本科专业结构更趋合理；以研究型大学的科研强势带动人才培养，校内主要科研实验室要向本科生开放，大力实施大学生科研项目训练计划，鼓励学生进入教师科研课题进行助研工作；以教学手段的现代化和教学方法的改革创新加强人才培养，开发优秀课件，进一步提高多媒体教学的效果，推进探究式教学和研究性学习的改革；以提高国际化教育的程度来提升人才培养，鼓励各个学院与国外著名大学建立实质性的合作关系，探索实施与国外著名大学联合培养学生的多种新模式，培养和提高学生的国际竞争力；采取一系列特殊举措促进人才培养，通过实行主辅修制、双学位制、转专业、本科生导师制以及举办创新班深化教学改革；从2001年秋季起，在文理工各学科新生中率先试行了学分制和弹性学制；投入资金9712万元，实施了“523实验室工程”一、二期建设，并将望江、华西校区原有的200多个实验室归并为70个；利用世行贷款“高等教育发展”项目400万美元用于六大校级基础实验教学中心建设，实验教学条件进一步改善；推进了招生和毕业生就业制度改革；学校的生源质量和培养质量不断提高。近年来，学生在全国性的挑战杯、电子设计、数学建模、英语演讲、英语辩论、大学生辩论、文艺表演、高校足球赛等各项竞赛中都取得了优异成绩，2名教师获“国家教学名师”奖，9门课程获“国家精品课程”，17项成果获国家教学成果奖，其中2005年获11项，其中四川大学独立获一等奖1项，二等奖8项。

研究生教育方面，四川大学实施了创新型研究生培养模式，加大改革研究生招生和培养制度的力度，鼓励导师和学生跨专业招生和报考，鼓励相关学院导师联合培养研究生，允许高水平科研基地根据需要独立招收研究生；优化研究生的知识结构，压缩课时数，增加学术讨论和交流活动的时间和学分；加强研究生从事科学研究的要求，严格质量标准，制定并实施研究生参与科研的量化标准、质量要求和激励措施，加强研究生学术道德建设，树立良好的学风，确保学校学位授予的质量；加强研究生导师队伍建设，进一步明确导师的权利和责任，改进导师遴选标准，坚持没有科研项目经费或没有高水平科研产出的教师不能招收研究生的规定；打破资历和职称壁垒，突出研究能力和研究实绩，积极增列在科研教学一线工作的优秀年轻教师上岗招收研究生；这些措施使学校的研究生教育取得了长足的进步，为培养更多的拔尖创新人才奠定了坚实的基础。一是研究生教育规模迅速扩大，学校办学层次提高。截至2005年底，学校研究生达到18293人，其中博士生3710人、硕士生和专业学位研究生14583人，使学校朝一流研究型综合大学的人才培养层次迅速靠拢。二是研究生生源不断扩大。2005年第一志愿报考四川大学硕士研究生的考生为18366人（录取4564人，录取比为25%），报考博士生的考生为2089人（录取1037人，录取比为50%），四川大学研究生招生规模已进入全国高校第6位，为学校研究生教育奠定了较好的基础。三是研究生培养能力和培养基地条件迅速增强。学校已拥有一级学科博士、硕士学位授权点27个，二级学科博士学位授权点213个，硕士学位授权点330个，专业学位授权点8个，国家重点学科15个，博士后流动站21个，使培养研究生尤其是博士生的能力大大增强。四是研究生培养质量明显提高。学校逐步规范并提高了授位要求。近年来，研究生的培养质量有了较大提高，不仅研究生发表的论文数大幅度增加，而且涌现了一批出类拔萃的青年学子。如口腔医学专业王大章教授指导的杨西川同学、历史学专业罗志田教授指导的杨天宏同学、药学专业王锋鹏教授指导的陈巧鸿同学、生物医学工程专业张兴栋教授指导的冯波同学、轻工技术与工程专业石碧教授指导的廖学品同学、药学专业张志荣教授指导的张彦同学的博士论文被评为“全国百篇优秀博士论文”；魏于全教授培养的2002届的5位博士毕业生均发表了重要论文，一位的论文发表在影响因子为8.9的《癌症研究》上，另一位发表在影响因子为6.0的《基因治疗》上；刘应明教授培养的阮勇斌、罗懋康博士，张铭让教授培养的林炜博士等，都做出了十分突出的成绩；2001年，继皮革专业研究生林炜在全国“挑战杯”赛上摘取一等奖桂冠并创下700万元的转让纪录后，该专业博士生穆畅道同学的“挑战杯”获奖作品又和绵阳银河集团签订了1500万元的技术转让合同。五是研究生培养的支撑条件明显改善。2005年，学校科研总经费已超过7.015亿元，其中理、工、医科研总经费超过6.5亿元，人文社科科研经费达到5018万元。科研规模和科研经费的迅速增加，为培养高水平研究生，尤其是博士生创造了条件。此外，近几年来，学校相继开建或建成了生命科学楼、高材楼、皮革楼、工商楼、口腔科教楼、公卫楼、华西医院外科大楼、基础教学实验大楼、药学楼、口腔教学实践楼、华西医院内科大楼等，特别是具有先进教学设施的19500平方米的研究生教学楼也相继竣工，投入使用，大大改善了研究生培养的物质条件。

四川大学坚持“以本科教育为基础，研究生教育和科学研究为重点，成人教育、职业技术教育、继续教育和远程教育为补充”的办学战略，全面更新教育观念、教学制度、教学组织、教学内容、教学方法和教学手段，不断深化教育教学改革。“十一五”期间学校将稳定本科办学规模，适度扩大研究生教育，加快发展留学生教育，使学校教学质量和人才培养水平位居全国高校前列，教学成果、精品课程、教学名师、百篇优秀博士论文等有显示度的人才培养指标数量有较大幅度增长。在确保质量前提下，鼓励发展成人教育和网络教育，稳步推进独立学院发展。全日制本科专业总数调控在130个左右，本科生规模大至稳定在4万人，研究生规模达到2.6万人左右（其中博士生0.8万～1.0万人左右）；海外留学生人数达到或接近在校本科生总数的8%；形成以培养高层次人才为主的多层次、多形式的人才培养结构，基本建立研究型本科教育体系和创新型研究生培养模式。

研究生教育

一、全面推动研究生教育改革，大力推进导师队伍建设

全面深化研究生招生、培养体制改革，把大力提高研究生培养质量和导师队伍建设质量提升到核心位置。制定并印发了《关于实施研究生教育创新计划的若干补充意见（试行）》（川大研［2005］27号）。认真落实学校《关于研究生导师队伍建设的若干意见》，对导师的聘任、上岗招生等方面的要求进一步充实完善。为适应学校总体办学目标及改革发展需要，激励优秀年轻人才脱颖而出，进行了博士生指导教师资格人选的特殊增列工作，首次对具有高学历、高水平科研能力的副教授进行了博士生指导教师资格的审查，此次共增列博士生指导教师资格人选78人。

二、不断强化质量意识，加强研究生培养管理

组织修订了博士、硕士研究生的培养方案，改革了研究生课程结构，加强研究生专业基础理论知识，删除了内容陈旧的课程，增加了反映本学科发展前沿和最新研究动态的研究型课程。向教育部申请了5项研究生创新项目，已获批准2项，并承担了教育部研究生司的创新任务，举办了研究生暑期学校。

三、研究生招考、授位及就业工作

2005年共招收全日制博士、硕士研究生5599人，其中招录了硕士研究生4564人，超额完成计划64人，较2004年的4269人增长了7%；招录博士研究生1037人，较2004年的1002人增长3%。2005年初，完成了2004级专业学位研究生招生计划630人，加上自主招生的软件工程硕士，2005年共有2017人报考我校专业学位研究生，在全省各高校总计报名人数减少近三分之一的情况下，我校的报名人数比2004年的1136人增加了

77.6%。

2005年按常规集中进行了2次授位工作。6月，授予博士学位296人，专业学位博士177人，同等学力博士19人，硕士学位1975人，同等学力硕士83人，专业硕士学位746人；12月，授予博士学位73人，专业学位博士7人，同等学力博士6人，硕士学位78人，同等学力硕士39人，专业硕士学位358人。

2005年共完成了3110名毕业研究生的就业和派遣工作。

四、组织全国百篇优秀博士学位论文申报评选

根据教育部评选全国百篇优秀博士学位论文的要求，2005年我校向四川省推荐了13篇博士学位论文，其中9篇被四川省选送国家评审。经过通讯评议专家、学科组及国务院学位评定委员会各级评审，生物医学工程专业冯波博士（指导教师张兴栋教授）荣获2005年全国优秀博士学位论文奖，专门史专业王东杰博士（指导教师罗志田教授）、皮革化学与工程专业周华龙博士（指导教师张新申教授）、肿瘤学专业刘继彦博士（指导教师魏于全院士）获2005年全国优秀博士学位论文提名奖。

表1　2005年新增列博士生指导教师资格人选名单

学科、专业	姓名	学科、专业	姓名
宗教学	陈　霞	宗教学	朱越利
政治经济学	陈爱民	文艺学	吴兴明
文艺与传媒	蔡尚伟	比较文学与世界文学	靳明全
企业管理	顾　新	分析化学	邓安平
基础数学	寇　辉	基础数学	谭友军
计算数学	谢小平	应用数学	马　天
应用数学	李洪旭	原子与分子物理	程新路
原子与分子物理	蒋　刚	有机化学	游劲松
物理化学	薛　英	高分子化学与物理	汪秀丽
高分子化学与物理	江　波	植物学	刘永胜
遗传学	杨　毅	生物化学与分子生物学	吴宇群
生物化学与分子生物学	鲍锦库	微生物学	曹　毅
结构生物学	阳世新	农药学	高　平
测试计量技术及仪器	苏真伟	光学工程	王琼华
计算机应用技术	王明辉	材料物理与化学	王瑞林
材料学	张军华	材料学	杨　刚
材料学	张爱民	材料学	卢灿辉

续表 1

学科、专业	姓名	学科、专业	姓名
材料学	吴　行	高分子材料	叶　林
材料加工工程	李忠明	电力系统及其自动化	孙　衢
电力系统及其自动化	刘玉生	通信与信息系统	刘长军
皮革化学与工程	李国英	皮革化学与工程	廖学品
皮革化学与工程	范浩军	皮革化学与工程	但卫华
生物医学工程	罗祥林	生物医学工程	艾　华
生物医学工程	高利珍	生物医学工程	周大利
生物医学工程	范红松	生物医学工程	杨帮成
生物医学工程	赵长生	环境科学	杨　平
水工结构工程	张　林	岩土工程	邓建辉
内科学（血液病）	马志贵	内科学（消化系病）	甘华田
儿科学	母德志	药物化学	陈应春
医学生物化学与细胞生物学	高秀峰	微生物与生化药学	潘武宾
病原生物学	李　虹	老年医学	王修杰
影像医学与核医学	龚启勇	影像医学与核医学	李云春
外科学（骨外）	解慧琪	外科学（骨外）	项　舟
肿瘤学	陈俐娟	肿瘤学	蒋扬富
肿瘤学	卢　铀	肿瘤学	罗云萍
肿瘤学	吴　敏	肿瘤学	沈　颖
肿瘤学	肖　波	肿瘤学	杨胜勇
肿瘤学	毕　锋	临床遗传学	马用信
精神病与精神卫生学	孙学礼	社会医学与卫生事业管理	马　骁

表 2　博士生报名、录取情况表　　单位：人

专业代码	专业名称	报名人数	招生规模	国家计划	录取情况（按生源）			录取情况（按考试方式）		
					在职	应届	其他	统考	硕博连读	提前攻博
010107	宗教学	34	15	6	8	7	0	15	0	0
020101	政治经济学	133	54	24	40	10	4	50	4	0
020105	世界经济	79	27	13	15	10	2	25	2	0
030106	诉讼法学	46	11	6	9	1	1	10	1	0

续表 2

专业代码	专业名称	报名人数	招生规模	国家计划	录取情况（按生源）			录取情况（按考试方式）		
					在职	应届	其他	统考	硕博连读	提前攻博
050101	文艺学	55	23	7	13	9	1	22	1	0
050102	语言学及应用语言学	13	5	3	1	4	0	5	0	0
050103	汉语言文字学	20	6	2	5	1	0	6	0	0
050104	中国古典文献学	11	3	2	2	1	0	3	0	0
050105	中国古代文学	51	20	11	9	11	0	20	0	0
050106	中国现当代文学	43	9	4	5	2	2	7	2	0
050108	比较文学与世界文学	48	22	11	11	10	1	21	1	0
050120	文艺与传媒	60	18	8	17	1	0	18	0	0
050121	文化批评	11	4	2	2	2	0	4	0	0
050122	文学人类学	17	3	1	1	2	0	3	0	0
050123	佛教语言文学	4	1	1	1	0	0	1	0	0
050124	广播影视文艺学	15	5	2	4	0	1	4	1	0
050201	英语语言文学	31	12	8	12	0	0	12	0	0
060101	史学理论及史学史	2	0	0	0	0	0	0	0	0
060102	考古学及博物馆学	6	4	3	4	0	0	4	0	0
060104	历史文献学	9	5	4	0	3	2	3	2	0
060105	专门史	30	15	9	5	10	0	15	0	0
060106	中国古代史	8	2	2	0	2	0	2	0	0
060107	中国近现代史	30	8	4	7	1	0	8	0	0
060108	世界史	14	8	4	5	2	1	7	1	0
060120	藏族历史、经济与社会发展	9	3	2	1	2	0	3	0	0
060121	文化遗产与旅游开发	35	14	8	9	4	1	13	1	0
070101	基础数学	5	4	4	0	4	0	4	0	0
070102	计算数学	2	1	1	1	0	0	1	0	0
070103	概率论与数理统计	4	4	4	0	2	2	2	2	0
070104	应用数学	6	6	6	4	2	0	6	0	0
070105	运筹学与控制论	6	5	4	3	2	0	5	0	0
070120	不确定性处理的数学	2	1	0	1	0	0	1	0	0

续表 2

专业代码	专业名称	报名人数	招生规模	国家计划	录取情况（按生源）			录取情况（按考试方式）		
					在职	应届	其他	统考	硕博连读	提前攻博
070121	信息安全	12	8	3	5	3	0	8	0	0
070201	理论物理	1	1	1	0	1	0	1	0	0
070203	原子与分子物理	22	11	10	2	1	8	3	7	1
070205	凝聚态物理	10	7	7	0	2	5	2	5	0
070207	光学	14	10	9	5	1	4	6	4	0
070208	无线电物理	1	1	0	1	0	0	1	0	0
070301	无机化学	4	4	3	1	0	3	1	3	0
070302	分析化学	7	4	2	2	2	0	4	0	0
070303	有机化学	18	17	15	3	4	10	7	10	0
070304	物理化学	8	6	4	1	3	2	4	2	0
070305	高分子化学与物理	6	6	5	1	3	2	4	2	0
070320	绿色化学	3	3	3	0	0	3	0	3	0
070321	化学生物学	5	3	3	0	1	2	1	2	0
071001	植物学	13	11	9	4	4	3	8	3	0
071002	动物学	12	11	6	4	7	0	11	0	0
071003	生理学	6	3	2	3	0	0	3	0	0
071005	微生物学	6	4	3	2	2	0	4	0	0
071007	遗传学	21	13	9	3	6	4	9	4	0
071009	细胞生物学	19	12	8	10	2	0	12	0	0
071010	生物化学与分子生物学	25	21	17	6	9	6	15	6	0
071012	生态学	4	4	4	3	1	0	4	0	0
080102	固体力学	1	1	1	1	0	0	1	0	0
080201	机械制造及其自动化	21	17	12	6	10	1	16	1	0
080203	机械设计及理论	7	4	3	1	1	2	2	2	0
080300	光学工程	3	3	2	2	0	1	2	1	0
080402	测试计量技术及仪器	8	8	5	4	3	1	7	1	0
080501	材料物理与化学	9	7	5	2	0	5	2	5	0
080502	材料学	39	34	24	9	17	8	26	8	0

续表 2

专业代码	专业名称	报名人数	招生规模	国家计划	录取情况（按生源）			录取情况（按考试方式）		
					在职	应届	其他	统考	硕博连读	提前攻博
080503	材料加工工程	9	8	5	3	5	0	8	0	0
080520	高分子科学与工程	8	5	3	2	3	0	5	0	0
080521	纳米材料与纳米技术	8	4	3	0	3	1	3	1	0
080522	复合材料	2	1	1	1	0	0	1	0	0
080706	化工过程机械	4	4	4	2	0	2	2	2	0
080802	电力系统及其自动化	5	3	2	2	1	0	3	0	0
081001	通信与信息系统	20	14	9	8	2	4	10	4	0
081202	计算机软件与理论	5	1	1	0	1	0	1	0	0
081203	计算机应用技术	95	32	18	16	13	3	29	3	0
081401	岩土工程	11	9	7	3	5	1	8	1	0
081501	水文学及水资源	10	3	3	3	0	0	3	0	0
081502	水力学及河流动力学	6	6	4	4	1	1	5	1	0
081504	水利水电工程	3	2	2	0	1	1	1	1	0
081520	水电建设工程管理	4	2	2	2	0	0	2	0	0
081701	化学工程	6	3	1	1	1	1	2	1	0
081702	化学工艺	9	8	6	2	4	2	6	2	0
081703	生物化工	3	2	2	1	0	1	1	1	0
081704	应用化学	9	6	4	4	2	0	6	0	0
081705	工业催化	2	2	2	0	1	1	1	1	0
082204	皮革化学与工程	10	10	7	4	1	5	5	5	0
082703	核技术及应用	1	1	1	0	1	0	1	0	0
083001	环境科学	40	24	16	12	11	1	23	1	0
083100	生物医学工程	32	29	20	8	12	9	20	7	2
090403	农药学	1	1	1	1	0	0	1	0	0
100101	人体解剖与组织胚胎学	2	0	0	0	0	0	0	0	0
100102	免疫学	9	6	4	5	1	0	6	0	0
100103	病原生物学	7	5	3	3	2	0	5	0	0
100104	病理学与病理生理学	13	7	5	4	0	3	4	3	0

续表 2

专业代码	专业名称	报名人数	招生规模	国家计划	录取情况（按生源）			录取情况（按考试方式）		
					在职	应届	其他	统考	硕博连读	提前攻博
100105	法医学	13	7	6	0	0	7	0	7	0
100201	内科学	63	24	16	19	4	1	23	1	0
100202	儿科学	13	8	5	6	1	1	7	1	0
100204	神经病学	12	6	3	4	2	0	6	0	0
100205	精神病与精神卫生学	7	6	4	2	4	0	6	0	0
100206	皮肤病与性病学	5	0	0	0	0	0	0	0	0
100207	影像医学与核医学	18	8	5	4	2	2	6	2	0
100210	外科学	108	48	28	27	17	4	44	4	0
100211	妇产科学	29	14	6	6	4	4	10	4	0
100212	眼科学	7	3	2	1	1	1	2	1	0
100213	耳鼻咽喉科学	5	1	1	1	0	0	1	0	0
100214	肿瘤学	21	14	8	7	6	1	13	1	0
100217	麻醉学	16	7	4	6	1	0	7	0	0
100220	循证医学	4	2	2	1	1	0	2	0	0
100221	移植科学与工程学	4	3	2	2	1	0	3	0	0
100301	口腔基础医学	4	2	1	1	0	1	1	1	0
100302	口腔临床医学	82	37	23	6	17	14	23	14	0
100401	流行病与卫生统计学	5	4	2	1	2	1	3	1	0
100403	营养与食品卫生学	2	2	1	0	0	2	0	2	0
100420	健康与社会行为学	2	2	1	2	0	0	2	0	0
100421	公共卫生检验学	2	1	1	1	0	0	1	0	0
100602	中西医结合临床	2	2	2	1	1	0	2	0	0
100701	药物化学	18	13	7	2	4	7	6	7	0
100702	药剂学	15	11	9	3	3	5	6	5	0
100703	生药学	3	1	1	1	0	0	1	0	0
100704	药物分析学	2	1	1	1	0	0	1	0	0
100706	药理学	16	7	5	3	2	2	5	2	0
100720	临床药学	5	2	1	1	1	0	2	0	0

续表 2

专业代码	专业名称	报名人数	招生规模	国家计划	录取情况（按生源）			录取情况（按考试方式）		
					在职	应届	其他	统考	硕博连读	提前攻博
100721	药事管理学	2	2	1	1	1	0	2	0	0
120100	管理科学与工程	23	9	5	6	3	0	9	0	0
120202	企业管理	97	29	12	22	5	2	27	2	0
120402	社会医学与卫生事业管理	6	6	3	5	0	1	5	1	0

表 3　硕士生报名、录取情况表　单位：人

专业代码	专业名称	报名人数	招生规模	国家计划	录取情况（按生源）			录取情况（按考试方式）		
					在职	应届	其他	统考	推免	单考
010101	马克思主义哲学	8	2	1	0	0	2	0	0	0
010102	中国哲学	29	9	4	2	6	1	0	1	0
010103	外国哲学	24	7	3	0	5	2	0	1	0
010105	伦理学	8	3	1	1	2	0	0	1	0
010107	宗教学	36	18	9	5	5	8	0	0	2
020101	政治经济学	80	27	14	9	12	6	0	4	1
020104	西方经济学	19	6	3	1	3	2	0	2	0
020105	世界经济	89	29	15	3	16	10	0	3	0
020201	国民经济学	86	21	10	2	13	6	0	1	0
020202	区域经济学	63	11	5	1	8	2	0	2	0
020203	财政学	52	10	5	1	9	0	0	4	0
020204	金融学	196	48	23	7	27	14	0	5	0
020205	产业经济学	28	9	4	2	7	0	0	5	0
020206	国际贸易学	57	12	6	0	10	2	0	7	0
030101	法学理论	34	10	4	3	2	5	0	1	2
030103	宪法学与行政法学	41	12	4	4	5	3	0	2	2
030104	刑法学	170	29	13	3	16	10	0	6	0
030105	民商法学	365	66	25	18	22	26	0	7	5
030106	诉讼法学	172	37	16	14	15	8	0	7	3
030107	经济法学	49	12	3	2	7	3	0	3	0

续表 3

专业代码	专业名称	报名人数	招生规模	国家计划	录取情况（按生源）			录取情况（按考试方式）		
					在职	应届	其他	统考	推免	单考
030180	法律硕士	1834	120	0	37	34	49	120	0	0
030201	政治学理论	31	19	8	4	9	6	0	0	0
030202	中外政治制度	15	5	2	2	3	0	0	1	1
030205	马克思主义理论与思想政治教育	56	28	12	12	8	8	0	0	4
030207	国际关系	114	25	13	6	15	4	0	0	0
030301	社会学	34	10	4	4	3	3	0	1	1
030302	人口学	18	9	2	2	4	3	0	0	0
030401	民族学	16	5	5	5	0	0	0	0	4
030405	中国少数民族艺术	10	2	1	0	2	0	0	2	0
040106	高等教育学	52	13	8	5	3	5	0	1	0
040203	应用心理学	254	33	11	7	14	12	0	3	1
040301	体育人文社会学	50	10	1	6	1	3	0	1	0
040302	运动人体科学	31	3	1	0	3	0	0	0	0
040303	体育教育训练学	127	23	5	8	8	7	0	1	1
050101	文艺学	78	23	8	4	11	8	0	3	0
050102	语言学及应用语言学	276	29	9	8	10	11	0	1	1
050103	汉语言文字学	108	22	8	8	10	4	0	2	0
050104	中国古典文献学	28	16	13	4	7	5	0	5	0
050105	中国古代文学	149	23	8	4	13	6	0	2	0
050106	中国现当代文学	176	27	9	7	13	7	0	3	0
050107	中国少数民族语言文学	3	4	1	0	4	0	0	0	0
050108	比较文学与世界文学	98	27	13	3	20	4	0	5	0
050120	文艺与传媒	35	7	2	4	2	1	0	0	0
050121	文化批评	8	4	1	0	3	1	0	1	0
050122	文学人类学	21	10	3	3	6	1	0	2	0
050123	佛教语言文学	3	2	2	1	1	0	0	0	0
050124	广播影视文艺学	17	4	2	2	1	1	0	1	0
050201	英语语言文学	204	66	32	21	30	15	0	12	1

续表 3

专业代码	专业名称	报名人数	招生规模	国家计划	录取情况（按生源）			录取情况（按考试方式）		
					在职	应届	其他	统考	推免	单考
050205	日语语言文学	27	13	6	7	4	2	0	2	0
050211	外国语言学及应用语言学	427	68	27	21	40	7	0	9	1
050301	新闻学	270	42	15	10	18	14	0	10	0
050302	传播学	346	57	19	6	25	26	0	7	1
050401	艺术学	52	10	4	5	4	1	0	3	2
050403	美术学	211	40	19	14	12	14	0	4	1
050404	设计艺术学	266	40	19	14	17	9	0	9	1
060102	考古学及博物馆学	25	11	6	4	7	0	0	0	0
060103	历史地理学	20	3	2	1	2	0	0	0	0
060104	历史文献学	10	6	5	1	4	1	0	0	0
060105	专门史	75	26	13	4	17	5	0	4	1
060106	中国古代史	80	23	13	7	12	4	0	2	0
060107	中国近现代史	183	52	24	18	28	6	0	3	0
060108	世界史	101	26	12	8	14	4	0	1	1
070101	基础数学	66	30	19	5	24	1	0	9	1
070102	计算数学	18	7	5	0	5	2	0	5	0
070103	概率论与数理统计	30	6	5	1	5	0	0	5	0
070104	应用数学	25	8	3	2	5	1	0	2	0
070105	运筹学与控制论	6	1	1	0	1	0	0	1	0
070120	不确定性处理的数学	17	7	5	0	7	0	0	5	0
070121	信息安全	15	5	4	1	4	0	0	2	1
070201	理论物理	38	8	6	0	6	2	0	0	0
070202	粒子物理与原子核物理	28	9	4	4	2	3	0	1	0
070203	原子与分子物理	80	54	29	12	37	5	0	2	1
070205	凝聚态物理	55	35	19	5	23	7	0	6	0
070207	光学	142	44	26	11	29	4	0	2	0
070208	无线电物理	19	9	7	3	5	1	0	3	0
070220	生物医学物理	9	3	3	1	2	0	0	0	0

续表 3

专业代码	专业名称	报名人数	招生规模	国家计划	录取情况（按生源）			录取情况（按考试方式）		
					在职	应届	其他	统考	推免	单考
070221	应用电子物理	6	6	4	1	5	0	0	2	0
070301	无机化学	32	13	6	3	7	3	0	1	0
070302	分析化学	45	20	8	4	13	3	0	1	0
070303	有机化学	82	27	20	2	20	5	0	4	1
070304	物理化学	20	17	7	3	12	2	0	2	0
070305	高分子化学与物理	27	23	10	5	15	3	0	2	0
070320	绿色化学	11	6	5	1	4	1	0	2	0
070321	化学生物学	12	6	3	2	4	0	0	1	0
071001	植物学	48	26	16	2	22	2	0	5	0
071002	动物学	14	10	6	1	7	2	0	1	0
071003	生理学	15	8	3	4	4	0	0	0	1
071005	微生物学	150	42	20	1	39	2	0	6	0
071007	遗传学	94	35	20	3	26	6	0	5	0
071009	细胞生物学	74	23	9	1	18	4	0	3	0
071010	生物化学与分子生物学	166	65	34	8	43	14	0	4	1
071012	生态学	17	7	4	0	5	2	0	1	0
071020	生物信息学	22	7	5	1	4	2	0	1	0
080102	固体力学	5	4	3	1	2	1	0	1	0
080103	流体力学	1	1	1	0	1	0	0	1	0
080104	工程力学	5	2	2	1	0	1	0	0	1
080201	机械制造及其自动化	109	38	29	6	24	8	0	7	7
080202	机械电子工程	32	17	12	7	7	3	0	3	0
080203	机械设计及理论	34	19	11	3	11	5	0	7	0
080204	车辆工程	15	5	3	0	4	1	0	1	0
080300	光学工程	21	11	5	0	11	0	0	2	0
080401	精密仪器及机械	5	4	3	0	4	0	0	1	0
080402	测试计量技术及仪器	23	10	6	1	9	0	0	5	1
080501	材料物理与化学	31	17	11	1	15	1	0	5	0

续表 3

专业代码	专业名称	报名人数	招生规模	国家计划	录取情况（按生源）			录取情况（按考试方式）		
					在职	应届	其他	统考	推免	单考
080502	材料学	129	80	43	5	58	17	0	15	0
080503	材料加工工程	114	47	28	4	39	4	0	14	1
080520	高分子科学与工程	55	17	10	1	14	2	0	2	0
080521	纳米材料与纳米技术	26	10	7	0	9	1	0	2	0
080522	复合材料	27	13	9	1	11	1	0	3	0
080602	钢铁冶金	1	3	3	0	3	0	0	0	0
080603	有色金属冶金	2	3	3	1	1	1	0	1	0
080706	化工过程机械	25	15	11	1	13	1	0	8	1
080801	电机与电器	6	4	2	0	3	1	0	0	0
080802	电力系统及其自动化	149	46	31	16	25	5	0	11	6
080804	电力电子与电力传动	21	7	4	1	6	0	0	2	0
080805	电工理论与新技术	9	4	1	0	2	2	0	1	0
080901	物理电子学	23	10	5	1	6	3	0	2	0
080902	电路与系统	113	42	20	2	25	15	0	4	0
080903	微电子学与固体电子学	14	7	5	1	5	1	0	4	0
080904	电磁场与微波技术	9	16	5	0	14	2	0	4	0
081001	通信与信息系统	300	52	35	10	33	9	0	11	9
081002	信号与信息处理	133	60	35	4	47	9	0	15	2
081101	控制理论与控制工程	49	22	16	1	17	4	0	8	0
081102	检测技术与自动化装置	37	9	7	1	8	0	0	4	1
081104	模式识别与智能系统	47	19	9	2	14	3	0	4	1
081201	计算机系统结构	34	1	0	0	1	0	0	1	0
081202	计算机软件与理论	207	75	41	8	49	18	0	10	3
081203	计算机应用技术	439	163	103	43	90	30	0	23	26
081280	软件工程硕士	11	11	0	4	4	3	0	0	0
081302	建筑设计及其理论	12	6	4	0	6	0	0	4	0
081303	城市规划与设计	40	16	8	0	16	0	0	4	0
081304	建筑技术科学	18	9	2	2	4	3	0	0	0

续表 3

专业代码	专业名称	报名人数	招生规模	国家计划	录取情况（按生源）			录取情况（按考试方式）		
					在职	应届	其他	统考	推免	单考
081401	岩土工程	37	20	16	6	12	2	0	9	2
081402	结构工程	48	13	11	2	10	1	0	8	0
081403	市政工程	27	10	6	2	7	1	0	2	1
081501	水文学及水资源	29	16	12	2	13	1	0	4	1
081502	水力学及河流动力学	30	17	11	1	15	1	0	9	0
081503	水工结构工程	18	9	5	1	8	0	0	3	0
081504	水利水电工程	21	8	8	2	4	2	0	2	0
081520	水电建设工程管理	12	5	4	1	4	0	0	2	1
081701	化学工程	22	12	8	0	8	4	0	4	0
081702	化学工艺	61	22	12	1	20	1	0	4	0
081703	生物化工	57	24	14	1	20	3	0	8	0
081704	应用化学	64	27	12	2	19	6	0	4	0
081705	工业催化	16	5	3	1	4	0	0	2	0
082102	纺织材料与纺织品设计	8	5	4	0	4	1	0	2	0
082103	纺织化学与染整工程	18	6	2	1	5	0	0	1	0
082104	服装	10	4	3	0	4	0	0	2	0
082203	发酵工程	1	2	2	0	2	0	0	1	0
082204	皮革化学与工程	29	19	10	2	14	3	0	8	0
082504	人机与环境工程	4	3	2	0	2	1	0	2	0
082703	核技术及应用	2	9	1	5	4	0	0	1	0
082704	辐射防护及环境保护	1	0	0	0	0	0	0	0	0
082802	农业水土工程	13	2	2	0	2	0	0	0	0
083001	环境科学	187	68	35	14	42	12	0	3	1
083002	环境工程	76	22	13	2	19	1	0	6	1
083100	生物医学工程	66	47	22	2	37	8	0	9	0
083201	食品科学	33	8	4	0	8	0	0	3	0
083202	粮食、油脂及植物蛋白工程	6	0	0	0	0	0	0	0	0
083203	农产品加工及贮藏工程	21	10	8	2	5	3	0	0	0

续表 3

专业代码	专业名称	报名人数	招生规模	国家计划	录取情况（按生源）			录取情况（按考试方式）		
					在职	应届	其他	统考	推免	单考
083204	水产品加工及贮藏工程	10	1	0	0	1	0	0	0	0
090403	农药学	31	9	4	1	5	3	0	2	1
090706	园林植物与观赏园艺	77	16	8	1	12	3	0	0	0
090707	水土保持与荒漠化防治	5	3	0	0	3	0	0	0	0
100101	人体解剖与组织胚胎学	15	9	7	4	4	1	0	1	0
100102	免疫学	10	4	1	2	2	0	0	0	0
100103	病原生物学	9	7	4	2	3	2	0	1	1
100104	病理学与病理生理学	80	23	11	8	13	2	0	1	2
100105	法医学	76	33	19	7	20	6	0	6	0
100201	内科学	694	96	45	26	64	6	0	10	3
100202	儿科学	81	13	6	1	10	2	0	3	0
100203	老年医学	58	7	4	3	4	0	0	1	1
100204	神经病学	145	13	7	3	9	1	0	3	0
100205	精神病与精神卫生学	85	11	4	4	5	2	0	0	0
100206	皮肤病与性病学	130	13	6	1	9	3	0	1	0
100207	影像医学与核医学	108	16	5	9	6	1	0	0	3
100208	临床检验诊断学	35	10	3	1	8	1	0	2	0
100209	护理学	81	12	7	2	6	4	0	4	0
100210	外科学	545	63	28	25	31	7	0	4	8
100211	妇产科学	258	31	14	10	17	4	0	4	1
100212	眼科学	102	13	7	2	10	1	0	4	0
100213	耳鼻咽喉科学	63	11	6	5	3	3	0	1	2
100214	肿瘤学	134	30	11	7	19	4	0	2	0
100215	康复医学与理疗学	13	2	1	1	1	0	0	0	0
100216	运动医学	15	2	1	1	1	0	0	0	0
100217	麻醉学	115	31	8	7	18	6	0	2	0
100218	急诊医学	29	2	1	1	1	0	0	0	0
100220	循证医学	4	7	2	1	5	1	0	0	0

续表 3

专业代码	专业名称	报名人数	招生规模	国家计划	录取情况（按生源）			录取情况（按考试方式）		
					在职	应届	其他	统考	推免	单考
100221	移植科学与工程学	6	9	7	0	8	1	0	5	0
100222	临床药物与器械评价科学	5	4	1	1	3	0	0	0	0
100301	口腔基础医学	7	9	8	3	3	3	0	0	0
100302	口腔临床医学	296	102	42	20	63	19	0	5	11
100401	流行病与卫生统计学	50	21	13	2	18	1	0	5	0
100402	劳动卫生与环境卫生学	13	9	4	2	6	1	0	1	0
100403	营养与食品卫生学	57	17	11	1	16	0	0	3	0
100404	儿少卫生与妇幼保健学	4	3	1	1	1	1	0	0	0
100405	卫生毒理学	9	5	2	0	5	0	0	1	0
100420	健康与社会行为学	10	4	2	1	3	0	0	1	0
100421	公共卫生检验学	16	8	5	1	7	0	0	3	0
100602	中西医结合临床	33	11	6	2	6	3	0	0	0
100701	药物化学	66	33	17	1	27	5	0	5	0
100702	药剂学	90	34	19	1	29	4	0	5	0
100703	生药学	18	8	4	2	5	1	0	1	0
100704	药物分析学	50	24	11	1	19	4	0	2	0
100705	微生物与生化药学	2	2	1	0	2	0	0	0	0
100706	药理学	55	18	8	8	9	1	0	1	0
100720	临床药学	10	3	1	1	2	0	0	0	0
100721	药事管理学	6	2	1	0	1	1	0	0	0
120100	管理科学与工程	107	28	12	3	23	2	0	16	1
120201	会计学	165	36	16	13	15	8	0	6	1
120202	企业管理	497	70	33	13	40	17	0	14	3
120203	旅游管理	259	47	22	4	32	11	0	11	0
120204	技术经济及管理	68	19	8	2	12	5	0	5	0
120280	工商管理硕士	324	123	0	110	0	13	123	0	0
120401	行政管理	503	72	30	17	38	17	0	7	1
120402	社会医学与卫生事业管理	42	20	9	1	18	1	0	6	0

续表 3

专业代码	专业名称	报名人数	招生规模	国家计划	录取情况（按生源）			录取情况（按考试方式）		
					在职	应届	其他	统考	推免	单考
120403	教育经济与管理	122	27	10	8	10	9	0	1	0
120404	社会保障	99	25	10	2	17	6	0	3	0
120405	土地资源管理	91	21	8	8	10	3	0	2	4
120501	图书馆学	31	12	5	7	4	1	0	2	2
120502	情报学	42	17	6	8	6	3	0	3	1
120503	档案学	29	14	5	1	10	3	0	3	0

表 4　2005 年专业学位报名、录取情况表

专业学位名称		报名人数	录取人数
法律硕士		177	82
MBA		117	46
MPA		312	80
MPH		23	10
工程硕士	合计	918	527
	机械工程	15	8
	仪器仪表工程	9	7
	材料工程	73	54
	动力工程	10	4
	电气工程	47	32
	电子与通信工程	50	32
	控制工程	10	5
	计算机技术	49	22
	软件工程	14	9
	建筑与土木工程	82	39
	水利工程	87	35
	化学工程	77	48
	轻工技术与工程	3	1
	环境工程	6	5

续表 4

专业学位名称		报名人数	录取人数
	生物医学工程	11	5
	制药工程	5	7
	工业工程	99	64
	生物工程	8	7
	项目管理	128	64
	物流工程	17	10
	软件工程（自主考试）	118	69
风景园林	硕士	27	12

2005 年授予博士、硕士学位人员名单

一、2005 年 6 月授位

博士研究生 296 人

哲学 14 人

龚晓康　杨荔薇　刘朝霞　邹燕凌　刘亚明　牛　宏　白玛措　高小强　廖雪伶
郑信平　林西朗　余　虹　刘延刚　黄　勇

经济学 27 人

黄善明　曹　洪　何　娟　廖　蔚　龚秀国　向　宇　敬景程　杨晓霞　马德功
黄　鹂　艾仁智　朱廷春　陈晓南　王　雷　王雅梅　义旭东　付学坤　曹　萍
杨　筠　蒋国洲　高　洁　李正彪　杨海芬　陈立泰　肖丕楚　何　燕　唐志红

法学 11 人

冯　军　汪三毛　吴　俐　万　毅　张晓薇　张春霞　袁　志　宋　强　李　明
李　军　秦宗文

文学 30 人

朱寿兴　刘朝谦　詹　恂　段宗社　何志钧　吴定勇　李春霞　李启军　黄建宁
龚泽军　郭迎春　张　海　杜正乾　梁银林　郭树芹　尹　富　刘　静　孙先英
富世平　潘殊闲　李朝军　李自芬　谢应光　姜　源　宁　虹　李卫涛　杜吉刚
王敬民　曾利君　胡志红

历史学 15 人

蒋晓春　雷玉华　康少峰　梁华荣　邓小林　李柏槐　李德英　时广东　莫子刚
高泽祯　杨世文　姚乐野　孙大权　徐　波　佐佐木正治

理学 80 人

奚小勇　路　群　杜祥林　彭小令　贺　平　唐亚勇　杜力力　刘益和　朱文余

廖群英　蒋剑军　王文松　甘在会　唐异垒　曾永福　黄山　刘循　蒋卫生
邓瑾　白玉林　徐国亮　马美仲　倪羽　阎世英　高峰　陶向阳　陶青川
楚晓亮　黄伟　钟先琼　欧群飞　宋芳　岳慧敏　周鼎富　童东革　熊伟
杨维清　李建章　杨军校　黄艳　李志成　王玉良　秦松　张进　郑文旭
段晓惠　胡小平　李静　何文兴　李群　郭鹏　杨孔　周华　潘明
刘军　董佳里　邹方东　江明峰　李珉　李跃建　肖璐　孙迅　孙岩
何国平　刘合焜　张璘　曾令宇　田英　刘英辉　王跃锜　周薇　谢光波
孙毅毅　许小红　陈彤　何军　孙逊　蔡勤　石海涛　陈蜀

工学 64 人

廖敏　陈珂　高伟　张明君　袁小武　于光龙　毕剑　贾殿赠　林云
帅震清　魏昭荣　向海　关键　赵林　刘小龙　殷年伟　李姜　陆昶
许家友　何其佳　邹华维　周冕　张凯　那兵　连利仙　郭刚　杨定明
肖素芬　陶明大　付浩　胥永刚　孙志平　袁毅　高雪芹　李又兵　杨杰
王广金　刘冀成　唐天国　张少文　黄晓荣　刁明军　刘加海　黄文典　李志勤
张之湘　彭黔荣　唐盛伟　江成发　楚英豪　王应红　王照丽　陈荣义　申金山
李方　李波　张宗才　何强　林晓艳　许凤兰　韩纪梅　张利　赵翔
张启灿

医学 52 人

刘延友　彭涛　成敏　赵萍　李青南　周鸿鹰　蒋吉英　田玉　杜艳
朱庆平　王国兴　李明　丁怡　赵明才　于萍　赵莎　叶绿　何妙霞
潘洪富　石美森　应斌武　张霁　蔡继峰　邬云红　陈香　吴雄志　吴薇莉
梁军　陈亮　冯莉　吴波　李凯　陈俊杰　侯建梅　吴扬　张伶
谢兴江　朱彩蓉　张遵真　饶朝龙　肖元梅　梁英　韩萍　姚武　董彩婷
王国庆　周继昌　周颖　廖艳　帅培强　王怡净　何伟

管理学 3 人

胡知能　李晓峰　吴敏

专业学位博士 177 人

临床医学博士专业学位 134 人

杨波　李建薇　胡耀敏　李宏亮　王煜　张建勇　周敏　李卫华　于晓辉
陈茂　范忠才　贾卫国　顾玲　席亚明　汪宇春　黄茂涛　郭梅梅　王再见
张翥　杨亦彬　苏克亮　赵春　冯雪　陈蓉　王华　杨速飞　吴波
谈颂　郭田友　季卫东　杨闯　黄晓琦　周家秀　唐恭顺　马超　黄蕤
杨汉丰　张刚　孙昌进　武志峰　段德鉴　李福民　陈菊萍　钟晓刚　董科
关泉林　李晓东　林浩铭　魏永刚　唐勇　黄韬　李建水　何涛　杨志明
达明绪　陈永兵　张明满　彭方兴　刘立新　张建成　韩黔峰　陈耿臻　高宏凯
郑阳春　赵高平　王存　曾凡伟　解晨昊　袁天柱　郭占林　肖裕华　邵世坤
张晖　杨效宁　王兆杰　冯大雄　丁永利　王新　廖文波　祁洁　罗晓中

孙天威　孔清泉　戚　超　郭予大　苑玉清　代荣晓　高乃康　张　恒　郭付有
徐建国　杨咏波　崔　曙　胡向农　赵福军　高　锐　辛宇鹏　苏　斌　李旭东
孙　明　罗　丹　彭　冰　张　力　胡雅毅　李培旭　唐小丽　王丹青　李春梅
官立丽　李大可　蒋学风　刘玉梅　王红静　杨　钢　鲍　捷　代　艳　崔晓波
古庆家　刘　涛　王光辉　杨小霖　李晓霞　唐昱英　朱昭琼　姚俊岩　梅　开
姚　兵　李　刚　李　玉　张　汝　陈县城　吴汉林　李代蓉　欧阳运薇

口腔医学博士专业学位 43 人

范　旭　周　智　李红旭　刘红春　魏　昕　孙卫斌　郭永华　左渝陵　谢　倩
杨德琴　韩立赤　周海孝　戚孟春　赵洪伟　何　威　韩　波　刘　华　唐尤超
李志勇　王　涛　黄　磊　宋庆高　王　奕　白晓峰　谢家敏　闫征斌　刘　坤
吴峻岭　何立弘　杨　凌　陈　玲　宋　扬　李　罡　李全利　曾　泉　宋宏杰
陈　明　侯　睿　许艳华　吴　勇　郭　杰　王艳民　李　煌

同等学力博士 19 人

历史学 1 人

周思源

工学 1 人

卢忠远

医学 2 人

胡　涛　李继遥

临床医学博士专业学位 13 人

付　平　吴　进　秦　慧　蒋　献　王　伟　郑　莹　楼江燕　刘春玲　唐　莉
彭　枫　罗　锋　李　潞　王晴威

口腔医学博士专业学位 2 人

黄　萍　邹淑娟

硕士研究生 1984 人

哲学 26 人

谭宏钢　余姗姗　林　建　袁倖农　蹇　丹　崔　罡　石永之　李　娅　孙宝安
罗杉杉　琚凤魁　陈仕丹　刘　丰　张海滨　张云江　董西彩　刘红娟　朱丽晓
牟成娟　程雅群　江　莉　杨昌诸　周祥钰　倪秀兰　陈思颖　须藤正裕

经济学 103 人

刘礼波　杜　江　刘承礼　付彤杰　朱春燕　文　宇　杨　莉　潘妍妍　何雨虹
涂文明　单　伟　戴中亮　何应期　付传明　孙春甫　彭　岚　李然斐　杨　晓
王卫卫　卢小青　李　刚　王文佶　陈箫竹　王亚蓓　何超华　罗智波　岳书苇
袁　琳　李　霞　龙　梅　潘传宏　罗　俊　白雪荣　余永强　胡鹏程　蒲　艳
涂　娟　周莉凡　刘明洁　刘　畅　肖　颖　李源源　范静波　王　洋　王东风
樊士德　王芳芳　叶春霞　程燕婉　卜银伟　潘明霞　贺　刚　李建平　李　黎

夏成彬　潘庆杰　袁　媛　刘萍萍　范大良　陈伟国　马文军　谭　勇　李扬绁
唐景峰　向　阳　赵　兵　王　锐　王　倩　王　顺　唐　新　陈长宽　孙赵勇
沈　琳　刘晓露　程　瑶　陈军锐　林小香　汪欢欢　刘　艳　罗美琴　余　良
张　磊　李小兵　雷　建　莫嘉玲　王　鹏　曹　颖　邹新克　张晓琴　范莉馨
吴　双　王　悦　陈　莉　陈　勇　汪迪棣　白　宇　李　立　李谓文　吕祥勋
杨　寒　姚　辉　张秋娟　张　鑫

法学 153 人

刘沛谞　姜　涛　莫俊敏　邓双双　刘　秀　李　衡　蒋　华　郑莉芳　李　静
邓北燕　张小霞　王　媛　李　姗　聂　颖　邹佳铭　肖　敏　尹　亮　张金良
黄爱学　郑凡轩　唐　艺　丁　皓　胡　刚　陈　惠　文　项　孟滋常　徐　微
叶　敏　杨攀钦　李文科　王孟妮　邹俊彬　张自明　严雪梅　陈岚君　马　志
李小荣　洪　运　唐海珍　宋玲玲　刘　莺　李佑僖　刁其怀　鲁　旭　冯　梅
邓军英　吴华斌　贾凤蓉　颜明聪　李　波　侯京华　张　蓓　郭　阳　薛　山
李阳梅　张丹丹　陈　霞　杜　华　曾文忠　饶红琼　李群河　刘蕾蕾　贺　玲
黄亚菲　白　炼　李成蹊　李　旭　周　晶　刘雪梅　李　欢　孙　博　王　红
吴丽娜　邱　凌　沙　迪　杨茂琼　吴常青　张吉喜　陈利红　潘庆林　曾顺涛
全　亮　杨发明　肖仕卫　杨　茜　杨小勇　高正兵　李　飏　廖小琴　徐　翀
熊海燕　杜　娟　付　民　张其鸾　王志军　李万权　雷　琨　梁光超　张明勇
汤烈琴　王瀞仪　肖建国　刘　娜　王嘉捷　李　洁　白　晓　杨　书　刘艳群
毛启刚　顾　伟　刘世彧　曹　阳　杨　秋　黄　翀　刘　兰　彭　瑾　乔　萍
王囝囝　曾　婷　余　澳　翁　洁　高　倩　邢海晶　李　青　刘学鹏　陈金龙
陈　敏　卢希芬　陈庆利　李　蓉　魏宏皓　黄正多　胡宝明　刘　莉　惠朝辉
万吉琼　龙兴春　黄　静　赵俐俐　张　冬　黄　轩　陈伟涛　吴碧君　张庆辉
黄　乐　王思琦　卢　霞　蓝李焰　杨　磊　苏珊娜　聂绪海　范方仕
洛桑东洲

教育学 22 人

李　霞　陶杏华　曾　琰　周　华　徐　云　周相吉　杨　新　于鹏杰　姚学丽
黎　达　李罗季　张立斌　张　磊　朱洪军　卢　平　刘元福　龚秋玲　刘飞平
陈光玖　王　璐　陈　锴　李　征

文学 264 人

杨　梅　蒋　华　郝　巍　屈独芳　王俊棋　廖　恒　徐　欢　秦晓寒　梁　柱
史亚丽　陈　思　童小畅　胡　琳　王茂春　赵艳梅　刘　莹　黄　燕　曾玉洁
邹　雪　曾　颖　董于雯　黄　英　于国良　李娟红　杨海峰　石　琳　邓帮云
王　莹　周仁平　李　炜　刘　静　朱　力　邓红梅　李　雪　邬宗玲　童自樟
徐　强　宫存波　李世进　严春华　杨治敏　彭　波　刘佩伟　张　华　王　飞
付玉贞　张若兰　刘　颖　杜香串　胡　蔚　周慧敏　丁　群　牟海芳　仲　泽
胡　斌　刘　娴　樊仙尹　夏春芬　姚永辉　孙运元　李　棠　潘秋平　孟丽娟
徐艳霞　黄　倩　李健亚　赵　雷　刘裴裴　何琴英　杨　燕　李　熠　彭书跃

赵荣　卢浩　胡娜　林咏　张双吉　谢庆庆　陈金星　邹波　贺阳
刘志玉　马千　彭黎黎　于立得　史冬冬　蒲立　余自游　邹若竹　华柳霞
莫国芳　谭玉梅　梁淑美　来岚　袁静妤　张奕　祝小丁　杨慧　郑宇
范先明　卿梅　彭佳　吕琪　汤平　金小天　李奇娟　吴国杰　邱美英
王欣　罗红云　韩西怡　刘威　朱灵慧　王雪洁　夏婉璐　周翔　张莉
朱晓黎　席珍彦　李燕　陈一睿　李宏亮　姜丽梅　李红波　王建　胡红荣
王巍巍　郭霞　邓文英　黄德先　李一楠　黄丽娟　任伟　唐莉　王志勤
万成兵　赵俊姝　李琳　王莲　刘静　王静　吴玲玲　张国琳　李丹
谭状　向限　黄丽君　方仪力　崔鉴　冯川源　杨蓥璨　王凤　于江霞
王怡　王晏　肖涛　李慧　毛绎瑄　张金辉　刘海霞　程前　赵平喜
曾亚帆　张超　何颖　龚伟宁　王瑞林　陈武亮　李沫　林林　刘剑敏
蒋宁平　张斌　李文东　曾猛　李敏　陈四四　曾俊奕　谭先虎　宋瑾
罗安平　陈亦寒　廖妮娜　唐晓霞　贾晓寰　陈明慧　陈怡　黄文龙　金珂
高红霞　李奕　廖建国　罗程　吴翔　张杰　李琦琳　侯雪铁　陈科羽
洪艳　吴闻莺　杨卫民　金泽　冯琼　殷瑜　靳华　车佳桓　张莉
徐蓓　王光阵　赵川　谢斌　肖尧中　陈玉霞　陈颖　陈爱华　袁娟
王蔚　刘砚议　赵大军　贾玉平　薛帅杰　谢洪波　刘渟　刘渊　李茂
邵军　周文斌　邓育林　贺阳　李颖　刘颖　陈檀　王月强　郑越
凌霞　朱晓丽　罗铃　范美霞　范美俊　付红霞　殷娜　王潇莎　张金弦
魏莱　陆春莉　陈帅　李茜　周成许　王健名　唐蓉　瞿竞　周梅
胡佳音　房开柱　孙雁　盛菲菲　姚云鹤　李明　侯汝军　郑宏　陈晨
刘钫　周文辉　娄星

历史学 49 人

伍秋鹏　安剑华　苏奎　常怀颖　朱飞　张荷群　王利伟　陈东　陈明
罗娅　周明长　蒋英　付春　郑艳　李益彬　廖爱民　仇静豪　吕勇
张婷　叶相　曾穷石　吕晨曦　潘伟娜　侯书勇　毛波　罗晓蓉　邹鹏
黄英　弋杨　刘念　刘运豹　赵绍益　吴丽君　伍福莲　颜俊儒　钟华英
李慧　谢继华　聂春燕　王金玉　黄百灵　龙伟　朴根亨　罗毅　陈颖
张兰星　兰江　刘小娟　孙莎岚

管理学 150 人

张宾　张建辉　杨磊　林嫔　李发勇　刘月　李君　吴笑　冯旭
陈川　代晶　林敏　马璐　谭亚勇　姜丽春　傅再育　李静　丁佶赟
彭蕾　许华　方其澎　陈勇　骆骢　孙灵芝　胥佚萱　程荣航　罗姝
陈海琼　李玮　赵丽萍　蒲春燕　王茂超　刘馨　梁斌　秦萍　张以奉
许世英　江玉　吴金锋　张晓峰　王少峰　贺红梅　余薇　杨艳玲　尧军文
隗玉梁　王玉辉　马敏　王远博　朱敏　罗堰　韩晓红　尹恒飞　王栋
吴勇　郭柳　祝燕萍　汪淼　罗剑　李开秀　刘俊　全慧深　黎泽媛
艾熊琳　李艳　汪琳　李惠云　刘韫　王丁玲　陈倩　陈金龙　练红宇

刘劼莉	何方永	徐敏	杨冬梅	王晓辉	李玉臻	冉燕	杜明	陈丽霞
高建新	崔永胜	瞿建梅	郭细平	张琦伟	谢艳红	程阅	刘保华	唐斌斌
陆晓庆	王亮	任义权	李华俊	侯彦斌	杨君	滕赋骋	秦彦霞	唐冉熊
黎锋	刘琪	张雪峰	王定军	朱凤霞	王仕军	杜林子	粟茂	王艳
胡延征	王启友	张桢	文中发	唐娟	廖翔慧	白瑞	郭文峰	沈卫
邹静	刘军荣	陈建刚	向淼	胡尚峰	田静	刘桂花	郭金云	崔永亮
廖喜生	刘熙	陈力行	向海华	刘学军	张爱红	黄莺	曹丽萍	向上
申传斌	黄蕾	赖朝新	瞿晓静	廖静	宋显彪	陈利华	李荣素	靳启颖
张素霞	杨苓	陈愚	董长春	于进川	井上博文			

理学 533 人

童念栋	刘江	杨勇	袁勋	李懋	赵建容	陆维新	罗伟	谢云丽
刘品	刘徽	曹静	黄穗	周兴旺	肖辉	张一凡	何晓明	郑克龙
胡建成	陈三平	孔令霞	赵永红	吕王勇	韩强	周永道	徐凤	宋捷
高仕龙	梅勇兵	龚金国	钟吉玉	毛瑞华	黄常春	刘浩	王燕红	付晓玉
宋元军	魏凯翼	谢云霞	王庆武	付强	王辉东	李道武	谢万	谢超美
于国梁	黎亚平	王宏波	张为印	陈忠	刘国华	黄存兵	鲍军委	邓炯
尚东	苏晓飞	何钱军	李海江	康建峰	顾云军	卢苇	覃文治	何知宇
范应娟	韦永林	李一春	李艺星	岳磊	王春芬	章志敏	王加扣	黄肖芬
肖海波	张丽卿	齐新华	李跃勋	黄杰	邓红艳	何英杰	董洁	张芳沛
平飞林	魏春兰	李延波	舒纯军	于桂凤	赵静	陆裕平	张丽娟	刘倩
万磊	刘驰	成华	谢金	张玉成	董光兴	刘建莉	刘智峰	许德富
赵华君	杨华	王连亮	赵康	王薇	陈海波	朱海波	杨泽后	江继军
张问辉	刘慧强	陈锋	王海霞	李美菊	黄强	刘文兵	董军	邢德财
赵新亮	陈源画	鞠兵	文侨	张均	江腾蛟	罗莉	常山	陈辉
黄中华	杨毅松	乔闹生	邹凤娇	吕静	梁友生	李剑	何卫国	张志刚
古健	何蓉	韩军	张羽	冯菊	李小平	李超菊	向胜昭	廖云龙
夏祖学	何翔	崔彦军	穆玉珠	付强	李月峰	刘新梅	蒋柳云	夏羽青
高媛	刘雪奇	韦旎妮	余长斌	蒙英	杨秋菊	刘军红	田玉华	陆敏春
周志望	张卫锋	赵昌燕	曾义	邹海华	马利建	孙利	周辉	程柯
魏霞	张佩玉	肖代俊	杨敏	郑宏杰	朱小康	程四龙	陈善勇	伍贤学
周波	康泰然	方春梅	夏云生	盖景刚	臧蓉蓉	杜瑛	郭家秀	颜伟忠
赖文珍	朱杰	陈清泉	杜小春	吕臻	王敏	陈全兴	许双喜	周智炫
姜猛进	陈丹琦	徐燕芬	郑丽	冯小平	黄福云	林义	张金平	刘文娟
邓君萍	牟林春	肖潇	袁艺	张小林	莫英	姚莉	赵婷婷	袁澍
文璨	聂瑞军	沈丽	王劼	张文平	郭莉	郑洁	何彦芳	李丽
李自成	谢刚	高婷	孙辉	邓林	李良	邱成书	孙勇	刘会明
陈咏竹	黎娅	李凛	李宏	张庆莲	胡欣洁	严建华	段洪武	邓雪柯
王兰	张强	陈欣	金虹	邱峰	祁星华	付满良	王轶	刘阳

吴凯源　刘燕飞　李　凤　刘小俊　冉红艳　朱金秋　罗　勤　葛琴雅　高　霞
王　玲　董景涛　李　亚　张　炜　徐洁杰　肖　冰　王晓强　蔡佩玲　孙元田
陈　永　宋　利　常丽青　高　顺　王　竟　荣艳珍　胡　源　赵　曦　孟　乐
罗弟祥　喻　东　唐成康　李　锋　唐建华　康　庄　姜　骅　李　强　汪　涛
童　晋　刘　陟　李　宏　崔晓燕　勾蓝图　王锦红　石　芳　贾海群　法德玛
徐　玮　刘　婕　齐星刚　李　原　莫贞霞　蔡蕴文　李　丁　廖勇明　袁　菁
曹祥根　穆阿里　张昭瑜　曾　敏　曾容华　宋先锋　黄旭波　姜　国　陈　建
陈　刚　孙子龙　隋国辉　程晓云　谭　辉　莫世锋　冯　政　肖　忠　杨强强
宋　程　宋鸿涛　陆明刚　徐宏兴　王燕玲　冯　波　杨　黎　唐　婷　何锦望
朱志军　黄　剑　杨岚兰　熊　伟　许国光　梁可心　何泽松　盛　鹏　王福光
鞠　飞　钟焰涛　杨小曼　李又玲　王益丰　杨　柳　王　琦　李儒勋　刘　勇
杨春蕾　陈　桓　仰　石　代　霞　杜　源　席军林　杜红亮　周　密　孙　鹏
蒋　勇　邬明辉　刘　强　张进坤　胡永久　丁菊玲　朱　丽　雷开春　梁宏章
胡文娟　吴　昊　颜　开　张　谊　苗　华　吕　斌　柏海涛　廖茂林　刘晓锋
郭小华　张柏铖　吴桂军　陈　润　杨　琨　王　坤　王　祎　胡　经　桑　强
李　涛　岳凤琼　陈　锐　曾　俊　夏彦刚　王用杰　曾令明　罗清平　叶　浩
向　昕　张五二　胡圣厦　倪剑虹　刘才铭　温忠智　胡大裟　王　玲　徐法强
王陈琦　孔　珏　王红军　张　巍　韩学为　范绚春　王　霞　周述虹　叶尚玉
周　鹏　罗　洪　张　硕　贾晓斌　李贵俊　石　礌　赵　巍　张继宏　周　骏
赵　海　曾智悦　曾剑宇　王　翔　卢志国　谢　昊　王　兵　冯海东　沈　斌
唐溢键　阴小雄　邓乾国　杨一帆　刘永锋　朱　斌　吴　颖　董天罡　刘继洲
张　南　蒋　茂　汪　锐　刘金昌　庄　永　夏　欣　王　刚　钱晓明　卢思军
杨正海　熊　剑　李　丹　刘　勇　张正维　廖　勇　吕建军　陈　晗　王　宁
蔡　毅　潘　华　李　峰　王　庆　刘月钟　菅宏宇　罗　瑜　向劲松　琚生根
姜　微　梁斌勇　周德平　张　渝　杜晓燕　成　琼　陈　文　王娟芸　贺容利
何锡辉　谭昭怡　王　波　胡和平　李海波　李娴洁　蒋庆琳　陈　慧　祝丽华
陈　茜　柯博文　高　峰　胡　平　王　立　张继芬　袁晓佳　向　轶　夏军平
刘世伟　熊迎新　蔡　骏　张　琦　郑鹏程　余佳芮　金朝辉　张铃敏　林玉莲
罗巍伟　刘　芳　俞　森　贾　琳　韦　欣　常艳波　张　勇　代　勇　赵　曦
仇丽颖　廖丽云　任　霞　代　晶　郑　艳　高秀蓉　许浩鸿　李红霞　张　涛
郭　英　颜晓燕　白　波　余　彦　胡朝阳　邹　毅　程俊霖　韩　旭　扈正桃
何文富　察雪湘

工学 555 人

罗　晋　唐道润　李　远　杨安民　黄显宾　阳　剑　张从华　刘钰霞　李　华
宋帮勇　吴　玲　宋小林　李　伟　戴伟明　郑向华　张海燕　占向辉　程　凯
王　强　杨安春　胡茶根　何　勇　汪建飞　刘光帅　殷　俊　李　萌　周　林
王大志　罗来兴　叶　琴　王沪涛　张良栋　安志琨　石　勇　夏　晴　秦思南
郑昌盛　朱达宇　王晓英　汪　嫣　徐树英　贾爱军　廖映华　程　鲲　王立波

隆兴银 吴国富 颜景宝 李星川 杨晓华 杨　斌 沈雪松 潘树泉 刘　阳
刘　赫 马洪斌 张承文 胡光友 陈　爽 郑剑香 王　瑞 彭宗峰 胡清阳
张　燕 李志军 马惠锋 赵　京 蒋正茂 余世福 程方勇 王　东 杨济华
杨建宇 缪　丽 曹成才 刘　桦 向国齐 王　充 周自波 邓志滔 孟凡娟
方志高 陈海珍 徐勇刚 蒲　茜 刘朝红 杨庆华 于　鹏 李同方 赵背生
王　萍 廖世鹏 甄万宝 罗政纯 尹奇异 李灵芝 方　瑜 高登攀 胡曰博
孙作凤 向志刚 朱振东 王晏研 吕瑞华 胡　文 付春艳 杨　锦 潘晓霞
周　涛 肖　岩 赵　炜 何玉晖 李　淼 王　彬 李　芳 王海静 杨　锋
罗春华 迟　蕾 胡盛东 吴金平 周丹丹 胡友亮 鲁智勇 宋　霖 陈以会
段小平 吉　涛 孙　扶 陈喜荣 冯海柯 熊　英 王劭好 梅小峰 李志平
万　莉 徐燕君 王　力 潘丽明 贺年兵 陈长森 龚　关 刘小林 黄　海
张　平 杜志龙 郑丽璇 龙坚战 柯文体 盛旭敏 姜向新 闭　磊 郭路宝
唐　婕 黄荣学 邓　聪 廖永霞 邱桂斌 辜　勇 廖乃镘 曹　科 何　洪
李安定 陈占春 杨小丽 李冬怀 张　燕 李碧仙 彭　辉 姜　峰 周　进
梅　丽 曹　娅 李　珣 李桂兰 张益宾 薄丽雅 郝江涛 幸晋渝 陈　卓
陈睿琦 许　博 刘群英 张　伟 江　川 刘安定 何玮华 楚　金 吴国梁
郭　晋 陈　谦 杨森锋 乔军伟 刘小江 胡鹏飞 王　磊 郑云海 陈阳明
李　洋 杨　鑫 李　阳 彭锦新 王晓燕 李　丽 刘辉乐 钟青祥 徐婧劼
余　钢 王艳琦 马静波 杨贵恒 袁　川 唐　娟 高　瑛 杨　极 鲜艳霞
罗凯明 李　勇 何西凤 李　明 唐建华 梁　颖 陈　洲 高　锐 白　平
吴　昊 张肱霈 卜　云 黎　奎 王　敏 索　望 张文栓 宋成勇 郭引川
郑研新 尚国荣 李扬继 王　莉 王　亚 丁昭洋 秦万福 黄沁峰 岳　亮
吴丽娟 何　婕 范宝锋 卢邵平 李　胜 王晓东 李昌龙 李昌坤 张　凡
王建洪 翁　芸 吴长生 李绍伟 宋　宇 任　刚 兰　昆 李均锐 杨　勇
樊时凯 杨　忠 刘　飞 陈　超 殷俊琳 赵　磊 欧　鑫 朱　林 汤云革
马伟富 周　欣 余　莉 郑文彬 田　彬 王占龙 熊　辉 杨晓懿 陈丽静
王先涛 蒋茂强 邹文辉 魏　华 简丽娟 赵元英 郑　洪 张正波 赵建强
王　芸 石永红 姚忠清 朱爱华 滕旭东 王新增 贺洪兵 田　敏 牛志一
王　鉴 张稚彬 苏晓东 邸晓伟 钟　猛 吴刚亮 凌彤辉 龙海燕 童大鹏
陈忠睿 陈　婷 刘　红 张　建 赵郁峰 徐　晓 孙　玮 汤力琨 宁杰城
晏平华 赵春云 廖德贤 陈　敏 刘艳雄 石　颖 罗　峰 王　春 雷运波
刘　麟 许有飞 张　艳 张　欣 朱安龙 刘晓辉 刘建锋 邹德兵 梁照江
张胜利 王开云 葛　军 刘国伟 李戌中 刘志刚 徐文强 赵海玲 张　炜
杨英雄 魏　洁 王志宇 汤　敏 舒　倩 陈　伟 李玉杯 孟玉川 王晨华
董先勇 余姝萍 张　娜 白小勇 侯　珺 罗小兰 朱　聪 苗宝广 王美敬
庄春义 吴健强 周　勤 范中海 刘同宦 芮德繁 何进朝 陈　平 刘林广
陈红其 左永林 李国正 冉从勇 肖培伟 高志辉 蒋德勇 刘小强 刘世建
王务华 熊　敬 漆力健 张建梅 刘　强 柯　剑 尚书勇 李敏杰 李瑞龙

韩娜　石庆宏　胡南祥　杜怀明　李爱蓉　许峰　张健　胡林　段蜀波
杨远飞　赵春霞　曹建　李兰英　余静　何景连　陈稼轩　黄康胜　蔡艳华
彭川　张雪轻　姚英杰　曲剑波　陈晓楠　安永祥　方章平　张廷红　蒲秀红
刘静　唐爱星　李海燕　龙春梅　刘珍　王乐飞　郝丽芬　韩文芳　张昌中
陈仕伟　李瑞　杜娟　周永阳　黄明刚　肖英　李凌云　唐靳　康明
李万舜　熊小莉　郭和刚　高夏红　贠世海　王广欣　张雄伟　李钢　徐士伟
刘长军　葛辉明　王洪波　季莉　汪南方　姚果　陈胜　姚学军　刘强
张米娜　姜大伟　许伟　周磊　黄瓒　张明辉　李亚　李华　李霞
杨秀杰　周世星　黄雪菊　孙峻　柏松　兰岚　于红　罗旭　梅自良
钟雨倩　杨康年　任茜　邓平　王静　丁海容　李媛　李云松　吴金苗
刘晓燕　童小双　杨丽君　士丽敏　徐建春　刘建英　黄利华　侯一宁　仲平
陈贵斌　方静　何媛媛　孙世利　李友平　王萍　蒋卉　肖鸿　许丽
季军远　车玲　范莉　罗旌生　张科宏　岳波　马将　肖斌　崔红星
熊艳芳　陈寒　吴文进　张进　亓建伟　常向荣　彭瑾　陈震　罗小惠
董刚　严朝福　马建权　牛洪　唐昌伟　周旭欣　桂颖丽　吴君　侯晓妮
梁晓峰　魏阳　王鹏　张应迁　童珊　王辉　王晓洁　虞奇峰　王蓉
曹红丹　吴志宏　李虎　温贤涛　姚少华　杨立　张波　韩劲　胡国荣
李鑫　李云志　乔宗伟　赵志峰　陈艳　罗晋　唐道润　李远　杨安民
黄显宾　阳剑　张从华　刘钰霞　李华　欧阳池毅

农学 4 人

张可君　王松涛　肖波　曹威

医学 125 人

鲍永庆　郭敏　郭莉　李冬菊　江舟　吴巧凤　冀珍妮　顿爱社　王静
孔莺　卢永超　李甫强　徐新运　张连双　赵秀军　余俊辉　周昌华　曹康
陈宪　芦殿香　廖涛　左凤琼　谢辉　王莉莉　王晓琳　吴琛珩　周敏燕
郎志强　郭华　江贤萍　龚静　李吉满　李雷　刘漪沦　张仪　白璐
徐永春　杨静　张伟娟　韩军鸽　贾振军　张红霞　谢娜　陈伟杰　许倩
熊亚莉　郑文斌　叶子峥　高成金　何英　熊鹰　王勇　朱萍　梁作辉
孙殿荣　李斌　蔡蓓　刘小娟　张涛　王俊贤　法迪拉　邬颖华　左秋
柳斌　宋鑫　方芳　曾毅　韩碧洁　洪宇娟　李姝慧　苏丹婷　梁伯衡
曾刚　文进　梁剑　余海涛　陈怀恭　茅群霞　陈卫中　夏彦　刘元元
文雯　王敏　杨晓妍　张晓兰　葛杰　邹华　王德军　张霜红　杨昌跃
李飞　涂程　张磊力　王娟　邱云良　孙春云　张勤　李永新　胡江涛
毛红霞　鹿子龙　潘素华　邬鸣　袁莎　华鑫　汪东篱　兰全学　袁梦
高翔　李婷欣　孟玲　马扬　陈明惠　陈昌锋　段欲军　李志新　马翔
李晓东　肖远鸿　许毅　吴义丽　朱旭红　杨晓虹　姚巡　巴布巴卡

同等学力硕士 83 人

经济学 9 人

严晓霞　夏　莉　王学人　罗晓东　徐　航　李　永　雷　速　杨　波　张　健

法学 5 人

何正贤　吴　涛　向　芳　王　静　罗尔男

文学 1 人

罗　英

管理学 9 人

邵　君　张巧蕾　李　新　陈　静　高景莘　张先智　蒲　剑　杨明高　袁蓉其

理学 8 人

刘秀红　梁　峰　王　英　段绮丽　曾昭明　王　雅　毛　洁　张晓宏

医学 51 人

叶占勇　魏　兵　肖秀丽　先　红　冯　沅　袁晓明　刘思泰　李　雄　李　峻
刘忠华　肖　敏　王茂筠　谢莉萍　赵　亮　彭　茜　石晓清　赵咏梅　罗　苇
陈凌梅　舒德芬　岳冀蓉　刘　洁　陈学军　李　灵　汪　盛　邱　逦　王朝华
沈　江　蒲　红　漆　军　孙家瑜　易　江　杨晓滨　张俊义　王俊懿　庄　翔
丁　霞　何　异　兰海涛　陈兆红　王　谊　张中伟　李　崎　余　海　谢　磊
郑晓梅　师爱萍　李苏伶　肖水生　梁　娴　王星月

专业硕士学位 746 人

工商管理硕士 123 人

王　璞　乔　欣　郭　嘉　张　斌　邹　欣　游宇光　刘凤姣　葛绍成　严明坤
杨　莺　谭　界　喻文转　赵棋远　李　睿　王　珂　何洪均　王晓玲　肖　璞
肖秀丽　章　琼　高　东　余　涛　刘　宏　田　奇　李　萍　绪　明　胡友文
马开永　兰　云　熊　亮　张　霖　李　瑾　罗东升　罗国红　李　勇　肖　亮
李　皓　任昌福　周济海　董　娟　袁彦婷　但红燕　刘鑫春　张　懋　潘常洪
杨祚成　孙旭东　刘会波　王春举　侯嘉平　贺梦桃　金明道　李光杰　母泽治
陈松波　蒋远奇　金东平　陈　姣　唐承林　赵　琳　李为毅　张兆英　高　沁
黄继敏　胡　胜　潘怡燕　周　珮　杨秦川　刘　恒　张　韬　陈德忠　周　华
钟　南　赵华立　赵晓宁　周雪松　沈　红　谭弟军　陈　炯　张志伟　梅　凌
刘泽斌　陈　宏　单继军　庞　琳　王咏梅　吴　东　杨乾军　郑培军　王文成
徐　燕　王虎城　荣晓敏　李乙林　贺　栋　肖代勇　周青荣　樊竹婷　任光林
张俊刚　张明霞　杨　勇　邱福斌　林　艳　徐建军　袁　珂　侯　蕾　黄　林
陈　华　陈　静　王和军　艾　敏　曾旺明　谢世学　李　可　高云卓　邓举红
王峻昆　高　俊　彭俊锋　廖红建　胡国强　胡　斌

法律硕士 118 人

李建新　王　芸　陈卿卿　李　平　陈文超　张继峰　孙　鋆　张　渊　王彦明
任学强　张修林　马敏丽　金振宇　张腾龙　周　奇　李　兰　王秋荣　康建业

邵　静　张庆全　孟凡波　赵洪琴　白文星　董月利　陈同峰　高永周　魏清盛
齐宏涛　宁　攀　尚　悦　陈　曦　李慧颖　石动琼　霍丽君　华成权　林　达
邓青霞　张　红　胡　静　郭　璟　赵孝勇　解小平　黄志强　张志刚　刘建勋
王立国　袁　立　张圣雄　谷　博　李思军　于　泱　肖　敏　陈禹东　叶绿美
邢振荣　朱丙栋　潘君才　程益文　明国正　陈启刚　李依芳　杨国平　柯鑫鑫
陈　琴　贾振宇　何　浩　王效梅　谭雪松　张建丽　康　菲　刘清海　周佳楷
姜国强　王平安　张小莉　许华伟　张晓芳　谢腾欧　张　斌　许云勇　董　艳
王朝恩　巩　飘　文小英　王丹伟　杨一平　张　娟　方利敏　谢　娟　解丽军
张　洋　陈　希　曹　鹏　张　姝　雷　雨　刘　欣　范鹏华　何　彦　陶云秀
张一文　魏岳峰　罗　涛　夏　卫　王守伟　李继辉　邓　虎　肖渝晖　陈家姝
李小军　吴　敏　李　鹃　索好丽　樊　颖　梁　晶　冷雅民　刘应江　杜德兵
尹晓华

工程硕士 208 **人**

蒋遥明　王志春　陈敏剑　王国平　何明万　徐文强　李明明　杨　宏　李耀东
陈之卫　张新华　齐宝军　于　涛　刘天禄　李林明　周高华　陈　勇　张　鑫
渠敬忠　李展峰　唐　燕　晁世海　沈毓亮　方仕祥　黄　平　唐玉超　黄　亮
苏艳红　许　斌　孙继旭　葛瑞荣　罗　淼　杨光东　冯光福　董明玉　何　磊
巫宗萍　张德政　苏国海　谢　斌　谢新跃　米　鹏　王　刚　鄢胜刚　吴勇航
赵祥忠　黄才胜　张永乐　王晓寒　邓昌义　李爱飞　许　胜　杨国平　曹华林
张钦鸿　荀启明　李代珍　阳　勇　蔡　武　陈　华　谭建伟　安　玮　吴明军
刘　军　毛　颖　万　夫　符　曦　林春柏　杨　珂　陈安勇　袁　萍　干　麟
李渠建　张玉涛　孙　广　李　涛　江　怒　杨　婉　徐瑞娟　涂　勇　周　斌
李　纲　成　结　王锡琴　黄　牛　王俊刚　涂为民　季　康　黄　岚　朱　明
陈　竹　钟　伶　邹丽丽　张　勇　李培宇　肖文彬　刘　刚　董豫成　张　朔
羊　洁　李丹丹　许　松　李明宏　洪　林　龚　毅　陈少云　杜凌翔　秦凤梅
曾陈萍　胡震宇　向　荣　吴　江　王　会　余　阳　杨　毅　蔡　旭　邓崇晖
毛江梅　谢维成　杨　健　谢健民　尹德辉　吴险峰　王　灼　钱　立　张若思
张　宇　魏雪娟　唐怡冬　冉会中　张　强　黄毅蓉　罗　云　殷钧钧　兰睿欣
祝　茜　吕　维　谢有祥　王帆飞　袁　林　董武高　刘成刚　熊　麟　李红卫
杨旭晖　王玖斌　王善发　蒋成林　周宗煜　李建军　方　正　王卓伟　陈　奇
鞠　磊　王　汀　李琳劼　吴　刚　吴慧琳　崔　崧　王　超　赵珩君　曾　丽
虞柳青　李中华　吴　疆　黄　炘　王小军　陈唯典　喻海棠　易永红　林安民
陈华章　周锦海　赵坤银　王咏磊　赵政洪　张志敏　邱遥远　徐　刚　黄　橙
李　剑　赖晓燕　关华伟　陈绍祥　文志林　张　力　杨　毅　赖亚寒　沈　柯
何朝阳　梁　艳　谭乃元　杜鹏侠　李春云　汪洵波　龙选明　黎乃顺　张朝康
蔡云华　徐筱涛　何云辉　罗　达　曾　建　刘凌川　潘海涛　任万兴　李明建
姜　波

临床医学硕士专业学位 215 人

胡　凯　田　静　侯　理　刘真君　马　颖　吴　疆　吴礼国　彭　兰　曾　超
杨　丽　梁红亮　孙敬平　黎永军　李江涛　刘　谓　蒲晓雯　姚　蓉　邓治平
杨　劼　高　阳　陈明勇　田素增　李永春　庞亚敏　关　璐　耿丽杰　徐珊玲
黎　瑶　刘慧琳　张新霞　邓春颖　王家丽　曹　旭　邓　燕　傅　航　王　华
蒋凌云　陈国柱　陈　勇　陈泽君　李　静　陈海燕　高　辉　钱　昆　郑亚民
赵紫罡　吴殿超　王　永　王俊锋　胥　楠　霍永忠　方　程　吴国长　董承伟
喻　骏　郭伟昌　李富贵　程　文　曹鸿峰　周　祥　吴冬梅　张艳阁　向小燕
井万里　廖　洪　栗宏伟　易发现　唐科伟　张　剑　王远传　万　宏　李定君
徐宗华　蔡　敬　王　昊　刘建民　陈　姬　熊忠讯　熊晓峰　俞　阳　李泽湘
莫湘涛　梁凯路　李小彪　张喜海　侯江龙　李　勇　黄　云　卡马拉　沈　鲲
李　强　凌　波　何　翔　孔　蕾　邱　芳　邓国义　聂春莲　侯敏敏　张仕田
郭玉琳　周慧梅　柳　华　庞厚清　林洪波　刘西茹　邹翠兰　岳本明　李金科
杨培峰　陈镘如　刘洪倩　朱慧莉　张　雯　李　蓉　熊冬梅　柯柬初　姜　涛
张冬梅　彭　好　周　宏　杨景晖　翟松会　王一斌　许　扬　赵志颖　海　珊
刘世平　丛鲁红　刘　蔚　王　曦　牟韵竹　张晓钰　耿　嘉　陈克强　程新旺
王　琴　何文龙　杨晓霞　李　伟　王丽春　刘小利　江晓琴　李　茜　潘　莉
周　愚　涂发平　邓纯勇　李秀泽　张艳丽　李孝锦　唐飞舸　陈小虎　任玉玲
肖　静　王　兰　高　静　任建华　毛世芬　李军文　彭文涛　邓仁丽　侯晓静
郑志勇　吕　栗　毛　芸　陈晓荣　魏　欣　孙　龙　印隆林　程　燕　赵波沣
孙锦华　殷　莉　段明君　陶　勇　王立曼　李　蓓　刘　平　孟照莉　裴嘉红
陈　静　刘栖如　周　蔚　王　平　侯胜燕　梅朝蓉　李广虎　孔德君　陈　晶
赵健蕾　李锐洁　吴姝　冯　梅　邝　璞　韩　俗　张　勤　宁　净　李　杰
魏　鑫　陈鹏亮　伍晓靖　刘明铭　王　欣　陈　刚　刘　熹　马杰科　李　伟
万　衡　唐　冀　杨　瑾　潘长青　苏　丹　邹　明　聂　敏　甘　露

口腔医学硕士专业学位 81 人

李　平　徐　真　张媛媛　孙　瑜　周　婷　费晓露　刘　娟　王　琳　郑　华
刘学勍　陈　蕾　田　华　张彦喜　龙　丽　伍　俊　全　力　王衡健　王玉凤
安　钰　李丽萍　苏献双　王诗美　吴小红　张辉跃　杨小竺　蒋　丽　刘劲松
邓天燕　杜启莲　张欣宇　林　杰　王　聪　侯景秋　李　一　李　娜　廖　锐
周巧娟　敬　伟　李　杨　黄　茜　黄春鹏　袁　泉　王　剑　魏　娜　卿　海
王　亚　尹　伟　罗　俊　刘　洁　兰　倩　刘　源　肖　瑾　李　宇　冯洁琳
葛建埔　张维恭　刘博进　黄茂栓　黄信凯　吴志维　吴信忠　邓允文　郭雨文
翁梅静　翁肇嘉　林盛荣　唐明钦　游振宗　周公亮　卢佳斌　许鸿腾　曾吉杉
柳朝升　陈丕修　邱俊贤　陈建志　郭人权　杨家华　余志泓　张树福
德米舍·班琪

公共卫生硕士专业学位（MPH）1人

刘庆华

二、2005年12月授位

博士73人

哲学2人

李元光　张成钧

经济学10人

王　波　袁昌菊　马长有　付　强　刘　彤　朱　容　李　皓　沙治慧　陈　映　陈文福

法学2人

牛振宇　邓修明

文学7人

严金东　马建智　李兴亮　赵新林　王宝红　郝明工　杜　平

历史学4人

周　波　周　毅　曾现江　杨世宁

理学10人

林　松　王光昶　李德华　隋　岩　王茂林　卿人韦　张年辉　马孟根　张仁怀　幸浩洋

工学23人

陈世国　沈显峰　王　强　张　刚　苗迎春　张云灿　王　超　杨　进　龙盛如　段登伟　牛怀平　吴集光　王　路　何培宇　陈忠林　隆文非　丁　睿　孙　曼　舒栋才　杨　庆　张　挺　邱　凯　曹　阳

医学12人

吴　江　聂永梅　朱　玲　刘荣韬　梅　妍　吕　艳　章　为　王　蕾　董　薇　王秋林　杨春霞　邹晓莉

管理学3人

王　绥　胡　豪　代宏坤

专业学位博士7人

临床医学博士专业学位7人

夏秀琼　陈　曦　卢成志　姚　静　廖经武　于风旭　李勇刚

同等学力博士6人

文学1人

佘正松

管理学 2 人

蒲旭峰　吴纯洁

医学 1 人

刘珊玲

临床医学博士专业学位 2 人

唐晓红　董　力

硕士 78 人

经济学 1 人

海　忠

法学 5 人

何　畅　王明中　刘　瑜　唐莹玲　任　燕

教育学 9 人

王　剑　陈　晶　孙德朝　王丽萍　白宏舟　顾慧亚　冯建强　王　勇　卞会泉

文学 9 人

邱　琳　朱　姝　李学丽　叶　天　赵爱华　张　军　刘　隽　陈　婷　张又立

历史学 1 人

徐蒙格

理学 22 人

吴耀国　施　达　张　华　郝保良　乔丽娜　杨晓凤　彭　维　陈俊华　王广途
郭　岳　吴　瑕　栾　菊　汪小东　陈　贞　龙法宁　田　琪　李奕飞　邓　科
单云凡　曹　冰　周　亮　谢　勇

工学 18 人

何　丹　袁　莉　张必超　李文华　况淑青　康岩辉　杨宏山　刘浩怀　冉　璟
孙红刚　程小伟　刘　波　王　昆　李恩宽　王海力　梁　博　毛　矛　李协吉

医学 1 人

周耀黄

管理学 12 人

李　娜　黄琪英　刘　莉　任　萍　林克利　段桂敏　穆南竹　丁胜利　孙毓蔚
王小萍　萧祖舜　王　玮

同等学力硕士 39 人

经济学 9 人

刘　莉　陈　科　韩智钧　杜雷鸣　罗文华　李世云　陈文寿　程兴田　黄　浩

法学 6 人

田德林　刘　霞　陈　楠　冯　娟　程雪梅　李　缨

文学 7 人

钟　玲　李清源　朱　葵　李　萍　舒　婕　曾　尼　卢　曦

历史学 1 人

连玉銮

理学 5 人

李　晔　徐世霞　张　煤　杨龙辉　万莉红

医学 8 人

周立群　苏白海　张维明　尹　耕　陈永涛　徐维国　佘　彦　黄　坤

管理学 3 人

马良滢　蒋兆毅　林　辉

专业硕士学位 358 人

工商管理硕士 65 人

温若愚　张永彬　张　昊　张　旻　吴　昊　胡汉旭　林　澍　张　辉　宋世彬
刘宏军　李　军　胡禾雨　张越宏　洪　成　杨　铭　邢　平　戴朝霞　柏　兵
刘应福　黄伯勇　陈　红　赵宏伟　谭翔宇　高　霞　杨　辉　符小林　郎　治
唐兴学　海　涛　周泽辉　孙云波　吴汝文　杨雯倩　姚虹华　张　劲　刘　强
刘　异　李中才　周　强　钟涌波　唐　燕　王　磊　李　波　孟　晶　蒲红英
赵　莉　陈　硕　戴健勇　李智勇　尹　勇　陈　卉　张国滨　钟璧华　蒋　淑
张　鲲　石　磊　曾祥发　李　冰　张启玲　罗中谷　何春蓓　周林波　李　萌
朱沫芝　钱　巍

法律硕士 127 人

张　雄　吴　江　韦大志　蒋宗涛　叶　歆　李少云　江　涛　吴亮星　周　磊
雷正云　李　华　樊　斌　杨世屏　徐智慧　舒子贵　毛　科　张春阳　马小平
刘子厚　杨　柳　牟泰勇　刘行勇　张　立　黄　乔　王　强　梁小辉　朱林兵
黄南铨　唐其安　陈宇博　陶永东　孙文宏　刘　侠　骆　欢　谢红梅　王　洁
杜　磊　梁晓红　丁佑姣　陈浩文　吴　斌　蒋　颖　杨　平　廖晓丽　张庆华
周　果　周　鲲　任光焰　张　静　赖秋蓉　张　平　郑静春　王　茜　郝　虎
田显俊　王雪梅　傅　鉴　郑昭阳　文丽萍　缪　泰　罗　坤　吴鸿鑫　尹念红
赖　锋　田　阳　薛春琳　王　晓　李　丹　何万波　刘小红　杨　桦　李国梁
梁　芬　颜桂芝　黄小华　肖印海　易凌波　邓远俊　王　艳　张　颖　王漫雪
叶桂频　何雪梅　徐　漫　吕　泰　蒲　杰　吴春茹　钟　勇　冯　辉　封素玲
黎艳萍　贾永刚　刘雪祥　毛宇健　邱　俊　雷　刚　王　慧　范文清　袁英鹰
陈腾飞　毛　晋　王淑芳　钟均成　张　剑　鲁锐敏　王　燕　张文敏　沈元祥
雷秀华　黄　蕾　游李明　王晓蓉　杨　梅　李贤华　唐　卫　缪立峰　古家鹏
袁　拓　杨惠兰　秦　红　段凌云　曾兴圣　卢胜乾　冯万刚　查小云　王　恒
肖宏松

工程硕士 165 人

周永忠　王友良　伍晓勇　刘楠冰　赵广彬　李定山　吴秋庭　孙　波　黄良君
顾明聪　李相如　杨安松　钟红权　徐本平　黄　兵　尹　疆　徐　建　万春敏

乔　梅　王永红　李永强　马晓明　董海波　张裕文　王　珏　张春涛　张　峰
周建国　黄爱华　李建超　汤万里　顾　静　周振伦　孙　伟　罗雪松　刘　伟
朱艳梅　唐旭辉　程小蓉　蔡晓江　龚明树　旷良义　胡启斌　赵志忠　张　棣
尹健康　刘国松　胡雪松　边华川　成　健　林映雄　龙　斌　陈晓明　徐　茂
文小波　卓晓波　李祖君　徐　波　蔡筱梅　姜　涛　唐　玲　周　洋　王化宇
王新耀　周建成　李　劲　钟亚强　刘　咏　文兴斌　曾　鹏　周　龙　况幸晏
王　燮　邹　靳　洪俊强　张攀贵　张晓斌　李　钥　余　川　曹　飚　叶　壮
龙晓民　冯　博　龙开文　闪毓薇　杨仲明　张　盈　喻　华　孔　旭　张　璐
周　鹏　李　蕾　安　贝　李　力　徐忠华　徐　海　易延春　张　逸　郑　畅
周　波　李　宁　潘玉峰　徐荣福　罗　岚　游　健　唐李杏　杜正平　楚鹰军
李承林　杨　洋　姚　洋　陈若石　刘培勇　朱筱兰　张　琳　徐中林　刘志峰
曹文继　郭光海　李　敏　李菊英　郑海英　肖　波　齐卫东　秦从军　袁　礼
张俊林　王　瑛　张　健　胡　月　李　建　黄　洪　朱　辉　章　勇　张瀚霖
范文毅　邵　力　金　勇　李　波　高中林　荆小庆　蒲　波　张　斌　孔令军
赵尚军　黄　华　李中群　高明军　李　坤　范南春　向　东　张学明　汤成友
贺　军　马琼霞　黄昆林　杨红权　黄卫东　胡永红　熊筠华　邓　毅　胡劲松
邓　强　邹盛强　宋乾川

公共卫生硕士专业学位（MPH）1 人

魏承斌

表 5　2005 年分学科研究生毕业情况表

学科专业代码	学科专业名称	毕业生人数	其中	
			博士	硕士
010101	马克思主义哲学	5	0	5
010102	中国哲学	4	0	4
010103	外国哲学	4	0	4
010107	宗教学	25	17	8
020101	政治经济学	59	38	21
020105	世界经济	26	0	26
020201	国民经济学	19	0	19
020202	区域经济学	11	0	11
020203	财政学	13	0	13
020204	金融学	24	0	24
030104	刑法学	16	0	16
030105	民商法学	68	0	68

续表 5

学科专业代码	学科专业名称	毕业生人数	其中	
			博士	硕士
030106	诉讼法学	60	10	50
030180	法律硕士	117	0	117
030205	马克思主义理论与思想政治教育	12	0	12
030207	国际关系	7	0	7
030301	社会学	13	0	13
030302	人口学	3	0	3
040203	应用心理学	11	0	11
040303	体育教育训练学	20	0	20
050101	文艺学	23	11	12
050102	语言学及应用语言学	7	0	7
050103	汉语言文字学	16	2	14
050104	中国古典文献学	7	3	4
050105	中国古代文学	29	7	22
050106	中国现当代文学	16	4	12
050107	中国少数民族语言文学	2	0	2
050108	比较文学与世界文学	22	5	17
050201	英语语言文学	25	0	25
050211	外国语言学及应用语言学	45	0	45
050301	新闻学	51	0	51
050302	传播学	15	0	15
050403	美术学	27	0	27
050404	设计艺术学	19	0	19
060102	考古学与博物馆学	6	2	4
060103	历史地理学	1	0	1
060104	历史文献学	4	2	2
060105	专门史	20	5	15
060106	中国古代史	10	1	9
060107	中国近现代史	13	0	13
060108	世界史	6	0	6

续表 5

学科专业代码	学科专业名称	毕业生人数	其中	
			博士	硕士
070101	基础数学	23	5	18
070102	计算数学	7	0	7
070103	概率论与数理统计	12	2	10
070104	应用数学	28	22	6
070105	运筹学与控制论	3	1	2
070201	理论物理	5	0	5
070202	粒子物理与原子核物理	11	0	11
070203	原子与分子物理	32	10	22
070205	凝聚态物理	22	0	22
070207	光学	60	11	49
070208	无线电物理	15	0	15
070301	无机化学	11	1	10
070302	分析化学	9	0	9
070303	有机化学	39	6	33
070304	物理化学	23	7	16
070305	高分子化学与物理	16	3	13
071001	植物学	17	4	13
071002	动物学	5	2	3
071003	生理学	5	0	5
071005	微生物学	21	0	21
071007	遗传学	35	12	23
071009	细胞生物学	5	0	5
071010	生物化学与分子生物学	36	1	35
071012	生态学	3	1	2
080102	固体力学	5	1	4
080103	流体力学	1	0	1
080201	机械制造及其自动化	52	18	34
080202	机械电子工程	18	0	18
080203	机械设计及理论	20	0	20

续表 5

学科专业代码	学科专业名称	毕业生人数	其中	
			博士	硕士
080402	测试计量技术及仪器	13	0	13
080501	材料物理与化学	19	12	7
080502	材料学	71	31	40
080503	材料加工工程	39	5	34
080706	化工过程机械	15	3	12
080801	电机与电器	6	0	6
080802	电力系统及其自动化	38	0	38
080804	电力电子与电力传动	10	0	10
080902	电路与系统	4	0	4
080903	微电子学与固体电子学	4	0	4
081001	通信与信息系统	47	2	45
081002	信号与信息处理	26	0	26
081101	控制理论与控制工程	19	0	19
081102	检测技术与自动化装置	4	0	4
081104	模式识别与智能系统	12	0	12
081201	计算机系统结构	3	0	3
081202	计算机软件与理论	58	0	58
081203	计算机应用技术	111	3	108
081401	岩土工程	14	2	12
081402	结构工程	15	0	15
081501	水文学及水资源	13	2	11
081502	水力学及河流动力学	18	5	13
081503	水工结构工程	11	0	11
081504	水利水电工程	6	0	6
081701	化学工程	20	3	17
081702	化学工艺	19	8	11
081703	生物化工	9	0	9
081704	应用化学	22	0	22
081705	工业催化	9	2	7

续表 5

学科专业代码	学科专业名称	毕业生人数	其中	
			博士	硕士
082103	纺织化学与染整工程	6	0	6
082204	皮革化学与工程	16	7	9
082703	核技术及应用	3	2	1
082703	核技术及运用	9	2	7
083001	环境科学	32	0	32
083002	环境工程	26	0	26
083100	生物医学工程	76	25	51
083201	食品科学	7	0	7
090403	农药学	4	0	4
100101	人体解剖与组织胚胎学	12	2	10
100102	免疫学	4	2	2
100103	病原生物学	11	4	7
100104	病理学与病理生理学	27	12	15
100105	法医学	17	5	12
100201	内科学	81	34	47
100202	儿科学	12	5	7
100203	老年医学	3	0	3
100204	神经病学	11	0	11
100205	精神病与精神卫生学	10	6	4
100206	皮肤病与性病学	4	0	4
100207	影像医学与核医学	17	7	10
100208	临床检验诊断学	4	0	4
100209	护理学	8	0	8
100210	外科学	130	67	63
100211	妇产科学	44	15	29
100212	眼科学	6	2	4
100213	耳鼻咽喉科学	16	5	11
100214	肿瘤学	27	14	13
100215	康复医学与理疗学	2	0	2

续表 5

学科专业代码	学科专业名称	毕业生人数	其中	
			博士	硕士
100216	运动医学	2	0	2
100217	麻醉学	15	5	10
100218	急诊医学	2	0	2
100301	口腔基础医学	2	0	2
100302	口腔临床医学	102	49	53
100401	流行病与卫生统计学	16	0	16
100402	劳动卫生与环境卫生学	21	8	13
100403	营养与食品卫生学	19	5	14
100404	儿少卫生与妇幼保健学	2	0	2
100602	中西医结合临床	1	0	1
100701	药物化学	19	6	13
100702	药剂学	27	8	19
100703	生药学	5	0	5
100704	药物分析学	11	1	10
100706	药理学	13	0	13
120100	管理科学与工程	17	0	17
120201	会计学	28	0	28
120202	企业管理	31	7	24
120203	旅游管理	17	0	17
120204	技术经济及管理	19	0	19
120280	工商管理硕士	143	0	143
120401	行政管理	31	0	31
120402	社会医学与卫生事业管理	11	0	11
120405	土地资源管理	2	0	2
120501	图书馆学	16	0	16
120503	档案学	6	0	6

表 6 四川大学 2005 年毕业研究生就业情况统计表

单位性质	就业人数	百分比
机关	118	3.6%
科研设计单位	267	8.15%
高等学校	1084	33.07%
其他教学单位	52	1.59%
医疗卫生事业单位	315	9.61%
其他事业单位	71	2.17%
金融单位	77	2.35%
国有企业	264	8.05%
三资企业	102	3.11%
其他企业	184	5.61%
部队	89	2.72%
待分	190	5.8%
不就业拟升学	5	0.15%
其他暂不就业	1	0.03%
自主创业	2	0.06%
自由职业	1	0.03%
升学	318	9.7%
出国及退学	23	0.7%
其他	115	3.5%

本科生教育

一、招生

2005 年进一步规范招生工作，建立、健全和完善各项规章制度，加强信息公示，广泛接受监督。建立了以“六公开”为主要内容的信息公开制度，把维护广大考生的合法权益作为招生工作的出发点和落脚点，实行招生工作责任追究制，参加招生录取的所有工作人员都签订了《四川大学招生录取工作人员责任承诺书》，严格执行“招生工作六不准”，实现了招生工作零投诉。

2005 年进一步加强招生宣传，吸引优秀生源。修订和完善了《四川大学 2005 年招生简章》、《四川大学 2005 年报考指南》等文字材料；组织了“招生宣传万里行”、“川大宣传月”、“川大咨询周”、“川大一日游”、“与考生及家长面对面”等活动，进一步完善“四川大学本科招生信息在线”网站，继续开通“招生咨询”栏目，在全国有影响的47家报纸、杂志上刊登我校的宣传资料，在7家省级以上电视台播放我校宣传片，在17家网站上做了友情链接，进一步扩大了四川大学在考生中的影响。

2005年我校招生计划为10000名，分布在全国31个省（直辖市、自治区），实际录取本科生10164人，少数民族预科生90人，总装备部预科生65人。其中，文科最低录取分高于590分的专业有15个，平均分高于600分以上的专业有12个（文科共有25个专业）；理科最低录取分高于630分的专业有54个，平均分高于650分以上的专业有28个（理科共有89个专业）。平均分高出重点线30分以上的文科有21个省（市、区），理科有27个省（市、区）。

表7　四川大学2005年招生专业一览表

学院	专业名称
经济学院	经济学
	国际经济与贸易
	财政学
	金融学
	国民经济管理
法学院	法学
政治学院	国际政治
文学与新闻学院	中国语言文学基地班
	汉语言文学
	对外汉语
	新闻学
	广播电视新闻
	广告学
	编辑出版学
外国语学院	英语
	俄语
	法语
	日语

学院	专业名称
电气信息学院	电气信息类
	医学信息工程
计算机学院（软件学院）	计算机科学与技术
	软件工程
建筑与环境学院	环境科学
	建筑学
	城市规划
	土木工程
	给水排水工程
	景观建筑设计
	环境工程
	工程力学
水利水电学院	热能与动力工程
	水利水电工程
	水文与水资源工程
	农业水利工程

续表 7

学院	专业名称
历史文化学院	历史学基地班
	考古学
	旅游管理
数学学院	数学基地班
	数学类
物理科学与技术学院	物理学
	应用物理学
	微电子学
	核工程与核技术
化学学院	化学类
生命科学学院	生物学基地班
	生物科学
	生命科学与技术基地班
	生物技术
	生态学
	园林
电子信息学院	电子信息科学类
	光信息科学与技术
	信息安全
材料科学与工程学院	材料物理
	材料化学
	金属材料工程
	无机非金属材料工程
	生物医学工程
高分子科学与工程学院	高分子材料与工程
	高分子材料加工工程
制造科学与工程学院	机械设计制造及其自动化
	材料成型及控制工程
	测控技术与仪器
	工业设计
轻纺与食品学院	食品科学与工程
	轻化工程
	纺织工程
	轻工生物技术
	服装设计与工程
华西基础医学与法医学院	基础医学
	法医学
华西公共卫生学院	预防医学
	公共事业管理
	卫生检验
华西临床医学院	妇幼保健医学
	临床医学（8 年制）
	临床医学（5 年制）
	医学检验
	医学技术
	护理学
华西口腔医学院	口腔医学（7 年制）
	口腔医学（5 年制）
	口腔修复工艺学
工商管理学院	管理科学
	工业工程
	工程管理
	工商管理类
	电子商务
公共管理学院	哲学
	信息管理与信息系统
	行政管理
	公共事业管理
	劳动与社会保障
	土地资源管理
	档案学
	信息资源管理

续表 7

学院	专业名称	学院	专业名称
化学工程学院	冶金工程	艺术学院	美术学
	过程装备与控制工程		绘画
	安全工程		艺术设计
	化学工程与工艺		广播电视编导
	制药工程		表演
	生物工程		舞蹈学
华西药学院	药学		动画

表 8 四川大学 2005 年在各省（市、区）录取情况统计表

项目 / 省份	文科					理科				
	重点线	提档线	最高分	最低分	平均分	重点线	提档线	最高分	最低分	平均分
北京	486	486	563	486	512	470	470	586	478	524
天津	468	530	573	533	551	458	489	562	491	516
河北	536	569	587	569	575	551	583	625	584	596
山西	534	535	601	535	564	532	532	635	539	572
内蒙古	525	568	588	568	577	555	555	635	555	603
辽宁	530	552	623	552	582					
吉林	559	584	604	584	593	562	563	629	565	594
黑龙江	556	564	614	564	584	582	605	649	606	622
上海	480	481	505	481	492	469	469	536	469	491
江苏	560	560	617	560	589					
浙江	568	589	615	589	599	550	636	628	581	598
安徽	543	557	592	558	570	541	562	620	560	580
福建	555	570	583	570	576	542	598	619	545	581
江西	554	571	594	571	581	545	566	617	557	580
山东	572	576	615	576	599	597	560	665	597	623
河南	565	566	624	566	588	568	609	658	572	605
湖北	506	519	557	519	544	524	558	586	560	568
湖南	574	582	620	596	611	544	431	618	573	584

续表 8

省份＼项目	文科					理科				
	重点线	提档线	最高分	最低分	平均分	重点线	提档线	最高分	最低分	平均分
广东	632	632	775	632	680					
广西	561	600	626	600	611	572	572	663	572	619
海南	666	669	709	669	687	636	636	716	636	663
重庆	549	560	643	560	593	548	562	670	562	602
四川	570	570	625	570	600	598	598	694	598	640
贵州	556	586	633	586	599	536	566	643	566	590
云南	535	585	620	585	597	530	560	670	560	606
陕西	550	556	648	563	597	567	609	672	610	630
甘肃	550	555	624	563	587	558	558	666	570	608
青海	442	466	547	466	517	430	431	577	483	532
宁夏	512	517	575	517	553	504	509	603	511	562
新疆	516	518	637	519	577	507	507	681	507	586
西藏	350	397	604	397	503	300	316	612	316	506

注：1. 海南省第一批分 A、B 段录取，第一批 A 段录取最低控制线为文科 666 分，理科 636 分；B 段最低控制线为文科 582 分，理科 542 分。

2. 西藏自治区录取时分少数民族和汉族，其中少数民族文史类重点线为 350 分，我校提档线为 397 分，少数民族理工类重点线为 300 分，我校提档线为 316 分；汉族文史类重点线为 490 分，我校提档线为 524 分，汉族理工类重点线为 480 分，我校提档线为 554 分。

3. 辽宁、广东、江苏为文理综合，录取时不分文理科。

表 9　2005 年四川大学艺术类招生统计表

省份	专业方向	专业最高分	专业最低分	文化最高分	文化最低分	外语最高分	外语最低分	录取人数
山西	环艺			391	388	93	82	2
	平面			425	375	89	64	2
	动画			331	331	71	71	1
	油画			379	379	70	70	1
	国画			376	376	103	103	1
	编导			485	414	106	88	4

续表 9

省份	专业方向	专业最高分	专业最低分	文化最高分	文化最低分	外语最高分	外语最低分	录取人数
	表演	373	368					3
	声乐	167	159					7
	舞蹈学	329	327				2	
湖北	美术学			374	345	76	74	2
	环艺			456	370	102	63	4
	平面			445	384	103	77	3
	油画			455	407	81	72	2
	国画			397	396	76	68	2
	动画			407	373	89	71	3
	服装			438	405	117	92	4
山东	美术学			355	355	79	79	1
	环艺（理）			467	467	86	86	1
	环艺（文）			398	398	94	94	1
	平面（文）			366	357	96	89	2
	国画（文）			390	373	105	94	2
	油画（文）			253	253	47	47	1
	动画（文）			412	412	89	89	1
	编导（文）			436	361	114	79	9
	表演（文）	369	366					2
	声乐	157	155					2
	服装			459	459	92	92	1
广西	环艺			540	524	119	108	2
	平面（理）			438	438	101	101	1
	平面（文）			492	438	94	77	2
	油画			488	477	107	90	2
	国画			448	448	79	79	1
	动画			469	469	100	100	1

续表 9

省份	专业方向	专业最高分	专业最低分	文化最高分	文化最低分	外语最高分	外语最低分	录取人数
甘肃	美术学			444	444	106	106	1
	环艺			474	453	96	74	2
	平面			452	431	99	85	2
	油画			430	430	107	107	1
	国画			370	370	64	64	1
	动画			388	388	70	70	1
	舞蹈（男）	330	323					3
	舞蹈（女）	345	327					8
河南	美术学			419	413	96	89	2
	环艺			467	451	105	86	3
	平面（文）			448	419	107	84	4
	平面（理）			410	410	77	77	1
	油画			391	388	106	76	2
	国画			408	408	82	82	1
	动画			509	437	113	92	4
	服装			406	372	107	95	5
广东	环艺			694	665	106	99	2
	平面			713	637	106	101	2
	动画			696	684	102	93	2
	国画			672	672	92	92	1
	油画			603	603	102	102	1
	声乐	186	186	665	665	111	111	1
	服装			644	644	505	505	1
湖南	美术学			435	425	96	82	2
	环艺（文）			472	464	103	93	2
	环艺（理）			455	442	123	87	2
	平面（文）			482	451	100	68	6
	油画			475	435	99	84	2
	国画			448	425	90	83	2
	动画			470	449	86	69	3

续表 9

省份	专业方向	专业最高分	专业最低分	文化最高分	文化最低分	外语最高分	外语最低分	录取人数
	编导			466	422	98	57	6
	声乐	177	166					3
	表演	373	370					2
	舞蹈学	372	372					1
	服装			533	384	119	74	11
四川	表演	388	347					13
	舞蹈（男）	327	296					8
	舞蹈（女）	334	315					10
	编导			585	515	141	94	12
	美术学			509	412	114	73	11
	油画			542	400	123	72	10
	国画			533	413	118	73	9
	环艺			573	496	126	93	19
	平面			563	466	126	91	22
	动画			586	463	130	95	11
	服装			567	421	128	82	21
江苏	美术学			466	464	81	79	2
	油画			498	498	93	93	1
	国画			445	445	67	67	1
	环艺			531	482	123	97	3
	平面			490	402	103	96	3
	动画			496	424	109	69	3
	服装			510	430	110	85	8
吉林	国画			463	463	101	101	1
	油画			440	440	87	87	1
	环艺			478	478	75	75	1
辽宁	平面			233	233	52	52	1
	油画			432	432	78	78	1

续表 9

省份	专业方向	专业最高分	专业最低分	文化最高分	文化最低分	外语最高分	外语最低分	录取人数
浙江	美术学			389	389	67	67	1
	环艺			493	493	123	123	1
	平面			425	425	96	96	1
	油画			350	350	70	70	1
	国画			404	404	78	78	1
	编导			492	492	122	122	1
	服装			499	380	117	83	10
青海	舞蹈学	339	326					3
重庆	服装			531	384	120	70	8

表 10 四川大学 2004 年—2005 年招生数据比较表

		2004 年	2005 年
招生计划人数		9300	10000
实际录取数		9271	10164
600 分以上人数		3897	5480
比例（%）		41.9	54.8
平均分高出重点线 30 分以上的省份（个）	文科	22	21
	理科	25	28
第一志愿报考率（%）	文科	94.1	95.2
	理科	88.9	92.3

表 11 四川大学在四川省与重庆市 2004 年—2005 年招生相关数据比较

	四川省				重庆市			
	文科		理科		文科		理科	
	2004 年	2005 年	2004 年	2005 年	2004 年	2005 年	2004 年	2005 年
重点分数线	541	570	538	598	537	549	518	548
提档分数线	556	570	561	598	546	560	545	562
平均分	570	600	589	640	586	593	598	602
提档线高出重点线的差(%)	15	0	23	0	9	11	27	14
平均分高出重点线的差(%)	29	30	51	42	49	44	80	54

二、培养

（一）本科教学基础建设

1．本科专业建设评估和名牌专业建设工作。2005年，学校首次开展了每三年一轮的本科专业建设评估工作，并对全校118个本科专业进行了评估，专业建设评估结果排前10%专业的有12个：数学与应用数学、生物科学、历史学、汉语言文学、水利水电工程、高分子材料与工程、轻化工程、口腔医学、临床医学、经济学、化学工程与工艺、法医学。同时启动了本科品牌专业建设工作，制定了《四川大学本科品牌专业建设管理办法（试行)》，加大对重点和特色专业的支持与建设力度。数学与应用数学、生物科学等15个专业获校级品牌专业建设项目。数学与应用数学、生物科学、历史学、汉语言文学、水利水电工程、高分子材料与工程、轻化工程、口腔医学、临床医学、经济学、化学工程与工艺、法医学等12个专业推荐申报四川省品牌专业。

2．课程建设。2005年新增50门文化素质公选课，全校文化素质公选课达到248门。重新修订了《四川大学文化素质教育选修课管理办法》和《四川大学文化素质教育公选课选课指南》。学校从2005年春季开始为所有本科专业学生开设《中华文化》课程。2005年，学校投入100万元，继续加大精品课程建设力度。《鞣制化学》等3门课程被评为2005年度国家精品课程，《货币银行学》等21门课程被评为四川省精品课程，《法医物证学》等23门课程获四川大学精品课程建设项目。到2005年底，学校累计已有83门课程获校级精品课程建设项目立项，46门课程获四川省精品课程，9门课程获国家精品课程。

3．教材建设。2005年学校积极参与了教育部“十一五”规划教材的申报工作，全校30个学院共申报240部教材到教育部参评。2005年学校投入教材建设经费60余万元，分别对已出版的“十五”国家规划教材立项选题、部省级立项教材选题和2004年度校级立项教材选题进行了资助，并对2004年度优秀教材和优秀讲义进行了奖励。

4．国家级基地建设。2005年8月，我校国家生命科学与技术人才培养基地通过教育部委托“国家生命科学与技术人才培养基地”建设指导委员会组织实施2004学年度检查，年检结论为合格。2005年，国家基础科学人才培养基金的资助方式发生变化，采取按照不同项目类别分别申请的方式择优资助理科基地和特殊学科点。我校物理科学与技术学院申报并获得光学课程师资培训项目的资助，这是我校除国家级基地以外首次获国家基础科学人才培养基金的资助项目。

5．国家级教学成果获奖。在第五届国家级高等教育教学成果奖评选中，我校共获国家级教学成果奖11项。我校教师独立完成9项，其中一等奖1项，二等奖8项，在全国高校排名第8位。

（二）本科教学改革

1．修订了2005年本科教学计划，突出了个性培养、强化创新能力培养。

2．继续实施“创新人才综合培养计划”。2005年共择优选拔出108名同学进入四川大学“创新人才综合培养计划”，其中文科创新班28人，理工科创新班65人，联合班15人。继续实行定期分流和滚动进入制度，从2003级和2004级学生中增补选出9名学生进入“创新人才综合培养计划”。同时，学院开设的创新班招收的学生人数大大增加，其中计算机学院（软件学院）79人，化学学院80人，高分子科学与工程学院 40 人，物理科学与技术学院 32 人跨学院的电子电气信息大类创新班 69 人。

3．加强与国外著名高校开展本科人才培养的合作。2005 年，我校同法国蒙彼利埃高等商学院、新加坡国立大学、韩国国立庆尚大学等国外重点大学签署了国际合作办学协议，采取“2+1+1”、“3+1”、“2+2”等多种联合培养本科生人才模式，共选派出 99 名本科生赴国外大学留学学习。

4．教改立项项目取得新进展。教务处牵头组织申报的《研究性学习和创新能力培养的研究与示范——四川大学研究性学习的探索与实践》获教育部“研究性学习和创新能力培养的研究与示范”立项项目，这是我校获教育部“高等学校教学质量与教学改革工程”支持力度最大的项目。黄华、夏健刚等人申报的 7 个项目被教育部批准为“高等理工教育教学改革与实践项目”立项项目，我校成为西部高校中此类项目中中标最多的高校。2005 年 10 月，经四川省教育厅组织专家评审，我校共有 62 个项目获得四川省“高等教育教学改革工程人才培养质量和教学改革项目”立项。

（三）本科人才培养质量

1．推荐免试研究生人数为历年之最。2005 年推荐了 842 名应届本科优秀毕业生免试攻读硕士学位。其中有 108 名同学被北京大学、浙江大学、复旦大学、南京大学、哈尔滨工业大学、中国科技大学、南开大学等重点高校以及中国科学院上海生命科学研究所、物理研究所、中国社会科学研究院等接收为硕士学位研究生。

2．学生毕业率、就业率提高。2005 年应毕业学生数为 7006 人（含学分制学生提前毕业 18 人、专科 82 人），其中，本科毕业生数为 6794 人，结业生人数为 130 人，6714 人获学位证书，毕业率为 98.1%，授位率为 98.8%。

3．实践教学成效显著。2005 年学校组织专家评选出 2004 届本科优秀毕业论文（设计）286 篇，其中一等奖 32 篇、二等奖 83 篇、三等奖 171 篇。同时，编辑出版了《四川大学 2004 届优秀毕业设计、论文集》。2005 年 4 月启动了 2005—2006 年大学生科研训练计划，有 20 个学院和单位面向 2002 级、2003 级本科生提供了以理、工科为主的约 290 个科研训练项目。其中，90%以上属于在研的科研项目，项目可容纳 700 名～800 名我校本科生。共有 247 个项目在进行中，789 名 2002 级、2003 级学生参加。完成了 2004—2005 学年教学实习先进队、优秀指导教师、优秀临床实习生的遴选、评审、表彰工作，共评选出先进实习队 24 个，其中一等奖 8 个，二等奖 7 个，三等奖 9 个；优秀实习指导教师 35 名，其中一等奖 8 名，二等奖 11 名，三等奖 16 名；优秀临床实习生 31 名。

4．学生竞赛取得优异成绩。2005 年我校大学生参加全国大学生英语竞赛、全国大学生英语辩论竞赛、全国大学生数学建模竞赛、全国大学生电子设计竞赛均获得优异成绩。

（四）教学管理

1．开展本科教学质量监控工作。成立了各级教学质量监控机构，开展了校、院两级教学监控评估工作；通过各级领导干部听课，对教学状况进行评价和了解；按照教学质量评价指标体系，全面开展教学质量测评。

2．加强本科教学督导工作。学校成立了新一届教学督导委员会，完善了学院教学督导组，在学校全面实行了本科教学督导工作。

3. 开展了四川大学第三届优秀教学奖评选工作。评选出第三届优秀教学奖一等奖 7 名，二等奖 7 名，三等奖 21 名，共计 35 名。同时评出第三届优秀教学奖学院组织奖：工商管理学院、电气信息学院、华西基础医学与法医学院、化学工程学院、华西临床医学院。

4. 开展本科教学校内自评工作。从 2005 年 10 月 24 日至 12 月 27 日，校内自评专家组组成若干专家小组，分别对全校 30 个学院、16 个主要机关部（处）及后勤集团进行了评估。

表 12 四川大学 2005 年度校级品牌专业建设项目名单

序　号	专业名称	学院名称
1	数学与应用数学	数学学院
2	生物科学	生命科学学院
3	历史学	历史文化学院（旅游学院）
4	汉语言文学	文学与新闻学院
5	水利水电工程	水利水电学院
6	高分子材料与工程	高分子科学与工程学院
7	轻化工程	轻纺与食品学院
8	口腔医学	华西口腔医学院
9	临床医学	华西临床医学院
10	经济学	经济学院
11	化学工程与工艺	化学工程学院
12	法医学	华西基础医学与法医学院
13	电子信息工程	电子信息学院
14	机械设计制造及其自动化	制造科学与工程学院
15	电气工程及其自动化	电气信息学院

表13　2005年度国家精品课程名单

序号	课程名称	负责人	学院名称
1	鞣制化学	陈武勇	轻纺与食品学院
2	中国诗歌艺术	谢　谦、王　红	文学与新闻学院
3	植物生物学	陈　放	生命科学学院

表14　2005年度四川省精品课程名单

序号	课程名称	负责人	学院名称
1	物理化学	周　鲁、薛　英	化学工程学院、化学学院
2	遗传学	赵　云、王海燕	生命科学学院
3	口腔内科学	周学东	华西口腔医学院
4	材料科学基础	沈保罗	材料科学与工程学院
5	货币银行学	张红伟	经济学院
6	现代材料制备技术	赵北君	材料科学与工程学院
7	中国诗歌艺术	谢　谦、王　红	文学与新闻学院
8	分析化学	李梦龙	化学学院
9	外国文学	刘亚丁	文学与新闻学院
10	法医物证学	侯一平	华西基础医学与法医学院
11	光学	郭永康	物理科学与技术学院
12	口腔颌面外科学	温玉明	华西口腔医学院
13	植物生物学	陈　放	生命科学学院
14	拓扑学	梁基华	数学学院
15	口腔解剖生理学	易新竹	华西口腔医学院
16	精神病与精神卫生学	孙学礼	华西临床医学院
17	药事管理学	蒋学华	华西药学院
18	人体解剖学	羊惠君	华西基础医学与法医学院
19	水利土木工程概论	陈建康	水利水电学院
20	运筹学	徐玖平	工商管理学院
21	医学微生物学	贾文祥	华西基础医学与法医学院

表 15　2005 年度四川大学精品课程建设项目名单

序号	课程名称	负责人	学院名称
1	法医物证学	侯一平	华西基础医学与法医学院
2	光学	郭永康	物理科学与技术学院
3	口腔颌面外科学	温玉明	华西口腔医学院
4	植物生物学	陈　放	生命科学学院
5	高分子材料及应用	徐建军	高分子科学与工程学院
6	拓扑学	梁基华	数学学院
7	口腔解剖生理学	易新竹	华西口腔医学院
8	常微分方程	张伟年	数学学院
9	精神病与精神卫生学	孙学礼	华西临床医学院
10	药事管理学	蒋学华	华西药学院
11	仪器分析	肖　丹	化学工程学院
12	人体解剖学	羊惠君	华西基础医学与法医学院
13	水利土木工程概论	陈建康	水利水电学院
14	马克思主义哲学原理	曹玉蓉	政治学院
15	运筹学	徐玖平	工商管理学院
16	医学微生物学	贾文祥	华西基础医学与法医学院
17	有机化学	李　瑛	化学学院
18	机械原理	姚　进、马咏梅	制造科学与工程学院
19	现代通信技术	杨万全	电子信息学院
20	普通生物学	林宏辉	生命科学学院
21	西方经济学	张　衔	经济学院
22	国际私法	金　明	法学院
23	高级语言程序设计Ⅱ	李　涛	计算机学院

表 16　第五届国家级高等教育教学成果奖获奖名单

序号	获奖等级	项目名称	学院名称	获奖人员
1	国家级一等奖	“全球医学教育最基本要求”的研究与实施	华西临床医学院	万学红、张肇达、李甘地、周同甫、邓　洪
2	国家级一等奖	化工类专业创新人才培养模式、教学内容、教学方法和教学技术改革的研究与实施	天津大学、四川大学等	余国琮、梁　斌等

续表 16

序号	获奖等级	项目名称	学院名称	获奖人员
3	国家级二等奖	比较文学学科建设与双语人才培养	文学与新闻学院	曹顺庆、刘　颖、阎　嘉、王晓路、冯　川
4	国家级二等奖	计算机辅助英语教学系统	外国语学院	邓　刚、黎　宏、宋庆华、杨　光、阎　艳
5	国家级二等奖	数学类学生数学应用能力和创新意识培养的研究与实践	数学学院	刘应明、王宝富、马继刚、梁基华、李清朗
6	国家级二等奖	法医物证学教学课程改革	华西基础医学与法医学院	侯一平、李英碧、吴　谨、张　霁、黄飞骏
7	国家级二等奖	转变观念，结合临床，病理学教学改革的尝试	华西临床医学院	李甘地、杨光华、周　桥、刘卫平、步　宏
8	国家级二等奖	高素质口腔医学创新人才培养模式的构建与实践	华西口腔医学院	石　冰、周学东、柳　茜、巢永烈、唐　洁
9	国家级二等奖	国际合作培养创新人才的研究与实践	教务处	马继刚、晏世经、刘　黎、陈　兵、李天燕
10	国家级二等奖	生命科学本科实验教学创新体系的建立和实践	四川大学生命科学学院、复旦大学、南京大学	陈　放、乔守怡、陈建群、陈小麟、刘　兢
11	国家级二等奖	制药工程本科专业建设研究	天津大学、四川大学等	元英进、宋　航等

表 17　2005 年教育部“研究性学习和创新能力培养的研究与示范”项目立项名单

序号	课题名称	负责人	主持单位
1	研究性学习和创新能力培养的研究与示范——四川大学研究性学习和创新能力培养的探索与实践	马继刚	教务处

表 18　2005 年教育部“高等理工教育教学改革与实践项目”立项名单

序号	课题名称	负责人	学院名称
1	医学信息工程新专业复合型人才培养的教改和实践研究	黄　华、夏健刚	电气信息学院
2	细胞生物学双语教学课程建设	邹方东、王喜忠	生命科学学院
3	“绿色化学”双语课程建设研究	胡常伟	化学学院
4	高分子材料与工程专业指导性专业规划研制（高分子材料与工程专业分教指委）	顾　宜	高分子科学与工程学院
5	轻化工程专业指导性专业规范研制（轻化工程专业分教指委）	陈武勇	轻纺与食品学院
6	高分子材料与工程专业评估研究与实践（高分子材料与工程专业分教指委）	顾　宜	高分子科学与工程学院
7	轻化工程专业评估研究与实践（轻化工程专业分教指委）	陈武勇	轻纺与食品学院

表 19　2005 年四川省“高等教育教学改革工程人才培养质量和教学改革项目”立项名单

序号	项目名称	负责人	主持单位
1	研究型大学本科人才综合素质培养模式的研究与实践	孙卫国	教务处
2	八年制医学教育课程建设	李甘地	华西临床医学院
3	化学实验课程体系和教学模式改革的深化与实践	胡常伟	化学学院
4	加强实践教学，探索综合性大学实践学管理的新模式	马继刚、李天燕	教务处
5	轻化工程专业综合素质人才培养模式和体系的研究	陈武勇	轻纺与食品学院
6	立体化教材建设及研究型本科教学模式的探索与实践	王喜忠、邹方东	生命科学学院
7	四川大学本科专业建设与评估的研究与实践	张鲜元、刘　黎	教务处
8	新时期法学专业本科人才培养规格和培养模式改革	李　平	法学院
9	大学数学系列课程远程教学网站及资源库建设	牛健人	数学学院
10	研究型大学实施学分制若干问题的研究与实践	张红伟、李天燕	教务处
11	发挥综合大学优势，文理工医相结合，建设口腔修复工艺学新专业	石　冰	华西口腔医学院
12	培养国际化微电子学本科人才的探索与实践	伍登学	物理科学与技术学院
13	高校教学管理智能决策支持平台的研究与应用	付　超、刘　念	教务处
14	《材料科学与工程基础》课程教学的改革	顾　宜、赵长生	高分子科学与工程学院
15	研究型大学创新人才培养中哲学课程改革的研究与实践	曹玉蓉	政治学院
16	新世纪水利类人才培养体系改革及国际化人才培养模式构建	陈建康	水利水电学院
17	《材料力学》教学资源库	秦世伦	建筑与环境学院
18	化学类本科教学及人才培养体系的改革与实践	李梦龙	化学学院
19	西部高校数学类师资教学艺术与能力培养的探索研究	王宝富	数学学院
20	《植物生物学》教学改革	陈　放	生命科学学院
21	电气信息大类人才培养方案改革及研究	夏健刚	电气信息学院
22	《建筑设计原理》课程教材建设	周　波	建筑与环境学院

续表 19

序号	项目名称	负责人	主持单位
23	面向21世纪口腔修复学专业课程体系改革研究	万乾炳	华西口腔医学院
24	优化资源配置，改革管理体制，按学科群建设化工类本科实验教学中心的新模式	付　超	化学工程学院
25	服装高等教育人才培养目标与模式创新	傅师申	轻纺与食品学院
26	学分制环境下数学类本科专业课程体系和课程内容的改革与研究	梁基华	数学学院
27	理科材料科学类本科专业高素质创新人才的培养目标及人才规格研究	朱建国	材料科学与工程学院
28	机械设计系列课程改革研究	马咏梅、高　山	制造科学与工程学院
29	培养创新高级IT人才模式的改革与实践	龙建忠、周新志	电子信息学院
30	制药工程人才培养模式与课程体系改革	宋　航	化学工程学院
31	工科基础化学实验教学新体系的建立和完善	谢　川	化学工程学院
32	生命、医学类化学课程结构的“集约化”改革及多层次“模块式”教学法研究	李　瑛	化学学院
33	以素质教育、能力培养为导向优化护理本科人才培养模式	蒋晓莲	华西临床医学院
34	工科基础化学系列网络课程的深化与推广	周　鲁	化学工程学院
35	社会开放型食品科学实验室的建设与实践	张文学	轻纺与食品学院
36	建立验证—综合—设计性实验体系培养无机材料工程创新人才	苟　立	材料科学与工程学院
37	以机械基础系列课程为平台创建国内一流的工程实践教学示范基地	刘胜青	制造科学与工程学院
38	基于多校区学分制课后教学实验的模式与监控研究以及网络平台建设	姚　进	制造科学与工程学院
39	药事管理学教学内容改革及课程体系建设	蒋学华	华西药学院
40	医学信息工程新专业建设及人才培养	黄　华	电气信息学院
41	管理科学本科专业系列集中性实践环节建设	钟　胜	工商管理学院
42	基础医学实验教学课程新体系的建设	杨芳炬	华西基础医学与法医学院
43	信息资源管理系人才培养目标、课程体系和教学内容改革研究	沈治宏	公共管理学院
44	多层次口腔种植学教学系统	宫　苹	华西口腔医学院
45	工程管理本科生专业能力培养模式研究	宋　伟	工商管理学院
46	改革专业实验教学模式 加强创新能力培养	石瑞英	物理科学与技术学院

续表 19

序号	项目名称	负责人	主持单位
47	《医学微生物学》实验教学改革探索	李明远	华西基础医学与法医学院
48	构建生理学课程新模式，培养高素质医学人才	岳利民	华西基础医学与法医学院
49	工商管理类专业应用型培养模式研究	左仁淑	工商管理学院
50	市场需求导向的高等教育 IT 人才培养模式改革研究	张志敏	工商管理学院
51	建立以学生为中心的电工电子柔性化实践教学体系	周　群、雷　勇	电气信息学院
52	《制革概论》的教学内容体系改革和教材建设	刘　彦	轻纺与食品学院
53	制造学科本科实验教学体系研究	樊庆文	制造科学与工程学院
54	《遗传学》课程教学内容体系的改革	王海燕	生命科学学院
55	口腔修复学教学及临床三维互动预览平台的建立	梁　星	华西口腔医学院
56	基础医学专业英语教学模式的改革	周　雪	华西基础医学与法医学院
57	法医物证学教学质量评估体系的研究	侯一平	华西基础医学与法医学院
58	基于能力培养的土木工程教学新模式	熊　峰	建筑与环境学院
59	《微机原理与接口技术》课程教学研究与改革	何小海	电子信息学院
60	会计学 ACCA 专业方向教学改革方案	吴　岚	工商管理学院
61	本科《微生物学》课程双语教学改革研究	孙　群	生命科学学院
62	工业工程教学综合改革	刘柱胜	工商管理学院

表 20　四川大学 2005 年全国大学生竞赛获奖情况统计表

竞赛类别	国家级特等奖	国家级一等奖	国家级二等奖	国家级三等奖	省级一等奖	省级二等奖	省级三等奖
全国大学生英语竞赛	9 人	9 人	45 人	89 人			
全国英语夏令营演讲赛			2 人	2 人			
全国英语夏令营辩论赛			2 人	2 人			
全国大学生数学建模竞赛		2 队			7 队	9 队	4 队
全国大学生电子设计竞赛		2 队	2 队		4 队	10 队	7 队

表 21　四川大学第三届优秀教学奖获奖教师名单

学院	姓名	讲授的主要课程	获奖等级
物理科学与技术学院	冯　灏	大学物理	1
数学学院	邹云志	微积分	1
化学工程学院	谢　川	近代化学基础	1
建筑与环境学院	熊　峰	结构设计原理	1
电子信息学院	何培宇	数字信号处理	1
电气信息学院	刘天琪	电力系统分析	1
华西基础医学与法医学院	陈道邦	系统解剖学	1
工商管理学院	吴　岚	基础会计学	2
经济学院	蒋永穆	政治经济学	2
化学工程学院	周　鲁	物理化学	2
电气信息学院	张英敏	电路分析	2
电气信息学院	周　群	数字电子技术基础	2
数学学院	闵心畅	高等数学	2
生命科学学院	邹方东	细胞生物学	2
化学学院	张华丽	分析化学	3
华西基础医学与法医学院	张　蓉	生物化学	3
工商管理学院	余伟萍	企业战略管理	3
华西基础医学与法医学院	唐玉红	生理学	3
工商管理学院	左仁淑	营销策划	3
华西药学院	徐　正	药物化学	3
生命科学学院	兰利琼	普通生物学	3
电子信息学院	付友登	数字电子技术	3
建筑与环境学院	李碧雄	结构设计原理	3
工商管理学院	张　艳	资产评估	3
华西临床医学院	马渝根	普通心理学	3
华西公共卫生学院	张发琼	卫生法学	3
华西药学院	李成容	物理化学	3
艺术学院	邢小于	西方舞蹈史	3
政治学院	陈　青	思想道德修养	3
电气信息学院	王　建	自动控制原理	3
生命科学学院	孙　群	微生物学	3

续表 21

学院	姓名	讲授的主要课程	获奖等级
制造科学与工程学院	王冬梅	机械设计	3
华西临床医学院	粟　军	临床检验学	3
建筑与环境学院	王向东	环境工程微生物	3
工商管理学院	段颖希	市场营销	3

三、就业

2005 年，我校毕业生共 6925 人，其中，七年制硕士毕业生 47 人，本科毕业生 6795 人，专科毕业生 83 人。截至 2005 年 9 月 1 日，我校七年制硕士毕业生就业率达到 95.74%，本科毕业生就业率达到 89.11%，专科毕业生就业率达到 93.98%，毕业生平均就业率达到 89.21%，与 2004 年基本持平。

截至 2005 年 9 月 1 日，毕业生已就业人数 6178 人，占毕业生总数的 89.21%。其中，升学（考研、考博）1685 人，占毕业生总数的 24.33%；实际签约就业 3732 人，占毕业生总数的 53.89%；出国 80 人，占毕业生总数的 1.16%；灵活就业 681 人，占毕业生总数的 9.83%；待就业 747 人，占毕业生总数的 10.79%。

在已就业学生中，其流向主要集中在国有企业、民营企业及改制企业、医疗卫生单位、科研设计单位、三资企业等，分别占毕业生就业总数的 13.99%、15.15%、6.08%、2.89%、7.09%。

在学生已就业的单位中，其单位所在地区除了青海省全国的其他省市都有毕业生，主要集中分布在成渝地区、华东地区和珠江三角洲地区。尤其以四川省、广东省、重庆市、江苏省、浙江省较多，分别占到实际签约毕业生人数的 36.07%、14.92%、5.89%、5.87%、4.02%。其中到成都就业的人数达到了 1037 人，占实际签约毕业生人数的 27.79%；深圳市 223 人，占实际签约毕业生人数的 5.98%。由于北京市和上海市对外地高校、外地生源的限制，毕业生到两地的人数分别为 138 人、136 人，占实际签约毕业生人数的比例分别为 3.7%、3.64%。由于 2005 年有 82 人成都军区管辖的国防生统一到昆明陆军学院报到，故到云南省就业的人数较多。

高等学校、其他教学单位、医疗单位和其他事业性单位是女生就业的主要去向单位，而其他性质的单位接收女生较少，使女生灵活就业的人数明显高于男生。另外不少女生选择了继续深造，因此升学的人数也高于男生。

表22　四川大学2005届本、专科（含七年制）毕业生分专业就业情况统计表

统计时间：2005年12月

学院	专业	七年制		本科				专科		总计	
		未签	已签	未签	已签	考研	考研率	未签	已签	人数	就业率
经济学院	经济学			2	41	12	21.82%			55	96.36%
	国际经济与贸易			1	70	20	21.98%			91	98.90%
	财政学			1	39	6	13.04%			46	97.83%
	金融学				54	16	22.86%			70	100.00%
	国民经济管理			1	33	12	26.09%			46	97.83%
	汇　总			5	237	66	21.43%			308	98.38%
法学院	法学			28	133	44	21.46%			205	86.34%
	汇　总			28	133	44	21.46%			205	86.34%
文学与新闻学院	汉语言文学			21	71	32	25.81%			124	83.06%
	对外汉语			4	10	5	26.32%			19	78.95%
	新闻学			9	27	8	18.60%			43	79.07%
	广播电视新闻学			3	26	5	14.71%			34	91.18%
	广告学			2	39	6	12.77%			47	95.74%
	编辑出版学				15	4	21.05%			19	100.00%
	汇　总			39	188	60	20.98%			286	86.36%
外国语学院	英语			10	126	40	22.73%			176	94.32%
	俄语				10	4	28.57%			14	100.00%
	法语			1	13	4	22.22%			18	94.44%
	日语				22	3	12.00%			25	100.00%
	汇　总			11	171	51	21.89%			233	95.28%
艺术学院	绘画			5	18	3	11.54%			26	80.77%
	美术学			6	16	3	12.00%			25	76.00%
	艺术设计			8	48	7	11.11%			63	87.30%
	舞蹈学			7	35	4	8.70%			46	84.78%
	表演			6	16	2	8.33%			24	75.00%
	广播电视编导			5	21	4	13.33%			30	83.33%
	汇　总			37	154	23	10.75%			214	82.71%

续表 22

学院	专业	七年制		本科				专科		总计	
		未签	已签	未签	已签	考研	考研率	未签	已签	人数	就业率
历史文化学院	历史学			4	10	16	53.33%			30	86.67%
	旅游管理			3	40	9	17.31%			52	94.23%
	汇 总			7	50	25	30.49%			82	91.46%
数学学院	数学与应用数学			8	27	24	40.68%			59	86.44%
	信息与计算科学				52	15	22.39%			67	100.00%
	统计学			7	14	9	30.00%			30	76.67%
	汇 总			15	93	48	30.77%			156	90.38%
物理科学与技术学院	物理学			8	17	11	30.56%			36	77.78%
	应用物理学			3	17	12	37.50%			32	90.63%
	微电子学			10	68	15	16.13%			93	89.25%
	汇 总			21	102	38	23.60%			161	86.96%
化学学院	化学				54	27	33.75%			80	100.00%
	应用化学				48	19	28.36%			67	100.00%
	汇 总				102	46	31.29%			147	100.00%
生命科学学院	生物科学			4	29	43	56.58%			76	94.74%
	生物技术			7	34	39	48.75%			80	91.25%
	生态学			3	12	7	31.82%			22	86.36%
	汇 总			14	75	89	50.00%			178	92.13%
电子信息学院	电子信息科学与技术				68	24	26.09%			92	100.00%
	光信息科学与技术				20	11	35.48%			31	100.00%
	信息安全				17	2	10.53%			19	100.00%
	电子信息工程			1	146	60	29.13%			206	99.51%
	电子科学与技术				26	19	42.22%			45	100.00%
	汇 总			1	277	116	29.52%			393	99.75%
材料科学与工程学院	材料物理			3	27	12	28.57%			42	92.86%
	材料化学			2	13	8	34.78%			23	91.30%
	金属材料工程				38	19	33.33%			57	100.00%
	无机非金属材料工程			3	22	7	21.88%			32	90.63%
	生物医学工程			3	17	15	42.86%			35	91.43%
	汇 总			11	117	61	32.28%			189	94.18%

续表 22

学院	专业	七年制		本科				专科		总计	
		未签	已签	未签	已签	考研	考研率	未签	已签	人数	就业率
制造科学与工程学院	机械设计制造及其自动化			27	153	31	14.69%			211	87.20%
	材料成型及控制工程			4	30	14	29.17%			48	91.67%
	工业设计			11	34	6	11.76%			51	78.43%
	测控技术与仪器			5	37	13	24.07%			54	90.74%
	汇 总			47	254	64	17.58%			364	87.09%
电气信息学院	电气工程及其自动化			6	118	23	15.75%			146	95.89%
	自动化			13	103	21	15.56%			135	90.37%
	通信工程			34	88	40	24.84%			161	78.88%
	汇 总			53	309	84	19.00%			442	88.01%
计算机学院（软件学院）	计算机科学与技术			21	219	97	29.04%			334	93.71%
	软件工程			2	43	13	22.41%			58	96.55%
	汇 总			23	262	110	27.73%			392	95.13%
建筑与环境学院	环境科学			5	17	14	38.89%			36	86.11%
	建筑学			2	45	6	11.32%			53	96.23%
	城市规划			1	20	10	32.26%			31	96.77%
	土木工程			8	106	15	11.63%			129	93.80%
	给水排水工程			3	32	8	18.60%			43	93.02%
	环境工程			5	42	14	22.95%			61	91.80%
	工程力学			3	18	9	30.00%			30	90.00%
	汇 总			27	280	76	19.84%			383	92.95%
水利水电学院	热能与动力工程			3	27	7	18.92%			37	91.89%
	水利水电工程			4	87	19	17.27%			110	96.36%
	水文与水资源工程			1	26	9	25.00%			36	97.22%
	农业水利工程			2	13	7	31.82%			22	90.91%
	汇 总			10	153	42	20.49%			205	95.12%

续表 22

学院	专业	七年制		本科				专科		总计	
		未签	已签	未签	已签	考研	考研率	未签	已签	人数	就业率
化学工程学院	过程装备与控制工程			5	87	26	22.22%			117	95.73%
	化学工程与工艺			5	86	30	25.00%			120	95.83%
	制药工程			2	44	14	23.33%			60	96.67%
	生物工程			16	46	24	27.91%			86	81.40%
	汇 总			28	263	94	24.54%			383	92.69%
轻纺与食品学院	食品科学与工程			1	22	15	39.47%			38	97.37%
	轻化工程			1	53	14	20.59%			68	98.53%
	纺织工程			1	13	9	39.13%			23	95.65%
	服装设计与工程			1	17	3	14.29%			21	95.24%
	汇 总			4	105	41	27.33%			150	97.33%
高分子材料科学与工程学院	高分子材料与工程			19	193	64	23.19%			276	93.12%
	汇 总			19	193	64	23.19%			276	93.12%
联合班	生物科学			3	8	5	31.25%			16	81.25%
	材料物理				3	1	25.00%			4	100.00%
	环境工程				1	5	83.33%			6	100.00%
	汇 总			3	12	11	42.31%			26	88.46%
华西基础医学与法医学院	基础医学			6	12	27	60.00%			45	86.67%
	法医学			15	22	8	17.78%			45	66.67%
	汇 总			21	34	35	38.89%			90	76.67%
华西临床医学学院	临床医学	1	26	8	136	82	33.20%			247	96.36%
	医学检验			1	38	4	9.30%			43	97.67%
	医学技术			3	43	3	6.12%			49	93.88%
	护理学			2	78	4	4.76%			84	97.62%
	高级护理							5	78	83	93.98%
	汇 总	1	26	14	295	93	18.38%	5	78	506	96.05%
华西口腔医学院	口腔医学		20	2	17	25	40.32%			62	96.77%
	汇 总		20	2	17	25	40.32%			62	96.77%

续表 22

学院	专业	七年制		本科				专科		总计	
		未签	已签	未签	已签	考研	考研率	未签	已签	人数	就业率
华西公共卫生学院	预防医学			15	89	41	28.28%			145	89.66%
	公共事业管理			19	72	32	26.02%			123	84.55%
	汇 总			34	161	73	27.24%			268	87.31%
华西药学院	药学			18	100	90	43.27%			208	91.35%
	汇 总			18	100	90	43.27%			208	91.35%
公共管理学院	哲学			4	21	12	32.43%			37	89.19%
	信息管理与信息系统				46	13	22.03%			59	100.00%
	行政管理			2	19	8	27.59%			29	93.10%
	公共事业管理			1	25	5	16.13%			31	96.77%
	劳动与社会保障			1	30	7	18.42%			38	97.37%
	土地资源管理			2	19	8	27.59%			29	93.10%
	图书馆学			1	18	9	32.14%			28	96.43%
	档案学			1	19	7	25.93%			27	96.30%
	汇 总			12	197	69	24.82%			278	95.68%
工商管理学院	管理科学			13	19	5	13.51%			37	64.86%
	工业工程			8	25	6	15.38%			39	79.49%
	工程管理			8	40	6	11.11%			54	85.19%
	工商管理			13	36	5	9.26%			54	75.93%
	市场营销			1	35	4	10.00%			40	97.50%
	会计学			2	38	4	9.09%			44	95.45%
	财务管理			3	37	2	4.76%			42	92.86%
	人力资源管理			2	25	3	10.00%			30	93.33%
	汇 总			50	255	35	10.29%			340	85.29%
全校合计		1	46	554	4589	1673	24.16%	5	78	6925	91.91%

表 23　2005 年本、专科毕业生就业单位性质分布统计

单位性质	人数	比例	单位性质	人数	比例
总人数	6925	100.00%	高等学校	106	1.53%
自主创业	4	0.06%	部队	140	2.02%
国家项目	19	0.27%	科研设计单位	200	2.89%
其他	25	0.36%	医疗卫生单位	421	6.08%
其他教学	36	0.52%	三资企业	491	7.09%
出国及退学	80	1.16%	其他灵活就业	686	9.91%
其他事业单位	86	1.24%	待就业	737	10.64%
机关	93	1.34%	国有企业	969	13.99%
金融单位	98	1.42%	其他企业	1049	15.15%
录取研究生	1685	24.33%			

表 24　2005 届本、专科毕业生就业单位地区分布统计

单位地区	人数	比例	单位地区	人数	比例
总计	6925	100.0%	河南省	80	1.16%
青海省	6	0.09%	甘肃省	85	1.23%
内蒙古自治区	9	0.13%	福建省	95	1.37%
宁夏回族自治区	11	0.16%	广西壮族自治区	101	1.46%
黑龙江	14	0.20%	湖北省	101	1.46%
西藏自治区	22	0.32%	陕西省	105	1.51%
江西省	27	0.39%	贵州省	128	1.85%
海南省	32	0.46%	山东省	129	1.86%
吉林省	33	0.48%	云南省	205	2.96%
山西省	48	0.69%	上海市	208	3.00%
安徽省	63	0.91%	浙江省	220	3.18%
湖南省	64	0.92%	北京市	291	4.20%
新疆维吾尔自治区	72	1.14%	江苏省	295	4.26%
河北省	73	1.05%	重庆市	360	5.20%
辽宁省	76	1.10%	广东省	603	8.71%
天津市	78	1.13%	四川省	3291	47.52%

表25　2005届自愿到艰苦地区的艰苦行业就业的本科毕业生名单

姓名	学　　院	专　　业	签　约　单　位
刘　波	化学学院	化学	青海海西自治州柴达木盆地青海油田
刘　华	化学学院	化学	中核四零四厂
钱　海	建筑与环境学院	工程力学	解放军63650部队
李志朝	物理科学与技术学院	物理学	新疆马兰核试验基地
侯泽森	化学工程学院	化学工程与工艺	塔里木油田
孙凤枝	化学工程学院	化学工程与工艺	新疆塔里木油田分公司
管云龙	化学工程学院	化学工程与工艺	新疆独山子石化公司
李　燕	化学工程学院	化学工程与工艺	新疆独山子石化公司
汪进华	化学学院	化学	西昌卫星发射中心
张小波	化学学院	应用化学	青海油田
徐双喜	水利水电学院	水利水电工程	武警水电第三总队
黄晓平	水利水电学院	水利水电工程	西藏建筑勘察设计院
陆勇光	水利水电学院	水利水电工程	贵州省黔南水电局
杨　靖	水利水电学院	水利水电工程	四川华能宝兴河电力股份有限公司
刘　鹤	水利水电学院	水利水电工程	西藏自治区建筑勘察设计院
徐　江	水利水电学院	水利水电工程	新疆建设兵团勘测设计院
明　荣	水利水电学院	水利水电工程	中铁八局集团
胡　华	计算机学院	计算机科学与技术	山西太原卫生发射中心
马　超	生命科学学院	生物技术	西藏自治区高科技厅高原生物研究所
施镇顺	电子信息学院	电子信息科学与技术	西昌卫星发射中心
杨跃晶	电子信息学院	电子信息科学与技术	西藏科技厅
李　刚	电子信息学院	电子信息科学与技术	解放军昆明陆军学院
王仲学	电子信息学院	信息与通信工程	解放军昆明陆军学院
雷　强	电气信息学院	自动化	新疆塔里木油田分公司
欧小刚	电气信息学院	自动化	解放军昆明陆军学院
罗　鑫	电气信息学院	通信工程	西昌卫星发射中心
甘性龙	电气信息学院	通信工程	西昌卫星发射中心
高　锐	电气信息学院	通信工程	西昌卫星发射中心
史东梅	华西临床医学院	护理	西藏自治区人民医院
田　静	华西临床医学院	护理	西藏自治区人民医院

续表 25

姓名	学　院	专　业	签 约 单 位
李福建	华西临床医学院	护理	西藏自治区人民医院
张大宏	华西临床医学院	护理	西藏自治区人民医院
李　董	材料科学与工程学院	材料化学	独子山石化公司
谢宽涯	材料科学与工程学院	金属材料工程	塔里木油田
郑俊峰	建筑与环境学院	土木工程	解放军昆明陆军学院
蒲辉银	建筑与环境学院	环境工程	中石油乌鲁木齐石化公司
徐　冰	建筑与环境学院	环境工程	中国石油独山子石化公司
黄　芳	工商管理学院	人力资源管理	西昌电力股份有限公司
张　峰	工商管理学院	工程管理	西部志愿者服务计划
张晶晶	工商管理学院	工程管理	西部志愿者服务计划
杨　琳	公共管理学院	土地资源管理	志愿服务西部计划
姚富军	化学工程学院	过程装备与控制工程	云南云天化分公司
苏　彬	化学工程学院	过程装备与控制工程	云南云天化分公司
彭　磊	化学工程学院	过程装备与控制工程	甘肃省兰州石公司
李光明	化学学院	应用化学	甘肃省兰州化学工业公司
唐志遥	化学学院	应用化学	中核 814 厂
苏秀花	化学学院	应用化学	攀钢集团
徐乃宏	化学学院	应用化学	新疆自治区乌鲁木齐石油化工总厂
李美华	文学与新闻学院	广播电视新闻学	西部计划大学生志愿者活动
王界雄	水利水电学院	水利水电工程	中国水电八局
宗美宏	水利水电学院	水利水电工程	国家电力公司贵阳勘测设计研究院
张绍祥	水利水电学院	水利水电工程	水电十四工程局
冯德安	水利水电学院	水利水电工程	重庆黔江区秀山县
张　肖	水利水电学院	水利水电工程	水电第七工程局
王永涛	水利水电学院	水利水电工程	中国水利水电工程第七工程局
李润富	水利水电学院	水利水电工程	中国水电十四局
李　刚	水利水电学院	水利水电工程	广西龙滩水电开发公司
曹爱民	水利水电学院	水利水电工程	中国水电工程七局
鲜朝辉	水利水电学院	水利水电工程	中国水利水电五局
赵　东	水利水电学院	农业水利工程	云南水利水电第十四工程局
黄金龙	水利水电学院	热能与动力工程	中国水利水电第七工程局
彭　强	水利水电学院	热能与动力工程	湖北清江水电开发有限责任公司

续表 25

姓名	学　院	专　业	签 约 单 位
张　军	水利水电学院	热能与动力工程	中国长江电力股分有限公司
顾建伟	水利水电学院	热能与动力工程	中国水利水电第七工程局
李宗泰	水利水电学院	热能与动力工程	广西天峨县龙滩水电站
刘江林	水利水电学院	热能与动力工程	国电大渡河开发公司
霍建中	水利水电学院	热能与动力工程	国家电力公司成都勘测设计研究院
霍军军	计算机学院（软件学院）	计算机科学与技术	甘肃省天水市华天科技股份公司
赵修庆	电子信息学院	电子信息技术	六盘水市人才交流中心
王　伟	电子信息学院	电子信息科学与技术	中国航天科工集团 061 基地
张青锋	电气信息学院	电气工程及其自动化	甘肃省电力公司白银供电所
王　敏	电气信息学院	电气工程及其自动化	甘肃省电力公司白银供电所
李瑞桂	电气信息学院	电气工程及其自动化	贵州粤黔电力有限责任公司
朱美文	电气信息学院	电气工程及其自动化	贵州安顺供电局
余　钢	电气信息学院	电气工程及其自动化	贵州电力公司（都匀供电局）
吴　勇	电气信息学院	电气工程及其自动化	云南电网公司思第供电局
李　龙	电气信息学院	电气工程及其自动化	贵州粤黔电力有限责任公司（盘南电厂）
唐道华	电气信息学院	电气工程及其自动化	解放军昆明指挥学院
周　林	电气信息学院	电气工程及其自动化	贵州省毕业供电局
覃云州	电气信息学院	电气工程及其自动化	解放军昆明陆军学院
李　秀	电气信息学院	通信工程	贵州乌江水利水电开发公司
冉财章	电气信息学院	通信工程	贵州遵义航天科工集团 061 基地
王　正	制造科学与工程学院	工业设计	汉中 96501 部队
胡勋臣	制造科学与工程学院	工业设计	广西玉柴机器股份有限公司
赵学燕	制造科学与工程学院	工业设计	广西玉柴机器股份有限公司
赵开才	制造科学与工程学院	机械设计制造及其自动化	中国航天科工集团 061 基地
曾　慧	制造科学与工程学院	材料成型及控制工程	中国航天集团 061 基地
田华磊	制造科学与工程学院	测控技术与仪器	贵州 061 基地
杨子亮	制造科学与工程学院	测控技术与仪器	中国航天科工集团 061 基地
熊伟超	制造科学与工程学院	测控技术与仪器	贵州遵义 061 基地
王锐红	建筑与环境学院	环境工程	贵州省六盘水市人才交流中心
张　霞	建筑与环境学院	环境工程	中核集团八二一厂

续表 25

姓名	学　院	专　业	签 约 单 位
魏小娜	建筑与环境学院	环境工程	贵州省六盘水市人才开发交流服务中心
李　磊	建筑与环境学院	环境工程	中国人民武警 8690 部队
庄艳军	建筑与环境学院	环境科学	毕节地区教育局（贵州毕节学院）
芦海卿	建筑与环境学院	城市规划	新疆兵团勘测规划设计研究院
范向华	法学院	法学	西部志愿者服务计划
刘华锋	法学院	法学	西部志愿者服务计划
郭建刚	法学院	法学	西部志愿者服务计划
苏萃芳	法学院	法学	西部志愿者服务计划
吴义勇	物理科学与技术学院	微电子学	中国航空航天科工集团 061 基地
赵　强	物理科学与技术学院	微电子学	中国航天科工集团 061 基地
来启发	物理科学与技术学院	微电子学	中国航天科工集团 061 基地
邹红军	物理科学与技术学院	微电子学	贵州省遵义市 061 基地
张　峰	高分子科学与工程学院	高分子材料科学与工程	中国航天科工 061 基地
梁飞燕	高分子科学与工程学院	高分子材料科学与工程	中国航天科工 061 基地
梅　亮	高分子科学与工程学院	高分子材料科学与工程	中国三江航天集团
孙　恒	高分子科学与工程学院	高分子材料科学与工程	甘肃省兰州石化公司
龙　骧	高分子科学与工程学院	高分子材料科学与工程	甘肃省兰州石化公司
艾纯金	高分子科学与工程学院	高材塑机及模具	中国石油兰州石分公司
隋岩峰	材料科学与工程学院	生物医学工程	贵州省安龙金宏特种树脂公司

成人教育

一、成人教育招生与教学管理

2005年招收成人高等学历教育学生6183人，招收自考学生4080人。2005年成教在校生总数达13269人，自考在校学生6480人。2005年，我校成教学籍管理因成绩突出，荣获四川省教育厅“高等教育学历证书电子注册管理工作先进集体奖”。

二、继续教育

2005年完成1300人次医学临床进修培训。举办国家级医学教育项目40项，培训学员3000人次。引进上海“医教星空”卫星远程医学教育项目并在四川推广应用。完成“2005 年省级机关干部社会化选学培训”近 10000 学时的培训任务；完成人事厅委托举办的“2005 四川省继续教育协会年会”任务、教育厅委托举办的“2005 四川省暑期职业教育师资培训班”任务和省中医药管理局委托举办的“四川省中医临床学术技术带头人培训班”和“四川省三级和精品中医医院院长培训班”任务，组织参加“首届西部继续教育展览会”。

表 26　2005 年成人高等教育学生人数统计表　　单位：人

专业名称	毕业生						招　生						在校生					
	函　授		夜　大		脱　产		函　授		夜　大		脱　产		函　授		夜　大		脱　产	
	本科	专科	本科	专科	本科	专科	本科	专科	本科	专科	本科	专科	本科	专科	本科	专科	本科	专科
法学	107				102		164		52		272		340		106		475	
政治学与行政学							10						29					
汉语言文学	24						129						155					
新闻学	40	1					39	2			3		100	31			67	
机械设计制造及其自动化							10						90					
测控技术与仪器													10					
电气工程及其自动化	102						87						152					
计算机科学与技术	22		23		107				8		8				26		78	
建筑学	23						8						35					
土木工程	46						14						14					
水利水电工程	15						45						66					
过程装备与控制工程	21						1						1					
工程管理	23						51						51					
工商管理	90		66		118		35		139		184		85		201		408	
市场营销										92						92		
会计学	150		77				114		67		5		423		130		5	
旅游管理										25	30	26				25	106	103
电子商务				39			15		1	79		31	41		14	160		70
行政管理	6						32						75	13				
经济管理与计算机应用		532		148				174		213		131		655		457		223

续表 26

专业名称	毕业生						招生						在校生					
	函授		夜大		脱产		函授		夜大		脱产		函授		夜大		脱产	
	本科	专科	本科	专科	本科	专科	本科	专科	本科	专科	本科	专科	本科	专科	本科	专科	本科	专科
法律								11						51				
机电工程与管理								65						65				
电力系统及其自动化		335						28						293				
水土保持与计算机管理		4																
水利水电经济管理		23																
水电站电力设备		47																
化工机械与管理								5						103				
化学工程与管理								62						189				
化学工程与工艺	42						25						75					
技术监督与管理								2						17				
财务会计																		7
财务管理与电算会计		78		81				72		163		72		228		312		133
会计电算化		44																
工商与行政管理								54						75				
文秘与行管		8																
新闻与广告														2				
国际经济与贸易			30						8		86				37		199	
英语			119						82		88	48			172		255	101
艺术设计			11								62						112	
艺术设计（服装）											9						20	
医学检验			23												3			
人力资源管理									29	60					29	60		
经贸英语				60						47						136		
旅游英语										14						14		
计算机信息管理										11		1				59		44

续表 26

专业名称	毕业生						招　生						在校生					
	函　授		夜　大		脱　产		函　授		夜　大		脱　产		函　授		夜　大		脱　产	
	本科	专科	本科	专科	本科	专科	本科	专科	本科	专科	本科	专科	本科	专科	本科	专科	本科	专科
物流管理	133		16				226		65									
商务贸易与现代文秘										47		11				121		54
社区与物业管理										9						47		
会计与公司理财										24						24		
电子信息工程					78						5						55	
绘画											3						3	
广播电视编导											9						21	
临床医学						1808					971	802					1666	1362
护理学						797					100	277					135	620
药学						47					60	126					102	192
投资经济管理												2						22
舞蹈												2						2
装饰艺术设计																		55
装饰艺术与广告设计												53						53
建筑学及装饰工程						18												
声乐表演与音乐教育												6						6
机械电子工程						53												
机械制造及管理																		38
电子技术						5												
电子技术与微机应用						14												
数控技术及管理																		53
计算机技术及网络应用												4						29
给水排水工程及管理												5						26
建筑装饰工程设计																		29

续表 26

专业名称	毕业生						招生						在校生					
	函授		夜大		脱产		函授		夜大		脱产		函授		夜大		脱产	
	本科	专科	本科	专科	本科	专科	本科	专科	本科	专科	本科	专科	本科	专科	本科	专科	本科	专科
服装设计						17						7						28
皮革毛皮工艺						27						47						101
皮革制品设计与管理												31						55
妇幼卫生						11												
医学影像学						40						33						97
口腔医学																	34	
口腔技工工艺学						35												23
口腔护理						12												
英语护理						119												22
小计	711	1072	349	328	405	3003	779	475	386	917	1895	1731	1742	1722	718	1733	3741	3613
总　计	5868						6183						13269					

表 27　2005 年成人高等教育招生专业

专　业　名　称	层　次	办学形式	学制
工商管理	高起本	夜大	五年
英语	高起本	脱产	四年
法学	高起本	脱产	四年
工商管理	高起本	脱产	四年
国际经济与贸易	高起本	脱产	四年
计算机科学与技术	高起本	脱产	四年
旅游管理	高起本	脱产	四年
电子信息工程	高起本	脱产	四年
艺术设计（服装设计方向）	高起本	脱产	四年
安全工程	专升本	函授	三年
档案学	专升本	函授	三年
电气工程及其自动化	专升本	函授	三年
电子商务	专升本	函授	三年

续表 27

专 业 名 称	层 次	办学形式	学制
法学	专升本	函授	三年
工程管理	专升本	函授	三年
工商管理	专升本	函授	三年
过程装备与控制工程	专升本	函授	三年
汉语言文学	专升本	函授	三年
化学工程与工艺	专升本	函授	三年
会计学	专升本	函授	三年
建筑学	专升本	函授	三年
金融学	专升本	函授	三年
水利水电工程	专升本	函授	三年
土木工程	专升本	函授	三年
新闻学	专升本	函授	三年
行政管理	专升本	函授	三年
英语	专升本	夜大	三年
法学	专升本	夜大	三年
工商管理	专升本	夜大	三年
国际经济与贸易	专升本	夜大	三年
会计学	专升本	夜大	三年
计算机科学与技术	专升本	夜大	三年
旅游管理	专升本	夜大	三年
人力资源管理	专升本	夜大	三年
图书馆学	专升本	夜大	三年
艺术设计	专升本	夜大	三年
英语	专升本	脱产	二年
法学	专升本	脱产	二年
工商管理	专升本	脱产	二年
化学工程与工艺	专升本	脱产	二年
会计学	专升本	脱产	二年
金融学	专升本	脱产	二年
新闻学	专升本	脱产	二年

续表 27

专 业 名 称	层 次	办学形式	学制
广播电视编导	专升本	脱产	二年
绘画	专升本	脱产	二年
艺术设计	专升本	脱产	二年
艺术设计（服装设计方向）	专升本	脱产	二年
音乐学	专升本	脱产	二年
妇幼保健医学	专升本	脱产	三年
护理学	专升本	脱产	二年
临床医学	专升本	脱产	二年
药学	专升本	脱产	二年
工商行政管理	专科	函授	三年
会计电算化	专科	函授	三年
经济管理	专科	函授	三年
图书档案管理	专科	函授	三年
新闻与传播	专科	函授	三年
电力系统自动化技术	专科	函授	四年
工程造价	专科	函授	四年
化工设备维修技术	专科	函授	四年
机电一体化技术	专科	函授	四年
机械制造与自动化	专科	函授	四年
应用化工技术	专科	函授	四年
电子商务	专科	夜大	三年
会计电算化	专科	夜大	三年
会计与统计核算	专科	夜大	三年
经济管理	专科	夜大	三年
旅游管理	专科	夜大	三年
人力资源管理	专科	夜大	三年
商务管理	专科	夜大	三年
商务英语	专科	夜大	三年
市场营销	专科	夜大	三年
文秘	专科	夜大	三年

续表 27

专　业　名　称	层　次	办学形式	学制
物流管理	专科	夜大	三年
装饰艺术设计	专科	夜大	三年
电子商务	专科	脱产	二年
法律事务	专科	脱产	二年
工商企业管理	专科	脱产	二年
会计电算化	专科	脱产	二年
经济信息管理	专科	脱产	二年
旅游管理	专科	脱产	二年
商务管理	专科	脱产	二年
商务英语	专科	脱产	二年
市场营销	专科	脱产	二年
文秘	专科	脱产	二年
物流管理	专科	脱产	二年
服装设计	专科	脱产	二年
舞蹈表演	专科	脱产	二年
音乐表演	专科	脱产	二年
装饰艺术设计	专科	脱产	二年
皮革制品设计与工艺	专科	脱产	三年
皮革制品设计与工艺（皮革工程方向）	专科	脱产	三年
护理	专科	脱产	三年
护理（口腔护理方向）	专科	脱产	三年
临床医学	专科	脱产	三年
药学	专科	脱产	三年
医学影像技术	专科	脱产	三年

表 28　2005 年高等教育自考助学招生专业

专业名称	层次	学制
法律	专升本	二年
旅游管理	专升本	二年
新闻学	专升本	二年

续表 28

专业名称	层次	学制
汉语言文学	专升本	二年
英语	专升本	二年
人力资源管理	专升本	二年
行政管理学	专升本	二年
国际贸易	专升本	二年
商务管理（中英合作）	专升本	二年
金融管理（中英合作）	专升本	二年
护理学（限在职护士）	专升本	二年
计算机及应用	专升本	二年
计算机信息管理	专升本	二年
工商企业管理	专升本	二年
会计	专升本	二年
电子商务	专升本	二年
物流管理	专升本	二年
电力系统及其自动化（限委托）	专升本	二年
工艺美术	专科	二年
计算机应用及维护	专科	二年
旅游管理	专科	二年
新闻学	专科	二年
英语	专科	二年
旅游英语	专科	二年
法律	专科	二年
商务管理（中英合作）	专科	二年
金融管理（中英合作）	专科	二年
国际贸易	专科	二年
行政管理	专科	二年
计算机信息管理	专科	二年
工商企业管理	专科	二年
会计电算化	专科	二年
饭店管理	专科	二年
市场营销	专科	二年
电子商务	专科	二年
公关与文秘	专科	二年

表 29　2005 年获准国家级继续医学教育项目

项目编号	项目负责人	项目名称	项目申报及主办单位	Ⅰ类学分
2005－03－03－011(国)	唐承薇	西部肠道疾病学术研讨会	华西医院	6 分
2005－03－05－012(国)	黄颂敏	成都地区肾脏专业医师论坛	华西医院	8 分
2005－03－06－010(国)	陈德才	骨质疏松症高级讲习班	华西医院	8 分
2005－03－09－008(国)	孙学礼	心身疾病的理论与实践	华西医院	10 分
2005－03－09－009(国)	孙学礼	综合医疗机构精神疾病性症状的识别和治疗	华西医院	7 分
2005－03－10－057(国)	秦　莉	输血医学新进展学习班	华西医院	10 分
2005－04－01－012(国)	周总光	微创消化道外科修复与重建	华西医院	22 分
2005－04－05－030(国)	黄鲁刚	尿道下裂一期修复的新进展与新技术	华西医院	8 分
2005－04－07－021(国)	宋跃明	脊柱外科新进展	华西医院	6 分
2005－04－07－022(国)	裴福兴	关节重建外科最新进展研讨会	华西医院	8 分
2005－04－07－023(国)	李　箭	膝关节镜外科技术提高学习班	华西医院	10 分
2005－04－09－002(国)	高立达	顽固性癫痫在组合式皮质电图监测下行手术切除治疗	华西医院	10 分
2005－04－13－028(国)	杨志明	组织工程研究与临床应用	华西医院	10 分
2005－07－02－015(国)	严　密	全国眼底病临床继续医学教育学习班	华西医院	12 分
2005－09－01－007(国)	宁　刚	首届西部儿科放射学术研讨会	华西医院	8 分
2005－09－02－015(国)	彭玉兰	超声新技术学习班	华西医院	10 分
2005－09－04－011(国)	匡安仁	放射性核素治疗	华西医院	12 分
2005－10－01－015(国)	何　庆	心脑血管急救及高级生命支持进展研讨班	华西医院	12 分
2005－10－01－016(国)	聂　虎	急诊医学与危重病最新进展学习班	华西医院	10 分

续表 29

项目编号	项目负责人	项目名称	项目申报及主办单位	Ⅰ类学分
2005－10－01－044(国)	何　庆	重大急诊与院前情况紧急救援技术进展学习班	华西医院	10 分
2005－13－05－003(国)	唐　尧	药品不良反应监测学习班	华西医院	6 分
2005－14－05－025(国)	李小麟	综合科护士精神、心理护理技能培训	华西医院	8 分
2005－14－05－077(国)	成翼娟	护理管理人员岗位培训	华西医院	10 分
2005－16－01－023(国)	何成奇	脑猝中的康复治疗技术进展学习班	华西医院	8 分
2005－16－01－056(国)	何成奇	脑血管疾病的三级康复方案	华西医院	8 分
2005－09－01－031(国)	肖家和	头颈部筋膜间隙的正常解剖及病变的影像诊断	华西医院	5 分
2005－04－01－012(国)	严律南	普外基础与临床新进展	华西医院	18 分
2005－05－01－008(国)	胡丽娜	女性外阴白色病变	华西第二医院	8 分
2005－05－01－009(国)	徐克惠	妇科内分泌疾病的诊治新进展	华西第二医院	8 分
2005－05－01－010(国)	彭芝兰	妇科肿瘤及妇科疾病的诊治提高班	华西第二医院	10 分
2005－05－02－008(国)	刘兴会	产科临床的热点与实用问题学术讲座	华西第二医院	10 分
2005－14－03－002(国)	王玉琼	妇产科护理新进展	华西第二医院	10 分
2005－14－04－002(国)	吴育萍	儿科护理新进展	华西第二医院	10 分
2005－08－01－004(国)	丁　一	牙周疾病诊治新概念	华西口腔医学院	8 分
2005－08－01－005(国)	周学东	美容牙科材料与技术的新进展	华西口腔医学院	8 分
2005－08－03－002(国)	赖文莉	口腔正畸临床医师提高班	华西口腔医学院	22 分
2005－08－04－003(国)	巢永烈	泽康全瓷长固定桥修复	华西口腔医学院	4 分
2005－08－04－004(国)	巢永烈	高强度渗透陶瓷修复的基础和临床应用	华西口腔医学院	6 分

续表 29

项目编号	项目负责人	项目名称	项目申报及主办单位	Ⅰ类学分
2005－08－05－005(国)	赵志河	口腔临床治疗新技术新进展学习班	华西口腔医学院	10 分
2005－08－05－006(国)	王　晴	口腔临床医学科研设计方法与论文撰写技巧	华西口腔医学院	10 分
2005－08－01－010(国)	周学东	牙髓牙周联合病损诊治的新进展	华西口腔医学院	5 分
2005－08－02－012(国)	郑　谦	唇腭裂治疗进展	华西口腔医学院	5 分
2005－08－02－013(国)	田卫东	口腔颌面部创伤新技术和新进展	华西口腔医学院	5 分
2005－08－04－010(国)	万乾炳	口腔全瓷修复进展	华西口腔医学院	5 分
2005－08－05－017(国)	陈治清	口腔生物材料基础与应用展望	华西口腔医学院	5 分
2005－01－03－013(国)	丁显平	遗传性疾病的基因诊断及治疗	生命科学院	12 分
2005－02－05－002(国)	丁显平	现代临床分子生物学新技术及应用	生命科学院	12 分
2005－14－05－024(国)	李晓玲	护理师资教学技能学习班	华西护理学院	10 分
2005－15－02－100(国)	叶政书	知识经济与医疗卫生管理	继续教育学院	12 分
2005－10－01－019(国)	武晓蓉	急诊急救医师培训班	华西医学中心	22 分

表 30　2005 年医药卫生进修教育招生专业

进修专业	接收单位
普通内科学	华西医院
心导管	华西医院
心血管病学	华西医院
纤支镜	华西医院
呼吸内科学	华西医院
胃镜	华西医院
消化内镜	华西医院
消化内科学	华西医院

续表 30

进修专业	接收单位
内分泌学	华西医院
血液内科学	华西医院
肾脏病学	华西医院
风湿免疫学	华西医院
神经内科学	华西医院
精神卫生学	华西医院
传染病学	华西医院
中西医结合	华西医院
老年病学	华西医院
急诊医学	华西医院
ICU	华西医院
肿瘤	华西医院
普外一	华西医院
普外二	华西医院
普外三	华西医院
心胸外科学	华西医院
神经外科学	华西医院
泌尿外科学	华西医院
骨科	华西医院
眼科	华西医院
耳鼻喉科学	华西医院
皮肤性病学	华西医院
烧伤整形学	华西医院
小儿外科学	华西医院
麻醉学	华西医院
病理学	华西医院
血液检验学	华西医院
免疫检验学	华西医院
B 超	华西医院
心脏彩超学	华西医院

续表 30

进修专业	接收单位
心电图	华西医院
临床药剂学	华西医院
放射医学	华西医院
血库	华西医院
核医学	华西医院
脑电图	华西医院
微生物检验学	华西医院
生化检验学	华西医院
华西医院各护理专业	华西医院
妇产科学	华西第二医院
小儿内科学	华西第二医院
华西第二医院各护理专业	华西第二医院
口腔正畸学	华西口腔医学院
口腔外科学	华西口腔医学院
口腔内科学	华西口腔医学院
口腔修复学	华西口腔医学院
口腔技工学	华西口腔医学院
口腔病理学	华西口腔医学院
口腔护理学	华西口腔医学院
药理学	华西基础医学与法医学院
基础生化检验学	华西基础医学与法医学院
解剖学	华西基础医学与法医学院
法医物证学	华西基础医学与法医学院
寄生虫学	华西基础医学与法医学院
生理学	华西基础医学与法医学院
组织与胚胎学	华西基础医学与法医学院
流行病学	华西公共卫生学院
预防医学	华西公共卫生学院
药物分析学	华西药学院
药剂学	华西药学院

表31　2005年省级部门干部社会化选学培训四川大学承训课程

专题及编号	课　程	课　时
行政管理体制改革（0303）	政府管理现代化研究	4
	改革和完善科学、民主的政府决策体制	4
	强化行政监督体制，搞好政府公开	4
	按照精简、统一、效能的原则，进一步深化政府机构改革	4
	乡镇体制改革的理论与实践	4
四川经济发展问题（0702）	世界经济发展新形势及其对我国的影响	4
	我国民营经济发展现状及其前景	4
	四川省情认识与优势发挥（四川“十五”工作回顾与“十一五”发展基本思路）	4
	加快民间资金向民间资本转变，促进民营经济发展	4
	西部开发与四川跨越式发展	4
	县域经济发展问题	4
	投资增长与四川跨越发展	4
	新型工业化道路与我省产业发展战略	4
	四川旅游资源开发与旅游经济发展	4
	四川省高新技术产业发展问题	4
	四川省物流业发展问题	4
	“9+2”模式中四川的定位与对策	4
	加快土地资源向土地资本转变的经济学研究	4
英语口语训练（0901）	初级英语口语训练（100句）	20
	中级英语口语训练（150句）	30
	高级英语口语训练（200句）	30
实用英语培训（0902）	“一对一”英语提高班	20
	英语商务沟通技巧	20
	英语听力技能训练	30
	英语阅读技能训练	20
	实用英语听说	20
	出国基础英语会话	20
	跨文化交流中的英语表达	4

续表 31

专题及编号	课　程	课　时
民事类法规专题（0503）	民事诉讼的基本知识	8
	民事执行	4
	公证业务与公证办理的基本程序	4
	权益维护问题（包括消费者、公务员、农民工权益保护）	4
法律法规热点问题研究（0504）	司法体制改革研究	4
	WTO 规则对审判工作的影响及对策	4
	WTO 规则对检察机关工作的影响及对策	4
	法院执行工作的现状及对策研究	4
	司法领域中的职务犯罪预防机制研究	4
	新婚姻法的主要热点问题	4
	继承法执行中的热点问题	4

网 络 教 育

表 32　2005 年四川大学现代远程教育校外学习中心一览表

序号	校外学习中心名称	序号	校外学习中心名称
1	校本部	12	四川大学自贡函授站学习中心
2	四川省贸易学校	13	广元市行政学院学习中心
3	成都市职工大学学习中心	14	四川省建筑职业技术学院成都 A 校区学习中心
4	四川省农业广播电视学校学习中心	15	涪江机器厂职工大学学习中心
5	南充职业技术学院学习中心	16	内江铁路机械学校学习中心
6	绵阳职业技术学院学习中心	17	成都市国家公务员培训中心学习中心
7	四川水利职业技术学院学习中心	18	达县师范高等专科学校学习中心
8	阿坝州中等技术学校学习中心	19	攀枝花学院学习中心
9	乐山职业技术学院学习中心	20	遂宁广播电视大学学习中心
10	广安广播电视大学学习中心	21	眉山职业技术学院学习中心
11	成都冶金职工大学学习中心	22	康定民族师范高等专科学校学习中心

续表 32

序号	校外学习中心名称	序号	校外学习中心名称
23	泸州财经学校学习中心	40	新疆昌吉职业技术学院学习中心
24	四川机电职业技术学院学习中心	41	广西水利电力职业技术学院学习中心
25	四川广播电视大学学习中心	42	汕头市经济管理成人中等专业学校学习中心
26	德阳广播电视大学学习中心	43	惠州学院学习中心
27	重庆电子科技职业学院学习中心	44	福建农林大学学习中心
28	平顶山学院学习中心	45	漳州职业技术学院学习中心
29	河南工业贸易职业学院学习中心	46	龙岩学院学习中心
30	洛阳大学学习中心	47	南平师范高等专科学校学习中心
31	襄樊职业技术学院学习中心	48	台州学院学习中心
32	广西右江民族师范高等专科学校学习中心	49	绍兴市职工中等专业学校学习中心
33	广西电力职业技术学院学习中心	50	杭州广播电视大学学习中心
34	云南省继续教育中心学习中心	51	金华职业技术学院学习中心
35	西北电业职工大学学习中心	52	海宁市职工中等专业学校学习中心
36	贵州大学学习中心	53	嘉兴学院学习中心
37	包头财经学校学习中心	54	浙江建设职业技术学院学习中心
38	济南大学成教学院学习中心	55	衢州职业技术学院学习中心
39	忻州师范学院学习中心		

表 33　2005 年网络教育毕业学生人数统计表

学习形式	层　次	专　　业	人　数
脱产	高起本	英语	62
		法学	119
		工商管理	153
		计算机科学与技术	138
		电子信息工程	180
		国际经济与贸易	29
		水利水电工程	30
		通信工程	46

续表 33

学习形式	层　次	专　　业	人　数
业余	本科	法学	30
		工商管理	4
		土木工程（管理）	1
		软件工程	1
		财政学	131
	专升本	法学	3919
		工商管理	2178
		会计学	260
		计算机科学与技术	348
		汉语言文学	180
		金融学	393
		财政学	118
		土木工程（管理）	1473
		信息与技术经济管理	912
		行政管理	492
		电气工程及其自动化	1034
		电子信息工程	54
		软件工程	123
		国民经济管理	58
		护理学	125
		家政与社区管理	22
	专科	法学	1059
		工商管理	342
		会计学	240
		电气工程及其自动化	1388
		工商管理（财会方向）	726
		国民经济管理	190
		国民经济管理（财税方向）	461
		国民经济管理（农林经济管理方向）	51
		护理学	504
合　　计		17574	

表 34　2005 年网络教育毕业生授位人数统计

层　次	专　业	人　数
本　科（含高起本及专升本）	英语	27
	法学	78
	工商管理	78
	计算机科学与技术	67
	电子信息工程	72
	国际经济与贸易	4
	水利水电工程	12
	通信工程	22
	土木工程（管理）	5
	行政管理	14
	信息与技术经济管理	14
	软件工程	3
	金融学	9
	电气工程及其自动化	3
	财政学	1
合　计		409

表 35　2005 年网络教育招生专业一览表

学习层次	专业名称	学习期限（年）	科类	入学考试科目
专　科（业余）	法学	3	文理兼收	语文、数学、英语
	工商管理	3	文理兼收	语文、数学、英语
	会计学	3	文理兼收	语文、数学、英语
	国民经济管理	3	文理兼收	语文、数学、英语
	公共事业管理（卫生管理方向）	3	文理兼收	语文、数学、英语
	公共事业管理（医药管理方向）	3	文理兼收	语文、数学、英语
	旅游管理	3	文理兼收	语文、数学、英语
	人力资源管理	3	文理兼收	语文、数学、英语
	市场营销	3	文理兼收	语文、数学、英语
	土木工程管理	3	文理兼收	语文、数学、英语
	电气工程及其自动化	3	理　工	语文、数学、英语
	护理学	3	医　学	英语、护理学基础
本　科（业余）	工商管理	5	文理兼收	语文、数学、英语
	公共事业管理（卫生管理方向）	5	文理兼收	语文、数学、英语
	旅游管理	5	文理兼收	语文、数学、英语
	土木工程管理	5	文理兼收	语文、数学、英语

续表 35

学习层次	专业名称	学习期限	科类	入学考试科目
专科升本科（业余）	法学	3	文理兼收	大学英语、大学语文、法学基础理论
	工商管理	3	文理兼收	大学英语、大学语文、管理学原理
	人力资源管理	3	文理兼收	大学英语、大学语文、人力资源管理
	市场营销	3	文理兼收	大学英语、大学语文、市场营销学
	会计学	3	文理兼收	大学英语、大学语文、会计学原理
	信息与技术经济管理	3	文理兼收	大学英语、大学语文、管理学基础
	行政管理	3	文理兼收	大学英语、大学语文、管理学基础
	国民经济管理	3	文理兼收	大学英语、大学语文、国民经济管理基础理论
	财政学	3	文理兼收	大学英语、大学语文、财政基础理论
	金融学	3	文理兼收	大学英语、大学语文、金融基础理论
	旅游管理	3	文理兼收	大学英语、大学语文、管理学基础
	汉语言文学	3	文理兼收	大学英语、大学语文、管理学基础
	社区管理与家政	3	文理兼收	大学英语、大学语文、管理学基础
	公共事业管理（卫生管理方向）	3	文理兼收	大学英语、大学语文、管理学基础
	公共事业管理（医药管理方向）	3	文理兼收	大学英语、大学语文、管理学基础
	护理学	3	医学	大学英语、大学语文、护理学基础
	土木工程管理	3	文理兼收	大学英语、高等数学、土木工程管理基础
	电气工程及其自动化	3	理工	大学英语、高等数学（一）
	电子信息工程	3	理工	大学英语、高等数学、微机原理
	软件工程	3	理工	大学英语、高等数学、计算机文化基础
	计算机科学与技术	3	理工	大学英语、高等数学、计算机基础

留学生教育

表 36　四川大学 2005 年在校境外学生情况

类别	本科生	硕士生	博士生	普通进修生	高级进修生	其他	小计
外国留学生	307	43	12	267	2	2	633
港澳台侨学生	150	38	14	2	0	0	204
总计	457	81	26	269	2	2	837

出国培训

在出国留学人员培训部设立的国家级和海外考试有：全国外语水平考试（英语 PETS5、德语 NTD 考试）、全国出国培训备选人员外语考试（BFT）、教育部全国外语翻译证书考试（NAETI）、人事部翻译专业资格（水平）考试（CATTI）；剑桥商务英语证书考试（BEC）、日本语能力测试（JLPT）、雅思考试（IELTS）、GMAT 的计算机化考试等。

表 37　第 50 期学员人数统计表

班　　别	人　数	班　　别	人　数
雅思一班	41	水利水电设计院	36
雅思二班	56	日语初级班	42
托福班	19	日语中级班	44
应试班	31	日语高级班	13
交流班	47	德语初级班	28
四会一班（高级）	44	德语中级班	12
四会二班（中级）	65	德语 2+2 项目班	36
四会三班（初级）	56	德语 2+2 项目班	21
英语出国班	70	俄语初级班	18
建材研究院	22	项目班	74
外专局师资	39	总人数	814

表 38　第 51 期学员人数统计表

班　　别	人　数	班　　别	人　数
雅思班一	46	日语初级班	57
雅思班二	61	日语中级班	40
托 福 班	41	日语高级班	7
应 试 班	17	德语初级班	14
商务/交 流 班	37	德语中级班	13
四会一班（高级）	37	俄语初级班	16
四会二班（中级）	51	项目班	147
四会三班（初级）	66	总人数	742
出 国班	92		

独立学院

四川大学锦城学院是经国家教育部批准成立的独立学院。学院位于成都知名企业和高校聚集的高新区，占地面积千余亩，环境幽雅，教学生活设施完善。

一、建设进程

2005 年 2 月 8 日，四川大学锦城学院第一期建设工程正式开工，并成立总指挥部，邹广严同志任总指挥。3 月 27 日至 28 日，四川省高等学校设置评议委员会专家组一行 9 人对四川大学申办的四川大学锦城学院的筹建情况进行了实地考察，同意四川大学与四川锦城实业发展有限公司合作，正式举办四川大学锦城学院，并上报教育部审批。4 月 22 日，教育部发展规划有关领导专程到四川大学锦城学院检查筹建情况。5 月 11 日，教育部正式批准四川大学与四川锦城实业发展有限公司合作试办四川大学锦城学院（教发函［2005］67 号）。5 月 16 日，四川省物价局同意四川大学锦城学院收费标准为（川价函［2005］127 号）：15000 元/年/生。7 月 15 日，四川省民政厅川民发［2005］226 号文件准予四川大学锦城学院成立登记。9 月 15 日、16 日四川大学锦城学院首届新生报到，报到注册人数 2145 人。10 月 8 日上午，四川大学锦城学院首届开学典礼隆重举行。四川大学校党委书记杨泉明、校长谢和平、校党委副书记李志强、副校长孙卫国、副校长陈爱民，四川省科协主席、原四川大学党委书记卢铁城，交通银行四川省分行行长杨宁等 15 个董事单位的领导等参加了开学典礼。

二、机构设置

2005 年 2 月 18 日，四川大学锦城学院第一届董事会第一次会议决议召开。会议推举邹广严、卢铁城、杨继瑞、孙卫国、王亚利、杨江、吴洪川7位同志为四川大学锦城学院首届董事，并组成四川大学锦城学院第一届董事会。首届董事会会议决定：推举邹广严任四川大学锦城学院首届董事会董事长；聘任邹广严为四川大学锦城学院首任院长，任期4年（2005年3月至2009年3月）。10月24日，董事会决定（川大锦院［2005］36号）聘任王亚利、、刘华、张明高为四川大学锦城学院副院长。

三、人才培养

四川大学锦城学院本着高素质、高能力、高就业、多出口的办学方针，大力推进知识、能力、素质并重的人才培养模式，注重教学模式融课堂讲授与社会实践为一体，与企业联合开办专业，实行定单式培养。要求学生达到“三会”、“两双”的目标。“三会”即毕业生要会动脑，会动口，会动手；“两双”即能“双语交流”：能够用国语和一门外语对外交流。实行“双证培养”：学生要拿到毕业证和职业技术资格证。2005年设5个系19个专业，即文学与传媒系（包括广告、对外汉语、行政管理专业）、计算机科学与信息工程系（包括计算机科学与技术、信息系统与信息管理、网络工程、软件工程、电子商务专业）、土木工程系（包括土木工程、工程造价、工程管理、城市规划专业）、工商管理系（包括市场营销、人力资源管理、旅游管理、工业工程、物流管理专业）、财会与金融系（包括会计学（含ACCA方向）、财务管理专业）。

2005年11月23日，四川航空股份有限公司提供人民币30万元在锦城学院设立“川航奖学助学金”。12月10日，三亚蜈支洲岛度假中心每年提供人民币10万元在锦城学院设立“助学奖学金”。12月12日，锦城学院与英国格拉斯哥加纳多尼亚大学就合作开展“3+1+1”专升本项目和“2+2”本科项目达成了一致意见。

科学研究
与科技产业篇

科学研究概况

四川大学是国家知识创新和科技创新的重要基地。拥有国家重点实验室和国家工程技术研究中心5个，国家技术转移中心1个，教育部重点实验室、工程研究中心及网上合作中心13个，省级重点实验室45个，教育部哲学社会科学重点研究基地4个，国家级临床研究基地4个，医疗技术精湛的附属医院4所。学校在文学、史学、宗教学、数学、材料、能源、化工、轻纺、生物学、口腔医学、临床医学、基础医学等方面都有雄厚的科研实力，并取得了丰硕的研究成果。

四川大学近年来努力构建科研创新体系，科学研究不断取得新突破，科研综合实力大幅度增强。科研总经费实现了跨越式增加，2001年为2.1670亿元，2002年为2.8980亿元，2003年为4.0475亿元，2004年为5.5111亿元，2005年学校科研总经费已达到7.0154亿元，其中理、工、医科研总经费超过6.5亿元，人文社科科研经费达到5018万元。每年获国家自然科学基金项目百余项，经费从2000年的1528万元增加到2005年的5822万元，其中2004年和2005年，基金项目数均居全国高校第9位；2003年、2004年、2005年，谢和平院士、魏于全院士、顾忠伟教授相继成为国家"973计划"项目首席科学家；游志胜教授先后中标两项国防重大项目，杜肯堂教授、李天德教授、隗瀛涛教授（何一民教授）、左卫民教授先后获国家或教育部人文社会科学重大招标项目或委托项目；截至2005年，获准自然科学基金杰出青年基金总数达到30项。

5年来，学校共获国家三大奖8项（国家科技进步一等奖1项、二等奖6项，国家发明二等奖1项），其中，2005年获国家科技进步一等奖1项，是17年来四川大学首次以第一单位获得的该奖项；获部省级科技成果奖202项，其中2004年获教育部一等奖8项，在全国高校排名中并列第一；获部省级哲学社会科学优秀成果奖170项。在医学领域，实现了院士、国家重点实验室和"973计划"项目首席科学家等三个"零"的突破。

学校共建设了11个"985工程"二期科技创新平台和哲学社会科学创新基地，其中I类科技创新平台有3个，即：西南资源环境与灾害防治平台、重大疾病生物治疗平台、高分子与特种功能材料创新平台；II类科技创新平台有5个，即：生物医学工程与技术平台、绿色化学与清洁技术平台、复杂多维信息数字处理技术平台、口腔疾病生物学机制与防治平台、物理与信息科学前沿中的数学理论及其应用平台；哲学社会科学I类创新基地3个，即：宗教与社会研究基地、文化遗产与文化互动基地、南亚与中国藏区研究基地。学校通过这些平台和基地建设，力争在多维复杂信息融合关键技术的研发、人类重大疾病的生物治疗及基因治疗技术、创新药物技术的研发、新能源的研发、西南特色资源的研发、工程安全和生态环境理论及技术的研发、哲学社会科学理论探索及重大文化项目建设等领域取得突破。2002年至2005年，学校共投入2500万元，用于交叉学科科学研究中心的建设。经自由申报、专家评审、公开答辩、校务会讨论通过，于2002年创建了“医学信息技术研究”、“生物材料与生物力学临床应用工程技术研究”、“人类疾病生物治疗研究”、“创新药物与中药现代化研究”和“出生缺陷研究”等5个交叉学科研究中心，2004年又批准创建了“重大工程安全性与灾害力学研究”、“功能基因组与生物信息学研究”、“纳米材料技术研究”、“不确定性信息处理研究”、“新型光电功能材料与器件研究”等5个交叉学科研究中心。

5年来，每年在国内外发表的论文总数和在核心源期刊发表的论文数均居全国高校前10位。在2005年，被SCI收录总数772篇，全国高校排名第9位，国内论文3977篇，全国高校排名第6位，国际国内论文发表总数5458篇，全国排名第7位。医疗技术取得重大突破，2004年全国首例颞浅动脉逆行插管制泵基因治疗，国内首例肝移植术后两年足月妊娠妇女分娩成功，2005年成功开展中国内地首例活体合成肝移植手术，世界第二例、中国第一例尸体活体合成肝移植和华西医院首例心脏移植手术取得成功。在哲学社会科学的标志性成果方面又有了新进展，2005年率先推出了大型儒学文献丛书《儒藏》首批成果“史部”50册，《儒藏》全书将收书5000余种，分装500余册，约5亿字，预计10年内编成出齐。

在科学研究方面，学校确立了“三步走”的战略目标：第一个五年，主要总量指标比如科研总经费、论文总数和科技成果获奖总数等，争取接近或达到全国前列；第二个五年，主要均量指标比如师均科研经费、师均论文数、师均成果及获奖数争取接近或达到全国前列。第三个五年，主要指标进入世界高校300强。为达到这些目标，学校将争取在“十一五”期间，新建成一批以国家实验室、重点实验室、工程中心和国家哲学社科创新基地为核心的高水平科研基地，真正使1～2个研究领域达到世界一流水平；同时加强学校高水平的科研公共服务平台的建设。按照实体型、开放式、跨学科的要求建设好现有的国家重点实验室和工程中心、教育部哲学社科基地、教育部重点实验室和工程中心；继续集中资源，加大支持力度建设好“985工程”二期创新平台/基地。通过创新平台/基地汇聚国内外优秀人才，通过机制创新和“特区”政策，组建一支强有力的“创新突击队”，使之率先进入国家创新体系，成为自主创新的国家队，以此带动全校整体学科的发展。继续重视国家部委和四川省重点实验室的建设，同时加强新的增长点的培育工作，在新兴学科、国家急需学校又有基础的学科领域适时建设若干新的科研基地，进一步探索新的模式和机制。继续贯彻实施“科技跨越行动计划”和“哲学社会科学繁荣计划”中提出的各项优秀人才的激励政策，使学校的长江学者和杰出青年基金获得者要在现有基础上大幅度增加。同时，积极营造有利于创新的政策环境，建立科学合理的科研考核评价体系，制定以质量为导向的评价标准；鼓励学术自由、思想自由和自由探索，鼓励交叉融合，加强“严谨、求实”的学风的建设力度，营造鼓励创新、允许失败的宽松环境；尊重学术权利，充分发挥教授在治学方面的主导作用。

人文社会科学

2005年度人文社会科学十件大事：

1. 我校社科研究居全国第12位，在2004年基础上前进了1名（《中国大学评价》）。

2. 社科经费再创新高，全年进校经费首次突破5000万元，继续保持稳步增长势头。

3. 深入开展“三项教育”活动，先后派出12名骨干教师、专家学者到中央党校学习。

4. “985工程”二期建设3个社科创新基地进入了具体实施阶段，“宗教与社会”、“文化遗产与文化互动”两个创新基地首席专家分别由卿希泰、项楚两位杰出教授担任，学术带头人已聘定。“南亚与中国藏区”基地相关工作也已展开。

5. 法学院左卫民教授的课题《和谐社会的构建与人民内部矛盾解决体系的完善》在国家社科重大招标项目中一举中标，这是我校在该类重大招标项目中首次中标。经济学院李天德教授的课题《世界经济周期性与非周期性波动与中国经济预警机制建设》被立为国家社科基金重大委托项目。这两项课题分别获得30万元和25万元项目经费。

6. 四川大学欧洲研究中心获欧盟课题项目资助。该中心申请的中国—欧盟欧洲研究中心项目（ESCP）最终获得300124.30欧元经费，折合人民币280余万元。

7. 文学与新闻学院曹顺庆教授入选教育部“长江学者奖励计划”特聘教授，这是我校文科教师首次获此殊荣。文学与新闻学院张勇教授、经济学院蒋永穆教授入选教育部“新世纪优秀人才支持计划”。

8. 工商管理学院徐玖平教授和经济学院李天德教授的国家社科项目研究成果受到高度重视，被选编入全国规划办《成果要报》。

9. 经过8年的认真准备和艰苦努力，《儒藏》首批成果问世。2005年8月5日，我校在北京举行了“《儒藏》首发式及学术研讨会”，展示了首批出版的50册。《儒藏》系儒学史料系统的收集和整理，字数达2600余万，被学者喻为“千古儒学第一藏”。

10. 国家工程《清史典志·城市志》委托我校城市研究所负责提纲编纂工作。该项目以我校著名历史学家隗瀛涛教授为课题负责人，何一民教授为首席专家。新编《清史》被喻为是继《史记》以来的第二十五史，也是新中国成立以来我国最大的一项国家级文化工程，总投资达9亿多元人民币。

表 1　教育部人文社会科学重点研究基地名单

名　　称	负责人	所属部委
四川大学道教与宗教文化研究所	李　刚	教育部
四川大学中国藏学研究所	霍　巍	教育部
四川大学中国俗文化研究所	项　楚	教育部
四川大学南亚研究所	文富德	教育部

表 2　四川省第十一次哲学社会科学优秀科研成果评奖四川大学获奖成果目录

著　　作	获奖等级	作　者
《巴蜀历史文化论集》（专著）	荣誉奖	胡昭曦
《中国古代文论话语》（专著）	一等奖	曹顺庆、傅勇林、李思屈
《探索充分就业之路——成都平原农村人力资源开发研究》（专著）	二等奖	何景熙等
《经济趋同理论与中国地区经济差距的实证研究》（专著）	二等奖	邓　翔
《中国一流企业经营危机研究》（系列论文）	二等奖	李　蔚、吴峰等
《在权利话语与权利技术之间——中国司法的新思考》（专著）	二等奖	左卫民
《大理国史》（专著）	二等奖	段玉明
《报业通论》（专著）	二等奖	邱沛篁、唐小强、蒋晓丽、吴　健、向纯武
《中国古代阐释学研究》（专著）	二等奖	周裕锴
《西部开发中西藏及其他藏区特殊性研究》（专著）	二等奖	冉光荣、李　涛、杨振之、徐君等
《菲迪克（FIDIC）条款在中国的应用》（专著）	二等奖	曾玉成（参加）
《全蜀艺文志点校》（古籍整理）	二等奖	王晓波、刘　琳
《西部医药资源开发及其产业化研究》（专著）	三等奖	朱昌蕙、陈丹镝、王国庆、方　锐、唐　洁
《欧美区域经济政策与四川跨越式发展》（专著）	三等奖	周万生、徐桂兰、杜晓蓉、李　焱、胡　玺
《金融波动论》（专著）	三等奖	张红伟、罗仲平
《税收征纳博弈及其行为解析》（论文）	三等奖	屈锡华、杨继瑞、李晓涛、陈永正、赵　磊
《西部工业发展战略管理研究》（系列论文）	三等奖	任佩瑜、黄　璐
《信息博弈与监管——我国证券市场监管新视角》（论文）	三等奖	张　艳
《收益与收益质量的分层研究》（论文）	三等奖	汝　莹、符　蓉
《1999—2000 年中国上市公司 MBO 实证研究——兼论 EMBO 对国企改革的意义》（论文）	三等奖	毛道维、任佩瑜、蔡　雷

续表 2

著　作	获奖等级	作　者
《企业管理的文化阶梯》（专著）	三等奖	黎永泰、黎　伟、蔡小于
《西南地区外商直接投资环境与效益分析》（专著）	三等奖	李天德、蒋　瑛、蒋和胜、向　宇、赵志泉
《中国七大经济区产业结构研究》（专著）	三等奖	邓　玲、张红伟、龚勤林、黄　勤、程玉春
《农业产业化经营与农业宏观政策研究》（专著）	三等奖	王国敏、郑　晔、黄金辉、蒋永穆、杨明洪
《退耕还林（草）利益补偿机制研究——以长江上游地区为例》（专著）	三等奖	杨明洪、杜　伟
《所有权构造论——传统国有制之解构与全民所有制之重构》（专著）	三等奖	陈永正
《宪法基本权利司法救济研究》（专著）	三等奖	周　伟
《专利侵权诉讼中"公知技术抗辩"适用之探讨——中、德、日三国判例、学说的比较研究》（论文）	三等奖	杨志敏
《地理大发现研究——15—17 世纪》（专著）	三等奖	张　箭
《古籍整理学》（专著）	三等奖	刘　琳、吴洪泽
《20 世纪历史思维中的"革命"观念》（论文）	三等奖	何　平
《国中的"异乡"——二十世纪二三十年代旅外川人认知中的全国与四川》（论文）	三等奖	王东杰
《西方汉学界的中国文论研究》（专著）	三等奖	王晓路、肖　薇
《审美心理与诗学论题》（专著）	三等奖	黎　风
《"垮掉一代"及其他》（专著）	三等奖	文楚安
《〈三国演义〉新探》（专著）	三等奖	沈伯俊
《梁启超文论的现代性阐释》（专著）	三等奖	杨晓明
《马克思美学的现代阐释》（专著）	三等奖	冯宪光
《汉魏六朝佛经代词探新》（专著）	三等奖	俞理明
《道教神仙信仰与祭祀仪式》（专著）	三等奖	张泽洪
《海德格尔存在之思的伦理境域》（论文）	三等奖	余　平
《宋人年谱丛刊》（古籍整理）	三等奖	吴洪泽、尹　波、李文泽、刁忠民
《规范化服务型政府建设的理论创新与制度创新》（系列论文）	三等奖	姜晓萍、范逢春、郑　莉
《学习型区域：区域经济发展的新模式》、《The Structure and Function of Regional Innovation System》、《国家创新系统中知识流动的有效组织模式：知识联盟》（系列论文）	三等奖	顾　新、李久平、冯　结
《中国金融体制改革研究》（专著）	三等奖	张　衔（参加）
《四川——建设长江上游生态屏障的探索与实践》（专著）	三等奖	王益谦（参加）

表3　社科重大项目立项名单

批准号/编号	项目名称	负责人	单位	经费（万元）	成果形式	计划完成时间	项目类别
05&ZD044	和谐社会的构建与人民内部矛盾解决体系的完善	左卫民	法学院	30	专著	5/05－12/08	国家社科重大招标项目
05&ZD006	世界经济周期性与非周期性波动与中国经济预警机制建设	李天德	经济学院	25	专著	5/05－6/08	国家社科重大委托项目
200410120203026	《清史典志·城市志》	隗瀛涛 何一民	历史文化学院	55	专著	1/05－12/09	国家清史编委会委托项目
ESCP/G001－SCU－1	欧盟一体化的文化历史变迁	石　坚	外国语学院	280	系列论文	12/05 － 12/07	国际合作项目

表4　国家社会科学基金项目立项名单

批准号	项目名称	负责人	单位	经费（万元）	成果形式	计划完成时间	项目类别
05AMZ002	“藏彝走廊”地区民族互动	石　硕	历史文化学院	12	专著	5/05－6/08	重点
05BJL069	西部传统优势企业技术创新能力和区域经济增长研究	朱方明	经济学院	7	专著	5/05－6/08	一般
05BJY002	中国社会信用体系中信用结构和信用链研究	毛道维	工商管理学院	7	专著	5/05－12/08	一般
05BJY055	企业文化与企业竞争力研究	余伟萍	工商管理学院	7	报告	5/05－6/07	一般
05BSH032	农村民间金融组织的社会学研究——以西部小额信贷组织为例	王　卓	公共管理学院	7.5	报告	5/05－6/07	一般
05BZZ037	政府管理转型过程中社会中介组织功能研究	唐兴霖	公共管理学院	7	专著	5/05－5/08	一般
05BZS036	国学视野下的地方学术：近代蜀学的兴起与演变	刘复生	历史文化学院	7	专著	5/05－6/08	一般
05BWW012	肖洛霍夫研究史	刘亚丁	文学与新闻学院	7	专著	5/05－6/08	一般
05BZJ015	太平天国的宗教信仰与道教关系研究	闵　丽	道教与宗教文化研究所	7	专著	5/05－12/07	一般
05CZJ007	道教太一信仰源流考	李小光	道教与宗教文化研究所	5.5	专著	5/05－6/08	青年
05CFX018	科学证据采信基本原理研究	张　斌	法学院	6	专著	5/05－6/07	青年

表 5 全国艺术科学“十五”规划 2005 年度课题立项名单

批准号	项目名称	负责人	单位	经费（万元）	成果形式	计划完成时间	项目类别
05BF046	中国抗战美术图史	黄宗贤	艺术学院	6	专著	12/05 - 12/08	国家年度
05BF047	藏族民间美术研究	康格桑益希	艺术学院	6	专著	12/05 - 12/08	国家年度

表 6 2004—2005 年度人文社会科学入选教育部“新世纪优秀人才支持计划”人员名单

编号	姓名	单位	资助经费（万元）	资助时间
NCET - 04 - 0872	刘亚丁	文学与新闻学院	20	2005—2007
NCET - 04 - 0876	王东杰	历史文化学院	20	2005—2007
NCET - 04 - 0884	朱方明	经济学院	20	2005—2007
NCET - 05 - 0972	张　勇	文学与新闻学院	20	2006—2008
NCET - 05 - 0973	蒋永穆	经济学院	20	2006—2008

表 7 教育部 2004—2005 年度重点研究基地重大项目立项名单

批准号	项目名称	负责人	单位	经费（万元）	成果形式	计划完成时间	项目类别
05JJD730001	净明道研究	郭　武	道教与宗教文化研究所	20	专著	6/05 - 6/08	教育部基地重大项目
05JJD730002	中国寺观堂庙文化资源研究	段玉明	道教与宗教文化研究所	20	专著	6/05 - 6/08	教育部基地重大项目
05JJD840006	历代笔记小说俗语言研究	蒋宗福	中国俗文化研究所	20	专著	6/05 - 6/08	教育部基地重大项目
05JJD840007	民间信仰与中国文学	张　勇	中国俗文化研究所	20	专著	6/05 - 6/08	教育部基地重大项目
05JJD850003	川滇毗邻藏区社会经济变迁与发展研究	冉光荣	中国藏学研究所	20	专著	6/05 - 6/08	教育部基地重大项目
05JJD850004	近十年青藏高原吐蕃考古材料综合研究	霍　巍	中国藏学研究所	20	专著	6/05 - 6/08	教育部基地重大项目
05JJDGJW007	南亚政治发展研究	杨翠柏	南亚研究所	20	专著	6/05 - 6/08	教育部基地重大项目
05JJDGW008	印度民族问题研究	赵伯乐	南亚研究所	20	专著	6/05 - 6/08	教育部基地重大项目
05JJD720009	儒学文献学研究	舒大刚	古籍所	20	专著	6/05 - 6/08	教育部基地重大项目
05JJDZH240	民间信仰与中国社会（一）	项　楚	中国俗文化研究所	20	专著	12/05 - 12/08	教育部基地重大项目
05JJDZH239	青藏高原古碉文化综合研究	石　硕	中国藏学研究所	20	专著	12/05 - 12/08	教育部基地重大项目

续表 7

批准号	项目名称	负责人	单位	经费（万元）	成果形式	计划完成时间	项目类别
05JJDZH238	南亚的藏传佛教研究	李　涛	中国藏学研究所	20	专著	12/05－12/08	教育部基地重大项目
05JJDGJW047	印度高科技发展战略研究	朱在明	南亚研究所	20	专著	12/05－12/08	教育部基地重大项目
05JJDGJW046	印巴关系研究	杨平学	南亚研究所	20	专著	12/05－12/08	教育部基地重大项目
05JJD730216	道教思想通史研究（一）	卿希泰	道教与宗教文化研究所	20	专著	12/05－12/08	教育部基地重大项目
05JJD73025	道教思想通史研究（二）	钦伟刚	道教与宗教文化研究所	20	专著	12/05－12/08	教育部基地重大项目

表 8　教育部社科研究 2005 年度一般项目立项名单

批准号	项目名称	负责人	单位	经费（万元）	成果形式	计划完成时间	项目类别
05JA860009	传媒对公共情绪的宣导抚慰功能在西部地区的特殊作用	蒋晓丽	文学与新闻学院	4	专著	2/05－12/08	规划基金项目
05JA810012	我国地方政府服务流程再造的理论与实践探索	姜晓萍	公共管理学院	5	专著	2/05－12/08	规划基金项目
05JC860013	网络语言的传播与控制研究：兼论未成年人网络素养教育	王炎龙	文学与新闻学院	3	专著	2/05－12/08	青年基金项目
05JD820061	现行工伤法律救济程序改革研究	王建军	法学院	0	研究报告	2/05－12/08	专项任务项目
05JD730007	道教与隋唐、五代美学思想及审美文化研究	李　裴	道教与宗教文化研究所	0	专著	2/05－12/08	专项任务项目

表 9　其他渠道的纵项项目立项名单

批准号/文号/编号	项目名称	负责人	单位	经费（万元）	成果形式	计划完成时间	项目类别/来源
0456	《石门文字禅》校注	周裕锴	文学与新闻学院	3	专著	1/05－12/07	高校古委会
0456	六朝人物别传整理	罗国威	文学与新闻学院	1	专著	8/05－8/07	高校古委会
教外司留［2005］383 号	近代基督教在藏区传播研究	徐　君	历史文化学院	1.5	专著	8/05－8/07	教育部留学回国基金
教外司留［2005］383 号	殷墟甲骨刻辞祭祀动词的语法结构和语义结构	郑继娥	海外教育学院	1	专著	8/05－8/07	教育部留学回国基金

续表 9

批准号/文号/编号	项目名称	负责人	单位	经费（万元）	成果形式	计划完成时间	项目类别/来源
教外司留［2005］546 号	南亚区域合作联盟的发展及其对我国的影响	杨文武	南亚研究所	2	报告	11/05－11/07	教育部留学回国基金
	侦察监督制度的立法完善	左为民	法学院	2	报告	7/05－3/06	最高人民检察院重点课题
05SFB5014	秘密侦查法治化研究	唐　磊	法学院	专项	专著	12/05－7/07	司法部
2005DGS3D083	西部优势农业产业机制及模式研究——以四川省生猪产业化发展为案例	徐玖平	工商管理学院	5	报告	12/05－7/06	国家科学技术部
教社政司［2004］256 号	大学生心理健康教育的环境制约因素及利用	肖　旭	政治学院	0.5	专著	1/05－1/08	教育部重大项目子课题
教社政司［2004］256 号	大学生自杀问题及对策研究	肖　旭	政治学院	0.5	报告	1/05－1/08	教育部重大项目子课题
WSH2005/B7	传统太极拳推手竞赛发展模式的研究	唐　成	体育学院	0.2	论文	6/05－12/05	国家体育局武术院
川人办［2005］390 号	中国经济周期波动的宏观调控论	蒋永穆	经济学院	2	专著	7/05－4/07	四川省学术带头人培养基金重点项目
川人办［2005］390 号	二三十年代思想界关于“统一”问题的讨论	王东杰	历史文化学院	2	专著	8/05－12/07	四川省学术带头人培养基金重点项目
川人办［2005］390 号	西部开发对少数民族宗教信仰的影响及对策研究	闵　丽	道教与宗教文化研究所	1	专著	11/05－12/06	四川省学术带头人培养基金重点项目
	历代名人咏四川	周啸天	文学与新闻学院	1	专著	10/05－12/06	四川省委宣传部（省重点规划项目）
川宣［2005］137 号	构建和谐社会的制度经济学视角	陈文泽	政治学院	0.4	论文	1/05－12/05	四川省“五个一”工程重点课题
	清代蜀人著述总目	王晓波	图书馆	1	专著	1/05－12/05	四川省教育厅
	中国现代文学的巴蜀文化视野研究	李　怡	文学与新闻学院	1	专著	1/05－12/05	四川省教育厅
川教函［2004］391 号	《魏了翁集》整理	郭　齐	古籍所	1	专著	1/05－12/05	四川省教育厅

续表 9

批准号/文号/编号	项目名称	负责人	单位	经费(万元)	成果形式	计划完成时间	项目类别/来源
川文规 2005 第 04 号	巴蜀多元民族民俗文化与动漫游戏内容产业的开发	杨效宏	文学与新闻学院	3	报告	10/05－8/06	四川省文化厅
	四川省产业基础数据库建设	何　跃	工商管理学院	4	软件	11/04－6/05	四川省经委会
	证券欺诈犯罪防控研究	王建平	法学院	0.5	论文	1/05－12/06	四川省教育厅
	女性与和谐社会	黄锦君	古籍所	0.8	专著	7/05－6/06	四川省社科联
LY05－09	面向未来的现代都市旅游形象设计及形象整合－以成都为例	毛长义	建筑与环境学院	0.5	论文或专著	9/05－7/06	四川省教育厅
川教函［2005］346 号	唐前扬雄接受史	陈朝辉	文学与新闻学院	1	论文	5/05－5/07	四川省教育厅
FZFK05－07	高新技术领域的犯罪问题研究	魏　东	法学院	0.6	论文	5/05－12/06	四川省教育厅
SXJZX2005－009	《升庵长短句》签注	李　芳	文学与新闻学院	自筹	专著	5/05－5/07	四川省教育厅
成邛研［2005］6 号	成都农村地区循环经济体系的建构研究	王国敏	政治学院	0.3	论文	6/05－11/06	成都市社科“十五”规划课题
成邛研［2005］6 号	高校校区扩张与提升成都市综合竞争力研究	吴　炎	政治学院	0.3	论文	6/05－11/06	成都市社科“十五”规划课题

表 10　四川省哲学社会科学研究规划项目立项名单

序号	项目名称	负责人	单位	经费(万元)	成果形式	计划完成时间	项目类别
1	构建社会主义和谐社会的利益协调机制研究	蒋永穆	经济学院	1	报告	5/05－12/06	重点
2	构建和谐四川进程中的行政障碍与制度创新研究	姜晓萍	公共管理学院	1	报告	5/05－8/06	重点
3	中国现代文学研究中的“巴蜀学派”问题	李　怡	文学与新闻学院	1	报告	10/05－10/07	重点
4	高校保持共产党员先进性的长效机制研究	杨泉明	党委办公室	1	报告	10/05－12/07	重点
5	当代汉语词义衍生与变异模式研究	杨文全	文学与新闻学院	0.8	论文	10/05－1/07	重点
6	秘密侦查及其法治化研究	唐　磊	法学院	0.8	专著	10/05－5/07	重点

续表 10

序号	项目名称	负责人	单位	经费(万元)	成果形式	计划完成时间	项目类别
7	传媒在应对危机时的宣导抚慰功能——对西部地区的特殊作用	蒋晓丽	文学与新闻学院	1	专著	10/05－1/07	一般
8	四川丘陵地区缩小城乡差距实证研究	曹　萍	政治学院	0.8	报告	10/05－12/06	一般
9	巴蜀地区道教审美文化研究	李　裴	道教与宗教文化研究所	0.8	论文	10/05－5/07	一般
10	我省重点增长潜力区的选择与发展策略	黄　勤	经济学院	0.8	报告	10/05－11/06	一般
11	四川与南亚区域经贸合作及对策研究	杨文武	南亚研究所	0.8	报告	10/05－7/06	一般
12	劳动契约与企业治理——社会主义和谐社会微观基础研究	张　衔	经济学院	0.8	报告	10/05－2/07	一般
13	城镇化进程中“农民工”合法权益保护研究	张红伟	经济学院	0.8	报告	10/05－6/06	一般
14	构建和谐四川的市县政府绩效考核制度研究	宋　伟	工商管理院	0.8	报告	10/05－10/06	一般
15	四川贫困地区农民增收的众赢对策研究	周敬伟	公共管理学院	0.8	报告	10/05－6/06	一般
16	维护和实现社会公平正义，协调建设“和谐四川”的利益关系	王建军	公共管理学院	0.6	报告	4/05－10/05	委托
17	15世纪末—19世纪上半叶新大陆农作物在世界、中国及四川的传播和意义	张　箭	历史文化学院	1	报告	5/05－6/07	自选
18	古代蜀学源流研究	粟品孝	历史文化学院	0.8	论文	10/05－7/06	自选
19	宋代佛教社会史研究	刘长东	文学与新闻学院	0.8	论文	10/05－12/06	自选
20	儒家文学教化说再研究——教化说中的和谐思想及其当代价值	刘文勇	文学与新闻学院	0.8	报告	10/05－1/07	自选
21	我省城市建设中政府公共资金运作法治化研究	陈永革	法学院	0.8	报告	10/05－2/07	自选
22	四川乡土美术的现代前景研究	吴永强	艺术学院	1	报告	10/05－2/07	自选

表 11　2005 年度四川大学社科青年启动项目学校全额资助立项名单

序号	课题名称	负责人	单位	经费（元）
1	印度软件业发展及其对中国的启示	黄正多	南亚研究所	2000
2	明遗民群体文学思想研究	李　宣	中国俗文化研究所	2000
3	《文心雕龙》与中国文学的当下性研究	冯　勤	中国俗文化研究所	2000
4	陈抟道教思想研究	孔又专	道教与宗教文化研究所	2000
5	对外汉语英汉翻译教材	李　雯	海外教育学院	2000
6	中国古代小说传播途径研究	庞　礴	四川大学学报（哲学社会科学版）	2000
7	推进城乡一体化进程中基层党建研究	薛立波	政治学院	2000
8	宋代巴蜀《春秋》学研究	张尚英	历史文化学院	2000
9	市场进入风险综合评价方法研究	李贻伟	工商管理学院	2000
10	当下中国（大陆）媒体道德研究	陈　翔	文学与新闻学院	2000
11	“后喻文化”语境下的儿童媒体与传播策略研究	操　慧	文学与新闻学院	2000
12	20 世纪中俄公共环境艺术设计风格对比研究	周炯焱	艺术学院	2000
13	道教与明清传奇	李　艳	艺术学院	2000
14	离婚经济帮助研究	张晓远	法学院	2000
15	公民基本权利可诉范围研究	刘海蓉	法学院	2000
16	南岳慧思的如来藏思想与心意识论——以《随自意》《安乐行》《无净门》为范围	刘朝霞	公共管理学院	2000
17	黑格尔实践哲学的复兴	丁三东	公共管理学院	2000
18	道教与社会分层的关系研究	钟玉英	公共管理学院	2000
19	基于管理熵理论的高校校属企业绩效评价体系研究	敖世友	审计处	2000
20	现当代黑人女性主义文学传统	孙　薇	外国语学院	2000

表 12　2005 年度四川大学社科青年启动项目单位自筹项目立项名单

序号	课题名称	负责人	单位	经费（元）
1	高校资源整合与旅游开发——以四川大学为例	刘红艳	历史文化学院	2000
2	清代民间组织与城市管理	谯　珊	历史文化学院	2000
3	宋代《禹贡》学研究	王小红	历史文化学院	2000
4	四川省县级城市中小企业人力资源开发与国际非政府组织扶持模式探索	李　颖	工商管理学院	2000
5	视听语言的传播——意义表达与编辑组接	曾娅妮	文学与新闻学院	2000

续表 12

序号	课题名称	负责人	单位	经费（元）
6	后现代语境中的时装表演	傅其林	文学与新闻学院	2000
7	城市化进程中农村土地问题研究	刘润秋	公共管理学院	2000
8	中国传统建筑艺术在现代环境景观艺术中的运用	续　昕	艺术学院	2000
9	中国重彩画的当代题材表现	陶安萍	艺术学院	2000
10	鉴定结论：科学与法学双向度分析	罗文禄	法学院	2000

表 13　2005 年度四川大学中流与喜玛拉雅基金项目立项名单

序号	课题名称	申请人	学历	学院	年级	经费（元）
1	论印度环境问题对经济可持续发展的影响	方　雯	博士	南亚研究所	2004	2000
2	诚信的经济学分析	陈文泽	博士	经济学院	2004	2000
3	清末民初画报中的想象与表征研究	徐　沛	博士	文学与新闻学院	2004	2000
4	和谐社会之民事诉讼建构	张嘉军	博士	法学院	2003	2000
5	女性主义视觉的翻译研究	任　文	博士	外国语学院	2003	2000

表 14　2005 年度四川大学社科重要横向课题立项名单

序号	项目名称	负责人	单　位	经费（万元）
1	吐蕃与丝绸之路研究	霍　巍	中国藏学研究所	13.71
2	当代西藏发展研究	李　涛	中国藏学研究所	10
3	西藏问题国际化研究	李　涛	中国藏学研究所	10
4	计算机图像处理在文物修复中的应用	莫思特	电气信息学院	10
5	攀枝花市商业网点布局规划	李济琛	发展研究中心	10
6	资产证券化法律问题研究	陈界融	法学院	10
7	债法总论法律问题研究	陈界融	法学院	10
8	基层政权在法制推进中的精神文明建设	里　赞	法学院	19.8
9	劳动法和社会保障法研究	王建军	法学院	10
10	卫生法研究	伍长康	法学院	22.7
11	法律适用研究	向朝阳	法学院	16
12	实证案例推动中国违宪审查	周　伟	法学院	66.11
13	中国西部高校人权法师资现状与培训提高	周　伟	法学院	38.02

续表 14

序号	项目名称	负责人	单　位	经费（万元）
14	刑事诉讼运行机制研究	左卫民	法学院	37.182665
15	司法改革研究	左卫民	法学院	43.3
16	中美刑事辩护律师研究	左卫民	法学院	22.6
17	成都慧荣有限公司营销策划案	余伟萍	工商管理学院	20
18	黄河上游水电开发多媒体汇演系统研制	李宗桂	工商管理学院	16
19	锦屏二级水电站引水发电系统施工仿真研究	李宗桂	工商管理学院	15
20	凉山州水库移民规划	安义中	公共管理学院	12
21	宜宾移民问题研究	陈昌文	公共管理学院	10
22	服务型政府的理论与实践	姜晓萍	公共管理学院	15
23	成都市“北站办”管理体制创新研究	姜晓萍	公共管理学院	15
24	土地制度研究	刘润秋	公共管理学院	10
25	“永公成”管理研究	屈锡华	公共管理学院	10
26	四川省艾滋病督导与监督现状的评估	兰亚佳	华西公共卫生学院	10
27	应对突发公共卫生事件能力建设	王国庆	华西公共卫生学院	33.75
28	《儒藏》编纂	舒大刚	古籍所	80
29	社会环境调查与评价	舒大刚	古籍所	15
30	成都市历代旧志整理丛书	李勇先	古籍所	13.1
31	新疆马商圈再造方案	揭筱纹	工商管理学院	11
32	企业文化与文化经济研究	黎永泰	工商管理学院	10
33	市场调查	李　蔚	工商管理学院	14.1
34	市场营销	李　蔚	工商管理学院	25.08
35	冕宁县经济社会“十一五”规划	徐玖平	工商管理学院	15
36	设计研究	李　伟	建筑与环境学院	12.8
37	教育局教育园区规划	张　鲲	建筑与环境学院	18.06
38	成华区“十一五”规划编制	邓　玲	经济学院	17.4
39	“十一五”四川能源保证定量调研	邓　玲	经济学院	30
40	产业发展与经济政策	龚勤林	经济学院	10
41	仪陇县、营山县土地整理	韩　冰	经济学院	48.29
42	平昌县元山镇土地整理研究	韩　冰	经济学院	14.43

续表 14

序号	项目名称	负责人	单　位	经费（万元）
43	循环经济研究	黄　勤	经济学院	10
44	四川高维系统工程技术研究	蒋和胜	经济学院	10
45	四川移动执行力文化提升体系建设	蒋　瑛	经济学院	10
46	四川省“十一五”规划重大问题研究	蒋　瑛	经济学院	10
47	四川产业集群研究	蒋　瑛	经济学院	10
48	产业问题研究	蒋永穆	经济学院	10
49	人力资源再造	李明德	经济学院	26
50	河南郑州机场中干竞聘素质测评	李明德	经济学院	11
51	电力业融资与资本重组研究	马德功	经济学院	10
52	培育四川特色产业的分析研究	杨继瑞	经济学院	12
53	成都市房屋基准价研究	杨明洪	经济学院	13.5
54	四川省旅游信息化总体规划	石应平	历史文化学院	28
55	历史人类学研究	徐　君	历史文化学院	10.3
56	渝遂公路考古发掘与研究	李映福	历史文化学院	13.5
57	重庆云阳开县考古项目监理	李永宪	历史文化学院	19.338
58	重庆云阳尸山包遗址考古	罗二虎	历史文化学院	10.0068
59	旅游人力资源开发	孙锦泉	历史文化学院	10.75
60	旅游人力资源战略研究	王挺之	历史文化学院	10.75
61	南亚与中国西部合作发展	谢代刚	南亚研究所	15
62	成都市人口发展战略研究	何景熙	人口研究所	10
63	现代化比较研究	张　伟	人口研究所	10
64	攀枝花三维煤干石发电技改工程行洪论证	陈　曜	水利水电学院	12
65	“十一五”四川能源保证定量调研	马光文	水利水电学院	20
66	四川能源结构调整	马光文	水利水电学院	20
67	南水北调对四川水电影响	马光文	水利水电学院	40.7
67	可再生能源 MMS 政策研究	马光文	水利水电学院	70.43
69	甘孜州发展和改革研究	马光文	水利水电学院	10
70	南水北调西线电价研究	马光文	水利水电学院	20
71	竞价上网研究	马光文	水利水电学院	44
72	水电产业增加值及对 GDP 的影响	王　黎	水利水电学院	15

续表 14

序号	项目名称	负责人	单　位	经费（万元）
73	CALS 西南地区文献信息建设	姚乐野	图书馆	18.2
74	图书馆、情报与文献研究	姚乐野	图书馆	14.366
75	中国现代文学史研究	李　怡	文学与新闻学院	10
76	广播电视研究	欧阳宏生	文学与新闻学院	10.1
77	西部广播电视研究	欧阳宏生	文学与新闻学院	15
78	生态农业发展规划编制	王益谦	西部开发研究院	25
79	西藏农产品流通体系规划	赵昌文	工商管理学院	15
80	都市报的发展对策研究	蒋晓丽	文学与新闻学院	20
81	儒释道博士论丛	卿希泰	道教与宗教文化研究所	20.98
82	道教养生文化	张　钦	道教与宗教文化研究所	10.2

表 15　人文、社会科学学术交流情况表

学术交流类别	校办学术会议		学术会议		受聘讲学		社科考察		进修学习		合作研究		
	本校独办数（次）	与外单位合办数（次）	参加人次	提交论文（篇）	派出人次	来校人次	派出人次	来校人次	派出人次	来校人次	派出人次	来校人次	课题数（项）
合计	10	5	561	263	61	60	110	32	98	26	15	61	2
国际学术交流	4	1	142	85	8	29	10	18	13	0	7	56	2
国内学术交流	4	4	244	99	53	29	100	14	85	26	8	5	0
与港澳台地区学校交流	2	0	175	79	0	2	0	0	0	0	0	0	0

自然科学

一、科研课题与科研经费

2005 年，我校科技工作实现了新的突破，在研科技项目共计 2535 项。其中新上项目 1446 项，去年结转项目 1089 项。到校科技总经费 6.5135 亿元（其中纵向经费 1.6274 亿元，横向经费 4.8425 亿元，技术转让和咨询服务费用 196.9428 万元），比 2004 年度到校科技总经费 5.0595 亿元增长 28.7%。获准国家自然科学基金总数 182 项，比 2004 年增长 29%。其中面上、重点、杰出及专项基金达 153 项，比去年的 125 项增加 22%，名列全国第 9 位，合计经费 5098 万元，比去年的 3581 万元增长了 42%，名列全国第 10 位。博士点基金获准 41 项，比 2004 年增长 28.13%，经费 245 万元，比 2004 年增长了 33.88%，全国排名第 4。博士点基金申报 98 项，获准 41 项，获准率 41.8%，经费 245 万元，全国排名第 4。获准“863”项目课题 3 项，子课题 3 项，共计经费 290 万元。获准“973”项目 1 项，首席科学家为生物医学材料工程研究中心的顾忠伟教授，项目经费 3000 万元；另外，新获准课题 2 项，共 463 万元，参研 2 项，共 40 万元；“973”前期专项获准 2 项，共 80 万元。获准国家科技攻关课题 2 项，参研 10 项，总经费 118.14 万元。横向科研新签订科技合同 865 项（不包括通过校内其他法人实体签订的项目），合同经费 3.7675 亿元，比 2004 年度分别增长 12.6% 和 73.4%。获准军品配套项目 4 项，经费 585 万元；获准国防基础研究项目 3 项，经费 480 万元，另合作 1 项（经费待定），在教育部获得批准的 60 余项中名列第 3；全年申报 19 项，获准 14 项，获准率 73.4%，获准经费 1174.5 万元。

二、科研成果与技术转让

2005 年，我校获得各级各类科技奖励共 60 项。“CDZS 系列空管自动化系统”获国家科技进步一等奖，是 17 年来我校第一次以第一单位获得的国家级科技一等奖。此外，获何梁何利奖 1 项。省、部级一等奖 8 项：其中教育部一等奖 3 项，四川省一等奖 4 项，湖北省一等奖 1 项。省级二等奖 9 项，三等奖 27 项。

国际国内论文发表总数 5458 篇，全国排名第 7 位，比 2004 年上升 1 位。SCI 收录总数 772 篇，全国排名第 9 位，比 2004 年增长 46.21%，上升 5 位；中国科技信息研究所同时出台的新的 SCI 论文统计方法（只统计 Article、Review、Letter 三类文献）中，我校 SCI 收录论文数 617 篇，排名 13 位；EI 收录论文 455 篇，全国排名第 16 位，比 2004 年增长 28.53%，上升 2 位；ISTP 收录论文 254 篇，全国排名第 14 位，比 2004 年增长 93.89%，上升 15 位，我校此项指标首次进入全国高校前 20 位；国际论文被引篇数 416 篇，全国排名第 14 位，被引次数 948 次，全国排名第 13 位，比 2004 年上升 2 位；中国科技论文统计源期刊收录的国内论文 3977 篇，全国排名第 6 位，比 2004 年上升 2 位；国内论文被引篇数 6391 次，全国排名第 7 位，比 2004 年上升 1 位；全国首次排名的 MEDLINE 收录论文总数我校共 594 篇，全国排名第 4 位。

2005 年，全校共申报专利 265 项，比 2004 年增长 30.5%；获准授权发明专利 111 项，比 2004 年增长 22.0%。

2005 年，四川大学荣获“第二届中国技术市场协会金桥奖先进集体”奖；化学工程学院钟本和教授荣获“第二届中国技术市场协会金桥奖先进个人”奖；化学工程学院“料浆浓缩法制磷铵”新工艺荣获“第二届中国技术市场协会金桥奖优秀项目”奖（技术市场金桥奖原是由科技部评审颁发，后改为由中国技术市场协会进行）。我校国家技术转移中心荣获科技部“全国技术市场先进集体”奖，并在 2005 年 11 月科技部召开的全国技术市场工作会上受到表彰。

三、科研机构与研究队伍

2005 年，我校获准国家自然科学基金杰出青年基金 3 项（A 类），分别是：

化学学院王玉忠（100 万），水利水电学院（国家重点实验室室）林鹏智（100 万），数学学院张旭（70 万）。获准“985 工程”人才计划中的教育部“长江学者和创新团队发展计划”1 个：轻纺与食品学院石碧。由我校牵头、有 21 个单位合作参加的“教学标本标准化整理、整合及共享试点”项目获准科技部国家科技基础条件平台建设专项，经费 2013 万元；新获准重点实验室开放基金 4 个，经费 11 万元。

有 16 人入选教育部 2005 年度“新世纪优秀人才支持计划”（其中含社会人文科学 2 人）。自然科学类：数学学院穆春来、张德学，物理科学与技术学院安竹，生命科学学院曹毅、林宏辉，化学工程学院储伟，华西药学院陈映春，华西口腔医学院胡涛，高分子科学与工程学院赵长生，轻纺与食品学院范浩军，电子信息学院张彬，华西医院莫显明、马志贵、陈俐娟；社会人文科学类：文学与新闻学院张勇，经济学院蒋永穆。

正式启动“985 工程”二期科技创新平台，正式聘任了刘应明院士出任“长江数学研究中心科技创新平台”首席科学家，魏于全院士出任“人类重大疾病生物治疗创新平台”首席科学家，朱清时院士出任“绿色化学与清洁化技术创新平台”首席科学家，王琪教授出任“高分子与特种功能材料科技创新平台”首席科学家，许唯临教授出任“西南资源环境与灾害防治科技创新平台”首席科学家，游志胜教授出任“复杂多维信息数字处理技术科技创新平台”首席科学家，顾忠伟教授出任“生物医学工程与技术科技创新平台”首席科学家。并制定了《四川大学“985 工程”科技创新平台新的管理体制和运行机制的实施细则（试行）》（川大校［2005］3 号）。

我校“靶向药物实验室”被批准为教育部重点实验室（立项建设）。此外，“国家生物医学材料工程技术研究中心”在我校正式挂牌成立；“口腔生物医学工程教育部重点实验室”和“生物资源与生态环境教育部重点实验室”顺利通过教育部评估；“国家烟气脱硫工程技术中心”通过科技部验收，进入综合评估阶段；“皮革清洁生产技术工程研究中心”申报国家发改委工程研究中心，已通过专家评审、答辩，进入发改委研究讨论阶段。

成立了“四川大学不确定性信息处理研究中心”，其首席专家为刘应明院士。聘请林祥棣院士担任国防科学技术研究院院长，确定了“重点突破，以点带面，整合力量，开创我校国防科研新局面”的国防科研发展战略，并积极进行《军工保密资格》论证的准备工作。

表 16　2005 年课题来源分类　　单位：项

任务来源	科技部					国家自然科学基金	教育部	中央其他各部门	省、市政府	企、事业单位委托	自选课题	国际合作	合计
	攻关及工业性实验	『八六三』高技术	『九七三』基础研究	军工项目	其他								
当年新上项目	12	6	7	14	5	182	68	9	167	865	93	18	1446
上年结转项目	11	4	14	10	0	225	160	35	432	170	15	13	1089
合　计	23	10	21	24	5	407	228	44	599	1035	108	31	2535

表 17　2005 年科研经费（按来源渠道分类）　　单位：万元

经费来源		金额	经费来源	金额
教育部	科研项目费	645.4	国家自然科学基金	6102.9861
	其　他	1225.1	中央其他各部委	586.9276
	小　计	1870.5	省、市政府	1651.65
科技部	“973”基础研究	2530.93	企事业单位委托	48413.0735
	攻关项目	803.47	当年学校科技活动经费	448.1298
	“863”高技术	2329.97	国际合作	200.0574
	其　他	168	合　计	65105.6944
	小　计	5832.37		

表 18　2005 年在研课题执行情况　　单位：项

任务来源	科技部	军工	国家自然科学基金	教育部	中央其他部委	省、市政府	企事业单位委托	自选课题	国际合作	合计
按计划进行的项目数	59	24	407	228	44	599	1035	108	31	2535
当年结题的项目数	75	22	117	60	85	254	396	72	12	1093

表19　2005年四川大学各单位新签协作项目统计表

序号	单　位	合同数（项）	经费数（万元）	序号	单　位	合同数（项）	经费数（万元）
1	材料科学与工程学院	22	242.80	15	建筑与环境学院	34	338.70
2	电气信息学院	44	1081.95	16	科鸿新技术研究所	1	1500.00
3	电子信息学院	36	464.72	17	历史文化学院（旅游学院）	1	25.00
4	分析测试中心	11	67.53	18	轻纺与食品学院	61	905.03
5	高分子科学与工程学院（+高分子研究所）	48	743.00	19	水利水电学院（+水力学与山区河流开发保护国家重点实验室）	159	4689.75
6	工程设计院	16	13965.10	20	国家生物材料工程研究中心	1	5.00
7	工商管理学院	2	53.50	21	实验动物中心	4	45.20
8	华西第二医院	12	199.05	22	数学学院	2	22.50
9	华西公共卫生学院	37	277.97	23	生命科学学院	24	393.59
10	华西基础医学与法医学院	29	195.51	24	物理科学与技术学院	13	49.05
11	华西口腔医学院	8	62.00	25	制造科学与工程学院	55	634.92
12	华西药学院	114	768.06	26	计算机学院（软件学院）	29	940.48
13	华西医院	9	345.10	27	化学学院	22	5356.83
14	化学工程学院	64	4241.54	28	其　他	9	62.00
					合　计	867	37675.87

注：此表不包含校内独立法人单位新签的协作科研项目和经费。

表 20　2005 年四川大学各单位国家计划项目获准情况统计表

单位:项、万元

类别／单位	自然基金			教育部			科技部			军工			其他部委			科技厅			合计		
	申报	获准	经费	申报	获准	经费	申报	获准	经费	申报	获准	经费	申报	获准	经费	申报	获准	经费	申报	获准	经费
数学学院	15	12	420.2	12	4	108										8	4	17.5	35	20	545.7
物理科学与技术学院	27	11	416	10	3	62				3	2	140	3			4	1	5	47	17	623
化学学院	52	14	353	6	4	17.5	1	1	40	1	1	10	2	2	11	7	5	29	69	27	460.5
生命科学学院	54	11	415	8	4	111	5	4	2055				3	3	14.6	30	15	187	100	37	2782.6
电子信息学院	19	6	315.9	6	1	50				4	2	200	2	2	7	9	4	29	40	15	601.9
材料科学与工程学院	19	4	99	6	1	6	1	1	50	4	4	565				24	12	65.5	54	22	785.5
制造科学与工程学院	19	2	52	3	1	6				1	1	30	2	2	13	8	2	15	33	8	116
电气信息学院	6	1	25	1	1	3	1	1	25							4			12	3	53
计算机学院(软件学院)	10	4	88	3	0	0	1			4	3	40	2	2	12	13	5	29	33	14	169
建筑与环境学院	19	2	50	4	0	0							2	2	17	8	2	13	33	6	80
水利水电学院 1	28	8	503	7	1	6.5	1	1	15				2	2	24				38	12	548.5
化学工程学院	21	9	187.3	7	2	56										13	4	21.5	41	15	264.8
轻纺与食品学院	13	3	231	6	5	71.5	4	2	50				3	3	15	7	1	5	33	14	372.5

续表 20

类别 单位	自然基金			教育部			科技部			军工			其他部委			科技厅			合计		
	申报	获准	经费	申报	获准	经费	申报	获准	经费	申报	获准	经费	申报	获准	经费	申报	获准	经费	申报	获准	经费
高分子科学与工程学院[2]	40	11	484	12	5	71	2	1	363	2	2	209.5	2	1	8	11	4	16	69	24	1151.5
华西基础医学与法医学院	46	8	191	7	4	23	1						1	1	1	16	7	33	71	20	248
华西医院	197	36	1027	32	16	222	9	8	300.3				9	9	100	69	47	320.5	316	116	1969.8
华西口腔医院	63	13	379.3	8	4	68	3	3	56.8				2	2	13	32	15	73	108	37	590.1
华西公共卫生学院	22	5	124	3	2	8.5							3	3	16	9	3	13	37	13	161.5
华西药学院	19	8	180.8	5	3	62	1						1	1	2	8	2	15	34	14	259.8
华西第二医院	52	4	108	7	4	21	3	3	49				1	1	12.96	21	9	41.64	84	21	232.6
公共管理学院	0	0	0													5	2	4	5	2	4
工商管理学院	22	5	101.7	2	0	0										9	5	13.5	33	10	115.2
分析测试中心	4	1	4	0	0	0				1	0					3	1	10	8	2	14
国家生物材料工程研究中心	9	2	46	3	0	0	1	1	3000							14	6	53.5	27	9	3099.5
其他	2	1	18	1	3	4.5							3	3	18.8				6	7	41.3

注:1. 含国家重点实验室。

2. 含国家重点实验室和高分子研究所。

表 21　2005 年四川大学各单位科研经费统计表

单位：万元

单位名称		教育部	自然基金	科技部	其他部委	军工	省市	国际合作	小计	校资助	单位委托	转让咨询	合计
数学学院		27.3	443.85	77		10	17.5		575.65	41	10.5		627.15
物理科学与技术学院	学院	3.8	144	10	1	33.4	7		199.2	124.7845	7		330.9845
	原子分子所	7.5	51.9			17.3			76.7	36.2	1		113.9
	720 所	120	114						234	380.27			614.27
化学学院		48.4	307	120	1.5	85	36		597.9	433.003	11	51.8	1093.703
生命科学学院		29	377.1	396.5			233	4.6	1040.2	270.1599	18.2		1328.5599
化学工程学院		14.5	185.3	55			32.5	8.7644	296.0644	6296.27	21.2		6613.5344
电气信息学院		5.5	31	25	10				71.5	593.5054	10		675.0054
电子信息学院		3.5	228.1			55.6	29		316.2	357.9352	6		680.1352
计算机学院（软件学院）		2.8	13.8			35.9	61	4	117.5	615.984	9.6		743.084
制造科学与工程学院		6.8	32.1	14.57		10.2	54.8		118.47	351.7769	3		473.2469
水利水电学院	学院	5.1	21.6	11	49.85				87.55	1262.4905	4.4		1354.4405
	国家重点实验室	13.1	329.4	68	3		60		473.5	1596.8347	7.6		2077.9347
建筑与环境学院		24.3	82.21	296	17.4		16.25	30.7779	466.9379	234.1	16.2		717.2379
轻纺与食品学院		34.6	101.3	134		5	48	3.2089	326.1089	590.7969	5	14	935.9058
高分子科学与工程学院	学院	14.8	224.2	77.1	10	27.45	24	14.9689	392.5189	229.5742	13	136.6198	771.7129
	国家重点实验室	9.2	81.9	211.33	10		5	72.7891	390.2191	343	2	5.7072	740.9263
材料科学与工程学院		23.4	119	191.3		23.4	157.5	514.6	237.0107	4		755.6107	
华西医院		60.8	787.4961	1602.7	20		379	12.32	2862.3161	9339.22	27		12228.5361
华西第二医院		56.5	104.5	174.5	51		48	1.296	435.796	236.52	4		676.316
华西药学院		22.5	152.32	109	2.4		16	17.0608	319.2808	757.9042	17	0.8028	1094.9878
华西口腔医学院		46	296.7	140.4			84		567.1	276.39	18.5		861.99

续表 21

单位名称	教育部	自然基金	科技部	其他部委	军工	省市	国际合作	小计	校资助	单位委托	转让咨询	合计
华西基础医学与法医学院	15.7	167	260			35.5		478.2	218.7955	12		708.9955
华西公共卫生学院	7	38.1	2	74.5276		30	30.2714	181.899	525.2625	6		713.1615
分析测试中心	1.7	9.7	298.5	20		10		339.9	24.53	2		366.43
国家生物材料工程中心	2	27.6	1443.47			33.5		1506.57	43.3015			1549.8715
工商管理学院	9.6	61.45		13		11.5		95.55	8.9	1		105.45
公共管理学院						4		4				4
经济学院		4.8				8		12.8				12.8
历史文化学院（旅游学院）									16			16
网络教育学院										2		2
实验动物中心									41.5			41.5
科鸿新技术研究所									2550.4736			2550.4736
川大智胜公司									10003			10003
川大能士公司									4.5			4.5
工程设计院									5425.587			5425.587
川大科技产业集团									3561.65			3561.65
高新研究院									928.8			928.8
华西药业股份有限公司									330			330
川大科协									109			109
科技处		2.56						2.56	10			12.56
科技园									4.6557			4.6557
其他	1255.1					17		1272.1	2.3876			1274.4876
待分配	30	1563	115			193.6		1901.6				1901.6
合计	1900.5	6102.9861	5832.37	283.6776	303.25	1651.65	200.0574	16274.4911	48413.0735	239.2	208.9298	65135.6944

表 22　2005 年发表学术论文情况　　单位：篇

发表、引用学术论文（篇、篇次）				SCI、EI 收录论文	
各类论文	核心期刊论文	国内引用论文	国际论文被引用	SCIE	SI
5458	3977	6391	416	772*	455
全国高校排序	6	7	14	9	16

*注：若按中国科技信息研究所出台的新的 SCI 论文统计方法（只统计 Article、Review、Letter 三类文献），我校 SCI 收录总数 617 篇，排名 13 位。

表 23　2005 年成果鉴定及专利统计　　单位：项

鉴定成果数	申请专利共计 265 项			
	发明专利		实用新型专利	
49	申请数	授权数	申请数	授权数
	238	111	27	16

表 24　2005 年成果获奖情况　　单位：项

奖励等级类别	特等	一等	二等	三等	四等	合计
国家自然科学奖						
国家发明奖						
国家科技进步奖		1			1	
教育部中国高校科学技术奖		3	2		5	
四川省科技进步奖		4	7	27	38	
其他部委		1			1	
地、市及其他科技进步奖		1	6	7	14	
合计		10	15	34	60*	

*注：另有何梁何利奖 1 项统计在内。

表 25　2005 年各学院科技成果获奖、收录论文及专利情况统计一览表　　单位：项

序号	单位		奖励										收录论文					专利				
			合计		国家奖		部省奖			其他奖励								申请数		授权数		合计
					一等奖	二等奖	一等奖	二等奖	三等奖	市厅奖	个人奖	行业	SCIE收录数		IE收录数		合计	发明	实用	发明	实用	
1	数学学院		2				1				1		52		14		66					
2	物理学院	学院	3	1			1						76	36	50	31	126	34	13	11	3	61
		原子分子所												30		12						
		720 所		2		1	1							10		7						
3	化学学院		2						1	1			133		40		173	24	1	9		34
4	生命科学学院		5				1		2	2			20		3		23	16		2		18
5	材料科学与工程学院												43		43		86	39	1	8	1	49
6	电子信息学院												8		38		46	9	1	3		13
7	计算机学院（软件学院）		3		1			1		1			3		5		8	9	5	5		19
8	化学工程学院		1					1					42		35		77	22	3	3	2	30
9	高分子科学与工程学院	学院	1	1									93	55	78	43	171	19		30		49
		高分子研究所												38		35						
10	水利水电学院	学院	5	2		1							4	1	25	16	29				1	30
		国家重点实验室		3		1								3		9						
11	电气信息学院												1		26		27	1		3		4
12	轻纺与食品学院		3					1	1	1			19		19		38	15		18	1	34
13	制造科学工程学院		2				1		1				8		33		31	9	1	2	1	13
14	建筑与环境学院		1						1				9		20		29	3		1	1	5
15	分析测试中心												8		14		22	6		7	1	14
16	生物材料工程中心												9		5		14	3		1		4
17	华西医院		14				1		10	3			50		3		53	6	1	2	2	11
18	华西第二医院		1						1				2				2				1	1
19	华西口腔医学院		4					1	1	2			135				135	5	1	3	1	10

续表 25

序号	单位	奖励									收录论文			专利				
		合计	国家奖		部省奖			其他奖励						申请数		授权数		合计
			一等奖	二等奖	一等奖	二等奖	三等奖	市厅奖	个人奖	行业	SCIE收录数	IE收录数	合计	发明	实用	发明	实用	
20	华西基础医学与法医学院	1						1			29		29	3		3		6
21	华西药学院	5					3	2			23	2	25	12		1	1	14
22	华西公共卫生学院	3					2	1			4	2	6					
23	经济学院										1		1					
24	工商管理学院	3				2	1											
25	其他部门	1					1											
	合　　计	60	1		8	9	27	14	1		772	455	1227	238	27	111	16	392

表 26　2005 年获各级各类科技奖励项目一览表

序号	项目名称	获奖等级	我校主研单位	我校主研人员	奖项
1	CDZS 系列空管自动化系统	科技进步一等奖	计算机学院（软件学院）	游志胜、杨国庆、杨红雨、李　毅、张建伟、冯子亮、费向东、胡　术、杨　波、范　雄、刘正熙、洪　玫、俞祥基、张卫华、王运锋	国家级奖励项目
2	相对 Gromov－Witten 不变量及其应用	自然科学一等奖	数学学院	李安民、赵国松、郑　泉	教育部提名国家科技奖励项目
3	高中低压阳极铝箔的电化学扩面侵蚀技术	技术发明二等奖	化学工程学院	闫康平、严季新、王建中、胡广军、田　间、王　伟	
4	三峡水库水污染控制研究	科技进步一等奖	水力学与山区河流开发保护国家重点实验室	李　嘉（7）、李克锋（14）	
5	复杂岩体多场广义耦合理论及工程应用	科技进步一等奖	水利水电学院（2）	邓建辉（3）	
6	光子束和电子束精确剂量算法和基于分子动力学的调强技术	科技进步二等奖	720 所	罗正明、侯　氢、杨代伦、勾成俊、吴章文、傅玉川、柏　森、唐志全、汪　俊、孙官清	

续表 26

序号	项目名称	获奖等级	我校主研单位	我校主研人员	奖项
7	草坪草种资源综合评价及草坪工程关键技术研究	科技进步一等奖	生命科学学院（3）		四川省科技进步奖励项目
8	直肠癌TME微创化保肛术式与肿瘤微转移的临床应用研究	科技进步一等奖	华西医院	周总光、于永扬、王　存、张肇达、胡建昆、李　园、李　立、王　昭、赵高平	
9	高精度无轨道大尺寸测量系统	科技进步一等奖	制造科学与工程学院	周肇飞、张　涛、黄　伟、尹伯彪、黄　劼、吴伟林、朱目成、廖俊必、徐晓秋	
10	聚烯烃共混物注射成型制品的形态控制与多层次结构	科技进步一等奖	高分子科学与工程学院	傅　强、张　琴、王　勇、那　兵、王　柯、邹　浩、杜荣昵	
11	防龋中药有效成分及药理作用机制的研究	科技进步二等奖	华西口腔医学院	周学东、李继遥、胡　涛、王锋鹏、郝玉庆、刘天佳、谢　倩	
12	大型钢管砼拱桥的光纤传感监测系统研究	科技进步二等奖	水利水电学院（2）	刘浩吾（2）	
13	水电站取水防沙技术研究	科技进步二等奖	水力学与山区河流开发保护国家重点实验室	许唯临、刘善均、王　韦、张建民、曲景学、雷孝章、张光碧	
14	制革用系列酶制剂产品的研制	科技进步二等奖	轻纺与食品学院	彭必雨、周荣清、石　碧、黄　钧、王　芳、许　亮	
15	自组织数据挖掘与经济预测	科技进步二等奖	工商管理学院	贺昌政、李贻伟（6）	
16	网络数字身份认证及授权管理关键技术及应用	科技进步二等奖	计算机学院（软件学院）	李　涛、杨　频、戴宗坤、赵　奎、刘晓洁、胡晓勤、黄雪梅	
17	区域创新系统——四川区域创新体系建设研究	科技进步二等奖	工商管理学院	顾　新、杨德荣、李久平、蔡　兵、郭　强、邓富民、吴耀宏	
18	粗枝云杉良种选育及培育技术研究	科技进步三等奖	生命科学学院（3）		

续表 26

序号	项目名称	获奖等级	我校主研单位	我校主研人员	奖项
19	C-myb 反义寡核苷酸对脑胶质瘤细胞生长抑制作用的研究	科技进步三等奖	华西医院	徐学君、游　潮、蔡博文（4）	四川省科技进步奖励项目
20	心脏机械瓣膜置换术后抗凝监测的方法学研究及低强度抗凝治疗的临床应用	科技进步三等奖	华西医院	董　力、石应康、任　莉、田子朴、刘小箐	
21	数字荧光强度分析用于抗核抗体检测及其质量控制标准的应用及临床研究	科技进步三等奖	华西医院	王兰兰、刘　钢、彭晓东、武永康、张瑞薇	
22	心脏舒张最大吸力的研究	科技进步三等奖	华西基础医学与法医学院（2）	罗德诚（4）	
23	组织芯片技术及其应用	科技进步三等奖	华西医院	赵连三、刘　丽、唐　红、刘　凯、周思亮	
24	鼻感染及应变性疾病临床和基础系列研究	科技进步三等奖	华西医院（2）	梁传余（3）	
25	早产的发病机制、预测与干预研究	科技进步三等奖	华西第二医院	曾蔚越、颜　芳、蒋学风、侯　艳、杨　钢	
26	正颌外科手术对颞下颌关节及颜面形态影响的研究	科技进步三等奖	华西口腔医学院	胡　静、王大章、邹淑娟、李继华、罗颂椒	
27	腹腔和腹膜后淋巴结结核、恶性淋巴瘤 CT 表现特征及其对比研究	科技进步三等奖	华西医院	杨志刚、闵鹏秋、余建群、李　媛、张　梅	
28	Amplatzer 封堵器在先天性心脏病介入治疗中的应用	科技进步三等奖	华西医院	曾　智、饶　莉、张　立、张　庆、陈玉成	
29	酒精的发育毒性机制研究及酒精脱氢酶相关基因与人类饮酒行为的分子遗传学基础研究	科技进步三等奖	华西公共卫生学院	吴德生、屈卫东、曹西蓉、张本忠、邓　莹	
30	鼻息肉发病的分子机理及鼻内窥镜在鼻部手术中的研究	科技进步三等奖	华西医院（2）	梁传余（2）	
31	川产道地药材川射干的标准化研究	科技进步三等奖	华西药学院	侯世祥、毛声俊（3）、王建忠（5）	
32	贯众饮片工艺及质量标准规范化研究	科技进步三等奖	华西药学院（3）	叶利民（3）	

续表 26

序号	项目名称	获奖等级	我校主研单位	我校主研人员	奖项
33	针灸推拿综合方案治疗椎动脉型颈椎病的规范化及疗效研究	科技进步三等奖	华西医院（3）	李　宁（3）	四川省科技进步奖励项目
34	木结构齿板连接技术研究	科技进步三等奖	建筑与环境学院	张新培	
35	开放式数控系统通用平台及应用功能库	科技进步三等奖	制造科学与工程学院	李　彦、李翔龙（4）、赵　武（5）	
36	水泥生产质量监控、管理、优化执行系统	科技进步三等奖	720 所	范铁翔、夏　翔、吴庆星、黄　宁、徐敦山	
37	不饱和天然油脂氧化机理和应用研究	科技进步三等奖	轻纺与食品学院	周华龙、单志华、程海明（5）	
38	阵列式半导体电离辐射探测器的研制和应用	科技进步三等奖	其他部门		
39	四川省中药新药发展研究	科技进步三等奖	华西药学院（4）		
40	基于能力组合模型的企业持续发展研究	科技进步三等奖	工商管理学院	余伟萍、陈维政、张庆昌、向朝进、钟丽霞	
41	四川省卫生政策研究	科技进步三等奖	华西公共卫生学院（5）		
42	形状记忆合金的相变性能及其辐射效应研究	科技进步三等奖	物理科学与技术学院（2）	林理彬（4）、封向东（5）	
43	大气相关反应模型与核材料钚分子结构性能研究	科技进步三等奖	化学学院（2）	田安民（3）、朱正和（4）、王　欣（5）	
44	盆西平原高效种植模式及关键技术研究与推广	科技进步三等奖	生命科学学院（3）		
45	水利工程水流的精细模拟与反问题的研究	湖北省一等奖	水力学与山区河流开发保护国家重点实验室（4）	许唯临（4）	其他部省级科技进步奖励项目

续表 26

序号	项目名称	获奖等级	我校主研单位	我校主研人员	奖项
46	网络数字身份认证及授权管理中心 FSCA	一等奖	计算机学院（软件学院）	李　涛、杨　频、戴宗坤、赵　奎、刘晓洁、胡晓勤、黄雪梅、刘　念、方　勇、卢正添	其他部省级科技进步奖励项目
47	防龋中药有效成分及药理作用机制的研究	二等奖	华西口腔医学院	周学东、李继遥、胡　涛、王锋鹏、郝玉庆、刘天佳、谢　倩、王建忠、黄正蔚、肖　悦、左渝陵、朱　炳、吴红崑	
48	川产道地药材川射干的标准化研究	二等奖	华西药学院	侯世祥、徐愚聪、毛声俊、程世琼、王建忠、李章万、王　野、叶利民、何　茹	
49	不饱和天然油脂氧化机理和应用研究	二等奖	轻纺与食品学院	周华龙、单志华、衡庭萍、丁其云、程海明、陈家丽、聂　敏、姜大伟	
50	贯众饮片工艺及质量标准规范化研究	二等奖	华西药学院（3）		
51	正颌外科手术对颞下颌关节及颜面形态影响的研究	二等奖	华西口腔医学院	胡　静、王大章、邹淑娟、李继华、罗颂椒、陈扬熙	
52	鼻内镜手术及其延伸手术的临床应用研究	二等奖	华西医院（2）	安会明（2）	
53	猪血浆综合利用与增值转化	三等奖	生命科学学院（2）	刘克武、张　斌（4）、石安静（6）	
54	可完全生物降解树脂的研制及其在一次性塑料制品的应用	三等奖	化学学院	王玉忠、杨科珂、汪秀丽、郑长义、陈泽芳、周　茜、丁颂东、刘　娅、赵国明、杨　冰、李　芳、吴　博	
55	大动物（山羊）去卵巢骨质疏松模型	三等奖	华西基础医学与法医学院	李　良、陈槐卿、郑　虎、翁玲玲、吴文超、陈孟诗、邓　力	

续表 26

序号	项目名称	获奖等级	我校主研单位	我校主研人员	奖项
56	酒精的发育毒性机制研究及酒精脱氢酶相关基因与人类饮酒行为的分子遗传学基础研究	三等奖	华西公共卫生学院	吴德生、屈卫东、曹西蓉、张本忠、邓　莹、周　蓉、雷贞武、董奇男、肖邦良	地、市、州科技进步奖励项目
57	数字荧光强度分析用于抗核抗体检测及其质量控制标准的应用及临床研究	三等奖	华西医院	王兰兰、刘　钢、彭晓东、武永康、张瑞薇、刘　瑾、李立新、冯伟华、陈　捷、唐江涛	
58	C－myb 反义寡核苷酸对脑胶质瘤细胞生长抑制作用的研究	三等奖	华西医院	徐学君、游　潮、高晋健、蔡博文、汤国太、陈　淳、高利民、冯　文、高　山	
59	成都地区男性原发无精症患者 Y 染色体 AZF 区域微缺失基因诊断研究	三等奖	生命科学学院（2）		
60	何梁何利奖	个人成就奖	数学学院	刘应明	

注：学院后括号内的数字表示我校为第几完成单位，未标注表示我校为第 1 完成单位，无主研人员名单者，表示研究工作在我校完成、主研人员现已离开我校。

科技产业

2005 年，我校进一步加强和完善了科技产业方面的组织机构建设。对学校科技产业领导小组组成人员进行了调整，副校长赵昌文任组长，副校长石坚、李光宪、陈爱民任副组长。成立了中共四川川大科技产业集团党委，蒋青同志任科产集团党委书记。完成了科产集团新一届经营领导班子的搭建工作，蒲自立同志任科产集团总经理，何琪同志任科产集团常务副总经理，钟武任科产集团副总经理。召开了科产集团二届一次董事会，选举赵昌文为董事长，并对集团高管人员和董事会秘书进行了任免。分批次对校属企业主要负责人进行选聘，首批完成了对四川川大科技园发展有限公司、四川川大科技产业发展中心、绵阳川大科技园有限公司、四川川大科技园（南区）开发有限公司主要负责人的选聘工作。

2005 年召开了四川大学科技成果转化工作会议，校党委书记杨泉明、校长谢和平院士与副校长石坚、李光宪、赵昌文等出席会议。该次会议是学校第一次召开的全校性科技成果转化与产业化专题工作会议。科技成果转化工作进一步加强。大学科技园利用学校机动车尾气净化处理技术项目与四川中自科技有限公司成立了初期投资 800 万元的四川中自尾气净化公司；成都川大技术转移中心和成都市金茹菌业有限公司共同成立成都食用菌工程技术研究中心。

2005 年，我校出台了《关于进一步加强对校属企业管理的通知》（川大科产［2005］5 号），要求对校属全民所有制企业（国有企业）、集体所有制企业进行清理整顿，对以学校名义出资或拥有股权的控股、参股企业加强管理。通知明确规定：科产集团对学校所属全民所有制企业的法定代表人、财务负责人和以学校为股东的各类有限公司委派的股东代表、董事、监事人员享有相应的推荐和任免权力，并按有关规定行使聘任、委派及考核等权力。科产集团先后通过公开招聘方式向子公司派出各类人员 50 余人次。

2005 年初，学校荣获四川省教育厅颁发的全省高校校办产业 2004 年度先进单位一等奖。

2005 年国家科技部正式批准四川大学国家大学科技园为国家高新技术创业服务中心。

2005 年取得了“成都高新区项目进区通知书”，并获得高新区项目用地约 90 亩（净地），学校计划将该地块作为四川大学国家大学科技园的新基地。

2005 年学校与武侯区政府成立了周边改造联合工作组，启动四川大学周边改造项目。改造项目采取整体规划和分步实施的方式进行，由科产集团具体实施。

2005 年对部分经营不善的企业和不宜继续使用学校“校名”、“字号”的企业进行了关、停、并、转。其中已停业、关闭、注销或正在办理注销手续的企业有 19 家。

2005 年投资成立了四川川大盛德文化发展有限公司，主要经营学校文化产品。

表 27　四川大学 2005 年科技产业情况　　单位：万元

<table>
<tr><th>项目</th><th>2005 年</th><th>备　　注</th></tr>
<tr><td>销售收入</td><td>41431.85</td><td rowspan="2">上交学校利润 1767 万元，返还学校费用 229.02 万元（其中返还工资 195.62 万元）。为学校解决事业编制 429 人，接纳学生实习 1403 人次，培养硕士、博士 164 人。
四川川大华西药业股份有限公司 2005 年公司实现销售收入 9495 万元，实现利润 1210 万元。</td></tr>
<tr><td>实现利税</td><td>8846.64</td></tr>
</table>

统计说明：该数据来源于《2005 年度普通高等学校校办产业统计综合报表》

医疗卫生篇

医 院 管 理

2005 年，卫生部和国家中医药管理局提出在全国开展“以病人为中心，以提高医疗服务质量为主题”的医院管理年活动，结合《医院管理评价指南》，制定了《关于开展“以病人为中心，以提高医疗服务质量为主题”的医院管理年活动方案》，我校各附属医院围绕医疗质量和安全制定了各项整改措施，开展各种新的医疗服务，运用新的管理模式，提高管理质量和水平。

一、华西医院

完善医院组织架构，新建运营管理部，通过专科经营助理和专科秘书加强行政管理力度，提高管理绩效。

恢复医疗夜查房制，启用病人腕带识别系统，筹建职业陪伴中心。制定《单病种住院费用控制、合理使用抗生素及药物不良反应监测项目实施方案》，已对 32 种单病种纳入监控之中，有效地控制了单病种费用及抗生素使用情况；启动了住院病人单剂量药物配送项目，节约用药，保证临床用药的安全性；加强基础建设，改善就医环境，优化就医流程。新门诊大楼于 2005 年 12 月 26 日正式投入使用，设诊断室 200 多间，同时优化了就医流程，改变了服务方式，平均每天接待病人 8000 人次以上；实现对手术室、麻醉科、ICU 及外科各科室的人、财、物、信息等资源的共享，首台手术延时率由过去的 89% 下降至 11%，日手术量达 200 多台。

加强医德医风教育，严格执行卫生部八条行业纪律和卫生厅公布的“五不准”规定，采取强力措施遏制大处方、滥检查，设立病人意见箱，公布举报电话，建立病人查账系统，接受病人监督，有效地制止了红包和回扣等不正之风；推出“医生跟着病人走”的管理模式，最大限度地利用床位资源，加快床位周转，解决病人住院难的问题，骨科率先实行并收到良好效果；入院出院流程改进，整合挂号收费柜台，启用重新设计的人性化、标准化检查治疗新表单，门诊、急诊病人实行划价收费一次性完成，推出一站式窗口服务，缩短病人等候时间；药品实行招标采购，严格控制科室药费比例，加强合理用药管理，降低药品费用。

建设门禁系统，确保医疗安全，建立设备仪器维护保养制度，对全院呼吸机、输液泵、电除颤器等实行统一管理、调配使用，避免差错及医疗事故。

10 月 27 日，卫生部、国家中医药管理局医院管理年督导组来华西医院进行检查，华西医院在全国医院管理年活动中取得优异成绩。

二、华西第二医院

解决“看病难、看病贵”的热点难点问题成效显著。建章立制，加大医院内部监管力度，坚持合理检查、合理用药、因病施治原则。严格执行卫生部八条行业纪律和省卫生厅“五不准”规定，制作了医德医风建设核心内容助记卡，医务人员、进修生均签订《自律公约》，医院还向社会公布了“八项承诺”，坚决纠正医疗服务中的不正之风，杜绝收受回扣红包等损害群众利益的行为；优化就医服务流程，完善制定各项诊疗操作规程和规章；近3年来，坚持专家全年天天门诊，儿科全天14小时专家门诊；充分整合和利用医疗资源，提高诊疗效率，最大限度地减少患者在医院的无效停留时间，切实解决老百姓看病难问题。主动接受社会监督，重视社会评价和病人的意见建议。

增设管理机构。将医院感染管理科设为一级管理部门，设专职主任1名，加强医院感染管理工作；在医务部下新成立医患沟通办公室，解决比较突出的医患矛盾；进一步强化医疗质量控制办公室的职能，提高医疗质量，保证医疗安全；建立、健全院、科两级医疗质量、药事、输血、病历质量和护理管理组织体系。

参照国际国内的行业最高标准，规范完善医疗服务。医院的人类辅助生殖技术在四川首家获得卫生部认证准入；国家药物临床试验机构已通过国家卫生部和药品食品监督管理局组织的专家组验收；检验科按照“医学实验室——质量和能力的具体要求”的国际标准（ISO/DIS 15189.2003）进行了全面规范改进，是西部首家接受中国实验室国家认可委员会评审认可的单位；获得卫生部同意正在筹建的四川省人类精子库已经向卫生部提出认证准入申请；小儿心脏科正在申请获得国家级心脏介入培训中心的资格认证。

基本实现数字化管理。大力推行一卡式挂号、检验、收费、取药，病房电子病历系统以及HIS、LIS和PACS系统的联网正在安装调试中。全面实现数字化管理后，将大大提高服务质量和工作效率。

三、华西口腔医院

继续加强行风建设，巩固无开单提成、收受红包、收取回扣等违法违规现象的良好风气；进一步完善药品、设备、器材采供环节的监督机制，修订了药事管理委员会工作制度，公开采购审批程序，医院主要领导不担任药品、器材等管理委员会的职务，不直接参与药品、器材、设备的采购活动，重大采购计划一律通过相应委员会集体讨论决定，完善药品、器材、设备等招标采购的规范化制度化，坚持实行“阳光采购”。进一步规范医务人员职业道德行为，根据新的要求修订了《缺陷管理条例》。

完善和加强院、科两级医疗质量管理体系，落实责任职责，重点调整并完善了医疗质量管理委员会、护理质量管理委员会、病案管理委员会、输血管理领导小组、药事管理委员会、医院感染和生物安全管理委员会等临床管理组织及其工作制度，修订了单病种质量标准，拟定更完善的质量考核办法，各临床医技科室质量管理小组也进行了相应调整。对体现医疗质量的病案各环节进行严格监控。按照依法行医的原则和新的质量标准要求，对各项临床管理和质量管理方面的制度进行了逐一清理和修订，使之更符合有关法律法规精神，具有针对性和可操作性，并根据有关规章制度监督执行情况。各科室也根据医院质量管理总体目标，修订了本科室临床质量管理措施。医院同时进一步完善了医疗应急预案，重新调整了医疗急救小组。医院感染和生物安全方面的管理制度也进行了适时修订，使预防措施更符合国家要求。

继续严格临床医疗准入制度。医师上岗必须具备医师资格证和注册执业证，护士上岗必须具备护士资格证，凡是首次进入医院临床用于病人的药品、器材、设备和新技术，都必须具备国家规定的相关资质材料，同时要经过医院严格审查和相关专家论证。未经医院审批，一律不准擅自进入临床使用。

进一步优化患者就医环境。医院对住院部和门诊进行了翻新改造，增加了导医标识，简化了就医流程，增强了服务功能，设立残疾人专用诊室，方便了病人就医，进一步提高了患者医疗效率。修订了《患者投诉处理程序》，进一步提高了投诉处理效率，得到患者欢迎。

在2005年12月"医院复查和管理评价"检查中，专家组对华西口腔医院在"医院质量管理年"开展的上述活动和取得的成效给予了高度评价。

四、华西第四医院

结合医院实际情况制订计划，分三阶段实施"质量管理年"活动方案，即组织、动员、部署阶段，组织实施阶段，总结阶段。编写完成医院质量手册，确定了医院质量管理的组织机构、质量方针、质量目标、公正性承诺、质量管理要素，明确了自院长到各级工作岗位的职责。医院要求各科室根据《医院管理评价标准（试行）》编写规章制度、岗位职责。同步组织培训，初步实施制度、职责并运行质量体系。医院组织督查各科室运行质量体系，实施制度、职责的各项原始记录，进行了8次院级培训。医院对照《医院管理评价标准（试行）》严格清查并执行医务人员准入制度，依法执业，规范行医，按照《医疗机构执业许可证》的执业范围开展诊疗活动，确保医疗安全。医院成立社会监督员小组，听取对医院工作的意见并采取改进措施；成立医德医风建设领导小组，缺陷管理领导小组，院务公开领导小组和监督小组；设置了患者投诉箱，院务公开栏；制定并实施"行风建设暂行规定"，"缺陷管理条例"，"患者投诉处理试行办法"，"院务公开实施办法"等规章。坚持"以病人为中心"，切实转变服务理念，改进服务流程，改善服务态度，努力构建和谐医患关系。大力弘扬白求恩精神，树立良好的医德医风。印制宣传卡片与手册，职工人手一册，大力宣传贯彻执行"医院管理年"活动内容及卫生部《八项行业纪律》，卫生厅"五不准"规定。加强制度自身建设，落实院科两级管理，杜绝超范围行医，建立医疗质量考评体系，切实提高医疗质量，保证医疗水平。2006年1月18日接受四川省卫生厅对医院的复查，专家组肯定了医院在管理体系和制度完善方面所作出的成绩。

卫生支援

2005年四川大学华西医学中心受卫生部医政司委托，承担了2005年度卫生部医政司支援西部地区农村卫生项目，开展了"卫生部医政司西部地区内科医师、急诊急救医师培训班"。来自内蒙古、贵州、云南、重庆、四川、陕西、甘肃、宁夏、吉林、湖南、新疆、新疆生产建设兵团的市、县级医疗机构的60名学员在我校进行了为期一个月的培训，培训重点确定为对基层常见病、多发病的诊疗技术的加强，临床思维能力的建立，现代急诊创伤，院前急救知识，危重病急诊急救处理方法等方面。本次培训发挥了部属部管医院在卫生支农工作中的模范带头作用，达到提高基层医疗机构救治能力和水平的目的。

为响应党和政府关心革命老区人民健康，进一步提高老区人民卫生服务质量的号召，四川大学华西医学中心组建了由8名专家组成的医疗队，于2005年11月12日至12月11日赴巴中市人民医院进行了为期近一个月的医疗援助工作，共教学查房579次，科内小讲课163次，疑难病例讨论53次，集体读片会35次，指导做胃镜30次，参加抢救危重病人23次，开展院内学术讲座2次，主讲由市医学会组织的全市学术讲座1次，参加院内及全市性学术讲座听课者达1700余人次。通过以上多种形式指导临床和教学工作，提高了巴中市医疗同行们的临床分析能力，纠正了诸如不合理用药、病历书写不规范、手术无菌操作不严格等方面的基层医师的常见错误。巴中市政府、人民医院对医疗队的工作给予了高度的赞扬。

2005年四川大学支援西部地区农村卫生工作，共接受来至西藏、重庆市、巴中、仪陇县、广安市、南充市南部县、达川万源市共11名医师，进行为期1年的进修学习，进修专业包括B超、心内、普外、中西医、呼吸内科、肝胆外科、口腔修复、麻醉、骨科。

2005年学校各附属医院利用高校卫生人才优势，通过下派医疗队、义诊等形式，积极支援农村卫生工作，据不完全统计2005年共派出医师472名（见表1）。

表1　2005年四川大学各附属医院卫生支援情况

单　　位	支援地区	支援项目	参加人数
华西医院	新津县	义诊	15
	成都市儿童福利院	义诊	30
	成都市福利院（郫县）	义诊	12
	成都市华西医院广场	义诊（“西部健走行动”）	252
	资阳市	人感染猪链球菌抢救、治疗	12
	阿坝州	博士团送医到藏乡	15
	天全、泸定、宝兴、芦山、名山	体验新长征义诊	17
	仪陇	扶贫济困送温暖、赠现金、衣物、义诊	21
	三圣乡红砂村	义诊	18
	双流县	幼儿园义诊	8
	德阳市	四川省卫生“三下乡”活动	6

续表 1

单　　位	支援地区	支援项目	参加人数
华西第二医院	安岳县	产科专业指导（查房、义诊、阴道分娩及剖宫产），产科专业人员专题讲座 4 次	2
	甘孜州色达县	接诊门、急诊病人 300 余人次，义诊 112 人次 、B 超 42 人次、4 次专题讲座	2
	甘孜州新龙县	每日查房、门诊，参与危重患儿抢救 4 次，讲座 12 次，培训当地医务人员 30 余人次，出诊、巡回 2 次，赠送药品及医疗器械	2
	德阳市	妇产、儿科专题讲座 3 次	4
华西口腔医院	四川资阳	四川省首届卫生下乡“爱心服务团”送卫生下乡	5
	四川广安	卫生部部属医院支援西部地区农村卫生下派医疗队	1
	四川遂宁	四川省第二届“爱心服务团”送卫生下乡	4
	四川雅江	四川省“万名医师支援农村卫生工程”派驻医师	1
	四川巴中	卫生部部属医院支援西部地区农村卫生下派医疗队	1
	四川德阳	四川省第三届“爱心服务团”送卫生下乡	6
华西第四医院	屏山县人民医院	对口卫生支援	20
	四川遂宁	“三下乡”	8
	甘孜州道孚县	对口卫生支援	10

住院医师规范化培训

表 2 2005 年四川大学各附属医院住院医师培养情况与 2004 年比较

单 位	专 业	2004 年（人）	2005 年（人）
华西医院	病 理	4	4
	耳 鼻 喉	0	2
	检 验	7	4
	外 科	23	15
	眼 科	5	3
	影 像	8	11
	中西医结合	3	7
	肿 瘤 科	8	7
	神经内科	6	7
	皮 肤	1	1
	内 科	36	24
	麻 醉	9	12
	康 复	1	6
	精 神	6	7
	急 诊	5	7
华西第二医院	儿 科	4	7
	妇 产 科	4	7
华西第四医院	皮肤与性病科	1	0
	姑息关怀科	0	1
总 计		131	131

表 3　2005 年四川大学各附属医院进修生接受情况与 2004 年比较

单　位	专　　业	2004 年（人）	2005 年（人）
华西医院	普通内科	28	13
	心内科	54	41
	呼吸内科	50	42
	消化内科	50	47
	内分泌科	40	25
	血液内科	9	10
	肾脏内科	17	18
	风湿免疫	13	8
	烧伤科	6	4
	骨 科	54	49
	泌尿外科	28	20
	儿外科	4	2
	普外一	29	20
	普外二	35	19
	普外三	30	26
	神经外科	30	29
	心胸外科	34	15
	眼 科	33	28
	耳鼻喉科	33	20
	麻醉科	70	55
	ICU	24	6
	神经内科	49	30
	精神卫生	22	28
	传染病	9	17
	中西医结合	7	7
	老年病	20	10
	康复医学	11	15
	急诊科	30	15
	肿瘤科	13	15
	皮肤科	6	14
	病理诊断	39	23

续表 3

单　位	专　　业	2004 年（人）	2005 年（人）
	B 超、彩超	64	52
	心导管	27	9
	心电图	4	12
	脑电图	8	6
	临床药剂	8	8
	放射科	66	87
	核医学	7	10
	实验医学科	40	36
	营养学	3	1
	医学遗传	1	1
	激光科	1	2
	设备科	2	0
华西第二医院	B 超	27	29
	妇产科	44	47
	儿科	28	27
	护理	26	30
华西第四医院	职业中毒	2	0
	临床检验	0	2
总　　计		1235	1030

附属医院主要医疗指标

表 4　2005 年四川大学 4 所附属医院主要医疗指标与 2004 年比较

单　　位	指　　标	2004 年	2005 年
华西医院	床位数	3380	3400
	门、急诊人次	2002566	2028717
	出院人次	81696	87049
	手术台次	41488	44111
	平均住院日	11.63	11.29
华西第二医院	床位数	500	501
	门、急诊人次	626846	663409
	出院人次	18342	20044
	手术台次（病室）	10069	10504
	平均住院日	6.47	6.9
华西口腔医院	床位数	121	121
	门、急诊人次	306462	312800
	出院人次	2744	2841
	手术台次（病室）	2214	2243
	平均住院日	11.71	11.74
华西第四医院	床位数	130	130
	门诊人次	83409	90275
	出院人次	1915	2012
	平均住院日	23.85	22.8

注：华西医院医疗指标包括一病区、二病区。

表 5 新技术及特色医疗

单　位	技术名称	病例数	备　注
华西医院	成人间肝脏移植（活体肝移植、亲属间、他人间肝移植等）	10	
	经腹经肛直肠癌 RO 切除，改良的拉下式，外翻法，拖出型结肠肛管一期吻合术	3	手工法
	男性区域晚期直肠癌功能性后盆腔切除术	4	自主创新
	后入路直肠晚期癌合并脏器的扩大切除术	3	自主创新
	早期直肠癌经肛 TM 根治切除术（transanal microsuryery）	5	自主创新
	T 型大口侧功能性吻合的 D4 型结肠癌根治术	5	国内领先
	腹腔镜（辅助）左半结肠切除术	7	国内领先
	涂层弹簧圈栓塞颅内动脉瘤	1	西南首例
	ONYX 胶栓塞脑膜动静脉瘘	1	四川首例
	高位颈髓动静脉畸形显微切除	1	四川首例
	显微手术与介入联合治疗颈静脉球瘤	1	四川首例
	前中颅底及鼻腔沟通性巨大肿瘤显微切除	1	四川首例
	三维电解剖指导下经剑下穿刺心外膜消融持续室速	1	国内首例
华西第二医院	脐血干细胞移植治疗重型 β 地中海贫血	1	
	杂交捕获法检测 HPV 高危型（HC2）	266	
	干扰素联合常规化疗治疗晚期或复发卵巢癌	23	
	脐血产前穿刺	15	
	图片词汇测试	25	
	0～6 岁儿童智力发育诊断（Gesell）	3	
	视频脑电监测	478	
	神经发育与康复	6063	
	宫颈癌（早期）行宫颈广泛切除术	2	
	介入治疗子宫肌瘤	3	

续表 5

单　　位	技术名称	病例数	备　注
华西口腔医院	T－SCAN 咬颌分析测试	5	
	颅颌面畸形矫治新材料整复术	3	
	前锯肌肌（皮）瓣神经血管游离吻合移植整复颜面萎缩	2	
	鼻眶筛骨折综合序列治疗	5	
	牙体微创修复术	1500	
	牙齿美白治疗	150	
	龋齿残根保存术	600	
	根尖外科显微治疗术	55	
	热牙胶垂直加压根充术	1000	
	根管显微治疗术	600	
	镍钛根管治疗预备术	2500	
	带颞肌蒂喙突移植再造下颌髁状突手术	8	
	唇裂修复与口轮匝肌重建术	300	
	腭裂修复与腭帆提肌吊带重建术	320	

注：华西医院共开展医疗新技术 160 多项，表中所列为部分指标。

合作与交流篇

合作与交流概况

2000年以来，四川大学加大了国际交流与合作的力度，在巩固和发展原有友好院校的基础上，新签和续签了一批校际交流协议，已与23个国家和地区的130余所大学、科研机构及基金组织建立了交流合作关系，仅2005年，与四川大学进行“2+2”、“3+1”等形式合作的国外著名高校就有20余所。

2000年以来，学校主办和承办各类重大国际学术会议106次，仅2005年就承办了3次大型高层交流活动：6月份成功承办了教育部“中美公立研究型大学校长研讨会”，进一步扩大了学校在国内外的影响；10月，美国加州大学总校校长戴恩斯教授带领6位分校校长访问四川大学并作专题演讲，这是加州大学总校长第一次到中国的大学进行演讲，以此为契机，四川大学与美国加州大学签署了“10+10”联盟合作协议，成为我国与美国加州大学系统10个校区筹建“10+10”合作科研联盟的国内10所高校之一；12月6日，英特尔公司董事长科雷格·贝瑞特来学校演讲、交流。

5年来，聘请外国专家和外籍教师2200余人次，接待包括诺贝尔奖获得者在内的国外各类人员来访6815人次；派出教师出国出境3644人次；引进美国纽约中华医学基金会（CMB）等国际项目29项，引进各类项目资助和资金累计1.26亿元。

在校境外学生（留学生和港澳台侨学生）人数也有了较大增长，2005年在校境外学生人数已达835人，尤其是医学专业的留学生和港澳台学生有了大幅度的增长；境外学生的学习专业有所拓展，攻读学位的人数继续明显提高。

四川大学将认真总结学校教育国际化取得的初步成绩，从创建一流研究型综合大学、增强学校国际竞争力的高度，加快教育国际化的步伐，逐步实现全方位的对外开放。继续做好与美国华盛顿大学“创新人才培养班”和德国克劳斯塔尔工业大学“2+2”本科生联合培养项目，积极做好与美国田纳西大学、密西根大学和法国亚琛工业大学等合作办学的新模式，进一步做好与美国、荷兰、英国、德国、韩国及日本等国高校的留学生交换工作以及与俄罗斯等欧洲国家院校的合作，并巩固和发展医学教育国际合作项目，使对外交流和合作达到新的规模和水平，争取在人才培养、科学研究、技术开发等方面有所突破，使学校的办学水平和国际地位进一步提高。“十一五”期间，争取将开展“2+2”制或“3+1”制的本科生联合培养项目的数量新增10个～12个，使出国学习的本科生人数达到800人～2000人，使校内和海外双导师联合培养的研究生达到300名。每年聘请境外长期专家学者80人次～100人次、短期900人次～1200人次来学校讲学、授课或开展合作研究；积极开展学术交流。每年要在校内举办15次～20次高层国际学术会议；扩大留学生规模，使在校留学生规模达到3000人；加大对外汉语教育教学工作，力争在海外建立2个～3个孔子学院。

重大外事活动

一、成功承办中美公立研究型大学校长研讨会

6月1日～2日，由教育部主办、四川大学承办、美国亚利桑那州立大学协办的2005年中美公立研究型大学校长研讨会在江安校区隆重举行。中美两国43所公立大学校长与会。在此次研讨会上，中美大学校长分别就“大学如何为地方新兴产业培养人才”、“大学在地方经济发展中的作用”等议题进行了交流。省、市主要领导张学忠、张中伟、李春城分别会见了与会的美方12所大学的校长。

二、与美国加州大学签署“10+10”联盟合作协议

10月11日～14日，美国加州大学戴恩斯校长一行九人访问了我校并在校长谢和平院士等的陪同下，实地考察了九寨沟的情况。此外，戴恩斯校长在四川大学江安校区水上报告厅为师生作了题为《加州大学科研与教学对社区经济的服务和作用》的激情演讲。以此为契机，四川大学与美国加州大学签署了“10+10”联盟合作协议，成为我国与美国加州大学系统10个校区筹建“10+10”合作科研联盟的国内10所高校之一。我校与美国加州大学、阿坝州人民政府、九寨沟管理局将共同建立“九寨沟生态环境与可持续发展国际研究中心”。

三、谢和平校长率团访问日本及四川大学日本校友会成立

11月10日～15日，校长谢和平院士率团访问了日本早稻田大学和东京大学，并参加了川大日本校友会的成立。在日期间，代表团还访问了世界知名企业日立公司和与我校企业川大华西药业股份有限公司有二十年合作历史的日本星火产业株式会社。

四、全球知名企业IT巨头美国英特尔公司董事会主席贝瑞特博士来我校演讲

12月6日，美国Intel公司董事会主席贝瑞特博士应邀在我校体育中心作了题为《投资教育、投资未来》的精彩演讲。我校在校校领导、中层干部、学生代表共计3000余人到会聆听演讲。校长谢和平院士主持了演讲会，并向贝瑞特博士颁发了四川大学荣誉教授证书。贝瑞特博士就教育的重要性、技术在教育中的重要作用以及如何增强经济竞争力、赢得个人成功发表了热情洋溢的演讲。

校际合作

2005年，学校在巩固和发展原有友好院校的基础上，与美国加州大学、英国诺丁汉大学、英国格拉斯哥大学、韩国岭南大学、新加坡国立大学、韩国庆尚国立大学、韩国东国大学、韩国国立木浦大学、爱尔兰国立大学、西班牙巴塞罗那大学、哥伦比亚安蒂奥基亚大学签署了交流合作协议。启动了与德国克劳斯塔尔工业大学、东新墨西哥大学、加拿大爱德华王子岛大学、巴黎第十大学、法国第绒高等商科学院、法国蒙比利埃高等商学院“2+2”、“3+1”联合培养本科生交流项目，共有142名本科学生参加“2+2”或“3+1”到国外学习。其中与德国克劳斯塔尔工业大学联合招收的32名“2+2”土木与环境工程项目学生和与巴黎第十大学联合招收的20名“2+2”计算机专业项目的学生，均已顺利抵达对方学校开始专业课的学习。继续积极组织实施“四川大学—华盛顿大学创新人才培养计划”。2004年派出的24名学生已于2005年7月初按期回国。8月底华盛顿大学教授和学生代表团14人与我校教师和学生一道参加了我校组织的野外考察活动。2005年，华盛顿大学有12名学生来我校学习，我校已成功派出16名学生赴美学习。该项目已获得国家教学成果奖二等奖。继续实施“四川大学—德国亚琛工业大学环境工程双硕士核心课程合作项目”，2005年有8位水环境方面的专家来校授课，取得了良好的效果。

国际会议

2005年我校举办了10次国际会议和研讨会，参会人数1120人（其中外方人数204人）。分别是：中美公立研究型大学校长研讨会，2005年中俄青年科学家论坛，俄罗斯高等教育展暨第三届中俄大学生艺术节，中国道教养生文化与现代世界国际学术研讨会，中国民间信仰国际学术研讨会，“中韩东亚食品技术”国际学术研讨会，第四届四川国际姑息医学学术研讨会，2005年成都国际精神分析临床研讨会，行为金融和共同基金国际学术研讨会，成都国际消化论坛暨首届肠道疾病研讨会。

外国专家

2005 年聘请的长期、短期专家共计 700 人次，主要来自美国、日本、加拿大、德国、意大利、荷兰、波兰、英国、澳大利亚、韩国、捷克等十几个国家。

一、短期专家

针对科研和学科建设的需要，学校重点聘请了国际上有影响的知名专家、国外院士、学者等来校工作。采取了合作研究、项目攻关、开发新产品和实地指导等多种形式，2005 年的专家聘请人数较去年有所增加，来访专家层次较高，专业针对性较强，包括 1 名诺贝尔奖得主，十多名知名院士等。其中较为突出的有：学校引入美国麻省理工学院生物医学工程研究中心副主任、首席科学家张曙光博士为首的世界优秀科研团队，建立四川大学纳米生物医药技术和膜生物学研究所，标志着作为学校“985 工程”二期科技创新平台建设重点项目之一的“曙光计划”已正式启动；诺贝尔奖得主 Carleton Gajdusek 博士访问我校；美国加州大学圣地亚哥分校、佐治亚州立大学和弗吉尼亚大学的 Joseph O'Connor 教授、Binghe Wang 教授等 4 位教授来我校讲学；美国友好人士 Thomas J. Pritzke 博士访问我校，并对我校师生举行学术报告；国际光学学会副主席、德国 Müster 大学生物物理实验室主任、国际生命科学中的光学学会创始人及名誉主席 Gent von Bally 教授来我校进行为期一周的学术访问和交流活动；我校名誉教授、欧洲生物材料学会主席 Charles James Kirkpatrick 教授来我校访问，并作了题为“组织工程病理生物学基础”的讲座；邀请美国多种著名杂志编委、世界医学编辑协会特邀委员、欧洲科学编辑协会委员、美国医学作家协会主席、科学编辑理事会成员、资深科学撰稿人 Tom Allen Lan 来我校就提高科研人员英文写作能力开设了 8 个专题讲座。

二、长期专家

2004—2005 学年度我校聘请长期外国专家和外籍教师共计 51 人次，分别供职于外国语学院、工商管理学院、建筑与环境学院、生命科学学院、文学与新闻学院、计算机学院（软件学院）、研究生院、科技园、原子核科学技术研究所、纳米生物医学与膜生物学研究所、职业技术学院、出国留学人员培训部等单位。

境外学生

2005年境外学生规模达835人。其中长期来华留学生633人，来自35个国家，涉及8个学科37个专业。毕业硕士生13人，本科生8人，结业生152人。港澳台学生204人，2005年共有11名港澳台侨学生学成毕业，其中本科生3名，博士、硕士研究生各4名。

根据教育部最新的《普通高等学校学生管理规定》，结合学校实际情况，制定了《四川大学港澳台侨本科学生学籍管理暂行规定》和《外国留学生本科生学籍管理和考试考场注意事项》。设立了四川大学来华留学生奖学金，并制定了相应的奖学金管理办法，从2006年向外国留学生提供5个奖学金名额；同时采取其他形式对港澳台侨的优秀学生进行表彰。

港澳台工作

一、出访

本年度共有102人次赴港澳台地区进行了各种形式的学术交流活动（赴中国港澳讲学、合作研究、攻读学位等事宜按规定由保卫处办理，未纳入本统计数字）。其中赴中国港澳42人次，赴中国台湾地区60人次。赴中国港澳人员中出席学术会议34人次，学术交流7人次，培训3人次，讲学及其他2人次。其中的重要团组有“四川大学研究生教育访问团”赴台访问和李虹副校长率团赴香港、台湾地区参加学术会议等。

二、来访

共接待来访团组29个601人次。其中重要团组有：香港专业进修学院内地交流团；中国台湾南荣技术学院叶茂荣校长团，与我校签订了两校合作协议；香港城市大学“中国文化课程”团，该团40名学生是根据我校与香港城市大学的协议，到我校进行为期十四天的中国文化课程学习；教育部、李嘉诚基金会项目检查组团，检查研究生楼建设情况；香港城市大学赛马会宿生会四川团；香港中文大学副校长郑振耀教授一行，参加“国家生物医学材料工程技术研究中心”授牌及生物医学材料发展动态及对策研讨会；香港树仁学院社区服务团“四川社会服务考察交流团”；香港公开大学校长梁智仁院士到访生物材料工程研究中心，我校正式聘任其为“四川大学荣誉教授”；香港中国研究生会四川省交流考察团；中国台湾光华教育基金会代表张心湜院士一行到我校颁奖。

三、重要活动

7月举行“第七届海峡两岸杰出青年

祖国西部《生态与人文》学术考察研习营”活动，共有来自海峡两岸五十余名优秀大学生、研究生参加。举办“第八届两岸中华文化与经营管理学术研讨会”，中国台湾成功大学校长高强率队参加，共有中国台湾地区代表73人参会。举办“文化与社会海峡两岸学术研讨会”，中国台湾淡江大学副校长高柏园教授等22人参加。

四、接受资助

2005年共接受中国港澳台地区资助项目：周凯旋基金会明天女大学生奖学金12.5万元人民币，光华教育基金会2005年度奖学金16.3万元人民币，王宽诚教育基金会资助两个项目8万元人民币，中国台湾“喜玛拉雅发展研究基金会与中流文教基金会奖助学金项目”1.15万元人民币，中国台湾中台禅寺提供贫困学生助学金65万元人民币。

出国派出工作

2005年，我校获得临时因公出国、赴港澳自主审批权，极大地简化了我校出国人员的办理手续。为切实做好此项工作，学校制定了《四川大学因公临时出国、赴港澳管理实施办法》，于10月1日起正式实施。并从11月1日起，实行“护照（通行证）回收责任书”制。

2005年我校申请国家留学基金全额资助出国留学各类项目共计51人，比2004年增加60%。各类校际交流项目（包括亚联董、哈佛燕京、日本文部省等项目）单位公派出国留学共计19人。2005年学校与国家留学基金管理委员会签订了《合作开展“青年骨干教师出国研修项目”协议书》，经学校推荐，国家留学基金委审核，确定了24名“青年骨干教师出国研修项目”出国留学人员录取名单，并将从2006年起陆续派出。全年各类校际联合培养项目共派出学生105人。2005年我校各类短期出国学术交流共计368人，比2004年增加10%。其中出席国际会议165人，合作研究22人，访问考察130人，其他51人。

表1　2005年四川大学与境外大学签订合作协议情况一览

国别或地区	学校	时间	我校签字人	对方签字人
韩国	岭南大学	2005.01.31	谢和平校长	Sang Chun Lee 校长
韩国	东国大学	2005.06.10	谢和平校长	洪起三校长
新加坡	新加坡国立大学	2005.06.20	谢和平校长	SHIN Choon Fong 校长
英国	英国赫瑞－瓦特大学	2005.09.05	谢和平校长	Peter Wilson
英国	英国格拉斯哥大学	2005.09.25	石坚副校长	Malcolm McLeod
韩国	韩国庆尚大学	2005.10.29	谢和平校长	赵武济校长

续表 1

国别或地区	学校	时间	我校签字人	对方签字人
爱尔兰	爱尔兰国立大学	2005.11.16	谢和平校长	John G Hughes 教授
韩国	韩国国立木浦大学	2005.11.18	谢和平校长	郑舜泽校长
英国	英国诺丁汉大学	2005.12.01	谢和平校长	Colin Campbell 校长
美国	美国太平洋路德大学	2005.12.01	谢和平校长	Loren Anderson 校长、Alan Dodson 教授
新加坡	新加坡国立大学机械系	2005.12.22	制造科学与工程学院赵世平院长、外事处晏世经处长	Seeram Ramakrishna 院长、Lim She Chun 教授

表 2　2005 年四川大学主办国际会议情况一览

时间	会议名称	主办单位	参加人数	交流论文篇数
04.19—04.22	第四届四川国际姑息医学学术研讨会	华西第四医院姑息关怀科、WHO 华西国际癌症姑息治疗中心	中方 140 人 外方 9 人	21
04.26—04.28	2005 年成都国际精神分析临床研讨会	公共管理学院	中方 40 人 外方 11 人	13
05.26—05.27	俄罗斯高等教育展暨第三届中俄大学生艺术节	中国教育国际交流协会主办，四川大学承办	中方 100 人 外方 47 人	
06.01—06.02	中美公立研究型大学校长研讨会	四川大学	中方 59 人 外方 28 人	28
07. 09—07.10	行为金融和共同基金国际学术研讨会	工商管理学院（金融研究所）	中方 50 人 外方 21 人	50
08.21—08.25	中国民间信仰国际学术研讨会	中国俗文化研究所	中方 50 人 外方 7 人	60
09.28—09.30	2005 成都国际消化论坛暨首届肠道疾病研讨会	华西医院	中方 200 人 外方 3 人	16
10.12—10.15	中国道教养生文化与现代世界国际学术研讨会	道教与宗教文化研究所	中方 37 人 外方 13 人	10
10.25—10.27	2005 年中俄青年科学家论坛	科技处	中方 200 人 外方 50 人	
111.6—11.22	“中韩东亚食品技术”国际学术研讨会	轻纺与食品学院	中方 40 人 外方 15 人	30

表 3　2005 年四川大学在聘外国文教专家及外籍教师一览

姓　　名	国　籍	聘请单位
Soussanna Malinina	俄罗斯	外国语学院
Yun Yong Ju 尹荣珠	韩国	外国语学院
Adam Gettings	美国	外国语学院
Julien Debenat	法国	外国语学院
Barry Singer	美国	工商管理学院
Patrick Eric Wood	英国	外国语学院
Gang Yao 姚刚	德国	建筑与环境学院
Lee Marchalonis	美国	研究生院
Kim Kichul 金基喆	韩国	文学与新闻学院
Endo Hideki 涂藤秀纪	日本	外国语学院
Aaron Kalman	英国	研究生院
William Ellis	美国	外国语学院
Zifen Su 苏自奋	加拿大	原子核科学技术研究所
Muhammad N. Syed	巴基斯坦	生命科学学院
Lixing Zhang Osborn 张丽行	美国	职业技术学院
Robin Sidney Haines	英国	科技园
Quansheng Liu 刘全胜	美国	生命科学学院
Jinlei Chang 张惊雷	美国	文学与新闻学院
Sriraman M. Ramaujam	印度	建筑与环境学院
Gregory Wayne Sansom	美国	科技园
Thomas Alexander Monteath	英国	职业技术学院
Charles Zhiqian Guo 郭志谦	澳大利亚	职业技术学院
Dong Chyuan Liu 刘东权	美国	软件学院
Xiaojun Zhao 赵晓军	美国	纳米生物医学膜生物学研究所
Fabien Klein	法国	外国语学院
Michael R. Dolan	加拿大	外国语学院
OBI kiyoko 小尾清子	日本	外国语学院
Lucy Jane Muir－Smith	英国	研究生院
Franklin Louis Akins	美国	研究生院
Chi Chen 陈驰	加拿大	科技园
Gregory Clark Zellner	美国	外国语学院

续表 3

姓　　名	国　籍	聘请单位
Joel Daniel Robert FRONTEAU	法国	科技园
Bo Xiao 肖波	加拿大	生物治疗国家重点实验室
Setsuo Imaoka	日本	出国留学人员培训部
Barry Mah Ming	加拿大	出国留学人员培训部
Jennifer Keith	美国	出国留学人员培训部
Ronald Schultz	加拿大	出国留学人员培训部
David Tutelman	美国	出国留学人员培训部
Lisa Brammer	美国	出国留学人员培训部
Cyril Dredge	澳大利亚	出国留学人员培训部
Nicole Baudon	英国	出国留学人员培训部
Kenneth Becker	美国	出国留学人员培训部
David Davies	美国	出国留学人员培训部
Joel Redding	美国	出国留学人员培训部
Kevin Gaudette	美国	出国留学人员培训部
Nova Schmid	美国	出国留学人员培训部
David Finlay	美国	出国留学人员培训部
James Hudson	美国	出国留学人员培训部
Inge Dahm	德国	出国留学人员培训部
Nanae Matsuo	日本	出国留学人员培训部
Patrick Lynch	澳大利亚	出国留学人员培训部
Charles Hodgkins	美国	出国留学人员培训部
Gareth Russell	加拿大	出国留学人员培训部
David Finlay	澳大利亚	出国留学人员培训部
Carlie Hamit	美国	出国留学人员培训部
Paul Peters	美国	出国留学人员培训部
John Bagwell	美国	出国留学人员培训部
Ingeborg Dahm	德国	出国留学人员培训部
Alina Lebedeva	爱沙尼亚	出国留学人员培训部
Steve Ewin	美国	出国留学人员培训部
Mark Pracy	新西兰	出国留学人员培训部
Marykathleen Howard	美国	出国留学人员培训部
Randolph Ford	美国	出国留学人员培训部

表4　2005年四川大学赴港澳人员统计表

序号	姓名	职　　称	单　　位	期　　限	事　　由	出访地
1	陈春发	副教授	出国留学人员培训部	01.13　01.13	国际会议	香港
2	赵昌文	教授	工商管理学院	01.13　01.13	国际会议	香港
3	曾素根	主管技师	华西医院	02.20　02.25	考察访问	香港
4	粟　军	副主任技师	华西医院	02.20　02.25	考察访问	香港
5	汪永跃	副教授	华西口腔医院	03.20　03.23	项目培训	香港
6	郭　武	教授	道教与宗教文化研究所	04.04　04.30	专题讲座	香港
7	党跃武	教授	教务处	04.19　04.22	参观访问	香港 澳门
8	沈治宏	教授	公共管理学院	04.19　04.22	参观访问	香港 澳门
9	刘俊勇	教授	电气信息学院	05.11　05.15	院长联席会	香港
10	周　伟	主管技师	华西第二医院	05.17　05.17	参观访问	香港
11	毛　萌	教授	华西第二医院	05.17　05.22	审稿会	香港
12	刘应明	教授	校长办公室	05.21　05.27	研讨会	香港
13	罗懋康	教授	数学学院	05.21　05.27	研讨会	香港
14	廉国利	讲师	华西第二医院	05.30　06.10	考察学习	香港
15	杨经国	教授	物理科学与技术学院	06.16　06.22	研讨会	香港
16	龚　敏	教授	物理科学与技术学院	06.16　06.23	研讨会	香港
17	乔长江	讲师	网络教育学院	06.18　06.25	研讨会	香港
18	罗　娜	助教	网络教育学院	06.18　06.25	研讨会	香港
19	冉蜀阳	副教授	网络教育学院	06.19　06.24	研讨会	香港
20	田　单	讲师	生物材料工程研究中心	07.12　07.16	研讨会	香港
21	王挺之	教授	历史文化学院	07.12　07.16	合作办学	香港
22	唐常杰	教授	计算机学院（软件学院）	07.28　08.06	学术会议	香港
23	石应康	教授	华西医院	08.21　08.25	考察访问	香港
24	袁粒星	副主任技师	华西第二医院	09.01　09.28	短期培训	香港
25	舒大刚	教授	历史文化学院	09.21　09.25	研讨会	香港
26	尹　波	副教授	历史文化学院	09.21　09.25	研讨会	香港
27	周　容	副教授	华西第二医院	10.13　10.17	研讨会	香港
28	李　毅	教授	外国语学院	10.19　10.28	研讨会	香港
29	李　云	副教授	华西公共卫生学院	11.03－11.09	研讨会	香港
30	李幼平	教授	华西临床医学院	11.04－11.06	研讨会	香港

续表 4

序号	姓名	职　　称	单　　位	期　　限	事　　由	出访地
31	陈　放	教授	生命科学学院	11.07　11.16	培训学习	香港
32	宋江洪	教授	成人教育学院	11.29－12.05	研讨会	香港
33	张必涛	教授	成人教育学院	11.29－12.05	研讨会	香港
34	冯小明	教授	化学学院	12.10－12.13	研讨会	香港
35	陈　华	教授	化学学院	12.10－12.13	研讨会	香港
36	李贤均	教授	化学学院	12.10－12.13	研讨会	香港
37	周总光	教授	华西医院	12.11－11.17	研讨会	香港
38	张肇达	教授	华西临床医学院	12.11－11.17	研讨会	香港
39	邓　洪	副教授	外事处	12.11－11.17	研讨会	香港
40	万学红	教授	华西临床医学院	12.11－11.17	研讨会	香港
41	陈谦明	教授	研究生院	12.11－11.17	研讨会	香港
42	孙　衢	教授	电气信息学院	12.13－12.18	国际会议	香港

表 5　2005 年四川大学赴台人员统计表

序号	姓 名	职称/职务	单　　位	期　　限	事　　由
1	朱世富	教授	研究生院	01.16－01.25	校际交流
2	赵修荣	副教授	研究生院	01.16－01.25	校际交流
3	罗懋康	教授	数学学院	01.16－01.25	校际交流
4	张优德	教授	外事处	01.16－01.25	校际交流
5	夏华祥	教授	研究生院学位办公室	01.16－01.25	校际交流
6	朱　天	副教授	校长办公室	01.16－01.25	校际交流
7	李　平	教授	法学院	03.11－04.01	研讨会
8	李永宪	教授	历史文化学院	03.21－06.30	短期讲学
9	陈谦明	教授	华西口腔医学院	03.25－03.30	研讨会
10	尹俊波	讲师	外事处	03.25－03.30	研讨会
11	李晓松	教授	华西公共卫生学院	03.25－03.30	研讨会
12	张　林	教授	华西基础医学与法医学院	03.25－03.30	研讨会
13	王少安	教授	华西口腔医学院	03.25－03.30	研讨会
14	梁　星	教授	华西口腔医学院	03.25－03.30	研讨会
15	吴亚费	教授	华西口腔医学院	03.25－03.30	研讨会
16	田卫东	教授	华西口腔医学院	03.25－03.30	研讨会

续表 5

序号	姓 名	职称/职务	单　　位	期　　限	事　　由
17	巢永烈	教授	华西口腔医学院	03.25－03.30	研讨会
18	刘应明	教授	校长办公室	03	校际交流
19	程永忠	讲师	华西医院	05.16－05.27	研讨会
20	成翼娟	主任护师	华西医院	05.16－05.27	研讨会
21	李继平	教授	华西医院	05.16－05.27	研讨会
22	宁　宁	副主任护师	华西医院	05.16－05.27	研讨会
23	冯先琼	副主任护师	华西医院	05.16－05.27	研讨会
24	谢　磊	住院医师	华西医院	05.16－05.27	研讨会
25	孙　麟	助教	华西医院	05.16－05.27	研讨会
26	何　琼	讲师	华西医院	05.16－05.27	研讨会
27	徐　珽	主管医师	华西医院	05.16－05.27	研讨会
28	孟　骧	副科长	华西医院	05.16－05.27	研讨会
29	冷亚美	主管护师	华西医院	06.15－06.17	取骨髓
30	管利君	主管护师	华西医院	06.15－06.17	取骨髓
31	张肇达	教授	华西医院	06.24－06.29	研讨会
32	陈佳平	教授	华西医院	06.24－06.29	研讨会
33	何　生	教授	华西医院	06.24－06.29	研讨会
34	吴大诚	教授	轻纺与食品学院	07.17－07.23	研讨会
35	姚永毅	副教授	轻纺与食品学院	07.17－07.23	研讨会
36	左卫民	教授	研究生院	08.10－08.23	交流
37	朱虎成	副教授	外事处	08.10－08.23	交流
38	李　虹	副校长	校长办公室	08.22－08.29	学术会议
39	徐才刚	副主任医师	华西医院	09.13－09.15	取骨髓
40	李建军	主治医师	华西医院	09.13－09.15	取骨髓
41	谢　娟	副研究员	华西医院	09.19－09.29	医疗管理交流
42	郭肖宁	研究员	华西医院	09.19－09.29	医疗管理交流
43	刘　姿	副研究员	华西医院	09.19－09.29	医疗管理交流
44	刘　华	会计师	华西医院	09.19－09.29	医疗管理交流
45	艾春霞	助理研究员	华西医院	09.19－09.29	医疗管理交流
46	姬郁林	研究员	华西医院	09.19－09.29	医疗管理交流

续表 5

序号	姓 名	职称/职务	单 位	期 限	事 由
47	杨天桂	研究员	华西医院	09.19－09.29	医疗管理交流
48	毛 庆	主任医师	华西医院	09.19－09.29	医疗管理交流
49	刘 进	主任医师	华西医院	09.23－09.29	研讨会
50	刘 斌	主任医师	华西医院	09.23－09.29	研讨会
51	黄南京	教授	数学学院	10.09－10.31	短期讲学
52	石 硕	教授	历史文化学院	10.15－06.01.15	短期讲学
53	蒋文举	教授	建筑与环境学院	10.22－10.30	研讨会
54	杨鸣波	教授	高分子科学与工程学院	12.06－12.09	学术交流
55	王嘉宪	助理研究员	外事处	12.07－12.16	交流访问
56	陈 放	教授	生命科学学院	12.16－12.23	研讨会
57	王喜忠	教授	生命科学学院	12.16－12.23	研讨会
58	唐亚勇	讲师	数学学院	12.22－12.28	研讨会
59	毛正中	教授	华西公共卫生学院	12.24－12.31	医学交流
60	陈 兵	教授	公共管理学院	12.30－06.01.06	研讨会

表 6 2005 年四川大学长期出国人员统计表

姓 名	单 位	职称/职务	出访国家	出国目的	出 国 期 限
李 良	华西医院	教授	美国	博士后	05.01.01－05.12.31
王 双	华西医院	副主任医师	美国	进修学习	05.02.01－06.01.31
丁群芳	华西医院	副主任医师	日本	高访学者	05.03.01－06.03.31
夏世明	后勤集团	厨师	法国	工作	05.01.28－07.01.27
陈文利	后勤集团	厨师	法国	工作	05.01.28－07.01.27
王再兴	道教与宗教文化研究所	博士生	加拿大	共培博士生	05.07.01－05.12.31
周 焱	华西医院	主治医生	德国	进修学习	05.03.20－05.09.20
徐世兰	华西医院	主管护师	英国	硕士生	05.02.19－07.2.18
鲜丽霞	海外教育学院	讲师	缅甸	汉语教学	05.04.20－07.04.19
田伯乐	华西医院	主任医师	美国	研究学习	05.04.26－05.10.24
周 伟	法学院	教授	挪威	访问学者	05.06.01－05.09.30
张 平	华西基础医学与法医学院	副教授	美国	博士后	05.07.15－06.07.14

续表 6

姓　名	单　位	职称/职务	出访国家	出国目的	出 国 期 限
周　莉	华西医院	讲师	美国	博士后	05.08.01－06.07.31
储　伟	化学工程学院	教授	法国	访问学者	05.09.01－06.05.30
李　潞	华西医院	讲师	日本	技术研修	05.09.17－05.12.31
张　放	文学与新闻学院	教授	韩国	汉语教学	05.08.31－06.08.30
王玉芳	华西基础医学与法医学院	讲师	澳大利亚	合作研究	05.10.01－06.09.30
袁　强	华西医院	讲师	美国	访问学者	05.10.02－05.12.30
王英成	华西医院	助理研究员	英国	合作研究	05.12.02－06.03.01

注：高访 1 个，普访 7 个，博士后 3 个，博士 1 个，硕士 1 个，其他 6 个，合计 19 个

表 7　2005 年四川大学国家公派各类出国留学人员名单

姓名	校内单位	职称/身份	留学项目	留学专业	留学国家	留学身份	留学期限
李志强	外国语学院俄语系	博士	莫斯科大学项目	俄语	俄罗斯	访问学者	6 个月
杜晓莉	外国语学院俄语系	本科生	俄罗斯政府奖学金	俄语	俄罗斯	硕研	36 个月
汪　梦	经济学院	研究生	荷兰莱顿大学项目	欧洲研究	荷兰	硕研	12 个月
张起帆	数学学院	教授	哈佛大学博士后	基础数学	美国	博士后	10 个月
月　强	华西医院	主治医师	29 期日本笹川医学	放射医学	日本	访问学者	12 个月
左卫民	法学院	教授	中美富布赖特项目	法学	美国	研究学者	9 个月
尹德锦	艺术学院	教师	俄罗斯艺术类项目	舞蹈	俄罗斯	访问学者	12 个月
赵　芩	公共管理学院	研究生	荷兰自由大学	国际关系	荷兰	硕研	12 个月
白　洁	生命科学学院	讲师	基础课教师项目	双语教学		访问学者	5 个月
张　红	物理科学与技术学院	讲师	基础课教师项目	双语教学		访问学者	5 个月
周　群	电气信息学院	讲师	基础课教师项目	双语教学		访问学者	5 个月
李　珉	生命科学学院	讲师	基础课教师项目	双语教学		访问学者	5 个月
曾　蔚	华西基础医学与法医学院	讲师	基础课教师项目	双语教学		访问学者	5 个月
刘英辉	华西基础医学与法医学院	讲师	基础课教师项目	双语教学		访问学者	5 个月
陈　勇	人口研究所	副教授	剑桥大学博士后	人口经济	英国	博士后	12 个月
刘　奇	电子信息学院	副教授	剑桥大学博士后	多媒体通讯	英国	博士后	12 个月

续表 7

姓名	校内单位	职称/身份	留学项目	留学专业	留学国家	留学身份	留学期限
李奇云	文学与新闻学院	讲师	日本电通项目	广告技术	日本	访问学者	3个月
高　荣	生命科学学院		丹麦政府互换项目	生命科学	丹麦	访问学者	12个月
刘亚丁	文学与新闻学院	教授	俄罗斯政府互换	俄语文学	俄罗斯	访问学者	12个月
宋　航	化学工程学院	教授	CSC全额资助项目	生物制药	英国	高研学者	6个月
黄光速	高分子科学与工程学院	教授	捷克政府交换项目	高分子	捷克	访问学者	12个月
宗志勇	华西医院	讲师	荷兰政府互换项目	感染病	荷兰	访问学者	12个月
林宏辉	生命科学学院	教授	CSC全额资助项目	生命科学	美国	高研学者	6个月
张　伟	人口研究所	副研究员	CSC全额资助项目	人口经济	美国	访问学者	12个月
陈　勇	人口研究所	副教授	CSC全额资助项目	人口经济	奥地利	博士后	12个月
郭　兵	计算机学院	副教授	捷克政府交换项目	计算机	捷克	访问学者	12个月
杨鸣波	高分子科学与工程学院	教授	CSC全额资助项目	高分子	美国	高研学者	6个月
王瑞林	材料科学与工程学院	教授	CSC全额资助项目	材料科学	美国	访问学者	6个月
梁新华	华西口腔医学院	副教授	CSC全额资助项目	口腔医学	美国	访问学者	12个月
陈大鹏	华西第二医院	无	CSC全额资助项目	妇幼医学	新西兰	博士后	12个月
褚良银	化学工程学院	教授	CSC全额资助项目	化工	美国	高研学者	6个月
张　云	材料科学与工程学院	副教授	1:1配套项目	有色金属	英国	访问学者	12个月
陈文静	电子信息学院	教授	1:1配套项目	光电子	澳大利亚	访问学者	12个月
杨明洪	西部开发研究院	教授	1:1配套项目	经济学	丹麦	访问学者	12个月
李忠明	高分子科学与工程学院	教授	1:1配套项目	高分子	美国	访问学者	12个月
刘柱胜	工商管理学院	副教授	1:1配套项目	工商管理	美国	访问学者	12个月
赵　媛	公共管理学院	副教授	1:1配套项目	信息资源	美国	访问学者	12个月
苟　波	公共管理学院	副教授	1:1配套项目	宗教学	美国	访问学者	12个月
彭　冰	华西第二医院	主治医师	1:1配套项目	妇产科学	美国	访问学者	12个月
张遵真	华西公共卫生学院	副教授	1:1配套项目	环境卫生	美国	访问学者	12个月
刘　戟	华西基础医学与法医学院	副教授	1:1配套项目	分子生物	美国	访问学者	12个月

续表 7

姓名	校内单位	职称/身份	留学项目	留学专业	留学国家	留学身份	留学期限
陈　嵩	华西口腔医学院	讲师	1:1 配套项目	口腔医学	美国	访问学者	12 个月
尹宗宁	华西药学院	副教授	1:1 配套项目	药剂学	美国	访问学者	12 个月
朱　涛	华西医院	副主任	1:1 配套项目	麻醉学	美国	访问学者	12 个月
雷学忠	华西医院	副研究员	1:1 配套项目	感染疾病	美国	访问学者	12 个月
杨　频	计算机学院	副研究员	1:1 配套项目	信息安全	美国	访问学者	12 个月
魏泳涛	建筑与环境学院	副教授	1:1 配套项目	固体力学	美国	访问学者	12 个月
王雅梅	经济学院	副教授	1:1 配套项目	世界经济	爱尔兰	博士后	12 个月
刘　彦	轻纺与食品学院	副教授	1:1 配套项目	制革工程	美国	博士后	12 个月
邹方东	生命科学学院	副教授	1:1 配套项目	细胞遗传	美国	访问学者	12 个月
郑　泉	数学学院	副教授	1:1 配套项目	基础数学	美国	访问学者	12 个月
肖阳敏	外国语学院	副教授	1:1 配套项目	英语文学	英国	访问学者	12 个月
丘惠林	外国语学院	副教授	1:1 配套项目	英语文学	美国	访问学者	12 个月
彭　放	物理科学与技术学院	副教授	1:1 配套项目	分子物理	美国	访问学者	12 个月
冯可芹	制造科学与工程学院	副教授	1:1 配套项目	材料学	美国	访问学者	12 个月
侯　易	计算机学院（软件学院）	在读学生	印度 infosys 项目	计算机	印度	进修生	4 个月
李　硕	计算机学院（软件学院）	在读学生	印度 infosys 项目	计算机	印度	进修生	4 个月
林　鑫	计算机学院（软件学院）	在读学生	印度 infosys 项目	计算机	印度	进修生	4 个月
钱彦江	计算机学院（软件学院）	在读学生	印度 infosys 项目	计算机	印度	进修生	4 个月
宋　文	计算机学院（软件学院）	在读学生	印度 infosys 项目	计算机	印度	进修生	4 个月
唐明旺	计算机学院（软件学院）	在读学生	印度 infosys 项目	计算机	印度	进修生	4 个月
王　译	计算机学院（软件学院）	在读学生	印度 infosys 项目	计算机	印度	进修生	4 个月
周志文	学生工作部（处）	副处长	党务政工干部项目	管理	英国	访问学者	3 个月
马　涛	华西基础医学与法医学院	科长	党务政工干部项目	管理	英国	访问学者	4 个月
王　斌	法学院	学院党委副书记	党务政工干部项目	管理	英国	访问学者	4 个月
陈督海	电子信息学院	科长	党务政工干部项目	管理	英国	访问学者	4 个月
徐秋爽	南亚研究所	研究生	尼泊尔政府互换	经济学	尼泊尔	硕士生	12 个月

续表 7

姓名	校内单位	职称/身份	留学项目	留学专业	留学国家	留学身份	留学期限
邓　波	海外教育学院	讲师	国家公派汉语教师	对外汉语	俄罗斯	汉语教师	24 个月
赵　霞	海外教育学院	讲师	国家公派汉语教师	对外汉语	缅甸	汉语教师	24 个月
胡　昂	艺术学院	副教授	日本博士（后）项目	平面设计	日本	博士	48 个月
伍　勇	化学工程学院	副教授	日本博士（后）项目	化工	日本	博士后	18 个月
苗　虹	电气信息学院	讲师	日本博士（后）项目	电气	日本	博士	48 个月
李长松	电气信息学院	讲师	日本博士（后）项目	电气	日本	博士	48 个月
张　昂	出国留学人员培训部	副教授	外语出国留学人员培训部项目	英语	美国	访问学者	12 个月
董利华	出国留学人员培训部	讲师	外语出国留学人员培训部项目	德语	德国	访问学者	12 个月
黄仲英	华西第二医院	主治医师	29 期日本笹 川医学	妇幼保健	日本	访问学者	12 个月

表 8　2005 年四川大学短期出国人员统计表

姓　名	单　位	职称/职务	出访国家	出国目的	出国期限
刘陇黔	华西医院	副教授	美国	学术交流	01.03－01.09
万学红	华西医院	教授	美国	学术交流	01.08－01.19
任　莉	华西医院	副教授	美国	学术交流	01.10－01.30
刘战培	华西医院	讲师	美国	学术交流	01.10－01.30
王星月	华西医院	助理研究员	美国	学术交流	01.10－01.30
夏　天	华西医院	讲师	美国	学术交流	01.10－01.30
黄兴兰	华西医院	副教授	美国	学术交流	01.10－01.30
赵雍凡	华西医院	教授	美国	学术交流	01.10－01.30
李　进	华西医院	主治医师	美国	学术交流	01.10－01.30
何　莉	华西医院	副主任医师	美国	学术交流	01.10－01.30
陈晓明	华西医院	教授	美国	学术交流	01.10－01.30
左云霞	华西医院	副主任	美国	学术交流	01.10－01.30
李玉宝	分析测试中心	教授	韩国	学术会议	01.15－01.22
杨爱萍	分析测试中心	高级工程师	韩国	学术会议	01.15－01.22
彭联刚	数学学院	教授	日本	学术会议	01.22－01.26
方亚平	数学学院	讲师	韩国	合作研究	01.23－02.22

续表 8

姓　名	单　位	职称/职务	出访国家	出国目的	出国期限
杨天宏	历史文化学院	教授	日本	学术交流	02.01－02.12
霍　巍	博物馆	馆长	日本	学术交流	02.01－02.28
彭联刚	数学学院	教授	德国	学术会议	02.03－02.12
李天德	经济学院	院长	法国	交流访问	02.12－02.22
刘　明	经济学院	副教授	法国	交流访问	02.12－02.22
王红梅	经济学院	讲师	法国	交流访问	02.12－02.22
陈继东	南亚研究所	研究员	巴基斯坦	学术会议	02.21－02.28
张　力	经济学院	教授	印度	学术会议	02.22－03.05
李　园	华西医院	博士后	日本	学术会议	02.23－02.28
尹海林	实验动物中心	副研究员	新加坡	学术会议	02.24－03.01
李幼平	华西医院	教授	瑞士	学术会议	03.05－03.13
宫　苹	华西口腔医学院	教授	美国	学术会议	03.05－03.20
赵志河	华西口腔医学院	教授	美国	学术会议	03.05－03.20
郭　斌	华西口腔医学院	副教授	美国	学术会议	03.05－03.20
罗颂椒	华西口腔医学院	教授	美国	学术会议	03.05－03.20
李　伟	华西口腔医学院	教授	美国	学术会议	03.05－03.20
陈扬希	华西口腔医学院	教授	美国	学术会议	03.05－03.20
肖丽英	华西口腔医学院	副教授	美国	学术会议	03.05－03.20
赖文莉	华西口腔医学院	教授	美国	学术会议	03.05－03.20
左渝陵	华西口腔医学院	教授	美国	学术会议	03.05－03.20
王　军	华西口腔医学院	教授	美国	学术会议	03.05－03.20
陆　玉	华西口腔医学院	博士生	美国	学术会议	03.05－03.20
谢　倩	华西口腔医学院	博士生	美国	学术会议	03.05－03.20
朱　晒	华西口腔医学院	博士生	美国	学术会议	03.05－03.20
吴红崑	华西口腔医学院	主治医师	美国	学术会议	03.05－03.20
康冰瑶	华西第二医院	护士长	泰国	培训	03.05－04.02
张　力	经济学院	教授	巴基斯坦	学术会议	03.14－03.20
陈谦明	研究生院	副院长	美国	学术交流	03.20－04.06
张　林	科技处	副处长	美国	学术交流	03.20－04.06
梁德荣	华西医院	教授	美国	学术交流	03.20－04.06

续表 8

姓　名	单　位	职称/职务	出访国家	出国目的	出 国 期 限
黄明生	华西医院	教授	美国	学术交流	03.20－04.06
况伟宏	华西医院	副教授	美国	学术交流	03.20－04.06
苗　佳	华西医院	副主任医师	美国	学术交流	03.20－04.06
王素霞	华西药学院	学院党委书记	日本	交流访问	03.22－03.26
张　浩	华西药学院	副院长	日本	交流访问	03.22－03.26
黄　静	华西药学院	教授	日本	交流访问	03.22－03.26
黄　圆	华西药学院	副教授	日本	交流访问	03.22－03.26
张兴栋	生物材料工程研究中心	教授	日本	交流访问	03.22－03.28
张玉芳	成人教育学院	教授	英国	交流访问	03.30－04.10
邓生庆	成人教育学院	院长、教授	英国	交流访问	03.30－04.10
王文浩	成人教育学院	副教授	英国	交流访问	03.30－04.10
敖天其	水利水电学院	教授	巴西	学术会议	04.01－04.16
兰亚佳	华西公共卫生学院	副院长	菲律宾	学术会议	04.05－04.10
王晓毅	华西口腔医学院	副院长	德国	参加展览会	04.09－04.26
刘长军	电子信息学院	教授	韩国	合作研究	04.28－05.08
邓绍林	华西医院	医院党委副书记	美国	学术交流	04.30－05.11
董碧蓉	华西医院	教授	美国	学术交流	04.30－05.11
张鸣明	华西医院	研究员	美国	学术交流	04.30－05.11
邓长安	华西医院	教授	美国	学术交流	04.30－05.11
李　静	华西医院	副教授	美国	学术交流	04.30－05.11
尹俊波	外事处	助理研究员	美国	学术交流	04.30－05.11
王　莉	华西医院	助理研究员	美国	学术交流	04.30－05.11
张艳玲	华西医院	助理研究员	美国	学术交流	04.30－05.11
邓文军	华西医院	助理研究员	美国	学术交流	04.30－05.11
蔡羽嘉	华西医院	助教	美国	学术交流	04.30－05.11
伍晓汀	华西医院	教授	瑞士	学术会议	05.01－05.10
田伯乐	华西医院	教授	瑞士	学术会议	05.01－05.10
任　艳	华西医院	副教授	瑞士	学术会议	05.01－05.10
陆燕蓉	华西医院	副教授	瑞士	学术会议	05.01－05.10

续表 8

姓　名	单　位	职称/职务	出访国家	出国目的	出国期限
肖　葱	历史文化学院	讲师	泰国	培训班	05.01－05.26
游志胜	计算机学院（软件学院）	教授	美国	学术交流	05.05－05.20
胡纫兰	物理科学与技术学院	教授	美国	学术会议	05.10－05.25
侯　筑	海外教育学院	实研	韩国	督考	05.12－05.18
张伟年	数学学院	教授	法国	合作研究	05.13－06.25
罗　麟	水力学与山区河流开发保护国家重点实验室	教授	美国	会议交流	05.15－06.05
李廷玉	网络学院	副教授	美国、墨西哥	中科院组团	05.16－05.26
孙　丁	华西医院	讲师	美国	学术会议	05.19－05.25
王玉忠	化学学院	副院长	美国	学术会议	05.20－05.27
李幼平	华西医院	研究员	美国	学术会议	05.20－05.28
康　焰	华西医院	副主任医师	美国	学术交流	05.20－08.17
武晓蓉	医学管理处	处长	英国	研讨会	05.25－06.07
徐　兰	党委办公室	校纪委书记	法国	教育部组团	05.28－06.26
刘富德	纪委监察处	研究员	美国	教育展	05.30－06.13
陈谦明	研究生院	副院长	美国	教育展	05.30－06.13
蔡　兵	科技处	副研究员	美国	教育展	05.30－06.13
邓　洪	外事处	主任	加拿大	学术交流	06.03－06.12
刘福祥	华西口腔医学院	教授	美国	学术会议	06.04－06.15
蔡亚平	材料科学与工程学院	高级实验师	西班牙	学术会议	06.04－06.18
冯良桓	材料科学与工程学院	教授	西班牙	学术会议	06.04－06.18
徐　闻	高分子研究所	教授	俄罗斯	学术交流	06.04－06.30
刘鹏波	高分子研究所	副教授	俄罗斯	学术交流	06.04－06.30
张　磊	计算机学院（软件学院）	助教	美国	学术会议	06.06－06.10
马　骁	华西公共卫生学院	院长教授	美国	学术会议	06.07－06.20
李　刚	道教与宗教文化研究所	所长、教授	德国	学术会议	06.09－06.15

续表 8

姓　名	单　位	职称/职务	出访国家	出国目的	出国期限
罗正明	物理科学与技术学院	研究员	奥地利	学术会议	06.10－06.23
朱谱新	轻纺与食品学院	教授	澳大利亚	培训	06.10－07.17
鲍锦库	生命科学学院	副教授	澳大利亚	培训	06.10－07.17
冉　蓉	高分子科学与工程学院	副教授	澳大利亚	培训	06.10－07.17
张　菁	电子信息学院	助教	澳大利亚	培训	06.10－07.17
赵　辉	计算机学院（软件学院）	助教	澳大利亚	培训	06.10－07.17
吴　琦	电气信息学院	助教	澳大利亚	培训	06.10－07.17
梁新华	华西口腔医学院	副教授	澳大利亚	培训	06.10－07.17
丁雪琴	分析测试中心	助教	澳大利亚	培训	06.10－07.17
徐　莺	生命科学学院	副教授	澳大利亚	培训	06.10－07.17
刘丹萍	华西公共卫生学院	讲师	澳大利亚	培训	06.10－07.17
周　静	华西药学院	讲师	澳大利亚	培训	06.10－07.17
熊　艳	制造科学与工程学院	讲师	澳大利亚	培训	06.10－07.17
杜　瑛	化学学院	讲师	澳大利亚	培训	06.10－07.17
何　苗	学生工作部（处）	助教	澳大利亚	培训	06.10－07.17
龚　薇	电气信息学院	助教	澳大利亚	培训	06.10－07.17
袁益明	华西医院	讲师	澳大利亚	培训	06.10－07.17
孔祥丽	生命科学学院	讲师	澳大利亚	培训	06.10－07.17
谭光群	化学工程学院	讲师	澳大利亚	培训	06.10－07.17
余海燕	华西第二医院	讲师	澳大利亚	培训	06.10－07.17
徐　沛	文学与新闻学院	讲师	澳大利亚	培训	06.10－07.17
吴红崑	华西口腔医学院	教授	澳大利亚	培训	06.10－07.17
黄　勤	经济学院	讲师	澳大利亚	培训	06.10－07.17
王红霞	出国留学人员培训部	副教授	澳大利亚	培训	06.10－07.17
王洪涛	材料科学与工程学院	副教授	瑞典	学术会议	06.10－06.18
张鸣明	华西医院	研究员	英国	学术会议	06.11－06.18
陈　放	生命科学学院	院长	意大利	学术会议	06.12－06.17

续表 8

姓　名	单　位	职称/职务	出访国家	出国目的	出国期限
谭理军	华西口腔医学院	博士生	荷兰	学术交流	06.12－06.25
刘　媛	华西公共卫生学院	助教	马来西亚	学术会议	06.13－06.15
古立峰	法学院	学院党委书记	法国、比利时	访问考察	06.13－06.24
郑　军	体育学院	副教授	俄罗斯	运动队裁判	06.14－06.27
石　坚	校长办公室	副校长	澳大利亚、新西兰	访问考察	06.15－06.29
陈建明	出版社	总编辑	美国、加拿大	会议交流	06.16－07.31
张树果	数学学院	教授	新加坡	合作研究	06.18－07.19
张兴栋	生物材料工程研究中心	教授	日本	学术会议	06.19－06.22
朱允民	数学学院	教授	匈牙利	学术会议	06.23－06.30
侯太平	生命科学学院	教授	爱尔兰	学术会议	06.25－07.04
蒋　刚	物理科学与技术学院	副教授	加拿大	合作研究	06.25－08.25
王玉忠	化学学院	副院长	捷克	学术会议	06.26－07.01
陈　华	化学学院	教授	法国	学术会议	06.26－07.05
李贤均	化学学院	教授	法国	学术会议	06.26－07.05
傅　红	建筑与环境学院	副教授	加拿大	访问学者	07.01－08.30
杨经国	物理科学与技术学院	教授	新加坡	学术会议	07.02－07.09
黎源倩	华西公共卫生学院	教授	新加坡	学术会议	07.02－07.09
余　萍	材料科学与工程学院	副教授	新加坡	学术会议	07.02－07.12
王坤余	轻纺与食品学院	教授	芬兰	访问考察	07.03－07.14
张　琴	高分子科学与工程学院	副教授	德国	合作研究	07.03－11.02
郑　泉	数学学院	副教授	意大利	会议培训	07.04－07.22
毛正中	华西公共卫生学院	教授	西班牙	学术会议	07.08－07.18
徐道义	数学学院	教授	美国	会议交流	07.08－09.18
刘光中	工商管理学院	教授	俄罗斯	合作研究	07.10－08.09
杨安华	工商管理学院	讲师	俄罗斯	合作研究	07.10－08.09
刘　敏	建筑与环境学院	讲师	德国	参观实习	07.15－07.29

续表 8

姓　名	单　位	职称/职务	出访国家	出国目的	出 国 期 限
何　跃	工商管理学院	副教授	俄罗斯	学术交流	07.15－07.30
张　丹	工商管理学院	高级工程师	俄罗斯	学术交流	07.15－07.30
方定志	外事处	副处长	新加坡	学术会议	07.17－07.21
杜惊雷	物理科学与技术学院	教授	英国	合作研究	07.20－08.04
高福华	物理科学与技术学院	副教授	英国	合作研究	07.20－08.04
卢尚志	建筑与环境学院	学院党委副书记	俄罗斯	学术交流	07.20－07.29
闫　钢	政治学院	教授	日本	学术交流	07.21－09.07
李　涛	历史文化学院	研究员	泰国	学术会议	07.22－07.27
李永宪	历史文化学院	副教授	秘鲁	田野考古	07.25－08.23
郭永康	物理科学与技术学院	教授	美国	学术会议	07.28－08.11
朱建华	物理科学与技术学院	教授	美国	学术会议	07.28－08.11
李安民	数学学院	院长、教授	德国	合作研究	08.01－10.31
曾蜀英	后勤集团	工程师	德国	合作研究	08.01－10.31
刘　华	图书馆	副馆长	美国	访问考察	08.02－08.16
王晓波	图书馆	研究馆员	美国	考察访问	08.02－08.16
冯良桓	材料科学与工程学院	教授	美国	学术会议	08.05－08.16
张静全	材料科学与工程学院	副教授	美国	学术会议	08.06－08.12
郭少云	高分子研究所	教授	加拿大	学术会议	08.14－08.28
张　杰	生命科学学院	讲师	俄罗斯	合作研究	08.16－11.15
雷汉卿	文学与新闻学院	教授	韩国	学术会议	08.18－08.25
张石生	数学学院	教授	韩国	合作研究	08.18－09.08
李玉宝	分析测试中心	教授	日本	学术交流	08.20－08.26
余自力	分析测试中心	教授	日本	学术交流	08.20－08.26
丁　一	华西口腔医学院	教授	加拿大	学术会议	08.23－08.29
陈　宇	华西口腔医学院	教授	加拿大	学术会议	08.23－08.29
杨天桂	华西医院	研究员	法国	培训班	08.27－09.10
吕一飞	历史文化学院	教授	瑞士	培训班	08.31－09.18

续表 8

姓　名	单　位	职称/职务	出访国家	出国目的	出国期限
王玉忠	化学学院	副院长	德国、匈牙利	学术会议	09.06－09.16
彭联刚	数学学院	副院长	日本	合作研究	09.06－12.09
李幼平	华西医院	教授	韩国	学术会议	09.07－09.10
许唯临	水力学与山区河流开发保护国家重点实验室	研究员	韩国	国际会议	09.09－09.18
田　忠	水力学与山区河流开发保护国家重点实验室	博士生	韩国	国际会议	09.09－09.18
陈云良	水力学与山区河流开发保护国家重点实验室	博士生	韩国	国际会议	09.09－09.18
陈天朗	科技园	研究员	日本	访问考察	09.10－09.15
张兴栋	生物材料工程研究中心	教授	意大利、瑞士	国际会议	09.10－09.22
程俊秋	生物材料工程研究中心	助理研究员	意大利、瑞士	国际会议	09.10－09.22
张红伟	经济学院	副院长	美国	访问考察	09.11－09.25
丁大沛	外事处	副研究员	美国	访问考察	09.11－09.25
吕志刚	体育学院	副院长	美国、加拿大	访问考察	09.15－09.30
何　林	研究生院	副研究员	法国、德国	访问考察	09.16－09.30
周绿漪	华西医院	副主任技师	科威特	培训	09.17－09.30
谭　震	华西口腔医学院	讲师	德国	学术会议	09.20－10.01
李竹渝	数学学院	教授	加拿大	合作研究	09.15－12.15
周　茜	化学学院	讲师	德国	学术会议	09.23－09.30
陈云贵	材料科学与工程学院	教授	瑞士	学术会议	09.24－10.04
张　力	经济学院	教授	巴基斯坦	学术会议	09.26－10.02
李兴源	电气信息学院	教授	澳大利亚	会议交流	09.26－10.10
胡玉英	建筑与环境学院	高级实验师	澳大利亚	会议交流	09.26－10.10
李天德	经济学院	院长	日本	学术交流	09.28－10.02
姚顺先	经济学院	教授	日本	学术交流	09.28－10.02
王蜀豫	外国语学院	教授	日本	培训班	10.05－11.29

续表 8

姓　名	单　位	职称/职务	出访国家	出国目的	出 国 期 限
熊　峰	建筑与环境学院	副院长	德国	交流访问	10.06 – 10.17
陈　兵	外事处	副处长	德国	交流访问	10.06 – 10.17
廖林川	教务处	副处长	德国	交流访问	10.06 – 10.17
梁　娟	华西第二医院	副研究员	越南	学术会议	10.09 – 10.13
陈　放	生命科学学院	院长	巴西、 阿根廷	访问考察	10.10 – 10.24
付　超	教务处	副处长	法国	交流访问	10.11 – 10.25
高　健	外事处	副研究员	法国	交流访问	10.11 – 10.25
朱　毅	科产集团	研究员	法国	交流访问	10.11 – 10.25
梁　俭	科产集团	工程师	法国	交流访问	10.11 – 10.25
周学东	华西口腔医学院	院长	日本	访问考察	10.14 – 10.18
吴亚菲	华西口腔医学院	学院党委书记	日本	访问考察	10.14 – 10.18
陈　敏	海外教育学院	助理研究员	日本	督考	10.20 – 10.26
李　静	华西医院	副教授	澳大利亚	学术会议	10.21 – 10.27
张肇达	华西医院	教授	美国	交流访问	10.25 – 11.14
万学红	华西医院	教授	美国	交流访问	10.25 – 11.14
曾　诚	发展研究中心	副研究员	美国	交流访问	10.25 – 11.14
李晓松	华西公共卫生学院	教授	美国	交流访问	10.25 – 11.14
邓　洪	外事处	副教授	美国	交流访问	10.25 – 11.14
高　荣	生命科学学院	教授	美国	学术会议	10.30 – 11.12
武　梅	生命科学学院	副教授	美国	学术会议	10.30 – 11.12
赵昌文	校长办公室	副校长	日本	交流访问	11.01 – 11.15
熊　瑜	对外联络办公室	主任	日本	交流访问	11.01 – 11.15
谢和平	校长办公室	校长	日本	交流访问	11.09 – 11.15
吕从玖	四川大学校友会	教授	日本	交流访问	11.09 – 11.15
唐登学	四川大学校友会	教授	日本	交流访问	11.09 – 11.15
晏世经	外事处	处长、教授	日本	交流访问	11.09 – 11.15
林　敏	外国语学院	副教授	日本	交流访问	11.09 – 11.15
关　平	外事处	副研究员	日本	交流访问	11.09 – 11.15
李玉宝	分析测试中心	教授	韩国	学术会议	11.10 – 11.13
陈　兵	公共管理学院	教授	韩国	学术会议	11.10 – 11.13

续表 8

姓　名	单　位	职称/职务	出访国家	出国目的	出国期限
袁鸿江	华西公共卫生学院	教授	柬埔寨	学术会议	11.12－11.19
罗正明	物理科学与技术学院	教授	奥地利、瑞典	会议访问	11.13－11.26
毛　萌	华西第二医院	院长、教授	加拿大	学术会议	11.15－11.21
李继遥	华西口腔医学院	副教授	美国	合作研究	11.15－06.02.15
罗　艾	华西基础医学与法医学院	副教授	日本	教育展	11.18－11.26
李　萍	外事处	讲师	日本	教育展	11.18－11.26
周总光	华西医院	教授	新加坡	访问考察	11.20－11.25
王玉忠	化学学院	副院长	韩国	学术会议	11.21－11.27
夏丽萍	出国留学人员培训部	主任	美国	交流访问	11.21－11.28
邓和刚	出国留学人员培训部	副主任	美国	交流访问	11.21－11.28
谢永年	出国留学人员培训部	教授	美国	交流访问	11.21－11.28
陆燕蓉	华西医院	副研究员	巴基斯坦	学术会议	11.26－12.02
邓生庆	成人教育学院	院长	俄罗斯	会议	11.26－12.05
唐旭东	外事处	教授	俄罗斯	会议	11.26－12.05
周法定	外事处	副教授	俄罗斯	会议	11.26－12.05
李天德	经济学院	院长	俄罗斯	会议	11.26－12.05
杨志刚	研究生院	副院长	美国	学术会议	11.26－12.07
雷秉均	华西医院	教授	德国	访问考察	11.27－12.02
刘期武	校工会	研究员	南非	访问考察	12.01－12.12
纳海燕	生命科学学院	副教授	日本	会议交流	12.03－12.18
秦廷武	华西医院	副研究员	日本	学术会议	12.04－12.10
杨帮成	生物材料工程研究中心	副教授	日本	学术会议	12.05－12.10
石　冰	华西口腔医学院	副院长	澳大利亚	学术交流	12.06－12.18
周　伟	法学院	教授	韩国	学术会议	12.07－12.09
顾忠伟	生物材料工程研究中心	教授	日本	学术会议	12.08－12.13
艾　华	生物材料工程研究中心	教授	日本	学术会议	12.08－12.13

续表 8

姓　名	单　位	职称/职务	出访国家	出国目的	出国期限
吴　尧	生物材料工程研究中心	讲师	日本	学术会议	12.08－12.13
潘霜柏	学生工作部	副部长	新加坡	参加比赛	12.09－12.18
刘　玥	校团委	校团委副书记	新加坡	参加比赛	12.09－12.18
罗全华	制造科学与工程学院	硕士	新加坡	参加比赛	12.09－12.18
吴　凯	生命科学学院	学生	新加坡	参加比赛	12.09－12.18
张　力	经济学院	教授	瑞典	国际会议	12.13－12.22
张朝武	华西公共卫生学院	教授	美国	学术会议	12.14－12.25
王玉忠	化学学院	副院长	美国	学术会议	12.14－12.21
刘小菁	华西基础医学与法医学院	副研究员	法国	学术交流	12.16－12.30
程南生	华西医院	教授	美国	访问学者	12.30－06.02.13
卿　平	华西医院	助教	美国	访问学者	12.30－06.02.13
曾　静	华西医院	讲师	美国	访问学者	12.30－06.02.13
蒋莉莉	华西医院	讲师	美国	访问学者	12.30－06.02.13

注：总人数 368 人，其中国际会议 165 人，合作研究 22 人，访问考察 130 人，其他 51 人

党的建设篇

党建及组织工作

一、校级领导班子和中层班子换届调整

在2004年面向海内外公开选聘副校长和民主推荐党委副书记、纪委书记工作的基础上，学校上报校党委副书记、纪委书记和副校长有关考察和审批材料。2月24日，教育部党组正式批文学校党委副书记、纪委书记和8位副校长人选，3月1日，教育部党组书记、教育部部长周济，教育部党组成员、人事司司长李卫红等来校与学校领导班子进行集体谈话，标志学校新一届领导班子正式上任。

学校按照中共中央组织部、人事部、教育部有关文件精神，通过开展“两推一述”、党组织考察、党委常委会讨论、任前公示、任前谈话等工作，顺利完成了对全校22个机关部处、校工会、校团委、16个业务管理单位、29个学科型学院的党政中层领导班子和中层领导干部的换届调整。学校共1500人次申报了中层领导干部职位，组织了12个述聘考察小组，624人次申报参加了述聘答辩，2万多人次参加了述聘测评推荐，重点对新提拔为处级干部的126名同志进行了组织和廉政考察。经过换届调整，学校设处级建制机关党政部处22个和校工会、校团委，处属副处级建制办公室13个，处级建制业务管理单位13个，副处级建制业务管理单位8个，学科型学院29个。学校中层干部共365人，平均年龄41.9岁（比换届调整前减少4岁）；其中女同志73人，占20.0%；党外干部39人，占10.9%；40岁以下的126人（比换届调整前增加53人），占34.5%；具有博士、硕士学位的222人（比换届调整前增加59人），占60.8%；具有副高级以上专业技术职务的296人（比换届调整前增加12人），占81.1%；换届调整轮岗交流占19.5%。

中层干部换届调整基本完成后，学校进行了科室机构核定调整和新一轮科级干部聘任工作。

二、第九次教育部直属高校及有关高校组织工作研讨会

11月6日至10日，第九次教育部直属高校及有关高校组织工作研讨会在校举行，共有88所高校的138名代表参加，其中高校书记、副书记代表49人。会议围绕深入贯彻十六届五中全会和第十三次全国高校党建会精神，进一步加强高校领导班子思想政治建设这一主题，着重探讨了进一步完善党委领导下的校长负责制、加强基层党组织建设、探索建立保持共产党员先进性的长效机制、加强高校领导班子思想作风和能力建设、进一步加强高校党风廉政建设、完善高校公开选拔校级领导干部等问题。教育部、中组部、四川省委组织部和四川省委教育工委的领导出席了大会。此次研讨会被认为是历年来规模最大、参会人数最多、接待水平最高的一次。

三、基层党组织及党员队伍建设与管理

进一步贯彻落实全国高校党建工作会

议精神，加强党员发展和入党积极分子教育培养培训工作。坚持统一培训、统一教学计划、统一教材和学习资料、统一命题、统一考试和阅卷、统一办理优秀学员证书和党校结业证书的“六统一”原则，保证入党积极分子培养的规范化、系统化。2005年，全校共有27个学院举办了33个入党积极分子培训班，培养入党积极分子6607人，其中教职工110人。全年学校共发展新党员4121人，其中本科生党员3146人，博士、硕士生党员854人，在职教职工党员121人。截至2005年，学校教职工党员占教职工总数的37.2%，学生党员占学生总数的18.8%，研究生党员占研究生总数的33.04%。

加强“创先争优”和“党员先锋工程”建设。在校内各基层党组织推荐基础上，水利水电学院党委等6个基层党组织获得省委教育工委2005年全省高等学校“先进基层党组织”表彰，孙卫国等13位同志获得省委教育工委“优秀共产党员”表彰，刘猛等5位同志获得省委教育工委“优秀党务工作者”表彰。6月30日召开了庆祝“七一”暨保持共产党员先进性教育活动座谈会，先进基层党组织、优秀共产党员和优秀党务工作者的代表以及学生党员代表先后在会上发了言。

根据省委组织部、省委教育工委有关精神，积极开展走访慰问贫困党员工作。全校重点走访慰问贫困党员637人，共发放慰问金12.42万元。其中走访慰问贫困教职工党员252人，发放慰问金7.78万元；走访慰问贫困学生党员385人，发放慰问金4.64万元。

按照省委教育工委要求，对党员数据库进行了升级改版，完成了5772名新党员入库工作。全年接转党员组织关系4894人，其中转入1679人，转出3215人；及时完成了全校毕业生党员3029人的党组织关系转出工作。全年办理了336名党员和中层干部因公因私出国（境）政审手续及党员自费出国（境）保留党籍手续。完成了全年党费的收缴及其清查和使用管理工作，全校全年收缴党费约109.34万元，支出党费约117.32万元；在全面清查学校党员党费交纳情况的基础上，严格按照上级规定标准划拨党员教育经费。做好2005年全校党刊杂志订阅管理及收发工作，完成订阅2006年党刊杂志共计18种2449份，为全校党员的思想政治学习提供便利条件。

四、干部选派、推荐及教育培养

完成了第五批援疆干部的选派工作。经教育部审查批准，选派校长助理、新校区建设指挥部副指挥长安小予援疆担任新疆大学副校长，华西口腔医学院第一批选派李小兵援疆担任新疆医科大学第一附属医院专家，华西公共卫生学院第一批选派李佳圆同志援疆担任新疆自治区疾病预防控制中心专家。

加强各级后备干部选拔、推荐工作。在严格审查选拔基础上向教育部人事司推荐上报了9名驻外后备干部人选。选拔5名同志向省委组织部推荐，经省委组织部考察，林红、石静、荣文学3位同志分别到眉山市、雅安市和阿坝州担任市委（市府）副秘书长；另有2名同志申报参加了省委组织部的公开选聘副厅级干部，其中1名同志通过组织考察。向成都市委组织部推荐，选调付超同志到彭州市担任副市长。

2005年共选派12名中层及其以上干部和骨干参加培训学习。其中：8月7日至10日，校党委书记杨泉明，副校长魏于全、步宏、赵昌文，校纪委书记徐兰5位同志参加教育部直属高校新任领导干部暑期培训班学习；6月27日至7月1日，校党委常务副书记罗中枢同志参加中组部举办的“2005年第一期高校中青年干部专题研修班”的培训学习；选送杨翠柏、屈锡华、熊兰、刘玲4位同志参加教育部“2005年高校哲学社会科学教学科研骨干研修班”第四期至第六期的培训学习；选派梁川、邱蜀进两位同志参加四川省委党校公开选拔副厅级领导干部培训班学习。同时，积极协助省委组织部做好校级领导干部的培训学习工作。

五、党管人才工作

做好各级优秀人才及专家的推荐表彰和管理工作。推荐褚良银、秦勇、游劲松同志荣获第八届“四川省青年科技奖”；协助四川杰出创新人才奖评选办公室，抓好学校第三届“四川杰出创新人才奖”候选人周学东、王莉同志的各项参评工作；协助省委组织部做好“天府英才”宣传工作；协助省委组织部做好对我校“四川省突出贡献专家”和首批省委直接掌握联系的高层次优秀人才的管理工作；根据市委组织部有关要求，认真完成了对学校13位“成都市突出贡献专家”2005年度考核和基本信息上报工作。

积极落实院士等优秀人才、省市有突出贡献的优秀专家的生活待遇。协助省干部保健委员会办公室做好院士健康咨询活动；选送林祥棣院士夫妇参加省委组织部组织的有关考察活动；按照市委组织部有关要求，组织学校13位“成都市突出贡献专家”的体检及疗养工作；协助市委组织部做好市委领导和市人才工作领导小组2005年春节对魏于全院士及13位“成都市突出贡献专家”的慰问工作。

积极选送人才为地方经济、科技建设服务。选送吕一飞教授参加“四川省生态旅游可持续发展研究”科研项目；推选曾煜等5位研究生到自贡市挂职锻炼。

3月，学校党委组织部荣获四川省委教育工委“组织工作创新奖”。

党风廉政建设

一、党风廉政及纪律教育

在保持党员先进性教育活动中贯穿反腐倡廉教育，积极探索建立党风廉政教育长效机制，学校纪委主要负责同志在全校做反腐倡廉党课报告13场，参听人数共5000余人次；全校40个党委（总支）共组织收看治理教育乱收费警示专题教育片121场，集中观看学习人数共8000余人，网上收看点击率达3000余次。探索加强校园廉洁文化建设，对廉政文化进校园工作做了调研与试点，并加强了网页的廉政教育功能建设。利用学校2005年结案的几起职务犯罪案件在全校范围开展警示教育，同时利用党纪党风资料和杂志、校内媒体开展经常性党风廉政及纪律教育。

二、党风廉政制度建设

根据中共中央和教育部党组要求，在广泛调查研究和反复征求意见基础上，制定实施了《中共四川大学委员会关于贯彻落实〈建立健全教育、制度、监督并重的惩治和预防腐败体系实施纲要〉的具体办法》，标志学校惩治和预防腐败体系构建工作的全面启动。《具体办法》共 6 章 36 条，涉及 200 项具体工作，提出近三年新建制度 69 项、修改完善制度 58 项，集中体现了学校党风廉政教育长效机制建设的初步成果。此外，学校还制定了《四川大学学院议事决策规则》、《四川大学附属医院议事决策规则》、《四川大学实体单位议事决策规则》等制度；修订了《四川大学关于贯彻中共中央、国务院〈关于实行党风廉政建设责任制的规定〉的实施办法》。同时，转发了《教育部等七部门关于 2005 年治理教育乱收费工作的实施意见》等文件；印发了《四川大学关于在全校进一步深入开展学习贯彻〈中国共产党党内监督条例（试行）〉和〈中国共产党纪律处分条例〉的通知》。

三、监督监察

加强对学校中层领导干部换届调整工作全过程的监督，认真受理有关来信来访；严格对全校保持共产党员先进性教育活动的督促，确保教育活动取得实效。继续扎实做好日常监督检查与行政监察工作，主要包括：开展对大宗物资和仪器设备采购、工程建设项目、教材、学生公寓用品、军训用品等招、投标以及学生处分申诉的监察工作 110 余次；以实施高校招生录取“阳光工程”和贯彻落实高校招生工作责任制和责任追究制度为契机，加大了对学校 2005 年度本科招生录取工作的监督力度；加强对毕业生选留、人事分配、岗位聘任、签订经济目标等群众关心的热点事宜的监督。

四、反腐工作

认真抓好三项主要任务。一是抓好领导干部廉洁自律工作。校级领导班子副职在党风廉政建设年度工作会上分别向校党委书记、校长签订了党风廉政建设承诺书；对新一届机关部处和业务实体主要负责人进行干部任前廉政谈话共 33 人次；对换届调整后的中层干部各班子经济责任人进行了财经纪律培训。其次，归纳整理中纪委和教育部关于领导干部廉洁自律的相关规定和要求；组织学习并转发了《中共四川省委教育工委、四川省教育厅关于领导干部配偶、子女及其配偶个人经商办企业的具体规定》的通知。同时，把干部廉洁自律工作纳入先进性教育活动中。

二是加大信访受理和案件查办力度。2005 年共受理群众来信、来访 860 多人（次），接到举报、投诉、反映问题电话 780 多人（次），其中，受理信访案件 108 件，初查核实了结 106 件（次），新立案 1 件。对检察机关 2004 年直接受理案件的 6 名涉案人员给予了党纪政纪处分，对其中 4 人给予开除党籍处分。同时，结合案件的查办，积极开展预防职务犯罪工作，与四川省人民检察院签署了《关于加强联系配合开展预防职务犯罪的协议》，并协同省、市、区检察机关对 2006 年度预防职务犯罪工作做了研究，确定了定期召开联席会、加强预防宣传与警示教育、成立监督小组、开展预防对策研究、对合作预防职务犯罪及时总结等任务。

三是加强教育行风建设和专项治理工作。开展了专项治理各级领导干部春节期间收送现金、有价证券的工作；开展了治理教育乱收费工作；以进一步加强机关工作作风、师德校风和医德医风建设为重点，开展了民主评议行风“回头看”工作；转发了省教育厅《关于贯彻实施〈财政违法行为处罚处分条例〉开展自查自纠工作的通知》，对学校 2005 年财政收支活动进行检查。同时把纠正行业不正之风融入先进性教育活动中。

五、纪检监察理论研究及队伍建设

顺利完成中纪委驻教育部纪检组“廉政文化进高校”调研课题，形成《求真务实，开拓创新，大力推进高校廉政文化建设》论文；参加了四川省纪检监察学会举办的“廉政文化进高校”专题研讨会；在对学校2005年结案的几起职务犯罪案件进行剖析的基础上，撰写调查报告《严格执法执纪，提高案件检查工作质量》；牵头主办了成都市片区高校第五届纪委书记联席交流会。同时，坚持干部队伍政治及业务学习制度，纪委主要负责同志参加了全国直属高校纪委书记培训和直属高校新任领导干部培训；选送4名纪检监察干部参加教育部组织的业务培训。

在学校第六次党代会上，学校纪委工作报告认真总结了2000年以来学校反腐倡廉工作及其历史经验，并规划了今后一段时期学校党风廉政建设和反腐败工作。

宣传教育工作

一、思想政治教育

围绕纪念中国共产党成立84周年、纪念抗日战争胜利60周年、保持党员先进性教育活动、“三项学习教育”活动、迎接本科教学评估、110周年校庆筹备等重点，专门制定了《关于我校开展中国人民抗日战争暨世界反法西斯战争胜利60周年纪念活动的通知》、《关于在我校社科系统开展“三项学习教育”活动的通知》、《四川大学社科系统开展“三项学习教育”活动实施方案》、《关于2005年四川大学教职工政治学习的意见》等文件。同时，制定了《关于建立四川大学领导班子理论务虚会议制度的实施意见》等文件，使学校思想政治理论教育工作制度建设取得新进展。

积极组织各学院开展好纪念中国共产党成立84周年、抗日战争胜利60周年系列活动；推荐专家参加了省委宣传部组织的“纪念中国人民抗日战争胜利暨世界反法西斯战争胜利60周年”座谈会。

在保持党员先进性教育活动方面，编印“保持党员先进性教育活动简报”80余期，动态而全面地反映学校党员先进性教育活动各阶段工作情况及亮点；“简报”被教育部保持党员先进性教育活动领导小组采用4次，居全国高校保持党员先进性教育活动信息采用率之冠，被省教育工委党员先进性教育活动领导小组采用23次，居全省高校先进性教育活动信息采用率前列。

在“三项学习教育”活动方面，《四川大学采取“一二三四五”措施深化学教活动》作为学校“三项学习教育”活动经验被中宣部和四川省“三项学习教育”活动领导小组办公室全文转发；邀请省委宣传部常务副部长郑晓幸到校作《牢固树立正确的世界观、人生观、价值观，巩固和发展高校马克思主义理论阵地》理论报告；组织编印两本共625页的《四川大学社科系统“三项学习教育”活动学习文件及资料汇编》；编写活动简报15期；组织完成了有关“三项学习教育”课题2项。

积极开展各项思想政治理论教育研究。主持并参与省级课题立项及研究3项：一是在“高校保持共产党员先进性的长效机制研究”课题中，注重加强对“四川大学党员思想理论学习条例”部分的研究工作；二是开展了《牢牢把握先进文化的前进方向，大力推进文化事业和文化产业的发展》课题研究；三是完成了省委宣传部《关于当前和今后一个时期我国社会思想意识的变化及对策建议》调研课题研究。同时，积极组织学校广大理论工作者为“陈云生平和思想研讨会”撰写理论文章。

全年共编辑出版《思想理论教育研究》24期；向中宣部报送《舆情专报》约80篇，被采用20余条（篇）。

二、新闻宣传

四川大学新闻中心加强制度建设，制定了《四川大学对外宣传管理办法》、《四川大学关于建立新闻发言人制度的建议草案》等。加强对保持共产党员先进性教育活动、中美公立研究型大学校长研讨会、学校“双代会”、校庆110周年筹备等学校重大活动的专题新闻宣传，其中专门制定了《四川大学110周年校庆宣传方案》，开设了110周年校庆网站，网站设有校庆公告、组织机构、岁月留痕、校庆活动等9个栏目，每月邀约重要媒体对学校集中宣传报道10次，有力提升了学校的社会知名度和显示度，凝聚了全校师生力量。

学校对外宣传取得突破性进展，部分重要公众媒体全年报道学校共78次，其中《人民日报》3次、《人民日报（海外版）》4次、《光明日报》17次、《中国教育报》11次、中央电视台2次、中国教育电视台3次、新华社1次、新华网5次、中新社1次、人民网1次、《科技日报》2次、《大公报》3次、凤凰卫视《新闻今日谈》专访1次、《四川日报》13次、《教育导报》11次。

四川大学新闻网作为全校师生、校外媒体及校友了解学校的重要资讯平台，从1月4日至12月26日共登出1112条新闻，总点击率为2645980次；其《学术看板》栏目每周预告校内各类学术讲座，全年总点击率为202621次。针对学校一系列重大活动，新闻网开设各类新闻专题，突出报道重点。

四川大学教育电视台进一步建立健全管理制度，调整内部运行机制，加强学生记者队伍建设，成立了“四川大学学生电视传媒协会”，作为挂靠电视台的校级学生社团；新招聘了40余名学生电视人员，并进行了分工培训，成立了学生工作室。改革充实电视栏目，增设了“百川讲堂”、“校园DV眼”、“资讯新世界”等栏目，其中“百川讲堂”对校内专家教授讲座、社会知名人士应邀到校的讲座、各类访谈进行录制，丰富了校园文化生活，成为师生观看率和点击率最高的栏目。切实做好重大新闻的宣传报道，对李岚清同志到校演讲，中美公立大学校长论坛，加州大学总校校长戴恩斯、英特尔公司董事会主席贝瑞特、凤凰卫视首席时事评论员阮次山到校演讲，以及学校改革发展重大事项等进行了专题宣传报道，并制作发送了各类光盘2000余张，同时在国家级、省级电视台播出有关新闻12条。稳步提高了电视台收视率，自9月份安装调试完成硬盘播出系统，将原来周一、三、五晚上播出时段调整为全天播出，成为全国第一家实现全天候播出的高校电视台。建设完成四川大学电视台网站系统，实现了校园电视节目网上点播与直播的结合，师生通过电视台网站可以看到电视台所有自办节目，也可以在线观看电视台的网络电视节目；从11月开始，经过一个月的运行，网站点击率达到3万余次。

四川大学报全年出刊21期，每期都有策划、有重点，注重新闻整合，讲究版面编排，增强了可读性；每期出刊后都开展评报小结，不断改进、提高办报质量。根据需要，第四季度发行量由16000份增加到20000份，扩大了发行面；全年顺利完成与300余所高校校报的内部交换任务，扩大了学校影响。全年报道内容注重抓好五个方面：

一是及时报道学校党政大事要事，主要有：新一届校级领导班子上任、全校中层干部换届调整、“双代会”召开、大学生思想政治工作会、张保庆副部长视察学校、保持共产党员先进性教育活动、党代会召开等专题。

二是充分展示学校跨越发展新成就，主要包括：“985工程”建设及首席科学家、创新平台建设、本科教学迎评创优、国家级教学成果奖获奖新突破、科研经费突破5亿元、国家科技进步奖获奖取得最好成绩、获得一批社科国家重大项目、全国大学生“挑战杯”竞赛再获佳绩、新博物馆落成并对外开放、开辟大学生就业“绿色通道”、展示近5年成就迎接党代会等内容。

三是加强对有关专题的连续跟踪及深度报道，主要开辟了：“本科教学迎评创优工作”专栏专刊、“优秀教学奖及精品课程”专版、“中美公立研究型大学校长研讨会”专刊、“教代会”专刊、“教学科研先进人物”系列报道、“优秀学生及团员标兵”系列报道、“大学生心理健康教育”专版、“实践‘三个代表’重要思想”专栏、“保持共产党员先进性教育活动”系列报道、“四川大学优秀共产党员事迹”专栏、“博士后流动站成就及先进人物”专版等。

四是落实“三贴近”要求，加大对学校为师生职工办实事的宣传报道，主要有：学校及机关职能部门和各单位积极落实整改措施，为师生职工办实事；校领导深入各基层调研，召开各种座谈会，解决师生关心的热点难点问题等。

五是加强校园文化建设报道，增强办报育人功能，主要包括：杰出校友宋永华、赵永庄回母校讲学，阮次山、贝瑞特、李连杰等来校演讲，学校大学生艺术节、科技节，学校素质教育建设及成果、各种竞赛获佳绩等内容。

三、校园文化形象建设

宣传部牵头，会同档案馆、新校区建设指挥部、艺术学院共同策划制作江安校区“四川大学历史文化长廊”，完成文字初稿工作。由宣传部牵头，会同艺术学院等有关部门策划制作“四川大学视觉形象识别系统”，完成初稿。积极与校外媒体合作，开拓校园文化建设新渠道，其中与中国教育电视台合作，学校有7部优秀校园DV作品在中国教育电视台“国视DV”栏目展播，从不同角度反映了学校大学生的学习、生活与精神风貌，反应良好；与人民网合作，在网上相互作LOGLE链接，积极参与“大学生年度人物”评选活动，增强我校知名度；与中央电视台《讲述》栏目合作，推荐大学生DV、MV作品，用DV的方式宣传和展现四川大学风貌；邀请凤凰卫视著名时评家阮次山先生来校作大型演讲。另外，学校初步制定了《四川大学“和谐川大”建设工程实施纲要》。

统 战 工 作

一、统战工作制度体系建设

为认真贯彻落实《中共中央关于进一步加强中国共产党领导的多党合作和政治协商制度建设的意见》精神，学校于3月下旬召开了四川大学党外干部学习会，会议由校党委副书记周学东主持，副校长陈爱民，校党委统战部、宣传部负责人，各级人大代表、政协委员、民主党派负责人、政府参事等70余人参加了会议；4月上旬，省委统战部常务副部长董玉梅同志一行到校与党外人士座谈；根据教育部和上级统战部门关于高校统战工作规范化和制度化建设要求，学校经认真修订和完善统战工作各项规章制度，进一步形成和健全了学校统战工作制度体系，包括1个意见、12项制度（规定），即《中共四川大学委员会关于进一步加强统一战线工作的实施意见》，以及《关于帮助和指导民主党派加强自身建设的工作制度》、《关于无党派人士工作制度》、《关于留学人员统战工作制度》、《关于台港澳和海外统战工作制度》、《关于民族宗教工作制度》、《关于党外人士的培养选拔和安排任用制度》、《关于统战宣传、理论研究和统战信息工作制度》、《关于邀请党外人士参加有关会议和活动的制度》、《关于党员领导干部同党外人士联系交友制度》、《关于为民主党派（团体）提供必要工作条件的制度》、《关于党外代表人士相关待遇的规定》、《四川大学党委统战部工作职责》。

二、参与治校

一是及时向民主党派负责人和无党派人士通报学校工作情况，认真听取党外人士意见，共商学校发展大计。二是在学校中层干部调整工作中，积极推荐和鼓励符合申报条件的党外人士竞聘正、副处级行政管理岗位，共有43名党外人士受聘为中层领导干部，占学校行政中层干部总数的18.1%，比换届调整前增加8人，平均年龄为44.5岁，其中，女性7人，无党派人士25人、民主党派15人，具有正高职称28人、副高职称14人，具有硕博士学位的36人；调整后，全校29个学科型学院有18个学院配备了党外干部，有4个学院院长为党外干部。三是7月至12月，广大党外人士认真对学校开展保持共产党员先进性教育活动提出意见建议，进行批评监督，积极应邀参加先进性教育有关活动，其中着重参与了对学校党政领导班子、领导干部、各基层单位领导班子的民主测评工作，并针对整改方案提出批评意见。

三、参政议政

学校各级人大代表、政协委员、政府参事针对落实科学发展观，着力解决经济社会发展中的突出问题和矛盾，开展调查研究，积极建言献策，向各级政府提交数十份提案、建议和报告并得到重视和采纳。其中在四川省政协第九届委员会第一、二次会议评选的100件优秀提案中，以我校政协委员吴康敏、张宗才、肖茂春、王锋鹏、何一民、李安民、冯小明、干胜道等人领衔的9件提案被评为优秀提案。

四、党外干部队伍建设

选送2人参加中央社会主义学院学习，4人参加四川省党外代表人士培训班学习，2人参加省委党校中青年党外干部培训班学习，5人参加市委党校党外后备干部培训班学习。经由省、市委统战部审定，学校向有关部门推荐党外后备干部20余人，其中四川省政府参事2人、成都市政府参事1人、四川省文史馆馆员1人、彭州市副市长1人、民革中央委员1人、四川省知识分子联谊会副会长1人、四川省监察厅特约监察员5人、四川省审计厅特约审计员2人。全年新发展民主党派成员21人，分别增补了学校民建、农工等民主党派主要负责人。

五、社会服务和海外统战工作

一是组织党外医卫专家先后到广汉、西昌、崇州、龙泉开展义诊服务活动；组织13名归国留学人员于6月3日参加市委统战部、民建成都市委举行的归国留学人员与民建企业家座谈及项目对接活动。二是增补了四川大学侨联主席；按政策规定，通过市侨办为学校11人办理了侨属证；年终专门慰问学校归国华侨12人；借助海外统战工作，加强学校110周年校庆活动宣传。

六、理论研究与工作交流

一是参与完成了省委统战部调研课题《四川省新一代党外代表人士特点及成长规律研究》；《以中央5号文件为契机，谱写多党合作事业新篇章》、《新时期社团统战工作的对策分析》、《发挥高校特点和优势，支持民主党派搞好基层组织建设》、《发挥高校党外人士的三个重要作用》等4篇统战工作文章在有关刊物发表和有关会议交流。二是5月接待贵州大学考察组到学校调研和交流统战工作；10月接待武侯区人大科教组到学校调研社区建设和考察活动；11月接待成都市政协教科文卫专委会高教组到学校调研社区建设并考察学校活动；12月与市委统战部和武侯区民族宗教事务局共同研讨有关处理非法传教问题等事宜；全年共编发统战工作简报《川大统战》4期，上报统战信息6期。

离退休工作

一、“六老”工作

加强老有所养、老有所乐、老有所医、老有所为、老有所教、老有所学等六项工作。主要有：一是学校自10月正式启动全校离退休教职工生活补贴标准提高工作；组织离退休干部及教工参加了“四川大学纪念抗日战争胜利60周年大会”，并组织全校老战士到大邑抗战纪念馆参观学习；组织全校第一批3000余名退休教职工进行了体检，并实行人性化服务，受到老同志们的一致好评。二是加强关工委的工作，关工委继续动员、组织更多的老干部、老教授对大学生和青年教职工热情关怀、积极引导，以多种形式促进大学生和青年教职工全面发展。三是加强老年大学工作，学校三个老年大学分校在2005

年共设22个专业、80个班级，拥有1900名学员，丰富了老同志们的校园文化生活。四是积极筹建“老教授、老专家咨询服务中心”，“中心”的建立将进一步促进人才的二次开发，并为老教授、老专家提供发挥专长，继续为社会作贡献的平台。

二、离休干部待遇工作

按照四川省委组织部、省委老干局和省教育厅有关文件精神，学校积极与省委老干局联系，为全校10位离休干部办理了享受正厅级工资、医疗待遇，为33位离休干部办理了享受副厅级工资、医疗待遇，为56位离休干部办理了享受正县级工资、医疗待遇。同时，在全校范围内率先解决离休干部住房补贴，总经费达900万元，大部分离休干部在2005年领到了住房补贴。

工会和教代会工作

一、“双代会”及提案工作

一是成功召开学校第一届教职工代表大会第五次会议暨第一届工会会员代表大会第二次会议，会议听取了《四川大学校长工作报告》、《四川大学2004年财经工作报告》、《四川大学教师队伍建设实施办法》和《四川大学关于进一步深化分配制度改革的实施办法》说明，审议通过了《四川大学教师队伍建设实施办法（草案)》、《四川大学关于进一步深化分配制度改革的实施办法（草案)》、《四川大学教职工住房补贴实施办法（草案)》，以及《四川大学工会、教代会工作报告》，通过了《四川大学第一届教代会第五次会议暨第一届工代会第二次会议决议》；会后，认真做好提案工作，在106份提案中，按程序协商立案6个、重要建议类5个、一般意见和建议类74份，对提案实行了全部回复。二是不断完善二级教代会建设，起草了《二级教代会实施细则》，健全了二级教代会工作上报制度。截至2005年，全校39个部门工会中已有85%建立了二级教代会，并积极开展了有关工作。

二、校务公开工作

进一步加强校务公开制度建设，制定了《四川大学关于进一步加强校务公开工作的补充意见》、《四川大学校务公开督查考评与责任追究办法》、《四川大学院务公开实施细则》、《四川大学关于推进处务公开的实施细则》等。进一步加强源头参与工作，25名教职工代表参加了学校人事争议调解委员会、人事分配制度改革监督小组、收费管理委员会、公房管理委员会督查小组、分房委员会等机构，并参与了学校重大事务的讨论和决策。加强了对校务公开工作的自查，在40多名教代会代表和工代会代表中开展了对校务公开工作的满意度测评，满意率达95%。另外，参加了四川省校务公开工作座谈会，并做了《不断完善校务公开制度，努力构建校务公开长效机制》的主题发言。全年及时更换《校务公开栏》内容12次。

三、校领导接待日和为教工办实事工作

一是校领导接待日全年共开展24次，

接待来访教职工200余人次。二是努力为教职工办实事办好事。主要有：继续配合有关部门做好教职工子女入学工作，其中小升初报名193人、录取100人，初升高报名92人、录取8人，高考报名247人、录取77人；建立了以校工会主席为主任的学校人事争议调解委员会，下设人事争议调解办公室，各学院也相应建立健全了调解组织和调解员，为开展教职工法律援助和法律服务提供了支撑平台；深入基层广泛收集和听取教职工心声，将教职工普遍关心的六大热点与难点问题列入学校保持共产党员先进性教育活动整改方案，并逐步解决。三是坚持多形式、多层次开展“送温暖、献爱心”活动。主要有：学校党政领导带队于春节前看望和慰问了12名劳动模范和101名生活困难教职工；对全校困难职工（包括离退休同志和教职工家属）状况做了摸底调查，专门开展了青年教职工基本状况问卷调查工作，在下发并回收调查问卷1280份基础上，形成了分析报告；组织了3519名青年教职工和14名省部级以上劳模参加体检；组织学校大龄单身青年参加了省市及相关学校举办的联谊活动，协助解决大龄青年的婚恋问题；倡议并组织教职工积极为灾区和贫困地区提供捐助，其中年初为印度洋海啸灾区募集捐款约23.85万元和价值10万元药品，年末为江西瑞昌地震灾区募集捐款1万元，为四川阿坝州贫困地区募集捐款2.27万元、衣物3000余件。

四、工会活动及组织建设

一是参与举办了学校“中青年教师双语教学比赛”，共有20名选手参赛；配合教务处、人事处开展了“普通话朗诵比赛”；会同后勤集团举办了“四川大学青年职工烹饪技术比赛”，来自饮食中心16个食堂的共84名厨师参加了比赛；于“三八”节期间举办了“四川大学‘巾帼建功’风采展”，共28个单位参展；举办了庆教师节“免费赠书与优价购书活动”；开展“知识女性”风采展示和“科学母爱”征文活动，收到征文14篇（汇编成册）、推荐材料11篇，其中4篇文章被推荐参加四川省教科文卫工会组织征文评比活动并全部获奖，学校工会获“优秀组织单位”称号。同时组织教职工参加学校“健身秧歌舞”比赛、田径运动会、庆祝第六次党代会拔河比赛、教职工网球及乒乓球比赛、成都市高校纪念抗战胜利60周年合唱比赛、四川省纪念抗战胜利60周年“春熙放歌”文艺晚会等文体活动；加强了对教工合唱团和舞蹈队的指导与支持，协助合唱团完成了团务委员会的换届改选。另外还承办了四川省第三届“西华师大杯”教职工比赛成都地区普通高校选拔赛和决赛，并积极组队参赛，获选拔赛第三名、决赛第七名。

二是加强工会自身建设，进一步健全工会工作制度、内部管理制度，不断推进工会工作的制度化、规范花和科学化；进一步加强工会干部队伍建设，积极指导部门工会做好工会干部调整，解决落实了部门工会主席和副主席的待遇问题；认真开展“三贴近”活动，按照校工会干部分片分组联系调研制度，深入到21个学院（单位）进行了认真调研，同时还就外来务工人员的入会问题、股份制企业职工的入会问题等做了专题调研。同时，积极开展对学院（单位）创建“教职工之家”工作的检查验收与考核评级，以现场会的方式，对华西医院进行验收并授予“模范教职工之家”称号；承办了成都地区普通高校工会活动组工作会议和全国高等医学教育工会工作研究会常务理事会2005年会；组织全校会员参加了全国纪念全国总工会成立80周年知识竞赛活动，发出并收回万余份竞赛题。

安全保卫工作

一、政治保卫及稳定工作

一是与全校71个二级单位签订《维护稳定责任书》，开展了抽查和督促整改工作，搜集维护稳定信息80余条，确保了全国“两会”等重要时期的学校安全稳定。二是重新组建了学校防邪工作领导小组，完善了相关工作预案；配合四川省科协开展防邪宣传，在师生员工中发放“反对邪教、崇尚科学”的宣传品1000余份；与街道办事处、辖区派出所相互配合，加强对学校原“法轮功”人员进行帮教和转化工作；三是加强国家安全宣传教育和出国（境）管理，制作了6个国家安全法宣传展板，对1万余名学生进行了国家安全教育；印制了1000份《因公出国（境）人员守则》，发送50余人次；受理赴边境地区申请400余人次，受理因私出境各类咨询1500余人次。四是确保在校境外人员安全，妥善调解涉外纠纷5起，有效防止了矛盾激化；加强了对“美中友好志愿者”办公场所的值守工作，全年无安全事故。五是接待各级机关来校开展工作人员120余批、350余人次，完成在校境外人员800余人次信息输机工作和多起大型统计工作，完成“登记备案人员”电子录入722人，对30余名毕业生进行了参军政审和部队复审。

二、治安防范与治理

一是加强校园治安防范工作。望江、华西校区“校园110”全年出警共1454次，挡获各种违法人员618名，调解交通事故39起、各类民事纠纷64起；为师生员工排忧解难92起。江安校区在学生宿舍、围墙、白石桥、观光长桥、水闸桥、精工车间等多个地点设立了治安执勤点，坚持每两小时1次不间断安全巡逻，每晚3次对分布在教学楼、宿舍、商业街、校门及其他重点部位的20多个安全岗位进行检查，全年累计检查10255次，同时向学生提供宣传展板8000余张次。江安校区“校园110”全年共出警5000余次，处理各类纠纷400余起；为同学挽回经济损失5万余元。同时，江安校区保卫队员全年出动4600余人次，先后圆满完成20余次大型活动、110余次中小型活动安全保卫任务。

二是加强校园门卫管理。望江、华西校区门卫坚持每周二分队队长政治学习、每周三全体队员军体队列训练制度，坚持向进出校门的机动车收发出入凭证；江安校区门卫坚持周一至周五学生凭假条出校的半封闭式管理，机动车严格凭证进出校门，并向驾驶员共发放《安全行驶告知书》3000余份，纠正超速车300余辆，在青春广场附近环道每天3次、每次40分钟定点指挥交通，保障安全畅通。学校门卫保安队员全年为各类大型活动在校门担负执勤及警卫任务共31次，出动人员827人次。同时，学校加强对门卫队员的严格管理，全年共辞退违纪违规队员5人，厉令作出书面检查的队员18人，同2004年相比，违纪违规队员人数下降

90%。

三是对学校各片区进行安全检查106次，整改安全隐患35处，其中加强对危险物品的安全检查，全年共检查75次，发现并整改隐患6起，有效防止了治安灾害事故的发生。

三、消防安全工作

一是落实消防责任，学校与各院（系）、各处级单位签订了《防火责任书》，对5起火险、火灾事故责任人进行了严肃处理。二是开展消防宣传教育及培训。学校下发有关消防宣传教育文件14份；对31个单位实验室的1800余名教职工、400余名安检人员和13000名新生（含锦城学院、成人教育学院学生）进行了消防培训；组织了29名重点防火岗位责任人参加市消防支队消防培训，考核合格并获上岗证；组织了2000余名教职工代表、7000余名学生代表参加了火灾现场教育，并拍摄制作了《“9·12”火灾警示录》电视专题片；专门为外籍学生印发了中、英文的《学生宿舍防火安全十不准》。同时，学校开展了包括演讲比赛、橱窗宣传、灭火演习、紧急疏散演练等内容的119消防宣传系列活动；学校选手获四川省安全生产演讲比赛一等奖。三是加强消防安全检查和整改。坚持每周对学生宿舍进行两次消防安全检查，节假日前对重点防火部位进行拉网式检查，并与成都市其他高校共同开展交叉防雷检测工作，全年共下发安全检查登记表114份，处理违章用电用火学生7名，下发火灾隐患整改通知书168份，对9起重大火灾隐患进行了重点督促整改。同时加强对消防设施的维护保养，对167个室内外消防栓进行了维护，发放灭火器材6000余具，更换室内消防水带30根、水枪20余支，新安装室外消火栓3个。

四、校园环境整治

一是加强制度建设，学校制定下发了《关于限期拆除校园内违章建造物、构筑物及限期恢复建筑物外形立面的通知》、《关于在校内设立犬只禁止区和加强犬只管理的规定》、《关于整治校园内违规商业店铺及零星摊点的通知》等相关规定，为全面关停经营店铺，净化校园环境打下了基础。二是加强校内经营管理。1月～3月，开展对望江校区竹林村违规搭建、破墙开店专项整治工作，在关停27家违规经营店铺后，将竹林村移交学校社区办和家属委员会管理；3月～7月，对东区违规经营饮食的三家“钉子户”进行专项整治并依法强制取缔；3月～12月，学校共取缔校内饮食摊点28家，处理违规经营三轮53辆，驱逐流动摊贩130人次，纠正垂钓等不文明行为300余次。三是开展治理校园狗患专项活动，按照“广泛宣传，专项整治，巩固成果”三步走的预定方案，学校制作宣传横幅40余条，出动人力1000余人次、机动车6台，共捕获无主犬23只，制止养狗不文明现象800余次。四是规范校内广告栏张贴秩序，制定了《四川大学关于校内张贴广告的规定》，对外来张贴广告的单位进行清理整顿，规范管理了12家，清理出校10余家。

五、户籍管理和证照办理

完成了8756名毕业生的户口迁移证打印、盖章及户口本的异动、注销工作。为83名新进校教职工办理入户手续，完成了15000余名新生（本科生10000余名，研究生5000余名）户口的数据上报和入户办理工作。全年接待办理户证事务的师生职工约16000人，印发身份证办理指南2000余份；请公安户政机关上门为近4000名师生职工及家属办理了第二代身份证；协助公安机关办案查询户口30余次。同时，江安校区办理机动车出入证861个、临工出入证1800余个。

保密工作

一、保密组织机构建设

学校党委对校保密委员会进行调整，校党委常务副书记罗中枢担任校保密委员会主任，副校长李光宪和纪委书记徐兰任副主任，委员由党办、校办、组织、人事、科技、外事、保卫等部门主要负责人共26人组成，这次调整进一步明确了各部门委员的具体职责，实行责任到人。同时，各学院党委也调整了各自的保密工作领导小组，原则上由学院党委（党总支）书记担任领导小组组长。

二、保密规章制度建设

为推进保密工作制度化、规范化、科学化管理，学校对原《四川大学保密工作制度汇编》进行了修订和补充，编印了《四川大学保密工作管理制度汇编（修订)》。《汇编》中新增加了《四川大学涉密信息保密管理规定》、《四川大学涉外保密管理规定》、《四川大学关于限定国家秘密事项及载体接触、知悉范围的规定》、《四川大学军工涉密科研实验保密管理的规定》等具体保密规章制度。《汇编》为学校执行保密法规、落实各项保密管理工作提供了依据。同时，坚持“谁主管，谁负责”的原则，加强落实保密工作责任制，学校保密委员会分别与各学院、机关部处、业务实体单位主要负责人签订了《四川大学保密工作责任书》。

学校党委评选、表彰了2001—2005年度保密工作先进集体10个、先进个人18名。

三、保密教育与培训

7月和12月，学校举办了两期“四川大学涉密人员保密技术培训班”，参训人员达200余人，截至2005年，学校涉密人员和保密干部的培训率已达到90%以上。同时，利用多种形式对师生职工广泛开展保密法制宣传教育。据统计，全年党校对6607名入党积极分子（其中教职工110名、学生6497名）进行了保密教育；人事处对120名新上岗教师进行了保密安全培训；保密办与校保卫处、外事处一起对出国（境）人员进行出国前保密教育共1600余人次；学生工作部、政治学院与各学院利用《法律基础》课、《形势与政策》课、《思想道德修养》课等，并通过学生党团组织生活会、班会等多种渠道和形式，继续加强对学生的保密知识教育；校保密办订购了60份《保密工作》杂志，分发给校领导和有关部门负责人，保证大家能及时了解保密工作动态。

四、国家秘密载体管理

在做好有关定密、对外提供论文、资料保密审查等日常保管工作的基础上，学校按照《中共中央保密委员会办公室、国家保密局关于国家秘密载体保密管理的规定》和《四川大学涉密载体保密管理办法》等规章制度，增强了对国家秘密载体的管理力度。涉密文件在收发、传递、使用、保管和清退等各个环节做到登记明确、手续清楚，不擅自扩大知悉范围。同时，校保密办统一组织，分 4 次将全校各单位涉密（内部）资料集中运往市保密局指定地点进行监销，杜绝了国家秘密流失的隐患。

五、保密资质认证工作

为适应今后在国防研究方面的发展，学校积极申报二级保密资质认证。5 月，学校组建了四川大学保密资格审查认证工作领导小组，成立相应办公室，全面负责保密资格审查认证工作。认证领导小组成立以来，校党委常务副书记罗中枢、副校长李光宪和纪委书记徐兰多次召集各学院及课题组负责人召开相关会议，就学校开展武器装备科研生产单位保密资格审查认证工作进行了布置，有关学院也采取了积极措施，健全保密规章制度，进一步加强了项目管理和涉密载体的管理。根据《武器装备科研生产单位保密资格审查认证管理办法》的要求，校保密办、科技处加大了对保密要害部位督查工作力度，5 月份以来，多次到 13 个学院军工项目课题组进行了保密工作重点检查，明确了需要加强和改善的方面。

六、考试保密管理

学校各教学单位严格执行中共中央保密委员会办公室、国家保密局《关于进一步加强国家统一考试保密管理工作的通知》和《四川省教育统一考试安全保密管理试行办法》规定，严格考试管理，加强硬件建设，确保没有考试失泄密事件的发生。研究生院、教务处等部门建立了高标准的试题保管室，安装了现代化的监控设备，学校试题保管室各项保密安全指标符合国家和省上的全部要求，同时制定和完善了《试卷保密管理制度》、《试卷值班守护人员职责》、《研究生命题人员保密义务承诺书》、《研究生试卷保密室出入人员登记表》、《研究生试卷涉密人员保密责任书》等相关保密规章制度，对每一次考试精心组织，严密部署，确保了全校各级各类考试顺利进行。

大学生思想
政治教育篇

理论教育与成长指导

一、时政学习及思想政治教育管理

积极开展学生党员先进性教育活动。根据学校先进性教育活动实施方案及总体部署，结合学生实际，制定实行《四川大学学生党员“保持共产党员先进性教育活动”实施方案》。按照“双重覆盖，先行一步”的原则，在开展好“四讲一讨论”的基础上，以活动为载体，开展了“四比(思想比先进、学习比勤奋、生活比节俭、兴趣比高尚）活动”、争当“五好（学习好、思想好、工作好、纪律好、作风好）党员”活动、“十佳党支部”和“五好党员”标兵评选活动、优秀学生党员先进事迹报告会、保持共产党员先进性知识竞赛、“从我做起，向我看齐”演讲比赛、重温入党誓词等特色教育活动；明确要求每名学生党员做到“五个一”，即联系一个学生寝室，联系一名入党积极分子，帮助一名学生，写一篇高质量的学习文章或心得，为学校的发展做一件实事；同时积极探索和建立学生党员先进性长效机制，建立了党员墙、党员床头卡、党员示范岗、党员服务支队等制度，提出了“有困难，找党员”的口号等。党员先进性教育活动的开展，促进了学生党建工作，全年各学院组织举办了学生党校培训班32个，共计培养学生入党积极分子6507人，发展学生党员4000人。

进一步贯彻落实中央16号文件精神。组织召开了加强和改进大学生思想政治教育工作座谈会和研讨会；制定了《四川大学关于学习贯彻中央十六号文件，进一步加强和改进学生思想政治教育工作的实施意见》及相应的配套措施；于6月24日举行了“四川大学加强和改进大学生思想政治工作会”。

积极利用形势与政策课、党课、团课、党团组织活动、主题教育活动、形势报告会等形式，加强学生的时政及理论学习和主旋律教育，推进邓小平理论和“三个代表”重要思想的“三进”工作。制定和实施了《加强〈形势与政策课〉和主旋律教育活动方案》，编印各类形势与政策课资料4500多份，开展了国内与国际政治经济形势、学习“两会”精神、学习十六届五中全会精神、中日关系形势、研究生学术道德、学风建设、保持共产党员先进性教育、纪念抗日战争胜利60周年、学习“神六”精神、毕业生教育、职业生涯规划等专题教育；根据本科生与研究生实际，对形势与政策课学习进行了分类考试和考核；为推动形势与政策课教学改革，举办了“四川大学形势与政策课教学评比竞赛”。同时举办了纪念抗日战争胜利60周年报告会、座谈会、爱国主义电影展播、“百名优秀学生干部‘小平故里行’”、爱国主义教育基地参观、“红色旅游”等主题活动、纪念“一二·九”运动70周年“激情川大”合唱大赛、“我心中的毛泽东”演讲比赛、“使命·责任·修身”演讲大赛等特色教育活动。另外为全校学生订购了《光明日报》、《人民日报》、《中国青年报》、《参考消息》等报刊3368份，保证每个班都有报可读，使学生能及时了解国内外时事（见表1）。

以团建为有效途径，促进学生思想政治教育工作。一是按照团中央、团省委、团市委有关要求，于2005年9月至12月在全校开展了“增强共青团员意识”主题教育活动，活动的开展进一步完善了共青团工作长效机制，实现了“增强团意识、健全团组织、活跃团工作”的目标。二是继续深入开展“团旗插遍主战场”活动，不断增强团组织战斗力和凝聚力。活动包括：健全和完善团日活动制度及团组织生活制度，在全校开展“举团旗，戴团徽，唱团歌”系列活动；进一步加强江安校区学生公寓围合分团委建设等。三是为加强团员青年自身修养及模范带头作用，提高团员干部综合素质，组织了以“人格+知识+能力”为主题的团校学习活动。

发挥共青团阵地作用，抓好各项宣传教育工作。一是制作了纪念建党84周年暨反法西斯战争胜利60周年、“11·9”消防安全知识、保持共产党员先进性教育、团委5年工作成绩及整改成效等宣传橱窗专栏；组织各学院开展了以纪念“‘一二·九’运动七十周年，弘扬爱国主义传统”为主题的海报评比活动。二是进一步加强了对《川大人》报社、广播站、蓝色星空BBS的管理指导，共出版了9期《川大共青团》、3期《川大人》报及1期《川大人》报学习子报和红色旅游特刊；完成了蓝色星空BBS的服务器更新换代、注册用户审核、外网发文管理等工作，对全站200余个版面及其版主、版务作出评估和表彰，对20余位不合格的版务进行了撤换，关、停、并、转共计18个版面。

学生思想政治工作取得显著成效，得到社会各界的高度肯定。2005年，3月1日晚，中央电视台《新闻联播》报道了学校采取措施积极落实国家助学贷款政策，使贷款发放工作走在全国高校前列的消息；4月3日晚，中央电视台《新闻联播》以《四川大学：以学生宿舍社区为思想政治工作切入点努力营造温暖育人环境》为标题，专门报道了学校学生思想政治工作取得的显著成效。《光明日报》、《中国青年报》、《四川日报》等新闻媒体也先后对学校学生思想政治工作的显著成效给予报道。另外，学校共青团工作被国家级媒体报道33次、被省市级媒体报道40余次。

二、“两课”教学

学科建设平台得到进一步发展。政治学院进一步完善学科型学院的建设，健全以思想政治理论课教学为基础、国际政治本科专业教育为重点、专业研究生教育为支撑的办学体系，新增了“政治学”和“马克思主义理论”2个一级学科硕士学位授权点，成功申报了“马克思主义中国化研究”博士点，实现了博士点零的突破，学院在校本科生人数达到100人，研究生人数达到99人。同时继续开展好“四川省高校‘两课’师资培训和科研中心”的各项工作。

进一步落实中央16号文件精神，并认真贯彻中宣部、教育部5号文件精神，以迎接教育部本科教学评优为契机，推进思想政治理论课教学改革，增强思想政治理论课教学的实效性。进一步探索并实施了四大教学模式，即“四化三结合”教学模式、理性与情感双向激活教学模式、思想道德教育教学与心理健康教育相结合模式、第一课堂与第二课堂相结合模式；全面启动公共思想政治理论课教学新方案工作，制定了思想政治理论课新方案的具体实施意见；继续加强教学督查工作，学院专家、干部、教学督导组等各个层次深入课堂听课和检查 50 多次；举办了“我心中的毛泽东”和“使命·责任·修身”等全校性的大型演讲比赛。

加强学术研究工作。围绕“构建和谐社会”和“马克思主义中国化”等系列理论问题，举办了各种形式的学术讨论会；继续建立健全科研激励机制，继续提供专项经费为每位教师订购学术资料或期刊；投资 60 万元启动和建设“‘523’实验室项目——四川大学思想政治理论教育中心”，加强思想政治理论课的文献资料建设。

加强思想政治理论课师资队伍建设。继续实施思想政治理论课学术和学科带头人制度，以及青年教师培养“一对一”指导教师制度；鼓励和支持思想政治理论课教师参加全国、省、市学术会议，鼓励和支持思想政治理论课教师在职攻读博士、硕士学位；聘请了多位全国知名专家、学者担任学校思想政治理论课教学兼职教授，邀请了多位全国知名学者来校讲学。

2005 年《马克思主义哲学原理》被确定为四川大学校级精品课；学校思想政治理论课教师荣获四川省优秀教学成果奖二等奖 1 项、四川大学优秀教学成果奖三等奖 1 项、四川大学优秀教材奖二等奖 1 项、四川大学青年教师电子教案比赛三等奖 1 项；获准四川省教学改革项目 1 项；主编和参编各类教材和教学辅导书 5 部；参加省部级以上科研项目 10 项；公开发表论文 50 多篇，其中核心刊物 28 篇，被转载 6 篇。

三、心理健康教育

继续加强了心理健康教育组织管理机构建设；进一步健全落实了大学生心理危机干预实施方案，全年成功对 30 余位学生进行了心理危机干预；继续抓好《社会心理学》、《大学生心理健康》、《人际交往心理》、《成功心理学》和《学习心理学》、《公关心理学》等心理健康教育选修课的教学及管理工作；积极做好了心理健康教育专业实验室及“525”立项项目启动的前期准备工作（参见表 3）。

开展了丰富多彩的大学生心理健康教育活动。一是举办了“5·25”大学生心理健康日知识宣传周系列活动。主要包括：心理健康专题讲座、心理健康知识展板比赛、学生心理沙龙、心理影片展播、心理健康征文比赛、心理健康书签比赛、心理健康网页制作大赛、“关爱心灵”现场咨询、“阳光心理热线——为毕业生留一片空间”、心理情景剧演出以及各类宣传等。活动共发放学校大学生心理学会会刊《心携》、心理健康知识书签和彩印资料近 2000 余份；开设各层次专题讲座 20 场次，内容涉及人际交往、情绪管理、恋爱心理健康、性心理健康、走向社会的心理准备、自卑与超越等，累计听众 4000 余人次；制作橱窗 22 个，展板 80 余块，标语 30 多条；收到学生心理健康征文 80 多篇，书签作品 97 份，网页设计作品 27 件。在活动中，学校承办了第六届四川省高校心理情景剧汇演大赛，学校作品《网》夺得“最佳剧目奖”。二是邀请或组织校内外专家及各界人士举办有关专题讲演活动。其中：邀请美国加利福尼亚大学心理教育研究所所长来校讲学，讲座持续 4 天，省内高校近 400 名师生参加了讲座；承办了由中国红十字总会和四川省红十字会主办的“‘阳光心灵工程’大型讲座——心灵的环保”讲演活动，邀请了国际著名影星李连杰先生为同学们讲述如何面对人生挫折、如何看待人生等话题，学校及成都市高校近 4000 名师生参加了讲座（参见表 4、表 5）。

抓好了对新生的心理健康教育工作。在新生军训中深入开展心理健康教育，创新地将团体心理训练带入军营，培养学生在团体中的良好心理素质；继续向新生发放《致新川大人——给新生的一封信》，向新生介绍学校心理健康教育服务体系，让新生充分了解心理求助渠道；完成了对学校2005级10000多名新生的心理普测工作，根据测评结果分期分批进行了个别与集体反馈。

进一步加强心理咨询工作。一是加强个别心理咨询，在三个校区的四个咨询室每周开出19个单元的个别咨询，每周一至周五下午由专人值班，全年共接待来访学生1500余人次；二是开通“阳光心理热线”，校党委书记杨泉明亲自出席仪式并授牌，其他相关校领导也参加了开通仪式，热线的开通拓宽了学校心理咨询工作平台，标志着学校心理健康教育工作取得新的突破。

加强了对心理健康教育专兼职队伍的培训和对院系心理健康工作的联系指导工作。一是全年度共18人次参加了省教育厅组织的心理健康教育教师培训，10余人次参加了省相关学会组织的培训；二是通过实行强化培训、目标责任制、学院联系制、个案分析制、工作交流及奖励机制等，加强了对院系心理健康教育工作的指导，学校心理健康教育中心的4位主任、副主任分别直接负责对工科、文科、理科、医科学生危机干预方面的指导与协调工作；三是发挥心理学研究生和大学生心理学会往届干部的作用，加强对大学生心理学会的专业指导和扶持工作。

加强了对外交流工作。4月6日至9日，承办了省教育厅主办的高校培训班“生命教育工作坊”学术活动，与省内外多所学校加强了友好交流关系。

基础管理与服务

一、校风学风建设及宿舍管理

加强校风、学风建设的宣传教育。帮助学生深入理解“海纳百川、有容乃大”和“严谨、勤奋、求是、创新”的川大精神；组织学生认真学习《公民道德建设实施纲要》、《中国公民手册》中有关公民意识、传统道德规范、基础法律法规等方面的内容，提高学生自觉践行社会主义道德规范、公民法纪的意识，促进优良校风、学风的建设。

抓好各项制度建设和纪律教育及管理工作。加强对《四川大学进一步加强学风建设的五大制度措施》的落实及督查工作；组织思想政治工作干部、教师和广大学生认真学习教育部新修订的《普通高等学校学生管理规定》，并根据教育部新修订的《普通高等学校学生管理规定》要求，制定了《四川大学学生纪律处分暂行条例（征求意见稿）》和《四川大学学生校内申诉处理管理暂行规定（征求意见稿）》，进一步健全学校各项学生管理工作制度，完善学生学习检查督促评估等机制；组织学生认真学习《四川大学学生手册》，特别加强对学生上课的出勤检查，狠抓学生电脑使用方面的管理，严肃考风考纪；指导学生文明检查监督队、校园网络检查监督队、学生助理、学生民主管理委员会食堂监督岗等学生组织，组织学生参与晚归检查、寝室安全用电及防火检查、食堂秩序维护、校园反偷盗自行车、深夜教室纪律安全执勤等工作；组织了学生“119”消防安全演讲比赛、“119”宣传日灭火演习等活动，增强学生的安全防火意识。

加强学生宿舍管理及宿舍精神文明建设工作。一是全年安排思想政治工作干部及教师800余人次、学生4000余人次开展学生宿舍群联群防工作，其中安排思想政治工作干部及教师800余人次轮流进驻学生寝室开展晚值班工作；二是组织和引导学生开展丰富多彩的宿舍文化活动，其中在江安校区开展了“2004—2005年度学生文明寝室评比活动”，共评选出文明寝室117个，积极把学生宿舍建设成为大学生健康成才的重要培养基地。

二、本科生服务管理

做好各级各类学生评优工作。评选并推荐出22名同学获得“四川省三好学生”称号、12名同学获得“四川省优秀学生干部”称号、10个班级获得“四川省先进班集体”称号；评选出校内综合奖学金一等奖497人、二等奖991人、三等奖2232人、单项奖学金一等奖1731人、二等奖3220人，发放奖学金共415.09万元；评选新生入学奖572人，发放奖金37.95万元；评选出660名贫困生获得国家奖学金每人4000元，共计264万元，1600人获得国家助学金每人每月150元，共计240万元。

做好各类社会奖助学金的申办及管理工作。一是续设和新设校级社会奖助学金10项（其中2项为续设项目，新增协议资金70多万元，其余8项为新增项目，协议金额近300万元），校级社会奖助学金项目较上年增长约50%，达到30余项；新增年度社会奖助学金额60余万元，全年度社会奖助学资金达200万元，资助学生1400余人。其中，新设的“北京永庄十佳大学生奖学金”、“香港思源基金会奖助学金”、“真维斯助学金”三项社会奖助学金，捐赠金额分别为人民币100万元、40万元、38万元。同时，继续做好中国石油奖助学金、霍济光奖学金、四川电信奖助学金、宝洁奖学金、中科院奖学金、和氏璧奖学金、唐氏奖学金等社会奖助学金的评选工作。二是积极做好各项社会奖助学金的后续管理及服务工作。其中，开展了“唐氏奖学金社会调研活动”、“嘉里粮油奖学金暑期实习活动”等；受教育部港澳台事务办公室委托，整理出版了周凯旋基金会“明天女大学生奖学金”首批获奖学生优秀文集《玫瑰心香》2000册，获得各方好评。

积极开展贫困生助学工作。一是全面推进新机制下的国家助学贷款工作，完成5900余人共计7390多万元（其中2005级新生有2000名，共计1200万元）的贷款申请工作，年内得到银行审批的有3739人，审批金额5895.75万元，发放金额2027.41万元。同时，继续做好旧机制下的国家助学贷款工作，为4579名学生办理了国家助学贷款续签手续。二是全年为贫困生4854人（次）发放生活贷款共219.45万元；全年发放各类学生困难补助17.5万余元；配合国家相关政策，为“西部助学工程”受助学生234人减免学费90多万元；开通“绿色通道”，为2005级2382名特困新生办理了学杂费缓交手续。三是充分发挥共青团阵地的作用，通过积极与社会各界联系，为贫困生颁发“可口可乐”奖学金、“曙光基金”、“英特尔”奖学金、“我要上大学”公益奖学金等共计14.4万元；指导“四川大学贫困生自助协会”积极开展工作，通过与商家联合举办义卖活动、爱心助学活动等，共筹集资金1.2万元以助学文具消费卡、代金券等形式资助了140余名贫困生；多方努力共为贫困生筹集到总价值1万余元的冬衣；积极为贫困学生联系家教工作，有效解决了贫困生基本生活问题。

其他有关工作。一是做好学生贷学金的毕业回收工作，从700余名获贷学金的毕业生（获得贷学金总额174万元）中回收金额114万元。二是进一步加强勤工助学工作，全年向学生发放勤工助学费约100万元；学校勤工助学中心为2615名同学提供了勤工助学岗位，勤工助学报酬约235万元。三是做好学生医疗保险工作，全校共317名学生获得总计45.8万余元的医疗保险赔付。四是配合学校财经制度的改革，共完成约2万名学生的信息收集工作，确保了共计1000多万元的奖助学金、勤工助学费等通过银行转账的方式划拨到学生个人存款账户中。

三、研究生教育管理

加强和改进研究生思想政治及心理健康教育。在研究生中深入开展保持共产党员先进性教育活动、十六届五中全会精神学习活动、革命传统和爱国主义主题教育活动等；进一步要求各学院在固定的时间和地点为研究生开设形势政策教育课；加强研究生学术道德建设；协助全国研究生德育工作委员会开展了“2005全国研究生德育状况调查”、“研究生德育工作调查”、“研究生德育工作机构及队伍建设情况调查”，以及《现代科学技术革命与马克思主义》、《自然辩证法》、《马克思主义与当代社会思潮》、《马克思主义经典著作选读》4门研究生政治理论课程调查；针对研究生举行心理健康教育专题讲座，对个别研究生进行专门的心理辅导。

大力开展研究生学术创新及文化素质教育活动。举办了10期“川大论坛”、4期“博士论坛”、3期“研究生英语学习讲座”，承办了“2005四川省首届博士生学术论坛”和“成都科技节·西部科学论坛”，其中“2005四川省首届博士生学术论坛”共收到省内9所高校100余名博士生的优秀论文，选编了62篇优秀论文入集，15名博士生被邀请作学术报告；组织研究生参加第九届“挑战杯”全国大学生课外学术科技作品竞赛；组织研究生参加“中国西安2005模拟联合国活动”，获得了“杰出代表队奖”和“优秀立场文件奖”，华西临床医学院张恒同学获得个人最高奖——“最高领导才能奖”，外国语学院蒙华同学获得杰出贡献奖；推荐华西基础医学与法医学院博士生梁伟波获得第二届“中国青少年科技创新奖”；举办了“四川大学第二届研究生风采大赛”，评选出10位研究生“风采之星”；举办了“第二届四川大学研究生校际篮球邀请赛”，四川大学研究生篮球队获得冠军；举办了“研究生干部羽毛球比赛”、“四川大学2005年研究生迎新晚会”等文体活动；组织了“研究生医疗服务进社区”、“研究生企业行”等社会实践活动。

加强研究生日常管理服务工作。一是做好研究生普通奖学金（工资）变更手续，退保、退宿、研究生毕业手续，学籍变动备案和贫困补贴、勤工助学补贴发放工作；对研究生“三助”工作进行规范化管理，加强对研究生兼职辅导员考核和管理，共60余名研究生担任兼职辅导员，发放勤工助学金7万余元。二是举行2005届硕士、博士授位典礼和2005级研究生新生开学典礼；评选出2540名优秀研究生和优秀研究生干部获得奖学金，353名硕士生获得“光华奖学金”，20名博士生获得“求是研究生奖学金”，1300余名研究生为优秀毕业生、优秀毕业生干部。三是完成2005级研究生新生个人信息采集工作；办理2005级研究生参保人数3000余人，受理研究生保险理赔案件15件；加强研究生校园文明监督队的管理。四是加强研究生会工作，进一步规范了研究生会日常管理制度，成立了新一届校研究生会，建立了学院研究生会主席例会制度，开展了“十佳研究生会”的评选工作，加强了研究生会网站建设；学校在全国学联第二十四次代表大会上再次当选全国学联副主席单位，在四川省学联第八次代表大会上再次当选省学联主席单位。

四、毕业生教育管理

一是加强毕业生教育和就业指导及服务工作，做好毕业生就业形势与政策教育、国情教育、诚信教育、基础文明教育、职业道德教育和就业法规文件的宣传；学校及各学院编辑毕业生就业指导专题材料，举办100多场毕业生就业指导座谈会、讲座、报告会。二是加强毕业生离校管理及服务工作，主要有：加强毕业生宿舍值班工作，确保毕业生文明离校；为近10000名毕业生安排毕业留影照相活动和发放毕业生纪念册；发放毕业生教育经费7万多元，保障了毕业生教育活动、欢送活动、文娱活动等的顺利开展。三是举行了2005届博士、硕士学位授位典礼和2005届本科生毕业授位典礼，评选表彰了1126名优秀毕业生和优秀毕业生干部，111名到艰苦地区就业毕业生和130名参军入伍毕业生，有114名毕业生获“四川省优秀毕业生”称号。

五、学生思想政治管理队伍建设

一是制定了《四川大学关于加强马克思主义理论与思想政治教育学科建设和学生思政教师队伍建设的实施意见》，为进一步加强和改进学生思想政治工作提供了良好的组织保证。二是在学生思想政治管理队伍中认真开展保持共产党员先进性教育活动，加强队伍的理论学习和业务知识学习，不断提高其思想政治素质和业务素质。其中，组织了3次思政干部队伍培训会，研讨加强和改进学生思政工作新思路、新途径；选派了4名思政干部参加教育部组织的“英国学习计划”、18名思政教师及干部参加“四川省第三届心理健康教育教师培训班”、2名辅导员参加由教育部社政司举办的“高校辅导员和班主任培训班”；鼓励和支持思政教师及干部结合实践开展科研工作，选收思政教师及干部论文70余篇，编辑成册并出版；在江安校区组织开展了“辅导员风采大赛”，增强了队伍的凝聚力和人文氛围。三是顺利完成学生思想政治工作机构及科级干部的调整、聘任工作；从优秀硕士毕业生中和免试硕士研究生的本科生中选留26人担任学生思政管理工作，并对新进的思政管理干部开展岗前培训，实行试用期制、淘汰制（参见表2）。四是进一步健全和完善思政工作队伍考核、评价制度体系，开展了思政干部年度工作考核学生问卷调查，把对辅导员的考核结果与其职务聘任、奖惩、晋级等挂钩；共有6人获得“四川省高校2002—2004年度大学生思想政治教育先进工作者”称号，9个学院学生工作组获得“四川大学学生思想政治教育工作先进集体”称号，35人获得“四川大学学生思想政治教育工作先进工作者”称号。

素质拓展与实践

一、素质教育和创新教育

进一步深入实施文化素质与艺术教育计划，同时推进“大学生素质拓展计划”工作。仅校学生工作部艺术教育中心就面向全校学生开设音乐、舞蹈、美术等人文、艺术公选课程14门，参选学生5000余人；进一步加强学生民乐队、合唱队、舞蹈队、铜管乐队、礼仪队、交响乐队的指导培养和各种活动参演组织工作，其中，学校连续第四年应邀参加了教育部主办的“五月的鲜花”——全国大学生大型校园文艺演出直播活动；同时，“大学生素质拓展计划”在2005年于江安校区全面展开（见表3）。

开展丰富多彩的“第二课堂”及校园文体活动，鼓励、支持和组织学生参加各级各类文艺、公益及竞赛活动，促进学生文化素养、道德素质、创新精神和创新实践能力的提高，积极推动校园文化建设。其中，主要举办了“凤凰展翅”——四川大学第五届学生文化艺术节、第二届研究生校园风采大赛、第二届四川大学研究生校际篮球邀请赛、“武侯之春”校园艺术节、北大学生交响乐团“成都之行音乐会”、高雅艺术进校园活动、中俄大学生联欢会、“世纪辉煌”——诺贝尔科学百年展、“德赛尔杯”四川大学环校跑、毕业生文化艺术节、心理健康教育系列活动、迎新生庆教师节大型文艺演出、革命电影展播等大型活动，同时各学院还组织开展了各种规模的校园文化及竞赛活动400多场次。学校继续以组织学生参加全国“挑战杯”大赛为龙头，积极鼓励、支持并指导学生参加各类课外科技创新活动，重点培育和推出了又一批科技创新成果。全年，学校学生在区域、全国及国际性各类竞赛活动中频频获奖（见表4）。

以各种讲座丰富大学生知识结构，营造浓厚学术文化氛围。其中，配合“凤凰展翅”——四川大学第五届学生文化艺术节的开展，举办各类学术讲座达300余场，仅阮次山报告会、李连杰“心理阳光”讲座、英特尔董事会主席贝瑞特博士演讲会3场讲座就有8000余人次参加；同时重点开办了“大学学习与生活”大型系列讲座、名师“百川讲堂”等特色系列（见表5）。

积极组织学生参加社会实践。学校按照中宣部、中央“文明办”、教育部、团中央和全国学联的有关精神，结合世界反法西斯战争暨抗日战争胜利60周年和红军长征胜利70周年，动员和组织广大学生投身到以“服务和谐社会建设，提高思想政治素质”为主题的社会实践活动中。其中重点集中组织了“大学生红色之旅服务团”、“大学生和谐社会建设宣传服务团”、“博士生服务地方经济建设实践服务团”、“推进城乡一体化建设专题调研组”等60余支队伍、1000余人分赴祖国各地服务社会、接受教育，共举办医学、农业、科技、心理、电脑知识普及等各类讲座30余场，文艺演出近10场，开展医疗义诊2000余人次，完成各类社会调查或实践报告1000余篇。学校大学生社会实践基地在2005年已达到60个。2005年，学校大学生社会实践工作获全国表彰2项、省级表彰29项、市级表彰54项（见表6）。

为积极适应高等教育国际化趋势的要求，为拓展学生视野，增强学生国际意识和国际交往能力，进一步加强了对学生对外学术及学习交流活动的组织（见表7）。

二、学生会及学生社团工作

一是校学生会坚持“说大学生的话、为大学生说话，维护广大学生权利”的宗旨，积极组织开展了生产基地考察活动、与后勤经理见面会、大学生安全防范系列讲座等活动；继续加强了食堂监督岗、下情上达等方面的工作；“求实大讲堂”继续受到全校师生的广泛关注。同时加强学生会管理，实施学生会CIS形象工程，努力提升学生会活力及其活动的品牌效应；评选出2004—2005年度“十佳院系学生会”。二是充分发挥学生社团作为“发挥潜能，塑造自我”的第二课堂的积极作用，各社团结合自身特色开展了大量内容丰富、形式多样的活动。同时，加强对学生社团的规范管理，对社团进行重新认证和注册。11月，四川大学环保志愿者协会荣获“福特汽车环保奖”大学生环境项目奖项，这是学校继2001年荣获中国环保领域最高奖项后获得的又一个环保领域权威奖项（见表8）。

三、青年志愿者活动

一是在四川大学青年志愿者协会带领下，广大青年志愿者积极拓展志愿服务范围。协会以“注册志愿者”为载体，进一步充实项目建设，截至2005年，学校有注册志愿者1.6万名，共计开展志愿服务15万小时；通过推广使用《青年志愿者登记卡》、《青年志愿者服务手册》和“青年志愿者标志”等，学校青年志愿者工作得以进一步完善；通过成功举办“第四届志愿者文化论坛”，进一步推动了我校青年志愿者工作的基础建设，更好地树立了四川大学青年志愿者活动典范。二是完成了2005年大学生志愿服务西部计划志愿者选拔工作和四川大学第八届研究生支教团的选拔培训工作，同时第七届研究生支教团在志愿扶贫所在地开展了大量卓有成效的工作；组织广大青年志愿者参加了李岚清《音乐·艺术·人生》讲演、第九次教育部直属高校及有关高校组织工作研讨会、英特尔董事会主席贝瑞特博士川大演讲、“阳光计划—为白血病人献爱心”宣传活动、本科生体质测试、2005级新生接待、2005年毕业生双选会等全校性大型活动的志愿服务工作，同时积极参加了团省委、团市委组织的系列志愿服务活动，例如参加周末及假期交通文明义务劝导队工作、成都市献血宣传工作、成都市创建全国文明城市机关作风检查活动、为达州市“扶贫济困送温暖”捐助活动、为成都市残联“捐助一本书，奉献一份爱心”活动等（见表9）。

四、军事教育

一是圆满完成2005级10523名本科新生军训工作，对军训内容和方式实行了创新，将学生党建、党员先进性教育、心理健康教育、素质拓展、团体训练、成才教育等教育内容融入军事训练中，变过去单一的、枯燥的军事训练为全新、全面的军营综合素质教育，进一步建设军训成果。二是抓好军事理论课教学工作，顺利完成2004级4418名学生、2005级5000名学生的军事理论课教学任务，学生期末考试及格率在95%以上；同时面向全校学生开设了3门军事理论方面的选修课。三是积极开展拥军优属工作，慰问老红军、伤残军人、复退军人、军烈属200多户，共2021人，发放慰问金7万余元；共有130名2005届毕业生参军入伍。

表1　2005年学生思想政治理论教育主要活动一览表

时间	活动内容及方式	组织部门
3月5日	“弘扬雷锋精神，为成都美好环境尽一份力”环保活动	公共管理学院
4月28日	研究生代表“陈毅元帅故里行”参观考察活动	学生工作部
4月29日	纪念五四运动八十六周年座谈会	校团委
5月	“爱心川大”公益征文比赛	校团委
5月26日	四川大学优秀团员青年先进事迹报告会	校团委
5月29日	组织学生代表前往成都市锦江区三圣乡红砂村参观学习	政治学院
6月	观看教育片《井冈丰碑》	政治学院
6月24日	四川大学学生思想政治工作会议	四川大学
6月30日	庆祝“七一”暨保持共产党员先进性教育学生座谈会	四川大学
7月1日	纪念中国共产党成立八十四周年暨抗战胜利六十周年座谈会	政治学院
7月	先进性教育特别活动——庆祝中央红军长征到达陕北七十周年毛赛华老师个人收藏展等	政治学院
8月20日	“小平故里行”参观考察活动	化学学院
9月1日	四川大学纪念中国人民抗日战争胜利六十周年大会	四川大学
9月	四川大学学生党员保持共产党员先进性教育“革命历史电影周”活动	学生工作部 校团委
9月	四川大学学生“党员先进性教育”知识竞赛	学生工作部
9月	邀请我国马克思主义哲学史学会会长、著名马克思主义理论家庄福龄教授作题为《党员先进性教育与马克思主义理论创新》的理论辅导报告	政治学院
9月～12月	四川大学“五好党员”活动	学生工作部
9月15日	四川大学学生党员“保持共产党员先进性教育”工作交流会	四川大学
9月16日	四川大学优秀学生党员先进事迹报告会	学生工作部
9月20日	四川大学优秀青年志愿者报告会	校团委
9月29日	组织学生参加四川省暨成都市“青春献祖国，颂歌献给党”主题团日活动歌咏会	四川大学
10月	保持共产党员先进性教育“我心中的共产党员”、“我身边的共产党员”征文比赛	华西口腔医学院
10月	“小雪初晴”主题团校活动	华西基础医学与法医学院
10月	“我心中的共产党员”演讲比赛	法学院

续表 1

时间	活动内容及方式	组织者
10 月	“我心目中的共产党员”恳谈会	政治学院
11 月 3 日	四川大学学生党员保持共产党员先进性教育“从我做起，向我看齐”演讲比赛	学生工作部
11 月	“党员形象笔谈”征文比赛	法学院
12 月 5 日	先进学生党员优秀事迹报告会	华西基础医学与法医学院
12 月 9 日	纪念“一二·九”运动七十周年暨“凤凰展翅”第五届学生文化艺术节之“激情川大”合唱比赛	校团委
12 月 15 日	“学理论、知团情”知识竞赛决赛	校团委
12 月 16 日	“我心中的毛泽东”演讲比赛	政治学院、学生工作部、校团委

表 2　2005 年学生思想政治工作（含“两课”教学）教师队伍情况一览表

单位	人数	学历结构	年龄结构	职称结构
学生工作部	39	博士 3 名，硕士 13 名，本科 21 名，其他 2 名	30 岁以下 12 名，31 岁～40 岁 19 名，41 岁～50 岁 8 名	副高职称 9 名，中级职称 11 名，初级职称 19 名
武装部	16	硕士 2 名，本科 9 名，专科 5 名	31 岁～40 岁 3 名，41 岁～50 岁 9 名，51 岁以上 4 名	副高职称 4 名，中级职称 11 名，初级职称 1 名
校团委	7	硕士 2 名，本科 4 名，专科 1 名（在读博士 1 名，在读硕士 2 名）	30 岁以下 4 名，31 岁～40 岁 2 名，41 岁～50 岁 1 名	中级职称 3 名，初级职称 4 名
经济学院	9	博士 2 名，硕士 5 名，本科 2 名	30 岁以下 3 名，31 岁～40 岁 6 名	副高职称 1 名，中级职称 5 名，初级职称 3 名
艺术学院	6	硕士 2 名，本科 4 名	30 岁以下 5 名，30 岁～40 岁 1 名	副高职称 1 名，初级职称 5 名
工商管理学院	7	硕士 4 名，本科 3 名	30 岁以下 2 名，31 岁～40 岁 4 名，41 岁～50 岁 1 名	副高职称 1 名，中级职称 4 名，初级职称 2 名
公共管理学院	7	硕士 6 名，本科 1 名	30 岁以下 6 名，31 岁～40 岁 1 名	副高职称 1 名，中级职称 4 名，初级职称 2 名
文学与新闻学院	6	博士 1 名，硕士 3 名，本科 2 名	30 岁以下 2 名，31 岁～40 岁 4 名	高级职称 1 名，中级职称 3 名，初级职称 2 名
历史文化学院（旅游学院）	7	硕士 4 名，本科 3 名	30 岁以下 4 名，31 岁～40 岁 2 名，41 岁～50 岁 1 名	副高职称 1 名，中级职称 3 名，初级职称 3 名

续表 2

单位	人数	学历结构	年龄结构	职称结构
外国语学院	6	硕士 2 名，本科 4 名	30 岁以下 3 名，31 岁～40 岁 3 名	副高职称 1 名，中级职称 1 名，初级职称 4 名
法学院	6	硕士 3 名，本科 3 名	30 岁以下 3 名，30 岁～40 岁 3 名	中级职称 3 名，初级职称 3 名
生命科学学院	7	硕士 4 名，本科 3 名	30 岁以下 3 名，31 岁～40 岁 2 名	高级职称 1 名，中级职称 1 名，初级职称 5 名
数学学院	7	硕士 3 名，本科 4 名	30 岁以下 4 名，31 岁～40 岁 3 名	副高职称 1 名，初级职称 6 名
材料科学与工程学院	7	博士 2 名，硕士 3 名，本科 2 名	30 岁以下 5 名，31 岁～40 岁 2 名	中级职称 3 名，初级职称 4 名
政治学院（含“两课”教师）	72	博士 3 名，硕士 31 名，本科 38 名	35 岁以下 18 名，36 岁～45 岁 35 名，46 岁～55 岁 16 名，56 岁以上 3 名	高级职称 9 名，副高职称 34 名，中级职称 26 名，初级职称 3 名
化学学院	6	博士 4 名，硕士 1 名，本科 1 名	30 岁以下 1 名，31 岁～40 岁 4 名，41 岁～50 岁 1 名	副高职称 2 名，中级职称 3 名，初级职称 1 名
物理科学与技术学院	6	硕士 3 名，本科 3 名	30 岁以下 3 名，31 岁～40 岁 3 名	副高职称 2 名，中级职称 1 名，初级职称 3 名
电子信息学院	7	硕士 4 名，本科 3 名	30 岁以下名，31 岁～40 岁 2 名，41 岁～50 岁 1 名，50 岁以上 1 名	副高职称 1 名，中级职称 4 名，初级职称 2 名
计算机学院（软件学院）	13	硕士 6 名，本科 7 名	30 岁以下 8 名，31 岁～40 岁 5 名	副高职称 1 名，中级职称 4 名，初级职称 8 名
电气信息学院	10	硕士 3 名，本科 7 名	30 岁以下 5 名，31 岁～40 岁 5 名	中级职称 5 名，初级职称 5 名
化学工程学院	9	硕士 4 名，本科 5 名	30 岁以下 6 名，31 岁～40 岁 3 名	副高职称 1 名，中级职称 2 名，初级职称 6 名
建筑与环境学院	7	硕士 1 名，本科 2 名（在读博士 1 名，在读硕士 4 名）	30 岁以下 3 名，30～40 岁 1 名，40 岁以上 3 名	副高职称 2 名，中级职称 1 名，初级职称 4 名
轻纺与食品学院	5	硕士 3 名，本科 2 名（在读 1 名）	30 岁以下 4 名，31 岁～50 岁 1 名	副高职称 1 名，中级职称 1 名，初级职称 3 名

续表 2

单位	人数	学历结构	年龄结构	职称结构
高分子科学与工程学院	6	硕士 1 名，本科 5 名	30 岁以下 3 名，31 岁～40 岁 3 名	副高职称 1 名，中级职称 1 名，初级职称 4 名
制造科学与工程学院	8	硕士 3 名，本科 4 名，专科 1 名	30 岁以下 2 名，31 岁～40 岁 4 名，41 岁～50 岁 2 名	副高职称 1 名，中级职称 3 名，初级职称 5 名
水利水电学院	8	硕士 2 名，本科 3 名（在读博士 3 名）	30 岁以下 3 名，31 岁～40 岁 5 名	副高职称 1 名，中级职称 3 名，初级职称 4 名
华西基础医学与法医学院	6	硕士 2 名，本科 4 名	30 岁以下 2 名，31 岁～40 岁 2 名，41 岁～50 岁 1 名	副高职称 1 名，中级职称 2 名，初级职称 3 名
华西临床医学院	14	博士 1 名，硕士 1 名，本科 12 名	30 岁以下 3 名，31 岁～40 岁 4 名，41 岁～50 岁 7 名	副高职称 3 名，中级职称 7 名，初级职称 4 名
华西口腔医学院	5	硕士 2 名，本科 3 名	30 岁以下 3 名，31 岁～40 岁 2 名	副高职称 2 名，初级职称 3 名
华西公共卫生学院	7	硕士 3 名，本科 3 名，专科 1 名	30 岁以下 2 名，31 岁～40 岁 2 名，41～50 岁 3 名	高级职称 1 名，中级职称 4 名，初级职称 2 名
华西药学院	3	本科 3 名	30 岁以下 1 名，31 岁～40 岁 2 名	副高职称 1 名，中级职称 1 名，初级职称 1 名

表 3　素质教育——2005 年文化素质选修课开设情况一览表

开课单位	课程名称	总学时	实选人数（次）
艺术学院	普通话语音	34	324
	中外音乐简史	30	265
经济学院	WTO 与中国经济	34	440
	国际商务	34	351
	国际金融概览	34	345
	证券与投资	34	661
	国际金融分析与管理	34	365
	经济分析	34	324
	金融理论与实践	34	120

续表 3

开课单位	课程名称	总学时	实选人数（次）
法学院	证券法	34	204
	合同法	34	84
	法学纵横	34	306
	刑法概论	34	259
	劳动、就业与法	34	96
	知识产权法	34	146
	婚姻、爱情、家庭与法	34	131
文学与新闻学院	大学语文	34	1831
	佛教文化概论	34	598
	中国诗歌艺术	34	1027
	西方艺术绘画欣赏	34	649
	影视欣赏与评论	30	374
	宗教人类学	34	242
	文学入门	34	448
	申论写作	17	411
	西方艺术思潮	34	183
	大众传播学	34	202
	西方文化	34	133
外国语学院	中华文史英文谈	34	133
	美国移民文化（英美文化视听讨论三）	34	136
历史文化学院（旅游学院）	中国古代茶文化	34	537
	美国文化（英文讲授）	34	597
政治学院	大学生心理健康	34	329
	社会心理学	34	452
	现代家政学	34	542
	消费心理学	34	229
	企业领导学	34	1450
	心理咨询	34	693

续表 3

开课单位	课程名称	总学时	实选人数（次）
	逻辑与诗词	34	65
	大学生心理健康	34	71
	心理卫生学	34	112
	当代世界政治经济与国际关系	27	177
数学学院	精算学与利息理论	34	24
	经济风险分析	34	72
	计算机密码学	34	58
	经济风险分析	34	123
物理科学与技术学院	现代物理技术及其医学应用	20	342
	生物医学信息检测	17	146
	智能技术	34	719
	数码影像设备的原理及使用技巧	34	88
化学学院	家用化学品	34	392
	生活化学	34	498
	化学与现代生活	34	77
	绿色化学	34	166
生命科学学院	园林环境艺术	34	353
	人类遗传与优生	34	418
	生命科学导论	34	522
电子信息学院	思科网络技术	34	178
	现代通信	34	124
	数字音像技术	34	70
	卫星定位导航系统原理与应用基础	34	35
材料科学与工程学院	材料结构组织与性能	34	383
	基础材料与新材料	34	499
	纳米材料与新材料	34	789
制造科学与工程学院	现代工业系统基础	34	123
电气信息学院	现代通讯技术概论	34	86
	自动化技术概论	34	57

续表 3

开课单位	课程名称	总学时	实选人数（次）
计算机学院（软件学院）	NET 程序设计	46	35
	Linux 操作系统管理及应用	46	227
	通用数据库 DB2 管理与应用	46	82
	WEB 程序设计基础	20	118
	Lotus Notes 应用与管理	34	60
	UNIX 操作系统应用与管理	34	122
计算机基础教学中心	Web 语言 HTML 与主页制作	30	500
	SAS 统计软件的医学应用	30	129
	PC 多媒体及其应用	30	622
	面向对象的程序设计	30	233
	数据库技术与应用	34	196
	计算机应用基础	34	412
	网络文化基础	34	670
	微型计算机系统配制与维护	30	203
	Access 数据库程序设计	34	142
建筑与环境学院	环境与可持续发展	34	652
	环境教育	34	86
	环境与健康	34	80
水利水电学院	自然地理	34	447
轻纺与食品学院	饮食营养与卫生	34	213
	中国酒文化基础	34	129
公共管理学院	速记	34	272
	公务员公文写作与处理	34	397
	公共关系学	34	410
	社会学理论与历史	34	437
华西基础医学与法医学院	人体胚胎学探秘	34	389
	人体寄生虫病的诊断、治疗及预防	34	736
	药物治疗与健康	34	802
	时间生物学导论	34	55
	人体解剖学概要	34	123

续表 3

开课单位	课程名称	总学时	实选人数（次）
华西临床医学院	医学与健康	34	405
	传染病学概论	34	437
	人格健康与修炼	34	203
	救命与救伤	26	203
华西口腔医学院	口腔预防保健学	18	154
华西公共卫生学院	卫生经济学	24	35
	艾滋病新进展及发展趋势	9	300
	性健康与行为	18	243
	疾病的预防与控制	24	136
华西药学院	应用心理学	34	460
体育学院	拳击　散打	28	223
	冰上运动	24	269
	羽毛球基础	34	104
	篮球	34	142
	国际体育舞蹈	34	453
	社交舞	34	123
	太极剑	34	30
	大众健美操	34	56
	游泳（提高班）	16	40
	拉丁舞	34	267
	乒乓球	34	360
	足球	34	96
	形体训练	34	365
	沙滩排球	34	117
武装部	《孙子兵法》及其战略思维	34	1149
	野外生存能力	17	262
	中国周边安全环境与大国战略	20	254
成人教育学院	大学生生涯发展规划	17	1108
	逻辑学基础	34	245
分析测试中心	现代仪器分析	34	35

续表 3

开课单位	课程名称	总学时	实选人数（次）
工程设计中心	三维计算机辅助设计与仿真	46	149
学生工作部	素描基础	30	78
	中国画基础	30	117
	绘画艺术欣赏	30	30
	书法基础	30	113
	音乐鉴赏	34	215
	公关心理学	34	702
	声乐与合唱	34	257
	交响音乐鉴赏	34	231
	舞蹈基础训练	34	131
	音乐基础及欣赏	30	364
	成功心理学	34	222
	学习心理学	34	260
	民族器乐	34	168
	影视鉴赏	34	129
	人际交往心理学	34	127
教务处	现代家庭教育学	34	306
教务处及有关学院	国际文化与教育	7	6750
教务处、社科处及有关学院	中华文化	60	17138

表 4　素质教育——2005 年主要活动（含各级竞赛、演出等）一览表

时 间	内容或项目	组织者或活动级别	备　注
1 月 7 日	迎新春暨 2005 届舞蹈专业毕业生晚会	艺术学院	
3 月	“武侯之春”校园艺术节	校级	
4 月	四川大学首届“锦江电子杯”科技创新大赛	电子信息学院	
4 月	第二届“四川星慧杯”营销策划大赛	工商管理学院	
4 月	“数学活动周”之创新论坛	数学学院	
4 月 9 日	2005 年诗歌朗诵大赛	公共管理学院	

续表 4

时 间	内容或项目	组织者或活动级别	备 注
4 月 15 日	四川大学 2005 年田径运动会开幕	校级	
4 月 26 日～28 日	世纪辉煌——诺贝尔科学奖百年展	中国科协、省科技交流中心主办，华西药学院承办	
5 月	中法文化年“诗人的春天”系列活动	法国驻华使馆、文学与新闻学院、外国语学院	
5 月	首届成都科技节“西部科学论坛”活动	四川大学、成都市科技顾问团等	
5 月	四川大学“学院杯”辩论赛	校级	
5 月	“5·25”心理健康教育系列活动	学生工作部、心理健康教育中心	
5 月 4 日	参加四川省纪念“五四运动”八十六周年文艺晚会暨“联通杯”第三届四川青年文化节开幕式	校级	由华西口腔医学院、水利水电学院、化学工程学院共 186 人组成合唱方阵参加
5 月 11 日	“凤凰展翅”四川大学第五届校园文化艺术节之标识设计大赛	校团委主办，建筑与环境学院承办	
5 月 12 日	“凤凰展翅”第五届校园文化艺术节之“爱心川大”公益征文大赛	校团委主办，华西基础医学与法医学院承办	
5 月 13 日	校园歌手大赛	化学工程学院	
5 月 16 日	“凤凰展翅”——四川大学第五届校园文化艺术节开幕式暨“活力川大”啦啦操大赛决赛（文化艺术节设置了校园标识设计大赛、“活力川大”动感啦啦操大赛、“爱心川大”公益征文大赛、“我爱川大”公益歌曲大赛、“魅力川大”校园戏曲大赛、“智慧川大”辩论赛、“美丽川大”书画摄影大赛、“激情川大”合唱大赛等十个项目）	校级	本届文化艺术节以“弘扬公益精神、倡导公益文化、营造校园文化、拓展学生综合素质”为指导思想，以“追求卓越，青春川大”为主题，深化了大学生素质拓展计划的实施，促进了学生文化艺术修养的培养，充分展示了大学生们积极向上的精神风貌，推进了校园先进文化建设。文化艺术节历经 7 个月，参与人员共达 8 万余人次
5 月 20 日	“凤凰展翅 唱飞梦想”——“我爱川大”公益歌曲大赛决赛	校团委主办，经济学院团委承办	
5 月 22 日	四川大学院系乒乓球联赛	校级	

续表 4

时 间	内容或项目	组织者或活动级别	备 注
5 月 24 日	心理情景剧汇演	学生工作部、心理健康教育中心	
5 月 24 日	心理健康宣传教育展板比赛	学生工作部、心理健康教育中心	
5 月 26 日	第三届中俄大学生艺术节暨俄罗斯高等教育展	校级	
5 月 26 日	第二届四川大学研究生风采大赛决赛	学生工作部	
6 月	2005 年四川省首届“博士生学术论坛”	省级	
6 月 3 日	“凤凰展翅”第五届校园文化艺术节之“魅力川大”戏曲大赛决赛	校团委主办，制造科学与工程学院承办	
6 月 5 日	“让视界充满爱”——第十届“全国爱眼日”大型义诊暨捐赠活动	校级	
6 月 9 日	四川大学第四届“志愿文化论坛”	校级	
6 月 19 日	四川省川剧团“川剧校园行”活动	四川省川剧团、校团委、制造科学与工程学院	
6 月 24 日	中国西南古老部落星形后塔楼图片展开幕式	中国遗产基金会、四川省民族文化艺术研究会、国际动植物基金会等	
7 月 3 日~6 日	全国机器人足球大赛	全国	我校取得国际比赛资格
7 月 8 日	全国大学生广告艺术大赛四川分赛区决赛	文学与新闻学院等	
8 月 14 日～23 日	赴汶川龙溪阿尔小学支教服务	校级	
9 月	“凤凰展翅”第五届校园文化艺术节之“智慧川大”辩论赛	校级	
9 月	新生心理适应系列教育活动	学生工作部、心理健康教育中心	
9 月中旬	赴京参加“天涯共此时”大型中秋文艺晚会	中央电视台	艺术学院舞蹈专业 72 名师生应邀参加
9 月 12 日	四川大学 2005 迎新晚会	校级	
9 月 23 日	高雅艺术进校园系列活动——纪念冼星海诞辰 100 周年和纪念约翰·施特劳斯诞辰 180 周年交响音乐会	四川省教育厅、四川大学、四川音乐学院	
9 月 30 日	GIS 国际培训班结业活动	建筑与环境学院	

续表 4

时 间	内容或项目	组织者或活动级别	备 注
10 月	3 名学生代表参加“振兴之旅 青春之约”中国（世界）大学生沈阳行系列活动	共青团中央、全国学联等	
10 月	迎新系列球类比赛	建筑与环境学院	
10 月 21 日	“美中国际 2005 成都高校超级英语挑战赛”总决赛	美中国际教育发展文化中心、校团委等	
10 月 26 日～28 日	第四届中国南方地区高校俄语竞赛	四川大学等	
11 月	四川大学 2005 年英语演讲比赛	校级	
11 月 2 日	江安校区首届集邮作品展	校级	
11 月 8 日	四川大学“119 宣传日”演讲比赛决赛	校级	
11 月 8 日～9 日	四川大学“119 宣传日”灭火演习活动	校级	
11 月 14 日～17 日	第 30 届 ACM 国际大学生程序设计竞赛亚洲预赛成都赛区竞赛暨“川大智胜杯”全国大学生程序设计竞赛	四川大学等	
11 月 20 日	2005 年四川大学乒乓球比赛	校级	
11 月 21 日	2005 级研究生迎新晚会	文学与新闻学院	
11 月 25 日	四川大学第五届十佳学生团体颁奖晚会	校团委	
11 月～12 月	“我爱我家”寝室设计大赛评比活动	艺术学院	
12 月 9 日	纪念“一二·九”运动 70 周年暨“凤凰展翅”第五届校园文化艺术节之“激情川大”合唱比赛	校团委	
12 月 10 日	外语戏剧节	外国语学院	
12 月 16 日	“我心中的毛泽东”演讲比赛	政治学院、学生工作部、校团委	
12 月 22 日	“移动之夜”2005 年研究生迎新晚会	学生工作部、艺术教育中心	
2005 年	组织优秀作品参加首届全国暨四川大学生公益文化艺术节成都赛区戏曲比赛、歌舞比赛，参加四川省第四届文化艺术节书画摄影大赛，参加四川省公益文化艺术节公益征文比赛	校级	在首届全国暨四川大学生公益文化艺术总决赛中共获得一等奖 7 个、二等奖 4 个、三等奖 4 个，同时获得组织奖 1 个

表5 素质教育——2005年学术讲座或活动主要情况一览表

时　间	讲座或活动题目	主讲人	组织者
2月24日	Recent Research Results in Biodegradable Polymers	In－Joo Chin（韩国Inha大学教授）	化学学院
3月2日	1. 纳米生物医学技术及膜生物学研究进展 2. 纳米生物医学技术及膜生物学研究所招收博士生及博士后动员报告	张曙光 博士	高分子科学与工程学院
3月3日	hospital information system	罗云 副教授	华西口腔医学院
3月5日	政治文明建设与新闻传播研究	童兵	文学与新闻学院
3月7日	Displays for TV（电视中的显示技术）	Dr. Daniel den Engelsen（荷兰）	电子信息学院
3月8日	女性魅力专题讲座	先真如（化妆造型及形象设计师）	学生工作部、校研究生会
3月9日	公共部门战略管理理论与方法	唐兴霖 教授	华西临床医学院
3月9日	女大学生社交与情感	肖旭 教授	校心理健康教育中心
3月10日	认清形势，转变观念，积极就业	荣建国	法学院
3月10日	口腔颌面部脉管疾病分类及其治疗进展	高庆红 副教授	华西口腔医学院
3月10日	Current issue in international commercial law	Wade mansell	法学院
3月12日	创新，向“纳斯达克”进军！——缔造中国电脑连锁商城传奇	唐立新	工商管理学院
3月12日	新闻史与新闻教育研究	丁淦林（复旦大学教授、博士生导师）	文学与新闻学院
3月12日	中国司法漫谈	贺卫方、张卫平	法学院
3月13日	中国的崛起与世界的发展	殷明	生命科学学院
3月13日	诉讼法修改漫谈	陈桂明、陈卫东	法学院
3月14日	Pascal, Kierkegaard and the Meaning of Life	Kelly Clark（美国加尔文大学教授）	道教与宗教文化研究所
3月15日	Was Confucius a Theist?		
3月16日	Confucianism and Feminism		
3月15日	美国刑事司法漫谈	虞平	法学院
3月15日	分子生物学与分子遗传学的国际最新进展	莫显明 博士	学生工作部、校研究生会
3月16日	当前日本的国内与国际关系问题	Mr. Miyawaki（美国霍普金斯大学）	政治学院
3月17日	艾滋病的口腔损害及其治疗进展	林梅 教授	华西口腔医学院
3月19日	坚持科学发展观，构筑和谐社会	陆学艺 教授	公共管理学院

续表 5

时　间	讲座或活动题目	主讲人	组织者
3月19日	当前新闻政策调整和理论创新	郑保卫（中国人大教授、博士生导师）	文学与新闻学院
3月19日	世界民事诉讼的发展趋势	陈刚	法学院
3月21日	以科学为基础的复杂系统工程研制	徐志磊 院士	制造科学与工程学院
3月21日	纳米及薄膜材料在节能与环保方面的研究和应用	金平 高级研究员	物理科学与技术学院
3月21日	细节决定成败	罗书平	法学院
3月24日	浅谈临床思维与临床实践	欧阳钦 教授	华西临床医学院
3月24日	明确自身定位	殷明	生命科学学院
3月24日	Multicultural Debate	Dr. Paul Levine	外国语学院
3月25日	Americanization and globalization		
3月25日	企业理论与企业家精神	毛道维 教授	工商管理学院
3月25日	如何保持党员先进性	冯甦	生命科学学院
3月27日	人文与教育	周国平（著名作家、教授）	四川大学新闻中心
3月28日	1.DNA提取原理、常见问题、原因分析及其对策 2.RNA提取常见问题分析及相关技术应用	刘召华（北京天为时代科技有限公司博士）	生命科学学院
3月29日	山区泥石流滑坡与生态环境建设	谢洪（中科院成都分院研究员）	建筑与环境学院
3月30日	阳离子抗菌肽防治龋病研究	郝玉庆 副教授	华西口腔医学院
3月31日	1. 你在大学还好吗？2. 挖掘潜能 3. 绝对成交	格桑泽仁 教授	华西药学院
3月～6月	毕业生职业道德教育	无	化学工程学院
4月1日	“两会”专题讲座	冉红艳	生命科学学院
4月1日	Ingenuity and Enterprise in Engineering	Ian A Sutherland 教授（英国）	研究生院
4月1日	微反应器前沿	官国清 博士（研究员）	化学工程学院
4月2日	生活中的经济学	何旭东 副教授	经济学院
4月2日	数码电视的现状及发展趋势	黄升民	文学与新闻学院
4月4日	台湾问题——从国际法上谈民族自决和民族分裂	杨翠柏	法学院

续表 5

时　间	讲座或活动题目	主讲人	组织者
4 月 6 日	1. 实时荧光定量 PCR 技术的原理及应用 2.PCR 技术常见问题及提高 PCR 反应特异性的策略	欧阳志荃（成都博瑞克生物技术有限公司博士）	生命科学学院
4 月 6 日	生涯规划与人生发展	樊富珉（清华大学心理学教授）	校心理健康教育中心、研究生会
4 月 8 日	高校学生的压力应对与心理健康	李虹 教授	
4 月 7 日	成就动机	周敬伟 教授（德克萨斯州大学博士）	华西临床医学院
4 月 8 日	职场技巧——商务礼仪讲座	吴永红	经济学院
4 月 8 日	企业窗口文书	杨戎 教授	工商管理学院
4 月 8 日	1. 老现象 新问题——肥胖与糖尿病及其发病机理和预防治疗 2. 老问题 新动向——如何申请留学美国及增加被美国大学录取的机会	陈小茁 博士（美国俄亥俄大学生物医学系终身教授）	生命科学学院
	建立学习型组织，提高执行力	吴近名	
4 月 12 日	毕业生职业形象设计指导	赵艺峰	化学工程学院
4 月 12 日	Complement，T cell activity in transplantation and autoimmune diseases	林　峰	生命科学学院
4 月 12 日	Beat Generation and Its Lasting Influence	Jerald Nicosia	外国语学院
4 月 12 日	越战与美国外交政策	Gerald Nicosia（美国作家、文学批评家、历史学家）	
4 月 13 日	The Metafiction in Contemporary American Literature	杨仁敬 教授（厦门大学）	
4 月 15 日	文化研究与文学研究的关系	王逢振	
4 月 18 日	谈研究处理好人文、社科研究中的几种关系	区𫓧（中山大学外国语学院教授）	
4 月 14 日	中国新闻周刊的现状及发展	朱 伟（《三联生活周刊》主编）	文学与新闻学院
4 月 14 日	种植义齿的美学方法	鲜苏琴 教授	华西口腔医学院
4 月 15 日	用第三只眼看人民币汇率走势问题	龚秀国	经济学院
4 月 17 日	大学生生活方式与健康	贾冬英 副教授	轻纺与食品学院
4 月 20 日	ZEMAX 与光学设计技术操作介绍	吴新民 博士	电子信息学院
	ZEMAX 与光学镜头技术分析		
	薄膜设计分析技术及运用软件介绍		
	Intelliwave 干涉量测技术研讨		

续表 5

时　间	讲座或活动题目	主讲人	组织者
4 月 21 日	关注生命质量，探讨姑息医学	Robert Geoffrey Twycross	外事处、校研究生会
4 月 21 日	抗微生物药的耐药性及遏制耐药性发生的措施	李铜铃 教授	华西药学院
	抗生素应用中药代动力学与疗效、耐药性的关系	莫正纪 教授	
	天然创新药物研究开发的思考	王锋鹏 教授	
4 月 21 日	大学生心理健康	格桑泽仁 教授	建筑与环境学院
4 月 21 日	你准备好了吗？——大学生如何适应社会	李其淳	华西药学院
4 月 21 日	色彩搭配和社交礼仪	西蔓工作室	法学院
4 月 21 日	Blys 修饰的肿瘤细胞诱导的抗肿瘤免疫反应的实验研究	付春华	华西口腔医学院
4 月 22 日	职业形象与商务礼仪	石岚	工商管理学院
4 月 22 日	自卑与超越	肖旭 教授	校心理健康教育中心
4 月 22 日～23 日	当代大学生性心理健康教育知识系列讲座	张建新 教授	生命科学学院
4 月 24 日		胡珍 教授	
4 月 23 日	如何看待异文化——以藏文化为例	石硕 教授	文学与新闻学院
4 月 24 日	设计你的大学生生活	李宜	高分子科学与工程学院
4 月 26 日	新主流媒体的产业特征	喻国明	文学与新闻学院
4 月 26 日	经济学理论与实践	钱颖一 教授	经济学院
4 月 28 日	全球化、本土化——中国电影何去何从	黎明	
4 月 29 日	全面走进 WTO 后的中国	蒋国庆	
4 月 29 日	自我心理完善的艺术	黄丽姗 副教授	
4 月 28 日	我们希望自己成为一个什么样的人	罗懋康（“长江学者奖励计划”特聘教授）	学生工作部、校研究生会
4 月 29 日	Big Science at BGI	王俊 教授	生命科学学院

续表 5

时　间	讲座或活动题目	主讲人	组织者
4月28日	学习与研究民法的方法论问题	王轶 副教授（北大法学博士） 朱岩（德国布莱梅大学法学博士）	法学院
	我国所有权立法中的几个问题	屈茂辉（湖南大学法学院副院长、民商法学教授、法学博士）	
	民法与行为控制——兼论我国民法的发展方向	梅夏英（对外经济贸易大学法学院民商法学教授、法学博士）	
4月29日	人身损害赔偿司法解释中新的侵权行为类型	杨立新（中国人大教授、博导）	
	中国社会转型时期制定法路线的借鉴与选择	余能斌（武大教授、博导）	
	侵权行为法的现状与愿望	张宝新（中国人大教授、博导）	
4月30日	民法典体系问题研究	王利明（中国人大教授 博导）	
	物权登记对抗主义的理由	郭明瑞（烟台大学校长、教授）	
	努力学好法学，更好报效祖国	王家福（中国社会科学院研究员）	
	用益物权立法的几个问题	房绍坤（烟台大学副校长、教授）	
5月5日	博士研究生论坛	学校博士生	华西口腔医学院
5月8日	中国古琴艺术	代梓又 副教授（四川音乐学院）	经济学院
5月10日	企业战略管理	安义中 教授	公共管理学院
5月12日	“得觉”化整为零记忆法	陈宇	华西药学院
5月12日	“华西大讲堂”之：从显微镜的发展史看人类如何认识微观世界	李甘地 教授	华西临床医学院
5月12日	SARS 动物传播来源研究	涂长春 教授（军事医学科学院）	生命科学学院
5月13日	一流的信息推动一流的科学研究	刘煜（Thomson 科技信息集团中国区总经理）	图书馆、研究生院
5月13日	校风、学风专题讲座	冉红艳	生命科学学院

续表 5

时　间	讲座或活动题目	主讲人	组织者
5 月 13 日	现代政府公共治理的改革与走向	施雪华（武大教授、博导）	政治学院
5 月 13 日	第一原理计算方法在几个方面的新应用	陈向荣 教授	物理科学与技术学院
5 月 14 日	误差·概率分布·数理统计	朱永生 研究员	
5 月 14 日	21 世纪中国对外关系的战略与政策	施雪华（武大教授、博导）	政治学院
5 月 15 日	大学生心理健康与个人成才	况伟宏 博士	化学工程学院
5 月 15 日	恋爱与心理健康	黄丽珊 副教授	校心理健康教育中心、化学工程学院
5 月 15 日	大学生应了解的法律知识	周光富	高分子科学与工程学院
5 月 16 日	小信号测量的区间估计	朱永生 研究员（中国科学院高能物理研究所实验物理中心）	
5 月 17 日	首届成都科技节·西部科学论坛—— 生物科技最新发展趋势	魏于全 院士	四川大学
5 月 17 日	人文文化与科学文化的交融	杨叔子 院士	学生工作部、教务处
5 月 17 日	国家主权原则在当代国际刑法中的实现	朱文奇（中国人民大学教授、博导）	法学院
	“9·11 事件”对国际法的影响		
5 月 17 日	电磁散射建模与空间遥感信息获取的研究进展	金亚秋 教授（美国麻省博士）	电子信息学院
5 月 18 日	首届成都科技节·西部科学论坛——质量管理	刘源张（中国工程院院士）	四川大学
5 月 19 日	儒家经学与中国哲学	蔡方鹿 研究员	校研究生会
5 月 20 日	心理健康与自我关爱	李艳梅	高分子科学与工程学院
5 月 20 日	异性交往心理分析	肖旭 教授	校心理健康教育中心
5 月 24 日	剖析自我 宣泄情绪	况伟宏 博士	
5 月 21 日	历史性建筑与街区的规划复兴	路德维希·隆恩	建筑与环境学院
5 月 21 日	你准备好了吗？——大学生如何适应社会	李其淳（高级工程师）	华西药学院
5 月 22 日	出国留学考试准备；大学申请流程；签证过程及技巧	刘影、卢杰峰、颜双春、郭海粟	生命科学学院

续表 5

时　间	讲座或活动题目	主讲人	组织者
5月24日	地下石油天然气储存库设计及建造	侯正猛 教授（德国）	建筑与环境学院
5月26日	春江花月夜	张昌余	华西药学院
5月28日	乐理简介	梁瑜	高分子科学与工程学院
6月4日	高分子专业的学生成才规划	牟德富	
6月11日	求职礼仪	陈代强	
5月26日	哲学社会科学研究方法及人文社会科学各学科的前沿问题	旅美社会科学教授学会讲学团	四川大学
5月26日	健康的性心理与性行为	钱萍（四川省妇幼保健院主任医师）	校心理健康教育中心
5月26日	Control of cyanobacteria	Dr. R. Azizbekyan N. Kuznetcova	生命科学学院
5月26日	美国传媒业者当今面临的主要问题及对中国传媒业之影响	逾燕敏 教授（博士）	文学与新闻学院
5月26日	The Cognitive Process in Translation 双语教育的理论基础及应用	何元建 教授 邱碧娥（南亚技术学院教授 博士）	外国语学院
5月27日	英语外语教学的理论与实践	韩爱果（美国诺万大学教授、博士）	
5月26日	Pion－nucleus double－charge－exchange reaction	吴华川 教授	物理科学与技术学院
5月27日	Quantum dynamics study of chemical reactions		
5月27日	新形势下的中日关系	黄金辉 教授	历史文化学院
5月27日	软件的涅磐	黄柳青 博士	计算机学院（软件学院）
5月28日	Computational study of Protein－ligand binding	张增辉（纽约大学化学系教授）	化学工程学院、化学学院
5月28日	如何搞好深度报道及提高新闻记者的素质	梅松武（四川日报高级编辑）	文学与新闻学院
5月28日	Photoresponsive Behaviors of Photochromic Liquid Crystalline Polymer	池田富树（东京工业大学教授）	高分子科学与工程学院
6月1日	创业人生与实业报国	刘永好（新希望集团总裁）	校 MBA 教育中心
6月2日	“中美大学校长研讨会”专题讲座：人类的极限构筑人类生存空间	MichaelCrow（Arizonastate President）	生命科学学院
6月3日	构建和谐社会与重新审视宗教	叶小文（国家宗教局局长）	道教与宗教文化研究所

续表 5

时　间	讲座或活动题目	主讲人	组织者
6 月 4 日	东方文化与棋道、东方管理之道——关于《东方 CEO》的对话	叶小文（国家宗教局局长）	文学与新闻学院
6 月 5 日	心理健康与人的全面发展	格桑泽仁 教授	轻纺与食品学院
6 月 6 日	如何撰写英文科技论文	宋永华（英国皇家工程院院士）	校研究生会
6 月 8 日	“华西大讲堂”之：大学生的能力培养和社会适应	李晓松 教授	华西公共卫生学院
6 月 8 日	民主、选举和信息融合	李晓榕（新奥尔良大学终身教授）	数学学院
6 月 10 日	提高研究生培养质量的几点思考及生物科技发展前沿	魏于全 院士	四川省学生联合会、校研究生会
	四川省首届“博士生学术论坛”——文科论坛	四川省各高校博士生	
	四川省首届“博士生学术论坛”——理工论坛	四川省各高校博士生	
	四川省首届“博士生学术论坛”——医学论坛	四川省各高校博士生	
6 月 10 日	组织工程和植入体病理生物学	C J Kirkpatrick 教授（欧洲生物材料学会主席）	生物材料工程研究中心
6 月 13 日、14 日	DNA 损伤的细胞机制	邹越（美国田纳西州立大学终身教授）	外事处、华西基础医学与法医学院
6 月 17 日	Feedstock Recycling of plastics in Japan	Akitsu Okuwaki（日本东北大学教授）	化学学院
6 月 23 日	新闻调查的专业主义	张洁（央视《新闻调查》制片人）	四川大学新闻中心、文学与新闻学院
6 月 23 日	结构转型与路径依赖——行政改革的基本思路	任剑涛（中山大学政务学院院长）	公共管理学院
6 月 23 日	肾靶向给药系统的研究进展	张志荣 教授	华西药学院
6 月 27 日	应用软件的开发与管理——从学院到公司	聂伏生 博士	计算机学院（软件学院）
6 月 24 日	“川剧的魅力”及交流会	陈智林、魏明伦	学生工作部、校研究生会
7 月 8 日	New Insights into Conventional Chemistry Theories	莫亦荣 博士 Western Michigan University）	化学工程学院、化学学院

续表 5

时　间	讲座或活动题目	主讲人	组织者
7月8日	神经影像计算理论与方法新进展	蒋田仔 博士（中科院研究员）	计算机学院（软件学院）
7月11日	Electrochemical Studies of Chemically Modified Carbon Nanotubes	RG Compton 博士（英国牛津大学教授）	四川省学生联合会、校研究生会
7月12日	Voltammetry at Heterogeneous Electrodes 异相电极的循环伏安法		
7月13日	Electrochemistry in Room Temperature Ionic Liquids: Some Possible Applications		
8月22日	Nanotechnology in Polymers	陈仁柱（韩国 Inha 大学高分子科学与工程系教授）	化学学院
8月29日	Digital Holographic Microscopy: A New Method for Marker Free Multi Focus Quantitative Phase Contrast Imaging in Life Sciences	Gert von Bally 教授（国际光学学会（ICO）副主席、国际生命科学光学学会创始人和第一、二任主席）	电子信息学院
8月30日	The Chemistry and Physics of Dye－sensitized Nanocrystalline Solar Cells	Laurie Peter 教授（英国巴斯大学化学系主任、英国皇家基金委主任、世界著名光电和电化学专家）	材料科学与工程学院
	Modulation Techniques in Semiconductor Electrochemistry		
9月2日	1. Priority Area for Biodiversity with Climate Change 2. Bumblebees in Sichuan 3. Color Pattern Mimicry in Bumblebees	Dr. Paul Williams（大英博物馆，国际著名昆虫学家）	建筑与环境学院
9月5日	液晶透镜	叶茂 教授（博士）	物理科学与技术学院
9月7日	生命无限美好：魔术般改变一生	格桑泽仁 教授	学生工作部、校心理健康教育中心
9月13日	The emerging needs and direactions of environmental research, mainly water－related research in the United States.	Gregory Korshin 教授	建筑与环境学院
9月14日	Biodegradable polymers for applications in tissue engineering	李速明 博士（法国国家研究院一级研究员）	高分子科学与工程学院
9月15日	当前中国报业改革的信息和思考	童 兵	文学与新闻学院
9月17日	美国文学中的太平洋周边意识	钟 玲（香港浸会大学文学院院长）	文学与新闻学院
	寒山诗在西方经典化的过程		

续表 5

时　间	讲座或活动题目	主讲人	组织者
9 月 19 日	Estimating Total Factor Productivity at the Micro－level	Richard Harris 博士(英国格拉斯哥大学经济系教授、地域经济研究中心主任	经济学院
9 月 20 日	Introduction to University of Glasgow and Department of Economics		
9 月 20 日	The Importance of the Family Business	雷丽·里德（英国格拉斯哥卡利多尼亚大学工商学院家庭经济中心主任）	
9 月 21 日	The Worldviews of Great Physical Scientists	H.F.Schaefer 教授	校研究生院
	Lesions in DNA Subunits: Foundational Structural and Energetic Studies		
9 月 22 日	人对了，世界就对了	格桑泽仁 副教授	学生工作部、校心理健康教育中心
9 月 22 日	骨靶向抗骨肿瘤药物的合成和靶向性初探	吴 勇 教授	华西药学院
	核磁共振技术在生物学研究中的应用	黄 静 教授	
9 月 23 日	我的十年联合国生涯及其启示	钱积惠 教授（中国核动力研究院原院长、现荣誉院长，联合国国际原子能机构原副总干事）	学生工作部
9 月 24 日	我们为什么需要中国现代文学	李 怡 教授	文学与新闻学院
9 月 24 日	关于“十一五”新药研究方向问题	刘昌孝 院士（天津药物研究所）	华西药学院
9 月 26 日	翻译研究的方法	穆雷 教授（广州外语外贸大学高级翻译学院副院长）	外国语学院
9 月 28 日	International Trade and EU enlargemen	Juregen Muller（德国柏林经济学院教授）	外国语学院
9 月 29 日	Regulation and antitrust policy in Europe		
9 月 26 日	Advances in flame retardant mechanism of polymer materials	Prof.Hull（英国 BOLTON 学院）	化学学院
10 月 2 日	The importance of interfaces	Prof.Roger Horn（南澳大利亚大学伊恩瓦柯研究所副所长）	
	纳米尺度上的表面化学修饰及其应用	陈淼 教授（中国科学院兰州化物所）	

续表 5

时　间	讲座或活动题目	主讲人	组织者
10 月 8 日	Stochastic functional Approach for Rough Surface Scattering（随机泛函方法及其在粗糙表面波散射中的应用）	小仓久直（日本京都大学荣誉教授）	电子信息学院
10 月 8 日	多层印制电路板中电源接地层构造的建模与仿真	王志良 教授（复旦大学信息学院）	电子信息学院
10 月 11 日	How does the cortex process auditory information?（大脑皮层是如何处理听觉信息的?）	王小勤 博士（美国约翰斯霍普金斯大学医学院生物医学工程系听觉神经生理实验室主任）	电子信息学院
10 月 12 日	生命如此美好：魔术般改变一生	格桑泽仁 教授	学生工作部
10 月 12 日	著名作家创作谈	陈忠实、陈建功、朱向前（中国作家协会副主席）	文学与新闻学院
10 月 13 日	特区改革与改革政府	蒋少龙 教授（《经济学家》执行编辑）	政治学院
10 月 13 日	玻璃纤维增强复合树脂桩的临床应用	朱智敏 教授	华西口腔医学院
10 月 13 日	21 世纪的能源与电力	宋永华 教授（英国皇家工程院院士、英国布鲁内尔大学副校长）	电气信息学院
10 月 14 日	宪政国家的言论自由	张千帆 教授（北京大学法学院教育部宪法行政法基地副主任）	法学院
10 月 14 日	儒家经济与管理研究	龚鹏程 教授（原台湾佛光大学校长）	公共管理学院
10 月 15 日	论“国学”	龚鹏程 教授（原台湾佛光大学校长）	文学与新闻学院
10 月 17 日	法政治学：法学发展的新领域	卓泽渊 教授（中共中央党校法学部副主任、博导）	法学院
10 月 19 日	错牙合畸形的检查与诊断	邹淑娟 副教授	华西口腔医学院
10 月 19 日	公共管理与公共政策的最新理论研究	陈庆云（北京大学政府管理学院教授、博导）	公共管理学院
10 月 19 日	The Transition from Medical Device Technology to Tissue Engineering: The New Challenges for Biomaterials	D. F. Williams 教授(英国组织工程中心主任、英国利物浦大学教授、Biomaterials 杂志主编)	生物材料工程研究中心

续表 5

时　间	讲座或活动题目	主讲人	组织者
10 月 21 日	认知语言探索	王寅（四川外国语大学教授、博导）	外国语学院
	Translation Studies and Its Pragmatic Evolution	廖七一（四川外国语大学教授、博导）	
10 月 23 日	敦煌文化	项楚 教授、博导	文学与新闻学院
10 月 24 日	公共行政的过去、现在与未来	詹中原 教授（台湾政治大学公共行政研究所教授、中山大学行政管理研究中心客座教授）	公共管理学院
10 月 24 日	微波电子器件：历史、现状与机遇	刘濮鲲（中国科学院电子学研究所研究员、长江学者、博导）	物理科学与技术学院
10 月 25 日	爱因斯坦与广义相对论	段一士 教授（兰州大学物理系博导、国内外著名的粒子物理和广义相对论专家）	
10 月 26 日	原子弹的原理、结构和威力		
10 月 27 日	从粒子到宇宙		
10 月 28 日	影射和拓扑场论		
10 月 25 日	Future of Material Science and Engineering——A Global Industry Perspective	美国陶瓷学会主席 Dr. W. Wolf	材料科学与工程学院
10 月 26 日	俄罗斯诗歌：从现代主义到后现代主义	郑体武 教授（上海外国语大学俄语系系主任、博导，中国俄罗斯文学研究会副会长）	外国语学院
10 月 27 日	谈中国药典 2005 年版增（修）订	张丹 教授	华西药学院
	近红外光谱法及其应用	晁若冰 教授	
10 月 27 日	腓骨肌皮瓣血管吻合修复下颌骨缺损的临床研究	李龙江 教授	华西口腔医学院
10 月 28 日	文化研究与文学研究及其关系	吴元迈 教授（中国社会科学院外国文学研究所名誉所长）	文学与新闻学院
10 月 29 日	儒藏与中国文化传播	舒大刚 教授	
10 月 30 日	学习方法论	曹顺庆 教授（博导）	

续表 5

时　间	讲座或活动题目	主讲人	组织者
10 月 29 日	Robust Sensing and Control of Welding Processes（焊接过程的鲁棒自动检测和控制）	张裕明（Yu－Ming Zhang）博士（美国肯塔基大学电气和计算机工程系教授）、James R. Boyd 教授（美国肯塔基大学电气和计算机工程系主任）	电气信息学院
10 月 31 日	Micro－optics and MEMS——Based on Conducted Project	姚军博士（Department of Physics，University of Durham，UK）	物理科学与技术学院
11 月 2 日	漫谈当代艺术	河清 教授（著名艺术批评家）	艺术学院研究生会
11 月 2 日	走进孔子	蒙培元（中国著名哲学史家、中国社会科学院研究员）	公共管理学院
11 月 3 日	牙髓根尖周疾病诊治的疑难因素分析	黄定明 副教授	华西口腔医学院
11 月 2 日～3 日	性文化与性理念研究	潘绥铭 教授（中国人民大学）	公共管理学院
11 月 3 日	医学物理师在肿瘤放射治疗过程中担任的角色和职责	傅玉川 博士	原子核科学技术研究所
11 月 3 日	了解更多资讯 更好定位自我	冯小明教授、黄为民研究员	研究生院、学生工作部
11 月 4 日	和新同学谈谈如何适应大学生活	肖旭 教授	学生工作部、心理健康教育中心
11 月 3 日	Romantic & Naturalistic Tenstions in American Novel	Ernest Suarez（Fulbright Scholar，Professor and Chair，The Catholic University of America）	外国语学院
11 月 4 日	Romantic & Naturalistic Tenstions in American Poetry		
11 月 4 日	美国“9·11”案件 DNA 鉴定	Dr. Prinz（美国纽约法医总局 DNA 实验室主任、国际法医遗传学会专委会主任）	华西基础医学与法医学院
11 月 5 日	国际法医 DNA 分型的进展		
11 月 5 日	女神运动	叶舒宪 教授（中国社会科学院）	文学与新闻学院
11 月 6 日	文学研究的对象	冯宪光 教授（博导）	
11 月 8 日	“超级女声”专题学术论坛	校研究生会	
11 月 8 日	低温等离子体技术及应用	童洪辉 研究员（核工业西南物理研究院副院长）	物理科学与技术学院

续表 5

时　间	讲座或活动题目	主讲人	组织者
11 月 10 日	21 世纪学科交叉与科学发展：兼谈物理学前沿问题	王顺金 教授	物理科学与技术学院
11 月 10 日	肿瘤疫苗的研究进展	付春华 助理研究员	华西口腔医学院
11 月 11 日	人际关系与人际交往	肖旭 教授	校心理健康教育中心
	自卑与超越		
11 月 12 日	论虚假新闻的治理	尹韵公 教授	文学与新闻学院
11 月 13 日	新闻传播与大学生活	欧阳宏生 教授（博导）	
11 月 14 日	资本对经济增长的作用剖析	李杰 教授	政治学院
11 月 16 日	学术论文的写作与投稿	赵建伟 教授（原《社会科学杂志》副总编）	公共管理学院
11 月 16 日	“川大论坛”之：风流人物数三国	沈伯俊 教授	学生工作部、校研究生会
11 月 17 日	口腔材料与器械的标准化问题	王少安 教授	华西口腔医学院
11 月 17 日	Studies of GaAs - based solar cells for space applications	范强（英国伦敦大学材料系博士、四川大学客座教授）	材料科学与工程学院
11 月 17 日	伊里加蕾的女性观	刘岩 教授（广东外语外贸大学英语文化学院院长）	外国语学院
	从乌托邦否定到否定乌托邦：对中国现代性的一种批评视角	王逢振（中国社科院外国文学所研究员）	
11 月 18 日	后现代伦理：托尼·莫里森和他者		
	西方戏剧中恐怖的母亲	刘岩 教授（广东外语外贸大学英语文化学院院长）	
11 月 19 日	传播学研究中几个值得注意的问题	林知达 研究员（四川省社科院）	文学与新闻学院
11 月 20 日	怎样确定角色意识	谢谦 教授（博导）	
11 月 19 日	当代大学生的责任	阮次山	四川大学新闻中心
11 月 20 日	Prediction of protein function and peptide properties irrespective of sequence similarity by an artificial intelligence	Chen Yuzong（新加坡国立大学计算科学系主任、副教授）	纳米生物医学技术与膜生物学研究所、化学工程学院

续表 5

时　间	讲座或活动题目	主讲人	组织者
11 月 22 日	中国汽车工业发展趋势	牛向春（中国汽车技术研究中心党委副书记）、曹健（智能交通研究所所长）、王务林（博士后科研工作站执行站长、博士）	制造科学与工程学院
11 月 22 日	配体引导下的功能分子聚集体构筑与性能	卜显和 教授（南开大学）	化学工程学院、化学学院
11 月 22 日～26 日	心理咨询与治疗	Dr.Sheri（美国加利福尼亚大学应用心理研究所所长）	公共管理学院、校心理健康教育中心
11 月 23 日	四川人是天下的盐”	流沙河（著名作家、诗人）、徐列（《南方人物周刊》主编）	文学与新闻学院
11 月 23 日	“川大论坛”之：叩开生命的玄机——站在自然、社会、人文交叉地带的对话	张义正教授、袁支润教授、张雪梅博士、沈金生博士	学生工作部、校研究生会、工商管理学院研究生分会
11 月 25 日	世界经济、科技大趋势与对策	涂铭旌 院士	材料科学与工程学院、校研究生会
11 月 25 日	我国十一五时期国民经济和社会发展规划概况介绍	解三明 博士	学生工作部
11 月 27 日	文化研究与边界之争	金元浦 教授（中国人民大学）	文学与新闻学院
11 月 29 日	研究生治学方法论	徐盛桓 教授（河南大学外国语学院博导）	外国语学院
12 月 1 日	娱乐化、低俗化批判和中国电视文化多元化建构	欧阳宏生 教授	学生工作部
12 月 2 日	当前中国政治学研究现状及主要理论问题	杨海蛟 教授（中国政治学会秘书长、《政治学研究》编辑部主任）	政治学院
12 月 2 日	太阳电池材料	郑家贵 教授	材料科学与工程学院研究生会
12 月 4 日	当前广告理论研究动态	黄升民 教授（中国传媒大学）	文学与新闻学院
12 月 7 日	免疫学的最新进展	Paul V. Lehmann（美国 KWU 大学免疫学教授）	华西基础医学与法医学院

续表 5

时　间	讲座或活动题目	主讲人	组织者
12 月 6 日	1. Formation of mesoglobular phase in dilute heteropolymer solutions（杂聚高分子稀溶液中介观球相的形成） 2. How to do research	吴奇 教授（中国科学院院士、香港中文大学化学系主任、中国科技大学材料与化学学院院长）	高分子材料工程国家重点实验室
12 月 7 日	高分子材料的应力诱导反应及相分离	徐僖 院士	
	聚合物在成型过程中形态控制技术	申开智 教授	
12 月 8 日	智能高分子的研究与发展	丁小斌 研究员	
	1. 溶胶凝胶法制备聚合物杂化材料的研究进展 2. 聚甲醛/热塑性聚氨酯共混物在加工过程中相形态的控制	秦家强（博士生）、程振刚（博士生）	
12 月 9 日	1. 从功能仿生制品到结构仿生制品的研究 2. 高分子材料绿色化工程和回收利用新原理、新技术	万昌秀教授、卢灿辉教授	
12 月 9 日	生态循环与循环经济	谢天（四川省环境保护局副局长）	建筑与环境学院
12 月 11 日	如何实现大学生心理转换	蒋晓丽 教授（博导）	文学与新闻学院
12 月 12 日	Stent - grafts for endovascular surgery（血管内手术支架）	Guidoin 教授（加拿大拉瓦尔大学外科系和医学院教授）	高分子科学与工程学院
12 月 16 日	压力管理与心理健康	肖旭 教授	水利水电学院研究生会
12 月 20 日	Blackness and Race in Faulkner and Morrison	Professor Tom Cohn（State University of New York 英文系系主任）	外国语学院
12 月 22 日	川贝母栽培项目进展	王曙 教授	科技处
	中药资源与品质评价方面几个问题的浅谈	张浩 教授	
12 月 24 日	教育部靶向药物重点实验室学术年会	侯世祥教授等	华西药学院
12 月 27 日	如何培养创新能力——朱清时院士求学、治学报告会	朱清时教授（中国科学院院士、中国科技大学校长、博士生导师）	学生工作部、研究生院
12 月 28 日	全固态激光器及其应用	许祖彦 院士（中国科学院物理所）	物理科学与技术学院

续表 5

时　间	讲座或活动题目	主讲人	组织者
2005 年	“求实·探索”系列讲座：日本国内与国际问题	宫协磊介（日本）	政治学院
	“求实·探索”系列讲座：中美文化差异	欧苏珊教授（美国东北大学）	
	“求实·探索”系列讲座：构建和谐社会与历史责任	阎钢 教授	
	“求实·探索”系列讲座：党员先进性教育和马克思主义理论创新	庄福龄 教授（中国人民大学）	
	“求实·探索”系列讲座：一个共产党员的理想与信念	张迪明 教授	

表 6　2005 年学生社会实践主要情况一览表

时间	实践地点	实践内容	组织单位	参加者及人数
7 月 12 日～14 日	宜宾高县	“博士生服务地方经济建设”实践活动，包括：考察地方经济发展情况；为地方经济建设出谋划策；为当地群众提供服务	校团委	30 人
7 月 13 日～15 日	绵阳梓潼定远乡	1. “三农”问卷调查工作，和当地居民沟通对“三农”问题的看法 2. 探望当地农村“五保户”和残疾家庭 3. 与西南科技大学经济学院服务队围绕农村发展所面临的问题进行座谈交流	轻纺与食品学院	14 人
7 月 14 日～19 日	阿坝州	义诊和学术交流活动	华西临床医学院	17 人
7 月 15 日～20 日	卧龙	卧龙生态行，包括调查当地生态（植被、气候、动物等）情况、生态保护情况以及当地居民的生态保护意识	华西药学院	196 人
7 月 15 日～22 日	尖山村	支教活动	电子信息学院	15 人
7 月 16 日～18 日	泸定、贡嘎雪山等长征路线	重走长征路并对当地经济状况进行考察	高分子科学与工程学院	11 人
7 月 16 日～22 日	沐川县沐溪镇前光小学	义务支教、捐助学习用品、筹集奖助学金等活动	工商管理学院	6 人

续表 6

时间	实践地点	实践内容	组织单位	参加者及人数
7 月 17 日～23 日	凉山州	大学生形势政策宣讲 社会实践基地建设 红色旅游	华西基础医学与法医学院	11 人
7 月 19 日～27 日	冕宁县	“红色之旅”活动	华西口腔医学院	18 人
7 月 20 日～26 日	甘孜州	“成都—泸定—康定”红色之旅	经济学院	9 人
7 月 21 日～8 月 10 日	湖北	参观长江三峡水利枢纽工程、黄陵庙水电站、清江隔河岩水利枢纽工程、沙市水文站、荆江分洪区等水电工程，举行相关系列报告	水利水电学院	45 人
7 月 24 日～8 月 1 日	成都市公安局青羊区分局	协助处置涉外案（事）件；开展与境外人员的沟通、服务工作	外国语学院	15 人
7 月 25 日～29 日	金堂县	深入农村调查和了解农村教育及经济状况	物理科学与技术学院	9 人
7 月 25 日～31 日	南充顺庆潆溪镇	形势政策宣讲、基地考察、图书派送、干部计算机科学文化培训、儿童折纸及简笔画培训、露天电影等	网络教育学院	20 人
7 月 26 日	磨西、泸定	“红色之旅”活动	电气信息学院	6 人
7 月	昭觉县	对当地有关工作人员进行专业培训，同时对当地经济、历史、民风等情况开展调研	制造科学与工程学院	15 人
7 月	广安市牌坊村	“走进农村、关注农业、服务农民”实地调研活动。	化学工程学院	11 人
8 月 3 日～6 日	甘孜州	农村政策宣讲及“红色之旅”活动	法学院	16 人
8 月 19 日～23 日	川西北长征丰碑路线	纪念红军长征 70 周年暨 2005 大学生“体验新长征”活动	计算机学院（软件学院）	30 人
8 月 23 日～25 日	广安	参观小平故里，重走华蓥险路	公共管理学院	20 人
8 月	阿坝	实地考察	文学与新闻学院	6 人
8 月	新津	调研并浅析 2004 年新津县经济发展情况	创新班	9 人

表 7　2005 年学生对外交流考察活动主要情况一览表

时间	主题或内容	组织者	参加学生
5 月	组织学生参加第三届中俄大学生艺术节暨俄罗斯高等教育展，并举行中俄大学生联欢会	学校	有关同学
6 月 1 日～2 日	组织学生参加中美大学校长研讨会活动	学校	1200 余人
7 月 1 日～30 日	赴韩国檀国大学学习交流活动	学校	组织推荐的 2 名同学
7 月	组织学生与香港城市大学赛马会敬贤堂宿生会“四川社会服务及经济文化学术交流团”开展交流，并陪同参观新老新区	学校	有关同学
暑期	参加第七届海峡两岸杰出青年学生“祖国西部生态与人文学术考察研习营”活动	学校	选派 6 名学生参加
暑期	与韩国东国大学学生交流团开展交流活动	学校	组织安排 30 名留校学生参加
11 月	学校第十五次“中国地方青年访问团”成员赴日本进行友好访问	学校	公共管理学院李鹏同学
2005 年	协助外事处开展外事学生交流培训活动	学校	广大同学

表 8　2005 年学生社团活动情况一览表

活动时间	活动名称	组织及参加者	活动成果
每周五晚	英语角	英语协会	帮助同学们提高英语口语能力，丰富大学生活
每周六、周日	古筝技艺传授及练习	古筝协会	推广古筝艺术
每周五晚	图书借阅活动	文学联合会	为大家提供更好地接触文学的平台，帮助同学们扩大阅读范围，增长知识
4 月	“以书会友”活动	ID.POP 协会	通过与商家的合作，体现了 POP 的基本职能，更好地诠释了协会今后的发展方向
5 月	乒乓球院际联赛	乒乓球协会	新校区运行以来规模最大的一次乒乓球联赛，在同学们中产生较大影响
10 月	悼念巴金先生逝世签名活动	文学联合会	激发同学们缅怀巴金，积极学习和继承巴金精神
10 月	全明星篮球赛	篮球协会	向全校同学展示篮球的美妙，普及篮球运动
10 月～11 月	“新芽杯”征文大赛	文学联合会	给会员一次展示自己文学才能的机会，促进大家的文学创作
10 月 27 日～12 月 27 日每周末	炭精画讲座学习	消费挚友协会	让同学们获得绘画技巧，丰富学习交流内容

续表 8

活动时间	活动名称	组织及参加者	活动成果
10 月	“十分真情，快乐十足”——“金帝”新学期待卖会	大学生自助协会	许多同学得到了切实帮助，并提高了对自立自强、爱心援助的认识
11 月	五大眼镜店爱心捐助活动	大学生自助协会	
11 月双周日下午	“不可思议”系列培训活动	市场营销协会	为同学们提供一个提高面向社会能力的园地，丰富校园生活
11 月	四人花样足球赛	大学生自助协会	一份学习之余的娱乐，丰富了大学生活
11 月	“靓丽女生节”晚会	市场营销协会	向女大学生们致敬，扩大了协会影响
11 月	“三社联合”游戏、表演、比赛、舞会	体育与舞蹈协会、篮球协会、电脑协会	加强了社团之间的友谊与合作，大大丰富了同学们的校园生活
11 月	大熊猫申吉“我们在行动”活动	摄影协会	领略“国宝”大熊猫的独特魅力，留下了难以忘怀的艺术瞬间，为大熊猫申吉的最后冲刺贡献一份力量
11 月	心理影片研讨会	心理协会	寓教于乐，促进心理健康知识的宣传教育
11 月	全员联欢会暨爱心募捐活动	行知协会	调动会员奉献爱心的积极性，以实际行动体验人生
11 月	“关注圣爱，关注特殊教育”培训中心活动	行知协会	
11 月	女生节舞会	数字娱乐与电子竞技协会	联络会员之间的感情，推动协会发展
11 月	NUGL 四川省决赛	数字娱乐与电子竞技协会	磨炼能力，锻炼自我，为校争光
11 月	四川大学“十佳社团”评选晚会	学生团体联合会	激励广大学生社团的积极性，扩大了学生团体联合会的影响力
11 月	人物采风活动	摄影协会	从实际操作中提高了会员摄影技能
11 月	感恩节大型活动	演讲与交际协会	促进同学们感恩图报健康心态的养成
11 月	计算机网页设计大赛	电脑协会	推广网页制作知识及技能
11 月	创新班经济学院辩论赛	演讲与交际协会	展示同学们的辩论风采，表现川大学子的激情与活力

续表 8

活动时间	活动名称	组织及参加者	活动成果
11 月～12 月	“国际文化节”活动包括开幕式、国际文化交流、海外学子畅谈出国经历、学术讲演、留学资讯会、闭幕式暨迎新晚会等内容	飞跃重洋协会	为同学们提供很多留学方面的帮助，充实同学们的精神生活
11 月～12 月	义诊活动	视力保护协会	普及视力保护知识，给广大同学以切实有效的帮助
12 月	动漫节活动	学生团体联合会	在广大学生中推广动漫常识
12 月	“蒙太奇水吧”圣诞晚会	英语协会	增进同学之间的友谊，极大地丰富了大家的课余生活
12 月	与西南财大辩论赛	演讲与交际协会	加深与兄弟院校的友谊，展示川大学子的风格和水平
12 月	“尼索”西南总裁讲座	演讲与交际协会	帮助同学们了解现代企业情况，瞻仰与学习企业界名人的风采
12 月	“金色校园广场”卡拉OK 大赛	就业与创业协会	展示了同学们良好的精神文化风貌，彰显个性，增进友谊
12 月	圣诞真情传播活动	ID.POP	用真情温暖人心，将爱心传播到每个角落
12 月	六协会联合篮球比赛	创造协会等	促进兄弟协会之间的交流，互相促进，共同进步
12 月	川大学生职前教育网络学堂、公务员考录网络学堂，以及公务员考录模拟考场等活动	就业与创业协会	让同学们尽早了解和掌握职场信息，为今后的发展与就业作好一定准备

表 9　2005 年青年志愿者活动一览表

活动时间	活动名称及内容	活动地点	承办者	参加人数
3 月 4 日～5 日	“雷锋日”志愿服务活动	四川大学	青年志愿者协会	1000 人
3 月 22 日	世界水日“水”主题宣传、签名活动	四川大学	青年志愿者协会	3000 人
3 月 26 日	法制宣传咨询活动	双流县文星镇	青年志愿者协会	28 人
4 月	“志愿文化”问卷调查	四川大学	青年志愿者协会	500 人

续表 9

活动时间	活动名称及内容	活动地点	承办者	参加人数
4月	征集青年志愿者协会会歌、会徽	四川大学	青年志愿者协会	100人
4月22日～5月8日	“深化志愿服务，构建和谐社会”——四川大学第四届志愿文化论坛征文活动	四川大学	青年志愿者协会	460人
4月	四川大学应急献血志愿者服务队成立	四川大学	校团委、青年志愿者协会	50人
4月	“十杰”、“百优”、“十佳”的评选表彰	四川大学	校团委、青年志愿者协会	300人
4月	全国服务西部志愿者选拔	四川大学	四川大学	100人
5月	四川大学青年志愿者协会注册系统开通	四川大学	青年志愿者协会	30人
4月22日～5月19日	“温情满人间”校园爱心服务活动（义务清洁车站，电话亭等）	四川大学	青年志愿者协会	30人
5月22日开始	成都市志愿者走进成都SOS儿童村活动	成都SOS儿童村	青年志愿者协会	26人
5月23日	“手拉手，心连心”共建绿色美好家园大型印手印活动	四川大学	青年志愿者协会	2600人
5月27日	与香港城市大学交流会	四川大学	校团委、青年志愿者协会	10人
5月29日	参加李岚清“音乐·艺术·人生”专题讲演服务活动	四川大学	四川大学	46人
6月9日	“深化志愿服务，构建和谐社会”——四川大学第四届志愿文化论坛	四川大学	校团委、青年志愿者协会	460人
6月26日	与北京大学阳光志愿者协会共同开展“阳光计划——为白血病人献爱心”宣传活动	四川大学	校团委、青年志愿者协会	68人
9月7日～11日	2005级新生接待工作	四川大学	四川大学	150人
10月11日	“青春辉映夕阳红”慰问老人活动	四川大学	校团委	6人
10月14日～23日	本科生体质测试助理裁判工作	四川大学	体育学院	150人
10月	全国青年志愿者扶贫接力计划——组建第八届研究生支教团	四川大学	四川大学	50人
9月～10月	校青年志愿者协会换届招新	四川大学	校团委、青年志愿者协会	100人
9月～10月	校青年志愿者协会换届工作及制度建设	四川大学	青年志愿者协会	100人

续表 9

活动时间	活动名称及内容	活动地点	承办者	参加人数
10 月	关爱女性健康知识竞赛	四川大学	青年志愿者协会	200 人
11 月 5 日～6 日	参加第九次教育部直属高校及有关高校组织工作研讨会服务工作	四川大学	四川大学	40 人
11 月 30 日	青年志愿者走进中学校园系列活动	文星镇中学	青年志愿者协会	36 人
11 月 11 日～30 日	志愿文化系列培训讲座	四川大学	青年志愿者协会	106 人
11 月 12 日	青年志愿者迎新晚会	四川大学	青年志愿者协会	148 人
11 月 13 日	“青春辉映夕阳红”慰问老人活动	华阳敬老院	青年志愿者协会	18 人
11 月 13 日开始	与蜀星花园居委会联合活动	双流县蜀星花园	青年志愿者协会	13 人
11 月 18 日	青年志愿者交流培训大会	四川大学	青年志愿者协会	150 人
11 月 19 日	青年志愿者协会公关礼仪培训大会	四川大学	青年志愿者协会	89 人
11 月 24 日～25 日	参加“双选会”志愿服务工作	四川大学	招生就业处	10 人
11 月 24 日～12 月 2 日	参加为达州市“扶贫济困送温暖”捐助活动	四川大学	省学联、团市委	30 人
11 月 26 日～12 月 4 日	青年志愿者协会篮球比赛	四川大学	青年志愿者协会	50 人
11 月 27 日启动	蜀星花园爱心家教活动	双流县蜀星花园	青年志愿者协会	20 人
11 月 27 日	走进图书馆志愿服务活动	四川大学	学校图书馆、青年志愿者协会	28 人
12 月 4 日	“从点滴做起”——校内自行车修理服务活动	四川大学	青年志愿者协会	28 人
12 月 4 日～5 日	“传播伟大的志愿精神”——“国际志愿者日”成都市志愿者活动（法制、卫生、食品健康宣传等）	省体育馆及武侯广场	成都市武侯区政府、四川大学青年志愿者协会	150 人
12 月 4 日～23 日	为成都市残联“捐一本书，献一份爱心”活动	四川大学	成都市残联、四川大学青年志愿者协会	30 人
12 月 6 日	参加英特尔董事会主席贝瑞特博士演讲服务工作	四川大学	四川大学	20 人
12 月 10 日	青年志愿者分队座谈会	四川大学	青年志愿者协会	20 人

办学条件保障及
公共服务体系篇

办学条件保障及公共服务体系概况

2000年以来，学校新建教学科研办公用房43.3万平方米；新建学生生活用房37万平方米；新建13万平方米“川大花园”和20万平方米“江安花园”教职工住宅小区。拆除各类违章建筑及危旧房8.6万平方米，新建、改建道路9万平方米。投入1.5亿元，对水、电、气道路管网进行了扩容和改造。建成千兆校园主干网、百兆到楼、十兆到桌面，11620个宽带接入点，网络用户3万余户。新增、改造景区和景点近100个，新增、改造草坪绿化13万平方米。学校的面貌发生了根本性的变化。

近年来，学校对校区建设重新进行了规划，在双流新征土地3000余亩①，使校园面积达到7050亩，从根本上解决了制约学校发展的空间问题。双流新校区建设已初具规模，一座已竣工建筑面积达70万平方米、环境生态化、景观园林化、信息网络化的新校园展现在世人面前。

2005年，四川大学图书馆馆舍总面积63100平方米，读者座位数8231个，设有6个多媒体阅览室，馆藏文献539万册；校博物馆是国内高校仅有的综合性博物馆，珍藏文物4万余件，动、植物标本60万余件（份）。学校体育场馆设施齐全、设备先进。学校建有校园网、分析测试中心、现代教育技术中心、档案馆、国家外语考试、出国留学人员培训机构等，并主办了37种面向国内外发行的学术刊物。

学校按照“整合、共享、开放、服务”的方针，初步建成了以数字化图书馆、数字化校园和虚拟大型设备管理中心为重点的公共服务及资源共享体系和学校优质资源共享系统及机制，为学校的发展提供优良的基础条件。目前四川大学有国家级重点实验室3个，国家工程技术研究中心2个，教育部、卫生部重点实验室10个，省级重点实验室45个，校级公共服务体系8个，校级基础实验教学中心9个和院级专业教学实验室56个。其中，物理、化学、生物、法医学技术、机械基础五个实验教学中心为“省级高校基础课教学实验示范中心”。全校教学实验室用房面积为9.9万平方米，生均建筑面积为1.65平方米。2004年至2005学年开出实验项目3937项，承担实验人时数752.5万。基础课、专业基础课及专业课实验项目开出率接近百分之百。近几年来，学校多渠道筹集资金近1.8亿元加大各类教学实验室的建设力度，利用世界银行贷款“高等教育发展”项目投入的400万美元重点加强了六大校级基础实验教学中心的建设。又利用新校区实验室建设费4061万进一步完善八大校级基础实验教学中心的实验基础设施建设。2001年学校实施“523实验室工程”建设项目，第一期和第二期共投入9712万元（其中学校投入8190万元，学院配套1522万元）加强了

① 1亩=0.0667公顷。

3 个校级基础实验教学中心、59 个院级专业实验室（其中新建专业实验室 17 个）的建设，同时建成 90 间多媒体教室（能同时容纳 10000 名学生）。此外，学校每年还另投入 250 万元用于本科教学实验室常规仪器设备购置，使四川大学仪器设备总值和生均仪器设备值均呈逐年上升趋势。先进的实验设备，大大改善了本科教学实验条件，促进了实验教学改革，增开了综合性、设计性和研究型实验，提高了四川大学本科实验教学质量和水平。为了提供仪器设备的使用率，学校建立了仪器设备资源共享平台——虚拟大型设备管理中心（简称 VEMC）。该平台构建了仪器设备科学化管理的新体系。实现了学校 260 余台（单台件≥20 万元）仪器设备的集中管理，设备、信息资源共享。教师与学生通过平台进行设备使用的预约和测试，显著地提高了四川大学仪器设备（特别是大精仪器设备）的使用率和投资效益。学校分三期进行了校园网络的基础建设和改造，建立了学校网上合作研究中心、虚拟实验室以及重大仪器设备远程操控平台，基本建成了开放型的基础科研数据库，实现了图书文献、科研信息资源的数字化和网络化。截至 2005 年，学校图书馆已引进数据库 141 个，其中包括中文期刊全文数据库、书生之家电子图书、中文科技期刊数据库、超星电子图书、方正 Apabi 数字图书馆、中国资讯行数据库、万方中国学位论文全文数据库、SCI、EI Compendex、INSPEC、OCLC First Search、OVID 平台上的系列医学数据库、PQDD 博硕士论文全文数据库、SDOL、IEL、SpringerLink、AIP、APS、EBSCO、Kluwer Online、John Wiley、Sci Finder Scholar、BP 等数据库。在新校区修建了 2.5 万余平方米，实行“藏、借、阅、咨一体化”服务模式的现代化图书馆。引进了以色列 EX LIBRIS 公司的图书馆自动化管理系统 ALEPH 500（16 版）和资源统一检索与开放式链接服务系统 METALIB/SFX，实现了统一的自动化集成管理。ALEPH 系统是目前世界上先进的大型图书馆管理系统，为大英图书馆、美国国会图书馆、中国国家图书馆等大型图书馆所选用。建成了以小型机、Unix 操作系统、Oracle 数据库和国外大型自动化管理软件为核心的图书馆自动化管理平台，形成了传统文献资源、电子信息资源和虚拟网络资源相结合的现代信息资源保障系统，为教学科研和学科建设提供了优质的文献信息服务。

学校进一步坚持后勤社会化改革方向，坚持后勤为师生服务宗旨，建立科学的新型后勤管理服务质量评估体系，在逐步开放校内后勤服务市场的同时，以学生公寓和食堂服务及水电气供应保障为重点，有所为、有所不为，凝炼四川大学后勤集团参与市场竞争的优势和特色，以规模化、专业化和集约化的服务经营，实现做大做强的目标。进一步加强和改进对全校水电气的管理，不断降低学校后勤条件保障运行成本，提高服务效率和水平，建设既适应四川大学特点又符合市场规律的新型川大后勤保障体系。

基本建设

表1 2005年基建投资计划表 单位：万元

项目名称	本年计划		
	小计	国拨	学校自筹
总　　计	22471	2550	19921
一、非“211工程”建设项目	11051	1550	9501
（一）续建工程	4160	1550	2610
1. 四川大学博物馆	1550	1550	0
2. 学生艺教及教工活动中心	200	0	200
3. 华西学生食堂及活动中心	70	0	70
4. 华西学生浴室	10	0	10
5. 华西研究生宿舍	100	0	100
6. 高电压实验室	10	0	10
7. 出国培训中心楼	650	0	650
8. 华西校区留学生公寓	1570	0	1570
（二）新建工程	6891	0	6891
1. 华西临床医学科教楼	3480	0	3480
2. 有机金属铬合物催化研究所工程	50	0	50
3. 望江校区学生宿舍（A、B幢）	648	0	648
4. 华西校区1号学生宿舍	1267	0	1267
5. 华西校区5号学生宿舍	446	0	446
6. 农林村经济适用房1、2、3号楼	1000	0	1000
二、专项投资	3150	0	3150
1. 基础教学实验楼	1650	0	1650
2. 研究生教学楼（含室外）	900	0	900
3. 四川大学老校区基础设施改造（2003）	600	0	600
三、“211工程”建设项目	8270	1000	7270
1. 重点学科	4320	750	3570
2. 公共服务体系	1440	250	1190
3. 师资队伍建设	2000	0	2000
4. 不可预见费	510	0	510

表2　2005年基建投资计划建筑面积表　单位：平方米

项目名称	结　构	建筑面积
总　　计		164109
一、非“211工程”建设项目		124109
（一）续建工程		51853
1. 华西学生食堂	框架	5000
2. 学生艺教及教工活动中心	框架	10500
3. 华西学生浴室	框架	1027
4. 华西研究生宿舍	砖混	10000
5. 高电压实验室	框架	1000
6. 四川大学博物馆	框架	8000
7. 出国培训中心楼	框架	6800
8. 华西校区留学生公寓	砖混	9526
（二）新建工程		72256
1. 华西临床医学科教楼	框架	29000
2. 有机金属铬合物催化研究所工程	框架	800
3. 望江校区学生宿舍（A、B幢）	砖混	7565
4. 华西校区1号学生宿舍	砖混	14748
5. 华西校区5号学生宿舍	砖混	4497
6. 农林村经济适用房1、2、3号楼	砖混	15646
二、专项投资		59500
1. 基础教学实验楼	框架	40000
2. 研究生教学楼（含室外）	框架	19500

表3　2005年新建项目表　单位：平方米

项目名称	结　构	建筑面积
总　　计		72256
1. 华西临床医学科教楼	框架	29000
2. 有机金属铬合物催化研究所工程	框架	800
3. 望江校区学生宿舍（A、B幢）	砖混	7565
4. 华西校区1号学生宿舍	砖混	14748
5. 华西校区5号学生宿舍	砖混	4497
6. 农林村经济适用房1、2、3号楼	砖混	15646

表 4　2005 年完工项目表　　单位：平方米

项目名称	结　构	建筑面积
总　　计		118940
1．学生艺教及教工活动中心	框架	10500
2．华西学生浴室	框架	1027
3．华西研究生宿舍	砖混	10000
4．四川大学博物馆	框架	8000
5．出国培训中心楼	框架	6800
6．基础教学实验楼	框架	40000
7．研究生教学楼（含室外）	框架	19500
8．华西校区 1 号学生宿舍	砖混	14748
9．有机金属铬合物催化研究所工程	框架	800
10．望江校区学生宿舍（A、B 幢）	砖混	7565
11．四川大学老校区基础设施改造（2003）		

表 5　2005 年在建项目表　　单位：平方米

项目名称	结　构	建筑面积
总　　计		35669
1．华西学生食堂	框架	5000
2．高电压实验室	框架	1000
3．华西校区留学生公寓	砖混	9526
4．华西校区 5 号学生宿舍	砖混	4497
5．农林村经济适用房 1、2、3 号楼	砖混	15646

表 6　2005 年道路、绿化及其他工程

1．华西校区家属区污雨水改造
2．华西校区光明路道路改造，停车场修建
3．弘毅路道路改造及污雨水分流改造
4．学府东路道路改造及污雨水分流改造
5．望江校区物理馆、化学馆及东大门主道、行道的绿化工程（树绿篱改造）
6．望江中兴村 17、18、19 幢拆迁区的绿化环境改造工程
7．望江路段围墙植物改造绿化工程
8．望江西区离退休处拆迁区的绿化环境改造工程
9．望江校区东区南学生宿舍区配电站建设（2×1000kVA）
共计：新修道路 1300 米，新增绿化面积约 8300 平方米

新校区建设

四川大学江安校区经过4年多的建设已初具规模，2005年新校区已由全面基本建设为主转为以教学和科研用房及学生宿舍建设为主的格局。新校区建设2005年工作主要包括：完善土地征用手续，建设保证2005年学生入校就读的所需校舍，建设风雨操场和行政及教学楼，验收已建设完成的工程项目并交付国有资产管理处，进行已完工工程项目决算前期准备等。

表7　2005年四川大学新校区建设工程基本情况汇总表

序号	项目名称	项目性质	计划投资与面积		设计单位	施工单位	工程开工日期	工程预计竣工日期
			投资（万元）	面积（m^2）				
一	教学科研用房		32850	78400				
1	图书馆	已建	10500	22000	加拿大方舟设计公司西南设计院	华西有限责任公司	2003.6	2005.5
2	艺术学院楼	已建	3800	14400	西北建筑设计院	中建三局	2004.4	2005.8
3	游泳池及网球场	已建	2500		四川王周建筑设计有限公司	棠湖市政工程＼三九城市景观公司	2004.12	2005.9
4	水工试验场	已建	550		四川兴发规划院	中建四局	2004.9	2005.4
5	行政及教学大楼	在建	10000	32000	同济大学建筑设计院	中成集团	2005.9	2006.9
6	风雨操场	在建	5500	10000	北京国机方略设计公司	中建七局四公司	2005.11	2006.8
二	学生宿舍及生活用房		3000	25400				
1	学生十六、十七组团	已建	3000	25400	四川基准建筑设计公司	四川川华建筑工程公司	2005.1	2005.8

实验室及设备

2005年，学校教学科研仪器设备共有52659台件，总价值55368.03万元。其中10万元以上的666台，总价值232710.05万元。2005年，学校采购仪器设备900万元，大宗仪器设备招标45批。完成望江校区、华西校区、江安校区14

个学院共45个实验室的69个项目的维修工作，维修仪器设备共计1700台。组织全校29个学院的1400多名实验室工作人员及部分研究生进行了21期实验室消防安全知识培训演练，发放灭火器2490个到各实验室。组织专家进行2004年至2005年实验技术立项项目的评审，共批准实验技术立项项目38项，资助经费54.2万元。

2005年重新组建了“523实验室工程”项目评审专家信息库，采用抽签方式确定项目评审专家，完成“523实验室工程”二期建设项目的答辩、评审工作。共批准立项项目（包括新建专业、老专业及整合的文科）34项，投入建设经费2692万元。

2005年“211”工程项目中正式立项的虚拟大型设备资源共享平台建设——四川大学虚拟大型设备管理中心网站正式开通，实现了我校260余台大型仪器设备（单台件≥20万元以上）集中管理、对外开放、资源共享。

表8　大型虚拟设备管理中心部分上网设备一览表

编号	名　　称	型　　号	设备所在单位
1	转矩流变仪	RC－90	高分子材料工程国家重点实验室
2	高压毛细管流变仪	RH7	高分子材料工程国家重点实验室
3	气质联用仪	MS5972/5890Ⅱ	高分子材料工程国家重点实验室
4	表面积/孔隙率分析仪	ASAP2010	高分子材料工程国家重点实验室
5	激光粒度分析仪	SALD－2001	高分子材料工程国家重点实验室
6	旋转粘度仪	RV20/CV20N、M10	高分子材料工程国家重点实验室
7	傅立叶变换红外光谱仪	MAG－560	高分子材料工程国家重点实验室
8	电子机械万能实验机	Instron4302	高分子材料工程国家重点实验室
9	维卡热变形温度测定仪	HDV2	高分子材料工程国家重点实验室
10	差式扫描量热仪	204 Phoenix	高分子材料工程国家重点实验室
11	注塑机	K－TEC40－111	高分子材料工程国家重点实验室
12	双螺杆挤出机组	TE－34	高分子材料工程国家重点实验室
13	旋滴张力仪	SITE	高分子材料工程国家重点实验室
14	热分析系统	TA2000	高分子材料工程国家重点实验室
15	元素分析仪	PE2400	高分子材料工程国家重点实验室
16	动态力学分析仪	PL－DMTA	高分子材料工程国家重点实验室
17	塑化仪及附件	D－4100D	高分子材料工程国家重点实验室
18	厚子力显微镜	SPI4000	高分子材料工程国家重点实验室
19	高级流变仪	GEMINI200	高分子材料工程国家重点实验室
20	质谱仪	MS 5972	高分子材料工程国家重点实验室

续表 8

编号	名　称	型　号	设备所在单位
21	傅立叶变换红外光谱仪	20SXB	高分子材料与工程实验室
22	注射机	PS40E5ASE	高分子材料与工程实验室
23	医用导管挤出机组	SJ30/30	高分子材料与工程实验室
24	锥形双螺杆挤出机	stsz－45/132mm	高分子材料与工程实验室
25	自动塑料吹瓶机	CDJ50－2	高分子材料与工程实验室
26	偏光显微镜	DMLP	高分子材料与工程实验室
27	差热分析仪	室温－300 度	高分子材料与工程实验室
28	微机控制转矩流变仪	40 型	高分子科学与工程学院
29	河工实验室数据采集系统	X	水力学与山区河流开发保护国家重点实验室
30	颗粒分析仪	S	水力学与山区河流开发保护国家重点实验室
31	激光多普勒测速仪	LDA－11	水力学与山区河流开发保护国家重点实验室
32	动态粒子分析测速仪	58N10	水力学与山区河流开发保护国家重点实验室
33	粒子成像测速仪	2000	水力学与山区河流开发保护国家重点实验室
34	动态信号分析仪	hp3567	水力学与山区河流开发保护国家重点实验室
35	减压箱及循环水洞系统	真空度 98%	水力学与山区河流开发保护国家重点实验室
36	差式扫描量热仪	DSC 200/1/H PHOX	轻纺与食品学院
37	拉力试验机	350	轻纺与食品学院
38	蛋白生产线	0.5 吨/H	轻纺与食品学院
39	等离子光谱仪	2100DV	轻纺与食品学院
40	LB 膜分析仪器	KSV2000	轻纺与食品学院
41	高效气相色谱仪	LC－VP	轻纺与食品学院
42	全自动定氮仪	D－339	轻纺与食品学院
43	精密片皮机	C520L	轻纺与食品学院
44	轻革低温耐折仪	2375	皮革化学与工程教育部重点实验室
45	电感等离子光谱仪	IRIS ADV	化学专业实验室

续表 8

编号	名　　称	型　　号	设备所在单位
46	高效液相色谱仪	Aglient 110	化学专业实验室
47	傅立叶变换红外光谱仪	FT－ER 670	化学学院中心实验室
48	傅立叶变换红外光谱仪	FI－R	皮革化学与工程教育部重点实验室
49	表面与孔隙度测定仪	Trigtar3000	皮革化学与工程教育部重点实验室
50	光学接触角测量仪	OCAH200	皮革化学与工程教育部重点实验室
51	冻干机	PLUS	皮革化学与工程教育部重点实验室
52	荧光分光光度计	F－4010	皮革化学与工程教育部重点实验室
53	纳米粒度及电位分析仪	NANO ZS	皮革化学与工程教育部重点实验室
54	冻干机	FREEZONE 6	皮革化学与工程教育部重点实验室
55	高效液相色谱仪	LC1100	皮革化学与工程教育部重点实验室
56	多路静态应变测试系统	UCAM—70A	水利水电学院水利土木工程实验室
57	土工离心机	7LJ－A	水利水电学院岩土工程省重点实验室
58	快速原型制造机床	CPS－350	工程训练中心
59	立式加工中心	XH－714	工程训练中心
60	立式加工中心	XH－714	工程训练中心
61	回旋加速器	CS－30	原子核科学技术研究所
62	X 射线能谱仪	kyky2800B	原子核科学技术研究所
63	质子静电加速器	J－2.5	原子核科学技术研究所
64	电子静电加速器	JJ－2	原子核科学技术研究所
65	DNA 测序仪	PRISL310	华西基础医学与法医学院法医学专业实验室
66	扫描式电子显微镜	AMRAY－1000B	华西基础医学与法医学院法医学专业实验室
67	细胞活力分析仪	viceill auto 100/240	华西口腔医学院
68	荧光/紫外多孔板测定仪	HTS7000 Plus	华西口腔医学院口腔生物医学工程教育部、卫生部重点实验室

续表 8

编号	名　　称	型　　号	设备所在单位
69	扫描式电子显微镜	KYKY－2800	华西口腔医学院口腔生物医学工程教育部、卫生部重点实验室
70	色谱质谱联用仪	CHKFC－5890876	华西药学院
71	核磁共振波谱仪	UNITY INOVA 400	华西药学院
72	核磁共振仪	UNITY INOVA 400	华西药学院
73	液相色谱仪	LC－10ATVP	华西药学院靶向药物与新型给药系统省重点实验室
74	液相色谱仪	LC－10ATVP	华西药学院药学专业实验室
75	液相色谱仪	LC－10AT	华西药学院药学专业实验室
76	肌电诱发电位系统	S	华西公共卫生学院
77	高效液相色谱仪	HP1101	华西公共卫生学院
78	原子吸收分光光度计	M6	华西公共卫生学院
79	氨基酸分析仪（离子色谱仪）	GS－50	华西公共卫生学院
80	全自动细菌鉴定仪	walkway	临床医学实验室
81	电泳仪	BR－CTU	临床医学实验室
82	高效液相色谱仪	HPLC－166/126	临床医学实验室
83	生物力学实验机	BI－AXIAL	干细胞应用研究中心
84	蛋白组电泳分析仪	MHIF－170	人类疾病生物治疗教育部重点实验室
85	高效液相色谱仪	334 系列	原子核科学技术研究所
86	回旋加速器	1.2 米回旋	原子核科学技术研究所
87	离子注入机	K－280	原子核科学技术研究所
88	高压倍加器	GJ－W400	原子核科学技术研究所
89	快速蛋白液相层析系统	UPC－900	分子生物学及生物技术省重点实验室
90	荧光分光光度计	F－4500	分子生物学及生物技术省重点实验室
91	液相色谱仪	岛津－10A	华西药学院天然药物学省重点实验室
92	旋光检测器	341	华西药学院天然药物学省重点实验室
93	纳米粒度及电位分析仪	ZS90	华西药学院靶向药物与新型给药系统省重点实验室

续表 8

编号	名　　称	型　　号	设备所在单位
94	生物显微镜	AVIOVERT40	华西药学院靶向药物与新型给药系统省重点实验室
95	骨密度测定仪	DPXLUNARN	四川大学华西职业病医院
96	液质联用仪	API3000	华西药学院
97	傅立叶红外光谱仪	Vector22	华西药学院
98	氨基酸分析仪	835－0200	分子生物学及生物技术省重点实验室
99	基因枪	220/2400	分子生物学及生物技术省重点实验室
100	超速离心机	Ultra pro80	分子生物学及生物技术省重点实验室
101	高级蛋白的纯化系统	650E	分子生物学及生物技术省重点实验室
102	真空连续精化炉	XG－200	材料科学与工程学院
103	X射线衍射仪	DX－2000	材料科学与工程学院
104	同步热分析仪	Q600 SDT	材料科学与工程学院
105	箱式真空镀膜机	ZZS500－2D	材料科学与工程学院
106	磁控溅射镀膜机	JC500－6D	材料科学与工程学院
107	高温霍尔测试系统	HALL	材料科学与工程学院
108	电化学式分析仪	273A	化学工程学院
109	热交换多功能实验台	1.55	化学工程学院
110	高效液相色谱仪	LC－20A	化学工程学院
111	高效液相色谱仪	Waters 2487	化学工程学院
112	高效液相色谱仪	Aglient 1100	化学工程基础实验教学中心
113	元素分析仪	FLASH1112	化学工程基础实验教学中心
114	石墨炉原子吸收分析仪	FS95	化学工程基础实验教学中心
115	色谱质谱联用仪	5973N	化学工程基础实验教学中心
116	高效液相色谱仪	SP－8800	化学工程基础实验教学中心
117	反应釜中试装置	定制	化学专业实验室
118	高效液相色谱仪	1525HS	化学专业实验室
119	高效液相色谱仪	1525	化学专业实验室
120	高效液相色谱仪	600E	化学专业实验室
121	六波长全自动旋光仪	Autopolv	化学专业实验室

续表 8

编号	名　称	型　号	设备所在单位
122	冷冻干燥机	TDS－2D－MP	分子生物学及生物技术省重点实验室
123	发酵罐	Biostat ED	分子生物学及生物技术省重点实验室
124	高速冷冻离心机	AVANTIJ25I	分子生物学及生物技术省重点实验室
125	定量荧光 PCR 仪	LCYCLER IQ	分子生物学及生物技术省重点实验室
126	蛋白双向电泳系统	IEF	分子生物学及生物技术省重点实验室
127	层析系统	PURIFIER 10	生命科学学院
128	冷光检测器	LMAX	生命科学学院
129	光合作用测定仪	CI－340	生命科学学院
130	荧光冷光酶标仪	LMAXTMII384	生命科学学院
131	热分析仪系统	EXSTAR6000	分析测试中心
132	电感耦合等离子质谱仪	PQ－EXCEI	分析测试中心
133	扫描探针显微镜	SPA400 SER	分析测试中心
134	原子吸收分光光度计	SpectraAA220Fs	分析测试中心
135	毛细管电泳仪	P/ACE 5500	分析测试中心
136	旋转阳极 X 射线衍射仪	D/max－rA 型	分析测试中心
137	园二色分光光谱仪	J－500	分析测试中心
138	扫描式电子显微镜	S－450	分析测试中心
139	透射式电子显微镜	GEM－100CX	分析测试中心
140	激光拉曼光谱仪	MODEL	分析测试中心
141	电子能谱仪	XSAM800	分析测试中心
142	激光共聚集扫描显微镜	TCS－SP2	华西口腔医学院
143	四园单晶衍射仪	CAD4SDP44M	分析测试中心
144	差示扫描量热仪	DSC－2C	分析测试中心
145	机械手喷涂设备	AR－2000	分析测试中心
146	X 射线能量色谱仪	S－100	分析测试中心
147	同位素质谱仪	MAT－261 型	分析测试中心
148	X 射线能谱仪	v4105	分析测试中心

续表 8

编号	名　　称	型　　号	设备所在单位
149	厌氧培养箱	1029	华西基础医学与法医学院基础医学实验室
150	激光多普勒血流仪	PERIFIUX SYSTEMS－5000	华西基础医学与法医学院基础医学实验室
151	定位荧光 PCR 仪	ICYCLER IQ	感染性疾病分子生物学省重点实验室
152	冷冻切片机	CM3056	移植工程与移植免疫省重点实验室
153	图像处理系统	NP－1660M	临床磁共振研究中心
154	显微操作系统	NK2	人类疾病生物治疗教育部重点实验室
155	荧光显微系统	TE2000－U	人类疾病生物治疗教育部重点实验室
156	DNA 片段分析系统	3500HT	疾病基因组学与法医学省重点实验室
157	液质连用仪	Q－TOF	肿瘤学省重点实验室
158	高速离心机（4 千转～4 万转）	J301I	人类疾病生物治疗教育部重点实验室
159	高速离心机（4 千转～4 万转）	AVANTI J25	移植工程与移植免疫省重点实验室
160	纳米粒度及电位分析仪	ZS	人类疾病生物治疗教育部重点实验室
161	离子交换色谱仪	ICS－2500	建筑与环境学院
162	生物材料力学特性实验	AG2/50 KNISD MS STDEX	生物力学工程省重点实验室
163	非接触式三坐标测量机	PMC650	制造科学与工程技术教学中心实验室
164	数控立式床身铣床	MV350 型	制造科学与工程技术教学中心实验室
165	高效液相色谱仪	GILDOU	分析测试中心
166	实时定量 PCR 仪	7300	华西口腔医学院
167	荧光倒置显微镜	DMI600 B	华西口腔医学院

表 9 “523 实验室工程”二期批准项目及经费

序号	实验室名称	所属学院	申报经费（万元）	专家建议投入经费（万元）	主管部门批准经费	项目配套经费	项目负责人
1	工业设计实验室	制造科学与工程学院	72.3	50	52	10	杨随先
2	纺织工程实验室	轻纺与食品学院	120.4	80	70	14	陈衍夏
3	园林实验室	生命科学学院	150.7	80	70	20	罗言云
4	高分子材料加工工程实验室	高分子科学与工程学院	147.7	110	110	22	常建勋
5	网络工程与软件工程专业实验室	计算机学院（软件学院）	358.6	120	110	50	谢　汶
6	思想政治理论教育中心	政治学院	80.2	70	60	15	黄金辉
7	核工程与核技术实验室	物理科学与技术学院	155	130	115	25	杨朝文
8	安全工程实验室	化学工程学院	126	90	75	20	伍　勇
9	口腔修复工艺学实验室	华西口腔医学院	90	85	85	180	石　冰
10	信息安全专业实验室	电子信息学院	172.6	110	105	21	刘嘉勇
11	卫生检验实验室	华西公共卫生学院	103.1	70	65	13.3	张立实
12	妇幼保健医学实验室	华西临床医学院	80	60	55	11	吴康敏
13	轻工生物技术实验室	轻纺与食品学院	160	90	65	25	周荣清
14	医学信息工程实验室	电气信息学院	175.6	106	95	19	舒　勤
15	建筑综合实验室	建筑与环境学院	435	180	180	36.06	周　波
16	冶金工程专业实验室	化学工程学院	167.13	90	80	16	张　昭
17	医学技术实验室	华西临床医学院	416.3	120	115	140	梁宗安
18	数学模拟实验室	数学学院	92	40	40	10	彭联刚
19	生态学实验室	生命科学学院	96	47	47	13.5	曾宗永
20	生物科学实验室	生命科学学院	111.7	50	50	10	李　珉
21	应用物理实验室	物理科学与技术学院	193	60	60	12	唐昌建
22	物理专业实验室	物理科学与技术学院	208	51	50	10	朱建华
23	土木工程实验室	建筑与环境学院	362	90	90	18	熊　峰
24	给水排水实验室	建筑与环境学院	141.53	62	62	12.5	张永丽
25	应用化学专业实验室	化学学院	210	71	70	14	胡常伟

续表 9

序号	实验室名称	所属学院	申报经费（万元）	专家建议投入经费（万元）	主管部门批准经费	项目配套经费	项目负责人
26	电气信息工程专业中心实验室	电气信息学院	161.7	80	80	16	舒　勤
27	光信息科学与技术、电子科学与技术实验室	电子信息学院	280	91	90	18	龙建中
28	材料科学与工程学院中心实验室	材料科学与工程学院	158	80	80	25	朱建国
29	基础医学专业实验室	华西基础医学与法医学院	302.1	86	86	17.2	周　雪
30	临床医学基础中心实验室	华西临床医学院	428.74	165	180	45	周总光
31	考古技术实验室	历史文化学院	74.55	43.75	40	8	白　彬
32	影画音像实验室	艺术学院	126.9	50	50	—	张　苏
33	金融工程实验室	文科平台	180	106.88	110	—	李天德
	工商管理学院实验中心	文科平台	59.3			—	赖新农
	公共管理学院实验室	文科平台	119.52			—	黄春毅
34	司法鉴定实验室	法学院	100	—	暂缓	—	唐　磊
合　计			6415.67	2814.63	2692	858.56	

表 10　四川大学 2004—2005 年正式批准实验技术立项项目表（共 38 项）　单位：万元

序号	申请单位	项目名称	申请人	批准经费（万元）
1	化学学院	液相微萃取技术的研究	徐开来	1.2
2	化学学院	理科化工基础计算机仿真实验教学平台设计与实验建设	李立新	0.8
3	化学学院	物理化学基础实验部分改造	赵　明	1.2
4	建筑与环境学院	环境工程计算机模拟实验软件研制	杨　平	0.8
5	建筑与环境学院	建筑材料环境测试舱研制	王　安	2.0
6	物理科学与技术学院	霍尔效应在自动控制中的应用	翟华富	2.5
7	物理科学与技术学院	激光光强分布和激光光束质量测量实验	罗时荣	1.5
8	物理科学与技术学院	拉式激光散斑干涉测量加载仪	梁德富	1.2
9	物理科学与技术学院	大气激光雷达实验改进	何　捷	2.0
10	物理科学与技术学院	防摔式反射像易的光杠杆	梁雅庭	0.3

续表 10

序号	申请单位	项目名称	申请人	批准经费（万元）
11	物理科学与技术学院	壁挂式杨氏模量测量仪	雍志华	0.5
12	生命科学学院	生命科学基础实验教学创新体系的建立与实践	林宏辉	1.0
13	电子信息学院	综合电子系统平台研发	胡仲霞	1.2
14	电子信息学院	基于 PXI 系统的软件无线电实验平台	植　涌	1.5
15	电子信息学院	基于 CHUA 式混沌电路的模拟噪声发生器和随机序列发生器	邓洪敏	1.0
16	电子信息学院	高速逻辑分析仪实验箱	王　勇	1.2
17	电子信息学院	软件无线电实验箱研制	张　宏	1.5
18	电气信息学院	电子技术（数字）新实验体系设计	朱天跃	1.0
19	电气信息学院	电子技术（模拟）新实验体系设计	周　群	1.5
20	计算机学院（软件学院）	计算机硬件虚拟实验室的研制和设计	琚生根	1.5
21	计算机学院（软件学院）	网络虚拟实验室的研究和设计	谢　汶	1.5
22	工程训练中心	特种加工基础与创意教学模块的研制	刘胜青	2.5
23	工程训练中心	自创意作品制作与装配实验模块的研制	林光春	1.0
24	工程训练中心	基于先进制造技术的医学基础实验模块的研制	罗　阳	1.8
25	制造科学与工程学院	机构创新设计仿真实验平台建设	姚　进	1.5
26	制造科学与工程学院	材料表面电化学改性实验	范洪远	1.5
27	制造科学与工程学院	基于三坐标测量机的三维重建综合实验开发研究	樊庆文	1.5
28	材料科学与工程学院	湿化学法制备超微粉体材料	余　萍	1.2
29	材料科学与工程学院	光电信息晶体材料的合成与表征	王瑞林	2.5
30	材料科学与工程学院	计算机控制热释电系数探测系统研制	朱基亮	1.0
31	化学工程学院	材料微结构参数研究的综合设计实验的开发	张　东	1.5
32	化学工程学院	气固催化反应综合实验	梁　斌	2.0

续表 10

序号	申请单位	项目名称	申请人	批准经费（万元）
33	化学工程学院	“二元液系相图”实验教学方法、手段及装置的综合研究	向明礼	0.5
34	华西基础医学与法医学院	医学生综合性实验教学探索	杨泽宏	1.0
35	华西基础医学与法医学院	分子克隆技术作为医类设计实验课内容的探索	杨鲁川	1.0
36	华西基础医学与法医学院	ELISA 法测定全血他克莫司（FK506）血药浓度及药代动力学参数计算	周黎明	2.0
37	外国语学院语言训练中心	多媒体资源库的数字化解决方案	饶　坚	2.0
38	实验室及设备管理处	实验室环境风险评价及安全管理	兰静波	2.8
小　计				54.2

表 11　四川大学省级重点实验室一览表

序号	实验室名称	主要负责人		隶　属	依托单位
		姓 名	职 称		
1	原子分子工程与高温高压合成省重点实验室	彭　放	教 授	四川省教育厅	物理科学与工程学院
2	分子生物学及生物技术省重点实验室	张义正	教 授	四川省教育厅	生命科学学院
3	生物力学工程省重点实验室	樊瑜波	教 授	四川省教育厅	建筑与环境工程学院
4	过滤与分离省重点实验室	褚良银	教 授	四川省教育厅	化学工程学院
5	核医学省重点实验室	谭天秩	教 授	四川省教育厅	华西医院
6	感染性疾病分子生物学省重点实验室	赵连三	教 授	四川省教育厅	华西临床医学院
7	多相流传质与化学反应工程省重点实验室	梁　斌	教 授	四川省教育厅	化学工程学院
8	功能材料物理化学与工程省重点实验室	肖定全	教 授	四川省教育厅	材料科学与工程学院
9	岩土工程省重点实验室	何昌荣	教 授	四川省教育厅	水利水电工程学院
10	光学省重点实验室	曹益平	教 授	四川省教育厅	电子信息学院
11	先进制造技术省重点实验室	殷国富	教 授	四川省教育厅	制造科学与工程学院
12	智能系统省重点实验室	游志胜	教 授	四川省教育厅	计算机学院（软件学院）

续表 11

序号	实验室名称	主要负责人		隶　属	依托单位
		姓 名	职 称		
13	资源生物学及生物制药工程省重点实验室	陈　放	教 授	四川省教育厅	生命科学学院
14	靶向药物与新型给药系统省重点实验室	张志荣	教 授	四川省教育厅	华西药学院
15	疾病基因组学与法医学省重点实验室	侯一平	教 授	四川省教育厅	华西基础医学与法医学院、华西医院
16	肿瘤学省重点实验室	周清华	教 授	四川省教育厅	华西医院
17	医学分子生物学开放实验室	覃　扬	教 授	四川省教育厅	华西基础医学与法医学院
18	妇科肿瘤与小儿血液肿瘤省重点实验室	彭芝兰	教 授	四川省教育厅	华西第二医院
19	移植工程与移植免疫省重点实验室	李幼平	教 授	四川省教育厅	华西医院
20	电能质量与电磁环境学省重点实验室	杨洪耕 肖先勇	教 授	四川省教育厅	电气信息学院
21	微电子技术省重点实验室	王国裕	教 授	四川省教育厅	物理科学与技术学院
22	人机系统及仿生工程省重点实验室	袁中凡	教 授	四川省教育厅	制造科学与工程学院
23	信息安全省重点实验室	戴宗坤	教 授	四川省教育厅	电子信息学院
24	信息与自动化技术省重点实验室	涂源钊	教 授	四川省教育厅	电气信息学院
25	信息数学技术省重点实验室	罗懋康	教 授	四川省教育厅	数学学院
26	知识工程及网络智能省重点实验室	于中华	教 授	四川省教育厅	计算机学院（软件学院）
27	绿色化学与技术省重点实验室	胡常伟	教 授	四川省教育厅	化学学院
28	资源微生物学及微生物生物技术省重点实验室	杨志荣	教 授	四川省教育厅	生命科学学院
29	分子毒理学省重点实验室	张立实	教 授	四川省教育厅	华西公共卫生学院
30	生物精神病学省重点实验室	刘协和	教 授	四川省教育厅	华西临床医学院
31	病理研究室	周　桥	教 授	四川省教育厅	华西临床医学院
32	口腔医学新技术省重点实验室	石　冰	教 授	四川省教育厅	华西口腔医学院
33	天然药物学省重点实验室	王锋鹏	教 授	四川省教育厅	华西药学院
34	干细胞应用研究中心	羊惠君	教 授	四川省教育厅	华西基础医学与法医学院

续表 11

序号	实验室名称	主要负责人		隶　属	依托单位
		姓 名	职 称		
35	新型聚合物加工技术及其装备省重点实验室	杨鸣波	教 授	四川省教育厅	高分子科学与工程学院
36	食品科学与技术省重点实验室	卢晓黎	教 授	四川省教育厅	轻纺与食品学院
37	制药工程与技术省重点实验室	宋　航	教 授	四川省教育厅	化学工程学院
38	磷化学与工程省重点实验室	刘代俊	教 授	四川省教育厅	化学工程学院
39	先进材料成型及模具技术省重点实验室	李　宁	教 授	四川省教育厅	制造科学与工程学院
40	围产与生殖医学省重点实验室	毛　萌	教 授	四川省教育厅	华西第二医院
41	环境工程省重点实验室	唐　亚	教 授	四川省教育厅	建筑与环境学院
42	水文学及水资源省重点实验室	梁　川	教 授	四川省教育厅	水利水电学院
43	降解与阻燃高分子材料省重点实验室	王玉忠	教 授	四川省教育厅	化学学院
44	濒危动物繁殖与保护遗传省重点实验室	岳碧松	教 授	四川省科技厅	生命科学学院（成都大熊猫繁育研究基地与学校共建）
45	牙病防治研究省重点实验室	周学东	教　授	四川省卫生厅	华西口腔医学院

表 12　四川大学公共服务体系及负责人名单

序号	实验室名称	主要负责人		隶　属	依托单位
		姓 名	职 称		
1	出国留学人员培训部	夏丽萍	副教授	教育部	四川大学
2	分析测试中心	侯贤灯	教　授	四川大学	四川大学
3	现代教育技术中心	魏　星	副教授	四川大学	四川大学
4	IBM 技术中心	谢　汶	副教授	四川大学	四川大学
5	网络管理中心	蒋玉明	教　授	四川大学	四川大学
6	博物馆	霍　巍	教　授	四川大学	四川大学
7	实验动物中心	尹海林	副　研	四川大学	四川大学
8	图书馆	姚乐野	教　授	四川大学	四川大学

表 13　2004—2005 学年四川大学实验室利用情况一览表

实验室使用面积（平方米）	开出实验		实验人时数				
	个数	时数	合计	研究生	本科生	专科生	其他
99321	3937	34043	7524713	117209	6662857	2272	742375

表 14　四川大学 2005 年教学科研仪器设备分布情况

单位名称	合计		其中 10 万元以上	
	台、件	金额（万元）	台、件	金额（万元）
合计	52659	55368.03	666	23271.05
计算机基础实验中心	2009	1254.18	1	21.31
电工电子基础实验中心	2250	795.24	0	0
物理基础实验教学中心	2411	939.97	2	23.50
化学基础实验教学中心	1761	1211.22	16	340.11
生物基础实验教学中心	2033	1065.75	7	108.22
外语语言训练中心	705	540.86	8	273.57
工程设计实验教学中心	633	432.03	0	0
工程训练中心	359	726.69	7	158.47
基础医学实验教学中心	1075	1334.87	26	540.17
分析测试中心	856	2732.53	52	2163.35
现代教育技术中心	661	934.75	11	178.70
出国留学人员培训部	324	347	7	145.67
IBM 技术中心	146	1246.39	9	1130.65
信息管理中心	1127	1662.1	19	682.94
博物馆	134	157.43	1	18.26
实验动物中心	193	143.13	1	52.58
艺术实验室	283	143.41	0	0
经济学多媒体室	302	174.88	0	0
刑侦实验室	97	67.13	0	0
新闻传播技能实验室	288	293.9	4	81.95
语言专业实验室	266	765.04	17	639.86
考古技术实验室	197	135.32	0	0
信息与计算机科学室	777	713.57	2	47.07
信息数学技术省重点实验室	74	61.31	0	0

续表 14

单位名称	合计		其中 10 万元以上	
	台、件	金额（万元）	台、件	金额（万元）
物理专业实验室	823	665.71	6	207.77
微电子学实验室	5	21.48	1	14.78
应用物理实验室	256	203.65	4	75.12
近代物理实验室	88	117.24	1	29.09
核工程与核技术实验室	36	66.4	1	11.45
辐射物理及技术教育部重点实验室	121	104.25	0	0
化学专业实验室	1038	719.41	8	181.89
应用化学实验室	130	48.48	0	0
绿色化学与技术省重点实验室	223	271.7	7	146.16
生物科学实验室	736	693.58	7	204.74
生态学实验室	92	57.47	0	0
生物资源与生态教育部重点实验室	322	462.84	12	222.72
分子生物学省重点实验室	61	54.91	1	15.69
资源生物学省重点实验室	10	40.02	2	29.74
资源微生物学省重点实验室	29	36.71	0	0
生物技术实验室	707	1037.03	14	557.47
园林实验室	14	6.86	0	0
电子信息技术专业中心实验室	1246	888.16	7	179.30
光信息与光电子技术实验室	674	472.34	2	43.46
光学省重点实验室	34	17.8	0	0
信息安全实验室	9	4.13	0	0
材料物理实验室	683	691.52	11	338.88
材料化学实验室	46	118.93	4	85.34
金属材料与工程实验室	360	351.94	5	118.27
无机非金属材料实验室	270	210.52	1	12.00
生物医学工程实验室	20	17.7	0	0
高分子科学与工程实验中心	1213	1392.47	26	695.28
高分子材料工程国家重点实验室	654	1666.27	28	1253.25
机械设计基础实验室	24	6.84	0	0

续表 14

单位名称	合计		其中 10 万元以上	
	台、件	金额（万元）	台、件	金额（万元）
制造科学与工程中心实验室	1107	864.56	6	156.67
先进制造技术省重点实验室	23	19.26	0	0
人机系统及仿生省重点实验室	6	2.75	0	0
信息与自动化技术省重点实验室	312	102.98	0	0
电能质量省重点实验室	848	573.63	7	143.00
电气信息工程专业中心实验室	147	82.43	0	0
软件工程实验室	269	218.61	0	0
计算机科学与技术实验室	928	511.26	1	17.63
知识工程省重点实验室	44	30.23	0	0
智能系统省重点实验室	16	207.96	4	166.00
基础力学实验室	303	289.64	3	68.68
建筑学实验室	47	36.75	0	0
给排水实验室	9	3.83	0	0
土木工程实验室	124	86.86	0	0
工程力学实验室	30	27.64	0	0
生物力学实验室	169	252.82	6	121.12
环境科学与工程实验室	424	325.94	3	95.20
水利土木工程实验室	104	47.58	0	0
水力动力实验室	176	182.8	5	81.07
水土资源实验室	116	135.26	2	28.37
岩土工程省重点实验室	258	313.48	8	129.32
水力学与山区河流开发保护国家重点实验室	984	1632.09	25	925.65
化学工程基础实验教学中心	912	535.72	6	120.58
化学工程与工艺实验室	215	101.83	0	0
生物工程实验室	79	99.71	3	70.52
冶金工程实验室	120	39.24	0	0
多相流传质省重点实验室	20	10.1	0	0
磷化学与工程实验室	28	15.81	0	0
制药工程实验室	194	124.72	1	12.00

续表 14

单位名称	合计		其中 10 万元以上	
	台、件	金额（万元）	台、件	金额（万元）
过程装备与控制实验室	389	265.61	4	71.68
过滤与分离省重点实验室	33	16.05	0	0
轻化工程实验室	257	621.8	21	477.33
皮革化学与工程教育部重点实验室	545	1738.68	18	1355.31
食品科学与工程实验室	281	182.37	1	58.00
纺织服装实验室	560	432.65	5	111.48
管理科学与工程实验室	169	116.23	0	0
信息与档案技术实验室	247	127.1	0	0
政治学院	86	51.43	0	0
体育教研部	338	219.38	1	12.00
法医学专业实验室	467	922.07	11	572.85
基础医学实验室	1389	1136.18	14	324.13
医学分子生物学开放实验室	344	299.55	7	100.38
干细胞应用研究中心	134	75.49	0	0
临床医学实验室	1380	1733.14	19	711.64
医学检验实验室	383	460.92	5	177.37
医学技术实验室	113	130.23	1	22.22
护理学实验室	47	39.1	0	0
人类疾病生物治疗教育部重点实验室	191	1176.68	17	984.55
病理研究室	2	3.25	0	0
感染性疾病省重点实验室	2	3.48	0	0
移植工程与移植免疫省重点实验室	53	333.12	13	244.33
肿瘤学省重点实验室	168	181.69	5	97.96
核医学省重点实验室	2	15.6	0	0
生物精神病学省重点实验室	8	8.31	0	0
疾病基因组学省重点实验室	27	35.69	1	10.01
妇科肿瘤省重点实验室	2	2.76	0	0
出生缺陷监测中心	64	74.69	1	19.93
现代药学中心实验室	1297	1602.54	19	1011.22

续表 14

单位名称	合计		其中 10 万元以上	
	台、件	金额（万元）	台、件	金额（万元）
靶向药物与新型给药系统省重点实验室	402	379.89	8	186.63
天然药物学省重点实验室	338	203.6	4	84.26
口腔医学实验室	705	844.15	10	386.64
口腔生物医学工程教育部重点实验室	156	376.41	4	281.26
预防医学与公共卫生中心实验室	1170	906.54	13	288.97
分子毒理学省重点实验室	68	191.11	4	47.07
生物材料工程研究中心	132	165.32	3	75.78
原子核科学技术研究所	1078	2205.03	17	1537.96
原子与分子物理研究所	327	308.01	3	59.50
纳米生物医学膜生物所	111	383.47	1	292.15
成人教育学院	1040	763.73	8	163.90
海外教育学院	211	92.86	0	0
网络教育学院	850	1259.81	10	340.19
国金留学预科学院	175	72.65	0	0
发展研究中心	21	9.11	0	0

后勤保障和改革

2005 年后勤集团新一届领导班子成立。通过实施后勤集团“服务工程年”，后勤服务水平进一步提高：制度建设更完善，培训工作更规范，服务创新更显著，业务拓展更有效，人文关怀更落实，企业文化更丰富。

后勤集团 2005 年共实现产值 2.77 亿元，比 2004 年增加了近 5000 万元，超额完成预定目标。完成上缴人员工资 840 万元，贴补学校有关建设项目和维修经费 150 余万元。

2005 年后勤集团被中国高教学会后勤管理分会评为“全国高等院校后勤工作先进集体”，并获得“四川省教育工委先进基层党组织”、“四川省绿化先进单位”、“武侯区模范卫生先进单位”等荣誉称号。

表 15 后勤集团 2005 年主要工作一览表

工作	内 容
制度建设	编辑出版了《后勤集团文件制度汇编》第二版。
	参照学校人事分配制度改革精神，结合集团实际，按照科学设岗、公开、公平、公正竞争以及双向选择和择优录用的原则，完成了适合后勤集团模拟企业运行特点的分配制度改革。
	后勤集团完善并全面推行了《目标责任考核细则》，按照《细则》，采取各中心（公司）、职能部门每季度自评和互评，学生总经理助理每月填报各单位服务情况调查表，半年综合考核，分管领导和群众测评及领导小组考评等程序进行综合考评，根据考核结果进行了奖惩兑现。
服务质量	饮食中心于 2005 年顺利通过了 ISO9001：2000 质量管理体系认证。
	关注服务对象，关心学生生活。2005 年共面向全校学生组织后勤服务专题座谈会 6 次，饮食基地考察 1 次，回复网上来信 112 封，接听处理热线电话 1166 个，发放并回收后勤服务问卷调查表 5338 份。
	进一步落实优质服务和人性化服务工作，在新校区食堂开辟了专门的教师就餐区，为教师提供免费送餐，开设教师专用午休床位；举办“我最喜爱的家乡菜”学生厨艺比赛，举办“我爱我家”学生公寓征文活动。
	第二幼儿园通过评审验收，成为四川省高校幼儿园唯一的一级一等园；华西幼儿园通过评审验收，成为一级二等园。我校三个幼儿园已全部成为成都市一级幼儿园。
	开展创建节约型后勤活动，水电中心通过光控和红外线监控等技改措施，节约水电消耗；校园中心变废为宝，利用建渣修建艺术垃圾房，节约了投资，美化了环境。
	学生宿舍管理中心、水电中心、望江医院、华西保健医院等部门相互协调配合，承担新校区三年级学生迁回老校区的工作，通过认真准备，精心安排，顺利完成了 6000 余名学生搬迁工作。
爱心资助	切实关爱贫困学生。集团在全额上交职工工资、工资奖金自挣、自身经济压力增大的情况下，加大对贫困学生的关爱力度，从 2005 年起出资 150 万元设立“温暖助学金”（每年 30 万，分 5 年发放），其中 20 万作为温暖助学金，10 万作为后勤集团固定设立的勤工助学岗位补贴。
	完成面向全校本科生、研究生的第二届学生总经理助理招聘工作，共聘任 30 名同学。其中含 2 名营养学硕士，协助食堂改善学生膳食营养结构，新、老校区各聘 1 名维吾尔族同学助理，关心少数民族学生生活；结合学生的学习特点，为学生提供适合的勤工助学岗位 100 余个。
	集团工会发起设立了后勤集团“爱心助困基金”，由在职职工每年自愿捐款、单位集体捐助、集团福利费资助共同组成，用于资助集团内部困难职工。
	配合学校校园整治工作，对摊点整治中的生活困难职工，按学校的要求，克服困难，为其提供了经济资助和解决就业安置工作，牺牲经济利益为建设和谐校园作贡献。

财　务

表 16　四川大学 2005 年经费收入情况表　单位：万元

项　目	2005 年		较 2004 年增长情况		备　注
	预算数	实际数	增长量	增长率%	
经费收入	107057	148391	20883	16.38	
其中：教育经费拨款		47726	1146	2.46	含专项经费 9427
科研经费拨款		15949	2812	21.41	中央和地方的科研经费拨款均有增加
其他经费拨款		3651	78	2.18	
上级补助收入		12	−10	−45.45	上级补助收入拨款减少
教育事业收入		47400	6128	14.85	主要为各类学生学费当年实现数，按要求上缴国家财政专户
科研事业收入		22357	9796	77.99	横向科研经费增加
附属单位缴款		0	—	—	
其他收入		11296	1103	10.82	

表 17　四川大学 2005 年经费支出情况表　单位：万元

项　目	2005 年		较 2004 年增长情况		备　注
	预算数	实际数	增长量	增长率%	
经费支出	120426	118177	24016	25.51	
其中：教学支出		63553	13437	26.81	
科研支出		24814	5349	27.48	
业务辅助支出		3401	−336	−8.99	
行政管理支出		4024	1289	47.13	
后勤支出		3275	709	27.63	
学生事务支出		4144	1205	41.00	含国家、社会奖助学金
离退休保障支出		10518	322	3.16	
对附属单位补助支出		0	—	—	
结转自筹基建		4448	2061	86.34	含 2004 年完工项目

表 18 四川大学 2005 年人员支出情况表

项目	2005 年	较 2004 年增长情况		备 注
		增长量	增长率 %	
全年平均在职教职工人数（人）	8205	165	2.05	引进人才、留校生增加
离休人数（人）	227	－14	－5.81	
退休人数（人）	5783	264	4.78	
全年在职人员支出（万元）	34235	5992	21.22	岗位津贴标准提高
离退休人员经费支出总额（万元）	10518	322	3.16	共享改革成果标准提高

表 19 四川大学 2005 年学生事务支出情况表 单位：万元

项目	2005 年	较 2004 年增长情况		备 注
		增长量	增长率 %	
学生事务支出	4144	682	19.70	学生事务支出增量应为 1205 万元，较 2004 年增长量是减去暂付款 523 万元
其中：学生教育活动费	635	56	9.67	
各种奖、助学金	2672	524	24.39	
贷学金	229	66	40.49	
各种补贴（含困难补贴）	331	－102	－23.56	
留学生奖、助学金	45	－17	－27.42	
勤工助学金	232	155	201.30	

注：1. 以上报表资料来源于 2005 年财务决算报表。

2. 学生事务支出情况表的资料来源于科目余额分类表，学生事务支出含学生工作部的社会奖助学金 254 万元、国家奖助学金 626 万元。

审　计

表 20　2005 年审计情况及审计绩效统计表

序号	类　别	审计项目数	审　计　绩　效											
			提交审计报告（份）	提出审计意见和建议（条）	落实审计意见（条）	审减和节约投资经费（万元）	查出违规资金（万元）	追收违规资金（万元）	纠正违规资金（万元）	撤销归并银行账户（个）	纠正账务处理不当（万元）	收缴不规范票据（本）	移送纪监部门（件）	受党纪政纪处分（人）
1	2004 年度财务预算管理与决算执行情况审计	1	1	2	2	0	0	0	0	0	0			
2	2004 年度财务收支审计	13	13	28	22	0	0	0	48.66	0	0			
3	专项资金审计	5	5	1	1	0.51	0	0	0	0	0			
4	经济责任审计	20	20	43	34	0	17.94	0	0	0	0			
5	专项审计调查	1	1	8	0	0	0	0	399.33	0	0			
6	企业注销审计	2	2	7	5	0	0	0	0	0	0			
7	其他审计	2	0	0	0	0	0	0	0	0	0			
8	委托企业财务收支年报表与清产核资审计	29	29	33	25	0	0	0	0	0	0			
9	建设工程和修缮工程审计（含委托审计 128 项）	1048	1048	0	0	14579.07	0	0	0	0	0			
10	专项科研经费结题审签	177	0	0	0	0	0	0	0	0	0			
11	大宗物资招投标审签	78	0	0	0	0	0	0	0	0	0			
	合　计	1376	1119	122	89	14579.58	17.94	0	447.99	0	0			

国有资产

2005年学校产权占地面积4421965平方米，其中绿化用地面积1316198平方米，运动场地面积295784平方米，校舍情况统计，详见表21。2005年校园整治维修工程共立项41项，立项经费2963.25元；验收并移交新建工程10项，面积134568平方米。优化资源配置，合理调配教学及办公用房，完成了大量公房调整工作，详见表22。

加强水电管理。根据《四川大学江安校区水电气管理办法》，按照“分类核定”的办法重新核定了江安小区水电使用定额，四川大学水电气管理领导小组代表学校与后勤集团签订了《四川大学江安校区2004—2005学年水电气管理目标责任书》。同时，制订了《四川大学水电气管理办法（征求意见稿）》，确定了数学学院、经济学院、华西药学院、制造科学与工程学院等4个学院作为实施《四川大学水电气管理办法（征求意见稿）》的试点单位。

表21　四川大学校舍情况统计表　　单位：平方米

校舍名称	各校区房屋建筑面积						
	望江校区	华西校区	江安校区	华西药厂	成教院（校外）	医学用房	合　计
总计	916144	276329	464288	61268	125475	512991	2356495
一、教学及辅助用房	386963	120271	204081	2046	47907	312871	1074139
教室	117812	20643	44126	—	22150	5307	210038
图书馆	38502	8762	25300	—	11409	412	84385
实验室、实习场所	213135	87161	132705	2046	11522	307152	753721
体育馆	14300	2948	—	—	1993	—	19241
会堂	3214	757	1950	—	833	—	6754
二、行政办公用房	43108	14505	22800	2002	2202	3455	88072
三、生活用房	303144	116469	237407	40346	74531	31701	803598
学生宿舍（公寓）	220124	72230	183956	—	62566	1600	540476
学生食堂	12243	9084	21694	—	5962	382	49365
教工单身宿舍	18348	6852	4120	—	2349	7528	39197
教工食堂	5209	—	4706	—	—	4198	14113
生活福利及其他用房	47220	28303	22931	40346	3654	17993	160447
四、教工住宅	182929	25084	—	16874	835	164964	390686

表22　2005年校本部公用房调整情况一览表

序号	单位名称	建筑名称	使用面积（平方米）	调整时间
1	校长办公室	办公楼	345	2005.1.10
2	华西基础医学与法医学院	华西九教	71.76	2005.4.11
3	科技处	办公楼	90	2005.6.10
4	财务处	办公楼	145	2005.6.7
5	数学学院（长江数学研究中心）	经管楼	454.92	2005.6.5
6	成人教育学院	经管楼	71.6	2005.6.5
7	成人教育学院	经管楼	36	2005.7.5 暂借
8	网络学院	办公楼	47	2005.7.7
9	网络学院	西五教学楼	2587	2005.8.1
10	建筑与环境学院	办公楼	1030	2005.8.1
11	防范和处理邪教问题办公室	办公楼	30	2005.8.26
12	“985”工程理科平台用房	水电大楼B座	63	2005.9.12
13	教务处现代教育技术中心	西五教学楼	130	2005.9.14
14	网络学院	西五教学楼	172	2005.9.14
15	统战部	办公楼	280	2005.10.3
16	水利水电学院	水电大楼A座	608	2005.10.14
17	国有资产及后勤管理处	办公楼	49	2005.11.2
18	宣传部	办公楼	36	2005.11.2 暂借
19	西部开发研究院	办公楼	126	2005.11.2
20	机关党委	办公楼	64	2005.11.2
21	档案馆	西区出国培训部大楼	1761	2005.11.2
22	发展研究中心	办公楼	146	2005.11.8
23	离退休处	办公楼	26.25	2005.11.6
24	实验室及设备管理处	办公楼	103	2005.11.8
25	锦江学院	办公楼	26.25	2005.11.8
26	“985”工程理科平台	理科楼	540	2005.11.9
27	数学学院（长江数学研究中心）	经管楼	45	2005.11.28
28	校长办公室	办公楼	29	2005.12.15 暂借

续表 22

序号	单位名称	建筑名称	使用面积（平方米）	调整时间
29	艺术学院	综合服务楼 4、5 楼	268	2005.12.15
30	城市研究所	东风五幢	173.4	2005.12.15
31	校史陈列馆	老博物馆	2517	2005.11.30
32	教务处	办公楼	60	2005.11.2 暂借
	合计（平方米）		12131.18	

图 书 馆

表 23　2005 年度图书购置统计表

	中文图书（种）	中文图书（册）	外文图书（种）	外文图书（册）
购置	42379	151427	3355	4744

表 24　2005 年度国际交换、受赠书刊统计表

	图书（种）	图书（册）	期刊（册）
国际交换接收	433	465	715
受赠书刊	1933	6568	632

表 25　2005 年度报刊购置统计表

	中文报刊（种）	外文报刊（种）
购置	5259	1236

表 26　2005 年数据库购置统计表

	中文数据库（种）	外文数据库（种）
购置	76	65

表 27　2005 年读者服务统计表

外借书刊册次	1886234	阅览人次	1173238

表 28　2005 年信息咨询服务统计表

专题讲座人次	4953	课题查新（项）	106
文献检索课人次	2993	代查代检（项）	296
文献传递（篇）	4357		

档案馆（校史办公室）

表 29　综合档案管理和服务统计表

收集（卷）	整理移交、入库上架（卷）	录入案卷级目录（条）	录入文件级条目（条）	鉴定销毁凭单类财会档案（卷）	接待查阅档案（人）	查借阅档案（卷）
5429	5356	2398	10480	6591	3252	7821

表 30　人事档案管理和服务统计表

	接收整理（卷）	归档材料（份）	录入数据（条）	传递档案（卷）	接待查阅档案（人）	查借阅档案（卷）	清理各类人员档案（卷）
学生	19500	34401	2627	8190	2732	3205	
教职工	111	5683		74	434	485	528

表 31　校史工作统计

校史编写（万字）	接待咨询服务（人次）	组织和参加学术会议（次）
120	400	2

博　物　馆

2005 年，博物馆新馆开馆，面向社会各界开放，10 月圆满完成了博物馆整体搬迁工作。同期启动了博物馆数字化管理工作，一方面继续积极参与教育部“人文数字博物馆建设项目”，另一方面根据本馆文物保管及文物保护工作具体特点，建立具有独立版权的博物馆数字管理系统，逐步实现博物馆管理的数字化、规范化、科学化。

2005年中，仅半年时间，博物馆接待参观14696人，其中外宾1437人，内宾3374人，外校大学生1384人，本校大学生4325人，中、小学生1206人，其他参观者1208人，参观的总人数较往年有较大增加。

2005年，《四川大学博物馆藏品集萃》（博物馆与中国台湾喜玛拉雅基金会合作编辑）完成编辑付印。随书发行的《四川大学博物馆藏品集萃》光碟正式发行，并获四川省新闻出版局一等奖。

出 版 社

2005年出版社领导班子换届后，进一步深化改革，调整机构（增设了策划部、市场营销部和人力资源部），完善制度，加大选题策划、图书营销、人才开发与培养的力度，促使各项工作再上新台阶。

2005年出版社继续坚持大学出版社的出版宗旨，重点为高等院校教材、教辅和学术专著的出版工作服务，正式出版了各学历层次使用教材150余种，科研和学术著作数十种，校本研修丛书十余种等，并将原有品牌《新闻传播学书系》扩大到30个品种。出版了高职高专丛书十余种，被省内外高职院校逐步推广使用。

继续发挥出版社古籍整理图书的出版强势，不断推出新的图书精品。2005年出版社投资120万元完成了学校“211工程”、四川省重点选题《儒藏》（3类，共50册）的出版，同时出版了儒学研究学术丛书8种（共15种），完成了国务院古籍整理重点出版项目《舆地纪胜》（全套共10册）的出版。

2005年出版社有5种图书获省级以上奖；有285种印制产品被四川省新闻出版局评为优质品，161种印制产品被评为合格品。

2005年出版社发行码洋5520万元，回款2590万元，上缴学校经济目标200万元，上缴国家税收249万元。

表32　2005年出版社完成任务统计情况

<table>
<tr><td rowspan="4">出版物</td><td rowspan="4">555种</td><td rowspan="2">图书</td><td rowspan="2">526种</td><td>新书</td><td>296种</td></tr>
<tr><td>重印</td><td>230种</td></tr>
<tr><td>电子产品</td><td colspan="3">20种</td></tr>
<tr><td>音像制品</td><td colspan="3">9种</td></tr>
<tr><td rowspan="3">生产码洋</td><td rowspan="3">6064万元</td><td>图书</td><td colspan="3">5500万元</td></tr>
<tr><td>电子产品</td><td colspan="3">422万元</td></tr>
<tr><td>音像制品</td><td colspan="3">142万元</td></tr>
<tr><td rowspan="2">发行码洋</td><td colspan="2" rowspan="2">5520万元</td><td colspan="2">图书</td><td>5100万元</td></tr>
<tr><td colspan="2">电子音像制品</td><td>420万元</td></tr>
</table>

学　报

表 33　2005 年学报出版及相关情况一览表

学报名称	出版期数	载文篇数	各类基金资助		收录该刊的文摘杂志和数据库系统	是否核心期刊
			篇数	占全年所载稿件比例（%）		
四川大学学报（医学版）	6	283	148	52.3	美国《医学索引》（IM/MEDLINE）、《化学文摘》（CA）、《生物学文摘》（BA），荷兰《医学文摘》（EM），俄罗斯《文摘杂志》，《中文核心期刊要目总览》、中国科学引文数据库（CSCD）、中国科技论文与引文数据库（CSTPCD）、中国生物医学文献光盘数据库（CBMdisc）、中文生物医学期刊文献数据库（CMCC）、中国学术期刊网全文数据库（CNKI）、中文科技期刊数据库（VIP）及中国学术期刊（光盘版）、医学文摘	是
四川大学学报（自然科学版）	6	269	174	64.9	美国（数学评论）、《化学文摘》、《美国生物文摘》，德国《数学文摘》，俄罗斯《文摘杂志》，中国数学文摘、中国物理文摘、中国化学化工文摘、无机分析化学文摘、中国光学与应用光学文摘、中国无线电电子学文摘、中国学术期刊文摘、中国科学引文索引、《中国科技论文统计源期刊》（中国科技核心期刊）、《中国期刊网》、《中国学术期刊（光盘版）》、《中国学术期刊综合评价数据库》、《中国科学引文数据库》	是
四川大学学报（工程科学版）	6	215	154	71.6	美国《工程索引》（EI）、《化学文摘》（CA），俄罗斯《文摘杂志》（AJ），美国《剑桥科学文摘》（CSA），《中文核心期刊要目总览》、《中国科学引文数据库》、《中国科技论文统计源》、国内多家文摘杂志	是
四川大学学报（哲学社会科学版）	6	128	21	16.4	中文社会科学引文索引（CSSCI）《中国学术期刊（光盘版）》、《高等学校文科学术文摘》中国学术期刊网、万方数据期刊、中文科技期刊数据库、CEPS 中文电子期刊服务	是

信息管理中心

信息管理中心主要负责学校望江校区、华西校区和江安校区校园网建设、规划、维护和管理，负责学校各类数据收集、统计、分析和报送，负责学校信息化建设等工作。2005 年四川大学校园网已覆盖望江校区、华西校区和江安校区（已投入使用区域）98%的区域，光缆长度达到 310 公里，网络设备 1750 台左右，为学校教学、科研和行政办公提供了基础平台。2005 年，信息管理中心注意从数据源头抓起，采取各种有力措施，切实提高了统计数据质量，较好地完成了定期和年度统计报表等各项统计工作。

表 34　四川大学望江校区用户统计表

上网区域	用户数	用户类别
川大花园	501	教师
竹林村	850	教师
南园	376	教师
新北村	227	教师
桃林村、桃林公寓	213	教师
共和村	150	教师
新南村	383	教师
中心村	210	教师
华西新村	164	教师
十四舍	97	教师
东风楼	88	教师
铮楼	115	教师
行政楼、教学楼	3052	教师、学生
专家楼、留学生楼、办公楼等	1250	教师、留学生
学生宿舍	23000	学生

表 35　四川大学华西校区用户统计表

上网区域	用户数	用户类别
速中路	171	教师
光明路	604	教师
宁村	236	教师
筒子楼北	92	教师
南台村	37	教师
南园	17	教师
鲁村	16	教师
办公区	376	教师
学生	4000	学生

对外联络工作

表 36　2005 年四川大学新成立的校友分会一览表

分会名称	成立时间	主要负责人
广州校友会	2005 年 3 月	会　长　张　成 秘书长　张春旺
天津校友会	2005 年 10 月	会　长　杨若愚 秘书长　史大造
日本校友会	2005 年 11 月	会　长　冯　革 秘书长　吕小岚

附　录

学校概况

四川大学是教育部直属全国重点大学，由原四川大学、原成都科技大学、原华西医科大学3所全国重点大学于1994年4月和2000年9月两次“强强合并”组建而成。原四川大学起始于1896年创办的四川中西学堂，原成都科技大学由1954年全国院系调整时建立的成都工学院发展而来，原华西医科大学的前身是1910年美国、英国、加拿大的5个基督教会组织在成都创办的华西协合大学。四川大学现任校党委书记杨泉明教授，校长谢和平院士。

四川大学地处中国历史文化名城——“天府之国”的成都市区。学校设望江、华西校区和江安新校区，占地面积7050余亩，校舍建筑面积308万平方米。校园环境幽雅、花木繁茂、碧草如茵、景色宜人，是读书治学的理想园地。

在长期的办学历程中，学校形成了深厚的文化底蕴、扎实的办学基础和以校训“海纳百川，有容乃大”、校风“严谨、勤奋、求是、创新”为核心的川大精神。张澜、吴玉章曾任校长，朱德、杨尚昆、郭沫若、巴金、朱自清、童第周、周太玄、刘承钊、冯友兰、朱光潜、李劼人、魏时珍、恽代英、王右木、江竹筠、柯召、张铨等，曾在此求学或传道授业。2001年评选的古今100位“四川文化名人”的近代50人中，有36人为川大校友；两院院士中50人为川大校友。

四川大学是国家布局在中国西部的高水平研究型综合大学。学校设30个学科型学院，建有研究生院、海外教育学院、成人教育学院和网络教育学院。学科覆盖了文、理、工、医、经、管、法、史、哲、农、教等11个门类，有15个国家重点学科，66个部省级重点学科，27个一级学科博士、硕士学位授权点，213个博士点，330个硕士点，8个专业学位点，118个本科专业，21个博士后科研流动站，6个国家人才培养和科学研究及课程教学基地，1个大学生文化素质教育基地。

学校围绕创建一流综合大学的新奋斗目标，确立了“以人为本，崇尚学术，追求卓越”的现代大学办学新理念，探索建立“以学院为管理重心，以教师为办学主体，以学生为育人中心”的管理运行新机制，进一步提出了造就“具有深厚人文底蕴、扎实专业知识、强烈创新意识、宽广国际视野的国家栋梁和社会精英”的人才培养新目标，形成了以“本科生教育为基础，研究生培养和科学研究为重点，其他办学形式为补充”的办学新格局。2005年在校本科以上全日制普通学生达5.5万余人，其中硕士、博士生18293人，外国留学生和港澳台侨学生814人。此外，学校还有成人高等教育学生和网络教育学生。

四川大学现有教职工11107人，其中中国科学院和中国工程院院士8人、特聘院士19人，文科杰出教授2人，理工医科杰出教授1人，国务院学位委员会委员及学科评议组成员17人，“长江学者奖励计划”特聘教授12人和讲座教授4人，教授（级）1047人，副教授（级）2170人。

四川大学是国家知识创新和科技创新的重要基地。拥有国家重点实验室和国家工程中心5个，国家技术转移中心1个，教育部重点实验室、工程研究中心及网上合作中心13个，卫生部重点实验室3个，省级重点实验室45个，“985工程”科技创新平台8个、哲学社会科学创新基地3个，教育部哲学社会科学重点研究基地4个，国家级临床研究基地3个，医疗技术精湛的附属医院4所。学校在文学、史学、数学、材料、能源、化工、轻纺、生物学、口腔医学、临床医学、基础医学等方面都有雄厚的科研实力，并取得了丰硕的研究成果。2005年，学校科研总经费已超过7.015亿元，其中理、工、医科研总经费超过6.5亿元，人文社科科研经费达到5018万元；学校是全国高校6家国家技术转移中心之一，全国10个知识产权保护试点大学之一，学校科技园是国家最早批准的15个国家大学科技园试点之一。

四川大学图书馆藏书约539万余册，校博物馆是国内高校仅有的综合性博物馆，珍藏文物4万余件，动、植物标本60万余件（份）。学校体育场馆设施齐全、设备先进。学校建有校园网、分析测试中心、现代教育技术中心、档案馆、国家外语考试、出国留学人员培训机构等，并主办了37种面向国内外发行的学术刊物，与42个国家和地区的130余所著名大学及科研机构建立了交流合作关系。

目前，四川大学正抓住创新型国家建设、新一轮高等教育发展和西部大开发的历史性机遇，按照“科学发展，重点跨越，造就英才，引领社会”的指导方针，通过实施“科技跨越行动计划”、“哲学社会科学繁荣计划”、“人才强校计划”、“研究生教育创新计划”和“本科教学‘412’质量工程”等，努力把学校建设成为中国一流的研究型综合大学。

2005年四川大学十大新闻

一、中国共产党四川大学第六次代表大会隆重召开

12月29日～31日，中国共产党四川大学第六次代表大会胜利召开并取得圆满成功。这次大会的主题是：励精图治，乘势而上，为建设高水平研究型综合大学而努力奋斗。大会的主要任务是：以邓小平理论、“三个代表”重要思想和科学发展观为指导，在党的十六大和十六届五中全会精神指引下，回顾过去、总结经验，认清形势、谋划发展，审议中共四川大学委员会和中共四川大学纪律检查委员会工作报告，选举产生新一届学校党委和纪委领导班子，团结动员全校共产党员和师生员工，为把学校建设成为国内一流、国际知名的高水平研究型综合大学而努力奋斗。

二、我校积极开展保持共产党员先进性教育活动，并取得显著成效

7月13日，四川大学党委召开保持共产党员先进性教育活动动员大会，对先进性教育活动进行全面部署。在此后五个月的活动中，学校党委突出主题，坚持分类指导，探索建立长效机制。通过学习动员、分析评议和整改提高三个阶段，我校先进性教育活动取得显著成效，教育部先进性教育活动领导小组办公室先后五次印发专题简报，向全国高校介绍我校的有关经验和做法。

三、完成海内外公开选聘副校长，民主推荐党委副书记、纪委书记以及中层干部竞聘上岗工作

3月3日上午，我校召开中层干部扩大会议，经民主推荐，由上级党组织任命的3位党委副书记、纪委书记和经公开选聘任命的8位副校长集体亮相，并分别签订了岗位责任书。

4月初，我校开始对2000年及以后竞争上岗的学校中层领导班子和领导干部进行换届调整。经过民主推荐、个人申报和竞聘答辩等一系列程序，2005年下半年完成了学校各部门和学院中层干部的换届调整，进一步深化了干部人事制度改革。

四、李岚清同志第五次莅临我校，与师生畅谈“音乐·艺术·人生”

5月29日下午，原中共中央政治局常委、国务院副总理李岚清同志在川大体育中心为四川大学等四川省17所高校的3000余名师生代表作了题为《音乐·艺术·人生》的讲座。李岚清同志以渊博的知识、丰富的人生经历、深厚的音乐素养和充满哲理智慧的语言为师生展开了一幅西方经典音乐的魅力画卷，同时带领大家领略了中国传统文化的风采。

作为曾主管教育的国家领导人，李岚清同志曾4次莅临川大，关心四川大学的教育改革进程，为表达川大师生对李岚清同志的敬意，校长谢和平院士代表学校向李岚清同志赠送了由我校教师创作的油画《岚清同志在川大》。

五、中美公立大学校长研讨会在我校隆重举行

6月1日上午，由教育部主办、四川大学承办、美国亚利桑那州立大学协办的2005年中美公立研究型大学校长研讨会在四川大学江安校区水上报告厅隆重召开。中美两国43所公立研究型大学校长百余人汇聚四川大学，共同研讨公立研究型大学与地方经济发展这一时代命题。

六、世界著名学者和社会知名人士纷纷来我校演讲

2005年，我校进一步加强国内外学术交流活动，一大批世界著名学者和社会知名人士纷纷来我校演讲。6月，我校杰出校友、现任英国皇家工程院院士、英国布鲁内尔大学副校长宋永华教授再次莅临“川大论坛”，为同学们讲解如何撰写英语学术科技论文；11月，凤凰卫视资讯台总编辑、著名时事评论员和专栏作家阮次山先生应邀来到我校，为师生们作了题为《当代大学生的责任》的精彩演讲；12月，英特尔公司董事会主席贝瑞特博士来到我校，就教育的重要性、技术在教育中的重要作用以及如何增强经济竞争力、赢得个人成功等发表了热情洋溢的演讲。

七、我校再次成功申报获准国家“973”项目，学科建设和科研发展取得新突破

2005年6月，四川大学申报的国家重点基础研究项目（“973”）“组织诱导性生物医用材料的基础研究”获得批准。这是我校继魏于全院士、谢和平院士作为首席科学家主持两个“973”项目之后，获准主持的第三个“973”项目，也是该项目首席科学家顾忠伟教授圆满主持完成第一个生物材料“973”项目后，滚动立项主持的第二个“973”项目。

2005年，我校在学科建设方面取得新进展，一次性增加10个一级学科博士学位授权点和4个二级学科博士学位授权点，一级学科博士学位授权点数由原来的17个增加到27个，博士点数由原来的168个增加到213个。

在科研方面取得七个“1”的突破：增加了1个“973”首席科学家项目；获得了1项国家科技进步一等奖，这是17年来我校第一次以第一单位获得的国家级科技一等奖；获得了1项国防重大项目，合同经费2.0095亿元；1个国家工程中心通过了专家评审；增加了1个国家级社科重大招标项目；增加了1个国家级社科委托项目；2005年我校科研经费总量在2004年的基础上又增加了1.5亿元，使我校科研经费总量超过了7亿元。

同时，我校科技论文发表量有较大幅度增加，其中SCI论文772篇，全国排名第9位；国内论文3977篇，全国排名第6位；国际国内论文发表总数5458篇，全国排名第7位。

八、我校与美国加州大学合作建立“九寨沟生态与可持续发展国际研究中心”

美国加州大学、四川大学、阿坝州政府、九寨沟管理局将共同建立“九寨沟生态与可持续发展国际研究中心”。这是我国10所大学与美国加州大学系统筹建“10+10”合作科研联盟的项目之一。联合实验室的建立将使高校与地方企事业的科研合作更加紧密，推动地方经济的发展。10月11日～14日，美国加州大学戴恩斯校长一行九人访问了我校，并在校长谢和平院士等的陪同下，实地考察了九寨沟的情况。

九、“985工程”二期工程首批科技创新平台/基地面向海内外招聘科研人才

经教育部、财政部批准，我校“985工程”二期将正式建设9个科技创新平台和3个社科创新基地，平台/基地内部实行以首席科学家负责的全员聘任制，首席科学家负责平台/基地的人、财、物和研究业务工作的统筹管理。自2005年开始，我校开始面向海内外、校内外诚聘首批“985工程”科技创新平台首席科学家、平台二级研究机构负责人、学术带头人和科研骨干。截至2005年12月，美国威斯康辛大学、美国耶鲁大学等数名国内外知名专家教授加盟到我校“985”创新平台，并作出了积极的贡献。

十、一代文学巨匠巴金先生逝世，我校组织系列活动纪念杰出校友

10月17日，中国一代文学巨匠巴金先生在上海逝世，享年101岁。10月18日下午，我校举行追忆杰出校友巴金座谈会；10月19日晚，我校学子齐集东区荷花池旁，以烛光寄哀思，以菊花送故人。

2005年大事记

一　月

我校“国家生物医学材料工程技术研究中心”通过验收并正式命名。

我校“辐射物理及技术教育部重点实验室”通过评估。

4日，接国际模糊系统协会通知，已确定授予我校副校长刘应明院士“Fuzzy Fellow奖”。

7日，四川大学首届博士后学术论坛举行。

13日，我校左卫民教授入选第四届全国十大杰出青年法学家。

14日，由我校经济学院杜肯堂教授主持的教育部哲学社会科学研究重大课题攻关项目《西部经济发展与生态环境重建研究》课题启动工作会在经济学院举行。

17日，Oracle全球副总裁Kevin Walsh先生一行访问我校。

20日，四川大学“优秀教师实德奖”暨“青年骨干教师奖”颁奖大会隆重举行。

23日～26日，校长谢和平院士一行赴黄河水利委员会及黄河勘测规划设计有限公司和小浪底工程访问考察，签署了《黄河勘测规划设计有限公司—四川大学科研和人才培养全面合作协议书》及《黄河勘测规划设计有限公司—四川大学联合培养博士后研究人员合作协议书》。

二　月

25日，韩国Inha大学陈仁柱教授访问我校。

28日，校长谢和平院士会见匈牙利EL大学（Eotvos Lorand University of Sciences）副校长Hundecz教授，签署两校合作交流协议。

三　月

1日，中共教育部党组书记、教育部部长周济，四川省副省长柯尊平，教育部党组成员、人事司司长李卫红，教育部直属高校办公室副主任陈维嘉，四川省委组织部常务副部长蒋先继，四川省委教育工委书记、四川省教育厅厅长涂文涛等同志专程来到我校宣布中共教育部党组和教育部对四川大学领导班子有关成员的任免通知。这次经民主推荐任命的校党委副书记和校纪委书记分别是：副书记李志强、周学东，纪委书记徐兰；经公开选聘任命的8位副校长分别是：孙卫国、李虹、魏于全、石坚、李光宪、步宏、陈爱民、赵昌文。

1日，中央电视台《新闻联播》以“全国高校积极落实国家助学贷款政策”为题报道了我校采取措施积极落实国家助学贷款政策，贷款发放工作走在全国高校前列。

1日，第二届中德教育合作项目——德国亚琛工业大学“环境工程双硕士核心课程”在我校正式开课。

8日，校长谢和平院士会见美国中华医学基金会主席M. Roy Schwarz一行。

8日，校长谢和平院士会见来自东风汽车有限公司的客人。

10日，我校离退休干部管理和关心下一代工作受到四川省教育工委、省教育厅表彰。

10日，我校与美国密苏里大学MBA学位课程合作项目正式启动。

17日，光明日报刊发了校长谢和平院士题为《坚持以人为本　推进教育创新》的文章。

18日，四川大学传达贯彻全国“两会”精神大会举行。

18日，校长谢和平院士会见国际卒中学会秘书长、瑞典隆德大学教授Bo Norrving教授。

18日，华西医院肝移植中心为我国第1例、世界第38例肝移植女病人术后生产的“肝移植宝宝”赵华西举办了一周岁生日庆祝活动。

21日，四川大学心理健康教育中心“阳光”心理热线（85401212）正式开通。

21日，校长谢和平院士会见中国工程院徐志磊院士。

21日，校长谢和平院士会见美国EI公司工程与化学总裁Aleva先生一行。

21日，《中华文化》校级平台课首次作为理工医科学生的必修课程在江安校区水上报告厅开讲，校长谢和平院士出席开讲仪式并作重要讲话。

22日，校党委书记杨泉明等视察即将竣工的江安校区图书馆。

23日，江安校区行政教学大楼开工典礼隆重举行。

24日，美国密苏里大学商学院副院长Kenneth Evans教授及我校校友Shaoming Zou副教授一行访问我校。

24日，全球凯悦集团董事长托马斯·普瑞茨克先生一行访问我校。

25日，第2届全国工程硕士专业学位教育指导委员会2005年工作会议在成都举行，我校校长谢和平院士作为教指委副主任委员主持会议。

25日，法国蒙彼利埃高等商学院校长Didier Jourdan一行访问我校。

27日，四川大学校友会广州分会成立大会在广州隆重召开，校长谢和平院士等出席大会。

27日，著名文人、作家周国平先生在学校作了题为“人文精神与教育”的演讲。

29日，我校聘请日本国家材料研究所Junzo Tanaka教授为四川大学名誉教授。

31日，我校荣获“四川省普通高等学校毕业生就业工作先进集体”称号。

四　月

我校学历证书电子注册工作受到教育部、四川省教育厅表彰。

我校代表队在第九届“外研社杯”全国英语辩论赛上获得全国第五名，“四川大学—华盛顿大学联合培养班”郑松茂同学获得最佳辩手的荣誉。

我校荣获“四川省2004年普通高等教育事业统计奖”二等奖。

我校5门课程入选教育部“2004年度国家精品课程”名单。

我校“国家理科基础科学人才培养基地”和“国家工科基础课程化学教学基地”分别通过教育部中期评估或验收。

我校副校长陈爱民教授荣获美国印第安纳州立大学2004—2005年度杰出教授奖。

我校副校长、中国科学院院士魏于全教授当选中华医学会第23届理事会副会长。

中华医学会妇科肿瘤学分会华西学术培训中心在华西第二医院正式成立。这是国内率先成立的妇科肿瘤学术培训中心。

3日，中央电视台《新闻联播》以《四川大学：以学生宿舍社区为思想政治工作切入点 努力营造温暖育人环境》为标题，报道我校学生思想政治工作取得显著成效。

4日，校长谢和平院士会见英国 Brunel University 生物工程研究所所长 Ian A Sutherland 教授，并向 Ian A Sutherland 教授颁发了四川大学客座教授聘书。

4日，学校召开中层干部扩大会，对全校中层干部换届调整进行了动员部署。

5日，中国台湾南荣技术学院校长叶茂荣博士一行访问我校。

8日，外交部部长助理沈国放在江安校区作了题为《国际形势及我国的对外政策》的报告。

9日，我校2005届毕业生就业春季"双选会"在学校体育馆隆重举行。

12日，学校召开"四川大学2005年党风廉政建设工作会"。

12日，我校被授予2004年度"四川省职业放射、卫生工作先进集体"称号。

12日，四川大学第七届人文社会科学重要成果（贡献）奖颁奖大会隆重举行。

13日，我校与中国银行四川省分行联合举行"四川大学校友联名卡"项目签字仪式。

13日，校长谢和平院士会见诺基亚中国研究院专家团一行。

13日，俄罗斯国立赫尔岑师范大学访问团一行访问我校。

14日，《三联生活周刊》总编朱伟在学校作了题为"中国新闻周刊的现状与发展"的报告。

15日，四川大学2005年学生田径运动会和教职工田径运动会隆重举行。

15日，华西校区留学生公寓奠基暨开工典礼隆重举行。

16日，校长谢和平院士分别会见江南大学校长陶文沂一行和中国矿业大学党委副书记邹放鸣一行。

18日～19日，英国 Manchester Metropolitan University（MMU）副校长 Richard Murray 教授一行访问我校。

20日，成都市城市语言文字评估检查团一行12人来校检查我校推广普通话工作。

20日，全国生物学人才培养工作会在我校召开。

21日，校长谢和平院士会见德国政府环境顾问、著名学者、我校荣誉教授、德国亚琛工业大学 Fiw 研究所所长多曼教授。

22日，四川大学第一届五次教代会暨一届二次工代会隆重举行。

22日，校长谢和平院士会见中山大学校长黄达人一行。

24日，全国百余所高校主管规划建设的副校长、规划建设处处长参观了我校江安校区。

25日，教育部党组副书记、副部长张保庆一行视察我校，听取学校工作汇报并作重要讲话。

25日～26日，著名经济学家、美国伯克利加州大学经济系钱颖一教授分别在我校江安校区和望江校区为广大师生作了专题讲座。

27日，学校召开江安校区2004年度安全工作表彰会。

28日，我校召开庆祝中国实施博士后制度建立20周年大会。

29日，学校召开庆祝“五一”国际劳动节座谈会。

29日，学校举行2004年度优秀团组织、优秀个人表彰大会暨纪念五四运动86周年座谈会。

30日，学校举行博物馆新馆开馆典礼仪式。

五　月

我校与法国蒙彼利埃高等商学院签订联合培养协议。

我校计算机学院（软件学院）博士生陈鹏荣获“中国青年实用软件设计大赛”铜奖。

华西医院护理集体受到卫生部表彰。

华西医院直肠癌TME微创化保肛术及系膜微转移研究成果通过国内外专家鉴定。

由我校古籍所组织编纂、中国孔子基金会资助的大型儒学文献丛书《儒藏》首批成果50册由四川大学出版社正式出版。

8日，我校公共管理学院姜晓萍教授荣获“首届建设成都杰出贡献奖”。

9日，学校举行四川大学“十佳护士”表彰会暨华西护士风采大赛。

9日，学校召开“985工程”二期建设项目会议，通过了“计算机辅助药物设计及筛选平台”及“带层流细胞培养实验室”的正式建设的可行性论证。

11日，校长谢和平院士会见德国克劳斯塔尔工业大学校长Brandt博士一行。

12日，校长谢和平院士会见美国宾州大学人类基因治疗研究专家威尔森教授一行。

13日，校长谢和平院士会见美国Thomson科技集团副总裁Mark Garlinghouse一行。

13日，我校举行SCI数据库正式开通仪式。

13日，中法文化年“诗人的春天”系列活动在我校举行。

13日，四川省高校后勤职工首届篮球运动会在我校隆重开幕。

13日，世界第二例、中国第一例尸体活体合成肝移植手术在华西医院成功实施。

14日～20日，首届成都科技节·西部科学论坛活动在我校举行。

16日，教育部教育发展研究中心主任一行到我校调研。

16日，中国工程院能源与矿业工程学部常委扩大会议在我校召开。

16日，四川大学第五届校园文化艺术节开幕式暨“活力川大”啦啦操大赛决赛隆重举行。

17日，校长谢和平院士出席成都市科学界隆重纪念爱因斯坦逝世50周年暨狭义相对论发表100周年大会，并发表了题为《秉持科学精神，维护科学与教育的尊严》的重要讲话。

18日，我校举行首届MPA研究生开学典礼。

18日，我校华西口腔医院被选为德国驻成都总领事馆定点医院。

20日，我校与美国明尼苏达大学联合举办的“水资源管理与社区作用和影响”课程开课。

21日，瓮福矿产资源转化循环经济与高技术开发“产学研”发展战略研讨会在我校隆重召开。

22日，学校在江安校区举行“世纪辉煌—诺贝尔科学百年展”。

23日，教育部、李嘉诚基金会检查组来我校检查工作。

25日，校党委书记杨泉明教授、校长谢和平院士会见教育部“十五”“211

工程”中期检查抽查专家组成员。

25日，团中央“大学生志愿服务西部计划”工作组一行访问我校。

26日，第三届中俄大学生艺术节暨俄罗斯高等教育展在我校开幕。

26日，第二届四川大学研究生风采大赛圆满落下帷幕。

26日，学校举行优秀团员青年先进事迹报告会。

27日，国电大渡河流域水电开发有限公司·四川大学“产学研”全面战略合作意向书签字仪式在我校举行。

29日，原中共中央政治局常委、国务院副总理李岚清同志在学校体育中心为四川省17所高校的3000余名师生代表作了题为《音乐·艺术·人生》的讲座。

30日，我校电子信息学院和水利水电学院课题组完成的四川省重点科技攻关项目“都江堰东风渠灌区水资源调度自动化系统”通过了由四川省科技厅主持的科技成果鉴定。

六 月

四川大学申报的国家重点基础研究项目（“973”）“组织诱导性生物医用材料的基础研究”已获批准，项目首席科学家是我校顾忠伟教授。

我校化学工程学院化工专业84届本科毕业生、87届研究生王勇荣任美国太平洋西北国家实验室化学与生物工程首席科学家。

1日～2日，由教育部主办、四川大学承办、美国亚利桑那州立大学协办的2005年中美公立研究型大学校长研讨会在江安校区隆重举行。

1日，教育部副部长吴启迪视察我校。

5日，我校与美国加州大学就共同打造九寨沟生态环境可持续发展国际研究中心达成共识。

5日，第十届“全国爱眼日”大型义诊暨捐赠活动在我校举行。

9日，由我校团委、青年志愿者协会主办的第四届志愿文化论坛——“志愿服务与和谐社会”在江安校区隆重举行。

10日，“2005年四川省首届博士生学术论坛”开幕式暨特邀专家报告会在我校举行。

10日，我校与韩国东国大学签署校际合作协议。

12日，我校举行国家生物医学材料工程技术研究中心授牌仪式。

13日，我校举行“985工程”二期生物医学工程与技术科技创新平台首席科学家招聘答辩会。

13日，爱尔兰Limerick大学蛋白结晶专家Christopher John Law访问我校。

13日，美国百人会成员、晓龙基金会创办人及执行长曾宪章博士访问我校。

14日，我校举行2005年高考志愿填报大型咨询活动。

15日，我校召开“523实验室工程”第二期专家评审会。

16日，国家留学基金委“青年骨干教师出国研修项目”实施工作座谈会在我校召开。

18日～19日，国家生物材料工程技术研究中心通过瑞典专家组质量体系考核。

20日，中国空气动力研究与发展中心、四川大学“产学研”共建合作协议书签字仪式举行。

24日，祖国大陆为台湾地区培养的首批口腔医学硕士研究生毕业暨授位典礼在我校举行。

24日，校长谢和平院士在北京会见联合国秘书长安南的高级顾问、次秘书长、著名经济学家、美国哥伦比亚大学教授杰夫瑞·萨克斯先生。

25日，我校举行2005届博士、硕士学位授位典礼和本科毕业授位典礼。

25日，美国威斯康辛大学阮勇斌教授被聘为“985工程”二期“长江数学研究中心”首席科学家（海外）。

28日，校党委书记杨泉明教授、孙卫国副校长一行视察青羊校区。

七　月

我校荣获2004年度全省高校产业工作一等奖。

由国家自然科学基金委举办的2005年国家数学天元基金、国家基础科学人才基金西部高校数学教师培训班开学典礼在我校举行。

我校9项教学成果获2005年高等教育国家级教学成果奖，其中一等奖1项，二等奖8项。

3日～6日，我校在第六届全国机器人足球锦标赛仿真11vs11比赛中获得季军。

4日，中国—加拿大合作项目：“中国农村妇女社会工作人力资源建设”正式启动。

8日，全国大学生广告艺术大赛四川分赛区决赛作品评审会在我校举行。

8日，学校召开2004年度（理、工、医）科技工作总结暨表彰大会。2004年我校科研经费突破5亿元。

8日，我校举行2004—2005年度心理健康教育工作总结暨心理健康日系列活动表彰大会。

8日～10日，“共同基金和投资者行为”国际学术研讨会在我校隆重召开。

9日，四川大学学报（哲学社会科学版）创刊五十周年纪念会在我校隆重举行。

10日，“四川大学现代远程教育校外学习中心2005年秋季招生工作会议”在内蒙古自治区包头市召开。

10日，中国西部16所大学研究生招生宣传咨询会在我校召开。

13日，学校党委召开了保持共产党员先进性教育活动动员大会，对先进性教育活动进行全面部署。

14日，我校召开“985工程”创新平台（基地）建设和新一轮人事分配制度改革实施动员大会。

15日，四川大学时间生物学实验室顺利通过专家鉴定。

16日～23日，全国外语界首届西方语言哲学研讨会在我校举行。

18日，“第八届两岸中华文化与经营管理学术研讨会”在我校召开。

19日，我校与贵州轮胎股份有限公司博士后联合科研工作站揭牌仪式在贵阳市政府会展中心举行。

20日，校长谢和平院士会见台湾成功大学校长高强一行。

22日，校长谢和平院士会见1976年诺贝尔医学和生理学奖得主Carleton Gajdusek博士。

23日，“化学通修课程”教学内容制定暨化学通修课程教学经验交流会在我校召开。

24日～27日，全国高校人文社会科学科研管理人员培训研讨会在我校召开。

25日，“文化与社会”海峡两岸学术研讨会在我校举行。

28日～31日，刘应明院士在第11届国际模糊系统协会世界大会（IFSA World Congress 2005）上，荣获“Fuzzy Fellow”称号。Fuzzy Fellow是IFSA授

予在模糊系统及相关领域内作出杰出贡献学者的称号，刘应明院士是作为第一位非发达国家学者获此殊荣的。

八　月

2日～5日，国家数学人才培养基地工作会议在我校召开，刘应明院士主持了会议。

3日，中央先进性教育活动领导小组成员、教育部副部长袁贵仁视察我校，并就先进性教育活动与学校党员干部、教职工党员和学生党员代表分别进行了座谈。

5日，我校《儒藏》首发式在京隆重举行。

12日，2005年教育部出国留学人员培训部工作会议在我校开幕。

12日，团中央书记处书记杨岳一行视察我校江安校区。

14日～15日，国内首届超长寿命疲劳断裂问题研讨会在我校召开。

16日～19日，2005年全国首届手性制药技术学术研讨会在我校召开。

24日，学校召开座谈会欢送第五批援疆干部。

23日，四川省委宣传部副部长郑晓幸受邀到学校作先进性教育活动党课报告。

24日，四川省委组织部部长魏宏受邀到学校作先进性教育活动党课报告。

25日，校长谢和平院士、党委副书记李志强、副校长陈爱民、纪委书记徐兰及机关部处有关负责人参加教育部贯彻落实《建立健全教育、制度、监督并重的惩治和预防腐败体系实施纲要》视频会议。

25日，英国巴斯大学化学系主任、电分析化学杂志和电化学通讯杂志主编Laurence Peter教授一行访问我校。

30日，校党委书记杨泉明教授会见英国巴斯大学化学系主任、电分析化学杂志和电化学通讯杂志主编Laurence Peter教授一行。

26日，四川大学第一届教学管理督导委员会成立。

25日～26日，我校第一次从江安校区向老校区大规模学生搬迁工作圆满完成。

29日，我校唐亚教授团队参加完成珠穆朗玛峰综合科学考察。

29日，江安校区图书馆正式开馆。

29日，日本女子大学山田教授、东京农工大学久傍田教授一行访问我校。

29日，国际光学学会副主席、德国Müster大学生物物理实验室主任、国际生命科学中的光学学会创始人及名誉主席Gent von Bally教授一行访问我校。

31日，英国拉夫堡大学代表团访问我校。

九　月

后勤集团饮食服务中心通过ISO9001：2000质量管体系认证。

我校2004级学生郑洁、晏紫在美国网球公开赛女子双打比赛中进入前八强。

由我校化学学院、四川大学成都川大金钟科技有限公司陈天朗、肖慎修教授等发明的二氧化氯制备新工艺正式获得美国专利局授权。

我校艺术学院师生应邀参加中央电视台“天涯共此时”中秋文艺晚会。

香港真维斯公司捐资设立大学生助学基金，我校获得33.7万元。

我校获四川省第八届“挑战杯”大学生课外学术科技作品竞赛一等奖3项、二等奖4项、三等奖4项，并获得了高校优秀组织奖，综合排名全省第一。

英特尔营养乳品有限公司在我校设立

“多美滋科学苑”奖学金。

建筑与环境学院“GIS在自然资源和环境管理中的应用”培训班结业。

1日，“四川大学纪念中国人民抗日战争胜利六十周年大会”隆重召开。

4日～7日，我校博士后服务团参加“四川省首届博士后论坛暨博士后人才与科技项目洽谈会”。

5日～9日，加拿大友人文忠志先生（Stephen Endicott）一行访问我校。

6日，澳大利亚维多利亚大学 Mr.David Fletche一行访问我校。

10日～11日，中南大学党委书记李健一行到我校调研。

12日，我校举行2005级本科生开学典礼。

13日，2005年四川大学推普周活动启动仪式暨中国文学名篇朗诵会举行。

14日～16日，校长谢和平院士率团赴北京庆贺中国农业大学建校100周年。

16日，希腊雅典大学校长 George Babiniotis一行访问我校。

19日，我校举行2005级研究生开学典礼。

19日，校长谢和平院士会见中国工程院院士、石油化工催化剂专家闵恩泽一行。

19日，我校教工合唱团参加“四川省纪念中国人民抗日战争胜利和世界反法西斯战争胜利60周年大型文艺晚会”。

21日，校长谢和平院士会见世界著名物理化学家H.F.Schaefer Ⅲ教授一行。

23日，卫生部医政司西部地区急诊急救医师培训班开学典礼在我校举行。

23日，中国核动力研究院原院长、现荣誉院长、联合国国际原子能机构原副总干事钱积惠教授到我校作专题报告。

23日，我校公房管理工作委员会成立。

23日，以纪念冼星海诞辰100周年和纪念约翰·施特劳斯诞辰180周年为主题的“高雅艺术进校园”交响音乐会在我校江安校区举行。

23日～24日，校党委书记杨泉明教授率团赴上海庆贺复旦大学百年华诞。

25日，英国格拉斯哥大学副校长 Malcolm McLeod教授一行访问我校。

28日，我校举行著名妇产科专家乐以成教授百岁诞辰纪念大会。

28日，我校在四川省科技大会上受表彰。

29日，我校参加四川省暨成都市“青春献祖国，颂歌献给党”主题团日活动歌咏会。

29日，我校华西医院成功完成成都地区首例心脏移植手术。

十　月

我校刘应明院士荣获2005年香港何梁何利基金“科学与技术进步奖”。

世界知名神经毒理学家 Peter S. Spencer博士访问我校。

我校经济学院邓翔教授申报的“经济转型期中国居民的消费、储蓄行为及其对宏观经济的影响”项目获得国家自然科学基金资助。

我校23名学生获四川省“三好学生”称号，13名学生获四川省“优秀学生干部”称号，11个班集体获四川省“先进班集体”称号。

2003级四川大学—巴黎第十大学“2+2”联合培养项目班的20位同学取得签证，即将赴法学习。

2003级四川大学—德国克劳斯塔尔工业大学“2+2”联合培养项目班首批32位学生取得签证，即将赴德学习。

我校法学院左卫民教授获得 2005 年度国家社会科学基金重大招标项目。

徐僖院士荣获第三届“侯德榜化工科学技术奖”成就奖及“科技名词规范化突出贡献奖”。

四川大学与西昌学院共建“西昌学院材料分析实验室”的挂牌仪式举行。

广东省教育厅高校关工委领导一行到我校考察。

我校学子在 2005 年全国大学生英语竞赛中获佳绩，共获得特等奖 9 个、一等奖 8 个、二等奖 45 个、三等奖 89 个。

中国运筹学会企业运筹学分会成立暨中国企业运筹学学术交流大会在我校召开。

校长谢和平院士率团赴北京庆贺北京航空航天大学 53 周年华诞。

3 日，化工学院陈文梅教授荣获“中国分离机械行业终身成就奖”暨 70 华诞庆典活动在我校举行。

8 日，四川大学锦城学院首届新生开学典礼举行，这也是我校独立学院首次新生开学典礼。

10 日，包括我校在内的十所高校和美国加州大学系统的 10 个校区筹建“10 + 10”合作科研联盟的协议在北京签订。

10 日～22 日，第五届西部高校人权法教学研讨会在我校召开。

10 日，英格兰中东部发展署国际部经理尼尔森·布莱克利先生一行访问我校。

11 日，学校召开 2005 年本科教学工作会议。

11 日～14 日，美国加州大学总校校长戴恩斯一行访问我校。

12 日，著名作家陈忠实、评论家朱向前、旅英女作家虹影来我校讲学。

14 日，美国百人会成员、晓龙基金会创办人及执行长曾宪章博士再次访问我校。

17 日，日本日立公司苅田祥史部长一行访问我校。

15 日～17 日，“第二届全国水力学与水利信息学学术大会”在我校召开。

14 日～16 日，四川省生理科学会第七届代表大会暨学术交流会召开，我校王正荣教授当选四川省生理科学会理事长。

14 日～16 日，“2005 年两岸三地高分子液晶态与超分子有序结构学术研讨会”在我校召开。

17 日，一代文学巨匠、我校杰出校友——巴金先生在上海逝世，享年 101 岁。

18 日，我校召开追忆杰出校友巴金座谈会。

18 日，英国皇家工程院院士 D. F. Williams 教授访问我校。

18 日，学校党委书记杨泉明教授会见美国中华医学基金会（CMB）主席 DR. Schwarz。

22 日，校长谢和平院士会见乌克兰科学院控制论研究所信息技术部主任 V.Stepashko 教授。

22 日，我校外国语学院英语系 03 级向人同学在第十一届“二十一世纪·澳门之星杯”全国英语演讲比赛西部总决赛中荣获季军。

23 日，四川大学校友会天津分会成立。

24 日，第十一届全国电介质物理、材料与应用学术会议在我校召开。

25 日，我校聘任材料学专家、中国科学院院士姚熹教授为学校荣誉教授。

25 日，美国陶瓷学会主席夫妇 Dr. W. Wolf and Mrs. L. Wolf 访问我校。

26 日，“香港中国研究生会四川省交流考察团”一行访问我校。

26日，由中国科协主办，四川省科协和我校承办的“2005年中俄青年科学家论坛”在成都召开。

26日～28日，第四届中国南方地区高校俄语竞赛在我校举行。

27日，“达能营养中心第八次学术年会暨生命早期营养与后续健康学术研讨会”在我校召开。

28日，华西医院举行闵鹏秋教授从医执教50周年庆祝大会。

十一月

成都市委书记李春城一行视察四川大学锦城学院。

我校采取五项措施防控高致病性禽流感疫情。

我校主办的第30届ACM/ICPC亚洲预赛成都赛区暨川大智胜杯全国大学生程序设计大赛圆满结束。清华大学队、上海交通大学队、四川大学队等六支队伍获得了川大智胜杯竞赛的金奖。

四川大学国家生物医学材料工程技术研究中心主持的“组织诱导性生物医用材料的基础研究”项目进入国家重点基础研究发展计划（“973计划”）。

华西医院普外一科易江医生应邀参加第五届国际声学治疗大会，并作现场主题发言。

1日，我校聘任中国科学院院士林祥棣教授为我校国防科技研究院院长。

2日，我校环保志愿者协会荣获第六届“福特汽车环保奖”大学生环境项目奖项。

2日，美国太平洋路德大学校长Dr. Loren J. Anderson一行访问我校。

4日，校党委书记杨泉明教授会见无锡市市委书记杨卫泽率领的无锡市党政代表团。

5日，“四川大学模拟联合国”团队在2005“中国·西安模拟联合国大会”中取得优异成绩，共获得4项大奖。

6日，第九次教育部直属高校及有关高校组织工作研讨会在我校召开。

7日，校长谢和平院士会见我校知名校友聂圣哲先生，聂先生为学校110周年校庆捐建一幢迎宾楼。

9日，我校华西医院李涛教授荣获第二届“中国青年女科学家奖”及“西部特别贡献奖”。

9日，四川省“我要上大学公益行动助学金”暨“真维斯大学生助学基金”发放仪式在我校举行。

10日，校长谢和平院士率团访问日本早稻田大学。

10日，我校举行2005年度“致高律师奖学金”颁奖典礼。

11日，校长谢和平院士率团访问日本东京大学。

11日，HP（惠普）公司全球副总裁黄太平先生、HP（惠普）亚太区专业与支持服务集团副总裁郑明辉先生等一行访问我校。

12日，四川大学日本校友会成立大会在东京隆重举行。

12日，第八届全国高校博士后管理工作研讨会在我校召开。

13日，校长谢和平院士率团访问日立公司。

13日～15日，“CALIS中心负责人联席会议暨CADAL项目中心负责人会议”在我校召开。

16日，我校隆重举行“神舟六号”搭载的校旗、植物种子等物品交接仪式。

16日，校长谢和平院士会见来访的爱尔兰国立大学John.G.Hughes校长一行。

17日，我校召开2005年实验室仪器设备展示会。

17日，四川大学工会女教职工委员会、青年教职工委员会成立。

18日，我校与宜宾丝丽雅集团有限公司签订《四川大学产学研共建合作协议》。

18日，《中国研究生》成都通联站授牌仪式在我校举行。

19日，凤凰卫视资讯台总编辑、著名时事评论员和专栏作家阮次山先生应邀来校作了题为《当代大学生的责任》的演讲。

19日，国家能源领导小组办公室马富才副主任一行来校考察。

21日，我校艺术学院江安校区新大楼启用。

22日，光华教育基金会代表张心湜院士一行访问我校。

22日，川大学子"抗美援朝、保家卫国"55周年纪念座谈会举行。

22日，我校举行江安校区图书馆开馆典礼。

23日，学校召开人文社科繁荣计划专题会。

23日，科技部专家组队四川大学对国家烟气脱硫工程技术研究中心进行验收。

24日，我校与中国汽车技术研究中心就联合培养博士后研究人员事宜签订协议。

24日，我校参加第九届"挑战杯"飞利浦全国大学生课外学术科技作品竞赛，6件参赛作品均入围终审并全部获奖，其中获全国一等奖1项、二等奖1项、三等奖4项，学校获"全国高校优秀组织奖"，成为我校自参加"挑战杯"大赛以来，入围作品最多、获奖数最多的一届。

25日，我校举行2006届毕业生就业大型"双选会"。

28日，由中国红十字总会、四川省红十字会主办，我校承办的大学生心灵阳光校园讲座在我校举行。国际著名影星、中国红十字会"心灵阳光工程"的形象大使李连杰先生担任了此次讲座的特邀嘉宾。

29日，攀枝花市政府代表团访问我校。

29日，我校华西临床医学院刘文英教授当选为民革中央委员会委员。

29日，我校举行"985工程"二期"西南资源环境与灾害防治科技创新平台"学术带头人/科研骨干聘任仪式。

30日，我校举行2005暑期社会实践活动总结表彰会。

30日，校党委出台贯彻落实《建立健全教育、制度、监督并重的惩治和预防腐败体系实施纲要》的具体办法。

十二月

华西医院已正式申请到英国科技出版社 World Acadamic 出版《International Journal of MRI》的刊号，这是国内主办的唯一的MR国际学术期刊。

我校获准建设靶向药物教育部重点实验室。

3日，我校现代远程教育校外学习中心2006年春季工作会议召开。

6日，英特尔公司董事会主席贝瑞特博士到我校作了题为《教育和创新》的演讲。

6日，2005年全国科技论文排名揭晓，我校理工医论文发表迈上新台阶。

9日，我校召开"523实验室工程"文科项目专家评审会。

9日，我校举行教职工普通话集体朗诵大赛。

11日，美国耶鲁大学 Alan Garen 院士和宋旭博士访问我校，Alan Garen 院士应邀进入我校“985”平台。

12日，我校举行“永庄十佳大学生奖学金”颁奖典礼暨“奋发成才”报告会。

13日，我校与四川省人民检察院签署检校合作协议。

15日，我校副校长、无党派人士陈爱民教授在第二届四川省知识分子联谊会第二次会议上增补为四川省知识分子联谊会副会长。

15日，我校举行创建“教职工之家”暨验收华西临床医学院（华西医院）“建家”工作会。

16日，我校举行“我心中的毛泽东”演讲比赛。

17日，“中央实施马克思主义理论研究和建设工程”——《文学理论》写作提纲讨论会在我校召开。

17日，我校与天津市经济技术开发区签订泰达校园工程友情盟校合作协议书。

17日，我校召开华西青羊校区2005年教学工作会议。

21日，我校校友、重庆市市长王鸿举会见校长谢和平院士。

22日，高等学校仪器设备与资源共享研讨会西部片会在我校召开。

23日，我校召开2005年本科专业建设暨品牌专业评审会。

23日，我校举行2005—2006年度“中国石化奖学金”颁奖仪式。

28日，我校党委副书记、华西口腔医学院院长周学东教授荣获四川省第三届“四川杰出创新人才奖”。

28日，全国亿利达青少年发明奖“四川省第十一届亿利达青少年发明奖大赛”颁奖大会在我校举行。

29日，中国银行和我校联手打造的“中国银行四川大学联名卡”首发仪式在我校体育中心举行。

30日～31日，中国共产党四川大学第六次代表大会隆重举行。

四川大学2005年校、处级干部名单

一、机关党政系统

（一）校领导

杨泉明　党委书记（副部长级）
谢和平　校长（副部长级）
罗中枢　常务副书记（正厅级）
李志强　副书记
周学东　副书记（2005年2月任命）
孙卫国　副校长
李　虹　副校长
魏于全　副校长（2005年2月任命）
石　坚　副校长（2005年2月任命）
李光宪　副校长（2005年2月任命）
步　宏　副校长（2005年2月任命）
陈爱民　副校长（2005年2月任命）
赵昌文　副校长（2005年2月任命）
徐　兰　纪委书记（2005年2月任命）

（二）校长助理

李小北　校长助理（2005年5月任命）

（三）党群系统

党委办公室

主　任：张　诚
副主任：方　云　王　军（2005年7月任命）
政策研究室主任：马粤川

党委组织部

部　长：汪朝清
副部长：刘　琍（正处、2005年7月任命）　张维建

四川大学党校

校　长：由校党委书记杨泉明同志兼任
常务副校长：唐俊文（正处职）
副校长：汪朝清（兼）　蒋晓丽（兼）

党委宣传部

部　长：蒋晓丽

副部长：舒　宁　李朝鲜

教育电视台台长：黎　生（副处级）

校刊编辑部主任：陈华明（副处级、2005年7月任命）

党委统战部

部　长：李建国

副部长：魏　忠（2005年7月任命）　唐　洪（2005年7月任命）

党委学生工作部（处）、武装部（军事教研室）

部（处）长（主任）：李向成（2005年5月任命）

副部（处）长兼武装部副部长：格桑泽仁

副部（处）长兼江安校区学生工作办公室主任：潘霜柏

副部（处）长：成　春

副部（处）长兼研究生思想政治教育工作办公室主任：金永东（2005年7月任命）

研究生思想政治教育工作办公室副主任：赵修荣（兼）

江安校区学生工作办公室副主任：周志文（副处级）
李栓久（副处级）（2005年7月任命）

党委保卫部（处）

部（处）长：彭明洪（2005年5月任命）

副部（处）长：胡府斌（正处）　惠新强　夏泽友

党委保卫部（处）江安校区管理办公室副主任：郭　斌（副处级）
袁　斌（副处级、2005年7月任命）

校纪委、监察处

校纪委副书记兼监察处处长：吴肇庆

校纪委副书记：邱蜀进

监察处副处长：范嗣云

办公室主任：张学龙（副处级、2005年7月任命）

副处级纪检监察员：姜福汉　李宙松　吕振生

校工会

主　席：蒋润书

副主席：唐宏光（正处、2005年8月任命）　蒙慧玲

校团委

书　记：赵京东

副书记：刘　玥（2005年7月任命）
鄢　澜（2005年7月任命）

防范和处理邪教问题办公室

主　任：孔庆祥

副主任：简渝嘉（2005 年 7 月聘任）

机关党委

书　记：由校纪委书记徐兰同志兼任

副书记：舒　宁（兼、正处职、2005 年 12 月任命）
蔡崇榜（兼、正处职、2005 年 12 月任命）
张维建（兼、正处职、2005 年 12 月任命）

（四）行政系统

校长办公室

主　任：张　林（2005 年 4 月聘任）

常务副主任兼江安校区管委会办公室主任：石　静

副主任：荣建国　邱　梅　李文星（2005 年 7 月聘任）

江安校区管委会办公室副主任：曲景学（副处级）

督查办公室主任：王安文（副处级）

法律顾问室主任：唐　磊（兼）

信息管理中心主任：张　林（兼）

信息管理中心常务副主任：蒋玉明（副处级）

信息管理中心副主任：陈兴蜀（副处级）

全国人大常委、四川省政协副主席刘应明秘书：朱 天

人事处

处　长：李旭锋

副处长：敖天其　高雪梅

师资管理办公室主任：田　彬（副处级）

人才交流中心主任：赵　毅（副处级）

教务处

处　长：马继刚（2005 年 5 月聘任）

副处长：张红伟　夏健刚　廖林川（2005 年 7 月聘任）
李天燕（2005 年 7 月聘任）

本科教学工作水平评估与质量督查办公室主任：张鲜元（2005 年 7 月聘任）

现代教育技术中心主任：魏　星

现代教育技术中心副主任：刘格林（2005 年 7 月聘任）

科技处

处　长：李　彦（2005 年 5 月聘任）

副处长：田卫东（2005 年 7 月聘任）
余孝其（2005 年 7 月聘任）
蔡　兵（2005 年 7 月聘任）

社科处

处　长：徐开来

副处长：蒋永穆（2005年7月聘任）

研究生院

院　长：由副校长魏于全院士兼任

常务副院长：左卫民（2005年5月聘任）

副院长：陈谦明（兼）　冯小明（2005年7月聘任）赵修荣　杨志刚（2005年7月聘任）

研究生招生就业办公室主任：赵修荣（兼）

研究生培养办公室主任：冯小明（兼）

“985工程”和学科建设办公室主任：陈谦明（2005年6月聘任）

“985工程”和学科建设办公室副主任：高　伟　蔡　兵（兼）　蒋永穆（兼）

研究生学位办公室主任：夏华祥（副处级）

招生就业处

处　长：李蓉军（2005年5月聘任）

副处长：彭　亮　刘　猛

实验室及设备管理处

处　长：李　晖

副处长：王瑞林（2005年7月聘任）　罗　磊

国有资产及后勤管理处

处　长：张树明

常务副处长：何继业（2005年5月聘任）

副处长：樊庆文　韩　杰（2005年7月聘任）

外事处、港澳台工作办公室

处长（主任）：晏世经

副处长（副主任）：邓　洪　陈　兵（2005年7月聘任）

留学生管理办公室主任：方定志（副处级）

财务处

处　长：樊成充

副处长：蔡崇榜　江文清　刘用明（2005年7月聘任）

审计处

处　长：罗丽君

副处长：朱天沧　范洪远

离退休工作处

党总支书记：杜　江（兼）

副书记：戴光文

处　长：杜　江（2005年5月聘任）

副处长：杨静波　罗　卡（2005 年 7 月聘任）

医学管理处

处　长：樊均明（2005 年 5 月聘任）

副处长：史冰川（2005 年 7 月聘任）

规划建设处

处　长：罗德明（2005 年 5 月聘任）

副处长：罗　建　杨冀峰　崔　波

副总工程师：周　群（副处级）　廖光明（副处级）

二、业务管理和部分办学实体单位

对外联络办公室（校友总会、校董会办公室）

主　任：熊　瑜

副主任：周　密（2005 年 7 月聘任）　胡小东（2005 年 7 月聘任）

档案馆

馆　长：党跃武

副馆长：蔡永新

校史办公室主任：党跃武（兼）

校史办公室副主任：张丽萍（2005 年 7 月聘任）

图书馆

党总支书记：郝建新

副书记：王兴伦（兼）

馆　长：姚乐野（2005 年 5 月聘任）

副馆长：王兴伦　毛学群（2005 年 7 月聘任）

林　平（2005 年 7 月聘任）

发展研究中心

副主任：曾　诚　杨承东

西部开发研究院

副院长：王益谦　杨明洪

分析测试中心

党总支书记：李玉宝（2005 年 12 月任命）

副书记：张小蓉

主　任：侯贤灯（2005 年 5 月聘任）

副主任：孙爱民　朱晓帆（2005 年 7 月聘任）

出版－学报党总支

书　记：罗从正

副书记：陈国弟（兼）　张晓舟（兼）

出版社

社　长：陈国弟

副社长：李川娜　陈忠林

总编辑：张晓舟

副总编辑：李川娜（兼） 邱小平

学报

哲学社会科学版常务副主任：何一民（副处级、2005年7月聘任）

自然科学版常务副主任：李富河（副处级）

工程科学版常务副主任：张凌之（副处级）

华西医学版常务副主任：于长谋（副处级）

博物馆

馆 长：霍 巍

副馆长：李晓涛

实验动物中心

主 任：尹海林（副处级）

副主任：康小槟（副处级）

成人与网络教育党委

党委书记：宋江洪

副书记：殷 明 乔长江（2005年7月任命）

成人教育学院（职业教育学院、继续教育学院）

院 长：邓生庆

副院长：张必涛 刘 勇 刘 娅

网络教育学院

院 长：由副校长孙卫国同志兼任

常务副院长：冉蜀阳

副院长：董 毅 罗 娜（2005年7月聘任）

出国留学人员培训部（出国留学预备学院）

党总支副书记：宋绍峰（主持工作）

主 任：夏丽萍（2005年6月聘任）

副主任：邓和刚

海外教育学院

院 长：晏世经（兼）

副院长：王建敏（2005年7月聘任） 刘 荣（2005年7月聘任）

科技产业集团党委

书 记：蒋 青（2005年6月任命）

四川大学华西药业股份有限公司党总支

书 记：窦后松

科技产业集团

总经理：蒲自立（2005年7月聘任）

常务副总经理：何 琪（2005年9月聘任）

副总经理：钟 武

三、后勤集团

党委书记：郭小俐

副书记：潘华军（兼）

总经理：熊寿华

副总经理：王定昌（正处）　潘华军　朱　良

四、学　院

经济学院

党委副书记：陶　宏

院　长：李天德

副院长：朱方明　龙树德　蒋　瑛（2005 年 7 月聘任）

法学院

党委书记：古立峰

副书记：王　斌

院　长：唐　磊

副院长：李　平　里　赞（2005 年 7 月聘任）

文学与新闻学院

党委书记：熊　兰（2005 年 6 月任命）

党委副书记：罗　梅（2005 年 7 月任命）

院　长：曹顺庆

副院长：吴　建　杨文全（2005 年 7 月聘任）
雷汉卿（2005 年 7 月聘任）

外国语学院

党委书记：段　峰（2005 年 6 月任命）

党委副书记：王　彬（2005 年 7 月任命）

常务副院长：敖　凡

副院长：黎　宏（正处）　陈　杰（2005 年 7 月聘任）
任　文（2005 年 7 月聘任）

艺术学院

党委书记：林　红

党委副书记：汪东升

院　长：黄宗贤

副院长：杨向东　张　苏（2005 年 7 月聘任）

历史文化学院（旅游学院）

党委书记：孙锦泉

党委副书记：鲍成志

院　长：王挺之

副院长：舒大刚　霍　巍（兼）　石应平　李德英（2005 年 7 月聘任）

数学学院

党委书记：严成辉（2005 年 6 月任命）
党委副书记：胡　兵（2005 年 7 月任命）
院　长：彭联刚（2005 年 6 月聘任）
副院长：王宝富　张树果（2005 年 7 月聘任）
杜　斌（2005 年 7 月聘任）

物理科学与技术学院

党委书记：周世跃（2005 年 6 月任命）
党委副书记：刘　宁（2005 年 7 月任命）
张俊磊（2005 年 7 月任命）
院　长：龚　敏
副院长：朱　俊　伍登学　卢铁城（2005 年 7 月聘任）

化学学院

党委书记：郭　勇（2005 年 6 月任命）
党委副书记：王智猛（2005 年 7 月任命）
院　长：胡常伟
副院长：王玉忠　李梦龙（2005 年 7 月聘任）
陈　华（2005 年 7 月聘任）

生命科学学院

党委书记：岳碧松
党委副书记：廖爱民（2005 年 7 月任命）
院　长：陈　放
副院长：林宏辉　侯太平（2005 年 7 月聘任）

电子信息学院

党委书记：蒋　斌（2005 年 6 月任命）
党委副书记：李川青
院　长：黄卡玛
副院长：冯国英　何小海（2005 年 7 月聘任）
周新志（2005 年 7 月聘任）

材料科学与工程学院

党委书记：朱建国
党委副书记：彭　坚
院　长：尹光福
副院长：刘　颖　孙小松（2005 年 7 月聘任）

制造科学与工程学院

党委书记：常玉琴（2005 年 6 月任命）
党委副书记：杨　刚（2005 年 7 月任命）
张晓满（2005 年 7 月任命）

院　长：赵世平
副院长：姚　进　王　杰　杨　屹（2005 年 7 月聘任）
　　　　干　静（2005 年 7 月聘任）

电气信息学院

党委书记：李华强（2005 年 6 月任命）
党委副书记：邱晓燕　滕文浩（2005 年 7 月任命）
院　长：刘俊勇
副院长：舒　勤　郭　畅

计算机学院（软件学院）

党委副书记：郃明松（主持工作）　卢　莉
院　长：周激流
副院长：谢　汶　唐宁九　彭　舰（2005 年 7 月聘任）
　　　　朱　敏（2005 年 7 月聘任）

建筑与环境学院

党委书记：陈　勇（2005 年 6 月任命）
党委副书记：张永丽（2005 年 7 月任命）
　　　　　　兰中仁（2005 年 7 月任命）
院　长：王清远（2005 年 6 月聘任）
副院长：丁桑岚　熊　峰　周　波

水利水电学院

党委书记：张　林
党委副书记：华国春（2005 年 7 月任命）
院　长：李　嘉（2005 年 6 月聘任）
副院长：陈健康　杨兴国　何江达（2005 年 7 月聘任）

化学工程学院

党委书记：陈胜利
党委副书记：庞国伟　陈明惠
院　长：梁　斌（2005 年 6 月聘任）
副院长：黄卫星（正处）　陈晓东　李永生（2005 年 7 月聘任）

轻纺与食品学院

党委书记：刘学文
党委副书记：刘晓虎（2005 年 7 月任命）
院　长：陈武勇
副院长：卢晓黎　何有节（2005 年 7 月聘任）
副院长兼亚太服装学院院长：兰建武（2005 年 12 月聘任）

高分子科学与工程学院

党委书记：张　熙（2005 年 7 月任命）
党总支副书记：牟德富

院　长：杨鸣波

副院长：傅　强　常建勋　赵长生（2005年7月聘任）

华西基础医学与法医学院

党委书记：廖志钢

党委副书记：罗　艾

院　长：侯一平

副院长：王正荣　郑　煜　齐建国（正处）

华西临床医学院（华西医院）

党委书记：郑尚维

党委副书记：邓绍林　周瑞敏　敬　静（2005年7月任命）

院　长：石应康

副院长：曾　智　程惊秋　周总光（2005年7月聘任）

　　　　李为民（2005年7月聘任）

　　　　张　伟（2005年7月聘任）

学生党总支书记：艾春霞（副处级）

机关党总支书记：李正赤（副处级）

门诊医技党总支书记：邱　访（副处级）

内科党总支书记：贾永前（副处级）

外科党总支书记：刘晓雪（副处级）

临床联合党总支书记：任　莉（副处级）

科技产业党总支书记：黄　勇（副处级）（2005年12月任命）

华西第二医院

党总支书记：贺廷富

党委副书记：张文琴

院　长：毛　萌

副院长：赵　霞（2005年7月聘任）　王　和　邢一玲

华西口腔医学院（华西口腔医院）

党委书记：吴亚菲

党委副书记：唐　洁　赵志河

院　长：周学东（兼）

副院长：石　冰　宫　苹　王晓毅

华西公共卫生学院（华西第四医院）

党委书记：王国庆

党委副书记：武晓蓉（正处）　郝清华（2005年7月任命）

院长兼华西第四医院院长：马　骁

副院长：兰亚佳　杨跃林　赵立强　李晓松（2005年7月聘任）

华西药学院

党委书记：王素霞

党委副书记：胡晓娟（2005 年 7 月任命）
院　长：张志荣
副院长：吴　勇　秦　勇（2005 年 7 月聘任）

公共管理学院

党委副书记：姜晓萍（主持工作）（2005 年 6 月任命）　刘　玲
院　长：潘显一
副院长：王建军　乔　键　余　平（2005 年 7 月聘任）
罗　哲（2005 年 7 月任命）

工商管理学院

党委书记：王亚利
党委副书记：赖新农（正处）　李晓峰（2005 年 7 月任命）
常务副院长：杨　江
副院长：徐玖平（2005 年 7 月聘任）　任佩瑜　李光金

政治学院

党委书记：曹　萍（2005 年 6 月任命）
党委副书记：何艺新（2005 年 12 月任命）
副院长：黄金辉（主持工作）　高中伟（2005 年 7 月聘任）

体育学院

党总支书记：荣文学
院　长：唐　成
副院长：吕志刚　张超慧（2005 年 7 月聘任）

2005年成立和调整的全校性工作领导小组名单

一、四川大学保持共产党员先进性教育活动领导小组及其办公室和各工作小组（川大委［2005］25号）

（一）领导小组

组　长：杨泉明

副组长：谢和平　罗中枢

成　员：李志强　周学东　徐　兰

（二）领导小组办公室

主　任：罗中枢

副主任：张　诚　张　林　汪朝清　蒋晓丽　李旭锋　吴肇庆　李向成　杜　江

1．秘书组

组　长：张　诚

副组长：张　林　马粤川

成　员：方　云　王　军　毕　玉　李中锋　张宏辉　李　军　任　玲　胡　浚

2．组织组

组　长：汪朝清

副组长：李旭锋　刘　琍

成　员：唐俊文　张维建　邱　梅　胡小明　朱春玲　邹　毅　管清贵　罗　婷　李锦清

3．宣传组

组　长：蒋晓丽

副组长：舒　宁　李朝鲜

成　员：黎　生　陈华明　刘　玥　蒲于文　侯宏虹　何红兵　格桑泽仁

4．督查组

组　长：吴肇庆

副组长：李向成　杜　江

成　员：李建国　罗丽君　邱蜀进　石　静　潘霜柏　王安文　魏　忠　张学龙　姜福汉　李宙松　吕振生

二、四川大学保密委员会（川大委［2005］39号）

主　任：罗中枢

副主任：李光宪　徐　兰

委　员：（以姓氏笔画为序）

马继刚　王　军　左卫民　吴肇庆　宋江洪　张　林　张　诚　张树明
李　彦　李　晖　李向成　李旭锋　李建国　李蓉军　汪朝清　陈国弟
周安民　罗丽君　党跃武　徐开来　晏世经　彭明洪　蒋玉明　蒋晓丽
樊成充　樊均明

三、四川大学防范和处理邪教问题领导小组（川大委［2005］49号）

组　长：杨泉明
副组长：罗中枢　李志强　石　坚
成　员：王　军　邱　梅　张维建　范嗣云　舒　宁　成　春　孔庆祥　彭明洪
赵　毅　江文清　魏　忠　唐宏光　杨静波　熊　兰　严成辉　段　峰
陈　勇　郝建新　周世跃　贺廷富　邱华明　简渝嘉
领导小组办公室（设在四川大学防范和处理邪教问题办公室）
主　任：孔庆祥
副主任：简渝嘉

四、四川大学公共卫生工作领导小组及有关工作小组（川大委［2005］60号）

（一）四川大学突发公共卫生事件应急处置工作指挥组

组　长：罗中枢
副组长：李志强　李　虹　周学东　步　宏　陈爱民
成　员（以姓氏笔画为序）：
马　骁　马继刚　王晓毅　王　军　毛　萌　左为民　冉蜀阳　李向成
李旭锋　杜　江　张必涛　张　诚　张　林　张树明　邱华明　荣建国
彭明洪　曾　智　蒋晓丽　熊寿华　樊成充　樊均明

（二）四川大学突发公共卫生事件应急处置工作指挥组办公室

主　任：张　诚　张　林
副主任：樊均明　王定昌　王　军　潘霜柏　邱　梅　曲景学
成　员（以姓氏笔画为序）：
王　敏　石晓云　毕　玉　江　竹　刘　凯　李　博　李喜庆　张宏辉
罗万姝　罗友兰　郑先扬　秦远清　黄　勇

（三）四川大学突发公共卫生事件应急处置专家技术指导组

组　长：李　虹
副组长：樊均明　曾　智　王晓毅　赵　霞　杨跃林
成　员（以姓氏笔画为序）：
王治明　王泽蓉　王　鹏　冯　萍　刘成华　刘守智　张　叶　张朝武
李为民　李明远　栾荣生　梁宗安　程德云　谢　敏　雷学忠　雷秉钧
漆邦林　薛欣盛　薛德厚

（四）四川大学突发公共卫生事件应急处置预防控制组

组　长：王定昌
副组长：朱　良

成　员（以姓氏笔画为序）：

王　鹏　宋太昌　张　叶　夏祥碧

（五）四川大学突发公共卫生事件应急宣传组

组　长：蒋晓丽

副组长：舒　宁

成　员（以姓氏笔画为序）：

李朝鲜　格桑泽仁　蒲于文　蒙慧玲　鄢　澜　黎　生

（六）四川大学突发公共卫生事件应急处置安全组

组　长：彭明洪

副组长：胡府斌

成　员（以姓氏笔画为序）：

刘　凯　袁　斌　郭　斌　简渝嘉

（七）四川大学突发公共卫生事件应急处置保障组

组　长：熊寿华

副组长：樊成充

成　员（以姓氏笔画为序）：

何继业　罗　建　罗　磊　高雪梅

（八）四川大学突发公共卫生事件应急处置督查组

组　长：吴肇庆

副组长：王　军　邱蜀进　王安文

成　员（以姓氏笔画为序）：

朱天沧　江　竹　任　玲　张学龙　金永东　雷　雨　魏　忠

五、校务公开工作领导小组及校务公开监督小组（川大委［2005］61号）

（一）校务公开领导小组

组　长：杨泉明　谢和平

副组长：罗中枢　徐　兰　石　坚　步　宏　陈爱民　李　虹　蒋润书

成　员：张　诚　张　林　汪朝清　吴肇庆　邱蜀进　蒋晓丽　李建国　李旭锋
樊成充　罗丽君　罗德明　张树民　唐宏光　蒙慧玲　李　晖　郭小俐

（二）校务公开监督小组

组　长：徐　兰

副组长：吴肇庆　蒋润书　王安文

成　员：邱蜀进　杨守忠　张洁辉　王克莉　尹淑媛　罗丽君　张宗才　唐宏光
蒙慧玲

校务公开领导小组办公室（设在校工会），由党办、校办、工会负责日常校务公开工作

主　任：张　诚

副主任：张　林　蒋润书

六、**四川大学关心下一代工作委员会（川大委［2005］73号）**

主　任：罗中枢

常务副主任：唐登学

副主任：李志强　周学东　曾学锋　周荣丰　陈秉元　樊高润　杜　江

委　员（以姓氏笔画为序）：

马继刚　卢生元　兰礼吉　付运清　冯永德　孙金成　冷文华　安德才
杨万贵　杨静波　张平治　张　林　张　诚　李存厚　李向成　李旭锋
吴　军　宋江洪　汪朝清　陈鲁珍　罗　卡　郑道文　周恢复　赵力军
赵京东　赵修荣　赵雪琴　钟淑琳　秦自明　涂敏纳　徐赐宁　曾志源
曾繁铭　梁明征　黄桂芳　彭明洪　彭缝友　谢茂浓　蒋润书　蒋晓丽
熊寿华　雷清芳　樊成充　戴光文

秘书长：杜　江（兼）

副秘书长：杨静波　罗　卡　戴光文

办公室主任：杨万贵

副主任：周恢复　张平治

七、**四川大学保密资格审查认证工作领导小组（川大委密［2005］2号）**

组　长：罗中枢

副组长：李光宪　徐　兰

成　员：由党办、校办、宣传部、科技处、保卫处、人事处、外事处、财务处、研究生院、档案馆、设备处、国防科学技术研究院分管保密工作负责人组成

办公室负责人：黄　海　李　军

办公室成员：李业祥　任　玲

领导小组办公室设在科技处

八、**四川大学科技保密工作领导小组及其办公室（川大委密［2005］8号）**

组　长：李光宪

副组长：徐　兰

成　员（按姓氏笔画排列）：

王　军　王玉忠　卢铁城　刘　颖　何小海　张树果　李　彦　李　晖
杨　屹　黄卫星　傅　强　彭　舰　樊成充

办公室主任：李　彦

办公室副主任：王　军

办公室成员：蒲　剑　武　梅

九、**科技产业领导小组（四川大学会议纪要［2005］第四期）**

组　长：赵昌文

副组长：石　坚　李光宪　陈爱民

十、**招生领导小组及监察小组（四川大学会议纪要［2005］第四期）**

1. 招生领导小组

组　长：李志强

副组长：孙卫国　陈爱民　徐　兰

成　员：赵世平　樊成充　李蓉军　荣建国　何　琪

2．监察小组

组　长：徐　兰

副组长：刘期武　罗丽君

成　员：常玉琴　李宙松　崔联和

十一、经济责任审计工作领导小组（四川大学会议纪要［2005］第四期）

组　长：谢和平　杨泉明

副组长：罗中枢　石　坚　陈爱民　赵昌文　徐　兰

成　员：刘期武　张　诚　汪朝清　李旭锋　蒋润书　樊成充　张树明　宋绍峰
罗丽君　李家利　熊寿华　梁德珍

十二、四川大学考场突发事件应急处理工作小组（四川大学议事纪要［2005］第十一期）

组　长：杨继瑞

副组长：刘富德　李　虹

成　员：步　宏　朱世富　孔庆祥　熊　瑜　罗丽君　熊寿华

十三、校园文化建设领导小组（四川大学议事纪要［2005］第三十二期）

组　长：谢和平

常务副组长：罗中枢

副组长：周学东　步　宏　陈爱民

成　员：安小予　张　诚　潘显一　蒋晓丽　霍　巍

十四、校园数字安防监控及门禁系统建设领导小组（四川大学议事纪要［2005］第一〇二期）

组　长：李志强

副组长：李光宪　步　宏　游志胜

成　员：张　林　荣建国　蒋玉明　彭明洪　郭　斌　罗　建　潘华军

十五、校园综合整治领导小组（四川大学议事纪要［2005］第一二一期）

组　长：李志强

副组长：步　宏　陈爱民

成　员：李旭锋　张树明　罗德明　蒋润书　彭明洪　荣建国　方　云　舒　宁
胡府斌　江文清　熊寿华　朱　良　邱华明

十六、四川大学药物临床试验伦理委员会（川大校［2005］10号）

主任委员：李　虹

副主任委员：步　宏

委　员：王晓毅　包定元　李秉琦　吕晓菊　杜昌维　宋锦平　张　迅　范昕建
武晓蓉　韩字研　蒋学华

十七、四川大学"985 工程"二期建设领导小组及法人组织（川大校［2005］23 号）

1．领导小组

组　长：杨泉明　谢和平

常务副组长：李光宪　罗中枢

副组长：李志强　孙卫国　李　虹　魏于全　周学东　石　坚　步　宏　陈爱民　赵昌文　徐　兰

成　员：张　诚　张　林　陈谦明　李　彦　徐开来　左为民　马继刚　李旭锋　樊均明　张树明　樊成充　李　晖　罗德明　蒋晓丽　高　伟

2．法人组织

法人代表：谢和平（校长）

法人组织成员：

李光宪（分管"985 工程"副校长）

罗中枢（分管文科的常务副书记）

魏于全（分管学科建设副校长）

陈爱民（分管文科副校长）

石　坚（分管人事副校长）

张　诚（党办主任）

张　林（校办主任）

陈谦明（"985 工程"和学科建设办公室主任）

李　彦（科技处处长）

徐开来（社科处处长）

李旭锋（人事处处长）

张树明（国有资产及后勤管理处处长）

樊成充（财务处处长）

李　晖（实验室及设备管理处处长）

高　伟（"985 工程"和学科建设办公室副主任）

十八、四川大学校史展览馆筹建工作领导小组（川大校［2005］28 号）

组　长：谢和平

常务副组长：罗中枢

副组长：周学东　步　宏　陈爱民

成　员：张　诚　张　林　蒋晓丽　樊成充　张树明　罗德明　熊　瑜　党跃武　霍　巍

领导小组办公室（设在四川大学档案馆（四川大学校史办公室））

办公室主任：党跃武

副主任：舒　宁　王　军

成　员：黄宗贤　姚乐野　霍　巍　吴成兰　张丽萍　王东杰　林其钰

十九、四川大学校史编审委员会（川大校［2005］30 号）

主任委员：杨泉明　谢和平

副主任委员：罗中枢　李志强　周学东

委　员：（按姓氏笔画排序）

马俊之　王建华　王庭科　王祯学　冉光荣　卢铁城　刘应明　刘富德
吕重九　张义正　张肇达　杨光华　陈光复　陈君楷　陈国易　陈钟光
周光煜　林理彬　苟宗泽　郑道文　胡昭曦　赵小文　赵振铎　赵　铎
赵静桂　项　楚　饶用虞　倪受禧　卿希泰　唐登学　顾德诚　曹泽毅
隗瀛涛　黄仁杰　程尊宁　董启勋　韩邦彦　鄢国森

二十、四川大学医学科学研究伦理委员会（川大校［2005］49号）

主任委员：李　虹

副主任委员：步　宏　樊均明

委　员：万学红　邓绍林　田卫东　兰礼吉　伍长康　张　迅　陈谦明　范昕建
侯一平　阎正民

二十一、四川大学公房管理工作委员会（川大国资［2005］6号）

主　任：陈爱民

副主任：李光宪　步　宏　徐　兰

成　员：张　诚　张　林　蒋润书　吴肇庆　彭明洪　张树明　马继刚　李　彦
徐开来　李　晖　陈谦明　樊成充　罗丽君　罗德明　熊寿华　熊　兰
杨兴国　齐建国　陈　华

工作委员会办公室

主　任：张树明

副主任：韩　杰

二十二、四川大学住房工作委员会（川大国资［2005］12号）

主　任：步　宏

副主任：罗中枢　石　坚　陈爱民　徐　兰

委　员：汪朝清　李建国　彭明洪　吴肇庆　蒋润书　李旭锋　左卫民　何继业
樊成充　杜　江（离退休工作处）　罗德明　方　云　邱　梅　韩　杰
朱　良　古立峰　张　林（水利水电学院）　廖志刚　张洁辉　肖蓉生
方　斌　李　绚

委员会下设办公室

办公室主任：韩　杰

二十三、四川大学本科教学工作水平评估评建创优领导小组（川大教［2005］112号）

组　长：杨泉明　谢和平

常务副组长：孙卫国

副组长：罗中枢　李志强　李　虹　魏于全　周学东　石　坚　李光宪　步　宏
陈爱民　赵昌文　徐　兰

成　员：安小予　李小北　张　诚　张　林　马继刚　汪朝清　蒋晓丽　李旭锋
左卫民　李向成　李蓉军　李　彦　徐开来　李建国　彭明洪　樊成充
李　晖　樊均明　张树明　晏世经　罗丽君　吴肇庆　熊　瑜　杜　江

姚乐野　党跃武　曾　诚　蒋润书　赵京东　罗德明　熊寿华　张鲜元
领导小组下设专项工作组（室）：
评建创优办公室
主　任：孙卫国
副主任：马继刚　张鲜元　孙明义　王安文
秘书组
组　长：罗中枢　李光宪
副组长：张　诚　张　林　党跃武　曾　诚
宣传组
组　长：周学东
副组长：蒋晓丽　蒋润书
教学条件保障组
组　长：李　虹　陈爱民
副组长：李旭锋　樊成充　李　晖　张树明　姚乐野　蒋玉明
学风建设组
组　长：李志强
副组长：李向成　李蓉军　熊　瑜　赵京东
环境建设组
组　长：步　宏
副组长：熊寿华　杨冀峰　罗德明　魏　星
特色建设组
组　长：石　坚
副组长：周同甫　王庭科　曾学锋　严仕俊　丁继伦

四川大学各级人大代表、政协委员、政府参事、民主党派负责人等人员名单

一、第十届全国人大代表（5人）

常　委：刘应明　四川大学原副校长、中国科学院院士、教授　（九三）
代　表：杨泉明　校党委书记、教授　（中共）
陈　放　生命科学学院院长、教授　（民盟）
石　碧　皮革化学与工程教育部重点实验室主任、教授　（无党派）
刘　进　华西临床医学院（华西医院）麻醉科主任、教授　（无党派、归侨）

二、第十届四川省人大代表（6人）

常　委：罗懋康　数学学院教授　（九三）
侯一平　华西基础医学与法医学院院长、教授　（农工）
代　表：丘小庆　华西基础医学与法医学院教授　（无党派）
李明德　工商管理学院副教授　（民建）
张新申　轻纺与食品学院研究员　（民盟）
穆仁懋（女、满族）华西临床医学院（华西医院）副主任医师　（无党派）

三、第十四届成都市人大代表（17人）

常　委：陈　波　政治学院副教授　（民进）
代　表：李志强　四川大学党委副书记、教授　（中共）
李映发　历史文化学院教授　（致公党）
杨继瑞　四川大学原副校长、教授　（中共）
邓　玲（女）经济学院教授　（九三）
王建平　法学院教授　（民革）
姚顺先（女）经济学院教授　（无党派）
苏显渝　电子信息学院教授　（九三）
黄婉霞（女）材料科学与工程学院教授　（民进）
蔡小于（女）工商管理学院副教授　（民建）
岑　英（女）华西临床医学院（华西医院）教授　（农工）
尹海林　实验动物中心主任、副研究员　（民盟）
刘文英　华西临床医学院（华西医院）教授　（民革）
齐建国　华西基础医学与法医学院副院长、教授　（无党派）
何昌荣　水利水电学院教授　（民革）

刘光中　工商管理学院教授　（九三）
伍　超　水力学与山区河流开发保护国家重点实验室副主任、教授　（民盟）

四、武侯区第四届人大代表（8人）

孙成均　华西公共卫生学院教授　（致公党）
岑　英（女）华西临床医学院（华西医院）教授　（农工）
费德君（女）化学工程学院副教授　（民盟）
石　坚　四川大学副校长、教授　（中共）
赵　曜　电气信息学院教授　（无党派）
张　彬（女）电子信息学院教授　（九三）
刘用明　财务处副处长、教授　（农工）
刘兴年　水利水电学院副教授　（九三）

五、第十届全国政协委员（3人）

吴大诚　轻纺与食品学院教授　（民盟）
周同甫　四川省教育厅副厅长、华西第二医院教授　（九三）
王正荣　四川省卫生厅副厅长、华西基础医学与法医学院副院长、教授　（农工）

六、第九届省政协委员（23人）

副主席：刘应明　四川大学原副校长、中国科学院院士、教授　（九三）
常　委：吕重九　四川大学原党委副书记、研究员　（中共）
王正荣　四川省卫生厅副厅长、华西基础医学与法医学院副院长、教授　（农工）
李安民　数学学院教授　（九三）
王锋鹏　华西药学院天然药化学教研室主任、教授　（九三）
冯小明　研究生院副院长、教授　（致公党）
委　员：李益荪　文学与新闻学院教授　（民盟）
李秉严　图书馆研究馆员　（无党派）
张肇达　四川大学原副校长、教授　（中共）
唐登学　四川大学原党委副书记、研究员　（中共）
周学东（女）四川大学党委副书记、华西口腔医学院院长、教授　（中共）
肖茂春　华西口腔医学院教授　（民盟）
吴康敏（女、水族）华西第二医院妇幼系主任、教授　（农工）
李后强　物理科学与技术学院教授　（中共）
冯宪光　文学与新闻学院教授、汉语文学研究所所长　（无党派）
干胜道　工商管理学院教授　（民建）
张宗才　轻纺与食品学院皮革系主任、教授　（九三）
戴晓雁　化学工程学院教授　（九三）

姚　进　制造科学与工程学院副院长、教授　（农工）
何一民　四川大学学报（哲学社会科学版）常务副主编、教授　（无党派）
许春林　艺术学院一级演员　（民盟）
李永生　化学工程学院副院长、教授（现任吉林省政协委员）　（民盟）
吕百达　电子信息学院教授（现任江西省政协委员）　（九三）

七、第十二届成都市政协委员（31人）

副主席：侯一平　华西基础医学与法医学院院长、教授　（农工）
常　委：王益谦　西部开发研究院副院长、教授　（无党派）
杨骏六　建筑与环境学院教授　（民盟）
吴子华　计算机学院（软件学院）副教授　（农工）
叶瑞英（女）物理科学与技术学院高级工程师　（九三）
陈　兵　道教与宗教文化研究所教授　（无党派）
曾　智　华西临床医学院（华西医院）副院长、教授　（无党派）
蒋国庆　经济学院教授　（民盟）
委　员：里　赞　法学院教授　（民革）
苏承昌　物理科学与技术学院副教授　（民革）
李　绚（女）华西公共卫生学院副教授　（民进）
张建新　华西公共卫生学院教授　（致公党）
杨　果　华西基础医学与法医学院高级实验师　（九三）
郑　艾　华西第二医院教授　（民盟）
王　丽（女）生命科学学院教授　（无党派）
徐道义　数学学院教授　（中共）
安惠民　华西临床医学院（华西医院）教授　（民建）
周清华　华西临床医学院（华西医院）教授　（中共）
刘淑云（女）华西第二医院教授　（九三）
杨明洪　西部开发研究院副院长、教授　（民建）
梁基华（女）数学学院教授　（无党派）
周学东（女）四川大学党委副书记、华西口腔医学院院长、教授　（中共）
石应康　华西临床医学院（华西医院）院长、教授　（中共）
刘钟海（蒙古族）化学工程学院教授　（无党派）
李建国　统战部部长、教授　（中共）
石　静（女）校长办公室常务副主任兼江安校区管委会办公室主任　（中共）
韩运浦（女、回族）法学院助研　（致公党）
张尚福　华西临床医学院（华西医院）教授　（民盟）
黄川友　水利水电学院副教授　（农工）
刘富德　四川大学原纪委书记、研究员　（中共）
李瑞海　高分子科学与工程学院教授　（民革）

八、武侯区第四届政协委员（5人）

副主席：许　强　工商管理学院副教授　（民建）

委　员：洪　诤　华西药学院副研究员　（民革）

陈武勇　轻纺与食品学院院长、教授　（中共）

邢　昭（女）图书馆副研究馆员　（九三）

窦后松　川大华西药业公司党总支书记、教授　（中共）

九、我校民主党派成员在中央、省、市各民主党派任职的情况

（一）民主党派中央任职人员

1．九三学社中央委员会：

副主席：刘应明　四川大学原副校长、中国科学院院士、教授

委　员：罗懋康　数学学院教授

李安民　数学学院教授

王锋鹏　华西药学院天然药化学教研室主任、教授

周同甫　四川省教育厅副厅长、华西第二医院教授

2．民盟中央委员会常委：

吴大诚　轻纺与食品学院教授

3．农工民主党中央委员会委员：

侯一平　华西基础医学与法医学院院长、教授

王正荣　四川省卫生厅副厅长、华西基础医学与法医学院副院长、教授

姚　进　制造科学与工程学院副院长、教授

4．民建中央委员会委员：

干胜道　工商管理学院会计系主任、教授

5．民革中央委员会委员：

刘文英　华西临床医学院（华西医院）教授

（二）四川省各民主党派任职人员

1．民革四川省委员会：

委　员：王建平　法学院教授

刘文英　华西临床医学院（华西医院）教授

2．民盟四川省委员会：

副主任委员：吴大诚　轻纺与食品学院教授

常　　委：蒋国庆　经济学院教授

名誉主委：康振黄　四川省原副省长、化学工程学院教授

名誉副主委：郭履容（女）物理科学与技术学院教授

3．民建四川省委员会：

委　员：干胜道　工商管理学院教授

许　强　工商管理学院副教授

李明德　工商管理学院副教授

4. 民进四川省委员会：
委　员：陈　波　政治学院副教授
　　　　黄婉霞（女）材料科学与工程学院教授
5. 农工民主党四川省委员会：
副主任委员：王正荣　四川省卫生厅副厅长、华西基础医学与法医学院副院长、教授
　　　　侯一平　华西基础医学与法医学院院长、教授
常　委：姚　进　制造科学与工程学院副院长、教授
委　员：吴子华　计算机学院（软件学院）副教授
　　　　吴康敏（女、水族）　华西第二医院教授
6. 致公党四川省委员会：
委　员：冯小明　研究生院副院长、化学学院教授
　　　　张建新　华西公共卫生学院教授
7. 九三学社四川省委员会：
主任委员：刘应明　四川大学原副校长、中国科学院院士、教授
副主任委员：周同甫　四川省教育厅副厅长、华西第二医院教授
常　委：戴晓雁（秘书长）　化学工程学院教授
　　　　王锋鹏　华西药学院天然药化学教研室主任、教授
　　　　叶瑞英（女）物理科学与技术学院高级工程师
　　　　李安民　数学学院教授
委　员：何　生　华西临床医学院（华西医院）教授

（三）成都市各民主党派任职人员

1. 民革成都市委员会：
常　委：王建平　法学院教授
　　　　刘文英　华西临床医学院（华西医院）教授
委　员：何昌荣　水利水电学院教授
　　　　李瑞海　高分子科学与工程学院教授
顾　问：伍柳村　法学院教授
2. 民盟成都市委员会：
副主任委员：蒋国庆　经济学院教授
常　委：尹海林　实验动物中心主任、副研究员
　　　　杨骏六　建筑与环境学院教授
　　　　张新申　轻纺与食品学院教授
委　员：李益荪　文学与新闻学院教授
　　　　张尚福　华西临床医学院（华西医院）教授
　　　　肖茂春　华西口腔医学院教授
　　　　杜庆坪（女）公共管理学院副教授
　　　　费德君（女）化学工程学院副教授
名誉主委：曹钟梁　原四川医学院副院长

名誉副主席：张永言　文学与新闻学院教授
顾　问：石　璞（女）文学与新闻学院教授
　　　　李国润　水利水电学院教授
3. 民建成都市委员会：
副主任委员：李明德　工商管理学院副教授
常　委：许　强　工商管理学院副教授
　　　　干胜道　工商管理学院教授
委　员：安惠民　华西临床医学院（华西医院）教授
　　　　项　涛　华西基础医学与法医学院副教授
　　　　杨明洪　西部开发研究院副院长、教授
名誉主委：周肇义　化学工程学院教授
4. 民进成都市委员会：
副主任委员：陈　波　政治学院副教授
常　委：刘　毅　华西公共卫生学院副教授
委　员：李富河　四川大学学报自然科学版常务副主任
　　　　滕保华　物理科学与技术学院副教授
　　　　董筱琴（女）图书馆副研究馆员
5. 农工民主党成都市委员会：
主任委员：侯一平　华西基础医学与法医学院院长、教授
副主任委员：吴子华　计算机学院（软件学院）副教授
　　　　　　黄川友　水利水电学院副教授
常　委：吴康敏（女、水族）华西第二医院教授
　　　　岑　英（女）华西临床医学院（华西医院）教授
　　　　姚　进　制造科学与工程学院副院长、教授
委　员：屠重其　华西临床医学院（华西医院）副主任医师
名誉主委：梁德荣（女）华西临床医学院（华西医院）教授
顾　问：龚锦源　华西临床医学院（华西医院）教授
6. 致公党成都市委员会：
常　委：冯小明　研究生院副院长、化学学院教授
　　　　孙成均　华西公共卫生学院教授
名誉主委：许南生　原华西医科大学外语系教授
7. 九三学社成都市委员会：
副主任委员：周同甫　四川省教育厅副厅长、华西第二医院教授
　　　　罗懋康　数学学院教授
　　　　戴晓雁　化学工程学院教授
常　委：叶瑞英（女）物理科学与技术学院高级工程师
　　　　刘光中　工商管理学院教授
　　　　张　彬（女）电子信息学院教授

委　员：杨　果　华西基础医学与法医学院高级实验师

名誉主委：徐　僖　中国科学院院士、高分子科学与工程学院教授

顾　问：周晋彝　物理科学与技术学院教授

王永贵　华西基础医学与法医学院教授

十、我校各民主党派组织情况

1. 民革四川大学委员会：

主　委：刘文英　华西临床医学院（华西医院）教授

副主委：李克林　历史文化学院教授

苏承昌　物理科学与技术学院副教授

尹淑媛（女）化学工程学院教授

2. 民盟四川大学委员会：

主　委：杨骏六　建筑与环境工程学院教授

副主委：李益荪　文学与新闻学院教授

尹海林　实验动物中心主任、副研究员

杜庆坪（女）公共管理学院副教授

张尚福　华西临床医学院（华西医院）教授

费德君（女）化学工程学院副教授

3. 民建四川大学委员会：

主　委：何　俊（女）化学学院副教授

副主委：杨　蓓（女）四川大学学报（工程科学版）副编审

史　江（女）公共管理学院副教授

4. 民进四川大学委员会：

主　委：游贤贵　化学工程学院教授

副主委：李富河　四川大学学报（自然科学版）编审

李　绚（女）华西基础医学与法医学院副教授

5. 农工民主党四川大学委员会：

主　委：吴康敏（女、水族）华西第二医院教授

副主委：徐　恒　生命科学学院教授

骆　红　水利水电学院副教授

6. 致公党四川大学总支委员会：

主　委：李映发　历史文化学院教授

副主委：孙成均　华西公共卫生学院教授

王兆雄　水利水电学院教授

7. 九三四川大学委员会：

主　委：何　生　华西临床医学院（华西医院）教授

副主委：苏显渝　电子信息学院教授

张宗才　轻纺与食品学院教授

十一、在各级社团任职情况

1．四川省侨联委员会（2人）：

委　员：吕太平（女）华西药学院教授　（中共）

王兆雄　水利水电学院副教授　（致公党）

2．成都市侨联委员会（2人）

常　委：郭肖宁（女）华西临床医学院（华西医院）人力资源部部长　（中共）

委　员：王安琪　电子信息学院干部、馆员　（无党派）

3．四川大学侨联委员会（3人）：

主　席：郭肖宁（女）华西临床医学院（华西医院）人力资源部部长　（中共）

副主席：蒋明建（女）建筑与环境学院副教授　（致公党）

王安琪　电子信息学院讲师　（无党派）

4．四川大学台湾同胞联谊会（2人）：

主　席：詹承烈　华西公共卫生学院教授

副主席：韩字研（女）华西第二医院教授

十二、我校在各级政府任职人员

1．四川省教育厅副厅长（1人）

周同甫　华西第二医院教授　（九三）

2．四川省卫生厅副厅长（1人）

王正荣　华西基础医学与法医学院副院长、教授　（农工）

十三、政府参事（15人）

1．四川省人民政府参事室参事（6人）

冉光荣　历史文化学院教授　（民革）

杨骏六　建筑与环境学院教授　（民盟）

陈康扬（回族）法学院教授　（无党派）

梁德荣（女）华西临床医学院（华西医院）教授　（农工）

苏显渝　电子信息学院教授　（九三）

李益荪　文学与新闻学院教授　（民盟）

2．成都市人民政府参事室参事（9人）

冯宪光　文学与新闻学院教授　（无党派）

王建平　法学院教授　（民革）

游贤贵　化学工程学院教授　（民进）

李时彦　工商管理学院教授　（无党派）

邓　玲（女）经济学院教授　（九三）

伍　超　水力学与山区河流开发保护国家重点实验室副主任、教授　（民盟）

古钟璧　电子信息学院教授　（无党派）

孙成均　华西公共卫生学院教授　（致公党）

王益谦　西部开发研究院副院长、教授　（无党派）

十四、四川省文史馆馆员（10人）

馆　长：隗瀛涛　历史文化学院教授　（中共）
馆　员：张先齐　华西临床医学院（华西医院）高级会计师　（民革）
周浩然　四川大学学报（哲学社会科学版）教授　（中共）
吴天墀　历史文化学院教授　（无党派）
蒙　默　历史文化学院教授　（无党派）
伍柳村　法学院教授　（民革）
向　熹　文学与新闻学院教授　（九三）
唐光沛　历史文化学院副教授　（民革）
王世德　文学与新闻学院教授　（民盟）
张槛虞　文学与新闻学院副教授　（无党派）

十五、特邀人员

1. 教育部特邀监察员（1人）：
侯一平　华西基础医学与法医学院院长、教授　（农工）
2. 四川省监察厅特约监察员（5人）：
夏华祥　研究生院学位办主任、副教授　（无党派）
马德功　经济学院教授　（致公）
张卫东　华西临床医学院（华西医院）教授　（中共）
李福海　工商管理学院教授　（中共）
何　俊　化学学院副教授　（民建）
3. 四川省地方税务局特约税务监察员（1人）：
杨明洪　西部开发研究院副院长、教授　（民建）
4. 四川省审计厅特约审计员（2）：
蔡小于　工商管理学院副教授　（民建）
熊　峰　建筑与环境学院副院长、教授　（无党派）
5. 四川省教育厅教育督导员（1人）：
费德君（女）化学工程学院副教授　（民盟）
6. 四川省教育厅行风监督员（1人）：
冯宪光　文学与新闻学院教授　（无党派）
7. 四川省劳动争议仲裁委员会仲裁监督员（1人）：
刘晴辉　（女）法学院副教授　（九三）
8. 四川省省级国土资源管理行业行风监督员（1人）：
刘用明　财务处副处长、教授　（农工）

十六、四川省知识分子联谊会（17人）

副会长：卢铁城　四川大学原党委书记、校长　（中共）
陈　放　生命科学学院院长、教授　（民盟）
陈爱民　四川大学副校长、特聘教授　（无党派）
副秘书长：夏华祥　研究生院学位办主任、副教授　（无党派）

常务理事：王挺之　历史文化学院院长、教授　（无党派）
王益谦　西部开发研究院副院长、教授　（无党派）
石　碧　皮革化学与工程教育部重点实验室主任、教授　（无党派）
齐建国　华西基础医学与法医学院副院长、教授　（无党派）
何一民　四川大学学报（哲学社会科学版）常务副主编、教授　（无党派）
李建国　统战部部长、研究员　（中共）
杨力壮　公共管理学院副教授　（无党派）
李光金　工商管理学院副院长、教授　（无党派）
熊　峰　建筑与环境学院副院长、教授　（无党派）
理　事：王瑞林　实验室及设备管理处副处长、教授　（中共）
史永平　外国语学院副教授　（无党派）
曾　智　华西临床医学院（华西医院）副院长、教授　（无党派）
林　萍　图书馆副馆长、副教授　（无党派）

2005 年度学生工作主要获奖成果

获奖项目及名称	获奖级别	时间
郑松茂获得第九届“外研社杯”全国英语辩论赛特等奖	全国	3 月
四川大学男子足球队获 2004—2005“飞利浦中国大学生足球联赛”西区决赛冠军	区域级	4 月
计算机学院（软件学院）2004 级博士生陈鹏在“阿拉神灯杯”中国青年实用软件设计大赛决赛中荣获“设计之星”铜奖和奖金 2 万元	全国	5 月
学校荣获四川省第四届大学生艺术节一等奖 4 个、二等奖 5 个及 1 个优秀组织奖	省级	5 月
参加教育部主办，中国教育电视台、浙江广播电视集团、中国人民大学等单位承办的“五月的鲜花”——2005 全国大学生大型校园文艺演出直播活动，参演节目《苹果花开的时候》获优秀节目奖	全国	5 月
学校代表队获第六届全国机器人足球锦标赛机器人足球仿真 11vs11 季军（二等奖）	全国	6 月
在“玛麒杯”第十届中国大学生网球锦标赛中，学校研究生王丽萍、张林获女子团体冠军，王丽萍获女子单打冠军，张林获女单第五名，另获女子双打季军、男子团体第五名、男单第四名	全国	8 月
参加全国首届大学生艺术节，获二等奖 2 个、三等奖 2 个，学校荣获优秀奖	全国	8 月
参加四川省第八届“挑战杯”大学生课外学术科技作品竞赛，获一等奖 3 项、二等奖 4 项、三等奖 4 项，并获高校优秀组织奖，综合排名全省第一	省级	9 月
在第二届全国“德勤税务精英挑战赛”华东赛区比赛中，工商管理学院学生代表队入围全国总决赛	区域级	9 月
荣获全国先进班集体 1 个，四川省“省三好学生”23 人、“省优秀学生干部”13 人、“省先进班集体”9 个、“省优秀毕业生”114 人	全国、省级	9 月
邹洋同学获成都高校超级英语挑战赛总决赛第一名	市级	10 月
外国语学院英语系 2003 级向人同学获第十一届“21 世纪·澳门之星杯”全国英语演讲比赛西部总决赛季军	区域级	10 月
在第四届中国南方地区高校俄语竞赛中，许媛媛获俄罗斯叶利钦基金会特别奖，任立侠获二等奖	区域级	10 月
参加 2005 年全国大学生英语竞赛，获特等奖 9 个、一等奖 8 个、二等奖 45 个、三等奖 89 个，其中获特等奖的数目占四川省高校特等奖总数的 69.2%。	全国	10 月
参加第六届全国大学生英语演讲赛和全国大学生英语辩论赛，获演讲赛二等奖 2 个、三等奖 2 个，获辩论赛二等奖 2 个、三等奖 2 个	全国	10 月

续上表

获奖项目及名称	获奖级别	时间
参加2005年全国大学生电子设计竞赛，获2个全国一等奖、2个全国二等奖、4个四川省一等奖、10个四川省二等奖、7个四川省三等奖，并荣获四川赛区优秀组织奖	全国、省级	11月
学校作品《网》获第六届四川省高校心理情景剧汇演“最佳剧目奖”(最大综合奖项)	省级	11月
参加第九届“挑战杯”飞利浦全国大学生课外学术科技作品竞赛，6件参赛作品均入围终审决赛并全部获奖，其中获全国一等奖1项、二等奖1项、三等奖4项，学校获“全国高校优秀组织奖”（这成为我校自参加“挑战杯”大赛以来，入围作品最多，获奖数最多的一届）	全国	11月
2001级谭勇同学作品《想要有个家》荣获中国教育电视台“2005《国视DV》”大赛“最佳创意奖”	全国	12月
华西基础医学与法医学院博士研究生梁伟波获“中国青少年科技创新奖”	全国	2005年
环保志愿者协会获第六届“福特汽车环保奖”	全国	2005年
学校获得“成都市大中学生志愿者‘三下乡’社会实践活动先进学校”称号	市级	2005年
学校获得“全国大中专学生志愿者暑期‘三下乡’社会实践活动先进单位”称号	全国	2005年
学校获得“成都市十万大中学生‘一专多能’成才活动先进学校”称号	市级	2005年
学校代表队获得四川省大学生廉政文化知识竞赛第二名	省级	2005年
学校社团被评为第二届全国高校优秀学生社团	全国	2005年
参加四川省暨成都“青春献祖国 颂歌献给党”主题团日活动，获优秀组织奖	省级	2005年
参加首届全国暨四川省大学生公益文化艺术节四川成都赛区比赛，作品《桑园访妻》获“深圳发展银行杯”校园戏曲大赛三等奖，学校并获得组织奖	区域级	2005年
参加首届全国暨四川大学生公益文化艺术节总决赛，共获得一等奖7个、二等奖4个、三等奖4个，并获得总决赛组织奖	全国	2005年

共青团四川大学委员会
2005年度先进集体和先进个人名单

一、红旗团委

共青团四川大学工商管理学院委员会
共青团四川大学华西口腔医学院委员会
共青团四川大学华西公共卫生学院委员会
共青团四川大学水利水电学院委员会
共青团四川大学经济学院委员会
共青团四川大学公共管理学院委员会
共青团四川大学高分子科学与工程学院委员会
共青团四川大学华西临床医学院委员会
共青团四川大学制造科学与工程学院委员会
共青团四川大学轻纺与食品学院委员会

二、红旗团支部

经济学院	2003级经管团支部
经济学院	2004级国贸普通一团支部
法学院	2003级一团支部
文学与新闻学院	2004级编辑出版班团支部
外国语学院	2003级英语6班团支部
外国语学院	2004级英语3班团支部
艺术学院	2004级美术学团支部
历史文化学院（旅游学院）	2005级旅游管理2班团支部
数学学院	2003级基地班团支部
物理科学与技术学院	2004级核工程与核技术团支部
化学学院	2004级第四团支部
生命科学学院	2004级生物技术基地单号班团支部
生命科学学院	2003级生物技术基地班团支部
电子信息学院	2004级4班团支部
电子信息学院	2005级3班团支部
材料科学与工程学院	2003级材料化学专业支部
制造科学与工程学院	2003级机制5班团支部
制造科学与工程学院	2003级测控2班团支部

电气信息学院	04303041 团支部
电气信息学院	04303031 团支部
计算机学院（软件学院）	2004 级 8 班团支部
计算机学院（软件学院）	2005 级 11 班团支部
计算机学院（软件学院）	2004 级 3 班团支部
建筑与环境学院	2003 级给水排水工程团支部
建筑与环境学院	2003 级环境工程二班团支部
水利水电学院	2003 级水文二班团支部
水利水电学院	2004 级水文二班团支部
化学工程学院	2004 级制药二班团支部
化学工程学院	2003 级安全工程团支部
轻纺与食品学院	2003 级纺织工程团支部
轻纺与食品学院	2004 级食品与科学 2 团支部
高分子科学与工程学院	2003 级六团支部
高分子科学与工程学院	2005 级加工四团支部
华西基础医学与法医学院	2004 级法医团支部
华西临床医学院	2001 级第四团支部
华西临床医学院	2002 级临七二班团支部
华西临床医学院	2003 级临七二班团支部
华西口腔医学院	2004 级口腔医学五年制团支部
华西公共卫生学院	2004 级预防医学一团支部
华西公共卫生学院	2004 级医药企业管理团支部
华西药学院	2004 级 2 班团支部
公共管理学院	2003 级行政管理团支部
公共管理学院	2004 级劳动与社会保障团支部
工商管理学院	2003 级管理科学团支部
工商管理学院	2003 级会计团支部
政治学院	2004 级团支部
成教网络学院青羊校区	2006 级临床医学本科 A 团支部
成教网络学院青羊校区	2006 级药学专科 A 团支部
成教网络学院龙泉校区	2002 级工商管理专业团支部
创新班	2003 级团支部

三、五四红旗团支部

电子信息学院：16 舍 10 单元 602 团支部

化学学院：3 舍 2 单元 401 团支部

华西公共卫生学院：3 舍 3 单元 102 团支部

工商管理学院：9 舍 5 单元 302 团支部

法学院：11 舍 8 单元 502 团支部

创新班：12 舍 8 单元 601 团支部
华西临床医学院：5 舍 4 单元 101 团支部
经济学院：6 舍 8 单元 101 团支部
华西口腔医学院：12 舍 7 单元 602 团支部
建筑与环境学院：1 舍 1 单元 402 团支部

四、团员青年标兵

徐海鑫（经济学院）
吴近名（生命科学学院）
陈亮（化学工程学院）
王贝宇（华西临床医学院）
张晶晶（工商管理学院）

五、优秀团干部和优秀团员

经济学院

优秀团干：张　航　王　俐　覃　阳　胡　森　初善冰　张　建　曹　娇　严　冬　旷亚诺
优秀团员：李佐红　潘　婷　杨云鹏　黄　珍　戴　觅　张　雯　彭瀚蝶　曾青松　叶　欢　常　诚　陈　瑜　周长辉　杨　慧　左泽家　唐元逵

法学院

优秀团干：陈晓炜　穆　兰　贺杳天　王　静　赵盈寅　刘　畅
优秀团员：何　佳　关红芳　杨　双　廖依娜　姜　颖　张韦壁　徐奥丹　罗　鹰　李建全　杨婷婷　陈　赛　付　丽

文学与新闻学院

优秀团干：杨　帆　戴　路　王寄梅　王学磊　胡风顺　吴英臣　陈思伶　罗文婷　龚薇帆
优秀团员：严　卿　訾宝蓉　冯纪元　朱　瑶　刘　莉　赵星辉　范贺强　刘　磊　林　啸　张守帅　南晶惠　章　帆　曾庆熹　齐泰宇　莫　赛　蔺翠翠　胡　雯　郝宏微　应厚非

外国语学院

优秀团干：王　昊　秦初阳　靳丽娜　陈历黎　蒋　丽　于　芃　王　剑　江　山　赵浛孜　吉　晋
优秀团员：李　鸥　席　娟　伍　东　黄晨鸣　李前锋　胡　翎　蒙斯兰　张　觅　金　心　陈茜茜　刘　璐　徐婕莹　陈皓宇

艺术学院

优秀团干：傅于航　陈晓霞　余　乐　王大鹏　万思维　王晓勤　黄金霞　廖　璇　肖雪雷　刘　洋
优秀团员：王　培　何卓玮　蒋承裔　侯欢欢　路　尧　罗圆圆　伞宇熙　王容容　熊依清　王　静

历史文化学院（旅游学院）

优秀团干：旦增桑珠　胡松鹤　石黄萍　杨依然

优秀团员：扎西平措　刘方日　陈希丰　刘忠华　伏桂青

数学学院

优秀团干：郝玉龙　董继红　肖　凤　林　溯

优秀团员：孙贵平　潘　钊　许文静　叶　波　谭金海　刘承乐　周　川　林永晓

物理科学与技术学院

优秀团干：刘　杰　罗尧天　王振宇　杨　微　朱艳春　丘锡彬

优秀团员：范紫菡　李洁垚　廖　熙　任　川　沈比舟　王　谌　周　巍　朱　陈
朱海雁　陈治君　甘晓亚

化学学院

优秀团干：曾盈盈　钟利健　杨　立　肖　晓　张京晶　胡小蕾　侯俐應　余乐正

优秀团员：钱　力　柏　芳　何　璇　杨　瑞　马　欢　王　燕　龙恩艳　张　振
韩　杰　赵成刚

生命科学学院

优秀团干：李　硕　马　纯　夏　杨　陈轶渊　黄雪莹　黄智慧　耿宇聪　彭　彤

优秀团员：齐　懿　刘衍鹏　李　超　杨森林　张选勇　张　凯　高　亮　秦明聪
鲜宇章　崔　明

电子信息学院

优秀团干：左　艳　陈伟丛　刘继鹏　赖　华　陈　吉　龚国静　张亮亮　陈　雨
谢承洋　朱奕晨　郝　欣

优秀团员：周　余　唐　蜜　毛新胜　张君君　赵志强　肖　飞　尹　辉　王建宏
陈　进　曾　晶　郑　旭　乔琳芳　张　恒　吴　启　罗佩琳　刘正帆
吕恩杰

材料科学与工程学院

优秀团干：王文武　陈　国　黄　露　张锦瑾　陈宝军　姚明英　苏建志

优秀团员：张晓燕　李德贵　雷　兵　陈　奇　朱　琪　陈林红　张梓琳　范　静
尹文龙　刘小杰

制造科学与工程学院

优秀团干：陈朝泽　刘金超　陈增贵　许　峰　杨　荣　张志东　刘璐爽　何　江
曾　斌

优秀团员：余迪利　柯思璇　沈　倪　庄　超　付国智　熊　进　牛　雨　李永兵
赵　霞　王　波　安治强　任行军　赵　伦　赵　斌　张　艺　袁　泉
付作伟

电气信息学院

优秀团干：林　显　贺　嘉　吴　涛　吕　凯　王　卫　吴俊杰　崔开源　刘艳章
崔东君　宋明玉

优秀团员：浦　薇　白翠粉　陈　林　陈　心　郭　雯　胡玉洁　张　朋　董　威

李红光　于心任

计算机学院（软件学院）

优秀团干：周栋梁　郑燕妮　李　攀　马　莎　罗　璇　陈志祥　孔祥瑞　吴　斌　王　鹏　牛　奔　王和彪　李　宁　戴雨果

优秀团员：古　博　丁　铀　黎　果　吴忠华　陈　龙　李镇江　许　辉　王海舟　张　妍　冯　欣　王　扬　于远灏　樊　松　姜　鹏　吴　琼　张伟光　李　淳　石卢靖　宫唐小恒

建筑与环境学院

优秀团干：钟　雪　于儒海　侯科文　武　媚　申　敏　姚　睿　严　鹏　王文磊　余　敏　陈沈杰　姚　睿　齐延伟

优秀团员：马伟光　卢春晖　储照伟　陈　康　叶永娇　李　钟　冯　倩　邢志东　方　舟　赖星宇　曲　杰　郑　源　车琳婧　张善超　张一帆　宋京川子

水利水电学院

优秀团干：毕　雪　马　贵　彭　益　冯静洁　王小亮　罗　晶　郜明辉　詹立平　欧　兵

优秀团员：吴　平　袁洪亮　郝　勇　王显林　李明阳　刘　科　张立英　浦　宁　郑东霖　杨　震　杨　宇　刘　丹　王　强

化学工程学院

优秀团干：蒋世军　曾梅燕　余亚兰　廖文斌　杨雪萃　任永胜　孙　科　金　央　李　渊　柳　园　翟智拓

优秀团员：赵淑贤　陈振宇　陈海挺　陈美娟　徐　龙　成永伟　李　娟　王　伟　雒换峰　李　波　王静波　王　娜　李运奎　刘　畅　刘贤信　温皓程　厉福生　李强涛

轻纺与食品学院

优秀团干：罗　魏　郭　奇　罗　洋　王　毅　贺　婷　龚　绪　周　瑶　何丽思　朱　坤　何晓艳

优秀团员：孙　妍　谭廷照　马　娟　刘艺婷　汤陈笑　李季衡　李　筠　韩小伦　刘公岩　李振云

高分子科学与工程学院

优秀团干：李　祯　朱　红　胡晓娟　曲云鹏　李连伟　梁舒宇　武慧智　孟　挺　高　猛　来恒杰　刘本春　林靖展

优秀团员：王薇莉　侯凌云　曾　凯　郭　乔　赵钱伟　杨晓丹　管　帅　吴　婷　马军燃　邓小薇　王　磊　徐　玲　孙天龙　黎　菁

华西基础医学与法医学院

优秀团干：董　奥　梁　欣　高　璇

优秀团员：黎人华　郭华灵　谯　波　高晓晴　郑　曦

华西临床医学院

优秀团干：周　璨　刘　畅　何　帆　朱建伟　陈　琼　齐　顺　牛　倩　吕东浩
彭里磊　李　侨　张琼文　梅　玲　多丽娜　寿玮龄

优秀团员：张　敏　张　倩　李　一　赖霄静　张　杰　何秋蓉　唐永江　李　辰
宋海燕　基　鹏　陈乃洁　赵　凤　蒋　浪　彭　涵　宗　帝　姚　晶
叶　潞　陈晓婧　肖玉玲　柴　桦

华西口腔医学院

优秀团干：周　媛　吴瑞卿　文　才

优秀团员：胡海琨　张　敏　段沛沛　余　佳

华西公共卫生学院

优秀团干：谷　欣　赵苗苗　喻凌云　张思维　宁　耀　杨　怡　贾亚男　陈海峰
张　华

优秀团员：陈　皓　叶楚楚　师　杨　牛　瑾　詹旭艟　陈　博　孟晓军　周泓羽
张婧琦　陈锦瑶　吴洲鹏　陈　了　龙冬玲　张梦妍

华西药学院

优秀团干：沈筱秋　邹添甜　郭　栋　李子争　黄　慧　顾　鹏

优秀团员：张晓侠　陈　敏　雷　宇　李　莎　曾力楠　潘钧铸　高菲菲　陈　菲
王　寅

公共管理学院

优秀团干：何　波　王　浩　李　刚　芝金琳　马千里　黄克儒　陈卫夷　魏　璐
尹双武

优秀团员：李夕飞　陈　超　曾庆苗　张　壹　桑启源　张庆华　刘　侃　褚　刚
刘关村　宋小翠　宋　超　季明博

工商管理学院

优秀团干：李　强　周　俊　黄　牧　邹奇琳　李长城　吴万鹏　陈应春　郭　楠

优秀团员：李文博　吕　果　魏子帆　邓　莉　徐舒平　孙之栩　张　获　张　欢
董利辉　钟　惠　黄　琼　杨永丽

政治学院

优秀团干：汪　莉　范　曦

优秀团员：钟林利

成人教育学院

优秀团干：李　翔　赵　娜　雷志鹏　田　锦　王碧兰　蒋林志　王小龙　杨金鹏
王冠军　杨镇洲　张　华　李　欢　冯树峰　杜　建

优秀团员：满晓元　马文明　方俊翔　张筱茜　张　可　李晓静　周冰获　林　艳
黄一峰　王国强　吴　薇　杨　竹　黄　琴　乔太兵　曾　杨　党宏亮
颜　颖　沈洪春　周永强　张怡敏　曾　强　吴　薇　吴晋阳　杨　璐
黄紫金　文婷婷　叶　红　庞　洲　贺　娜　黄　敏

创新班

优秀团干：石靖雪　杨　轩　张　丽　朱建辉　郭美呈　彭　璐

优秀团员：曾　颖　邓　钦　黎　欢　安邦坤

四川大学2005年学生团体情况一览表

学生团体名称	成立时间	活动内容范围	规模（社团人数）
电脑学会	1981年9月	普及电脑知识	220
摄影协会	1982年9月	普及摄影知识，开展户外采风等	200
成才协会	1986年9月	开展人文创作活动，培养人才个性	100
英语协会	1987年9月	开展英语沙龙、英语讲座、英文电影赏析、英语角等活动	500
羽毛球协会	1988年3月	开展会员培训，举办羽毛球比赛，开展技术经验交流	500
书画协会	1989年9月	开展书画创作、名家交流、会员培训活动	80
心理学会	1989年9月	心理健康宣传活动、心理剧演出、心理咨询等	600
文学联合会	1992年9月	开展文学赏析、创作及研讨交流，开展户外采风及会员培训等活动	350
武术协会	1995年9月	开展会员培训、武术表演等活动	250
环保志愿者协会	1995年11月	开展环保宣传活动，对周边地区进行环境调查	100
演讲与交际协会	1996年9月	开展人文讲座、交际培训、才艺展示、户外采风等活动	500
棋类协会	1997年9月	举办会员培训、比赛等	100
乒乓球协会	1998年9月	举办乒乓球比赛，交流经验等	120
科技协会	1998年10月	举办科技论坛，开展MCSE知识免费培训	100
表演艺术协会	1998年10月	开展舞蹈、杂技等艺术活动，提供MTV、CD制作服务	360
科幻协会	1998年11月	开展科幻沙龙、电影欣赏、科幻论坛等活动	80
创造协会	1999年4月	开展创业、学术交流活动，举办各类创业讲座	70
青木创业者协会	1999年9月	培养会员创业能力，交流创业体会	160
篮球协会	2000年9月	开展会员培训，交流技术，举办篮球比赛	500
微软俱乐部	2000年10月	普及计算机文化，开展技术交流	600
古琴社	2001年9月	开展古琴培训及古琴表演	20

续表

学生团体名称	成立时间	活动内容范围	规模（社团人数）
素我斋艺术协会	2001年10月	开展书画等美术创作，以及广告影视欣赏、学术讲座、学术交流等活动	200
消费挚友协会	2001年11月	开展保护消费者权益等社会实践活动，为会员谋消费利益	5000
公共关系协会	2001年11月	举办公关讲座，开展公关实践活动，培训公关人才	120
军事爱好者协会	2002年3月	普及国防知识，培养会员爱国卫国热情	50
贫困生自助协会	2002年4月	面向全校贫困生提供勤工俭学信息	1000
视力保护协会	2003年3月	宣传视力保护方法，为师生提供爱眼、护眼服务	70
ID·POP协会	2003年5月	开展互动讲座及会员培训活动	100
网球协会	2003年6月	普及网球知识，举行网球比赛	60
排球协会	2003年10月	开展会员培训，举办排球比赛	35
无线电俱乐部	2003年10月	开展业余电台活动，对无线电爱好者进行培训	60
行知协会	2003年10月	致力于西部贫困地区小学教育及环境的可持续发展	200
体育舞蹈协会	2003年11月	开展舞蹈培训、交际舞欣赏、舞蹈比赛等活动	280
日本语协会	2004年5月	开展日语交流和培训	150
市场营销协会	2004年6月	开展市场调研、市场营销方面的交流和实践	200
飞跃重洋协会	2004年10月	提供海外留学信息，开展英语学习交流	150
诚社协会	2005年9月	组织有关传统文化的讲座、知识竞赛、学术阐发活动，开展文、史、哲等学科之间的大讨论，筹划东西方文化之间的对话，促进民族文化的复兴和繁荣	400
数字娱乐与电子竞技协会	2005年10月	为会员提供数字竞技方面的知识和信息，定期举行培训讲座，组织校内外各种比赛	150
台球协会	2005年11月	为会员提供台球训练机会，定期进行台球技术讲座，组织校内外各种台球比赛	110
川大电视传媒协会	2005年12月	组织校园电视节目制作，推广校园电视文化	40

2005年学校、国家及社会奖助学金奖助情况一览表

项目名称	所在单位	奖助总额（万元）	受益人数
本科新生奖学金	学生工作部	37.95	572
本科生学年奖学金	学生工作部	415.09	8671
国家助学奖学金	学生工作部	504	2260
永庄奖学金	学生工作部	5	10
中国石油奖助学金	学生工作部	6.5	25
宝钢奖学金	学生工作部	4.5	15
四川电信奖、助学金	学生工作部	36	105
丰田奖学金	学生工作部	6	12
嘉里粮油优秀大学生奖学金	学生工作部	5	32
华为奖学金	学生工作部	3.6	14
中国科学院奖学金	学生工作部	5.5	5
和氏璧奖学金	学生工作部	2.8	14
宝洁奖学金	学生工作部	6.6	22
霍济光奖学金	学生工作部	4.7	10
实德奖学金	学生工作部	10	100
建设银行爱心助学金	学生工作部	2.4	24
稻盛京瓷西部开发助学金	学生工作部	2	20
后勤集团温暖助学金	学生工作部	20	500
广州基金助学金	学生工作部	3	15
明天女大学生奖学金	学生工作部	50	50
关工委优秀特困生奖学金	学生工作部	6.6	60
唐氏奖助金	学生工作部	32	94
香港思源助学金	学生工作部	16	40
真维斯助学金	学生工作部	6	29
IBM 奖学金	学生工作部	1.6	3

续表

项目名称		所在单位	奖助总额（万元）	受益人数
东京三菱银行奖学金		学生工作部	8.4	50
诸葛亮医学奖学金		学生工作部	1	5
邓廷综教育基金		学生工作部	0.8	2
华为寒窗学子奖学金		学生工作部	3.6	14
日本第一制药奖学金		学生工作部	9.75	15
蓝天通讯奖学金		校团委	3.96	11
肯德基曙光基金		校团委	10	20
可口可乐奖学金		校团委	2.34	13
黄梦花、刘素嫦奖学金		对外联络办公室	5	30
化学奖学金		华西临床医学院、华西药学院	3.9	8
青年房产助学金		文学与新闻学院	0.9	6
上海东方广播电台奖学金		文学与新闻学院	0.3	6
学院奖学金		外国语学院	2	32
伊藤奖学金		外国语学院	7.2	30
BUD 优秀学生奖学金		艺术学院	2	15
致高律师奖学金		法学院	3.4	48
基地奖学金		数学学院	4.44	44
系友助学金		数学学院	0.1/人	名额不定
展宏	奖研金	数学学院、物理科学与技术学院、生命科学学院、化学学院	1.4	30
	助学金		12	40
陆钟钴奖学金		物理科学与技术学院	0.96	14
广东核电奖助金		物理科学与技术学院	2.2	10
敏通奖学金		电子信息学院	0.5	5
三信奖学金		电子信息学院	1.6	40
永康奖助金		材料科学与工程学院	0.8	4
章梓雄流体力学奖学金		水利水电学院	450 美元	3
沈氏奖学金		水利水电学院	300 美元	2
华国祥泥沙奖学金		水利水电学院	1.5	7
吴持恭水力学奖学金		水利水电学院	0.24	4

续表

项目名称	所在单位	奖助总额（万元）	受益人数
中国第三专业奖学金	水利水电学院	0.6	4
四川大学环境水利学奖学金	水利水电学院	0.6	4
川化奖贷学金	化学工程学院	1	6
丁冉峰奖学金	化学工程学院	7	20
中国皮革工业协会优秀学生、优秀干部奖	轻纺与食品学院	0.06～0.15/人	27
华南杰出优秀学生奖学金	轻纺与食品学院	0.5	9
东明奖学金	轻纺与食品学院	0.5	5
德国 BASF 优秀学生奖	轻纺与食品学院	3	23
澳伦奖学金	轻纺与食品学院	2000	3
仲雄奖	轻纺与食品学院	3	20
四川大学—博恩斯坦集团奖学金	轻纺与食品学院	1	7
上海富国奖学金	轻纺与食品学院	0.9	3
四川大学—科莱恩实习奖学金	轻纺与食品学院	2.5	12
四川大学—德瑞皮革科技奖学金	轻纺与食品学院	3	12
四川大学斯塔尔奖—南方皮化奖学金	轻纺与食品学院	2	8
派中派奖学金	轻纺与食品学院	1	13
四川大学光友奖学金	轻纺与食品学院	1	5
四川大学美好奖学金	轻纺与食品学院	2.5	40
“GE”奖学金	高分子科学与工程学院	4	10
生益奖学金	高分子科学与工程学院	4.8	16
银禧奖学金	高分子科学与工程学院	2.4	12
金发科技教育发展奖助学金	高分子科学与工程学院	3.8	17
克朗宁奖学金	高分子科学与工程学院	0.5	4
攀登奖学金	高分子科学与工程学院	0.4	2
《高等有机化学》单项奖学金	高分子科学与工程学院	0.5	5
宣瑞琳口腔医学奖学金	华西口腔医学院	1.49	16
汤姆生奖学金	华西口腔医学院	350 美金	2
佳洁士口腔医学奖学金	华西口腔医学院	1	15
高露洁口腔医学奖学金	华西口腔医学院	1	13

续表

项目名称	所在单位	奖助总额（万元）	受益人数
泰达·凯莱英特困生奖学金	华西药学院	2	20
汪柏良、周万祥贫困生奖学金	华西药学院	0.5	5
“恒通评估”奖学金	公共管理学院	1	5
工商管理学院奖助金	工商管理学院	0.1～0.2/人	名额不定
白家会计学术奖学金	工商管理学院	1	6
斯普软件—数字娱乐贡献奖学金	计算机学院（软件学院）	0.2/人	名额不定
银晨创新奖	计算机学院（软件学院）	3	5
银晨优秀论文奖	计算机学院（软件学院）	1.6	4
网软奖学金	计算机学院（软件学院）	1.6	2

四川大学2004—2005年度本科生学年奖学金部分获得者名单和优秀学生、优秀学生干部名单

经济学院：

特等奖：

卢　玥

综合一等奖：

覃永利　张慧芬　唐　璇　雷　羽　杨汇惠　李小杰　陈思羽　杨　洁　周竺竺
杨绪萍　张　弛　林世杰　戴　觅　黄　蕾　徐金金　何叶婷　余彦黎　张元捷
杨　湉　王　萌　王秀丹　骆　桢

优秀学生：

何叶婷　余彦黎　田　玥　李含婷　杨可扬　熊　雄　李　旭　杨华婧　刘　娜
彭近朱　钱　程　王　静　杨书剑　张泽波　李　雪　张　吉　莫小唯　卢　玥
张元捷　杨　湉　何轶男　马　牧　庄雪丽　何　烨　张雅婕　刘　路　郭科辛
沈　莹　周　谊　王　维　林泽民　魏大林　王　萌　谢杨婷　罗晓雪　李明徽
李婵媛　陈浩泽　王秀丹　刘　莹　雷　蕾　刘　伊　骆　桢　贾一鸣　刘俊芳
王洪涛　李　娜　赵胤钘　何　乔　张　玥　张　钰　严　徐　张　芹　刘　波
罗　莹　曹　丽　王路祎　王建军　冯　博　刘　丹　彭　琦　刘　焱　王　俐
唐元逵　章洪斌　吕　靖　魏玲丽　曾　静　王小进　刘　希　旷亚诺　陈一大
熊云帆　严　冬　黄玲玲　陈　懿　何　伊　袁　霁　罗　雯　宋　颖　杨云鹏
赵　婧　施　跃　独　娟　唐　璇　史亚平　周　奕　高　鹭　胡俊威　敬代骄
张晓桑　刘婧漪　王钟皓　李林卓　李　洁　周　霞　杨汇惠　林媛媛　徐　琳
刘得扬　张琳玲　胡文静　曹　辉　曹　志　李小杰　杜　丹　廖琴芳　赵　林
鄢　毅　王　彦　陈思羽　许　蕾　周黎莎　芦海峰　秦传熙　冯文强　初善冰
练　江　彭　皓　雷　虹　李　芸　庞　曦　袁　岘　邹兴洪　徐　蔚　常　诚
苏浩龙　王海霞　彭瀚蝶　张　弛　张　雯　杨　慧　程学思　黄　珍　单金玲
陈　博　丁缘媛　林世杰　周杨洁　冯　婷　黄　蕾　戴　觅　田　梦　王　俊
胡　森　曹　娇　先　曦　马　宁　雷　茜　罗吉林　郭文斌　陈　瑜　叶　欢
曾青松　聂　姗

优秀学生干部：

何轶男　张　航　陈浩泽　杨书剑　刘得扬　芦海峰　秦传熙　刘　娜　刘　焱
王建军　彭近朱　王　静　冯文强　陈　懿　刘　希　徐　琳　覃　阳　郑晓曦

魏玲丽　旷亚诺　胡　森　初善冰　刘　丹　严　冬　窦莎莎　周　言

法学院：

特等奖：

陆颖清

综合一等奖：

王维丹　泽仁卓玛　黄小依　荣凤娟　颜　君　李　悦　王禄生　刘　娜　杨小凤　袁　媛

优秀学生：

罗　艾　余　飞　陈　静　周付全　刘　敏　吴　昕　周　舟　刘　莹　李　玘　焦　佳　史溢帆　陆颖清　李燕凌　崔　玮　段　燕　熊程炜　王　静　林义欣　张　烁　胡梅子　杨　薇　陈　渝　胡宏亮　常　晨　张书颖　王菲菲　杨　双　杨子路　曾　岚　杨小凤　白宝芬　董　薇　韩　锋　吕迎光　邱　麟　覃　超　叶　菲　吴一苇　李敏轩　陈惠惠　蒋直夫　唐铭书　吴　婷　朱海军　苗　苗　泽仁卓玛

优秀学生干部：

刘晓辉　龚　耘　阳康琳　李　渺　张晨宇　郭　蕾　马　菁　王奕楠　李　悦　文　灿　孙菁雯　朱剑东　余　露　蔡明婧　姜　颖　王嘉宇　穆　兰　刘　娜　袁　媛　徐奥丹

文学与新闻学院：

综合一等奖：

文　春　罗蕊娜　李　懿　朱礼科　王倩茹　马主爱　吕露英　罗　珊　梁　荷　戴　路　杨　慧　任盈盈　刘若乔

优秀学生：

孔祥婷　王潇潇　孟　锡　方　闻　尹思桥　郑春艳　张　胜　张丽娜　刘　祎　窦海军　郭　晓　熊小黠　张诗宇　何玮玮　杨普莹　张　勤　李艳敏　肖仕菊　余仁伟　黄梦兰　刘楚琦　钟　丹　张　静　任　洁　刘　婧　申志芳　张敬琰　徐成栋　许翠霞　朱礼科　张　翠　张　慧　陈　融　王倩茹　向　晶　秦淑坤　马主爱　王　伟　彭　颖　吕露英　黄　娴　程　婷　刘丽娟　罗　珊　莫　赛　袁李姝　周　胤　瞿杨春　张兰兰　李凤玲　张晓丽　李　懿　杨　超　周　沫　邹　艳　江灵玲　杨　宇　赵民龙　赵会彪　王　丽　王海燕　陈书陶　高　杉　张　璞　张文丽　李艳萍　李　寒　卢自强　周婕舒　周　丹　黄金晶　张　倩　张胜辉　赵圆媛　郭　乐　薛　薇　余　冲　庄春晖　龙　波　魏　勤　袁小茹　李砚书　苏　扬　阿尔达克

优秀学生干部：

杨夏艳　訾宝蓉　郭立琼　谭林婧　雷　斌　张　然　韩燕玲　郑颖琦　马德莉

杨　昊　谭丽娴　邬　敏　祖　婧　杨　龙　刘元佳　张　玲　文　春　朱　叶
周　杰　刘小波　王婧一　胡　雯　崔小婧　张　侃　杨　帆　孙　磊　罗蕊娜
夏　强　江卓霖　王　璐　王　娅　张敬心　陈　晋　黎　明　韩　笑　蔡少阳
王冀艳　肖　壤　雷　力　杨　迪　张　璞　林　津　雷凌航　刘若乔　南晶惠
王　娅　张敬心　陈　晋　黎　明　韩　笑　蔡少阳　王冀艳　肖　壤　雷　力
杨　迪　张　璞　林　津　雷凌航　刘若乔　南晶惠

外国语学院：

综合一等奖：

靳丽娜　胡　晓　王书英　李　璐　吴　健　刘冬梅　丁万春　衡　珊　王瑜嘉
何欣芸　史闻杰　胡　琦

优秀学生：

谭文有　袁　心　邱李蓓　谢　静　余　俊　李　想　潘　玲　李　楠　谢　璐
徐　刚　李　韵　曾　杰　王正汉　马　敏　胡　晓　金　裕　陈智尧　薛　琴
郭瑞兰　李　璐　陈袁莉　徐雪元　朱兵兵　高　琴　傅幼霞　陈　英　齐林意
杨　艳　李　炜　丁万春　刘思夏　陈　蕾　庞静丽　徐晶晶　王　铮　蒋　杰
赵文婷　王小芳　张　鑫　白起燕　向　慧　杨雪姣　黄彦榕　蒋金婷　罗文辛
陈小红　王雯婷　张燕君　杜长娟　毛淑蓉　王丽娟　宋　津　李　辉　鲁潇檬
丁　浩　何　伟　刘　瑶　陈汝鸿　孙俊玲　王莹兮　李　鸥　邹双双　李　娟
冯　梅

优秀学生干部：

靳丽娜　刘大伟　李　玮　孙钦生　潘晓雷　贾裕玟　吕　兰　刘　倩　郑　骥
丁　武　李　田　李　伟　蒋　丽　陈历黎　孟　洋　黄晨鸣　伍　东　王雪莲
王志强　史闻杰　于　芃　王　伟　韩　涛　刘滋芝　欧　洲　赵海蕾　赵宇飞
何欣芸　胡园芬　李俊兰

艺术学院：

综合一等奖：

王　婷　鲁又珲　杨　雪　李　姝　海维清　傅于航　陈晓霞　陈思吴　高玉金
蒋晓虹　路　峣　李立红　张旭光　罗园园　王晓勤　郭　威

优秀学生：

高　寒　武　佳　余　立　冉启军　胡　冰　王景文　郭一璇　武　涛　曾　铮
赵晓楠　杨桃红　李　至　罗永禄　赖　菲　杨乂宾　牟　敏　张　琼　陈思吴
王　冰　肖雪蕾　曹飞越　卞俊鑫　田学萍　吴莹莹　路　峣　张　博　覃子笛
祁娟丽　李立红　符渝涵　陈凌嘉　程　荣　姚燕玲　熊依清　齐自芳　张旭光
何卓玮　王　璇　唐于兵　罗园园　李　欣　刘吟韬　腾　云　申　颖　唐武军
刘伟涛　王　宇　杨　涵　王晓勤　苏小玫　刘文静　郭　威　刘从倩　杨箐瑶

高玉金　宁　静　黄钟忠　李官博　贾娴瑞　曾　燊　智新一点

优秀学生干部：

万思维　傅于航　陈晓霞　刘　洋　季天斌　孙彦丽　余　乐　王月琳　李娇阳
李莹莹　王蓉蓉　孙晓飞　陆　新　彭雪静　孙培培　王　艺　张锦铭　杨　然

历史文化学院（旅游学院）：

综合一等奖：

陈　默　张　培　黄　艳　汪毛毛　柴丽丽　冯　佳　吕斐然

优秀学生：

陈　默　张　培　黄　艳　汪毛毛　柴丽丽　冯　佳　吕斐然　余文倩　陈　东
刘　潇　瞿姝宁　刘　娜　黄代梅　李志恒　郭显芬　李　维　黄　滟　贝　蕾
陈舒慧　张　颖　赵颈松　王　娜　沈恩娥　谢芬芬　刘亭君　刘　欣　刘　冬
张洪静　董　璐　李兆敏　王　莹　范迎迎　赵继东　黄素洁　王守凤　徐梦颖
黄雪飞　冯树英　李珍焱　王　煜　孟　高　罗布顿珠　美拉卓玛　益西杨沛

优秀学生干部：

王　玮　董　静　邓　懿　黄　艳　李志恒　肖　蕾　阿　旦　黄维林　张　洁
刘　利　刘忠华

数学学院：

特等奖：

林秉辰

综合一等奖：

赵小娟　周　岭　张兴宇　王　旭　陈　瑶　蓝桂瑭　程细辛　安歆亮　杨　章
张　海

优秀学生：

赵小娟　周　岭　张兴宇　罗杨飞　梁卓滨　杨思坦　蔚　涛　胡　奎　张学竟
王燕青　钟庆海　周　川　朱　明　申力立　沐铁锁　李郑雪　王加山　陈　瑶
蓝桂瑭　成　杰　易礼方　陆元挺　黄朝东　白占强　张　路　钟苏川　蔡竟然
刘　丹　李世泽　叶　科　阳卫平　郑茂波　李　晶　熊　烈　程细辛　吴雄振
牛　博　何予人　邹　洋　姚黎明　魏纯辉　李海燕　熊柱林　谢　刚　唐玉科
吕小芳　史　敏　张　哲　纪　威　屈　硕　张　海　冯　波

优秀学生干部：

郭雪娇　陈　竹　董继红　何云鹏　许　植　余率标　范久瑜　郝玉龙　何长清
刁思聪　欧阳博　王　辉　李　巍　高　赫　廖恒毅　丁　峰　李　军　朱自然
黄继承　刘鸿鹄　巩　杰　徐　堃　杨佳艳　周少跃　李曙光　杨树琨　陈　雷

物理科学与技术学院：

综合一等奖：

易玉良　韦海盛　马　楠　杨　晶　金颖怡　龙娟娟　周　涛　管人宝　黄　欣
李敏捷

优秀学生：

马　楠　赵玉月　袁小林　朱银芳　俞　波　喻刘奇　李　正　李　游　岳　衢
田利超　唐兆俊　柯希成　金颖怡　陈倩倩　蒋陆军　李国芳　龙娟娟　罗尧天
周　涛　张　娟　何俊峰　杨冠东　代　宇　廖家莉　管人宝　褚　政　丘锡彬
潘理达　田立朝　黄　欣　范紫菡　廖国杰　蒋南科　杨林森　李　丞　马慧莉
李明军　喻　寅　李　敏　李晓刚

优秀学生干部：

应　腾　包维佳　杨　晶　甘晓亚　谭　琳　朱　陈　胡　震　肖　遥　谭迁宁
刘　乾　张　磊　蒋　寅　何　松　罗　川　谢林峰　王元龙　张　弛　郭建刚
何志刚　杨紫君

化学学院：

综合一等奖：

胡　静　王天利　张　愉　张京晶　余达刚　肖　晓　黄德顺　向书槐　夏学飞
石玲英　杨　立

优秀学生：

胡　静　王天利　杨　旭　赵　娇　张原源　于　梦　韦思平　陈　贺　李兰兰
曹红岩　沈　科　杨　玲　张　婧　吴　刚　张　愉　张京晶　肖　晓　易光铨
梁博颖　胡小蕾　郭　强　周　琴　崔亚丽　于彩霞　张　溶　郑　柯　余乐正
李振华　舒盈盈　王德智　赵东兵　莫　燕　沈海峰　朱建强　李颖若　刘　波
么文婧　董顺喜　谢明胜　黄德顺　胡燕茜　李华敏　王　涛　王进安　夏学飞
陈山虎　周小玲　高　欣　叶　慧　魏连连　司晓亮　冯兴文　陈振玲　何绍攀
向书槐　张荣嵘　范广宇　石玲英　杨　立

优秀学生干部：

樊艳茹　林　森　舒　文　于良忠　于海洋　余达刚　钟小雨　杨帅军　江　虹
刘　丹　龙恩艳　张丽芳　王　雪　钟利健　陈洪兵　曹秀丽　贺有周　叶志英
刘　洁

生命科学学院：

综合一等奖：

徐　君　杜思雯　魏　黎　李　硕　张啸笛　谭慧敏　左　为　佘　亮　何灵杰
杨万纯　杨崇广　黄渭蛟　吴　旭　罗丽卉

优秀学生：

张春雷　雷　雨　卿　杰　王　振　郑文静　张　懿　袁雯旻　肖　弦　郭之晨
刘　黎　王　赟　邓　婷　曾建军　王　野　陈　樾　王守乾　蔡智锋　黄小柯
丁　杨　朱　好　陈　灿　陈玲玲　赵成建　何敬全　叶海霞　朱佳伟　串俊兰
宋　扬　谢适其　孔腾飞　丁　怡　尹　丹　太颢然　王资淳　黄渭蛟　马　纯
徐　雅　黄　晓　王泽欢　卫　然　彭婷婷　张　凯　毛牛星　梅　枚　张艳艳
汪　静　杜思雯　罗永挺　李　丹　伏圣博　吴　迪　曾启群　陈　璐　范佳佳
王　黎　刘显波　王洪钟　兰　燕　陈栋炜　黄　瑜　李　超　赵晓璞　王　璐
曾　鑫　李玉芝　王　颖　梁成儒

优秀学生干部：

曾　博　陈敬飞　包　骥　董丹丹　王文丽　徐　伟　陈晓菲　徐　江　马铁桥
车毅智　侯远青　何灵杰　楼格尔　高锦航　陈轶渊　杨万纯　杨森林　唐　飞
张选勇　齐　懿　杨崇广　卢　悦　廖　琦　王　清　钱　磊　张翰林　方　蕾
程丽佳　王　晶　吴　旭　蒋海峰　苏世超　罗丽卉　黄雪莹　徐　君　蔡　峰
彭　彤　樊　圃　岳　曦　夏文戎　尚　静　魏　黎　郭　立　李　硕　夏　杨
杨　楠　张　璐

电子信息学院：

特等奖：

孙立风

综合一等奖：

邬　江　李志平　翁维茜　唐　君　魏丹阳　邓章林　代海军　陈　果　刘继鹏
倪　敏　龚国静　黄秋萍　冯启航　齐　欢　陈志伟　郑小燕　曾锐玺　谭　鑫
林滇环　吴小平　李承明月　周春春　夏小凤　文　婷　梁　霞　王文鹏

优秀学生：

潘春梅　汤　慰　曹纪纲　刘艳华　韩　勇　陈　曦　王　帅　何尉超　罗　凡
贺俊文　李木维　张艳琴　陈　千　敬　雪　张　莉　曾　蕉　游金凤　胡　钦
魏　颖　许光辉　李长乐　王朋波　刘成林　吴　亮　李一帆　任　磊　白　茹
卢　波　何丽艳　蓝宗炎　王冬梅　李京有　姚柳成　唐　虎　阳　成　李大伟
段梦蛟　徐　冲　李　明　胡国庆　沈明永　孙立风　刘继鹏　龚国静　黄秋萍
冯启航　齐　欢　惠利娜　刘宗斌　毛新胜　王永攀　赵　芳　郝　欣　曾　晶
何江波　甘　雨　赵　桦　刘天成　刘宇辙　刘鸿凯　罗世飘　康　瑕　钱栋梁
董金生　王建宏　杨丽玲　曾志超　冯　琛　邓　欢　陈　磊　赵黄菠　郑小燕
李超鹏　易厚梅　王　奇　李　宗　陈　臣　廖庆和　曾锐玺　王文鹏　罗海燕
周小琴　李彬厚　屈琳雅　赵才曲　李璐杰　龚　艳　杨翠清　吴发伟　唐玉林
王海凤　何友松　胡昕欣　段利君　何　莉　黄　佳　袁　钊　漆小平　赵汝英
姚智桂　陈定康　衡　丽　文　婷　张　萍　廖　海　吴光颉　杨　庆　何　耀
刘　超　尹义蓉　吕　清　王　啸　吴　启　王　松　梁　霞　邓　峰　臧媛媛

黄如浩　王熊林　李光华　于文君　辛　静　谢贤宗　夏小凤　彭克武　李承明月

优秀学生干部：

李金平　来晋明　陈秋珍　周维川　李韶光　叶晓峰　蒋　浩　邓　智　韩　敏
张　琨　王　建　罗　燕　何　聪　梁志强　黎智敏　张亮亮　陈相宏　赵　佳
李　野　何　潇　李双全　朱　园　杜芳芳　刘　鹏　赵　敏　邓国亮　邵宇涛
倪　敏　赵志强　吴小平　吴　迪　杨　帆　陈　雨　罗章杰　黄　君　廖正全
金　花　王　健　乔琳芳　吴秀玲　罗立川　刘长春　周道舟　周春春　乔　娜

电子信息创新班：

优秀学生：

杨锟诚　崔利梅　郑崴中　吴　珊　李　阳　林　权　李新富　张　翀　胡蜀徽
胡　斌　于韶伟

优秀学生干部：

刘宝庆　何　苗

材料科学与工程学院：

综合一等奖：

杨慧光　倪德伟　范　杰　张中宇　叶琬玲　常振振　唐光华　张锦瑾　徐　敏
范　静　杨　畅　寇化秦　曾建平　王　川

优秀学生：

王立苗　刘　旭　杨　凯　王耀辉　黄小辉　倪德伟　姜春萍　任　琴　洪　果
张红斌　陈建颖　方　芳　郑元元　熊仁金　孙成威　朱媛苑　高　雯　汤孝聪
芦丽莉　刘元合　曾华勇　张中宇　潘　敏　范　杰　罗涵琳　欧阳平　张航与
易强英　王志勇　张兰兰　赵观秀　刘　才　叶琬玲　梁　莹　戴孟乔　李永弟
任　潼　黄成福　李采临　罗军洪　唐光华　颜　璞　潘　旭　王　洁　陈　奇
朱小龙　刘和勇　李　婧　徐　敏　苏红莹　刘志东　曹　滨　王　钊　于　洄
李　帅　邓　茂　王学娟　杨　畅　张怀法　曾　涛　刘　珂　严　好　谢　涛
邓　懿　刘　敏　赵瑞强　曾建平　杨　扬　胡嘉冕　寇化秦　何　林　王　伟
刘　海　王　燕　杨毓芳　王　川　向定艾　邓银登

优秀学生干部：

杨慧光　姜昱志　梁赤勇　安晓明　余艳丽　陈　梅　崔拥辉　王　豪　冯丹歌
段　超　张　进　陈　欣　刘芸杉　邓　乔　张　磊　沈发祥　常振振　刘　敏
房玉超　李婉君　汤　为　曹　卉　王　欢　陈　国　聂　珂　彭　波　曹　颖
王洪浩　张圆圆　张锦瑾　雷　兵　侯颖薇　徐鸿飞　周怡欣　蒋福霖　陈　阳
邹　杨　张朝旭　范　静　刘　卓　黄　露　张　巍　黄　奎　刘东来　尹文龙
王小玲　段晓波　刘婧颖　王世伟　谭　韬　滕　龙　陈艳雯　侯　旭

制造科学与工程学院：

特等奖：

樊志华

综合一等奖：

张琬茂 滕 劲 杨春光 王孝平 李 硕 王一军 黄创盛 王 清 杨春林
余迪利 梁招瑞 李诗音 姜 希 何兴容 张 艺 叶建建 邓惠明 刘罗莎
李继猛 胥智伟 杨大安 陈彬强 李立军 邢玉冠

优秀学生：

黄创盛 王 清 吴海军 杨春林 余迪利 梁招瑞 陈昌贻 王俊伟 林建设
李丽丹 邓川云 常 娟 何丕华 赵 静 倪华琴 赵学敏 唐才学 周 建
粟泽军 邓启军 石长云 李 强 欧国勇 李永兵 董喜平 周锦飞 许 峰
任占波 陈 勇 杨丹丹 范维东 李诗音 赵文匡 蔡玉光 赵 文 邱冬生
宋威烨 王 京 李晓光 邓 波 赵 霞 姜 希 王 飞 伍自美 李继猛
张翊勋 胥智伟 杨大安 赵 斌 陈彬强 李立军 邢玉冠 欧念曾 邓孝林
游上钦 杨英琴 魏 忆 李碧柳 任素云 吴小敏 王 玲 李江江 肖开亮
谌 敏 刘 庆 喻 松 伍 刚 刘 峰 陈 领 卢 霜 刘 翔 宋 焘
张 艺 武太文 朱璐莱 秦胜旺 张春荣 汪德兵 刘罗莎 王小虎 蔡 帝
强明珠 葛焕丽 刘 锐 叶建建 邓慧明 曾 斌 张惠惠 赖琳琳 李丽鸽
潘 媛 方文杰

优秀学生干部：

孔楷权 何 江 王旭东 张兆飞 薛长旺 常云亮 刘海超 袁 泉 黎 健
刘罗莎 付作伟 刘 波 左丽莎 游良军 李 超 杨 荣 王 波 张旭领
陈朝泽 安治强 牛 雨 邸辉亮 王玉强 胡 杰 刘金超 窦义同 林传华
柯思璇 陈增贵 熊 进

电气信息学院：

综合一等奖：

李光耀 李寅伟 王晓捷 邹 红 魏 丹 李微玮 邵雪松 叶伟球 王明明
徐梅梅 李蔚蔚 贺 洋 段小峰 苏 静 陈翼雄 徐 杨 陶淑苹 严 政
冯 霞 林 宇 谢 园 刘 佳 荣利霞 马 超 赵 俊 王 静 蒋 科
王海燕 侯旭初 左 彬 陈 勇

优秀学生：

马 清 瞿迪庆 李微玮 侯明春 乔于轩 熊相乾 欧阳坤 李旭东 白翠粉
李建春 王 鸿 唐 捷 潘秋局 刘冰洁 刘锦波 邵雪松 周陆壹 李寅伟
王 林 陈业雅 何宏江 邢佳磊 薛丽丽 李 游 周 阳 邹 红 朱映辉
黄林洲 肖 海 宋 颖 狄卫华 石 俊 董岳昕 张少康 叶伟球 郑 钰
王明明 徐梅梅 李蔚蔚 黄 峰 白加林 惠 锦 穆子龙 宋鹏飞 王翠翠

敬金华 徐雅 李雄春 田宏鹏 郭园红 杨中 林海东 贺洋 赵伟
罗海洋 陈昊琳 李立军 张琳 徐杨 张孝伟 陶淑苹 刘波 苏静
张希 凌颖 曾龙富 吴华坚 胡海 王含果 张仕焜 郑景涛 郑鑫
陈飞龙 万光 解磊 刘美峰 冯右明 蔡建雄 马继山 林瑞星 王文江
向甜 王昕 段小峰 曾勇 严政 陆文 张娣 周蓓 张利丹
陈复春 徐韬 徐超 黄海波 蒋小龙 张林江 谭祺 石文豪 张海鉴
杨彦杰 罗亚丽 王雯 陈晓彬 李岗 王骁 陈小明 王琳 陈一文
杨海林 荣利霞 毛剑 杨飞 刘颖 张君俊 李逢 王海燕 许梦云
罗志宏 王静 李政光 张大猛 刘媛 张玲玲 蒋科 陈烨 周东
杨东亮 李海军 肖建新 杨阳 黄细凤 黄征 刘艳丽 王冉 侯旭初
邵婉婷 张超 胡兴雨 朱晓玲 邱蓉 曾军 王香能 罗小东 卢海峰
任益民 徐晓雷 李婧 向德辉 王瑞辉 钟斌 孙红群 左彬 李兴梅
张恩杰

优秀学生干部：

刘旭娜 张志 王代春 王卫 王豪 廖丹妮 魏宇 张德康 魏丹
李光耀 舒朗 梁波 明娇 王晓捷 王灵伟 曾小芳 唐聪 潘睿
何文花 黄文东 彭灿 唐长春 唐启红 刘一民 雷一 庞小平 于心任
陈翼雄 林显 刘旭垒 江伯顺 陈杰 吴长雷 罗海波 陈静 胥威汀
李永朝 郑斌 杨秀云 侯贺飞 陈鹏宇 马再岭 张恩杰 郭锐 王赟
梁爽 丁群静 赵必美 王峥豪 李泽琴 段培 陈鑫 丁江亭 罗强
李伟 李明 刘颖 肖宁 王忠江 刘超群 何巍 刘洋 郑凯
池文慧 钮月磊 苟晓龙 尹刚 王冰 阿衣子布

计算机学院（软件学院）：

综合一等奖：

张婷 吴小朋 何宇平 刘晓坤 曾春秋 李娜娜 刘松 孙吴亮 陈志博
郑刚 夏锋 古博 胡玉农 钟婷婷 吴佳 周邵平 杨雪媚 易秋萍
林煜庭 李欣 张迎平 陈蜜 秦晓玲 黄孟钦 石磊 潘云登 王辉
张崇 江鹏 杜黎 梁莉嫦

优秀学生：

陈霆 李云鹏 张文豪 王川 杨海涛 陈舒平 蒋志强 张静 严来建
董宗建 徐晓丽 汪凡 康师亮 段续斌 徐刚 吕佑军 王堃 刘桂林
屠娟 李响 陈东平 魏巍 李晓燕 艾登智 韦倩 张维儒 梁浩
田茂 李纲 李强 张恒 张帆 俞亮 刘辉 彭璐 陈志博
郑刚 古博 林夏祥 蒋破荒 蔡中华 武如春 傅婕 邓承贵 张仔鸿
马波 袁龙 吴诗娟 谭骏 黄姣 王珏 罗刚 张童 邹永斌
韩敏 宋单 陈龙 周锋 王恋 陈永贵 王东方 王振武 崔庆霞
白益仲 陈斌 克大凯 项宇飞 李磊 章文科 刘亚东 姜晋源 高尊磊

胡剑波 汤仕凤 吴柏君 黄　娟 王海舟 何　威 徐云峰 吴　伟 王严正
汪　果 张晓雪 肖　伟 袁　强 杨　力 梁韶聪 张　姣 张鹏辉 李　建
雷章章 成明洪 易秋萍 石　明 周　明 徐　可 王　磊 高峻鸿 林煜庭
冉启华 邹小军 马春杰 王　伟 李　鹏 林智明 刘映标 李扬彦 孔相澧
钱　凯 陈　刚 吴　瑕 谭　兵 陈　静 陈远波 蔡　贯 王晓聪 陆慧群
周　龄 胡　波 伍　权 张　辽 王荣帅 马　军 杨　愚 李晨亮 曹秋月
余画莉 白雅兰 吴佐文 李　烁 李　佳 李天轮 陈晓明 骆家伟 潘云登
李武劲 孙德全 曹孝文 李　琨 郭志慧 曾　雨 胡雷敏 王　婳 马晓旭
朱宁东 刘　鸽 王　辉 刘春桃 万紫骞 郭　巍 江　鹏 梁莉嫦 涂昕东
郭　丹 王桂华 傅仰汉 刘　波 申红星 张　维 任　杰 牟雅丹 周春容
李志勇 吕　鹏 樊中一 胡云龙 于婷婷 程阳洁 庚　欢 杨　欣 李夷染
沈　佳 崔元元 刘　敏 万　威 唐　姝 张　力 代广达 王　婷 肖钦引
邓　黎 薛　欢 杨　鹏 邓正春 张　晨 刘　荫 贺小云 邱　惠 刘　文
鲁　承 蓝秋鹏 肖雪梅 宫唐小恒 刘洋泓浩

优秀学生干部：

张　彦 王　骞 黄如学 牛　颢 张　康 唐小棚 武　剑 刘　松 孙吴亮
廖爽爽 夏　锋 胡玉农 钟晓燕 郑燕妮 陈传节 吴高锋 康　艳 戴贵清
丁　铀 李振江 张　玲 李安乐 丁　毅 王　刚 范智慧 徐权威 李安安
藏书海 许　辉 陈志翔 姜　鹏 汪沛文 汪春建 郑永伟 钟婷婷 乔宁博
林　鑫 吴　倩 丁　跞 徐　燕 李英炜 余　杰 石　磊 董长阳 李俊锡
杜　黎 吴亚奇 魏　挺 李　宁 王孟伟 吴帝衡 邴立东 刘彦希 孙超宇
王和彪 张福恺 李宇闻

建筑与环境学院：

特等奖：

王　姣

综合一等奖：

毛江鸿 周　捷 方　舟 王懿娜 蒋雯菁 郑　炜 陈杰云 孙德华 胡建戌
张亚东 陈晓城 卢延博 邵绍燕 戴丰珍 祖兴华 舒煜捷 吴昊芮 高　洁
张丽娟 刘永杰 张　望 邓建明 陈雪莲 李　强

优秀学生：

杨　智 王伯求 刘宜平 毛江鸿 黄永健 周　捷 赵　统 李胤锋 吴有华
王　瑞 袁伟凌 王荔希 张振华 黄一滔 方　舟 彭任重 屈晓勤 程圆杰
谢娇红 钟　雪 徐子麒 王懿娜 冉　杨 于儒海 钟　成 范辞冬 汤冬梅
姜　睿 付　磊 王　娟 杨皓洁 苏坚庆 卢　然 熊　津 何东明 孙　理
白　雪 谢丽华 郭红玲 孙德华 陈国亮 吴昊芮 陈　川 孙　孜 万　丽
汪　睿 高　洁 马伟光 陈丽华 周　鑫 王　雪 肖宗璞 刘　崧 李　波
张丽娟 刘　娉 杨　帆 陈　娴 刘永杰 盛　鹰 姚　杰 江　磊 谭发宇

张望　王俊敏　肖婷　冯芹　邓建明　孙军红　熊娅　刘冬梅　刘玲
方延强　韩建英　蒙卓磷　杨扬　罗瑞涛　陈雪莲　傅进春　周薇　王学勇
高非　杨婷　邹勤　贾佳欣　龚云强　王奎　丁广锐　朱良发　吴兴梅
韦有信　蒋志勇　徐伟　贾鹏坤　孙克川　高亮　汪元　张亚东　陈晓城
李圣建　黄莉　蔡友刚　高伟　卢延博　郭葵香　陈涛　王姣　栗阳
余勇　钱晓军　徐秀楠　张瑞环　吴诗勇　蔡璐　邵绍燕　刘凯　李婷
韩冰　廖勋　张浩　马晶怡　祖兴华　王亮　唐星宇　王巍魏　曾真
曾笑　任丽娟　王朝　宋捷　李怡

优秀学生干部：

吕佳　王文磊　严鹏　李钟　邢志东　杨德水　孙芳　潘勇　申敏
朱晔　余曦　冯倩　童欢吉　武媚　易树枫　侯科文　杨俊　陈杰云
丁伟　张娴　邢婷婷　金剑　杜阳　刘晋　杨茜　陈雪　魏孔军
曾明　李博闻　桑春昶　刘玉君　李琼阳　王文冰　韩晓锐　蒋鸿涛　杜瑞
杨丽华　谢小葛　张金勇　刘浪　周雨斌　黄金　王志　冀荣华　曹亮
胡建戌　胡琦　陈沈杰　谭旭　车琳婧　黄四兵　张善超　李金光　翟胜开
周利　魏艳　隋志勇　曲杰

水利水电学院：

特等奖：

赵徐鸿

综合一等奖：

王小培　代萍　邬凯　王玲　李贵吉　张会兰　张立英　阳汾泉　王显林
徐翔宇　彭辉　何婷　罗晶　郑占强　陈建武　张曼　黄恩亮　王小亮
杨宇

优秀学生：

余传书　秦以华　陈林　彭小东　李贵吉　辛海丽　李艳富　陈雷　黄丽
吴新星　李轩　马健功　余振　张利　张景华　吴攀　代萍　李新
李文杰　郭芳芳　刘艳君　刘泽飞　张玉良　舒丹　连雷雷　段秀林　宋晓波
李建朋　黄小琴　杨鑫　李丽娟　唐岷　邵堃　赵培双　刘科　涂文梦
王玉　刘中锋　崔华丽　成义娟　衣勇军　屈大功　曹政　蒋敏　张立英
耿艳　杨宝全　李明阳　王显林　柴高浪　彭益　何平　陈尧　姚华
王莉　曹玲玲　毕雪　罗小瑛　郑占强　马丽琼　粟兰　曾静　李秀丝
任嘉琪　庞利君　倪维滨　欧慧娟　朱仕香　龚琳莉　简蕙敏　叶敏敏　连镇
邢磊磊　韩军　卢荻秋　刘蕾　高睿　常利营　姚颖　黄文虎　张春霞
胡红亮　万佳欣　李树山　陈德胜　王帮明　罗丹　王维宇　王东　袁博
陈康　黄巧俊　何生威　王悦超　董彦云　赖见令　魏琳　李艳　陈书燕
肖毅

优秀学生干部：

曹建军　邬凯　李鹏　韩继　何曙虹　郑睿　李周顺　郭新春　赵徐鸿
丁艳辉　袁果　刘伟峰　张会兰　陈域　牟文瑜　袁红亮　王焕　马贵
徐翔宇　何东京　杜谦　彭辉　田贵川　冯镜洁　郝勇　常承亮　刘翀
葛小璐　朱付广　付晓旭　王娟　詹立平　罗晶　钱军　曾海钊　李俊华
万强　代薇　孙莉　张贵华　刁云川　陈建武　周明　马欢　何婷
杨彬　陈晨　罗小凤　陈洪　谢炉　李永民　周小杰　陈英　金亚东
周佳　李永利　王莹　罗树焜　王小亮　杨刚　江小洪　向小旭　丁果
杨军　魏来　江腾飞　孙莲　向曼毓　刘卫　张曼　蔡云　吴松

化学工程学院：

特等奖：

文青

综合一等奖：

孙旺　余良军　贺西林　嵇绍文　陈倩　吴学渊　唐杨　周萍　田艳丽
郝静　冯鑫　权晓威　黄志娟　卢静　王娜　刘晓毓　冯琴　董蓉
来恒杰　章怡　杨微　傅晟伟　蔡娟露　王珍　陈宇静　吴博　严敏

优秀学生：

王宏　李代红　沈倩　王欢　余良军　浦彦　赵林　杨涛　贺西林
谢顶杉　齐涛　刘高连　吴学渊　王静　王萍　谢小俊　马兰　杜元春
张玲丽　谢谦　刘荣方　刘曦　唐紫槐　冯英　唐杨　罗三元　阳建洪
杜运动　史文涛　陈倩　廖婷婷　文祎　向晴　杨丹　岳寰　周萍
谢俊　隋艳春　邹庆　徐瑶　张华文　杨芳　吴越　马吉　詹强
杨玥　黄莹　邓飞艳　吴茜樱　蒋新颖　叶彩红　童桂容　黄丽琼　权晓威
冯鑫　张莉　赵风知　段潇潇　汪玉洁　张晋华　张欣　杭志芳　陈业强
张立群　金央　刘伟涛　唐治疆　胡函　李运奎　王君福　杨秋艳　杨儇
戴华胄　王玉梅　李佳璟　牛巧娟　卢静　张秀峰　黄静伟　唐怡然　王宁
王德军　曾文星　陈曦　王娜　王艳花　马玲　董蓉　姜燕成　周一慧
张勇　王宁　陈杰　王隽　原林　冯琴　踪祥　黄桦　张海霞
刘丽　杨燕　夏广义　张鸿翔　刘贤信　王飞　韩华瑶　熊颖　颜欣
马虹　周国刚　吴永永　杨微　刘芋宏　刘军　袁小毅　刘慧娟　李青飞
潘相米　罗莹玮　石松平　吴浩　黄妍　刘春杰　党慧丽　王磊　陈建福
韦佳　陈海挺　颜强　夏熹　刘睿　刘刚　付晟伟　李畅　黎登辉
马莹　韦厚玲　孟建军　侯阿雷　唐静　肖瑶　陈宇静　张陵　谢通慧
陈靖　侯敬萍　滕明辉　陈春燕　王珍　段伟利　曾秀秀　魏刚　周凤涛
郑云　邵梅　邱能　丁洪　赵泽琳　吴博　严敏

优秀学生干部：

刘建宏　熊定强　柳强　赵俊　王剑锋　孙旺　席向峰　蒋东海　钟云梓

孟凡义 蔡嘉琴 廖文斌 吴美玲 魏然飞 徐　勉 裴元东 白小丹 谈云兵
马　吉 田艳丽 郝　静 董俊明 张海燕 邓任军 翟智拓 徐茂华 陈　林
蒋李陵 伍　怡 谭志勇 张新威 沈姝婕 谢天文 卢　海 黄志娟 张　鑫
郑建川 周若愚 缪可言 庞雪芹 崔　洋 何兴伟 许　超 岳　莲 张耀国
柳　元 陈　松 王　鹏 何　耀 孙　燕 封　磊 陈　王 宋立明 李海龙
陈　聪 王小菊 陈　秋 王钰修 陈　静 徐　龙 闵翠云 彭德初 王立帅
张　謇 李　亮 薛海霞 邱永浩 陈婷梅 齐　欣 姚长洪 魏克冰 吴睿博
武振严 刘雅婷 李　波 王　佳 李　卉 刘　帅 雷　婧 曾晓惠 孔佳超
张寒新

轻纺与食品学院：

综合一等奖：

李丽英 曹冬冬 姜宛余 杜　娟 郭　奇 宋　娜 任琅琅 龙　虹 王亚楠
朱　剑 汪　洋 马　诚 李征然 贺　婷 王　威

优秀学生：

刘朝远 文　静 梁慧丽 沈　赜 陈　航 张莉岚 李　慧 曹冬冬 贺　楠
丁开宇 赵振雄 罗志敏 唐佳宇 张　倩 李　东 梁文强 张　岩 陈　卓
黄　阳 王丽辉 苏　东 严俊伟 陈　镠 邓德会 刘公岩 孟献慈 许　波
周俊红 阳芳标 康承军 王国防 雷　蕾 罗　娟 何丽思 蒋红宇 曹　筱
荆培培 张王晓 张璐琦 季海燕 林　沁 丁　伟 毛炜坤 龙　虹 黄　毅
黄星歆 何晓艳 郎黄英 邓晓丽 段　炼 宋　娜 李琴琼 王　洁 孙　浩
王亚楠 曾运航 田　鑫 孙　霞 是孝明 张秀丽 陈　政 张　涛 谭小平
钟欣芮 王　娟 金忠洋 张　楠 王琴琴 马娜娜 聂欢欢 戴文燕 李腊梅
申广西 易子琳 汤陈笑 李征然 周　雯 顾月明 祝华欣 马　诚 周金燕
徐　培 常　亮 胡　凯 李彩霞 黄姝洁 李佩霜

优秀学生干部：

陈大志 贺志辉 王兵兵 何燕飞 孙　方 仲伟鑫 郭　奇 李季衡 郭丁才
任琅琅 王焕莲 唐晓锋 罗　洋 吕　芬 罗　魏 褚少军 蔡铁炜 谢彩娣
李　洁 刘国健 朱　剑 贺　婷 杨　维 郭茜茜 龚　绪 王　毅 何　露
徐栎茗 韩小伦 杜秋萍 王　威 周　瑶 陈耀坤

高分子科学与工程学院：

特等奖：

张　帆

综合一等奖：

辛　闻 刘国明 卜海涛 胡慧霞 吕艳红 林聪妹 张新兰 陈　健 张　楠
买　芳 刘　欣 张铁佳 陈　寅 刘振兴

优秀学生：

辛闻　刘国明　周建波　高念　邓晓培　王秀锦　冯志强　苏润　许超
刘鹏清　胡慧霞　吕艳红　高杰峰　向志东　黄恒兴　赖学军　羊森林　胡晓
杨海民　李欢　卜海涛　谌基国　张洪均　肖方成　贺湘伟　陈曝　李璐
吴冬生　程振江　胡勤勤　张利娟　高西萍　彭文意　李婷　高慧芳　卢立波
胡晓娟　郜菁　朱伯承　翁更生　王斌　甘露　刘思锐　聂仪晶　赖仁武
薛勇　徐亚君　程小莲　张新兰　杜宇　赵乾伟　朱勇平　吴侠　侯凌云
张振　江耀贵　张磊　白燕超　黄顺红　张帆　王薇莉　陈前进　姚美君
胡长雨　杨丹　何周坤　陈妍慧　陈东　任丽　方赟岚　高建　张卓翔
张艺萱　何晓军　刘丹丹　彭小娟　彭超　唐婷婷　高丽彦　买芳　刘欣
张轶佳　陈寅　邢倩　刘志承　郭执章　宫蕾　何帅　潘希　陈鹏宇
佘佑廷　戴莹莹　邹文婷　兰小蓉　康海澜　李远莉　郑怡磊

优秀学生干部：

苏润　张震　廖超波　曹艳肖　贾斯萌　张益　付莉红　李强　文达
高建华　李昱　李祯　王萌　罗锋　王成　周天楠　胡晓娟　郜菁
白露　向丽　郑惠溪　陈建野　董全霄　谢广峰　刘振兴　李瑞龙　朱峰
潘巨强　魏强　潘希　何启迪　许利　张楠　雷萍　兰小蓉

华西基础医学与法医学院：

综合一等奖：

肖华　郭耀雄　马樱　岳锦亚　姜晓华　管玲　杨滨州　赵欢　李洁

优秀学生：

雷飞　陈龙　王曦　鲍玲红　马樱　李军　代棚霞　李飞非　杨婷
陈鹏宇　黎人华　胥方利　王涛　曾蕴林　李佳　程键　郑涛　张长全
孙健　何非　许望超　段然　殷溶　田琦　黄菁草　邓玲　杨滨州
谢晓阳　聂佳莹　谌霞灿　张娴　宋水清　陈林　吴凌玲　廖显军　王志超

优秀学生干部：

王祎　黄旭　钱倩　张婧　胡玉莲　杨阳　岳锦亚　张怀才　章雪利
贺欢　王鹏　郑素平　范波　董奥　管玲　李飞　李元昊　刘谨
高璇　赵欢　李婧琳

华西临床医学院：

特等奖：

杨洵哲　曾筱茜

综合一等奖：

文翔　宋海燕　林海丹　胡娜　干昌平　闵理　向帆　吴兰　卓奇
曾德昕　莫莹　张双　冯世苗　郑兰　夏媛媛　韩翠　陈琼　于廉

牛倩　寿玮龄　刘畅　周璨　徐红玉　杨昆　赵玲　修鹏　杨露
黄晓花　何帆　罗鹏飞　梅洁　李舍予　郑珍珍　白万晶　夏勇　谢灵遐

优秀学生：

高培　黎黎　黄瀚　曹文斋　张恒　张雄泽　宋黎　单晶　杨曦
张婷　王璇　刘瑶霞　辜蕊　周娟　蔡浅云　王成德　李碧澜　邓凤
崔宇　傅景　李攀　李一　何维佳　任宇　薛愚愚　黄楷森　胡婷
吴群尖　戴晴晴　韩登俊　肖军　张瑜　莫莹　张双　冯世苗　彭丽华
周虹　童欢　向江东　徐晶晶　周莉娜　王渝　陈恒禧　彭雪　韩君
王祥　张竹　王岚　朱姝颖　胡婷　姜婷　邱燕　吴瑶　刘蕾
吴云剑　唐永江　牟燕　曾雯　张锐　贾练　代琳　马永萍　杨俭
范珍　谢屹　吴碧波　刘勇　李佳琦　佳丽　邓佳　冯丹　宋润来
吴科　张严　李游　邓雯　谢川　徐红玉　杨昆　赵玲　修鹏
徐梁　苟慎菊　安东梅　慕洁　苟慎菊　颜铭　王文凭　侯铮　陈亚丽
王春燕　黄青华　向睿　廖宇捷　李天贵　王秋石　王晶　谭建龙　李佳岑
吴昊　张姚　毛盼　刘军蔚　廖邦华　刘裔莎　赵凤　崔贝贝　何帆
何彦琪　刘巧　周利平　郑珍珍　王粲　冯飞　王亮　李有平　李亚伦
王琪琳　伍晓梅　高峰　昝昕　唐怡　王斯　李烨　蒋娟　张婧
雷倩倩　王毅　高文波　王沁洁　张晨　罗朝蕊　罗鹏飞　周巧灵　梅洁
郑寅曦　景小凡　张波　李飞　牛利　全杰荣　王方辉　李夏卉　刘孝美
刘秀萍　李宇轩　高命　李虎　陈忠兰　隋明颖　郭小利　田亚莉　申小侠
王巧红　夏媛媛　马登艳　杨瑞　陈娟　段丽娟　蒋玲　邓倩　李婉
杜春燕　周西　宋海燕　黄澄赤　石磊　曾琢　邓妮　邹晓霞　张静漪
郁仁强　李娟　陈晓琴　牛倩　吕瑞雪　何芳锐　旷凌寒　王敏　康钦炯
贺勇　多丽娜　李壹　陈雪　王益新　杨中玫　张杰

优秀学生干部：

谢灵遐　石运莹　王晓珊　唐超　兰德　杨帆　高志　胡娜　干昌平
闵理　王显丁　汤曦　叶璐　梅玲　张芸　熊英　李晨　胡耀
张伶君　弓晓媛　甘靖　柴青　曾筱茜　卓奇　曾德昕　郑兰　李融融
张舒雅　唐颖莹　宋莹　刘佑韧　苏超云　李侨　王贝宇　刘艳　邱婷
杨洵哲　刘畅　周璨　王晓茜　李楠静　蔡静　李兴波　董佳佳　吕东昊
雷东旭　何宁　林佳生　魏攀　张元川　邹娟　芮元祎　陈佳丽　许律廷
李波　周媛　何菁菁　李晨　杨露　肖玉玲　柴桦　朱达　宴梓宴
周丹　朱清翥　甘霖　蔡以利　杨琴　门朝阳　赖霄静　陈琼　范明珍
赵俐红　韩翠　何铁丰　何斌斌　李静　齐顺　程香　陈佳　帅桃
党华伟　孙昌瑞　张永刚　孙倩

华西口腔医学院：

综合一等奖：

李精韬　王娅婷　唐　娜　廖正宇　杨冬梅

优秀学生：

杨冬梅　谢蟪旭　梁　爽　陈　静　李　钒　王云霁　刘小莉　王　瑞　唐　蓓
王娅婷　陈哂媛　陈婷婷　张　珂　陈青娅　李　苑　邱瑜蕾　唐　娜　彭　燕
郑庆华　闫　冰　刘媛媛　揭有琼　肖鸣鹭　廖正宇　吴　艳　杨　建　邓振南
高　波　吴佳培　舒　瑶　王　艳　杨醒眉

优秀学生干部：

李精韬　曾兴琪　简　繁　余丽霞　黄雪莲　雷　蕾　孙建勋　郝晓鸣

华西公共卫生学院：

特等奖：

曾卫龙

综合一等奖：

方　青　郭　婷　肖　霞　郑　杨　苏琪茹　范双凤　张明秋　蒋　珊　姜　恬
周莉芳　苏　麟　刘　琴　朱静秋　彭金凤　林　燕　周　颖　史　莹　陈海峰
魏虹丽　周婧雅

优秀学生：

姜　恬　陈　恒　文海燕　郑　敏　王　卓　潘　黎　曹一鸥　蒋　珊　陈　俊
吴　芳　乔　良　刘　婧　李　琰　黄红英　黄玉洁　杜　丽　周运柯　何　玲
王燕梅　方　青　黄琰琼　王丽杰　陈可莉　尹尚菁　夏宇曦　李　倩　陈　悦
李红梅　冉应春　蒋俊生　袁黎丽　唐　立　宋一蓓　苏琪茹　孙艳梅　陈　钊
郭　洁　范双凤　代　璇　苏　茜　王鲁渝　夏祺悦　邓　茜　李佳音　苏旭燕
李雪华　吴湘琦　陈　鑫　杨霄星　张　霓　张　星　王　星　吴丹琴　张树江
黎　曲　汪道琼　韦巧慧　李玉雯　周自强　叶楚楚　张惠来　李凤英　周泓羽
陈血建　尚肖肖　薛　丰　谢　琳　林莉亚　宋文洁　唐小辉　赵青青　郑　熙
汤　漫　李　慧　喻治中　陶　莉　周婧雅　林士惠　张婧绮　李　璐　于梅子
魏文娟　马福春　何明霞　王建锦　王　辉　陈　华　王　娟　罗云梅　林　燕
周　颖　周世红　牛静雅　贾伟娜　朱　雯　姚小芬　毛盈颖　黎小彤　万珠珠
许　蕾　叶　圣　伍　剑　郑德帅　令狐小刚　左迪晓雪

优秀学生干部：

王　玲　黄洪云　王海江　朱　陶　吴明菊　柳　飞　谢晓丹　韩　颖　郑　杨
郭　婷　肖　霞　杨　洋　邱玉蓉　陈　皓　袁　野　王健全　谭雅文　师　杨
李晓婷　王　燕　张俊波　李凤英　周泓羽　尚肖肖　武　芳　曾　智　曾卫龙
江　琳　胡　静　郑雅文　林两旺　周　为　陈海峰　刘　刚　武　超　贺成敬
郭鹏飞　孙　建　贾亚男　刘志强　史　莹　杨　怡　叶年莲　王　嵩

华西药学院：

特等奖：

李　毅

综合一等奖：

栗　靖　曾　蜜　陈　钏　吴　恒　王　竞　夏　尧　陈　垦　刘　芳　王亚丹
陈　静　潘钧铸　蒯　锐

优秀学生：

李　毅　曾　蜜　陈　钏　唐娅楠　蒋　倩　杨光丽　刘小宇　吴　恒　梁　兰
程　林　张　燕　张　成　彭佳敏　柴　茜　郭海燕　罗文遐　兰　瑛　王傅英
徐楠楠

优秀学生干部：

吴昊星　孔　遥　张　蕊　谭　波　魏　伟　陈　方　王　毅　刘　舒　彭　亮
王　竞　沈筱秋　秦　蒙　赵　媛　郭　栋　吴　琼　田雅馨　晋　可　李盛男
庞凌烟　邹添甜　王　茜　夏　尧　刘　芳　陈　垦　关玲玲　肖　蕊　杨小娇
陈瑶瑶　金　韵　刘小玮　熊小峰　郭远超　林　燕　邱怡婷　申　蕃　徐象珍
李　雯　徐　婧　伍丽萍　陈　敏　苗玲玲　陈华黎　陈　静　邱世婷　杜青青
谢　琳　黄　媛　李俊龙　王亚丹　叶　霞　张亚兰　周　诚　冯　军　熊思静
周尚林　李　舟　张　捷　王　丹　蒯　锐　余志义　杨梓楠　彭　景　刘欣怡
杨舟宁　潘钧铸　陈　菲　黄　玉　黄　慧　张晓峡　雷　雨　张大明

公共管理学院：

综合一等奖：

赵永超　赵妍妍　漆　宾　黄里玥　巫立砚　谭　毅　蹇孝林　马　菁　李明晰
唐敏杰　曾庆苗　王林林　陈同心

优秀学生：

李澜楠　李益婷　郭燕铃　袁　勇　孙　瑾　黄　燕　杨　璇　李佳婧　时小鸿
倪　腾　余　英　雷　洋　黄浚峡　郁　飞　南亚茹　王丹丹　李海燕　吴　艺
孙志建　向　楠　姜晓晓　李　燕　陈新荣　陈爱萍　王　丹　付小红　郑　琼
黄里玥　陈瑛姝　王方睿　钱圆媛　巫立砚　郑　毅　易　佳　谭　毅　寇瑞卿
袁　渊　范怡丹　蹇孝林　罗　静　段雪玲　李文举　凌冬梅　雷炳福　姚笑云
薛秀香　刘婷婷　李明晰　肖雪珣　杨青菁　李　鑫　刘　琳　潘　恒　柏海燕
刘立金　梁维贞　吴昌涛　任春梅　高　月　宋美玉　肖孟夏　简利娟　周　敏
高露霞　江柏村　张　怡　王　江　王林林　李红娟　杨力彬　刘招磊　石小路
曾庆苗　常洪涛　李敏檐　万朝丽　冯　倩　伊双伍　松春宇　唐敏杰　韦斯雅
王金炳　张　翔　谢婉薇　陈天竹　郑琪琦　姜学玲　陈禧蒙　李　姣　刘　虹
王　娴　任永锋　张　旭

优秀学生干部：

曹　艳　李正强　邓礼贵　黄　黄　赵旌含　蒲玉波　云　梅　廖跃林　李小红
杨　菊　周　强　黄小艳　余　洋　万艳刚　吴　晶　毛晨炜　汪　洁　青杨媚
陈卫宜　芝金琳　何　波　王　浩　张　波　杨　涛　李　刚　杨春燕　胡雪枫
马飞霞　李　娟　郑　重　桑启源　李夕飞　周玉忠　牛志鸿　慕　超　王莹莹
高玉娥　刘晨晨　彭　辉

工商管理学院：

特等奖：

罗　莲

综合一等奖：

陈斐杰　杨　雪　严林娟　吕　欣　董烨宸　彭丽群　安　然　邱明虹　于　蓝
向光荣　黄　娜　周晓阳　谭太航　李智慧　王青莹　吴雪佳　黄　琼　邴　健

优秀学生：

陈斐杰　夏冬梅　周　威　王　昕　罗　莲　杨　雪　赵　璐　杨　凡　何兖芩
严林娟　廖韡伟　成春梅　胡　素　吕　欣　张劲松　贺　玮　胡誉湘　彭丽群
董烨宸　唐建民　刘瑞龙　韩雪梅　刘　佳　黄　丽　舒　文　徐　娜　杨　瑾
杨　杉　马　莹　谢　纽　龙　宏　程　彧　余洪梅　李蜀莹　唐仁虎　周　静
姚小友　冯　瑜　朱鸿鸣　刘琨璐　刘胤琳　李小容　陈红梅　郜娟娟　代　丽
周晓阳　宋江江　张　媛　杜　娟　黄　娜　李　玉　李长城　周　娅　陈珊珊
袁　静　谢　扬　邱明虹　于　蓝　向光荣　刘　媛　刘静思　孙剑青　杨敏灵
应　虹　龚丹丹　龚超超　雷欣欣　闫星达　左成良　韩慧芳　宋依然　李　思
王　磊　刘海莲　邱厌庆　董晓丹　谭太航　谭敬川　张明珠　李智慧　汪　波
易腾腾　王青莹　范　慧　杜　蔓　李贵勇　陈　艳　任　静　吴雪佳　黄　琼
张小娜　李　理　王　通　陈晶玉　张展馨　汪晏伊　叶润培　彭　健　韩福臣

优秀学生干部：

邹瑜丁　黄　娟　陈　程　王若鑫　张　平　周祥莉　李小东　杨超武　杨　磊
任　建　邓　星　张成亮　李　伟　钟剑飞　黄春艾　吕　伟　刘　萌　刘　丹
李　强　王　昭　任国蓉　李　强　秦　倩　鲁泽燕　吴万鹏　邹奇琳　肖　超
栾　颖　张　林　魏子帆　董利辉　李婷婷　刘宗鑫　唐　飞　鞠学见　张　欢
张巾爽　梁志勇　安　然　罗　维　龚　璇　黄　牧　汤英华　邓　利　钟　惠
陈应春　吕　果　陈　畅　王冠东　李文博　王明华　唐　韩　钱　莉　潘　栋
梁　佳　陈时强　彭　博　甘　露　夏　娟　赵定才　杨永丽　王玲丹　魏妩菡
张彬杨　黄　蓉　胡　星　蒋友宏　苗秀玉　邴　健　廖鹏翔　罗兰彬　张运婷

政治学院：

综合一等奖：

曾　操　彭　洁

优秀学生：

曾　操　赵聆宇　杨　俊　赵　容　邓丹荔　彭　洁

优秀学生干部：

甘艳丽　丁忠毅　汪　莉　何鹏程　范　曦　元　方

联合班、创新班：

综合一等奖：

易　兰　郑小凤　朱湘禅　李　锴　柳菁华　纪　衎　朱　丹　孙　迅　李坤岚
郭美呈　王　汉　陈　玺　曲睿涵　郑松茂　张晓薇

优秀学生：

纪　衎　易　兰　郑小凤　李　锴　柳菁华　孙　迅　朱　丹　李坤岚　于　翔
曾　颖　彭　璐　郭　畅　胡俊华　黄　熹　王汝燕　申　睿　李亚平　谭宗洋
蒋　润　葛　建　王能涛　余　岩　赵　凡　田　熙　杨熙茹　李　谧　黄梦阮
王　汉　陈　玺　曲睿涵　周华鹏　黎　欢　蔡　可　张凤鸣　安邦坤　范　睿
邓雨来　吴耘珂　席祯翔　金　鑫　马子驭　陈　扬　郑松茂　梁文科　张　梁
侯羽丰　周文郁　郑　琦　邓倩茹　徐　永

优秀学生干部：

陈　鹏　汪　伟　廖　萌　吴丽虹　曾思师　朱　丹　柳菁华　李亚平　邓晓培
范明江　陈盎司　郭　楠　郭美呈　秦珍子　俞静婕　雷峥蒙　刘　恋　王　健
刘海舟　陈　适　干里里　张耀夫　王若牛　潘杨杨　张晓薇　吕云琦　陈盎可

四川大学2005年度全国及省级“先进班集体”、省级“三好学生”、省级“优秀学生干部”名单

全国先进班集体

生命科学学院2002级生物学基地班

四川省先进班集体

经济学院2002级金融2班
工商管理学院2002级会计系
建筑与环境学院2002级环境科学班
数学学院2002级数学基地班
华西口腔医学院2001级七年制班
华西临床医学院2000级七年制班
化学工程学院生物工程2003级2班
化学学院2003级创新班
2001级中美联合班
2003级文、理工创新班

四川省三好学生

华西临床医学院1999级七年制　杨旭
法学院2001级本科生　张家祥
华西口腔医学院2001级七年制　黄浩原
化学工程学院2002级本科生　谈云兵
数学学院2001级本科生　周雁
电气信息学院2001级本科生　张洪斌
工商管理学院2003级硕士研究生　龚俊华
华西基础医学与法医学院2002级本科生　钱倩
材料科学与工程学院2002级本科生　欧阳平
电子信息学院2002级本科生　邬江
华西公共卫生学院2002级本科生　郑杨
计算机学院（软件学院）2002级本科生　邓春燕
计算机学院（软件学院）2002级本科生　董培建
文学与新闻学院2002级本科生　赵莉丽
公共管理学院2002级本科生　李鹏
物理科学与技术学院2002级本科生　王飞

化学学院 2004 级博士研究生　王德义
艺术学院 2002 级本科生　刘丸源
轻纺与食品学院 2002 级本科生　苏德强
制造科学与工程学院 2001 级本科生　汪清
创新班 2003 级本科生　李锴

四川省优秀学生干部

数学学院 2003 级博士研究生　曹志平
经济学院 2003 级硕士研究生　徐海鑫
经济学院 2003 级硕士研究生　刘一鸣
生命科学学院 2004 级博士研究生　吴近名
水利水电学院 2003 级硕士研究生　邱桢耀
建筑与环境学院 2003 级硕士研究生　孙伯雷
外国语学院 2002 级本科生　靳丽娜
华西药学院 2002 级本科生　李毅
化学工程学院 2002 级本科生　张诗博
政治学院 2003 级硕士研究生　罗红伟
高分子科学与工程学院 2003 级本科生　白露
历史文化学院 2001 级本科生　陈辉东
创新班 2003 级本科生　柳菁华

四川大学2005届省级及学校优秀毕业生、优秀毕业生干部名单

经济学院：

省级优秀毕业生：

邹　杰　郝　琨　余　莉　王　倩　肖丕楚

优秀毕业生：

张瑞琴　任　敏　宋　黎　李　静　杨　萍　费　怡　李福金　刘超彦　徐　玲
赵荣波　段　薇　胡　瑶　黄菲娅　高　杉　彭维琴　李　姝　何雨阳　林秀丽
袁　媛　张潇月　胡璋健　薛海东　孔　晋　谢小伟　黄雯雯　彭　菊　霍　迪
谭　淼　黄　宾　李新波　谢　阳　胡雪梅　闻丽丽　王　俊　史战举　董相儒
赵淑芬　鲍文权　周　杨　李方圆　唐沿源　杨少垒　张　爽　秦　曦　余映雪
付爱敏　张碧影　钱　熵

优秀毕业生干部：

廖永霞　余　莉　罗　莎　黄文倩　郝　琨　李著宏　吴　松　邹　杰

法学院：

省级优秀毕业生：

卢杰锋　李凌鹏　王平安　全　亮　万　毅

优秀毕业生：

冯　露　唐丽媛　吴　笛　王珊珊　杜正武　张　婷　郭闪闪　李章晓　刘　毅
邓治有　宁雪伶　夏　鸿　张丽梅　张家祥　刘羽丰　李健全　卢杰锋　陈　昆
龙　涓　吴钦梅　黄　伟　商　晟　田　甜　连红霞　徐彦哲　郑家明

优秀毕业生干部：

李凌鹏　吕　静　赵　熙　雷田怡　王　谡

文学与新闻学院：

省级优秀毕业生：

赵昱辉　张同修　张艳萍　樊仙尹　李琦琳

优秀毕业生：

张艳艳　罗艺雪　孙　毅　刘人嘉　施志君　朱　瑶　刘　莹　饶广祥　赵　芳
王大智　吴基勇　黄　颖　蔡　超　石力月　陈嘉佳　向　芸　胡　分　张一凡

孙　晨　仝先刚　王　涛　赵远哲　邓　谦　阳　谦

优秀毕业生干部：

赵昱辉　林　啸　何杨阳　王丽莉　姚　键　简　强　杨莹雪　张艳萍　张婕颖
张同修　文　近　高芸芸

外国语学院：

省级优秀毕业生：

于江霞　陈水胜　胡　静

优秀毕业生：

满　易　陈　芳　赵文彩　刘彩宣　张丽珩　谭　娟　何习尧　黄　淞　张耀月
许　玫　刘静杰　廖冰冰　潘　维　刘佳全　周　桅　齐　艳　刘兴生　郭剑艺
彭素菊　罗　虹　潘振宇　靳　琦　黄　莉

优秀毕业生干部：

李　欣　刘建秋　韩　璐　陈水胜　王　昊　李夏彬　安　岚　喻　颖　张梅梅
胡　静　张　粲　刘桂秋

艺术学院：

省级优秀毕业生：

胡奕颢　周　凤　黄　晨

优秀毕业生：

李　柯　王　婷　郭　梅　高明川　何　苗　李　文　李飞霖　黄　晨　罗舒予
王语萌　陈　欢　李燕娜　姜　雯　潘　薇　王泽曦　王雪琴　白东亮　胡奕灏
杨来雁　罗田玉　李小雪　王　磊　朱　晓

优秀毕业生干部：

狄瑞波　张　妍

历史文化学院（旅游学院）：

省级优秀毕业生：

吴　珂　张　妍

优秀毕业生：

周　萍　熊润频　朱晶进　吴　珂　李　璐　黄小莉　李定琼　薛　佳　张　丹
古晓丹

优秀毕业生干部：

易大义　刘沙沙　汤　彦　邓　懿　黄　艳　胡松鹤　陈　楠　董　静

数学学院：

省级优秀毕业生：

李　钦　金　蕾　唐异垒

优秀毕业生：

余国朱　罗应婷　谢春梅　李　钦　张　黎　金　蕾　陶　颖　刘　旭　李航宇
程　赉　高　云　周　雁　李松娜　张应应　乔家龙　岳晓颖　唐林清　孟　华

优秀毕业生干部：

许明勇　李叶飞　赵颖悟　丁志军　戚向丽

物理科学与技术学院：

省级优秀毕业生：

高　峰　廖　军　陈学元

优秀毕业生：

王　栩　白　强　张　欣　刘英俊　陈学元　肖玉洁　朱　军　马如军　何欣霖
李鸿基　付　刚　杨　凯　齐致远　赵建君　冯朝君　王友芳　杨　勋　于江周
廖　军

优秀毕业生干部：

向　波　唐　敏　詹欣扬　王　义　龚知宇　王世超

化学学院：

省级优秀毕业生：

冉　翃　杨舒涵　张　进

优秀毕业生：

王巧利　崔　鹏　杨　莉　张恩选　王　堃　常　璐　李以东　牟玉蓉　何丽丽
郑学丽　陈　曦　闫立伟　路　芳　马　丹　李益洲　何　靓　陈安静　李叶枝

优秀毕业生干部：

郑伟木　罗　嘉　杨舒涵　冉　翃　张　欣

生命科学学院：

省级优秀毕业生：

李世林　刘久盛　冉红艳

优秀毕业生：

刘　怡　陈瑜涛　颜双春　袁　宇　王晓峰　董云翔　阎灵麟　刘　江　王　瑞
庄筱筱　刘婷婷　刁明苏　游　佳　郑　曦　张　雯　余坤娇　高雪超　何　佳
熊　焰

优秀毕业生干部：

杨　浩　李世林　王　乔　水　晶　蒲　青　张鹏博　赵　佳　赵晓玲

电子信息学院：

省级优秀毕业生：

文　侨　任　刚　刘珂含　关胜平　张　萍　吴　磊

优秀毕业生：

余代员　张　洁　郑丽贤　李海菊　蒋小梅　唐　燕　杨玉科　关胜平　刘珂谷
朱强军　付方洋　周丽华　江小庆　任学尧　徐媛媛　孙欣慧　高慧萍　连　伟
邓洪有　刘　凯　王　婧　顾　彬　冯　园　王怀井　靳建波　张　涛　周　钟
章　翔　高　珊　李元秋　龙　奕　黄　宇　刘　奕　刘海銮　朱天喜　季骏佳
孙超山　谢　辉　刘晓珂　贾　平　安成文　陈　勤　何定高　郎丽艳　杨　鹏
何　靖

优秀毕业生干部：

刘　岬　徐　琦　张　昆　张　露　张　萍　刁　熙　李黎明　黄　鹏　王　波
杨　洁　吴　磊　安成文　潘应杰

材料科学与工程学院：

省级优秀毕业生：

张晓燕　吴晓丽　伍展文

优秀毕业生：

席丽丽　吴晓丽　李　香　刘　洋　郑　圆　吴小娟　刘阳思　鲁　鹏　王晓亮
陈　容　谢宽涯　牛　高　温海明　李德贵　陈显春　王　玲　余彬玉　李利华

优秀毕业生干部：

李佳伟　伍展文　金　鑫　李金超　张晓燕　朱国丽　张　瑜　张　山　兰　亮

制造科学与工程学院：

省级优秀毕业生：

伍月骅　廖　敏　王晓东　刘成家　马洪斌

优秀毕业生：

林　卫　胡　珺　张　芳　胡学雷　付志飞　熊　伟　黄银环　林长青　穆　飞
韦兴平　俞忠恒　杨　杰　徐志娟　何劲宇　郝美婧　朱少吾　施晓丹　张　涛
张春燕　郑　鑫　肖　建　龙永洪　于　乐　郭智勇　岳帅武　李　强　林荣逢
陈丽勤　王　耀　程海林　姬小峰　谢万彬　黄莉亚　龙赞杨　耿记波　刘利群
徐　华

优秀毕业生干部：

张　磊　王宏亮　郭　峰　王晓东　蒋莉萍　刘成家　蔡　静　廖　敏　贺　礼
伍月骅　谈昭荣　关保清　谢　强　齐东奎　王军娥　庞永栋　闵　锐

电气信息学院：

省级优秀毕业生：

田莎 刘永 杨林 周陈斌 余钢

优秀毕业生：

瓮慧 张永贵 陈颖羿 陈丽雪 王佳 曾翠娟 佐琴 刘晨 唐荣尧
杨莹 周进 刘永 林铂 钟惠文 王婷 任义山 叶小勇 彭雪梅
刘彦 周旋 田莎 赵崇休 黄付刚 张垚 梁汝明 文俊 郭昌伟
莫金龙 沈亮 王莉 焦艳杰 颜东 李毕生 陈艳 张洪斌 陈盅强

优秀毕业生干部：

曾召军 陈平 熊俊 吴弦 廖静 杨隽奎 梁仲 李涛 覃云州
李元军 付孝涛 段方兵 李德伟 陈碧婷 江彦 雷强 范小林 袁洁
李敏 方标 胡星 余荣强 万玉晶 郭新宇 李东 辛江 胡荣达
卢刚 周陈斌 温丽丽 潘家和 廖萍 姚宇 陈铁敏 胡滨

计算机学院（软件学院）：

省级优秀毕业生：

王绍华 何培淋 刘晓圆 刘晓锋 仰石 樊巍 陈小飞

优秀毕业生：

何培淋 陈政 简晓瑜 张佳 石华国 林立 刘丽 蒲永辉 郭倩林
李淑玲 王涛 张杨玲 张瑗 李剑锋 许丹 陈彦 潘征 孙国蕊
张靖波 程曜 王立平 唐瑭 祁传中 杜建波 杜伟 何俊 夏紫鑫
廖浩 徐孙杰 文娟 李霖森 张光墨 冷江 邹昌君 杨林 薛强
邱旎丽 谢应涛 陈翼平 姜华 黄海森 寇俊波 刘旭华 陈国雄 叶赛
彭素明 罗亚群 陈小飞 朱开洪 文宝华 张长青

优秀毕业生干部：

谢纲 杨现军 何杰 樊巍 陈天莹 段秋斌 郑昊 董秀秀 刘晓圆
鄢波 董永利 王锋 何金

建筑与环境学院：

省级优秀毕业生：

季军远 朱婕 段淑 费宝玲 潘树华

优秀毕业生：

唐佳 黄樟 王晓明 刘玲玉 杨飞 田芝洪 李昕彦 潘树华 王超
丁浩然 王月文 吴小波 蒋文勇 罗振华 葛娜 沈伟锋 焦敏 庄艳华
李莉 金璇 刘慧 谢燕华 胡科 王洋 费宝玲 汪坤 冯丽
张磊 邹建业 李艳 刘冰洁 陈洋 王书彦 陈瑜 李莎璐 姜虹
郑飞飞 王健斌 胡响响 冯建 张燕 贾瑜玲 贾黎

优秀毕业生干部：

李本波　段　淑　赵梓丞　黄　杨　吴昌将　张常委　赵德彬　刘志强　王　翔
王　翔　张　伟　陈兆良　朱　婕　黄　珊　朱　玲　彭　荣　秦博雅　严冬春
刘　振

水利水电学院：

省级优秀毕业生：

肖培伟　马　丹　曲宏略

优秀毕业生：

雷厚斌　王　晓　陈　雯　吴　林　张启义　于朝霞　建　霞　唐国栋　熊　敏
江诗宏　冯　华　徐　尧　邓建华　王莉娜　刘　宇　王　剀　宗美宏　向用彬
熊　欢　王　力　张雪晶　何　敏　岳耀锋　阮红丽　刘　艳

优秀毕业生干部：

张俭波　杨　靖　范凌云　曲宏略　沈　敏　王永新　马　丹　李云辉　杜　立

化学工程学院：

省级优秀毕业生：

孙颖杰　田一平　朱小丽　李鹏飞　张诗博

优秀毕业生：

席　春　杨晓惠　文　平　吴燕玲　刘　平　朱小丽　杨文川　黄　燕　徐　丹
李　军　李鹏飞　王冬琼　陈莹卷　姜圣翰　刘维红　刘　兴　王晓辉　邓惠尹
谢　婷　王　丹　陈　茜　曾　薇　梁　颖　袁　媛　曹玉娟　齐凤伟　陈　裕
鞠　娜　刘逸飞　韩　雪　李　萍　胡恩萍　罗　丹　赵　晋

优秀毕业生干部：

刘东杰　黎　梅　伍　涛　李旭华　周　瑜　都婷婷　田一平　陈丹平　刘　凤
李冬梅　施堂庆　高　鹏　李　琦　张　伟　黄维捷　杨　琴　罗　芩　金红艳
刘　伟　叶志强　赵柏慧　李　辉　裴义霞　李　笋　彭熙琳　孙颖杰　张诗博
扎西当周

轻纺与食品学院：

省级优秀毕业生：

李　尧　赵学会　陈玲玲

优秀毕业生：

要文婷　李　莺　李玲玲　杨　蓉　侯淑娜　王雅秋　陈玲玲　李　娟　黄　欣
李　洋　丁金凤　侯　青　黄　欢　龙文玲　朱俊荫　魏丽敏　李春梅　姜　燕
赵学会

优秀毕业生干部：

李　尧　张　月　周犹成　朱　坤

高分子科学与工程学院：

省级优秀毕业生：

李又兵　张笑晴　赵　丽　李　波　冯海柯

优秀毕业生：

刘靖林　苏娟霞　李　杰　陈昭军　欧相麟　王　竹　吴坤丽　所同川　赵泽永
罗文君　兰志华　黄玉球　杨　磊　王　一　何彦亮　丁玉龙　高　磊　蒋春华
王　强　张　君　陆　颖　刘晓建　李　波　于清泉　朱　计　代　坤　高冠群
胡锦昌　阳忠能　赵　丽　张思远　杨静晖　周晓蓓　任　虎　杜　芹　唐　艳
苏　平　何　杰　苏　燕　王雪力　常广涛　刘　令　何柳东　胡　坤

优秀毕业生干部：

张浩良　徐　疾　罗　亮　宁南英　王　蕊　刘志远　李　尉　黄小调　陶　然
许立帆　吴绍艾　张笑晴　陈永华　苏　升　万　婕　马瑞华　王　凡

华西基础医学与法医学院：

省级优秀毕业生：

高　飞　潘洪富

优秀毕业生：

宋兴勃　韩　冰　农雪萍　高　飞　张　旭　付小莉　王德健　刘潇潇　叶　鹏
段芳蕾

优秀毕业生干部：

罗秀文　赵　静　李　媛　王　洵　王亚男　李　瑾

华西临床医学院：

省级优秀毕业生：

李旭东　姚俊岩　张　勤　罗恋梅　须　晋　廖浩君　刘逸文　凌　波　李　雷

优秀毕业生：

孙佳英　刘婷婷　王春跃　张　萍　王　辉　杨　捷　黄福秀　陈春平　马　玲
王　佳　汪　静　杨晓君　郭文琼　吴冬梅　马春妍　王　燕　林祥娟　杨　霄
赵琳琳　廖　沙　敖冬梅　张春伟　张　勤　伍晓靖　李　杰　邝　璞　唐　莹
唐　冀　魏家富　赵丹丹　丰干钧　张施远　王海英　蔡思逸　陈　悦　庞　洁
王中瑜　郝山凤　邓　佳　张仁宇　王冬梅　李　佳　王丹妮　许安春　魏　欣
王雪梅　许江燕　张崇唯　凤　婧　沈小刚　刘仕哲　刘　媛　李奕萍　钟　州
张　路　郑文瑶　张舒婷　游延军　罗　贞　张小玉

优秀毕业生干部：

刘逸文　杨　青　廖　芯　赵　杨　史冬梅　魏如艳　魏　鑫　倪　娟　王小燕
黄　婧　张一休　吴欣桐　敬小梅　杨　吟　朱　佳　须　晋　赵　娜　罗恋梅
丁庆莉　廖登勇

华西口腔医学院：

省级优秀毕业生：

罗君杰　肖　瑾

优秀毕业生：

郭　骏　冯　钰　王　姝　罗君杰　肖　瑾

优秀毕业生干部：

余剑峰　周飞军　袁　泉　李　宇

华西公共卫生学院：

省级优秀毕业生：

杨春霞　文　亮　陈　欣　田　伟

优秀毕业生：

夏　宏　张守春　谢轶琼　陆　遥　周　薇　邢晓燕　杨秀群　李　苗　张建梅
史文俊　尹新玲　刘　燕　夏劲节　田　伟　杨清亭　陆婷婷　曾綦露　张　晶
向国春　李春燕　刘新亮　旷翠萍　王小莉　刘恬恬　王　丹　张丽蓉　渠凌丽
杨清隆　丁晓琴　叶　敏　王艳丽　陈玉梅　李　攀　刘　娅　张　婷　代小英
周春艳

优秀毕业生干部：

丁敬芳　张晓丹　刁　波　文　亮　柏建芸　陈　欣

华西药学院：

省级优秀毕业生：

崔学文　卿　荣　祝丽华

优秀毕业生：

凌丹莉　徐一男　杨生照　谢华春　程　芳　李其玮　王　�　施　虹　粟　霜
曾靖青　丁　文　张　敏　魏兴莓　池丽媛　耿军军　文　雯　陈应庚　刘　敏

优秀毕业生干部：

李　鹏　刘莺莺　张海军　张　敏　范婧艳　李　鹏　余　杰　郑　曦　陈力华
牛　淼　闫宇翔

工商管理学院：

省级优秀毕业生：

苏　颖　何　流　张　峰　肖　进　许　华

优秀毕业生：

张　盼　马屯良　杨　莹　陈子平　叶　勇　何　流　程　雪　熊　颖　黄　霞
杨　娅　刘　岩　史诗师　朱志坚　朱　珂　李效利　张晶晶　何正林　吾兴军
朱　兵　杨　希　邓　敏　张玉锋　杨　华　赵丽慧　黄梅萍　周思宇　李红梅
张晓娇

优秀毕业生干部：

苏　颖　刘　颖　姚小艳　漆丹迪　雷　婷　杨代进　吴　蕊　李玉梅　高　波
肖钦艳　廖　琳　刘　影　张　峰　廖巧慧　蔡　亮　范菁菁　肖　进　杨　波
周　莉　蒋　凡　李学军　文博亮　彭　蓓

公共管理学院：

省级优秀毕业生：

袁俸农　范婧艳　刘莺莺　魏兴莓　张　敏

优秀毕业生：

凌丹莉　徐一男　杨生照　谢华春　程　芳　李其玮　王　�　施　虹　曾靖青
丁　文　张　敏　魏兴莓　池丽媛　耿军军　文　雯　陈应庚　刘　敏　粟　霜

优秀毕业生干部：

李　鹏　刘莺莺　张海军　张　敏　范婧艳　李　鹏　余　杰　郑　曦　牛　淼
闫宇翔　陈力华

政治学院：

省级优秀毕业生：

邢海晶

优秀毕业生：

邢海晶

联合班：

省级优秀毕业生：

胡峻源

优秀毕业生：

陈雪宁　王　昕　辛嘉楠　李　玺　王永杰　刘　璐

优秀毕业生干部：

胡峻源　王　懿　苏　霞　兰　婷

四川大学校历

2004—2005学年（下期）校历

周次		星期日	星期一	星期二	星期三	星期四	星期五	星期六	月份	备注
1		**19**	20	21	22	23	24	**25**		1. 2月16日～17日为在校本科生报到注册时间。 2. 政治学习、党团组织生活时间统一安排在双周星期五下午进行，上半段为政治学习时间，下半段为党团组织生活时间。 3. 校游泳运动会于6月3日举行。 4. 黑色加粗字体是节假日，停课一般不补。
2		**26**	27	28	1	2	3	4	3月	
3		**5**	6	6	8	9	10	**11**		
4		**12**	13	14	15	16	17	**18**		
5		**19**	20	21	22	23	24	**25**		
6		**26**	27	28	29	30	31	**1**	4月	
7	教	**2**	3	4	5	6	7	**8**		
8		**9**	10	11	12	13	14	**15**		
9		**16**	17	18	18	20	21	**22**		
10	学	**23**	24	25	26	27	28	**29**		
11		**30**	**1**	**2**	**3**	4	5	**6**	5月	
12		**7**	8	9	10	11	12	**13**		
13		**14**	15	16	17	18	19	**20**		
14	周	**21**	22	23	24	25	26	**27**		
15		**28**	29	30	31	1	2	**3**	6月	
16		**4**	5	6	7	8	9	**10**		
17		**11**	12	13	14	15	16	**17**		
18		**18**	19	20	21	22	23	**24**		
19		**25**	26	27	28	29	30	**1**	7月	
20		**2**	3	4	5	6	7	**8**		
21		**9**	10	11	12	13	14	**15**		
22	暑	**16**	17	18	19	20	21	**22**		
23		**23**	24	25	26	27	28	**29**		
24	假	**30**	31	1	2	3	4	**5**	8月	
25		**6**	7	8	9	10	11	**12**		
26		**13**	14	15	16	17	18	**19**		

2005—2006学年（上期）校历

周次		星期日	星期一	星期二	星期三	星期四	星期五	星期六	月份	备注
1	教学周	**28**	29	30	31	1	2	**3**	9月	1. 8月25～26日为在校本科生报到注册时间。 2. 政治学习、党团组织生活统一安排在双周星期五下午进行，上半段为政治学习时间，下半段为党团组织生活时间。 3. 黑色加粗字体是节假日，停课一般不补。 4. 春节1月29日。
2		**4**	5	6	7	8	9	**10**		
3		**11**	12	13	14	15	16	**17**		
4		**18**	19	20	21	22	23	**24**		
5		**25**	26	27	28	29	30	**1**	10月	
6		**2**	**3**	4	5	6	7	**8**		
7		**9**	10	11	12	13	14	**15**		
8		**16**	17	18	19	20	21	**22**		
9		**23**	24	25	26	27	28	**29**		
10		**30**	31	1	2	3	4	**5**	11月	
11		**6**	7	8	9	10	11	**12**		
12		**13**	14	15	16	17	18	**19**		
13		**20**	21	22	23	24	25	**26**		
14		**27**	28	29	30	1	2	**3**	12月	
15		**4**	5	6	7	8	9	**10**		
16		**11**	12	13	14	15	16	**17**		
17		**18**	19	20	21	22	23	**24**		
18		**25**	26	27	28	29	30	**31**		
19		**1**	2	3	4	5	6	**7**	1月	
20	寒假	**8**	9	10	11	12	13	**14**		
21		**15**	16	17	18	19	20	**21**	2月	
22		**22**	23	24	25	26	27	**28**		
23		**29**	**30**	**31**	1	2	3	**4**		
24		**5**	6	7	8	9	10	**11**		
25		**12**	13	14	15	16	17	**18**		